16	3	2	13
5	10	11	8
9	6	7	12
4	15	14	1

Luiz Carlos Bresser-Pereira

A CONSTRUÇÃO POLÍTICA E ECONÔMICA DO BRASIL

Sociedade, economia e Estado
desde a Independência

4ª edição revista e atualizada

editora■34

EDITORA 34

Editora 34 Ltda.
Rua Hungria, 592 Jardim Europa CEP 01455-000
São Paulo - SP Brasil Tel/Fax (11) 3811-6777 www.editora34.com.br

Copyright © Editora 34 Ltda., 2014-2016
A construção política e econômica do Brasil © Luiz Carlos Bresser-Pereira, 2014-2021

A FOTOCÓPIA DE QUALQUER FOLHA DESTE LIVRO É ILEGAL E CONFIGURA UMA
APROPRIAÇÃO INDEVIDA DOS DIREITOS INTELECTUAIS E PATRIMONIAIS DO AUTOR.

Publicado originalmente como *A construção política do Brasil*
em 2014, com novas edições em 2015 e 2016. A partir de 2021
o título foi alterado para *A construção política e econômica do Brasil*.

Capa, projeto gráfico e editoração eletrônica:
Bracher & Malta Produção Gráfica / Julia Mota

Revisão:
Beatriz de Freitas Moreira
Flávia Portellada

1ª Edição - 2014, 2ª Edição - 2015, 3ª Edição - 2016, 4ª Edição - 2021

Catalogação na Fonte do Departamento Nacional do Livro
(Fundação Biblioteca Nacional, RJ, Brasil)

B436c
Bresser-Pereira, Luiz Carlos, 1934
A construção política e econômica do Brasil: sociedade, economia e Estado desde a Independência / Luiz Carlos Bresser-Pereira. — São Paulo: Editora 34, 2021 (4ª Edição).
496 p.

ISBN 978-85-7326-645-0

1. Brasil - História econômica, séculos XIX, XX e XXI. 2. Brasil - Ciclos da sociedade e do Estado desde o Império. 3. Pactos políticos desde 1930. 4. Desenvolvimento. 5. Revolução Capitalista Brasileira. I. Título.

CDD - 330.1

A CONSTRUÇÃO POLÍTICA E ECONÔMICA DO BRASIL
Sociedade, economia e Estado
desde a Independência

Prefácio 9

1. Uma periodização 15
2. As origens coloniais do atraso 39
3. Ciclo Estado e Integração Territorial 63
4. Império, constitucionalismo e federalismo 83
5. A Primeira República 95
6. Começa a Revolução Capitalista Brasileira 117
7. A retomada do desenvolvimentismo após 1945 147
8. O Pacto Nacional-Popular de 1930 169
9. A crise do Pacto Nacional-Popular de 1930 175
10. A crise dos anos 1960 183
11. O Pacto Autoritário-Modernizante de 1964 191
12. Interpretação da dependência 201
13. O modelo exportador de manufaturados 219
14. Auge e declínio nos anos 1970 229
15. A transição democrática (1977-1984) 241
16. Crise financeira e fim do grande crescimento 261
17. A crise do Pacto Democrático-Popular de 1977 277
18. A democracia brasileira 287
19. Pacto Liberal-Dependente de 1991 303
20. O Plano Real 319
21. A armadilha do câmbio e dos juros 339
22. O governo do PT e a crise atual 351
23. 40 anos de quase-estagnação 395

Abreviaturas utilizadas 439
Obras citadas 441
Índice remissivo 464
Índice de quadros, tabelas e gráficos 486
Índice das matérias 487

Sobre o autor 491

Breves teorias

1. Teoria Novo-Desenvolvimentista 30
2. Instituições e desenvolvimento 52
3. Liberalismo político e liberalismo econômico 89
4. Industrialização ou "sofisticação produtiva" 111
5. Desenvolvimentismo,
   coalizões de classe e populismo 142
6. Sobreapreciação cíclica da taxa de câmbio 162
7. Imperialismo e dependência 214
8. Doença holandesa e sua neutralização 225
9. Crítica ao crescimento com poupança externa 245
10. A alta inflação inercial 266

"E se o futuro é já presente
Na visão de quem sabe ver,
Convoca aqui eternamente
Aqueles que hão de ser."

                                                              Fernando Pessoa

"Brasil que eu amo porque é o ritmo do meu braço aventuroso,
O gosto dos meus descansos,
O ritmo das minhas cantigas, amores e danças.
Brasil que eu sou porque é a minha expressão muito engraçada,
Porque é meu sentimento pachorrento,
Porque é meu jeito de ganhar dinheiro, de comer e de dormir."

                                                              Mário de Andrade

Prefácio

Em 1968, publiquei meu primeiro livro sobre a economia e sociedade brasileira, *Desenvolvimento e crise no Brasil*, que depois teve muitas reedições. Em seguida, escrevi sobre teoria social, teoria econômica e teoria política, mas só voltei a escrever um livro abrangente sobre o Brasil com *Macroeconomia da estagnação* (2007), no qual procurei entender por que o Brasil crescera tão pouco depois da estabilização de preços de 1994, e, ao mesmo tempo, comecei a construir uma macroeconomia do desenvolvimento e uma economia política que fizessem sentido para os países de renda média como o Brasil. Com *A construção política do Brasil* (agora *A construção política e econômica do Brasil*), cuja primeira edição saiu em 2014, volto-me novamente ao Brasil — para fazer a narrativa da sua construção econômica e política contando agora com um instrumental teórico bem mais desenvolvido do que aquele que havia nos anos 1960. Em relação ao período colonial, discuto apenas as razões do atraso em relação aos Estados Unidos. Meu tema é o Brasil independente, que eu examino sob o ponto de vista do desenvolvimento econômico, do desenvolvimento político e do desenvolvimento social. Busco entender o crescimento acelerado que ocorreu entre 1930 e 1980, quando acontece a Revolução Capitalista Brasileira, e as baixas taxas de crescimento que passaram a prevalecer em seguida. Atribuo a perda de dinamismo da economia brasileira à grande Crise Financeira dos Anos 1980, causada pelo endividamento externo e pelo fato de que, com a abertura comercial e financeira de 1990-1992, o país perdeu a capacidade de neutralizar a doença holandesa e assim contar com uma taxa de câmbio competitiva. E relaciono essa perda de competitividade e o baixo crescimento que passa a imperar desde então ao grave enfraquecimento da nação brasileira que a grande crise financeira causou. Perdemos, então, a ideia de nação, algo que sempre foi fundamental para o desenvolvimento de qualquer povo, mas que se tornou mais estratégico ainda na era da globalização, quando a competição entre as nações ganhou uma nova dimensão.

O capitalismo é um sistema econômico e político no qual não só as empresas, mas também os Estados-nação competem entre si, e os mais fortes não hesitam em explorar os mais fracos, tanto em nível mundial quanto regional. Assim, quando vejo as políticas dos países ricos em relação aos países de renda média, percebo que para eles é importante minar o acordo político básico que forma uma nação: o acordo entre os empresários ativos, a tecnoburocracia e as classes populares. É este acordo que permite ao Estado defender os interesses nacionais e tornar-se um instrumento de desenvolvimento econômico; que permite que não só a política industrial, mas também que a política macroeconômica de todo o país possa ser concebida em termos de apoio à empresa nacional. Quando os trabalhadores fazem parte desse acordo, como é próprio nas democracias, o Estado, além de ser um instrumento de crescimento econômico, torna-se também um instrumento de redução das desigualdades e de aumento da coesão social.

Meu foco está na Revolução Capitalista Brasileira, porque esse é o momento decisivo da história de um povo. Em nível mundial, a Revolução Capitalista começou nas cidades-Estado do norte da Itália com o surgimento da burguesia comercial, mas só tomou corpo quando ocorreu a formação do Estado-nação e a industrialização na Inglaterra e, em seguida, na Bélgica, França e Holanda. Na história da humanidade, apenas a Revolução Neolítica — a passagem do homem da condição de caçador e coletor para a de agricultor — compara-se à Revolução Capitalista em poder transformador. A revolução capitalista acontece para cada povo quando esse povo se torna uma nação, cria um Estado soberano, domina um território, e realiza sua revolução industrial. No Brasil, esse momento decisivo da história transcorreu entre 1930 e 1980. O estadista que liderou a grande transformação foi Getúlio Vargas. A estratégia adotada foi o nacional-desenvolvimentismo.

Nos anos 1950, quando comecei a entender o Brasil, eu me tornei um desenvolvimentista — alguém que combina o nacionalismo econômico com a intervenção moderada do Estado na economia — mas logo ficou claro para mim que não bastam boas teorias e boas ideologias, que é necessário também competência e espírito republicano dos governantes. E que por trás desse Estado e de seu governo é preciso existir uma coalizão de classes ou um pacto político desenvolvimentista que reúna a burocracia pública eleita e não eleita com os empresários industriais e com os trabalhadores. O governo resultante que realizará a revolução industrial será provavelmente autoritário, porque as revoluções industriais antecedem sempre a democracia, mas a partir do momento em que essa revolução se completa, a democracia se torna o único regime que assegurará legitimidade e estabilidade ao país. Na minha perspectiva, portanto, a nação tem precedência sobre as classes sociais. Na perspectiva marxista ortodoxa, a classe trabalhadora está destinada a realizar a revolução socialista; na minha, a revolução socialista não está realmente no horizonte do possível e o essencial é construir uma nação que seja capaz de enfrentar a hegemonia ideológica do Norte, que usa o liberalismo econômico para impedir que os países em desenvolvimento se industrializem e passem a competir com o mundo rico. As classes sociais têm um papel fundamental e a luta de classes é um fato óbvio, mas as coalizões de classe desenvolvimentistas e progressistas que contam com a participação da classe trabalhadora são realmente aquelas que construíram politicamente o Brasil, enquanto as coalizões liberais e dependentes, que estiveram sempre associadas ao imperialismo, estão por trás da quase-estagnação econômica que assola o país desde que em 1990 realizou a abertura comercial e financeira.

Neste livro, busco analisar a construção *política* do Brasil, além da econômica. Isso pode ser surpreendente porque sou um economista, mas, antes de economista, sou um cientista social. O nome original e mais adequado para a economia é economia política, que, assim entendida, é muito próxima da sociologia política, que sempre me atraiu muito. Naturalmente, não me limito à construção das instituições políticas, mas em todo o processo o que predomina é a ação política, é a construção política do sistema econômico, da nação e do Estado. Sei que o projeto é ambicioso, mas no momento em que a revolução capitalista estava ocorrendo na Inglaterra, na França e na Bélgica — os três países que primeiro a completaram — a humanidade deixou de pensar sua história como uma sucessão de civilizações, e passou a pensá-la como *progresso*. E, assim, a história de um povo transforma-se em "construção", em uma obra coletiva por meio da qual homens e mulheres passam tanto a cooperar como a entrar em conflito para construir sua nação e seu Estado. Cada nação passará por momentos de dificuldade e mesmo de decadência relativa, mas a sociedade capitalista ou moderna deixou de estar sujeita ao desaparecimento, como acontecia com as civilizações ou os impérios antigos. Isto acontece porque a história passa a ser um processo de investimento produtivo do excedente econômico — algo que não acontecia nas sociedades antigas —, que é acompanhado por progresso tecnológico, e, por isso, exige o reinvestimento do excedente e o contínuo aperfeiçoamento das instituições, entre as quais as principais passam a ser o Estado e o mercado.

A relação Estado-sociedade passa a ser essencial no desenvolvimento. Nos primeiros tempos, o Estado geralmente antecede a nação, mas, em um segundo momento, um grupo de políticos e intelectuais nacionalistas dá conteúdo e autonomia à nação e a revolução burguesa e industrial se materializa. O Estado torna-se, então, instrumento da acumulação de capital de uma burguesia triunfante. Mas, afinal, os trabalhadores e as classes médias ganham poder, o Estado se torna democrático, e passa a ser instrumento de ação coletiva de toda a sociedade. A burguesia e uma nova classe — a tecnoburocracia — são agora as classes dirigentes, mas o desenvolvimento e a social-democracia se tornam o resultado de um grande compromisso entre as classes sociais. Parto desses pressupostos para pensar o Brasil. A Revolução Capitalista Brasileira foi o resultado de uma coalizão de classes desenvolvimentista que associou a burguesia nacional industrial com a alta burocracia pública eleita e não eleita, com setores não exportadores da velha oligarquia, e com a classe trabalhadora urbana. O adversário foram os liberais associados à oligarquia agrário-exportadora, os capitalistas rentistas, os financistas e os interesses estrangeiros. Essa ideia de coalizões de classe ou pactos políticos perpassa todo este livro. Os liberais tiveram um papel importante em alguns momentos, quando era necessário estabilizar a economia brasileira, mas em nenhum momento se mostraram capazes de promover o desenvolvimento econômico do país, principalmente porque se revelaram dominados pelo complexo de inferioridade colonial associado à dependência.

Em um trabalho recente sobre as interpretações do Brasil, li que elas foram uma reação a esse complexo de inferioridade. Creio que o autor tem razão — desde minha juventude essa questão tem estado sempre no centro das minhas preocupações. Mas ele acrescenta que esse complexo se traduziu no entendimento das grandes interpretações do Brasil como pensamento, e não como teoria.[1] As grandes interpretações são sempre narrativas, baseadas em teorias que não precisam ser do próprio autor, mas o essencial é que haja a construção de uma narrativa que faça sentido para a sociedade que ela procura compreender e explicar. Este é um livro de interpretação histórica, mas em alguns pontos eu incluí uma "Breve teoria". Essas teorias são centrais para esta obra, e não estão nos livros-texto. Essas breves teorias relacionam-se com os conceitos e modelos do Novo Desenvolvimentismo e da macroeconomia desenvolvimentista que venho desenvolvendo desde 1999, quando terminou minha última participação direta, como ator, na política nacional. Decidi denominar este livro *A construção política e eco-*

---

[1] Christian Edward Cyril Lynch (2013, p. 734), depois de explicar esse entendimento pelo fato de que nossos grandes intérpretes não buscaram generalizar, mas explicar uma realidade nacional contingente, acrescenta uma explicação provocativa e, a meu ver, correta para o emprego da expressão "pensamento": "a percepção difusa *no tempo* (*atrasado*) em que o país se encontraria, decorrente do *lugar* (*periférico*) por eles ocupado no mundo" (grifos do autor).

nômica do Brasil sabendo que a empreitada está além das forças do seu autor, sabendo que conseguirei apenas captar uma parte de uma realidade caracterizada por enorme complexidade. Sei que muito do que foi essencial para a construção do Brasil ficou de fora. Ficaram de fora a literatura e as artes, ficaram de fora alguns dos gênios da construção do Brasil como Gonçalves Dias e Carlos Drummond de Andrade, Aleijadinho e Oscar Niemeyer, Padre José Maurício e Villa-Lobos, Pixinguinha e Ary Barroso, Oswaldo Cruz e César Lattes. Muito mais ficou de fora, porque eu me limitei ao desenvolvimento econômico, político e social.

Neste livro, procurei desenvolver uma interpretação do meu país usando minha longa e sempre emocionada convivência com ele. É um livro de um acadêmico, mas é também o livro de um brasileiro identificado com seu país e com a ideia de uma sociedade que já é democrática e poderá ser socialista ainda que em um futuro longínquo. O número de pessoas a quem devo agradecer é imenso. Foram muitos os companheiros de uma longa jornada. Meus mestres da economia e da sociedade brasileira, Celso Furtado, Guerreiro Ramos, Hélio Jaguaribe e Ignácio Rangel. Meus velhos amigos de longos debates, Afrânio Garcia, Antônio Angarita Silva, Caio Graco Prado, Fernando Dall'Acqua, Fernando Henrique Cardoso, Fernão Bracher, Geraldo Gardenalli, Gilda Portugal Gouvea, Gildo Marçal Brandão, Ignacy Sachs, Jorge da Cunha Lima, José Arthur Giannotti, José Marcio Rego, Leda Paulani, Lídia Goldenstein, Luciano Martins, Luiz Gonzaga Belluzzo, Luís Nassif, Lourdes Sola, Márcio Moreira Alves, Maria Hermínia Tavares, Paul Singer, Nelson Marconi, Paulo Nogueira Batista, Renato Janine Ribeiro, Roberto Schwarz, Sílvio Luiz Bresser Pereira, Vera Alves Cepêda e Yoshiaki Nakano. Meus amigos mais recentes, entre os quais cito apenas aqueles que diretamente colaboraram comigo neste livro, André Nassif, André Singer, Carmem Feijó, Cícero Araújo, Cláudio Gonçalves Couto, Eliane Cristina de Araújo, José Luís Oreiro, Lilian de Toni Furquim, Luiz Felipe de Alencastro, Marcus Ianoni, Paulo Gala e e Rafael de Azevedo Ramires Leão. Devo agradecimentos especiais a Cecília Heise, que me assistiu em toda a sua redação. E o agradecimento maior, sempre, é à minha mulher, Vera Cecília Bresser Pereira, minha companheira da vida inteira.

Esta é a 4ª edição do livro. A 1ª edição, terminada de escrever no começo de 2014 e publicada em dezembro daquele ano, esgotou-se rapidamente. Para a 2ª edição, escrita em março de 2015, além de correções pontuais, reescrevi as duas seções sobre o governo Dilma Rousseff. A 3ª edição teve sua redação concluída em maio de 2016, assim que ficou definido o impeachment da presidente Dilma na Câmara dos Deputados e depois no

Senado. Nesta 4ª edição, agora com o título *A construção política e econômica do Brasil*, terminada de escrever em julho de 2020, com algumas atualizações posteriores, já estava claro que não apenas o Ciclo Democracia e Justiça Social, iniciado em 1980, terminara em 2014, mas que desde as manifestações populares de junho de 2013, a reeleição de Dilma Rousseff no final de 2014 com frágil apoio da sociedade civil, a hegemonia ideológica que se forma então, o golpe que derruba a presidente e arranha gravemente a democracia brasileira, a violência política da Operação Lava Jato, colocada a serviço de um moralismo estreito e dos interesses políticos de seus promotores, e a eleição de um presidente de extrema direita, o Brasil passou a viver uma grande crise econômica, política, moral e, em 2020, também sanitária. Por tudo isso, todas as seções do livro a partir do governo Dilma foram reescritas.

1
Uma periodização

Ao estudarmos determinada sociedade, temos de pensá-la historicamente, o que significa que devemos pensá-la em termos de fases ou estágios de desenvolvimento por meio do qual a divisão do trabalho aumenta e essa sociedade vai se tornando mais complexa. Nas sociedades pré-capitalistas a primeira revolução fundamental foi a Revolução Agrícola ou Neolítica, que permitiu a transformação de tribos de caçadores e coletores em sociedades estáveis, a produção do excedente econômico, e o surgimento dos impérios escravistas. Mas, nas sociedades antigas, não havia a ideia do progresso técnico como fonte permanente de aumento da produtividade, nem o conceito e a prática do lucro sistematicamente reinvestido na produção. Isso acontecerá com a segunda revolução da história humana — a Revolução Capitalista —, que se completa quando um povo se transforma em uma nação, realiza sua revolução nacional e constrói um Estado-nação moderno, e, em seguida, realiza sua revolução industrial, e seu desenvolvimento econômico passa a ser realidade e se torna autossustentado.

Nesses termos, a periodização do desenvolvimento do Brasil deve ter como ponto focal o momento de sua revolução nacional e industrial, ou seja, de sua revolução capitalista, mas é razoável escolher a Independência como seu momento inicial, embora ela tenha assegurado apenas *parcialmente* a autonomia do novo país: da subordinação a Portugal o novo país passou à dependência da Inglaterra e da França. Assim, a formação do Estado brasileiro ocorrerá antes que se forme uma nação, e o Império será o período da construção desse Estado e da sua integração territorial. Somente em um segundo momento, a partir de 1930, veremos se afirmar a nação brasileira, o Brasil se constituir em verdadeiro Estado-nação, e se industrializar.

Ciclos e pactos políticos

Para compreender melhor a construção política e social do Brasil independente é preciso considerar, primeiro, o longo período colonial, que vai de

1532 (ano em que começa a colonização portuguesa) até a Independência, e, em seguida, três grandes *ciclos* da relação entre o Estado e a sociedade no Brasil independente. Sei bem que as periodizações envolvem simplificações que violentam a realidade do curto prazo, mas, em compensação, são sempre esclarecedoras quando nosso objetivo é uma visão geral de determinada sociedade e sua história. A partir dessa premissa, podemos pensar a história do Brasil independente, a partir de 1822, como formada por três grandes ciclos da relação Estado-sociedade, conforme vemos no Quadro 1, cada um deles dando ênfase a um aspecto da construção do Brasil, que estão claros nas denominações que lhes atribuí: o Ciclo Estado e Integração Territorial, que corresponde ao Império, o Ciclo Nação e Desenvolvimento, entre 1930 e 1977, que corresponde ao que também denomino Revolução Capitalista Brasileira, e, desde então, o Ciclo Democracia e Justiça Social.

Ao longo desses ciclos políticos, os brasileiros construíram e continuam a construir seu Estado e sua nação e garantiram a integridade de seu território, constituindo, assim, seu Estado-nação, o Brasil. Em um primeiro momento, o Estado prevaleceu sobre a sociedade, organizada politicamente sob a forma de nação ou de sociedade civil; era o Estado (o sistema constitucional legal soberano e a organização que o garante) que buscava dar forma nacional à sociedade; mas, a partir do segundo ciclo, que é também o da revolução nacional e industrial ou da Revolução Capitalista Brasileira, essa relação se inverte, à medida que a sociedade civil se organiza politicamente e caminha na direção da democracia. A partir de então, e cada vez mais, é a sociedade que passa a apontar a direção para o Estado.

Em cada um dos três grandes ciclos da relação Estado-sociedade podemos também distinguir pactos políticos e coalizões de classe que serão desenvolvimentistas ou liberais, ou, em outras palavras, nacionais ou dependentes. Em relação ao primeiro ciclo, que tem um espaço menor neste livro que os dois outros ciclos pós-1930, identifiquei apenas uma coalizão de classes, o Pacto Oligárquico, que reuniu a classe dos senhores de terra com a burocracia patrimonial do Estado e os interesses estrangeiros. Já os dois outros ciclos dividi em pactos políticos que se distinguem por seu caráter elitista ou popular e por seu caráter desenvolvimentista ou neoliberal: o Pacto Nacional-Popular de 1930, o Pacto Autoritário-Modernizante de 1964, o Pacto Democrático-Popular de 1977 e o Pacto Liberal-Dependente de 1991. Os três primeiros pactos foram desenvolvimentistas, mas só o terceiro foi democrático. Em todos os países a revolução nacional e industrial foi sempre realizada no quadro de um regime autoritário. O Pacto Democrático-Popular de 1977 foi um pacto desenvolvimentista, mas foi nele que ocorreu a transição democrática. Os pactos liberais também não são necessariamente democráticos. O Pacto Oligárquico, pré-1930, pretendia ser liberal e democrático, mas não garantia os direitos civis nem os políticos, estando, portanto, longe de ser democrático; já o Pacto Liberal-Dependente de 1991 aconteceu em plena democracia. Nesta periodização há períodos "vazios": são os momentos de transição, como foi a Primeira República (1889-1930), ou momentos de crise e vácuo político, nos quais a coalizão de classes dominante não está clara: esse é caso dos períodos 1961-1964, 1987-1990 e desde 2014.[1]

Quadro 1
CICLOS E PACTOS POLÍTICOS

Ciclos da sociedade e do Estado	Pactos políticos
Ciclo Estado e Integração Territorial	Pacto Oligárquico
Ciclo Nação e Desenvolvimento (ou Revolução Capitalista Brasileira)	Pacto Nacional-Popular de 1930
	Pacto Autoritário-Modernizante de 1964
Ciclo Democracia e Justiça Social	Pacto Democrático-Popular de 1977 e das "Diretas Já"
	Pacto Liberal-Dependente de 1991
	Pacto Nacional-Popular de 2006 (que fracassou)

Nesta periodização, a definição da data do desencadeamento da revolução nacional e industrial brasileira em torno de 1930 é central, porque assinala a existência de uma burguesia nacional em formação naquele momento e o início da revolução capitalista ou burguesa no Brasil. Como os países que se desenvolveram originariamente tiveram todos sua revolução burguesa, o Brasil também a teve, e nos anos 1950, em pleno processo de revolução nacional e industrial, os intelectuais nacionalistas do Instituto Superior de Estudos Brasileiros (ISEB) e Celso Furtado identificaram a crise do capitalis-

---

[1] Naturalmente, as datas de início e fim de cada ciclo da relação Estado-sociedade e dos pactos políticos são apenas referências; não significam rupturas fundamentais, exceto 1930. Talvez a data mais surpreendente seja o ano de 1977 (em vez de um número redondo, como 1980) para o início da transição democrática, mas, como argumentarei neste livro, foi a forte reação da sociedade brasileira ao Pacote de Abril de 1977, do presidente Ernesto Geisel, que deu um impulso decisivo à luta pela democracia.

mo central desencadeada em 1929, a Revolução de 1930 no Brasil, e a política cambial e fiscal que então o governo brasileiro enceta como o momento de início dessa revolução.[2] A revolução, porém, implicava um acordo social ou um pacto político entre essa burguesia, os trabalhadores e a burocracia pública contra o dependente Pacto Oligárquico — uma coalizão que, após uma forte crise política e econômica, pareceu ser desmentida pelo golpe militar de 1964, quando as classes dominantes apareceram unidas. Não obstante esse fato, a escolha dessa data é hoje pacífica. Sofreu a contestação da interpretação da dependência que, conforme discutiremos mais amplamente no transcorrer deste livro, refletia a frustração dos intelectuais de esquerda diante do golpe militar de 1964, no qual a burguesia industrial se uniu à burguesia agroexportadora. Diante desse fato, pareceu a alguns analistas que era necessário criticar aqueles que haviam identificado o surgimento de uma coalizão de classes nacional-popular em 1930, com a participação de uma burguesia industrial relativamente progressista originada não da velha oligarquia, mas da imigração. Para isso procuraram deslocar essa data para os anos de 1888 a 1891 — momento em que ocorre a abolição da escravatura, proclama-se a República, e uma Constituição liberal é editada. Com isso esperavam demonstrar que não tinha havido ruptura entre a velha oligarquia e a nova burguesia industrial.[3] Essa é, a meu ver, uma não solução para o problema da existência ou não de burguesia nacional no Brasil. É verdade que a burguesia industrial brasileira jamais teve a independência das burguesias dos países que originalmente se desenvolveram, ou, mais tarde, das burguesias asiáticas, mas foi suficientemente nacional para, a partir de 1930, somar-se à burocracia pública e aos trabalhadores urbanos e formar uma nação, enquanto a burguesia agroexportadora, especialmente a cafeeira, de 1888-1891, era uma burguesia oligárquico-liberal sem condições de participar ativamente de uma estratégia nacional de desenvolvimento.

[2] O ISEB (Instituto Superior de Estudos Brasileiros), fundado em 1955 como setor do Ministério da Educação, decorreu da transformação de uma entidade de direito privado, o IBESP (Instituto Brasileiro de Economia, Sociologia e Política), o qual, por sua vez, foi formado pelo "Grupo de Itatiaia", que se reunia desde o final dos anos 1950 naquela cidade para discutir os problemas brasileiros. A CEPAL (Comissão Econômica para América Latina) inicia suas atividades em 1948, e, em 1949, publica seu estudo histórico que funda a escola estruturalista latino-americana.

[3] Ver João Manuel Cardoso de Mello (1982), Décio Saes (1985, p. 52). Para este último, "o processo de formação do Estado burguês no Brasil se estendeu, essencialmente, de 1988 a 1991".

O DESENVOLVIMENTO INTERROMPIDO

O grande momento do desenvolvimento econômico brasileiro foi o período de 1930 a 1980 — o do Ciclo Nação e Desenvolvimento ou da Revolução Capitalista Brasileira. Nesse período, como podemos ver pela Tabela 1, a taxa anual média de crescimento da renda *per capita* foi de 4,1%; nesses 50 anos, o Brasil foi o país que mais cresceu no mundo em termos de Produto Interno Bruto (PIB); em termos de PIB *per capita*, perdemos apenas para o Japão. Antes de 1930, o crescimento *per capita* foi muito menor, como podemos ver na mesma tabela. E depois, entre 1981 e 2016, no quadro do Ciclo Democracia e Justiça Social, a taxa de crescimento *per capita* da economia brasileira caiu verticalmente para 1,2% ao ano.

Tabela 1
CRESCIMENTO ANUAL DO BRASIL
NO LONGO PRAZO — 1871-2016

Anos	PIB (%)	PIB per capita (%)
1871-1889	2,4	0,5
1890-1930	3,6	1,2
1931-1980	6,6	4,1
1981-2016	2,8	1,2

Fontes: Angus Maddison, Groningen Growth and Development Centre, com correção pela PPC (período 1871-1900); Ipeadata (a partir de 1901).

O desenvolvimento econômico brasileiro foi interrompido, primeiro, por uma grande crise financeira nos anos 1980, causada pela política de crescimento com poupança e endividamento externos adotada na segunda metade dos anos 1970, e pela alta inflação inercial (ver *Breve teoria 10*). Em 1994, essa inflação foi afinal controlada por um plano de estabilização heterodoxo, o Plano Real, mas a esperada retomada do desenvolvimento não aconteceu. Não aconteceu durante doze anos de políticas e reformas liberais (1990-2002), e continuou não acontecendo durante outros doze anos de políticas desenvolvimentistas sociais (2003-2014). Os liberais conseguiram estabilizar a inflação, os desenvolvimentistas sociais lograram diminuir a desigualdade e praticamente eliminar a miséria, mas ambos fracassaram em retomar o desenvolvimento econômico. Isso se deve, em grande parte, ao fato de que, a partir de 1990, o Brasil perdeu a ideia de nação e se submeteu à hegemonia neoliberal que já era dominante nos países ricos desde o final dos anos 1970. E fracassou também porque foi vítima da alta preferência pelo consumo imediato. Tanto a perda da ideia de nação quanto a preferência pelo consumo imediato fizeram o Brasil mergulhar em uma armadilha de juros altos e taxa de câmbio apreciada no longo prazo, que levou as boas empresas industriais brasileiras a perder competitividade e reduzir seus investimentos, e levou a economia brasileira ao baixo crescimento e à desindustrialização.

Poderíamos, porém, supor que em termos do Índice de Desenvolvimento Humano (IDH), o Ciclo Democracia e Justiça Social teria apresentado melhores resultados que o Ciclo Nação e Desenvolvimento, mas isso não ocorreu. Tomando-se dois períodos de 25 anos, antes e depois de 1984, temos que entre 1959 e 1984 o IDH aumentou 30,3%, enquanto entre 1984 e 2011 o aumento foi de apenas 18,9%. É verdade que essas duas porcentagens subestimam o avanço social, porque no IDH a renda *per capita* é incluída. Mas se considerarmos apenas as duas outras variáveis que formam esse índice, o quadro não muda: a esperança de vida ao nascer aumentou em 20,3% no primeiro período e 19,8% no segundo, enquanto a taxa de alfabetização aumentou, respectivamente, em 29,3% e 18,2% nos dois períodos. Não obstante, portanto, o maior esforço da sociedade brasileira e do Estado em melhorar os índices sociais a partir da transição democrática que ocorreu em 1985, esses índices não foram melhores que no período anterior, quando o crescimento da renda *per capita* foi muito maior.

Os dois pactos do Ciclo Nação e Desenvolvimento e o primeiro do Ciclo Democracia e Justiça Social são desenvolvimentistas, e, por isso, nacionais e envolvendo razoável grau de intervenção do Estado na economia. O Pacto Liberal-Dependente tem sua natureza definida no próprio título. A partir de 2006, aproximadamente, começa a se formar um novo pacto desenvolvimentista, mas esta questão e as demais questões envolvidas nessa periodização aqui apenas anunciada serão discutidas no decorrer deste livro. Os resultados alcançados pelos diversos pactos e suas respectivas estratégias de desenvolvimento foram bem diferentes, como podemos ver pela Tabela 2. Grande desenvolvimento nos dois primeiros pactos que usaram estratégias desenvolvimentistas; crise no Pacto Democrático-Popular, que foi também o momento da Crise Financeira dos Anos 1980; baixo crescimento no Pacto Liberal-Dependente, não obstante a estabilização da alta inflação alcançada em 1994; taxas de crescimento razoáveis no período desenvolvimentista social, entre 2006 e 2014, durante o qual se tentou, sem êxito, construir um novo pacto nacional e popular. E uma grande crise econômica e política de 2015 a 2019, que marcou o fracasso dessa tentativa de se construir uma nova coalizão de classes desenvolvimentista, e mais amplamente, o fim do Ciclo Democracia e Justiça Social.

Tabela 2
ESTRATÉGIAS E CRESCIMENTO ANUAL
DO PIB *PER CAPITA* — 1930-2019

Anos	Pactos	Estratégias	PIB per capita anual (%)
1930-1960	Pacto Nacional-Popular	Substituidora de importações	3,4
1961-1964	Crise	Crise e ajuste	1,7
1965-1980	Pacto Autoritário-Modernizante	Exportadora de manufaturados	5,4
1981-1990	Crise e Pacto Democrático-Popular	Crise financeira e alta inflação	-0,5
1991-2005	Pacto Liberal-Dependente	Consenso de Washington	1,1
2006-2014	Tentativa de pacto nacional	Desenvolvimentismo social	2,5
2015-2019	Crise	Crise e ajuste	-1,7

Fonte: Ipeadata.

Na análise que desenvolverei no transcorrer deste livro, esta tabela poderá servir de referência para o leitor. Aqui basta salientar a grande mudança que ocorre nos anos 1980. Esse é um período de grande crise financeira que os liberais vão afirmar de forma hegemônica ter sido causado pelo "esgotamento do modelo de industrialização por substituição de importações", ou, em outras palavras, pelo excesso de intervenção do Estado na economia, quando, na verdade, esse modelo já havia se esgotado vinte anos antes, e o país estivesse adotando uma estratégia bem-sucedida de exportação de manufaturados. A verdadeira causa da crise foi uma clássica crise financeira — uma crise de balanço de pagamentos ou crise da dívida externa — que resultou em alta inflação inercial. Essa crise abriu espaço para a transição democrática, ao enfraquecer o regime militar, mas, como os novos democratas, a partir de 1985, não lograram resolver a crise, criaram a oportunidade para que uma coalizão de classes liberal e dependente levasse o Brasil a se submeter ao Consenso de Washington. Esses maus resultados foram acompanhados por um processo de desindustrialização prematura. Conforme vemos no Gráfico 1, que apresenta a participação da indústria no PIB desde 1947, essa participação, que era de 16%, aumentou de maneira consistente entre 1950 e 1986, quando alcançou 26% do PIB, mas depois caiu de maneira brutal, chegando a 11% em 2019. Como veremos, o único fato histórico novo que pode explicar esse mau resultado é o fato de que, a partir do início dos anos 1990, em razão da liberalização comercial e financeira então realizada sob a égide do liberalismo econômico, o governo perdeu o controle sobre a taxa de câmbio, deixando assim de neutralizar a doença holandesa e de ter instrumentos para controlar as entradas excessivas de capital.

Gráfico 1
PARTICIPAÇÃO DA INDÚSTRIA NO PIB (%) — 1947-2019

Fonte: Paulo César Morceiro, "Influência metodológica na desindustrialização brasileira e correções na composição setorial do PIB", *TD NEREUS 02-2019*, USP.
Obs.: Série ajustada e compatível com o atual SCN Ref. 2010.

Neste livro, ainda que analise brevemente o Ciclo Estado e Integração Territorial, meu foco é sobre os dois últimos ciclos — o Ciclo Nação e Desenvolvimento, que é também o momento da Revolução Capitalista Brasileira, no qual as desigualdades econômicas aumentam, como é próprio do capitalismo, mas a desigualdade social diminui, e o Ciclo Democracia e Justiça Social, que se forma no final dos anos 1970, quando a revolução capitalista já havia sido "completada", e, assim, o Brasil já estava maduro para a democracia e para uma diminuição da desigualdade econômica. Como veremos nos capítulos finais deste livro, com a crise política que começa em 2013 e grande recessão de 2014-2016, esse ciclo se esgotou e o Brasil se encontra desde então, e até hoje (novembro de 2020), imerso em profunda crise, na qual a democracia foi gravemente arranhada pelo impeachment da presidente Dilma Rousseff em 2016. O país está agora mergulhado em um neoliberalismo radical e fora do tempo, já superado no Norte, combinado com o autoritarismo de extrema direita do governo Jair Bolsonaro. Conforme assinalou com muita propriedade Gildo Marçal Brandão (2007, p. 28), ao estudar as linhagens do pensamento político brasileiro, o interesse pelos "intérpretes do Brasil" tem caráter cíclico e aumenta nos momentos de mudança global. Nesses momentos somos forçados a reorganizar as esferas da nossa existência e a reformular os quadros mentais que esquematizavam o nosso saber. O momento que estamos vivendo "é apenas comparável aos períodos abertos pela Abolição e pela Revolução de 1930. Tudo se passa como se o esforço de 'pensar o pensamento' se acendesse nos momentos em que nossa má formação fica mais clara e a nação e a sua intelectualidade se veem constrangidas a refazer o caminho percorrido antes de embarcar em uma nova aventura". Este livro parte dessa premissa e é minha tentativa de refazer esse percurso.

Diante do mundo

Os três grandes ciclos da relação Estado-sociedade e os pactos políticos que pautaram a construção do Brasil aconteceram sempre como um reflexo ou uma reação ao que ocorria no mundo capitalista que então começava a se inter-relacionar, a se integrar e a formar, pela primeira vez na história, um sistema único. A descoberta e a colonização do Brasil aconteceu enquanto, a partir da Europa, e em particular a partir da Inglaterra e da França, se desencadeava a revolução capitalista que começara no século XIII no norte da Itália, mas, em seguida, se espalhara pelo mundo. Enquanto, no passado, a história de cada império ou civilização era autocontida, e se expressava na sua expansão e em seguida na sua decadência e, geralmente, desaparecimento, agora tínhamos uma transformação decisiva na história da humanidade por meio da qual, pela primeira vez, o reinvestimento do excedente econômico na produção tornava-se uma prática, e, mais que isso, uma prática necessária para a sobrevivência das empresas. Antes do capitalismo, o excedente econômico era normalmente investido em financiar a força militar, em construir templos e palácios, e no consumo de luxo. Com a revolução comercial e o mercantilismo, a ideia do lucro e a prática do seu reinvestimento generalizaram-se; com o capitalismo industrial e a aceleração do progresso técnico que acontece com a revolução industrial, esse reinvestimento deixa de ser uma alternativa para ser uma necessidade se a empresa quiser se manter competitiva. Essa revolução foi, assim, de tal forma transformadora que, a partir dela, deixou de fazer sentido pensar em civilizações que prosperam, decaem e desaparecem, e vemos um processo civilizatório universal ao longo do qual o capitalismo, o desenvolvimento econômico e a melhoria dos padrões de vida, o desenvolvimento político e a democracia, o desenvolvimento social e o Estado social tendem a se generalizar por todo o mundo.

Esse processo histórico não ocorre de forma pacífica e harmônica. Os países retardatários na revolução capitalista não puderam realizá-la tranquilamente, simplesmente copiando a tecnologia e as instituições dos países que se industrializaram ou experimentaram inicialmente um processo de sofisticação produtiva. Pelo contrário, foram objeto do seu imperialismo, de diversas maneiras. Todo o período colonial brasileiro foi realizado no quadro do mercantilismo por uma potência mercantil, Portugal, que entrou em decadência pouco depois de ter colonizado o Brasil. É impossível entender o regime colonial brasileiro sem considerar essa condicionante externa. Da mesma forma, a Independência brasileira, em 1822, apenas faz sentido dada a Independência americana, a Revolução Industrial na Inglaterra, a Revolução Francesa e o período napoleônico; todo o Império transcorrerá no quadro da hegemonia inglesa proporcionada pela Revolução Industrial e a vitória sobre Napoleão Bonaparte. A República, por sua vez, somente pode ser compreendida no quadro da transferência que então se delineava da hegemonia mundial do Reino Unido para os Estados Unidos; a Proclamação da República e a Constituição presidencialista e federativa de 1891 deixam isso muito claro. A Revolução de 1930, por sua vez, só faz sentido no quadro das experiências de desenvolvimento retardatário de países como a Alemanha e o Japão, que adotaram uma estratégia nacional-desenvolvimentista para realizar o alcançamento, em especial considerando-se a crise do liberalismo econômico de 1929 e a Grande Depressão dos anos 1930. A transição democrática de 1946 e a Constituição de 1946, por sua vez, refletiram a vitória dos Estados Unidos na Segunda Guerra Mundial. O golpe militar de 1964 está associado à Revolução Cubana de 1959, ao acirramento da Guerra Fria e ao apoio dos Estados Unidos aos regimes militares anticomunistas. A transição democrática de 1985 correspondeu à perda de vigor da Guerra Fria em função da perda de legitimidade e de dinamismo dos regimes comunistas, e à adoção pelos Estados Unidos da promoção da democracia nos países em desenvolvimento como estratégia de dominação. A adoção de reformas e políticas macroeconômicas liberais, nos anos 1990, refletiu a hegemonia neoliberal reforçada pela queda do muro de Berlim em 1989 e o colapso da União Soviética em 1991. E, finalmente, a retomada do desenvolvimento no Brasil a partir de meados dos anos 2000 apenas ganha pleno sentido quando relacionada ao fracasso das reformas liberais em promover o desenvolvimento, a estabilidade financeira e a diminuição das desigualdades, confirmado pela Crise Financeira Global de 2008, que, como já havia ocorrido em 1929, foi uma crise do liberalismo econômico.

Relações externas

As relações internacionais do Brasil refletiram os grandes ciclos e os pactos políticos que caracterizaram nossa história interna ao mesmo tempo em que responderam à mudança contínua que ocorria no centro do capitalismo. Durante o Ciclo Estado e Integração Territorial, o Brasil será um país essencialmente dependente: no Império, da Inglaterra e da França; na Primeira República, dos Estados Unidos. Por isso, a grande figura do Barão do Rio Branco, que, com seus conhecimentos de geografia, sua liderança e sua competência diplomática desempenhou papel decisivo na definição pacífica do território brasileiro, é uma exceção. No mais, a diplomacia brasileira, na expressão de Hélio Jaguaribe (1962), era antes "ornamental", mais que um instrumento dos interesses nacionais brasileiros. Mais tarde, a partir dos anos 1930, quando a diplomacia brasileira se organiza administrativamente e, no quadro da política desenvolvimentista de Getúlio Vargas, passa a ter papel importante no desenvolvimento brasileiro, essa diplomacia constituída por um corpo de servidores públicos profissionais de primeira qualidade terá Rio Branco como seu patrono e inspirador do seu compromisso com a soberania nacional. Celso Lafer (2001, pp. 87-8), que, como eu, é discípulo de Hélio Jaguaribe, a vê como um instrumento essencial da construção da nacionalidade, que requer a superação de "falhas de formação". "Daí", nos diz ele, "a ideia força de um nacionalismo integrador do espaço nacional, baseado no desenvolvimento." Daí, "a lógica de um nacionalismo de fins" visando a "uma integração controlada na economia mundial" e à "construção de um espaço de autonomia nacional". Samuel Pinheiro Guimarães (2006, pp. 62-3) opõe uma estratégia diplomática "tradicional", para a qual "o princípio da igualdade soberana dos estados permite ao Brasil a melhor defesa de seus interesses nas negociações e nas relações internacionais", e que, para isso, "o princípio da não intervenção é essencial", a uma estratégica diplomática "moderna", a qual considera como inevitáveis a globalização, a hegemonia dos Estados Unidos e o gradual desaparecimento dos Estados nacionais. Entretanto, esta segunda estratégia, que reflete a hegemonia neoliberal e globalista dos Estados Unidos nos anos 1990, nunca chegou a ser dominante no Brasil. Conforme discutirei amplamente neste livro, nossas elites empresariais e intelectuais foram sempre ambíguas, e muitas vezes dependentes. O mesmo não pode ser dito de nossas elites diplomáticas. Elas se sentiram em alguns momentos tentadas pela estratégia "moderna", mas foram afinal capazes de resistir a ela.

Amado Luiz Cervo e Clodoaldo Bueno, em sua *História da política exterior do Brasil* (1992/2012, pp. 15-6), resumem de maneira muito feliz essa história na introdução de seu livro. Para eles, "à época da Independência, estabeleceu-se o modelo mais ruinoso ao interesse nacional jamais experimentado" — um modelo de subordinação à Inglaterra. Mas, a partir dos anos 1840, logrou-se o equilíbrio entre os interesses internos e externos — um equilíbrio que foi rompido durante a Primeira República, caracterizada agora não mais pela dependência da Inglaterra, mas dos Estados Unidos. Entretanto, "foram reunidas, à época de Vargas, as condições para se implementar, pela primeira vez, um tipo de política externa funcional, tendo em vista não mais os interesses de um segmento social, mas o superior interesse da nação", um período em que "se relacionaram desenvolvimentismo e política exterior".

Em síntese, uma política externa nacionalista e pragmática somente ganhou corpo no Brasil a partir de 1930, e, não por acaso, essa mudança relacionou-se com a transformação do corpo diplomático brasileiro em um corpo de burocratas públicos de alto nível. Geralmente se adota a fundação do Departamento Administrativo do Serviço Público (DASP), em 1937, como o marco inicial da Reforma Burocrática de 1936 — a reforma que marca, do ponto de vista administrativo, a transição de um país do Estado patrimonialista para o Estado burocrático, mas na verdade ela começou, sempre no governo Vargas, em 1931, no Ministério das Relações Exteriores — o Itamaraty. Em 1938, sob o comando de Oswaldo Aranha, a reforma foi completada e se estabeleceu definitivamente o quadro único da carreira diplomática. Este fato, além da relevância da função pública exercida, explica por que essa carreira permaneceu sempre um exemplo de insulamento burocrático, por que seus quadros foram guiados sempre por critérios profissionais, em lugar de servir às necessidades de composição política do governo, como acontece, ainda hoje, com setores do Estado brasileiro.

Durante o primeiro governo Vargas (1930-1945), a tônica fundamental da política internacional do Brasil procurou aproveitar a rivalidade entre os Estados Unidos e uma Alemanha em plena expansão. Os dois países tinham grande interesse em ter o Brasil como aliado, e nosso comércio exterior com a Alemanha era apenas um pouco menor que o com os Estados Unidos — o que facilitava a estratégia. Seu bem conhecido resultado foi o apoio que o Brasil recebeu dos Estados Unidos para construir sua primeira usina siderúrgica — a usina de Volta Redonda. O fato de, em 1937, Getúlio Vargas ter assumido poderes ditatoriais, assim como o de ter renovado a moratória da dívida externa que vigia desse 1930, aproximou-o da Alemanha, embora o regime autoritário brasileiro não tenha sido violento como foi nos três países do Eixo (Alemanha, Itália e Japão). Quando, em 1939, começou a Segunda Guerra Mundial, o Brasil declarou sua neutralidade. Em junho de 1940, Getúlio Vargas fez um famoso discurso no qual previu o fim das democracias — algo que era conveniente a ele. Como também era conveniente o jogo diplomático que estava realizando, agindo como intermediário, no governo, entre o grupo que queria se associar à Alemanha e o que queria se aliar aos Estados Unidos. Afinal, em 1942, decidiu-se pelos Estados Unidos, declarou guerra à Alemanha, e o Brasil teve uma modesta mas efetiva participação militar no conflito. Contribuíram para essa decisão, além do financiamento da siderúrgica, o colapso do comércio com a Alemanha causado pelo bloqueio promovido pelo Reino Unido e a pressão da opinião pública brasileira que, em sua grande maioria, se identificou com os países democráticos, os Aliados.

Ainda nesse período, o Brasil teve um papel internacional significativo ao ajudar a resolver conflitos entre Peru e Uruguai, entre Peru e Colômbia (a questão de Letícia) e na Guerra do Chaco entre Bolívia e Paraguai. Essas ações era coerentes com a política latino-americanista que ganhava corpo no quadro do desenvolvimentismo então em ascensão na região. Os quinze anos seguintes foram marcados pela continuidade dessa associação em que o Brasil era o sócio menor. A derrubada de Getúlio Vargas em 1945 contou com o apoio dos Estados Unidos, mas o fato não despertou maior atenção, já que o fim do regime autoritário era uma consequência esperada da derrota dos países dominados pelo totalitarismo. O pan-americanismo caracterizou o período e foi transformado em política oficial no governo Juscelino Kubitschek (1956-1960).

Com a eleição de Jânio Quadros para a Presidência da República, ocorre uma surpreendente virada na política internacional do Brasil. Embora houvesse sido eleito pelas forças liberais e dependentes, ele inicia o que ficou chamado de Política Externa Independente (PEI), que, entre outras medidas, envolveu a condecoração de Che Guevara em um momento em que os Estados Unidos já haviam tomado uma posição radicalmente contrária à Revolução Cubana e empurrado Cuba para a esfera da União Soviética.[4] O governo João Goulart, assim como os demais presidentes militares, exceto o primeiro, Castello Branco (1964-1967), manterá uma política internacional relativamente independente dos Estados Unidos no plano econômico, o que era coerente com seu desenvolvimentismo. Ao mesmo tempo, os militares se aliavam a esse país na oposição à União Soviética e ao comunismo, porque sua estratégia visava à consolidação do capitalismo no Brasil. Nesse período, no quadro da diplomacia, desponta a figura do embaixador João Augusto de Araújo Castro, que, com a sua política dos três Ds (Desenvolvimento, Descolonização e Desarmamento), definida em um discurso na Organização das Nações Unidas ainda em 1963, no governo Goulart, mas que se manteve influente por muitos anos, procurou tornar a política externa brasileira ainda independente, embora mais pragmática, mais voltada para os temas comerciais, ao mesmo tempo em que a política de relações comerciais do Brasil se tornava tema próprio do Ministério das Relações Exteriores.[5]

Com o retorno da democracia, em 1985, a política internacional do Brasil não sofreu grande modificação. Apoiada no seu corpo diplomático, identificado com os interesses nacionais, ela continua razoavelmente independente dos Estados Unidos, mesmo entre 1990 e meados dos anos 2000, momento em que, internamente, o pacto político deixa de ser desenvolvimentista para ser liberal e dependente ao aceitar, sem crítica, as políticas econômicas. Em 1992, no auge da hegemonia neoliberal, o México adere ao Tratado Norte-Americano de Livre Comércio (NAFTA) e se torna dependente dos Estados Unidos.[6] Ocorreu então uma grande pressão para que o Brasil aderisse ao Acordo de Livre Comércio das Américas (ALCA), mas o

---

[4] Em *Listen, Yankee* (1960), Charles Wright Mills, depois de uma longa visita a Cuba, defendeu a tese de que a revolução de Fidel Castro não era comunista, e sim progressista e nacionalista, mas que o governo americano estava empurrando o país para o comunismo.

[5] Conforme assinalou Gelson Fonseca Jr. (1998, p. 260), o discurso de Araújo Castro "influenciou, por longo período, o próprio discurso oficial, como demonstrou o pronunciamento do então presidente Sarney na ONU, em 1985".

[6] O fato de o Canadá participar do mesmo acordo não significa que seja um país dependente, pois tem o mesmo nível de desenvolvimento dos Estados Unidos. A dependência ocorre entre países com níveis de desenvolvimento claramente diferentes.

governo Fernando Henrique Cardoso (FHC), ao verificar as limitações inaceitáveis que o tratado impunha ao Brasil, recusa-se a assiná-lo, ao mesmo tempo em que inicia uma política internacional sul-americana em vez de latino-americana.

No final do governo Lula, o ministro Celso Amorim afirmou que o presidente Lula e ele procuraram fazer uma política externa "altiva e ativa". Creio que o ministro definiu bem a política externa brasileira por meio dessas duas palavras. O maior êxito da política externa brasileira nesse governo, porém, foi sua tentativa, em associação com a Turquia, de intermediar o conflito entre os Estados Unidos e o Irã. Os dois países conseguiram que o Irã aceitasse todas as demandas de fiscalização de suas instalações atômicas feitas pelos Estados Unidos e até então recusadas. Como era de se esperar, os Estados Unidos recusaram a intermediação, porque o que realmente interessa a eles é incluir o Irã em sua esfera de influência — algo que a intermediação brasileira e turca não oferecia. Depois dessa tentativa, tornou-se claro para todos que a participação do Brasil nos principais foros internacionais é necessária. As políticas de fortalecimento do Mercosul, a criação da União das Nações Sul-Americanas (UNASUL), e uma política de solidariedade ativa mas limitada aos países pobres da América Latina, governados por partidos nacionalistas e de centro-esquerda, indicaram a decisão do Brasil, que já fora esboçada no governo anterior, de abandonar o conceito de América Latina, prejudicada pela adesão do México à NAFTA, e fortalecer a América do Sul. Na relação com a Bolívia, que precisava renegociar contratos danosos inclusive com a Petrobras, o Brasil mostrou a diferença entre ser imperial e imperialista ao aceitar parte substancial das demandas do país menor e muito mais pobre.

No governo Dilma Rousseff, a política externa brasileira perdeu o brilho que havia adquirido com Lula e Amorim. Em 2016, com o impeachment de Dilma, essa política dá uma forte guinada em direção à dependência dos Estados Unidos. O presidente, Michel Temer, e o novo ministro das Relações Exteriores, José Serra, firmam como principal objetivo do governo estabelecer tratados comerciais bilaterais, uma tese muito cara à direita e aos países ricos — e que foi adotada plenamente pelo México, desde que ele aderiu ao NAFTA, assinou um grande número de tratados, mas não voltou a crescer de maneira minimamente satisfatória. Conforme observou Celso Amorim (2016), "o afã em aderir a mega-acordos regionais do tipo TPP (Parceria Transpacífico) denota total ignorância das cláusulas que cerceiam possibilidades de políticas soberanas (no campo industrial, ambiental e de saúde, entre outros)".

Na era da globalização, os Estados-nação experimentam uma contradição essencial. Nunca foi tão intensa a competição entre eles, mas, em contrapartida, nunca foi tão necessário que cooperassem e coordenassem suas ações. Os grandes países não mais se ameaçam com guerras, mas, como os mercados foram abertos e as exportações cresceram mais que a produção, a competição econômica entre eles aumentou. Visando regular essa competição e resolver uma série de problemas globais, como o aquecimento global, as máfias das drogas, as epidemias, as catástrofes e os tsunamis, a cooperação entre as nações é cada vez mais necessária. O que não impediu que os países ricos e imperiais, porque poderosos, continuassem a se aproveitar de sua hegemonia ideológica para persuadir e pressionar os países em desenvolvimento para que adotassem políticas que não atendem aos seus interesses nacionais. Como veremos neste livro, nem os políticos nem os economistas brasileiros dão-se conta deste fato, porque o Brasil até hoje não logrou ser uma nação plenamente independente: é, antes, uma sociedade nacional-dependente, uma sociedade mestiça e periférica, cujas elites vivem a permanente contradição de se querer pensar branca e europeia.

Breve teoria 1
TEORIA NOVO-DESENVOLVIMENTISTA

O desenvolvimentismo pode ser entendido de duas maneiras: ou como uma forma de organização econômica do capitalismo e de regime de política econômica voltada para o desenvolvimento econômico, ou como uma teoria econômica do desenvolvimento que defende essa forma de capitalismo e esse regime de política econômica. Em termos de regime de política econômica, o nacional-desenvolvimentismo foi dominante no país entre 1930 e 1990. O nacional-desenvolvimentismo foi um regime de política econômica que, com todos os seus erros e acertos, permitiu que a economia brasileira crescesse e os padrões de vida aumentassem substancialmente no Brasil nesse período. Já a Teoria Novo-Desenvolvimentista é uma teoria econômica que nasceu da Teoria Desenvolvimentista Clássica e da Teoria Pós-Keynesiana para compreender a estabilidade macroeconômica e o crescimento econômico dos países, e que compara o desenvolvimentismo com o liberalismo econômico e mostra que o primeiro esteve mais associado à estabilidade e ao crescimento do que o segundo. Neste livro eu utilizo a Teoria Novo-Desenvolvimentista, sua microeconomia, sua macroeconomia do desenvolvimento e sua economia política para entender o Brasil. O conjunto de conceitos e modelos que formam a Teoria Novo--Desenvolvimentista vem sendo desenvolvido por um grupo amplo de economistas no Brasil e no exterior. Uma escola de pensamento novo--desenvolvimentista está surgindo e vem sendo discutida no International Workshop on New Developmentalism que o Centro do Novo Desenvolvimentismo da Fundação Getúlio Vargas realiza anualmente desde 2016.

A macroeconomia desenvolvimentista origina-se da macroeconomia keynesiana e do desenvolvimentismo clássico ou estruturalista, mas distingue-se dessas duas correntes em alguns pontos: (1) as variáveis fundamentais que utiliza não são o déficit público e a taxa de juros, mas o déficit em conta-corrente e a taxa de câmbio; (2) o que distingue as economias em desenvolvimento das economias ricas não é mais uma dualidade social e um mercado mal estruturado, mas o fato de que esses países se endividam em moeda estrangeira e estão sujeitos a crises de balanço de pagamentos, enquanto que os países ricos se endividam em sua própria moeda e estão sujeitos apenas a crises bancárias; (3) enquanto nos países ricos a taxa de câmbio é volátil em torno do equilíbrio corrente, nos países em desenvolvimento ela se caracteriza pela tendência à sobreapreciação cíclica e crônica e, portanto, permanece sobreapreciada no longo prazo, só interrompendo a sobreapreciação e os correspondentes déficits elevados em conta-corrente quando ocorre uma crise de balanço de pagamentos endógena; (4) a taxa de câmbio tem um papel decisivo no desenvolvimento econômico porque ela é a determinante fundamental do investimento, na medida em que, permanecendo sobreapreciada no longo prazo, funciona como um interruptor que liga ou desliga as empresas competentes do país da demanda — tanto da demanda do mercado externo quanto do mercado interno; (5) as causas dessa sobreapreciação são (a) estruturais: a doença holandesa não neutralizada, e (b) as três políticas econômicas habituais que fazem o país mergulhar no déficit em conta-corrente — a política de crescimento com "poupança externa", ou seja, com endividamento externo, a política de âncora cambial contra a inflação, e a política do banco central de estabelecer um alto nível de taxa de juros em torno do qual pratica sua política monetária; (6) as crises financeiras cíclicas são causadas menos por déficits públicos e mais por déficits em conta-corrente elevados que provocam o aumento da dívida externa do país e levam os credores externos a, de repente, suspender o crédito o país.

Dada essa análise, a Teoria Novo-Desenvolvimentista tem uma estratégia para oferecer. Para compreendê-la preparei o Quadro 2, comparando a ortodoxia liberal com o Novo Desenvolvimentismo. Numerei as colunas, que são autoexplicativas, mas vou comentá-las brevemente em seguida.

Quadro 2
ORTODOXIA LIBERAL
E TEORIA NOVO-DESENVOLVIMENTISTA

	Ortodoxia liberal	*Teoria Novo-Desenvolvimentista*
1	Equilíbrio macroeconômico é assegurado pelo mercado e pela responsabilidade fiscal.	Não basta responsabilidade fiscal. Os cinco preços macroeconômicos fundamentais devem estar corretos, e o mercado não garante isso.
2	Superávit primário é sempre necessário.	Superávit primário é necessário, exceto quando a crise exige política anticíclica.
3	Déficit em conta-corrente é desejável: faz parte da política de crescimento com poupança externa.	A conta-corrente deve estar equilibrada, e, quando há doença holandesa, o superávit significa que ela foi neutralizada.
4	É necessária moralidade para enfrentar a maldição dos recursos naturais. O que é mesmo doença holandesa?	É necessário neutralizar a doença holandesa, ou maldição dos recursos naturais (são sinônimos), para tornar as boas empresas competitivas.
5	Política cambial é desnecessária.	Política cambial é fundamental para neutralizar a tendência à sobreapreciação.

6	A meta de inflação é o principal objetivo da política macroeconômica.	Além de uma meta de inflação, o governo deve ter uma meta de taxa de câmbio.
7	Política industrial (incentivos ao investimento) é prejudicial.	Política industrial é necessária, mas não substitui câmbio competitivo.
8	As falhas humanas são maiores do que as do mercado, porque os políticos só se preocupam com seus interesses.	Podem ser, mas quando há competência os resultados são muito melhores. Há políticos republicanos e políticos desonestos.
9	Para legitimar os governos é necessário reduzir a pobreza.	Não basta reduzir a pobreza; é necessário reduzir as desigualdades. O Novo Desenvolvimentismo é sempre social.

1. Para a ortodoxia liberal o equilíbrio macroeconômico é fundamental, mas, desde que haja responsabilidade fiscal, o mercado o garantiria automaticamente, enquanto para a Teoria Novo-Desenvolvimentista o mercado não tem esse poder. Deixado livre haverá graves desequilíbrios nos cinco preços macroeconômicos fundamentais: a taxa de câmbio, a taxa de lucro, a taxa de juros, a taxa de salários e a taxa de inflação. A taxa de câmbio será sobreapreciada, o que significará que a taxa de lucro esperada dos empresários estará deprimida, a taxa de salários será artificialmente elevada, e a taxa de juros, que interessa aos capitalistas rentistas, será elevada. Ora, para que haja desenvolvimento econômico é preciso que a taxa esperada de lucro seja satisfatória para os empresários — satisfatória para que invistam — e o *nível* da taxa de juros seja o menor possível, sem prejuízo, naturalmente, da sua variação em função da política de juros visando controlar a inflação.

2. Para a ortodoxia liberal o superávit primário que mantenha constante, em um nível aceitável para os credores, a relação dívida pública/PIB é correto, enquanto para a Teoria Novo-Desenvolvimentista esse objetivo também é correto, mas o governo não deve hesitar

em adotar uma política fiscal expansiva contracíclica quando houver recessão — política essa que deve aumentar o investimento, não a despesa de consumo público. A Teoria Novo-Desenvolvimentista, portanto, rejeita déficits públicos crônicos que muitos identificam, equivocadamente, com o pensamento de Keynes.

3. Para a ortodoxia liberal o déficit em conta-corrente é *desejável*, porque é através dele que se adota a política de crescimento com poupança externa, enquanto a Teoria Novo-Desenvolvimentista entende que quando há doença holandesa um *superávit em conta-corrente* é desejável, porque significa que a sobreapreciação por ela causada está sendo neutralizada. A doença holandesa é a sobreapreciação cambial permanente, causada pela exportação de *commodities* que, beneficiadas por rendas ricardianas, podem ser exportadas por uma taxa de câmbio (o equilíbrio corrente) mais apreciada do que aquela necessária para tornar competitivas as empresas do país que usam tecnologia no estado da arte mundial (o equilíbrio industrial). Para neutralizá-la é necessário estabelecer sobre a exportação de *commodities* que originam a doença holandesa um imposto igual à gravidade da doença holandesa (em um país onde o equilíbrio industrial é R$ 3,30 por dólar e o equilíbrio corrente, R$ 2,50 por dólar, esse imposto deve ser de 24% sobre cada dólar exportado). Ora, quando isto é feito, o país terá necessariamente um superávit em conta-corrente. Não bastasse isso, a taxa de substituição da poupança interna pela externa é geralmente alta, de forma que a poupança externa, mesmo quando assume a forma de investimento direto, acaba em grande parte transformada em consumo, e, toda ela, em aumento da dívida externa do país.

4. Para a ortodoxia liberal é necessário moralidade para enfrentar a "maldição dos recursos naturais", enquanto para a Teoria Novo-Desenvolvimentista ela é sinônimo de doença holandesa (e a moralidade é naturalmente sempre necessária). De acordo com a ortodoxia liberal essa maldição existe nos países ricos em recursos naturais e que exportam *commodities* com base nele (exatamente as condições para que haja doença holandesa), e onde as elites locais se dedicariam ao *rent seeking* — à busca de rendas de forma desonesta, ao invés de trabalhar e produzir. Não há dúvida que isso acontece principalmente nos países pobres. Quanto mais pobre for um país, mais fracas serão suas instituições, inclusive a principal delas — o Estado — e, portan-

to, maior será a corrupção. Mas é inaceitável que economistas e cientistas políticos identificados com a ortodoxia liberal, ao analisar um país que tem recursos naturais abundantes e baratos, só vejam nele o *rent seeking*, e "esqueçam" a doença holandesa. Esqueçam alguma coisa que eles não conhecem bem, nem querem conhecer, porque não interessa aos países ricos que os países em desenvolvimento falem em taxa de câmbio e tendência à sua sobreapreciação.

5. Para a ortodoxia liberal bastam a política de juros e a política fiscal, enquanto para a Teoria Novo-Desenvolvimentista é necessária adicionalmente uma ativa política cambial. O imposto de exportação faz com que o valor da taxa de câmbio se desloque para o equilíbrio industrial. Mas, uma vez que a oferta e a procura de moeda estrangeira, que inclui os fluxos especulativos de capital, determinam o preço da taxa de câmbio, que poderá se afastar substancialmente do seu valor, é preciso que o governo, além de comprar e vender reservas, possa, sempre que necessário, recorrer ao controle de capitais, principalmente ao controle da entrada de capitais. Em princípio não haverá necessidade de controle da saída de capitais, porque em um país que normalmente apresenta superávit em conta-corrente não haverá espaço para a fragilidade financeira que leva os capitalistas nacionais a buscar resguardar seus capitais em moeda forte.

6. Para a ortodoxia liberal a meta de inflação é o principal objetivo da política macroeconômica, enquanto para a Teoria Novo-Desenvolvimentista, além da meta de inflação, é necessário que haja, ainda que de maneira informal, uma meta de taxa de câmbio. Isto é necessário porque a taxa de câmbio é um interruptor que liga ou desliga do mercado interno e externo as empresas que usam tecnologia no estado da arte mundial.

7. Para a ortodoxia liberal a política industrial (a definição de incentivos por empresa ou por setor industrial) é desaconselhável, não obstante os países ricos a pratiquem, enquanto que a Teoria Novo-Desenvolvimentista defende uma política industrial estratégica que ajude as empresas a se tornarem competitivas e venderem tanto para o mercado interno quanto para o externo. Isto, entretanto, *não* significa que a política industrial tenha para o Novo Desenvolvimentismo a mesmo importância que tinha no desenvolvimentismo clássico. Esta não contava com uma macroeconomia, que é central na Teoria Novo-

-Desenvolvimentista, e o problema da neutralização da doença holandesa era tratado no plano da política industrial através de uma combinação de tarifas de importação elevadas e subsídios à exportação de manufaturados, ao invés de vê-la como um problema de taxa de câmbio sobreapreciada no longo prazo a ser resolvido pela política cambial — especificamente pela adoção de um imposto de exportação sobre as *commodities* que originam a doença holandesa. Definitivamente, a Teoria Novo-Desenvolvimentista não vê a política industrial como um substituto de uma política que mantenha os cinco preços macroeconômicos certos.

8. Para a ortodoxia liberal as falhas humanas são maiores do que as do mercado, porque os políticos só fazem compensações (*trade offs*) entre o *rent seeking* e a vontade de serem reeleitos, faltando portanto para eles *espírito republicano*, enquanto para o Novo Desenvolvimentismo falhas humanas podem ocorrer por falta de conhecimento e também por falta de espírito republicano, mas há muitos políticos e altos burocratas que fazem compensações entre sua vontade de serem eleitos e o interesse público. Por outro lado, sabemos que os mercados deixados por si só não garantem nem estabilidade financeira, nem desenvolvimento. O que significa que não há alternativa para o crescimento com estabilidade senão uma ativa política macroeconômica, que coloque os preços macroeconômicos no lugar certo, evite as crises financeiras cíclicas e estimulem o investimento.

9. Para a ortodoxia liberal é necessário reduzir a pobreza através de políticas focais para, assim, legitimar o governo, enquanto que para a Teoria Novo-Desenvolvimentista não basta reduzir a pobreza; é necessário também reduzir a desigualdade econômica, seja porque na democracia os trabalhadores têm suficiente poder para exigir serviços sociais universais melhores, seja porque, por uma questão de justiça, a desigualdade econômica existente nos países em desenvolvimento é inaceitável. Mas para isso não se deve reduzir o lucro dos empresários, porque são eles que investem, porque são eles os sócios estratégicos de uma coalizão de classes desenvolvimentista. A redução da desigualdade deve ser realizada gradualmente através: (1) de impostos progressivos; (2) de uma política macroeconômica que mantenha os juros no *nível* mais baixo possível (sem prejuízo da política monetária para a qual o essencial é a variação dos juros, não o seu

nível); e (3) do aumento do gasto público com os grandes serviços sociais de educação, saúde, previdência pública e assistência social. Em outras palavras, no quadro da democracia a Teoria Novo-Desenvolvimentista é social por uma questão de justiça e por uma questão de legitimidade política.

Falta ainda responder a uma pergunta básica: por meio dessa estratégia de crescimento com poupança interna e neutralização da doença holandesa, como o país conseguirá aumentar sua taxa de poupança? A resposta não é, certamente, mudar a cultura das pessoas. A resposta macroeconômica correta é o Estado realizar uma poupança pública para financiar os investimentos públicos, e, principalmente, adotar uma política cambial que neutralize a tendência à sobreapreciação cíclica e crônica da taxa de câmbio e a mantenha competitiva, no nível do equilíbrio industrial, porque, assim, os empresários serão estimulados a investir, os investimentos serão realizados, e, como ensinou Keynes, a taxa de poupança do país aumentará.

Em síntese, a Teoria Novo-Desenvolvimentista propõe uma estratégia de desenvolvimento com estabilidade mais segura e responsável que a ortodoxia liberal, desde que o país conte com políticos, economistas e cientistas políticos razoavelmente competentes, pragmáticos, e razoavelmente dotados de espírito republicano, e se constitua uma coalizão de classes desenvolvimentista para orientar e dar apoio às políticas necessárias, que nem sempre são agradáveis no curto prazo. A aplicação dos princípios da ortodoxia liberal leva *necessariamente* a crises financeiras crônicas e ao baixo crescimento.

2

As origens coloniais do atraso

Podemos ver hoje no mundo quatro tipos de países segundo o critério de seu grau de desenvolvimento econômico ou do fato de terem ou não realizado sua revolução capitalista: os países ricos e os países de renda média, que já realizaram sua revolução nacional e industrial, os países pré-industriais que buscam no momento realizá-la, e os países pobres. Essa classificação parte do pressuposto de que a revolução capitalista é o momento crucial na história de cada povo. Quando uma nação logra se organizar politicamente, constrói um Estado e forma um Estado-nação dotado de um mercado interno, surgem as condições para sua revolução industrial e, em seguida, seu desenvolvimento sustentado. A Revolução Industrial aconteceu na Inglaterra, na segunda metade do século XVIII, depois de uma longa preparação que incluiu a adoção por Henrique VIII de uma religião inglesa, a vitória da Rainha Elizabeth sobre a Invencível Armada espanhola em 1580, a Guerra Civil de Oliver Cromwell (a primeira grande revolução burguesa na história), e, finalmente, a Revolução Gloriosa em 1688, que transformou a Inglaterra em uma monarquia constitucional. Realizada a Revolução Industrial na Inglaterra, o exemplo foi logo seguido pela França, Bélgica, Holanda, e, um pouco mais tarde, pelos Estados Unidos. A capacidade que esses países adquiriram de se impor sobre os países retardatários mostrou então, de forma definitiva, o quanto significa para um povo, em termos de aumento de riqueza e de poder, completar sua revolução nacional e industrial.

Nesse quadro histórico, o Brasil foi um dos países retardatários que apenas realizaram sua revolução capitalista no século XX. Por isso o Brasil não é um país rico, como aqueles que a realizaram nos séculos XVIII e XIX, nem pobre ou então pré-industrial como são aqueles que ainda não a completaram. Por que o Brasil ficou para trás, especialmente quando comparado aos Estados Unidos, cuja colonização começou quase um século depois da brasileira? Em 1776, quando declararam sua independência da Inglaterra, eles já eram um país bem mais desenvolvido que o Brasil. Ou esse atraso só ocorreria no século XIX? Para responder a essas questões devemos, primeiro, discutir as formas de imperialismo.

Explicação estruturalista: colonização mercantil

Os brasileiros têm dificuldade em se dar conta de como foi prejudicial, primeiro, o colonialismo mercantil, e, depois, o imperialismo industrial ou moderno, porque as sociedades indígenas eram de tal forma primitivas que a ideologia do colonizador trazendo a "civilização", educando os povos autóctones, tem certa plausibilidade. Mas essa é uma visão equivocada. Os europeus só trouxeram desenvolvimento para suas colônias quando a colonização foi de *povoamento*, como foi o caso dos Estados Unidos, do Canadá, da Austrália e da Nova Zelândia. Para os demais, onde a colonização foi de *exploração mercantil*, o colonialismo mercantil foi a origem do atraso. Esse foi o caso do Brasil; aqui o clima era tropical e, portanto, complementar ao da Europa, o que permitiu aos portugueses instalar um sistema colonial mercantil-escravista baseado na agricultura tropical de cana-de-açúcar.

O atraso brasileiro ocorreu nos três séculos em que foi colônia, no quadro do colonialismo ou imperialismo mercantil. Gilberto Freyre publicou em 1933 talvez o mais belo livro escrito sobre o Brasil — *Casa-grande & senzala* —, um ensaio histórico e sociológico sobre a sociedade colonial, um livro símbolo do Brasil pela qualidade de sua pesquisa, pelo estilo literário impecável, pelo resgate que fez dos "marginais da história: o escravo negro, a mulher, o menino, o amarelinho — anti-heróis face ao patriarca, ao grande herói civilizador",[1] pela coragem de seu autor em fazer o elogio do caráter mestiço do povo brasileiro, em uma época em que o racismo era ainda dominante no mundo; ao defender a mestiçagem, ele deu uma contribuição inestimável para a definição da identidade nacional brasileira.[2] Mas o elogio que fez à colonização portuguesa, por ter ela construído no Brasil a primeira civilização tropical, o impediu de ver que fora justamente durante o período colonial que ocorreu o atraso econômico do país, e sua tese sobre a existência de uma "democracia racial" no Brasil foi um grande equívoco.

Conforme Caio Prado Jr. compreendeu classicamente em *Formação do Brasil contemporâneo* (1942/1957), e de maneira mais sucinta e definitiva nos primeiros três capítulos da *História econômica do Brasil* (1945/1956), o atraso brasileiro em relação aos Estados Unidos deve-se ao tipo de coloni-

---

[1] Elide Rugai Bastos (2006, p. 14).

[2] Cabe apenas notar que Sílvio Romero (1888/1949, p. 103) já prenunciava este elogio da mestiçagem brasileira. Para ele, "o mestiço é o produto fisiológico, étnico e histórico do Brasil: é a forma nova de nossa diferenciação nacional". Euclides da Cunha foi pela mesma direção ao fazer sua clássica descrição e elogio do sertanejo.

zação que houve nos dois países. Ele se baseou na distinção feita por Leroy-Beaulieu (1874/1882, p. 2) entre colonização "aventureira" e a de "povoamento". Para ele,

> "entre os intrépidos navegadores [portugueses] não havia sequer um homem que tivesse o espírito e as características do colono, essa característica e esse espírito que possuiriam um século mais tarde, em alto grau, os puritanos e os Quaker da Inglaterra, e que possuem nos nossos dias os emigrantes ingleses e alemães para a Austrália e os Estados Unidos."

Caio Prado Jr. conservou o termo "colonização de povoamento" para o que ocorreu no Nordeste dos Estados Unidos, e, apoiado em sua formação marxista, identificou mais precisamente a colonização no Brasil denominando-a "colonização de exploração mercantil", associando-a, assim, à primeira fase da revolução capitalista, o mercantilismo.[3] E ofereceu uma explicação para a diferença entre a colonização portuguesa no Brasil e a inglesa na Nova Inglaterra com um argumento de caráter geográfico e econômico. A colonização de povoamento ocorreu em uma região com clima e vegetação semelhantes aos da Inglaterra, o que permitiu que tivesse como base a pequena propriedade familiar e implicou a formação de uma sociedade integrada, de bom nível cultural, que reproduzia na América a sociedade existente na metrópole — uma sociedade altamente desenvolvida para os padrões da época. Já no Brasil, com seu clima tropical, complementar ao da Europa, foi possível a colonização de exploração mercantil voltada para produção de bens agrícolas de alto valor, como o açúcar, a pimenta e o tabaco, que então eram especiarias. E para isso revelou-se funcional o estabelecimento de um sistema mercantil baseado no latifúndio e no trabalho escravo. Enquanto nos Estados Unidos, conforme nos diz Caio Prado Jr. (1945/1956, pp. 18-9),

> "o que os colonos desta categoria [colonização de povoamento] têm em vista é construir um novo mundo, uma sociedade que lhes ofereça garantias que no continente de origem já não lhes são mais

---

[3] As duas outras fases ou momentos por que passaram os povos que realizaram sua revolução capitalista foram a formação do Estado-nação, ou revolução nacional, e a revolução industrial.

dadas [...] Muito diversa é a história da área tropical e subtropical da América. Aqui [...] as condições naturais, tão diferentes do *habitat* de origem dos povos colonizados, repelem o colono que venha como simples colono."

O colono não vinha para se estabelecer definitivamente, "viria como dirigente da produção de gêneros de grande valor comercial, como empresário de um negócio rendoso; mas só a contragosto como trabalhador". Os colonos vinham para "fazer a América"; esperavam enriquecer rapidamente na produção agrícola e mineral, ou então no tráfico de escravos, e em seguida voltar para Portugal. A grande maioria dos imigrantes portugueses não trouxe suas famílias e, por isso, se miscigenou com as mulheres índias e negras. E se, afinal, os colonos permaneciam no Brasil, não davam origem a uma sociedade semelhante à existente na Europa, mas a uma sociedade mercantil-escravista particular. Acresce ainda a qualidade da imigração — sobretudo o nível de educação e de preparo técnico dos colonos que se dirigiram para os Estados Unidos era superior ao dos que vinham para o Brasil, porque entre esses estavam muitos degredados de Portugal, enquanto as famílias fundadoras da nação americana fugiam da perseguição religiosa na Inglaterra.

A colonização portuguesa, definida pelo Exclusivo Colonial (o monopólio de Portugal do comércio externo brasileiro), foi também um obstáculo maior ao desenvolvimento do Brasil porque o governo português agiu de forma deliberada contra ele, seja não criando universidades aqui, seja exercendo o monopólio do comércio, seja impedindo formalmente qualquer atividade industrial. Mas isso afinal não representou riqueza para Portugal a não ser no curto prazo. A renda que Portugal extraiu do Brasil acabou por ser causa da decadência portuguesa. Essa decadência não se deveu, ao contrário do que geralmente se pensa, ao Tratado de Methuen, que sancionou a divisão do trabalho entre Portugal e a Inglaterra, mas ao fato de que a exportação de cana-de-açúcar e do ouro causaram a sobreapreciação permanente da moeda portuguesa (deram, portanto, origem à doença holandesa naquele país), o que impediu de forma durável a diversificação econômica e a industrialização de Portugal.

Nos Estados Unidos não havia condições, senão limitadamente no Sul, para se desenvolver uma produção agrícola de exportação. No entanto, graças ao grande mercado interno propiciado pela colonização de povoamento, os Estados Unidos puderam desenvolver a produção de bens manufaturados que podiam ser consumidos pelo mercado interno em formação e exportados. Já no Brasil, conforme salientaram Ignácio Rangel (1953/1957) e Celso Furtado (1959), o latifúndio escravista próprio da exploração mercantil era autossuficiente em termos do consumo dos trabalhadores, não propiciando a formação de um mercado interno — a condição maior para uma revolução nacional e industrial. Além disso, no latifúndio, que foi a expressão semifeudal ou patriarcal que o mercantilismo encontrou para realizar seu domínio, não havia a ideia de progresso técnico ou de aumento da produtividade — uma ideia que só surgiria na Europa com a Revolução Industrial.

Em uma linha muito próxima à de Caio Prado Jr. e Celso Furtado, Fernando Novais (1973/1979) também enfatizou o caráter mercantil-escravista da colonização brasileira. O mercantilismo é o momento da expansão comercial da Europa, mas é também o período no qual uma política que hoje chamaríamos de desenvolvimentista levou a Inglaterra e depois a França a realizarem a transformação social e econômica maior que um povo pode experimentar — a revolução capitalista e o surgimento da mais-valia ou do lucro como forma de apropriação do excedente econômico no mercado por meio da troca de mercadorias com valor equivalente. Mas para isso era necessário, conforme Marx ensinou, que primeiro ocorresse a acumulação primitiva — algo que Novais enfatiza ao associar o mercantilismo no Brasil com o escravismo. O sistema colonial definido por Portugal para o Brasil será um sistema mercantil-escravista, e por ele a burguesia comercial metropolitana, associada à Coroa portuguesa, realiza a acumulação primitiva, enquanto uma pequena elite senhorial no Brasil organiza a produção e participa da exportação. Esse sistema será baseado em dois pilares fundamentais: o "exclusivo comercial", ou seja, o monopólio do comércio com o Brasil detido por Portugal, e o trabalho escravo. O resultado será uma produção com baixa produtividade, seja porque falta ainda ao mercantilismo a ideia de produtividade, seja porque o trabalho escravo supõe mão de obra com baixíssimo nível de qualificação. Conforme assinala Novais (1973/1979, p. 108), "a própria estrutura escravista bloqueia a possibilidade de inversões tecnológicas; o escravo, por isso mesmo que escravo, há que manter-se em níveis culturais infra-humanos, para que não se desperte a sua condição humana".

Uma interpretação que se pretendeu alternativa foi dada por Ciro Flamarion Cardoso (1980) e por Jacob Gorender (1978), ao identificarem no Brasil colonial um "modo de produção escravista". Não obstante o valor de suas contribuições, não creio que foram bem-sucedidos. Eles quiseram com essa tese diminuir a importância do comércio exterior e da busca da realização de um excedente por meio da construção do latifúndio escravista voltado para a exportação, porém me parece muito claro que o Brasil sempre foi um país capitalista, mas, durante muito tempo, capitalista mercantil em vez de industrial. Antes que a Revolução Capitalista Brasileira se desencadeasse nos anos 1930, o Brasil era uma sociedade dual, uma sociedade ao mesmo tempo patriarcal e mercantil, na qual o latifúndio escravista tinha uma herança feudal, mas era essencialmente uma formação social capitalista mercantil. Na sua relação com o exterior, a unidade básica de produção — o latifúndio — seguia a lógica do lucro mercantil, mas, internamente, era uma unidade autossuficiente regida por princípios patriarcais.[4]

Desde o início da colonização o Brasil foi tratado pelos colonizadores como uma empresa comercial, mas, dada a natureza do latifúndio, que não era o feudo medieval, mas nele se inspirava, como anteriormente haviam se inspirado as capitanias hereditárias, foi ao mesmo tempo patriarcal e mercantil-escravista. A tese, que se tornou popular nos anos 1970, de que o Brasil jamais foi uma sociedade dual, refletia uma visão distorcida, dependentista, preocupada em desqualificar a Revolução de 1930 e o surgimento, em especial a partir de então, de uma burguesia nacional e de uma revolução burguesa no Brasil. Portugal foi a primeira nação europeia a realizar uma espécie de revolução burguesa, mas jamais a completou. Durante todo o período colonial brasileiro, Portugal conservou fortes traços do seu passado feudal. Era natural, portanto, que o latifúndio brasileiro também conservasse internamente certas características do feudo: autossuficiência, poder absoluto do senhor, sistema de agregados, prevalência de uma ideologia aristocrática. Mas isso não impedia que o latifúndio fosse também parte do capitalismo mercantil-escravista aqui instalado. Assim, o escravismo mercantil que definiu o Brasil do período colonial e do período imperial foi um misto de feudalismo, expresso no seu caráter patriarcal, e no latifúndio autossuficiente e de capitalismo mercantil.

Não se deve, porém, deduzir dessa análise que a sociedade colonial brasileira não tenha passado por mudanças importantes. O ciclo da mineração do século XVIII abriu espaço para uma transformação substantiva da estrutura da economia e da sociedade brasileiras uma vez que a nova riqueza nas Minas Gerais deu origem a um começo de classe média e a um início de mercado interno. Conforme assinala Ronaldo Marcos dos Santos (1993/2001, p. 75), a mineração estabeleceu as bases para a formação posterior do Estado-nação brasileiro na medida em que "a integração produzi-

---

[4] Ver Ignácio Rangel (1981 [1953/1957]) e Celso Furtado (1966).

da pela economia da mineração tinha gestado um núcleo de acumulação autônoma, em que comerciantes e produtores coloniais souberam redirecionar seus recursos e acumular respeitáveis fortunas, articulando-se às novas atividades produtivas e estimulando-as através de sua demanda e de seus créditos".

Na virada do século XVIII para o XIX, enquanto os Estados Unidos já haviam realizado sua revolução nacional, declarado a sua independência, e, dotados de um mercado interno bem estruturado, de uma população livre e de bom nível educacional, preparavam-se para sua revolução industrial, o Brasil continuava um país radicalmente atrasado e dual, com uma pequena elite participando da cultura e do consumo da Europa, enquanto a massa de seu povo, mesmo quando livre, permanecia analfabeta e vivendo no quadro de uma economia de subsistência. Quando os Estados Unidos se tornaram independentes em 1776 contavam, na Nova Inglaterra, com uma sociedade desenvolvida, semelhante e sob vários aspectos superior à sociedade inglesa. Os Estados Unidos, portanto, já haviam reunido as condições em termos de um mercado interno, de uma classe trabalhadora e de uma classe média empresarial, além das instituições necessárias para que seu desenvolvimento acompanhasse o dos países da Europa Ocidental. Já o Brasil chegou à sua independência com uma economia baseada em latifúndios autossuficientes, sem um mercado interno, com uma sociedade em que o escravismo era muito mais abrangente que nos Estados Unidos. Faltavam ao Brasil, portanto, as condições estruturais que abrissem espaço para o conjunto de instituições que propiciassem a formação do Estado-nação e o desenvolvimento econômico. Mesmo nos Estados Unidos o escravismo foi um empecilho maior ao desenvolvimento industrial. Ele começou no Norte do país, onde o regime escravo não estava presente, e só se consolidou depois que, na Guerra da Secessão, o Norte derrotou o Sul e a escravidão foi abolida.

Explicação nacionalista e imperialismo

Há uma tese definida de forma pouco clara entre nacionalistas brasileiros, culpando o imperialismo inglês durante o século XIX pelo atraso do Brasil. Não cito defensores dessa tese porque nunca a vi exposta de maneira precisa, mas ela aparece implícita na crítica ao imperialismo inglês que, usando como instrumento a lei das vantagens comparativas do comércio internacional, argumentava que o Brasil era um país "essencialmente agrícola". De fato, o imperialismo industrial inglês se manifestou de forma muito clara já na abertura dos portos, em 1808, no Tratado de Comércio e Navegação, em 1810, e ainda no Tratado de Comércio de 1827, todos estabelecendo preferências e privilégios para os ingleses. Mas o fato de ter sido possível ao Brasil se transformar em um Estado-nação independente em 1822 permitiu que, a partir de então, o imperialismo fosse *relativamente* neutralizado. É verdade que o país não logrou realizar sua revolução industrial no século XIX, mas este fato não pode ser atribuído ao imperialismo. Dada a pesada herança colonial, era pouco provável que o Brasil conseguisse iniciar sua revolução industrial muito antes do que o fez, em torno de 1930.

O imperialismo é sempre um obstáculo maior ao desenvolvimento dos países, mas ele é muito mais pernicioso quando explícito — quando reduz o povo dominado à condição de colônia — do que quando se expressa via hegemonia ideológica e submissão financeira. A América Latina foi submetida à condição colonial desde o século XVI por duas potências mercantis, Portugal e Espanha, enquanto os povos da Ásia e da África só foram submetidos ao imperialismo industrial três séculos mais tarde, depois que os países europeus e os Estados Unidos realizaram sua revolução capitalista e se tornaram suficientemente poderosos para submetê-los a seu jugo. Nos séculos XVI e XVII, os países europeus não tinham poder suficiente para submeter a África, e, notadamente, a Ásia, onde já existiam sociedades agrárias relativamente desenvolvidas e organizadas sob a forma de impérios. Nessa época o Império Otomano, além de dominar todo o Oriente Médio, dominava o Sudoeste da Europa. A Ásia e, em particular, o Império Chinês eram substancialmente mais ricos que a Europa. Conforme afirma Paul Bairoch (1971/1992, p. 153),

> "em torno do início do século XVI as principais civilizações da Ásia tinham um nível de desenvolvimento técnico e econômico superior ao da Europa [...] A China especialmente possuía uma tecnologia de longe superior à da Europa."

No caso desta, Bairoch cita nessa mesma página o livro de Arnold Pacey (1990, p. 7) sobre mil anos de história da tecnologia no mundo, segundo o qual "na China do século XI havia em todos os campos uma utilização de técnicas que só foram igualadas na Europa depois de 1700". Os europeus não tinham, portanto, condições econômicas e militares para conquistar a Ásia no século XVI. Por isso, quando chegaram lá com suas caravelas, não tiveram alternativa, para aproveitar sua viagem comercial, senão estabelecer feitorias armadas em, por exemplo, Goa e Macau, e, a partir delas, comerciar com os impérios locais. Puderam, porém, mediante um imperialismo que poderíamos denominar *mercantil*, conquistar as Américas, porque o grau de desenvolvimento das populações desse continente era claramente inferior. Mesmos as civilizações mais avançadas, como a Maia, a Asteca e a Inca, não conheciam a pólvora e puderam ser massacrados pelo colonizador espanhol. No Brasil, os índios eram muito atrasados, estavam ainda no estágio da comunidade primitiva, de forma que os portugueses não tiveram dificuldade em submetê-los. Tiveram mais dificuldade em reduzi-los à escravidão, porque os índios não se acostumavam ao trabalho rotineiro, e, por isso, e devido à limitação da população indígena, também em boa parte dizimada, tiveram de recorrer ao tráfico de escravos da África.

O colonialismo mercantil do tipo exercido por Portugal e Espanha se esgotou com as guerras napoleônicas e a Revolução Industrial. A partir de então, a Europa Ocidental e os Estados Unidos submeteram as sociedades retardatárias da Ásia e da África ao seu domínio imperial *industrial*. Além do imperialismo clássico das sociedades antigas que Ernest Gellner ([1983] 2000) denominou "sociedades agrárias letradas", cujas últimas manifestações foram o Império Austro-Húngaro e o Império Otomano, e do imperialismo mercantil, em particular da Espanha e de Portugal, tínhamos agora um imperialismo industrial comandado por potências plenamente capitalistas. Esse imperialismo assume, imediatamente, duas formas: na Ásia e na África, o imperialismo industrial *explícito*; na América Latina, o imperialismo *por hegemonia*. O primeiro significando a sujeição do outro povo à condição formal de colônia; o segundo, a subordinação desse povo por meio da hegemonia ideológica exercida pelo império sobre as elites locais, que passam a adotar políticas públicas que interessam antes ao Império que ao país assim dominado.

O atraso econômico imposto à China e à Índia no século XIX e na primeira metade do século XX é uma demonstração impressionante, pelo seu didatismo, do quão violento e prejudicial para um povo é o imperialismo explícito, e quão importante é a autonomia nacional — a possibilidade de defesa dos interesses nacionais — para que um país realize sua revolução capitalista, se desenvolva e realize o alcançamento ou *catching up*.[5] Segundo Paul Bairoch (1971/1992), a desindustrialização causada pela subordinação

---

[5] O alcançamento, ou *catching up*, é o processo histórico por meio do qual os países alcançam o nível de desenvolvimento dos países que primeiro realizaram sua revolução nacional e industrial e hoje são ricos.

colonial pode ser calculada entre 85% e 95% na Índia e, na China, entre 50% e 70%. Enquanto alguns países se industrializavam e enriqueciam, os outros ficavam para trás. Segundo cálculos de Bairoch, tomando-se como índice 100, a renda *per capita* média dos países hoje desenvolvidos e a dos países em desenvolvimento em 1750 eram, respectivamente, 7 e 8; 203 anos depois, em 1953, os países em desenvolvimento (em particular os países da Ásia e da África, desde então reduzidos à condição de colônia) empobreceram em termos absolutos, e esses índices foram respectivamente 5 e 135; 37 anos mais tarde, em 1990, agora tendo os povos asiáticos e africanos recuperado sua independência, todos se desenvolveram, e os índices de renda *per capita* foram, respectivamente, 29 e 412. Entre 1750 e 1953 houve, portanto, retrocesso no caso dos países pobres como um todo, não devido à América Latina, que desde o início do século XIX era independente, mas à Ásia e à África que permaneceram coloniais até a Segunda Guerra Mundial. A partir da sua independência, os países da Ásia passaram a se desenvolver de forma acelerada, e os países do leste asiático (Coreia do Sul, Taiwan e Singapura) experimentaram um bem-sucedido processo de alcançamento ou *catching up*.

O imperialismo contemporâneo, desde a descolonização ocorrida após a Segunda Guerra Mundial, é essencialmente um imperialismo por hegemonia. "Mas o imperialismo é algo do passado", nos dizem os ideólogos hegemônicos de hoje, que reconhecem somente o imperialismo explícito. Não é verdade. Ha-Joon Chang (2002/2004) e Erik Reinert (2007) mostraram como os políticos e economistas dos países ricos continuam a pressionar os países em desenvolvimento para que adotem políticas e façam reformas liberais que, quando se desenvolveram, eles próprios não praticaram. Seus respectivos livros documentam de forma precisa e convincente esse fato. Por outro lado, seus ideólogos procuram nos convencer que "necessitamos" dos capitais dos países ricos, e, portanto, devemos incorrer em déficits em conta-corrente, ou seja, à "poupança externa".[6] O imperialismo está hoje vivo e forte, e é tão mais prejudicial quanto mais frágil e atrasado é o país que sofre seus efeitos.

Para compreender o imperialismo contemporâneo — o imperialismo por hegemonia — é preciso compreender os interesses comuns dos países

---

[6] "Poupança externa" é o nome dado pela teoria econômica ao déficit em conta-corrente, tornando, assim, algo a princípio negativo — um déficit — em uma coisa aparentemente positiva: a poupança dos outros países usada para financiar esse déficit.

ricos ou do Norte.[7] Dois fatos são básicos: primeiro, terem excesso de capital e grande interesse em ocupar os mercados internos dos países em desenvolvimento com suas empresas multinacionais, ou então financiá-las com empréstimos; segundo, sua mão de obra ser cara e, por isso, pouco competitiva em frente aos países em desenvolvimento que logrem dominar a tecnologia moderna e neutralizar a tendência à sobreapreciação cíclica e crônica da taxa de câmbio. Seu império se expressa pelo exercício de uma combinação de forças e de hegemonia ideológica que tem como alvo a persuasão e a conivência das elites locais dependentes.

O Norte, especialmente no auge dos Trinta Anos Neoliberais do Capitalismo, nos anos 1990, pretendia ter o monopólio da racionalidade liberal e democrática, que generosamente transmitia aos países em desenvolvimento. Estes, segundo o credo neoliberal, não deviam usar seu Estado como instrumento de seu desenvolvimento; não deviam planejar os investimentos na infraestrutura e nas indústrias de base; não se esperava que promovessem a industrialização, nem que administrassem sua taxa de câmbio (que seria impossível de ser administrada). Em vez disso, deviam manter suas taxas de juros positivas e atrativas aos capitais externos; deviam abrir seus mercados financeiros; deviam procurar crescer com poupança externa, ou seja, com déficits em conta-corrente e financiamento em moeda estrangeira. Naturalmente, o Norte insistia que câmbio não é problema de desenvolvimento econômico; não considerava a necessidade de neutralizar a doença holandesa para impedir que ela mantenha sua taxa de câmbio cronicamente sobreapreciada; ignorava que as entradas de capitais em nome da poupança externa muito adicionam ao consumo local, pouco ao investimento, e acabam levando o país desprevenido à condição de fragilidade financeira crônica que o obriga à política de *confidence building*, e finalmente à crise financeira — à crise de balanço de pagamentos.

---

[7] O Norte é o conjunto dos países ricos, ou o império moderno, que tem os Estados Unidos como líder, o FMI e o Banco Mundial como agências financeiras, a OTAN como força armada conjunta, a OCDE como representação política, e a revista *The Economist* como principal veículo de difusão de sua ideologia comum. Este periódico não usa "Norte", mas "Oeste" para designar os países ricos. Para nós, brasileiros, porém, faz mais sentido falar em Norte.

Século XIX e explicação institucionalista

No início do século XIX, o Brasil, onde a colonização fora de exploração mercantil, estava longe de reunir as condições necessárias para realizar sua revolução capitalista, enquanto os Estados Unidos já haviam realizado a sua primeira parte — a revolução nacional — e se preparavam para realizar a segunda: a revolução industrial. Ora, é somente a partir desta última que o desenvolvimento econômico realmente ganha força. Compreende-se, portanto, por que o desenvolvimento econômico no século XIX tenha sido muito mais rápido nos Estados Unidos. O que, entretanto, não significa que não tenha havido então desenvolvimento no Brasil. Houve, especialmente a partir de 1850.

Gráfico 2
PIB *PER CAPITA* DO BRASIL
EM RELAÇÃO AO DOS ESTADOS UNIDOS —
1870-2019

Fontes: Angus Maddison, *Historical Statistics of the World Economy*; Ipeadata.
Observações: EUA = 100; valores constantes, corrigidos pela PPC.

O que o Gráfico 2 demonstra de forma muito clara: a partir de 1870 (antes não há dados confiáveis) o nível de renda *per capita* do Brasil se distanciou fortemente do dos Estados Unidos (em 1870, a renda *per capita* brasileira correspondia a 29% da americana; em 1907, caíra para 15%), porque nesse período os Estados Unidos estavam em plena revolução industrial. Em seguida, depois de um período de transição, entre 1925 e 1980, quando o Brasil realiza sua revolução nacional e industrial, observa-se um clássico processo de *catching up* ou alcançamento, e a renda *per capita* brasileira sobe, chegando a 37% da americana. Entretanto, a partir da grande Crise da Dívida Externa dos Anos 1980 inicia-se um longo período de baixo crescimento, e o Brasil volta a ficar para trás. Teremos então 40 anos de quase-estagnação, a renda *per capita* brasileira caindo para 25% da americana. Em meados da primeira década do século XXI, taxas mais elevadas de crescimento criaram esperanças de que o país estava voltando ao desenvolvimento econômico. Mas o país estava apenas se beneficiando de um *boom* nos preços das *commodities* exportadas e, como vemos no Gráfico 2, os ganhos alcançados nessa década foram perdidos na década seguinte.

O atraso decisivo do Brasil em relação aos Estados Unidos ocorreu, portanto, no período colonial, porque a colonização de exploração mercantil não estabeleceu aqui as condições para uma revolução capitalista, enquanto a colonização de povoamento criou as condições para ela no Norte. Não obstante, no quadro da onda intelectual novo-institucionalista que tomou de assalto as ciências sociais durante os Trinta Anos Neoliberais do Capitalismo há uma série de analistas que insistem em localizar o subdesenvolvimento brasileiro no século XIX.

A explicação novo-institucionalista para o atraso brasileiro tem sua origem em Douglass North (1990) e passa por Stephen Harber e Herbert Klein (1997) e Nathaniel Leff (1997), segundo os quais o atraso brasileiro no século XIX tem origem na má qualidade das instituições brasileiras. Baseados em dados de Angus Maddison que depois seriam revisados pelo próprio autor, que mostravam que a renda *per capita* do Brasil, em 1820, seria equivalente à dos Estados Unidos, eles concluíram que o atraso em relação àquele país, que inexistiria nesse momento, aconteceu no século XIX, porque ao seu final a renda *per capita* americana já era seis vezes maior do que a brasileira.[8] A partir daí, em sua qualidade de "cientistas da história",

---

[8] A discrepância se explica pelo fato de que eles utilizaram dados de Angus Maddison de 1989 (*The World Economy in the 20th Century*, Paris, OECD), enquanto eu estou usando dados revisados do mesmo Maddison, de 2003.

Mais recentemente, Alexandre Rands Barros (2015) chegou à mesma conclusão. Ele já usou a estatística correta, segundo a qual a renda *per capita* norte-americana era 1,95 vezes maior do que a brasileira em 1820; mesmo assim, o grande aumento da diferença entre os dois países foi no século XIX, porque ao seu final esse número havia subido para 6,03 vezes. Em vez de explicar o atraso a partir de então pelas instituições, Rands Barros explicou-o pela qualidade da imigração.

cliometristas que aplicam a teoria econômica e a econometria para compreender a história, eles atribuíram o atraso brasileiro não ao colonialismo e à forma de colonização, mas às instituições que, aqui, não garantiram a propriedade e os contratos como o fizeram nos Estados Unidos. Repetiram, assim, o bordão neoclássico e neoliberal novo-institucionalista que eles denominam com maiúsculas, Nova História Econômica. Uma alternativa é considerar que o atraso brasileiro deveu-se ao nível da educação em 1820, muito inferior ao americano, e à qualidade da imigração que teria se destinado aos Estados Unidos no século XIX. Se retirarmos da "imigração" o tráfico de escravos, não creio que a qualidade da imigração para o Brasil tenha sido inferior à dos Estados Unidos. Mas não há dúvida que em 1820 as instituições e o nível de educação da população nos Estados Unidos era muito melhor do que eram no Brasil, muito melhor do que sugeria a renda *per capita* 1,95 vezes maior. Por isso, os Estados Unidos puderam realizar sua revolução industrial no século XIX e crescer muito mais do que o Brasil, que só a realizaria no século XX. E também por isso o correto é afirmar que a origem do atraso brasileiro está na Colônia, não no Império.

Breve teoria 2
INSTITUIÇÕES E DESENVOLVIMENTO

A explicação novo-institucionalista para o atraso brasileiro — a tese de que foi a falta de garantia da propriedade e dos contratos no século XIX que o explicaria — ganhou voga desde os anos 1990 no quadro da hegemonia neoclássica e neoliberal dos Trinta Anos Neoliberais do Capitalismo que, então, chegava a seu auge. Desde a década anterior, as universidades americanas e, um pouco mais tarde, as brasileiras, foram dominadas por esse "novo institucionalismo" economicista que vinha avançando, mas é nos anos 1990 que ele se torna dominante. Agora tudo se explicava não mais por intermédio das estruturas, mas das instituições. E bastava que se garantisse a propriedade e os contratos, porque do resto — do desenvolvimento — o mercado se encarregaria. Dado o fato de que os novo-institucionalistas faziam algumas restrições ao pensamento neoclássico, puramente hipotético-dedutivo, e assumiam uma perspectiva relativamente histórica, muitos jovens economistas e cientistas políticos brasileiros progressistas saudaram as novas ideias. Eles acreditaram que a importância das instituições para o desenvolvimento econômico fora afinal reconhecida pelos economistas do *mainstream*, e aderiram às novas ideias. Era um equívoco de quem não leu Smith, Marx, Thorstein Veblen, Schumpeter ou Celso Furtado — economistas que nunca deixaram de pensar em termos institucionais. Os novo-institucionalistas "descobriam" as instituições para, literalmente, se livrarem do pensamento estruturalista e holista que os incomodava do ponto de vista ideológico em um momento em que o pensamento conservador se tornara hegemônico. Sua visão das instituições é muito diferente da defendida pelos estruturalistas históricos apoiados no pensamento de Marx. Nós, estruturalistas, vemos as instituições como uma parte da estrutura econômica e social maior, como normas e valores que estão presentes nas três instâncias da sociedade — na instância econômica, na qual estão as formas de propriedade; na instância política, na qual está o Estado e sua lei; e na instância cultural, na qual estão as ideologias —, e, portanto, não vemos como separar as instituições das estruturas. Conforme observou Marcus Ianoni, em um comentário que fez aos originais deste livro, "o reducionismo novo-institucionalista é vítima do voluntarismo ao imaginar que a escolha das instituições depende apenas de um ato de vontade. Na história humana, uma ação só será relevante e capaz de produzir mudança social se estiver em sintonia com os marcos estrutural e institucional em que ocorre".

As instituições, como, mais amplamente, a mudança de toda a estrutura social, são fundamentais para o desenvolvimento. O desenvolvimento capitalista jamais teria ocorrido não fossem os italianos terem inventado a sociedade por cotas de responsabilidade limitada, os títulos de crédito e a contabilidade por partidas dobradas; e os ingleses e, mais amplamente, os iluministas terem lutado pela garantia dos direitos civis, ou seja, do direito à propriedade e à liberdade. Mas os liberais se enganam quando pensam que a simples garantia da propriedade e dos contratos garantem o desenvolvimento econômico. Essas são apenas duas instituições importantes que surgem no bojo do processo do desenvolvimento econômico. Existe uma forte correlação entre o grau de desenvolvimento econômico e o de desenvolvimento institucional de uma sociedade. Na verdade, o que realmente garante taxas de crescimento elevadas para um país é uma estratégia nacional de desenvolvimento — é um conjunto de leis, políticas públicas, objetivos, entendimentos informais, no quadro de um acordo nacional, que criam oportunidades de investimento lucrativo para as empresas. Ou, nas palavras de Rubens Ricupero (2001, p. 89), "projeto nacional é a ideia que cada povo e seus dirigentes fazem do seu futuro". Isso estava muito claro no pensamento dos grandes economistas clássicos, no pensamento da escola histórica alemã da segunda metade do século XIX, no institucionalismo americano do início do século XX de Veblen, e na escola estruturalista de desenvolvimento econômico do pós-guerra. Enquanto o velho institucionalismo era histórico, reconhecendo a importância das estruturas econômicas e sociais, o novo rejeitou as restrições estruturais que eram incômodas para os conservadores, se associou ao pensamento neoclássico, adotou o individualismo metodológico e as demais ideias das expectativas racionais e da escola da escolha racional que partem do pressuposto de que um agente representativo toma decisões racionais. A partir dessas premissas reducionistas, que ignoram o caráter histórico e dialético das ciências sociais, economistas e cientistas políticos americanos explicaram o atraso do Brasil e mais amplamente da América Latina de forma correspondentemente reducionista. O Brasil se atrasou no século XIX porque as instituições não garantiam a propriedade e os contratos. O primeiro a afirmá-lo foi North (1990), depois Harber e outros (1997), anteriormente citados, e finalmente um texto "definitivo" (North, Summerhill e Weingast, 2000) inteiramente dedicado ao tema.

Mais recentemente, dois outros autores novo-institucionalistas, Acemoglu e Robinson (2012), escreveram um alentado livro para demonstrar que os países fracassam ou são bem-sucedidos dependendo das instituições que adotarem. O livro tem a qualidade de reconhecer que "o primeiro país a experimentar crescimento econômico sustentado foi a Inglaterra" (2012, p. 45), o que deveria levar os dois autores a deduzir daí que o problema do desenvolvimento econômico para os demais países passou a ser cada um deles fazer a sua própria revolução industrial. Mas não é a isso que eles chegam, e sim à tese de que toda a questão está em cada país "escolher" as instituições adequadas — as instituições "inclusivas". Nas suas palavras, "instituições políticas e econômicas, que são em última análise uma escolha da sociedade, podem ser inclusivas e encorajar o crescimento econômico. Ou elas podem ser extrativas e se tornam um obstáculo para o desenvolvimento econômico". O problema do país não é, portanto, realizar a sua revolução capitalista, mas escolher as instituições adequadas, como se isso fosse possível, como se fosse viável definir instituições independentemente da estrutura econômica e do sistema de valores e crenças que existe em uma sociedade. Meus velhos professores, nos anos 1950, quando estudei Direito na Universidade de São Paulo, já criticavam esse tipo de idealismo normativista. E no entanto, nos anos 2010, continuamos a ler as mesmas histórias. É verdade que os dois autores são suficientemente realistas para admitir que há outras variáveis, além da escolha de "direitos de propriedade seguros". Eles nos informam corretamente que é necessário que existam "oportunidades econômicas", que haja uma "infraestrutura econômica", e um Estado "suficientemente centralizado e poderoso" (pp. 80-1). Ótimo, mas sabemos que oportunidades econômicas relativamente iguais só existem quando a estrutura social começa a ser razoavelmente flexível, como acontece com o capitalismo, em vez de estar organizada em termos de castas ou de estamentos. Uma infraestrutura econômica e um Estado forte e capaz só existem, novamente, no quadro do capitalismo. Como, então, todo o problema do desenvolvimento pode, afinal, se resumir à escolha de instituições inclusivas em lugar de extrativas? — porque é isso que é repetido e ilustrado exaustivamente em todo o transcorrer do livro. E por que chamar as instituições capitalistas de "inclusivas"? É verdade que elas são mais inclusivas que as anteriores, pré-capitalistas, mas não deixam de ser altamente excludentes e extrativas.

Naturalmente, a garantia da propriedade e dos contratos é importante para o desenvolvimento econômico, mas é puro neoliberalismo supor que, assegurados, o mercado se encarregará do desenvolvimento. Além disso, a propriedade e os contratos só podem ser efetivamente garantidos no momento em que a economia está pronta para realizar ou já está realizando a sua revolução capitalista. Essa condição era atendida pela sociedade americana do nordeste dos Estados Unidos do início do século XIX, mas definitivamente não era pela sociedade brasileira da mesma época. Como seria, então, possível ao Brasil garantir a propriedade e os contratos da mesma forma que os Estados Unidos tinham condições de garantir? Não são instituições que viabilizam a revolução capitalista, mas é esta que abre caminho para instituições favoráveis ao desenvolvimento. O pensamento estruturalista supõe que as instâncias econômica, política e cultural evoluem de forma razoavelmente correlacionada e as instituições estão presentes nas três instâncias. Por isso, dizer que instituições são importantes para o desenvolvimento econômico, que elas fazem diferença, é dizer o óbvio. Afinal a atividade política é em grande parte a tarefa de definir e reformar instituições. Mas elas não existem no vazio, e sim em uma estrutura econômica e social que se move devido ao progresso tecnológico e à capacidade da sociedade de se organizar politicamente em coalizões de classe e mudar sua estrutura econômica e social da qual as instituições são um elemento fundamental.

O Brasil ficou para trás não porque não escolheu as instituições apropriadas no século XIX, mas porque a colonização de exploração mercantil criou uma estrutura de latifúndio escravista incompatível com o desenvolvimento econômico. As causas do atraso brasileiro estão no período colonial e nos primeiros trinta anos do Império. As elites brasileiras do período imperial eram herdeiras e parte desse tipo de colonização, e não tinham condições de realizar uma política de desenvolvimento como realizaram na mesma época as elites americanas. Jorge Caldeira (1999, p. 7) tem razão quando afirma que no século XIX "a formulação de política econômica era deliberadamente pensada como modo de excluir os interesses da maioria dos agentes, e satisfazer uma minoria pouco interessada no progresso", mas o que ele não explica é que ela não tinha alternativa, dadas suas origens e formação. A partir de aproximadamente 1850, impulsionada pelo café e pela imigração, a economia brasileira passou a crescer a uma taxa que lhe permitia começar a construir um mercado interno e a se preparar para a industrialização, que começou em São Paulo nos anos 1890 e ganhou impulso definitivo a partir de 1930. Como vimos pelo Gráfico 2, foi também a partir de meados do século XIX que a distância entre os Estados Unidos e o Brasil aumentou fortemente. Isso aconteceu não porque o Brasil cresceu pouco entre 1850 e 1930, mas porque esse foi o grande momento do desenvolvimento dos Estados Unidos. Foi o momento em que esse país engatou sua Primeira à Segunda Revolução Industrial — a revolução da eletricidade, do motor de explosão e da linha de montagem — e os Estados Unidos se tornaram a grande potência econômica mundial. No gráfico, considerando-se todo o período, vemos que o Brasil não conseguiu alcançar no início dos anos 2000 a distância em termos de renda *per capita* que existia em 1870. O processo de *catching up* ou alcançamento do Brasil em relação aos Estados Unidos foi, portanto, historicamente medíocre. Foi somente positivo durante o Ciclo Nação e Desenvolvimento. Este foi um problema de toda a América Latina — da sua dependência em relação ao Norte, da enorme dificuldade de suas elites e seu povo definirem para si mesmos uma estratégia nacional de desenvolvimento.

O LEGADO DA ESCRAVIDÃO

Enquanto a Revolução Industrial na Europa Ocidental e a Revolução Francesa abriam espaço para uma burguesia industrial estabelecer o trabalho assalariado e garantir os direitos civis em um Estado burguês ou liberal, no Brasil a Independência ocorreu sob o impulso daquelas mesmas revoluções. Não se transitava de uma sociedade agrária letrada para uma sociedade capitalista, mas se mantinha a sociedade mercantil-escravista da colônia. Em consequência, a construção de um Estado-nação independente tinha, na análise de Wilma Peres Costa (1993/2001, p. 152), um efeito paradoxal: "reiterar a heteronímia econômica que mantinha essas economias [latino-americanas] como tributárias do centro capitalista passava a ser uma condição de sua soberania política".

O sistema escravista foi, assim, uma condição da estabilidade do Império, porque mantinha as elites latifundiárias solidárias com o Estado, mas foi também um obstáculo maior ao seu desenvolvimento na medida em que não criava, do lado da oferta, mão de obra educada, e, do lado da demanda, um mercado interno, as duas condições fundamentais para a industrialização. O sistema escravista começou a ceder apenas em 1850, com a extinção do tráfico; e somente acabou em 1888, com a abolição da escravatura, em um momento em que esse sistema já perdera toda funcionalidade econômica, transformando-se em uma mácula moral insustentável para uma sociedade que pretendia ser liberal e moderna. Desde aproximadamente essa data, o Brasil passou a experimentar o desenvolvimento econômico capitalista, ou, mais precisamente, um primeiro ensaio de desenvolvimento. Embora fosse um país independente, no período do Império a capacidade de suas elites de mobilizar a sociedade para o desenvolvimento econômico a partir do nacionalismo era muito pequena. A herança colonial e escravista havia sido, também nesse ponto, crucial. Conforme observou István Jancsó (1993/ 2001, p. 3),

> "o nacional, no sentido em que emerge da revolução burguesa, identificando soberania da Nação com Estado soberano, era um projeto a ser inventado na América Latina, na medida em que não repousava sobre antecedentes históricos que levassem a identificar, necessariamente, as divisões administrativas dos Impérios ibero-americanos como Estados nacionais emergentes."

A elite imperial brasileira continuava a ser uma elite de latifundiários à qual se somara uma pequena elite de altos burocratas. Ambos não tinham uma ideia clara de nação, dada sua herança colonial e escravista, e dada sua subordinação cultural à França e à Inglaterra. Havia nela um complexo de inferioridade colonial e uma vontade de "ser europeu", associados ao caráter mestiço de nosso povo e ao baixo nível de desenvolvimento do país, que dificultava a definição do projeto nacional necessário à superação do subdesenvolvimento.

Quando o Brasil, afinal, a partir dos anos 1930, realizou sua revolução capitalista, não tinha de resolver apenas o problema do atraso econômico; tinha também de enfrentar o problema da profunda desigualdade da sociedade brasileira. Uma primeira causa dessa desigualdade era, naquele momento, a existência de um amplo grupo de brasileiros pobres, de caboclos, vivendo à margem do sistema agrário-exportador, mas sua causa maior foi certamente o amplo e durável sistema escravista. Conforme assinalou Adalberto Cardoso (2010, p. 18):

> "[...] a escravidão deixou nela [sociedade brasileira] marcas muito mais profundas do que o conhecimento acumulado sobre o tema se dispõe a aceitar. Não só a sociabilidade capitalista moldou-se pela inércia da ordem escravista, como o próprio Estado capitalista construído no quarto século brasileiro estruturou-se pela escravidão e para sustentá-la."

Segundo o autor, através do que ele chama de "inércia institucional", essa ordem social transferiu-se de geração para geração, dificultando a problematização da questão social como relevante para a sustentabilidade da ordem. "Getúlio Vargas, nesse sentido, representa uma importante ruptura com a dinâmica herdada da escravidão, ao renovar a estrutura do Estado capitalista para incorporar aquela questão em seu próprio âmago" (2010, p. 27). Mas, como Cardoso argumentará mais adiante em seu livro, Vargas inicialmente limitou-se a romper essa ordem em relação aos trabalhadores urbanos. Não se sentiu com forças para enfrentar os interesses das elites rurais, não obstante, como mostrou especialmente em um discurso no dia 1º de maio de 1941, tivesse consciência da necessidade de incorporar os trabalhadores rurais na nova ordem que estava sendo construída. Uma vez abolida a escravidão, esta deu origem a um imenso grupo de excluídos sociais: os trabalhadores livres nacionais, geralmente negros ou mestiços, vítimas da exploração e do desprezo social. Antes mesmo da abolição, nos anos 1850, os fazendeiros paulistas haviam claramente rejeitado os trabalhadores livres e optado pela imigração para resolver seu problema de mão de obra. Talvez tivessem razão, dada a dificuldade de incorporar os caboclos na ordem do trabalho capitalista, mas dessa opção resultava a formação de um enorme excedente de trabalhadores que, durante mais de um século, garantiria no país a oferta ilimitada de mão de obra e baixos salários. Foi essa população originária dos trabalhadores livres nacionais e da escravidão que deu origem à "ralé" de que fala com indignação e propriedade Jessé Souza (2003). Um subproletariado rural e urbano que, originado da escravidão, terá enorme dificuldade em se integrar à sociedade capitalista que estava então se formando. Essa dificuldade já fora prevista por Joaquim Nabuco (1883/2000, p. 27):

"[...] depois que os últimos escravos houverem sido arrancados do poder sinistro que representa para a raça negra a maldição da cor, será ainda preciso desbastar, por meio de uma educação viril e séria, a lenta estratificação de trezentos anos de cativeiro, isto é, de superstição e ignorância."

A análise da desigualdade brasileira com origem na escravidão foi elaborada de maneira clássica por Florestan Fernandes em pesquisa realizada em São Paulo, *A integração do negro na sociedade de classes* (1965, vol. II, p. 5). Conforme ele resumiu seus achados,

"[...] vários fatores concorreram, simultaneamente, para impedir que a 'população de cor' da Capital desenvolvesse qualquer espécie de reação conjugada e consciente aos problemas sociais que a afligiam. De um lado, o pauperismo e a anomia social conduziam à desilusão coletiva e ao desalento crônico. De outro, a preponderância da 'raça branca' operava de modo a manter os modelos arcaicos de ajustamento racial, com todos os ônus que eles envolviam para o 'negro', da passividade à percepção deformada da realidade."

Em outras palavras, Jessé Souza (2017, p. 48) resume essa visão:

"Mais abaixo ainda, dá-se a constituição histórica daquilo que chamo 'ralé brasileira': composta pelos negros recém-libertos e por mestiços de mulatos de toda ordem para quem a nova condição era apenas uma nova forma de degradação... Para o negro, sem condições de competir com chance na nova ordem, restavam os interstícios do sistema social: a escória proletária."

O capitalismo é uma forma de organizar a produção essencialmente competitiva, e para essa competição muitas vezes feroz é necessária a preparação psicológica adequada. Nas sociedades capitalistas que se desenvolveram originalmente, a preparação da população para esse processo de competição ocupou séculos, durante o período do capitalismo mercantil, e se acelerou no século XIX para ajustar a mão de obra às demandas da nova sociedade industrial. O ensino público teve papel essencial nesse processo. A criança aprendia os dois métodos fundamentais de comunicação e raciocínio — a língua nacional e a aritmética — e uma visão da história que era também uma visão de civismo e nacionalismo. Dessa forma, ela se preparava para depois seguir seus pais, assinar um contrato de trabalho, e se tornar um operário ou um empregado inserido no sistema. Também para, em seguida, tentar competir com seus superiores, ainda que com grande desvantagem, por um lugar ao sol. Nada disso, porém, estava disponível às populações pobres e analfabetas que saíam da escravidão. O ex-escravo não foi preparado para vender sua força de trabalho, muito menos para ascender socialmente. Não é surpreendente, portanto, que o Brasil capitalista viesse a se caracterizar por uma desigualdade econômica e social tão radical. Em outros países retardatários existe também elevada desigualdade social, mas geralmente é menor que a brasileira, porque ela deriva simplesmente da existência da oferta ilimitada de mão de obra.

Esse quadro de exclusão e desigualdade radical perdurará por todo o Ciclo Nação e Desenvolvimento. Será somente a partir do momento em que a Revolução Capitalista Brasileira se completa, em torno de 1980, e a transição democrática de 1985 acontece, que esse quadro vai mudar. E a mudança se acentua nos anos 2000, quando podem ser observados claros sinais de que o país atingira o "ponto Lewis",[9] que a oferta ilimitada de mão de obra que caracteriza classicamente os países em desenvolvimento afinal deixara de existir. Entre esses sinais, talvez os dois mais importantes sejam a tendência dos salários a não mais aumentarem abaixo do aumento da produtividade, mas acima dele, e a redução da porcentagem de trabalhadores sem contratos formais de trabalho. Desaparecia, assim, uma vantagem do país que realiza sua revolução industrial no quadro de excedente de mão de obra e baixos salários, o que levaria alguns economistas a falar em uma "armadilha da renda média". Esse é realmente um problema, mas a verdadeira armadilha na qual o Brasil caiu depois que consolidou sua revolução capitalista foi a armadilha do liberalismo econômico, que levou o país, entre 1990 e 1992, a fazer uma abertura comercial e financeira apressada e mal pensada, e, assim, deixar de neutralizar sua doença holandesa. A partir daí, o Brasil viu-se na armadilha dos juros altos e do câmbio sobreapreciado. A mudança manifesta-se também no fortalecimento dos movimentos de defesa dos interesses dos negros no Brasil, que ganham a força e a coerência que Florestan Fernandes reclamava não existir antes. Foi a partir da transição democrática que o mito da falta de discriminação racial ou da democracia racial perdeu força e o negro passou a ver seus direitos reconhecidos, inclusive o de ser beneficiado por um sistema de cotas para a entrada nas universidades. Conforme assinalou Luiz Felipe de Alencastro (2010, p. 1), "as cotas raciais beneficiaram e beneficiam dezenas de milhares de estudantes nas universidades privadas no quadro do ProUni e 52 mil estudantes nas universidades públicas, funcionando há vários anos, com grande proveito para a comunidade acadêmica e para o país". Tudo isso era impensável no Brasil do século XIX e de boa parte do século XX, mas tornou-se realidade com a Constituição de 1988 e os avanços sociais do início do século XXI.

---

[9] "Ponto Lewis" porque foi Arthur Lewis (1954/1958) o autor do *paper* clássico sobre a oferta ilimitada de mão de obra existente nos países em desenvolvimento.

3

Ciclo Estado e Integração Territorial

O Império foi o momento do Ciclo Estado e Integração Territorial. Quando, nos anos 1950, tive minha "introdução ao Brasil" lendo os trabalhos dos intelectuais nacionalistas do ISEB, aprendi que a história brasileira se dividia em três períodos: colonial, semicolonial (Império e Primeira República) e o da revolução nacional e capitalista. Aceitei essa periodização, mas sempre me incomodei com a ideia de que todos os grandes atores políticos do Império haviam afinal presidido um período semicolonial. De fato, não havia nesse período nem nacionalismo, nem ideia de nação. A subordinação cultural à Europa era muito forte. Mas é impossível negar que houve grande realização política no Brasil imperial: a formação do Estado brasileiro (a construção de um sistema constitucional legal e da burocracia patrimonialista responsável pela garantia dessa ordem) e a integração do território nacional; ou, em outras palavras, estender a lei do Estado a toda a população do país (conferir "estaticidade" à sociedade brasileira) e impedir o fracionamento político-territorial. Por isso vejo no Império o tempo do Ciclo Estado e Integração Territorial — um período no qual dominou um Pacto Oligárquico reunindo os senhores de terra, os comerciantes de importação e exportação, a burocracia patrimonialista e os interesses estrangeiros. Mas não devemos nos enganar, tanto no Império como na Primeira República essa "estaticidade" foi relativa.

D. Pedro I declarou a Independência do Brasil em setembro de 1822. Sem prejuízo de que houvessem figuras excepcionais na história do Império, as elites patriarcais e patrimoniais que dirigirão esse Estado não se constituirão imediatamente em nação; a Independência foi antes um acordo no seio da família real, no quadro histórico da subordinação de Portugal à Inglaterra, mais que uma conquista dessas elites, que, durante o Império e a Primeira República, se manterão dependentes da Inglaterra e da França, sem condições de formular um projeto nacional de desenvolvimento. Mas isso não impediu que, como acentuou José Honório Rodrigues (1975), tivéssemos nossos heróis da Independência. Eles enfrentaram no Rio de Janeiro os portugueses que participavam do governo imperial e os grandes comerciantes alinhados com Portugal. Entre eles salientaram-se os irmãos Andrada (José Bonifácio, Martim Francisco e Antônio Carlos), Joaquim Gonçalves Ledo e José Clemente Pereira. Praticamente todos os historiadores enfatizam o papel de José Bonifácio de Andrada e Silva. Nessa linha, Ana Rosa Cloclet da Silva (2006, pp. 383 e 411) escreveu sobre a "invenção da Nação brasileira" tendo José Bonifácio como figura central. De fato, ele primeiro formou uma visão geral do Reino Unido de Portugal e Brasil, e depois, com realismo e determinação, esboçou um projeto nacional, lutando por um "*Império brasílico* corporificado na própria figura de D. Pedro I", por uma monarquia constitucional em que houvesse "o forjamento da *unidade*, a partir de uma situação atestadora da *diversidade*". Mas ele era uma dessas figuras excepcionais no quadro medíocre da elite brasileira da época. E sua grande contribuição foi para a formação do Estado, não da nação brasileira. Conforme essa historiadora conclui, "se a integridade Brasílica vingou, foi antes pelo seu próprio sentido conservador — expresso nos interesses das elites em perpetuar hierarquias sociais, étnicas e raciais fortemente enraizadas —, do que pela consolidação de um sentimento de identidade nacional".

No século XIX, o problema da "estaticidade" — da afirmação do poder do Estado e do direito sobre todo o território nacional — era o problema básico enfrentado pela sociedade brasileira em formação.[1] A integração nacional não existia nem no plano material nem no dos valores e crenças. As dificuldades de comunicação e transporte eram imensas. As revoluções que buscavam autonomia de províncias, as rebeliões de escravos, o surgimento de jagunços ou senhores de guerra que dominavam amplas regiões eram problemas constantes.[2] Em 1822, a parca população brasileira espalhada

---

[1] Sobre a "estaticidade" e a formação do Estado, ver Oscar Oszlak (1997, "Introdução").

[2] Não devemos confundir os "coronéis" com os "senhores de guerra" ou "jagunços". Os primeiros eram chefes políticos locais autoritários, geralmente senhores de terra que obtinham a patente de coronel na Guarda Nacional — a força pública estadual dominante antes de o Exército realizar essa função. Os "senhores de guerra" eram armados e em certas regiões (como na Chapada Diamantina, na Bahia) eram denominados "jagunços" (Walfrido Moraes, 1963/1997), como também eram assim denominados os bandos de bandidos que operavam no sertão, e também os revoltosos e fanáticos. Dada essa imprecisão do termo, estou aqui me referindo a "jagunços" ou "senhores de guerra" para deixar claro que não estou me referindo nem aos bandos armados, nem aos revoltosos fanáticos.

por um imenso território não podia ser considerada uma nação. Mas o Estado — um Estado patrimonialista herdado de Portugal — já era uma realidade. Não obstante todas as restrições que possamos fazer à colonização portuguesa, o Estado que D. João VI trouxe, com suas leis, suas práticas e sua burocracia, foi a grande herança que Portugal deixou para o Brasil. Foi esse aparelho burocrático e esse sistema legal, mais a Constituição que a elite política brasileira discutiu e aprovou em seguida à Independência (a Constituição de 1824), que serviram de base para o novo Estado. Foi com seus dois príncipes transformados em imperadores que a legitimidade da Coroa portuguesa foi transferida para o governo do país durante todo o Império. Dessa forma, a clássica "origem divina" do poder dos reis era reproduzida no Brasil. Mas, como Lilia Moritz Schwarcz (1998, p. 16) observou, "no Brasil, religião e realeza estão ligadas de forma muito peculiar [...] ao mesmo tempo que os monarcas ganham santidade, os santos, quando muito adorados, ganhavam realeza". A figura do Imperador no Brasil — especificamente a de D. Pedro II, nada tinha do monarca absoluto europeu que, associado à burguesia, construiu o respectivo Estado-nação. A unidade territorial alcançada e a relativa estabilidade política devem muito à linhagem monárquica dos dois imperadores. A integração territorial deve-se também à nova elite formada por uma burocracia patrimonialista e por comerciantes de escravos, associada à velha elite de senhores de terra e de escravos. Mas nem o imperador revestido de santidade nem essa elite heterogênea e dependente tiveram condições de construir uma nação no trópico brasileiro.

Não subdividi o Pacto Oligárquico, mas poderia tê-lo feito. Em meados do século XIX, a supressão do tráfico de escravos, a Lei de Terras, e o início do trabalho assalariado no Brasil a partir da imigração planejada de trabalhadores europeus marcam uma mudança importante na política e sobretudo na economia do país. A mudança do centro político do Brasil do Nordeste para o Rio de Janeiro já ocorrera em meados do século XVIII, em consequência da descoberta do ouro em Minas Gerais, mas será somente um século mais tarde que o eixo econômico do país passa para São Paulo devido ao desenvolvimento do café. Esse desenvolvimento não contou com apoio significativo do Estado; foi resultado da iniciativa de uma burguesia agrária que abandonou o trabalho escravo e soube aproveitar a oportunidade que a produção do café apresentava para transitar de um capitalismo mercantil e patriarcal para um capitalismo em que a ideia e as práticas modernas de produtividade já estavam presentes, ainda que de forma imprecisa.

Precedência inicial do Estado

Em geral a sociedade, a nação, precede o Estado. Mas não foi esse o caso do Brasil na fase inicial de seu desenvolvimento. Na clássica discussão sobre a quem coube a primazia na construção do Brasil, se à sociedade ou ao Estado, se à nação ou à elite patrimonialista que dirigiu o Estado imperial, há pouca dúvida: da mesma forma que aconteceu na Inglaterra ou na França, essa primazia coube inicialmente ao Estado — ao Estado Absoluto, nesses países; e a um Estado que se pretendia liberal mas era Absoluto-Escravista, no Brasil.[3] Na relação sempre dialética entre sociedade e Estado-nação, foi este que prevaleceu no primeiro ciclo. Por isso sua grande burocracia patrimonialista comandava politicamente o país. Foi ela que, associada aos senhores de terra, construiu o Estado brasileiro (o sistema constitucional-legal e a administração pública que o garante) ao mesmo tempo em que integrava seu Estado-nação. Mas daí não se deve concluir que o Brasil era dominado por uma burocracia patrimonialista. A análise de Raymundo Faoro foi pioneira e teve seguidores de primeira qualidade, como Maria Isaura Pereira de Queiroz (1969) e Décio Saes (1985). Seu maior mérito foi ver que, com a Independência, há uma mudança na natureza do poder no Brasil, porque ao poder dos senhores de terra e dos grandes comerciantes se soma agora o poder de uma burocracia patrimonialista. Mas a interpretação mais geral de Caio Prado Jr., Ignácio Rangel e Celso Furtado, afirmando o caráter patriarcal da estrutura social e política do Brasil, continua essencial. Para compreendermos, já no Império, o crescimento apenas modesto da economia brasileira, é central o fato acentuado por Rangel e Furtado quanto ao desinteresse pelo progresso técnico ou o aumento da produtividade que caracteriza essa burguesia patriarcal-mercantil. São interpretações mais próximas da realidade do Brasil pré-1930.

Com base em um conjunto de pesquisas sobre as elites políticas brasileiras realizadas entre 1889 e 1937 por John D. Wirth (1977), Robert M. Levine (1978), Joseph L. Love (1980) e Love e Bert J. Barickman (1989, pp. 8-9), somando-se as elites de Minas Gerais, Pernambuco e São Paulo, verificou-se que 57% tinham pais fazendeiros, contra 14,3% que tinham origem

---

[3] Uma exceção foram os Estados Unidos, onde a construção da nação e a formação do Estado-nação foram concomitantes, mas mesmo aí a nação americana se constituiu de fato somente depois da Guerra Civil.

burocrática, e 24,4% eram advogados.[4] Considerando-se seus filhos, dois terços eram advogados e apenas um quarto era de proprietários de terras. A origem das elites era, portanto, claramente o patriarcado rural, mas, na medida em que se formavam em Direito e se tornavam políticos, passavam a ser pagos pelo Estado nos termos de um sistema patrimonialista. Dois terços dos membros das elites eram formados em Direito, mas descendiam fundamentalmente de fazendeiros. O sistema era essencialmente o do capitalismo mercantil, mas elementos de um sistema patrimonialista estavam presentes. Os mesmos pesquisadores verificaram também fortes conexões dessas elites com o estrangeiro: "[...] nossa comparação revela que cerca de um terço do grupo tinha relações com o exterior de algum tipo [...] Um quinto deles viveu no exterior pelo menos seis meses".

Essa elite era conservadora, e acabou por ser a força atuante na construção do Estado brasileiro, porque sabia que ele representava a lei e a ordem, mas ela se dedicou a essa tarefa com dificuldade, porque sua experiência colonial havia sido eminentemente privatista ao invés de pública. A apropriação do excedente econômico realizava-se por meio do trabalho escravo em um contexto no qual o domínio do senhor sobre o escravo era privado — era um domínio garantido pelo capital e pela força armada privada do senhor de terras. Aqui, conforme salienta Wilma Peres Costa (1993/2001, p. 153), "a formação do Estado se fez mantendo e reiterando a escravidão, forma específica de privatismo, na qual a conservação de uma esfera privada de exercício da violência é pressuposto e condição de sua existência e manutenção". Por isso, depois que ocorre a Independência, as elites coloniais resistirão fortemente à tentativa de D. Pedro I de formar uma força armada pública com participação de mercenários estrangeiros, e essa resistência será uma das causas de sua abdicação em 1831. Por isso, a autora acrescenta, "impediu-se reiteradamente a demarcação das terras públicas, base para a instituição do imposto territorial ou, como nos Estados Unidos, fonte fundamental das rendas públicas através da venda a particulares".

A construção do Estado no Império não estava voltada para a construção de uma nação. Não havia nas elites brasileiras nenhuma atitude "anti" em relação ao imperialismo que geralmente acompanha a formação de uma nação cujo desenvolvimento é retardatário; essas elites não se davam conta

---

[4] Para chegar aos 14,3% de membros da elite política brasileira com origem na burocracia pública, usei um critério amplo no qual incluí educadores (3,8%), oficiais militares (4,1%), magistrados (5,2%), e burocratas de baixo nível (1,2%) (cf. Love e Barickman, 1989, p. 8).

de que o imperialismo industrial ou moderno limitava o desenvolvimento do país, entre outras razões, porque o persuadia a não buscar a industrialização. Como observou Adrián Gurza Lavalle (2004), referindo-se ao problema da nação, "a impossibilidade de se admitir a existência do Estado-nação como um dado do século XIX foi ponto cego para boa parte do pensamento político-social brasileiro". A elite não foi, portanto, capaz de construir o Estado-nação enquanto nação, mas o construiu enquanto Estado e enquanto território unificado. Em outras palavras, o Estado não se apoiou em uma nação para se constituir como tal. Quando dizemos que no Império o Estado precedeu a sociedade, isto só é verdade se estivermos pensando em uma sociedade nacional. Se considerarmos a sociedade patriarcal brasileira, esta precedeu o Estado e estabeleceu para sua construção limites fortes que somente seriam superados no ciclo seguinte da relação entre a sociedade e o Estado. Resultou daí, segundo Adalberto Cardoso (2010, p. 86), um "Estado raquítico". O processo de construção de um Estado é o processo de levar sua lei e a garantia dessa lei a todo o território. No caso do Estado brasileiro do Império e da Primeira República, amplos setores do Brasil continuaram dominados ou por "coronéis", que geriam a política local, ou por jagunços ou senhores de guerra. Nas palavras de Cardoso, tomando como referência Polanyi (1944/1957), a herança escravista "*estruturou* o Estado capitalista entre nós, Estado que, incapaz de banhar o mundo privado com sua regulação pública e de instituir mecanismos de 'proteção da sociedade', tornou-se ele mesmo motor da reprodução de hierarquias e desigualdades sociais".

O Ciclo Estado e Integração Territorial envolveu um pacto rigorosamente oligárquico, tanto no Império como na Primeira República. Na verdade, o pacto se pretendia liberal, mas o liberalismo político (que, diferentemente do liberalismo econômico, é uma conquista da humanidade) era antes retórico que real, já que não se garantia os direitos civis da grande maioria da população.[5] O liberalismo econômico, por sua vez, não estava baseado em um mercado interno, que mal existia, e sim nas relações econô-

---

[5] O liberalismo econômico tem como alternativa o desenvolvimentismo. Os liberais pretendem que o liberalismo econômico é condição para o liberalismo político (a garantia dos direitos civis ou das liberdades), mas isto não é verdade. Assim como o primeiro liberalismo econômico, o primeiro desenvolvimentismo foi autoritário, mas o segundo desenvolvimentismo além de ser democrático, é social. Neste livro, quando falo de políticos e economistas liberais, ou de reformas liberais, estou supondo o liberalismo econômico. Quando me refiro ao liberalismo político, uso sempre o adjetivo "político".

micas do Brasil com o mundo rico. O pacto também se pretendia nacional, mas não havia nação para sustentá-lo. A formação de um partido nacionalista em Pernambuco, nos anos 1840, o Partido da Praia, e sua derrota em meio a uma guerra civil que ficou conhecida como a Revolta Praieira, exemplificam bem essa falta de nação. Conforme Izabel Andrade Marson (2013) descreve em um fascinante artigo, o Partido da Praia, que foi fundado em 1842, em 1845 já assumiu a presidência da província. Foi um partido liberal, que representava a pequena burguesia local e a agricultura associada aos banguês (pequenos engenhos) de cana-de-açúcar. Enquanto o partido conservador local "promovera realizações afinadas com 'livre-cambismo' e com interesses de grandes proprietários de terra, comerciantes, exportadores e financistas — muitas vezes estrangeiros", o Partido da Praia possibilitava "acessibilidade aos negócios públicos e empregos a um número maior de cidadãos, medidas que, no geral, agradavam proprietários de engenhos e mercadores de medianas posses, artesãos e pequenos negociantes de Pernambuco, bases eleitorais do partido". Não obstante o êxito político inicial do partido, ele contradizia o pacto dominante, que aproveitou um incidente que matou um membro do Partido da Praia (o que, afinal, originou a Revolta Praieira) para, com base na Guarda Nacional, derrotar a Praia e expulsar seus representantes da vida política por mais de quinze anos.

Por definição, o Pacto Oligárquico nada tinha de democrático. Mas não havia condições para a democracia no Brasil. O país não experimentara ainda sua revolução capitalista — a condição essencial para uma democracia real, ainda que mínima, e consolidada. O controle direto do Estado continuava, assim, uma condição de sobrevivência da elite dominante, que não hesitava em usar a força sempre que seu poder fosse ameaçado. Isto também se viu no conflito do Partido da Praia com o partido conservador de Pernambuco. Quando o primeiro, que representava os senhores de engenho e os grandes comerciantes, alcançou o poder, tratou imediatamente de alijar de toda a máquina do Estado os representantes da oligarquia local. Procurava, assim, transferir para seus membros o excedente econômico associado ao Estado, que antes era exclusividade da oligarquia. Esta reagiu de forma impiedosa. Esse acontecimento local refletia o quadro político do país como um todo. Conforme assinala José Murilo de Carvalho (2012b, p. 391), o sistema eleitoral do período começa relativamente democrático, garantindo poder de voto a cerca de 10% da população, mas essa porcentagem vai se reduzindo para chegar, com a reforma eleitoral de 1881, a 1%. Em seguida volta a aumentar, mas "os 10% de participação só foram superados a partir de 1945, 64 anos depois da lei de 1881".

Unidade territorial

Um problema central da historiografia brasileira é o das razões pelas quais o Brasil logrou manter sua integridade territorial. A figura do imperador foi importante para que o país assegurasse o aumento gradual da "estaticidade" e para que atingisse a unidade territorial. E essa é geralmente a explicação dada para a conservação da unidade do território brasileiro enquanto as ex-colônias espanholas na América Latina se dividiam em muitos países. Mas é preciso salientar dois outros fatos: o trabalho realizado por políticos e militares do Império e o problema do tráfico de escravos.

A elite política patrimonialista conservadora, que representava seus próprios interesses e os da classe proprietária de terras e da classe mercantil, contribuiu para a formação do Estado e para a integração territorial do país. Mas como, por um lado, estava envolvida no tráfico de escravos e na produção agrícola de exportação, e, pelo outro, era culturalmente dependente da Europa, era liberal no plano econômico independentemente de estarem seus membros filiados ao Partido Liberal ou ao Partido Conservador, na medida em que defendiam o livre-cambismo, não tendo a ideia de nação e de revolução nacional e industrial. Vivia, portanto, fora do tempo. No plano literário, houve um celebrado nacionalismo romântico brasileiro, no século XIX, inicialmente liderado por Gonçalves de Magalhães, que, graças à participação de D. Pedro II, transformou-se em política oficial, mas, como assinalou Lilia Moritz Schwarcz (1998, p. 140), nessa literatura "os temas eram nacionais, mas a cultura, em vez de popular, era cada vez mais palaciana e voltada para uma mera estetização da natureza local"; ou, como observou Alfredo Bosi (2012, p. 230), tratava-se de um nacionalismo relativo: "a fusão de nacionalismo e romantismo é uma dessas meias verdades que se impõem no discurso da história cultural não só brasileira, mas latino-americana". O seu lado verdadeiro está em escritores como Gonçalves Dias e José de Alencar, mas o meio erro está em "poetas absolutamente românticos da chamada segunda geração, Álvares de Azevedo e Junqueira Freire, não terem feito do nacionalismo o seu ideal supremo". Pelo contrário, em geral se opuseram a ele, porque a indústria seria "artificial" no Brasil, ou porque o Brasil seria "um país essencialmente agrícola".

Outro fator importante para explicar a preservação da unidade territorial brasileira durante o Império foi o problema do tráfico de escravos. A análise clássica desse fator foi realizada por Luiz Felipe de Alencastro (1979, 2000, 2006). Para ele, depois que a Independência é declarada, o que mantém a unidade nacional brasileira é, perversamente, a união dos interesses da oligarquia proprietária de terras com traficantes de escravos que haviam estabelecido há muito uma relação triangular entre Portugal, Angola e Brasil. Com a Independência, o sistema é mantido, com a substituição dos traficantes portugueses por brasileiros. Mas a Inglaterra, depois da Revolução Industrial, não aceitava mais o escravismo: ela queria mercado para suas manufaturas, não latifúndios escravistas autossuficientes. A pressão inglesa será forte. Leva, em 1831, à supressão legal do tráfico, mas a lei logo se torna letra morta. Porém, com o aumento da pressão inglesa, o centro político-burocrático no Rio de Janeiro se convence da necessidade de suprimir o tráfico — o que acontecerá em 1850, ao mesmo tempo que o parlamento brasileiro aprova a Lei de Terras. Houve, ali, um evidente acordo entre a burocracia política e os grandes proprietários — as duas grandes facções da elite brasileira imperial. Eliminava-se o tráfico, mas, em compensação, regulavam-se as terras devolutas, limitando seu acesso aos posseiros de todos os tipos. E, no mesmo momento, atendia-se ao setor mais moderno da oligarquia agrário-exportadora, iniciando-se uma política de estímulo à imigração europeia. Estas mudanças dramáticas marcavam, finalmente, o fim do sistema colonial. Não marcavam o fim da dependência em relação à Inglaterra, mas indicavam que o Pacto Oligárquico havia afinal ganho consistência e a unidade nacional, sob a égide de uma oligarquia de senhores de terra e de burocratas patrimonialistas, estava garantida.

Duas interpretações complementares

A sociedade brasileira será uma sociedade estritamente patriarcal, escravista e mercantil até meados do século XIX. As coisas começam a mudar com a expiração do tratado comercial preferencial com a Inglaterra que impedia qualquer industrialização, com a entrada de um número cada vez maior de imigrantes europeus a partir da extinção do tráfico de escravos em 1850, e com o peso maior que, no bojo do Estado em formação, assume uma burocracia patrimonialista. A expiração do tratado possibilitou a Tarifa Alves Branco, de 1844, que teve motivos tanto fiscais como protecionistas, e, dos dois pontos de vista, fortaleceu o Estado. A imigração europeia, por sua vez, resultou de uma política de Estado patrocinada pelos cafeicultores paulistas. O surto cafeeiro no início do século XIX no Vale do Paraíba havia levado ao recrudescimento da escravidão, mas, conforme assinalou Emília Viotti da Costa (1966, p. 14) em seu estudo sobre o sistema escravista em São Paulo, "a partir da segunda metade do século XIX, à medida que o café se expandia em demanda de terras virgens e novas áreas eram desbravadas, o sistema se foi desarticulando e o país transitou definitivamente para as formas do trabalho livre". A burocracia pública brasileira, tanto a mais aristocrática que ocupará os cargos-chave do Império, como a de origem mais modesta que prospera no Exército, passa a ser um elemento importante no cenário político brasileiro.

Assim, em meados do século XIX o Estado brasileiro começa a se estruturar e a mostrar alguma capacidade de promover o desenvolvimento do país. Contribuiu para isso a fundação e o fortalecimento do Partido Conservador ao lado do Partido Liberal. Com a decretação da maioridade de D. Pedro II, o novo partido, que reunia grandes proprietários rurais, o comércio externo e os altos funcionários do governo, se sobrepôs ao Partido Liberal, que defendia a descentralização do poder. Garantida, assim, a centralização do poder político, este fato foi importante para consolidar o Estado brasileiro. Desde 1822 o Brasil era um país independente, mas só então o país passará a contar com um Estado digno desse nome — com um sistema constitucional-legal soberano e com uma organização pública que razoavelmente garantisse esse sistema. Em meados do século XIX, a sociedade brasileira construía no Rio de Janeiro o seu Estado. Agora ela não é mais apenas uma sociedade mercantil e patriarcal de senhores de terra, como era no período colonial, porque para administrar o Estado oligárquico forma-se um estamento burocrático patrimonialista. Agora a classe dominante brasileira não era apenas formada por uma oligarquia de senhores de terra e grandes comerciantes, mas também por um estamento de burocratas públicos patrimoniais.

A visão anteriormente dominante, partilhada tanto por autores de formação liberal, como Gilberto Freyre (1933/1992, 1951/2003) e Nestor Duarte (1938/1966), como marxistas, como Caio Prado Jr. (1945/1956) e Ignácio Rangel (1953/1957), localizava o poder político durante o Império e na Primeira República em uma oligarquia de senhores de terra que era também comerciante mercantil. Em uma primeira fase, são os senhores de engenho do Nordeste e os coronéis de gado do sertão; em uma segunda, são os primeiros plantadores de café do Vale do Paraíba; e, finalmente, serão os cafeicultores do Oeste Paulista os dirigentes econômicos e políticos do Brasil. Segundo Gilberto Freyre (1933/1992, p. 19), que foi não apenas o grande analista mas também o grande ideólogo da oligarquia de senhores de terra, ele a via como uma aristocracia:

"[...] a família e não o indivíduo, nem tampouco o Estado nem nenhuma companhia de comércio, é, desde o século XVI, o grande fator colonizador no Brasil, a unidade produtiva, o capital que desbrava o solo, instala as fazendas, compra escravos, bois, ferramentas, a força social que desdobra em política, constituindo-se na aristocracia colonial mais poderosa da América."

Freyre não poderia ser mais enfático. De acordo com a análise clássica de Rangel, a oligarquia no período colonial é também constituída pelos senhores de terras que, internamente, dominam de forma patriarcal os latifúndios, enquanto externamente já constituem uma burguesia mercantil. No século XIX surge uma burguesia mercantil urbana de grandes comerciantes e mercadores de escravos, que passa a partilhar poder e privilégio com o patriarcado rural. A análise marxista de Caio Prado Jr. (1945/1956) vai na mesma direção. Mas ele acentua o caráter mercantil da colonização, ou seja, a vigência no Brasil de uma forma histórica de capitalismo não plenamente desenvolvida. Ainda em meados do século XIX, cerca de 60% dos recursos tributários do Estado brasileiro provinham do comércio de exportação e importação.

Raymundo Faoro apresenta uma interpretação que se pretendeu alternativa mas de fato é complementar à tese do caráter patriarcal e mercantil da sociedade brasileira: seu caráter antes patrimonialista que patriarcal e mercantil. Sérgio Buarque de Holanda (1936/1969, pp. 105-6) fora quem, pela primeira vez, utilizara o conceito de patrimonialismo para caracterizar as elites políticas brasileiras. Distinguindo o "funcionário patrimonial do puro burocrata", observa que "não era fácil aos detentores das posições públicas de responsabilidades, formados por tal ambiente (família patriarcal), compreenderem a distinção fundamental entre os domínios do privado e do público". É essa elite política letrada e conservadora que manda de forma autoritária ou oligárquica. Não há democracia. As eleições são uma farsa. A distância educacional e social entre a elite política e o restante da população era imensa.

Faoro parte desta análise, mas lhe dá dimensão maior. Em *Os donos do poder* (1957/1975), usando o conceito weberiano de burocracia patrimonial, ele argumentou que o poder político no Brasil estava concentrado em um estamento aristocrático-burocrático de juristas, letrados e militares, que derivam seu poder e seus rendimentos do próprio Estado. Ele não nega a existência desses atores sociais, mas inverte o raciocínio, e entende que o estamento patrimonial que dirige a organização do Estado é a própria classe dirigente e não a classe dos senhores de terra. Para ele, o Brasil reproduziu o sistema montado em Portugal no século XIV por D. João I, o Mestre de

Avis, que tem como base um estamento originalmente aristocrático. Formado pela nobreza decadente que perde as rendas da terra, o estamento vai se tornando cada vez mais puramente burocrático com a entrada de meros letrados, sem perder todavia seu caráter aristocrático. Este estamento não é mais senhorial, porque não deriva sua renda da terra, mas é patrimonial, porque a deriva do patrimônio do Estado, que em parte se confunde com o patrimônio de cada um de seus membros. O Estado arrecada impostos das classes, particularmente da burguesia mercantil, que são usados para sustentar o estamento dominante e o grande corpo de funcionários de nível médio a ele ligados por laços de toda ordem. Faoro está bem ciente de que sua tese conflita tanto com a perspectiva marxista como com a liberal, e não hesita em se posicionar contra ambas: "À crítica de fonte liberal junta-se paradoxalmente no mesmo sentido a crítica marxista. O capitalismo antigo — identificado por simplificação de escola, ao feudalismo, ou ao pré-capitalismo — será devorado pelo capitalismo industrial" (1957/1975, pp. 734-6). Ora, argumenta ele,

"[...] a realidade histórica brasileira demonstrou a persistência secular da estrutura patrimonial, resistindo galhardamente, inviolavelmente, à repetição, em fase progressiva, da experiência capitalista. Adotou do capitalismo a técnica, as máquinas, as empresas, sem aceitar-lhe a alma ansiosa de transmigrar."

Uma análise na mesma direção, mas mais moderada, é adotada por Fernando Uricoechea (1978), que vê a administração imperial como patrimonialista ou prebendária, mas salienta que o latifúndio é a prebenda básica que a Coroa portuguesa garantiu aos colonos.[6] As contribuições de José Murilo de Carvalho (1980) e Luciano Martins (1973/1976) caminham na mesma direção, enfatizando o papel da burocracia patrimonial na sociedade brasileira.

Faoro e aqueles que o seguiram ofereceram uma visão nova do Brasil, mas não do Brasil desde o período colonial, como ele supôs, mas que data do período imperial. Depois da Independência constituiu-se um Estado no

---

[6] Em consequência dessa análise, a Guarda Nacional, que foi uma instituição dos senhores de terra em oposição ao poder central e ao Exército burocrático, é entendida como uma manifestação patrimonialista — um patrimonialismo curiosamente antiburocrático.

Brasil que, por sua própria importância e relativa autonomia, implicou o surgimento de um segundo grupo de poder além da oligarquia agrário-mercantil: o estamento burocrático patrimonialista.[7] Fica claro a partir de seus trabalhos o papel decisivo desempenhado por essa burocracia pública de então — por um estamento burocrático-patrimonial semelhante àquele que dominava Portugal, de origem aristocrática, ligado aqui por laços de família ao patriarcado rural. Enquanto os senhores de terra e os grandes comerciantes e traficantes de escravos se ocupavam da economia, esse estamento dominava com relativa autonomia o Estado e a política. Para Faoro, haveria uma distinção clara entre a classe dominante de senhores de terra e a classe dirigente de burocratas patrimoniais, o que acaba por levar o raciocínio longe demais. Ainda que possamos e devamos distinguir os dois grupos, os laços familiares e as relações de dependência da elite política em relação à elite econômica eram fortes. O poder político da alta burocracia patrimonial dependia do voto em nível local, em um Brasil rural, no qual era decisiva a figura do "coronel" que em grande parte se confundia com a do senhor de terras.

A importância dessa aristocracia burocrática no Império é inegável. José Murilo de Carvalho, em sua análise das origens dos ministros do Império, assinala que a grande maioria deles era de letrados e juristas, que podiam estar ligados às famílias de proprietários de terra, mas eram antes de tudo burocratas patrimonialistas sustentados pelo Estado. Em um primeiro momento, a partir de sua base estamental ou de suas relações com o patriarcado rural, eles estudavam na Universidade de Coimbra, depois, nas Faculdades de Direito de Olinda e de São Paulo. Apoiados nesse conhecimento, vinham a ocupar os altos postos do Império. Segundo Carvalho (1980, pp. 38-9), "o que acontecia com a burocracia brasileira acontecia também em parte com a elite política, mesmo porque a última em boa medida se confundia com os escalões mais altos da primeira". Isso, entretanto, assinala o historiador, não significava que a elite imperial fosse, como para Nestor Duarte (1938/1966), "simplesmente a representante dos proprietários rurais", ou, como para Faoro (1957/1975), "um estamento solidamente estabelecido que se tornava, através do Estado, árbitro da Nação e proprietário da soberania nacional". Talvez Carvalho faça essa ressalva dado o caráter

---

[7] Faoro, entretanto, termina seu livro com um capítulo sobre "a viagem redonda" porque acredita que no último quartel do século XX o Estado e a sociedade brasileiros continuavam essencialmente patrimoniais — o que implica negar a história.

radical da posição de Faoro, mas a pesquisa histórica que realizou caminha antes na direção de Faoro que na de Duarte — este aqui representando a sabedoria convencional marxista e liberal. A elite política brasileira era fundamentalmente formada por bacharéis ou juristas, e estes eram em regra magistrados, funcionários do Estado, como é próprio do patrimonialismo, enquanto na Inglaterra os juristas eram cada vez mais advogados, servindo à burguesia nascente. Esses magistrados apresentavam uma extraordinária homogeneidade que a educação nas Faculdades de Direito proporcionava. Homogeneidade conservadora, herdada do conservadorismo atrasado de Coimbra. Por outro lado, conclui Carvalho, ficava assim claro que "a capacidade (dessa elite) de processar conflitos entre grupos dominantes dentro de normas constitucionais aceitas por todos constituía o fulcro da estabilidade do sistema imperial". Sob muitos aspectos, o trabalho realizado por ela notadamente durante o Império foi admirável. Entretanto, é preciso considerar que toda elite política é culturalmente mais sofisticada que as elites econômicas que representa, e, por isso, delas se distingue. Para que um político tenha condições de falar em nome do patriarcado rural e dos grandes comerciantes urbanos que constituíam as classes dominantes, ele deveria estar necessariamente mais preparado em termos de conhecimento e possuir *status* social diferente dos seus representados. Nesse processo, ganhava naturalmente determinado grau de autonomia que aparentemente aumentava ainda mais na medida em que essa elite política era fortemente influenciada pela cultura e pelos interesses europeus. Na verdade, tratava-se antes de uma dupla dependência — dependência da oligarquia econômica e dos interesses imperiais externos — que a elite política patrimonialista não tinha alternativa senão expressá-la, dada a inexistência de povo, nem ao menos de sociedade civil, que lhe oferecesse outra base política.

José Murilo de Carvalho (1980) assinala que faltava à elite política patrimonialista do Império poder para governar sozinha. Na verdade o que tínhamos no Império era uma aliança do estamento patrimonialista com a burguesia mercantil de senhores de terra e grandes comerciantes. Com a proibição do tráfico de escravos a burguesia comercial se transforma, ao mesmo tempo em que, com as exportações crescentes de café, a oligarquia rural deixa de ser particularmente a oligarquia mercantil de senhores de engenho para ser uma oligarquia burguesa de cafeicultores do Norte e do Oeste Paulista. Tivemos assim um Estado Patrimonial-Mercantil no Império, que se estenderá ainda pela Primeira República. O poder do estamento patrimonial é de fato grande, como assinala Faoro, mas o poder dos senhores de terra continua a ser maior. A elite patrimonialista imperial teve origem sobretudo nas famílias proprietárias de terra, mas aos poucos foi ganhando autonomia na sua própria reprodução. O que a caracteriza é o saber jurídico formal e a competência política, que legitimam seu poder. A absoluta maioria dos ministros, conselheiros, presidentes de província e deputados é formada em Direito.

Poder-se-ia supor que começava então a emergir uma nova classe média, uma classe burocrática ou profissional; mas essa tese não cabe: tratava-se antes de um estamento de altos políticos e burocratas patrimonialistas que eram parte integrante da oligarquia, mas que não derivavam seus rendimentos da terra, mas sim dos proventos que recebiam dos cofres do Estado; tratava-se de um grupo burocrático em vez de rural ou capitalista que, no entanto, teve papel decisivo na classe dirigente do Império — um período cuja marca era ainda a da colonização portuguesa. Esse estamento burocrático patrimonialista não pode ser identificado com a classe profissional porque, devido aos seus laços com a oligarquia, ostenta claros traços aristocráticos. Mas no século XIX está surgindo também uma camada de funcionários públicos, donos antes de sinecuras que de funções, dado o papel do Estado patrimonial de lhes garantir emprego e sobrevivência. É tradicional a ideia de que uma função fundamental do Estado, nessa época, era garantir empregos para a classe média pobre ligada por laços de família ou de agregação aos proprietários rurais. De acordo com a lógica do patrimonialismo, a baixa e a média burocracia pública estavam lá não apenas porque eram necessárias para os trabalhos burocráticos, mas porque também precisavam de emprego. Conforme observa Sérgio Buarque (1936/1969), "no Brasil somente excepcionalmente tivemos um sistema administrativo e um corpo de funcionários puramente dedicados a interesses objetivos e fundados nesses interesses". Evaldo Cabral de Mello, no posfácio a *Um estadista do Império* (1997, p. 1.325), assinala que "o próprio Estado não poderia ser compreendido sem ser referido à função de absorver pelo emprego público os representantes da ordem escravocrata". E cita um texto antológico de Joaquim Nabuco, no qual ele diz que a agricultura sustenta aqueles que lhe emprestam a altos juros, e "as sobras ele [o Estado] as distribui pelo seu exército de funcionários, os quais por sua vez sustentam uma numerosa dependência de todas as classes". Os testemunhos de Tobias Barreto, Sílvio Romero e Joaquim Nabuco, entre outros, caminham sempre no mesmo sentido. O emprego público, embora não garantisse plena estabilidade, dada a prática das "derrubadas" quando mudavam ministérios de um partido para o outro, era o único emprego possível para uma ampla classe média desempregada. Dela se recrutava a elite política. Os funcionários faziam parte de uma camada média pequena mas que já é significativa.[8] O ciclo da mineração, como assinala Nelson Werneck Sodré (1965/1968, p. 69), gerou

> "[...] uma camada média constituída por todos aqueles que não eram senhores mas não eram também escravos ou servos: pequenos comerciantes, pequenos proprietários de terra, funcionários, padres, militares, artesãos dos diversos ramos [...] muito mais numerosa na cidade do que no campo."

Com o aumento, ainda que modesto, do aparelho do Estado, funcionários de origens sociais modestas começam a ter um papel social. A burocracia de caráter aristocrático que ocupa os altos cargos do Império começa a ser infiltrada por elementos externos, de origem social mais baixa, como já havia antes acontecido na organização da Igreja Católica. Quando nos referimos a esses funcionários, já não podemos mais falar com precisão de um estamento patrimonial. Pode-se imaginar que os critérios administrativos eram pessoais, e que a preocupação com a eficiência da máquina estatal fosse nula. José Murilo de Carvalho (1980, p. 130) salienta que a "classe média desempregada", a que se referiam Tobias Barreto e Sílvio Romero, formada em grande parte de profissionais liberais, em particular bacharéis, e dominantemente mestiços, tinha como vocação o funcionalismo. E acrescenta: não era "a vocação de todos, como exagerou Nabuco, mas o era das minorias urbanas, especialmente de seus elementos mais educados e agressivos". Não obstante essas limitações, é a burocracia pública moderna que está timidamente surgindo. O acesso, inclusive, não era fácil, especialmente na Marinha e na magistratura, onde mantinha seu caráter aristocrático.

Manoel Bomfim, escrevendo nos primeiros anos do século seu livro clássico, *A América Latina* (1905/1993), escolheu como subtítulo a expressão "Males de origem" para salientar que o nosso subdesenvolvimento ou, nas suas palavras, o nosso "atraso geral" estava ligado ao caráter decadente da colonização portuguesa e à submissão à Inglaterra (p. 54). Com esta visão, ele estava nos dizendo que, durante o Império e a Primeira República, não se podia ainda falar em uma "nação" brasileira, dado o caráter fortemente dependente de suas elites econômicas, políticas e intelectuais, e a desestrutu-

---

[8] Essa camada formada por elementos pequeno-burgueses e burocráticos era suficientemente pequena para que Gilberto Freyre (1951/2003, p. 53) afirmasse poder ser "quase ignorada sua presença na história social da família brasileira".

ração política de seu "povo", formado por escravos, caboclos e agregados. E também não se poderá falar em um Estado forte ou capaz porque, para isso, seria necessário que houvesse também uma nação forte a lhe garantir legitimidade e, portanto, poder.

É preciso levar em consideração esta falta de nação para compreendermos a análise notável de Nestor Duarte (1938/1966) do Estado brasileiro. Defendo neste capítulo a tese de que a grande realização do Império foi a construção do Estado brasileiro e a integração territorial. Mas o alcance dessa construção foi limitado, dado o grande poder e o caráter privatista da oligarquia agrário-mercantil. Coube a Duarte (p. 88) fazer a primeira análise clássica do Estado brasileiro. Talvez ele tenha pintado com cores fortes demais a fraqueza desse Estado diante da oligarquia rural, mas não é possível deixar de lhe dar razão. Para ele, a sociedade semifeudal ou patriarcal que existiu na colônia era amplamente descentralizada e quase prescindia do Estado português para ocupar o território e organizar a vida social. Dados, de um lado, o "privatismo" herdado de Portugal, e, de outro, a falta de comunicação, a dispersão territorial e a profunda descentralização política, o poder político "deixa de ser o da função política para o ser da função privada", o poder não está no Estado, mas nas grandes propriedades "absolutamente independentes e autônomas". A Independência não muda esse quadro. "O poder político se desdobra, porém, sem sair de suas mãos" (p. 95). Surge no litoral uma pequena classe de letrados. "Esses estadistas imbuídos do direito público inglês ou francês, repetindo a linguagem da democratização universal, numa oratória de tantas rutilâncias, estavam apenas representando, sem o saber, uma sociedade patriarcal" (p. 102). Dessa forma, não obstante esse discurso (antes liberal que democrático), "se o senhoriato, ao encontrar-se com as influências do litoral, participa, no terreno abstrato, do jogo das ideias deste, quando reflui à sua base, em seu *habitat*, continua a manter os elos tradicionais e orgânicos de sua índole e natureza, para impedir que o Estado penetre essa população e lhe dê outro sentido social" (p. 106). E Duarte conclui:

> "O Estado só começa a existir além dessa ordem [senhorial], e, o que é mais, só se exerce, como se desenvolve e circunscreve, dentro do novo círculo que ela lhe abre acima daquele primeiro círculo de sua atuação direta. Depois de o reduzir, assim, territorial e funcionalmente, ela, por sua vez, o penetra como classe política, para infundir o seu espírito e a sua índole, após impregná-lo dos seus interesses." (p. 108)

Victor Nunes Leal (1949/1975) retoma de forma indireta a tese de Nestor Duarte sobre a fraqueza e dependência do Estado em relação à oligarquia de proprietários de terra, com seu livro clássico sobre o coronelismo. Mas com uma diferença importante. Embora escrevendo apenas onze anos mais tarde, ele não está analisando as relações entre a sociedade e o Estado no Império e na Primeira República, mas após o primeiro governo Vargas e a Segunda Guerra Mundial. Nesse quadro, já houve uma evolução. O Estado não é mais tão fraco como era anteriormente. O coronelismo, na quase democracia da Constituição de 1946, é "o resultado da superposição de formas desenvolvidas do sistema representativo a uma estrutura econômica e social inadequada" (p. 20). Na verdade,

> "[...] o coronelismo pressupõe, ao contrário, a decadência do poder privado, e funciona como processo de conservação de seu conteúdo residual. Chegamos, assim, ao ponto que nos parece nuclear para a conceituação do coronelismo: este sistema político é determinado por uma relação de compromisso entre o poder privado decadente e o poder público fortalecido." (p. 252)

A ESTRUTURA SOCIAL TRADICIONAL

Antes de 1930, o Brasil era um país periférico, agrícola e subdesenvolvido, e sua estrutura social era simples. Sociedade semicolonial e de características quase feudais, com uma economia baseada no cultivo da terra, que estava nas mãos de um pequeno grupo de proprietários, o Brasil era dominado por uma reduzida e poderosa oligarquia. Os senhores da terra, os fazendeiros, que se definiam como aristocratas, estavam tradicionalmente aliados aos grandes comerciantes dedicados ao comércio exterior e, depois da Declaração de Independência, ao capitalismo estrangeiro, inicialmente ao britânico e, mais tarde, já no século XX, também ao norte-americano. Esta oligarquia dominava não só a economia, mas também a política do país, de forma total e tranquila, dada a inexistência, no restante da população, de grupos sociais com um mínimo de consciência e força política para se opor.

Além dessa oligarquia de aristocratas tínhamos as classes populares, nas quais se concentrava a imensa maioria da população. Era formada essencialmente de trabalhadores agrícolas. Uma parte tivera sua origem na escravidão; outros eram caboclos descendentes dos primeiros imigrantes portugueses, o maior número deles já tendo passado por um processo de mestiçagem com o negro ou com o índio. Eles constituíam um grande grupo caracterizado por condições de vida miseráveis, pela pobreza, pelo analfabetismo, pela baixa produtividade de seu trabalho, realizado em uma economia de subsistência altamente subdesenvolvida. Um terceiro grupo era formado pelos imigrantes italianos, alemães e de outras nacionalidades, que a partir de meados do século XIX começaram a chegar ao Brasil, muitos deles para trabalhar nas fazendas de café: seriam eles a base de uma classe média burguesa e, mais tarde, também da classe média profissional; em um primeiro momento eles seriam, no nível das empresas, os responsáveis diretos pela industrialização.

Entre a oligarquia agrário-comercial e a grande massa de trabalhadores estava situada a pouco expressiva, mas crescente, classe média tradicional ou patrimonialista. Ela aparece no Brasil pela primeira vez com certa importância após a Declaração de Independência. Com a saída dos portugueses foi necessário organizar o Estado, executar as funções legislativas, executivas e judiciárias, enfim, estabelecer as bases de um exercício administrativo. Seria essa classe média, geralmente ligada por relações familiares com a classe alta ou então pela condição de agregados, que realizaria essas funções. As primeiras Faculdades de Direito foram então criadas para preparar os filhos das famílias ricas, mas também abrigará expoentes desse grupo. Um pouco mais tarde, com a extinção do tráfico de escravos e a concomitante prosperidade trazida pelo café, em meados do século XIX, constituiu-se um mercado de trabalhadores livres. Isso permitiu a formação de um incipiente mercado interno e o desenvolvimento das cidades costeiras ou próximas ao mar onde esse comércio se realizava. Surgiram também as primeiras indústrias têxteis nas cidades. E nesse ambiente urbano desenvolveu-se a classe média. Conforme observa Werneck Sodré (1958, p. 46), "o espaço ocupado pela classe média foi consideravelmente ampliado: as mais diversas atividades urbanas, o pequeno comércio, novas profissões encontram lugar, o Exército, os padres, os funcionários públicos".

O desenvolvimento da classe média tradicional, todavia, foi maior do que permitiam as condições do desenvolvimento econômico brasileiro da época. Originalmente constituída, em grande parte, de parentes distantes e agregados das famílias ricas, que iam se multiplicando biologicamente, esta classe média era maior do que o sistema produtivo do país era capaz de comportar. Foi por isso que Hélio Jaguaribe (1958, p. 41) observou que se tratava de uma classe média relativamente parasitária. Em suas palavras:

> "[...] as classes médias brasileiras se formaram e expandiram, no quadro de nosso subdesenvolvimento, como subproduto da urbanização de um país que permanecia agrícola e não lhes oferecia condições para se inserirem no processo produtivo; o inevitável marginalismo daí resultante conduziu-as ao parasitismo direto do Estado."

Este fato torna mais fácil a compreensão da precariedade dos serviços públicos, especialmente daqueles serviços que têm sua origem na época colonial e semicolonial, na medida em que uma das funções mais importantes do Estado era fornecer empregos a essa classe média parasitária. O desligamento do processo produtivo da classe média tradicional, patrimonialista, torna também compreensível por que essa classe, segundo Werneck Sodré (1958, p. 46), "originária, em grande parte, da classe dominante, manteve através dos anos a moral, os padrões de comportamento, as regras de conduta da classe dominante, e apenas devido à pressão da necessidade adquiriria pouco a pouco características próprias".

Finalmente, seu caráter parasitário também explica sua reduzida expressividade política durante o Império e a Primeira República. É certo que, no movimento militar que resultou na Proclamação da República, a classe média teve papel relevante, mantendo-se depois no poder por algum tempo, mas é preciso considerar que o Exército foi então uma fonte autônoma de ascensão social e de afirmação de uma classe média nacional. Com a eleição de Prudente de Morais, porém, voltou ao poder a aristocracia agrário-comercial. As classes médias apenas voltariam à cena política nos anos 1920, participando de uma série de revoluções malsucedidas, que terminariam com a Revolução de 1930, a "revolução dos tenentes" como também seria chamada, e na qual o papel da classe média, representada não somente por grupos militares, mas também civis, seria dominante.

4
Império, constitucionalismo e federalismo

A integração territorial foi em parte o resultado do trabalho de políticos, militares e diplomatas extraordinários que lutaram pela unificação do território nacional, como foi o caso de políticos, como José Bonifácio de Andrada e Silva, Bernardo Pereira de Vasconcelos e o Visconde do Uruguai; de militares, como o Duque de Caxias; e do grande diplomata que foi o Barão do Rio Branco. E muito se deveu a D. Pedro II, seja enquanto figura do imperador, seja pela firmeza com a qual lutou para fortalecer o Estado garantindo o poder central sobre um imenso território dominado por oligarquias e organizado em províncias que, em grande parte, representavam essas oligarquias.

Federalismo, conservadores e liberais

O grande debate parlamentar no Império foi o do governo unitário, apoiado pelos conservadores, contra a federação, apoiada pelos liberais.[1] Essas expressões, "conservadores" e "liberais", tinham pouca relação com suas correspondentes na Europa. Os conservadores não estavam buscando manter a ordem por meio da conservação das tradições; tampouco os liberais estavam buscando a garantia dos direitos individuais, ainda que com algum risco da ordem pública.[2] Os liberais defenderam a federação, mas os conservadores afinal prevaleceram durante grande parte do Segundo Reinado porque, em uma época em que um governo centralizado era condição neces-

---

[1] Diogo Antônio Feijó pertenceu ao Partido Liberal e, como Regente, deu grande contribuição à integração territorial do Brasil. Bernardo de Vasconcelos, que era originalmente liberal, rompeu com o Padre Feijó e foi fundador do Partido Conservador.

[2] Conforme salientou Antonio Paim (1998, p. 99), no início do Império estabeleceu-se uma clivagem entre os liberais radicais, que se opunham ao Poder Moderador, e os liberais moderados. Eram todos, portanto, liberais. "Os moderados seriam quem se fracionariam em conservadores e liberais."

sária para a integração territorial do país, defenderam corretamente o caráter unitário do Estado brasileiro. A consolidação do Estado brasileiro ocorreu entre o Regresso Conservador de 1840[3] e os anos 1860, sob domínio do novo Partido Conservador. Além disso, conservadores e liberais se distinguiam porque, conforme assinalou José Murilo de Carvalho (2012a, p. 27),

> "[...] os conservadores mantinham-se dentro de uma interpretação literal da Constituição [que previa o Poder Moderador], repetindo François Guizot, historiador e influente político francês: o rei reina, governa e administra. Os liberais apelavam para o espírito da obra de Benjamin Constant e recorriam a Adolphe Thiers, outro historiador e político francês: o rei reina, mas não governa."

Esta visão estava de acordo com a instituição da monarquia parlamentar instaurada na Inglaterra pela Revolução Gloriosa; era uma bela visão, mas não refletia a Constituição de 1824 nem o estágio de desenvolvimento político do Brasil, onde era ainda necessário um governo forte para se construir um Estado, manter a ordem pública e assegurar a integridade do território nacional — tarefas que coube ao Império realizar.

A construção do Estado brasileiro pode ser pensada como uma luta permanente entre a centralização e o federalismo, como uma sucessão de períodos de centralização aos quais se sucedem períodos de descentralização, ou, nas palavras do general Golbery do Couto e Silva, o principal intelectual do regime militar de 1964 e da sua doutrina da segurança nacional, como um processo de sístoles e diástoles.

Já na Independência essas duas visões do Brasil, que durante muito tempo foram identificadas com liberais e conservadores, se manifesta. O projeto liberal e federalista foi derrotado em 1824 por D. Pedro I ao dissolver a Assembleia Constituinte e outorgar a Constituição ao país. Reviveu no Ato Institucional de 1834, mas, depois de um período conturbado, voltou a ser derrotado em 1840. Tornou-se vitorioso com a República, e a Constituição liberal de 1891, mas depois do recrudescimento do poder das oligarquias locais e da paralisação do Estado, foi abandonado em 1930 para que Getúlio Vargas pudesse liderar a revolução nacional e industrial brasileira. Conforme observou Simon Schwartzman (1975, p. 130), "o regime político inau-

---

[3] Em 1840 foi aprovada a Lei de Interpretação do Ato Adicional que reviu o Ato Adicional de 1834 e restabeleceu o plano de um Estado unitário como o haviam pensado José Bonifácio de Andrada e Silva e D. Pedro I.

gurado em 1930 constituiu maior centralização e concentração do poder político". A descentralização restabeleceu-se com a Constituição liberal de 1946, para ser abandonada com o regime militar. Nesse processo os liberais brasileiros, para defender a *ideia* de federação, usavam do mesmo liberalismo fora do tempo e do lugar que aplicavam na economia para defender o liberalismo econômico. Como se a história fosse a realização de ideias. A partir de um fato real (o liberalismo político foi uma conquista da humanidade ao ter afirmado os direitos civis), não compreendiam que o liberalismo econômico só faz sentido depois que o país realizou sua revolução industrial, e, mesmo então, de forma moderada, desenvolvimentista, e que o federalismo é de fato a melhor forma de governar um país das dimensões do Brasil. Ao lado disso, que ele só poderia ser concretizado depois que a unidade político-territorial fosse assegurada, e que a revolução nacional e industrial fosse realizada. Equivoca-se, assim, Miriam Dolhnikoff (2005, p. 14) ao criticar a tendência dominante entre os historiadores brasileiros de ver a preservação da unidade territorial como uma conquista das elites políticas do Rio de Janeiro. Ela, porém, tem razão quando afirma que "o projeto federalista, tal como foi concebido por parte da elite brasileira na primeira parte do século XIX não morreu em 1824, tampouco em 1840". Ele saiu vencedor, mas de forma efetiva apenas na Constituição de 1988, que fortaleceu a federação em um momento em que o país já estava razoavelmente maduro para isso. Foi a primeira Constituição que, em vez de ser liberal, foi realmente democrática, assegurando o sufrágio universal, e foi social, porque ampliou os direitos sociais e atribuiu ao Estado o papel de induzir o desenvolvimento econômico.

A oposição entre um pensamento liberal, dependente e formalista, e um pensamento realista e desenvolvimentista que permeia toda a história política brasileira já estava presente, portanto, no Império e na questão do federalismo. A visão desenvolvimentista foi adotada, no Império, pelo Partido Conservador, e teve como seu principal representante Paulino José Soares de Souza, o Visconde do Uruguai, enquanto a visão liberal e cosmopolita foi adotada pelo Partido Liberal, e seu representante mais expressivo foi Tavares Bastos. Gabriela Nunes Ferreira (1999, pp. 125-66) fez uma excelente comparação dos dois autores visando discernir em suas ideias seu modelo de Estado e seu "ideal de civilização". Ambos partem do baixo nível de instrução e de civilização do povo brasileiro, ambos reconhecem a diversidade regional, ambos defenderam a abolição gradual da escravatura, mas sua interpretação do Brasil e suas propostas de política são diferentes. Tavares Bastos repete o liberalismo político e econômico que era dominante no mundo rico em meados do século XIX. Para ele, "a primeira fonte de opressão e de degeneração moral do povo era o poder arbitrário do governo". Era, portanto, necessário "empreender a 'reforma moral' a partir de pelo menos três linhas de ação interligadas: imigração, emancipação e instrução pública". No plano das relações internacionais, ao nacionalismo do Visconde do Uruguai, Tavares Bastos contrapunha o que podemos chamar de "cosmopolitismo". A possibilidade de progresso do Brasil dependia em grande medida, para ele, da abertura do país às demais nações do mundo. Conforme nos diz Walquiria Leão Rego (2003, p. 20), "o anticolonialismo do autor possuía mais as cores de um antilusitanismo. Como homem de formação liberal, o colonialismo não contém em si mesmo uma maldade radical, desde que a metrópole seja sementeira de boas instituições e de bons costumes políticos". Já a visão de Uruguai era diferente; compreendia o Brasil com autonomia, não obstante a hegemonia liberal da época; revelou sempre um pensamento independente. Para ele, o desafio fundamental que o Brasil enfrentava era o de fortalecer o seu Estado e garantir a sua unidade. Era o de enfrentar a "barbárie dos sertões" e suas rebeliões. Era garantir o objetivo básico de qualquer conservador — a ordem —, do qual depende a consecução dos demais objetivos políticos das sociedades modernas.[4] Ainda conforme essa autora, "A missão do Estado consistia, fundamentalmente, em existir. A existência do Estado, impondo a ordem ao conjunto do território nacional, submetendo o privatismo local ao poder público nacional e, é claro, sustentando os interesses da classe economicamente dominante". Os interesses do Brasil não coincidiam com os das grandes potências. A grande fonte de riqueza do Brasil era a agricultura exportadora, mas isso não significava que o governo não devesse apoiar a sua indústria. O Brasil não estava ainda preparado para a democracia.

Ao ter associado o Visconde do Uruguai ao desenvolvimentismo, o leitor já compreendeu que acredito ter ele sido mais identificado com o projeto de construção de um Estado-nação que Tavares Bastos. Que, além de mais realista e pragmático, ele foi mais "progressista", não obstante tenha sido

---

[4] Entendo que as sociedades modernas definiram para si próprias, historicamente, seus grandes objetivos políticos e as correspondentes ideologias. Primeiro, o da ordem, que já existia no Estado antigo; em seguida, a liberdade, com o surgimento do liberalismo político; depois, o desenvolvimento econômico, com a Revolução Industrial e o nacionalismo econômico; um pouco mais tarde, a justiça social, com o socialismo; e, finalmente, a proteção da natureza, com o ambientalismo.

um clássico conservador. Como explicar essa aparente contradição? Não era o liberalismo mais progressista que o conservadorismo no século XIX? No plano político, o liberalismo era um grande avanço em relação ao Estado absoluto. No plano econômico, o liberalismo é geralmente considerado um avanço em relação ao mercantilismo — a primeira forma histórica de desenvolvimentismo —, mas a verdade desta afirmação é relativa. A Inglaterra ou a França do final do século XIX eram mais ricas do que no final do século anterior, mas isso não se deveu ao liberalismo econômico e sim à Revolução Industrial que aconteceu no quadro do mercantilismo. O liberalismo político e uma monarquia constitucional foram certamente avanços para esses dois países; teriam sido também para o Brasil? E seria justificado aqui um federalismo do tipo existente nos Estados Unidos? Ou aqui tanto esse liberalismo político (e obviamente econômico) como esse federalismo seriam instituições *fora do tempo*? O Brasil estava pronto para uma monarquia constitucional depois da abolição da escravatura, mas isso não pôde ser experimentado. Para a federação e a democracia, estava pronto depois que os governos Vargas e Kubitschek levaram o Brasil a completar sua revolução industrial, mas isso só ficou demonstrado em 1985. É sempre difícil saber se uma instituição está fora do tempo, e por isso é artificial e tem pouca vigência efetiva, ou se o país está maduro para ela. Em certos momentos as instituições podem avançar em relação à estrutura econômica e social, em outras vezes é o inverso que ocorre, mas jamais pode haver uma completa desconexão entre a base real de uma sociedade e suas instituições.

O Império e a monarquia constitucional

Da mesma forma que a Independência não transformara o Brasil em uma nação autônoma, a Constituição imperial de 1824 e a republicana de 1891, ambas liberais, também não o transformaram em uma sociedade liberal e em uma monarquia constitucional, e, muito menos, em uma democracia. A questão da monarquia constitucional pôs-se desde a Independência. Embora a Constituição de 1824 tenha tido a sabedoria política de estabelecer o Poder Moderador, era uma Constituição liberal que tinha como objetivo ou princípio diretor a ideia inglesa da monarquia constitucional ou do Estado de direito. A abdicação de D. Pedro I, em 1831, deveu-se essencialmente à sua inconformidade em se sujeitar à lógica das monarquias constitucionais. O imperador, famoso por seu autoritarismo e voluntarismo, tinha, porém, razão em pensar que o Brasil não estava preparado para uma monarquia parlamentarista constitucional, na qual o rei reina mas não governa, e toda a vida política acontece no plano do parlamento.

A monarquia constitucional foi o resultado de uma longa e dura luta do povo inglês, de sua pequena nobreza, e de uma parte importante da grande nobreza. Foi afinal conquistada na Revolução Gloriosa de 1688 — uma revolução liderada pela alta nobreza inglesa depois da revolução burguesa de Oliver Cromwell. E foi legitimada por Locke — o grande filósofo fundador do liberalismo político, que participou ativamente da revolução. Durante muito tempo, porém, a experiência inglesa continuará única. As monarquias europeias só aderirão a ela em meados do século XIX — e, mesmo então, de forma relativa. Ora, se no início do século XIX a Europa não estava preparada para uma monarquia constitucional, o que dizer do Brasil? Um país caracterizado pelo latifúndio, a escravidão, senhores de terra armados (jagunços), uma massa de homens livres pobres, e uma pequena elite mercantil e patrimonialista? Não havia aqui nenhuma condição para isso, e o Império como um todo demonstrará esse fato. A relativa estabilidade política só foi alcançada porque, uma vez ultrapassado o período conturbado da Regência, D. Pedro II foi capaz de usar o Poder Moderador com firmeza e equilíbrio. A política sempre envolve um jogo de faz de conta, no qual os princípios mais elevados são constantemente avocados e repetidos, enquanto são desrespeitados. Mas essa falta de correspondência entre o dizer e o ser, entre a retórica e os fatos, dificilmente pode ter sido tão grande quanto foi no Império (e também na Primeira República). Éramos chamados a estabelecer no Brasil as instituições políticas mais avançadas que existiam então no mundo — chamados pelos estrangeiros e por nós mesmos, brasileiros. Copiar com alguma adaptação instituições não era difícil. Mas pô-las em prática, essa era outra história.

D. Pedro II parece ter compreendido esse fato. Conforme nos diz Sérgio Buarque de Holanda em relação a ele (1997, p. 16), "nada o incomodava tanto como as acusações ao poder pessoal". Isso, entretanto, não o impedia de exercer o seu poder. "Insiste, sem embargo, na sua difícil jardinagem, aparando galhos que sobressaem demais, podando frondosidades incômodas, ou impedindo que se alastrem ervas daninhas." D. Pedro II era obrigado a dissimular o grande poder de que dispunha, mas não hesitava em usá-lo. O fato de ter um sistema bipartidário parlamentarista o ajudava. Ele "sabia que, abatendo uma das facções, teria forçosamente a outra ao seu lado" (p. 22). Por isso mudou tantas vezes de ministério, não dando muita importância às eleições que sabia serem, em grande parte, fraudadas, ou então de significado limitado. Não obstante seu cuidado, "é no ocaso do Império que vão aparecer mais nitidamente as contradições de um sistema pretensamente parlamentarista, mas onde a decisão última cabia ao chefe de Estado, que algumas vezes as tomou de forma ostensiva" (p. 66). E conclui Buarque de Holanda:

> "Em parte é impossível separar a eminência quase tranquila da vontade do monarca dos vestígios ainda persistentes do velho princípio de que, pela simples filiação ou pela unção real, dispõe o soberano de uma espécie de poder sagrado." (p. 67)

Mas não foi o poder pessoal de D. Pedro II que determinou o fim do Império, e sim a incapacidade deste de resolver os problemas nacionais daquele momento. Desde a escolha do ministério conservador de 1868, o governo começara a se afastar das elites progressistas que emergiam no Sul do país. E nada demonstrou isso com mais clareza que a forma pela qual enfrentou o problema da escravidão. Conforme assinala Caio Prado Jr. em seu notável ensaio, *Evolução política do Brasil* (1933/1957, pp. 91-4):

> "[...] o Império não fez outra coisa que protelar... Só resolveu o governo imperial alistar-se na corrente quando o problema já estava à sua revelia praticamente solucionado pela euforia particular e pela impossibilidade de reter os escravos que abandonavam em massa as fazendas... A abolição, afinal decretada em 1888, em nada contribuiu para reforçar as instituições vacilantes: confiança perdida dificilmente se recupera."

Breve teoria 3
LIBERALISMO POLÍTICO E LIBERALISMO ECONÔMICO

Para entender o que é o liberalismo é necessário distinguir com clareza o liberalismo *político* do liberalismo *econômico*. Na filosofia, o fundador do liberalismo político foi John Locke (1632-1704). Ele participou da Revolução Gloriosa de 1688, que fez da Inglaterra o primeiro Estado-nação constitucional, ou seja, o primeiro país onde o Estado de direito substituiu a regra arbitrária do monarca absoluto. Cerca de 80 anos mais tarde, em 1776, no cenário histórico da Revolução Industrial, Adam Smith (1723-1790) fundou a teoria clássica, baseada no liberalismo econômico e no conceito da "mão invisível". Muitos economistas veem Adam Smith como o fundador da teoria econômica, mas isso não é verdade: os economistas mercantilistas a fundaram; Adam Smith foi um grande economista e o primeiro economista liberal.

Os princípios do liberalismo político constituem hoje uma conquista da humanidade, mas desde que não sejam transformados em mero individualismo. O direito à liberdade individual está em seu núcleo, assim como a ideia de que todos os homens e mulheres são iguais perante a lei. O direito à liberdade individual está associado historicamente ao direito à propriedade privada e, sempre, ao direito ao respeito ou à consideração, que são outros direitos civis fundamentais. A ideia de que todos os homens nascem iguais e só podem ser julgados nos termos da lei e a crítica dos privilégios que caracterizam as sociedades antigas ou pré-capitalistas nasceram com o liberalismo político e o Estado de direito. O liberalismo político esteve presente na Constituição americana de 1787 (embora esta, contraditoriamente, tenha mantido o sistema escravista), esteve presente na Declaração dos Direitos do Homem e do Cidadão de 1793, e na Declaração Universal dos Direitos Humanos de 1948. A afirmação razoável dos direitos civis é uma das duas principais condições para que um regime político possa ser considerado democrático; a outra é a garantia do sufrágio universal. A definição mínima de democracia que uso diz que um regime é democrático quando se garantem os direitos civis e o sufrágio universal.

Entretanto, os liberais políticos não foram, historicamente, favoráveis à democracia. Pelo contrário, eles se opuseram a ela, porque não aceitavam a extensão do direito de voto a todos os cidadãos. Durante o século XIX, os liberais votaram sempre contra o sufrágio universal, usando como argumento seu temor ao que eles chamavam de "tirania da maioria"; eles acreditavam que uma vez que o sufrágio universal fosse instituído, o povo votaria em partidos políticos socialistas que iriam tomar a propriedade dos ricos.

Na maior parte do século XVIII, o liberalismo político permaneceu em segundo plano — uma demanda dos filósofos iluministas que as classes dominantes não aceitavam. Foi só no início do século XIX, após a Revolução Industrial e a ascensão da burguesia, que o liberalismo econômico foi adotado pela nova classe dominante e o liberalismo político passou a ser aceito.

O liberalismo econômico é a ideologia ou a utopia do capitalismo; é a forma de organização segundo a qual a coordenação do sistema econômico poderia ficar inteiramente por conta do mercado, o Estado devendo limitar-se a defender o país contra inimigos externos e garantir a ordem pública. Ou, para colocar essa afirmação no contexto moderno: para o liberalismo econômico, cabe ao Estado exclusivamente garantir o direito de propriedade e os contratos, e manter suas contas fiscais equilibradas. A nova classe dominante, que jamais se conformou com o pagamento de impostos, viu no liberalismo econômico a ideologia ideal — o que não a impedia de ser nacionalista e desenvolvimentista quando tinha interesse no apoio do Estado. E logo seus ideólogos vieram com a ideia de que o liberalismo econômico era uma condição necessária para o liberalismo político, o que, historicamente, não é verdade. Com certeza, o liberalismo político é incompatível com a forma estatista de organizar o capitalismo, mas não é incompatível com a forma desenvolvimentista ou mista de organizá-lo.

Durante o século XIX, nos países ricos, dois partidos políticos se alternaram no poder: o partido conservador e o partido liberal. Ambos eram liberais em termos políticos, porque defenderam os direitos civis. Quanto ao aspecto econômico, se havia uma diferença, ela estava no fato de que os partidos políticos conservadores eram mais nacionalistas do que os partidos liberais, porque o liberalismo, como o socialismo, é uma ideologia internacionalista que desconhece a nação. Assim, os liberais têm mais dificuldade do que os conservadores em combinar o liberalismo econômico com o nacionalismo desenvolvimentista — a outra ideologia básica adotada pela burguesia nos séculos XIX e XX para formar seu Estado-nação, construir um grande mercado interno, e realizar a acumulação de capital e o crescimento econômico. Na Europa, onde houve importantes partidos políticos socialistas, os liberais e os conservadores uniram-se para lutar contra os partidos políticos social-democráticos; nos Estados Unidos, como não se conseguiu formar partidos socialistas que pudessem se transformar em partidos social-democráticos, a antiga oposição entre liberais e conservadores se manteve, e a política progressista foi afinal associada ao partido mais liberal, o Partido Democrata, e na linguagem jornalística a palavra "liberal" passou a ser sinônimo das palavras "social-democrático" e "progressista". Naturalmente, neste livro não uso o termo nesse sentido.

O Brasil seguiu a tradição europeia sobre essa matéria e viu o liberalismo como uma ideologia progressista ao longo do século XVIII, mas esta tornou-se, em seguida, crescentemente conservadora, na medida em que a burguesia se transformou na classe dominante. A alternativa ao liberalismo, porém, não é o socialismo (esse é um outro modo de produção), mas o desenvolvimentismo — uma intervenção moderada do Estado na economia — que, quando o país ainda não realizou sua revolução industrial e capitalista, é simplesmente o desenvolvimentismo; quando já completou essa revolução, como é o caso do Brasil, é o desenvolvimentismo social ou social-democracia.[1]

A participação de liberais na política brasileira foi diferente nos três ciclos de relação entre Estado e sociedade. No Ciclo Estado e Integração Territorial houve a tentativa de copiar a experiência europeia de um partido conservador contra um partido liberal, mas isto ocorreu no contexto de um sistema escravista que é incompatível com o liberalismo. Além da não intervenção do Estado na economia, os liberais do Império defenderam a descentralização política visando transformar o país em uma federação semelhante à americana — algo que não fazia sentido em um momento em que a prioridade era assegurar a integração do território, então ameaçada pelas oligarquias locais. No período de transição que foi a Primeira República (1889-1930), os liberais aprovaram uma nova Constituição em 1891, na qual se incluiu o sistema federativo. Em consequência, as oligarquias locais recuperaram o poder por quarenta anos.

O quadro mudou com a Revolução de 1930 e o Ciclo Nação e Desenvolvimento. A partir de então — e por um longo período que só terminaria em 1990 —, os desenvolvimentistas tornaram-se dominantes e comandaram a industrialização, enquanto os liberais, classicamente desprovidos da ideia de nação, passaram para a oposição junto com os conservadores. Enquanto os desenvolvimentistas buscavam

---

[1] Bresser-Pereira (2017).

industrializar o Brasil, e foram bem-sucedidos, os liberais afirmavam que o Brasil era "um país essencialmente agrícola"; enquanto os desenvolvimentistas estavam envolvidos na construção da nação, os liberais reafirmavam com insistência sua dependência em relação aos países ricos. O partido político que mais representou os liberais nesse período foi a UDN (União Democrática Nacional), um partido formado pelos produtores e exportadores de café ou, mais amplamente, pela oligarquia mercantilista, e pela classe média alta tradicional de profissionais liberais e rentistas. Os liberais adotavam uma abordagem moralista e diziam defender a democracia, mas sempre que perdiam as eleições optavam pelo golpe de Estado: o golpismo da UDN transformou-se em uma espécie de marca registrada do partido. Nos momentos em que foram bem-sucedidos na derrubada do governo, eles imediatamente promoviam a liberalização do comércio — mas, em seguida, a taxa de câmbio seguia a tendência de se apreciar cíclica e cronicamente, levando em pouco tempo o país à crise de balanço de pagamentos, e o governo não tinha alternativa senão recuar. Em todas as circunstâncias, os liberais favoreceram a aliança das elites brasileiras com as elites dos países ricos, enquanto o desenvolvimentismo propunha uma aliança nacional entre os empresários industriais, a burocracia pública e as classes populares.

Afinal, em 1990, após os desenvolvimentistas progressistas, que comandaram a economia brasileira logo após a transição democrática de 1985, terem fracassado em controlar a alta inflação, os liberais elegeram um presidente da República, Fernando Collor de Mello. Isto ocorreu dez anos depois de os países ricos terem sucumbido à ideologia neoliberal — um liberalismo econômico radical. O governo Collor e depois o governo Fernando Henrique Cardoso adotaram as reformas neoliberais propostas pelo FMI e pelo Banco Mundial, o que resultou no desmantelamento dos mecanismos de neutralização da doença holandesa (*Breve teoria 8*) e numa desvantagem competitiva de longo prazo para as empresas industriais brasileiras. A realização econômica mais importante do período foi a estabilização dos preços em 1994, após 14 anos de alta inflação inercial, mas isso não foi resultado das políticas liberal-ortodoxas, mas de uma estratégia heterodoxa de neutralizar a inflação com base na teoria da inflação inercial (*Breve teoria*

10). Durante 12 anos (de 1990 a 2002) os liberais não conseguiram fazer a economia brasileira retomar o crescimento.

Nas eleições presidenciais de 2002 eles foram derrotados pelo Partido dos Trabalhadores. No poder, o PT tentou construir uma coalizão de classes desenvolvimentista e social-democrática, mas, afinal, como veremos neste livro, fracassou nesse intento em 2014, quando uma grande crise política e econômica se desencadeou. Os desenvolvimentistas sociais foram capazes de reduzir a elevada desigualdade que caracteriza a sociedade brasileira, mas, como acontecera com os liberais, não souberam combater a alta preferência pelo consumo imediato existente no país e a dependência de suas elites liberais, mantiveram a taxa de câmbio sobreapreciada, foram vítimas do populismo fiscal e principalmente cambial, e não foram bem-sucedidos em retomar o crescimento sustentável do país.

Neste livro, sou crítico dos liberais porque eles nunca foram capazes de afirmar a autonomia nacional, promover o crescimento e reduzir as desigualdades. Os desenvolvimentistas foram bem-sucedidos nesse intento entre 1930 e 1980, no quadro de um desenvolvimentismo conservador; fracassaram na primeira metade dos anos 1980, ainda no quadro do regime militar; fracassaram na segunda metade dessa década; e, mais recentemente, desde 2003, novamente fracassaram em promover o desenvolvimento econômico. Mas lograram reduzir as desigualdades do país.

Meu pressuposto é que os desenvolvimentistas sociais podem, em princípio, levar o país a retomar o *catching up* desde que façam a crítica do populismo fiscal e do populismo cambial, enquanto os liberais podem, sem dúvida, evitar o populismo fiscal — essa é sua bandeira —, mas não lograrão evitar o populismo cambial porque não reconhecem a desvantagem competitiva que a doença holandesa representa e acreditam que déficits em conta-corrente são benvindos porque constituem "poupança externa".

5
A Primeira República

O Império fora bem-sucedido na medida em que construiu um Estado, garantiu a ordem pública e a lei, e controlou elites regionais que tinham potencialidade desagregadora do território nacional. No entanto, falhara ao se atrasar em resolver o problema fundamental da escravatura. O Brasil foi o último país a abolir a escravidão. A campanha abolicionista, que vinha desde o fim da Guerra do Paraguai e teve grandes figuras como Luiz Gama, Joaquim Nabuco, José do Patrocínio e o poeta Castro Alves, contou com o apoio de liberais e dos positivistas. Embora alguns de seus líderes, como Joaquim Nabuco, tenham se mantido sempre monarquistas, ela em grande parte se confundia com a campanha republicana que começou na mesma época. Ambas se apoiavam em uma classe média letrada, idealista e influenciada pelas ideias positivistas de Auguste Comte, que se fortalecera no Rio de Janeiro na segunda metade do século com a prosperidade proporcionada pelo café. A campanha republicana ganhou impulso importante quando, em 1873, é fundado o Partido Republicano Paulista, apoiado por representantes da nova burguesia agrária que não mais utilizava o trabalho escravo, mas o assalariado. Estabelecia-se, assim, um curioso pacto político entre as classes médias civis e militares, das quais o representante mais significativo foi Benjamin Constant — líder do positivismo no Brasil — e a burguesia cafeeira. Uma aliança que não poderia durar muito, porque essa burguesia era liberal do ponto de vista econômico, enquanto o positivismo, com sua ideia de progresso, estava associado ao nacionalismo econômico e, portanto, ao desenvolvimentismo.

Não foi por acaso que a Proclamação da República tenha ocorrido um ano e meio depois da Abolição. Nesse quadro de perda de legitimidade política do Império, a República foi o resultado de um golpe militar, não tendo havido participação popular no evento, o que ensejou a que um dos republicanos paulistas fizesse a bem conhecida declaração de que o povo teria assistido "bestializado" ao que julgou ser uma parada militar. Conforme assinalou José Murilo de Carvalho (1987/1998, p. 9), esse foi o "pecado original do novo regime". A grande maioria da população era constituída de negros e mestiços que sofriam uma dupla discriminação, de raça e de classe. Como afirmou Florestan Fernandes (1965, p. 27), que fez a clássica análise de como os negros foram abandonados e deixados sem emprego depois da Abolição, "só esporadicamente, enquanto parte do núcleo ou da periferia das grandes famílias 'brancas", encontravam o negro e o mulato algumas possibilidades de integração nas transformações da estrutura social". A Proclamação da República mostrava que ainda não existia povo no Brasil, que o Estado e a sociedade brasileira continuavam oligárquicos. Mas demonstrava também que o tipo de liderança de D. Pedro II havia esgotado suas virtualidades em um Brasil que, depois de afinal abolir a escravidão no ano anterior (com imenso atraso em relação aos outros países), passava por transformações econômicas e sociais profundas. O imperador não fora capaz de manter razoavelmente pacificada a velha oligarquia do Nordeste associada ao Rio de Janeiro, que se ressentia do poder crescente da nova burguesia que nascia em São Paulo e se sentiu diretamente prejudicada pelo fim do sistema escravista. Perdia, assim, legitimidade perante a base social que o sustentara, sem entretanto ganhar apoio no Sul do país, a partir de Minas Gerais, onde uma oligarquia burguesa ganhava força.

Houve também, naturalmente, fatores mais diretamente políticos, como o envelhecimento do imperador, o problema da sua sucessão, o republicanismo ingênuo dos liberais que viam os Estados Unidos como modelo, e os interesses desse país em substituir a Inglaterra como potência dominante no Brasil e, mais amplamente, nas Américas,[1] mas o fator determinante foi a força nova que o Exército adquirira a partir da Guerra do Paraguai, a insatisfação dos militares com os rumos do governo, sua crítica moral ao que chamava de "politicalha" do Império. Entre essas causas, saliento a emergência dos militares à política nacional e sua determinação de modernizar o país.

UM GOVERNO DE CLASSE MÉDIA

Com a Proclamação da República, em 1889, abriu-se espaço para que a transferência do poder político passasse também para essa nova burguesia do Sul do país, em detrimento da oligarquia do Nordeste e da burocracia

---

[1] Os Estados Unidos tiveram no Brasil um representante "plenipotenciário" que já em 1868 previa que, em dez anos, o Brasil se tornaria uma República. Foi o general James W. Webb, referido por Sérgio Buarque de Holanda (1997, p. 8).

pública patrimonialista. O pacto entre São Paulo e Minas Gerais ou, mais amplamente, a "política dos governadores", assinalou essa mudança em favor da burguesia exportadora de café, mas ela só se concretizou a partir do governo de Prudente de Morais (1894-1898), e só logrou real vigência no governo de Campos Sales (1898-1902). Enquanto isso não acontecia, os dois primeiros governos republicanos, os breves governos de Deodoro da Fonseca (1889-1891) e de Floriano Peixoto (1891-1894), este um militar marcado pelo positivismo, foram governos de transição e também governos da pequena burguesia urbana, na medida em que a classe média letrada (advogados, engenheiros, jornalistas) e os militares haviam dominado a campanha republicana. Mas os dois militares encontraram imensa dificuldade em governar, porque não era simples encontrar um substituto para o papel pacificador que o Poder Moderador representara em uma sociedade que era muito heterogênea, e porque tanto a velha como a nova oligarquia continuavam poderosas, mas estavam fora do poder. Conforme assinalou Leôncio Basbaum (1957, p. 21), "Deodoro representava essa pequena burguesia urbana, de que o Exército era parte, e só podia apoiar-se nela. Mas em nenhum país [...] pode a pequena burguesia, classe flutuante de mil camadas heterogêneas e antagônicas, ser dona do poder por muito tempo". Floriano Peixoto, que governou o país com mão de ferro, compreendeu esse fato, e tratou de chamar para seu governo a oligarquia paulista, e, quando se esgotou o seu mandato, não teve dúvida em passá-lo para um seu representante, Prudente de Morais, mas isso não foi suficiente para que seu governo transcorresse de forma tranquila.

Ao assumir o governo provisório do país em 15 de novembro de 1889, Deodoro da Fonseca dissolveu a Câmara dos Deputados e convocou eleições para uma Assembleia Constituinte em 15 de setembro do ano seguinte. Ainda que a nova assembleia o tenha escolhido para presidente constitucional do país assim que tomou posse, essa assembleia heterogênea representava mais a oligarquia (tanto a velha que estava sediada no Rio de Janeiro e no Nordeste, como a nova que surgia em São Paulo) que a classe média em nome da qual Deodoro governava. Por outro lado, ainda durante o governo provisório, uma administração pouco prudente do primeiro ministro da Fazenda republicano, Rui Barbosa, que fez uma reforma monetária radicalmente liberal — descentralização do poder de emissão para os estados quando não havia ainda um banco central no Brasil —, teve efeitos desastrosos. Essa política, explicada pela necessidade de dar crédito aos fazendeiros que agora deviam pagar pela mão de obra assalariada, levou a um grande aumento do meio circulante e, em seguida, a uma grande crise financeira que ficou conhecida como Encilhamento.[2] Essa política monetária foi adotada ao mesmo tempo que Rui Barbosa, no governo provisório, se revelava contraditoriamente intervencionista e industrialista. Para Fernando Henrique Cardoso (1975/1993, p. 35), viam-se "delineadas e confrontadas desde o início da República duas correntes distintas. À primeira, 'industrializante' — e frequentemente especulativa, inflacionista e cavadora de negócios, embora no fundamental portadora de valores de progresso tão ao gosto da época, e afim, até um certo ponto, com o reformismo positivista —, contrapunha-se uma segunda corrente, mais sólida e conservadora". Rui Barbosa fazia então parte da primeira corrente; para ele, "a República só se consolidará entre nós em bases seguras quando o seu funcionamento repousar sobre a democracia do trabalho industrial",[3] ou então, "o desenvolvimento da indústria não é somente para a Nação uma questão econômica; é mais do que tudo uma questão política".[4] Rui estava certo, mas seu industrialismo era *fora do tempo*. Naquele momento, quando a atividade industrial engatinhava em São Paulo, era possível incentivar a indústria, mas era impossível basear um governo nessa classe. O grande problema de todos os revolucionários que chegam ao governo está no fato de que são raros aqueles que percebem os limites de seu poder, e tratam de realizar seu programa mediante uma série de concessões mútuas ou compromissos.

Durante o governo Prudente de Morais somaram-se às dificuldades políticas uma grave crise econômica desencadeada pela superprodução e pela queda dos preços do café em 1895 — uma crise que demoraria anos para ser resolvida. O governo federal recusou-se a agir em socorro aos cafeicultores em nome do liberalismo e do equilíbrio das finanças públicas, o que levou os governadores a agir. A primeira medida concreta, em 1902, foi a proibição pelo governo paulista de novas plantações e as replantas. Os cafeicultores estavam então mobilizados. Em 1903, Alexandre Siciliano publica um plano de valorização do café. Depois de amplos debates, será ele a base do Convênio de Taubaté, que reuniu nessa cidade, em fevereiro de 1906, os governadores de São Paulo, Minas Gerais e Estado do Rio, "e concretiza-se, então" — conforme Edgard Carone (1970/1972, p. 39) —, "o Convênio, a primeira intervenção estatal para proteger um produto, obra de e para

---

[2] Sobre a política contraditória de Rui Barbosa, ver o breve comentário de Celso Furtado no final de *O longo amanhecer* (1999).

[3] Citado por Nícia Vilela Luz (1961, p. 106).

[4] Citado por Leôncio Basbaum (1957, p. 34).

benefício de uma classe". Rodrigues Alves (1902-1906), na Presidência da República, se opõe à estabilização cambial e à proteção da cafeicultura que o acordo pressupunha, mas Afonso Pena (1906-1909), já eleito para sucedê--lo, aceitou o plano. A política de valorização era necessária, e foi bem-sucedida, mas salientou o fato de que os governos não podem deixar a economia de seus países à mercê dos mercados. E, nesse caso, não eram os empresários industriais os beneficiados, mas os agrícolas, que, depois, seriam tão críticos da política industrializante adotada pelo Brasil a partir de 1930.

A "POLÍTICA DOS GOVERNADORES"

Os primeiros dez anos da República foram difíceis, quase caóticos, porque o Estado republicano, sem a legitimidade que tivera o imperial, sem o apoio das classes realmente dominantes, era um Estado fraco. Esse problema vai afinal ser resolvido pela chamada "política dos governadores". O Pacto Oligárquico do Império estava baseado na associação da velha oligarquia patriarcal de todo o país com o grande comércio e a burocracia patrimonialista do Rio de Janeiro; o Pacto Oligárquico da Primeira República expresso na política dos governadores será constituído pela nova oligarquia burguesa formada em torno da produção e do comércio do café. Nos dois casos, o objetivo era simplesmente garantir a estabilidade política e os direitos civis, em particular o direito à propriedade; outros objetivos políticos maiores, como o desenvolvimento econômico e a justiça social, comuns nas sociedades modernas, não estavam considerados em uma sociedade que ainda não realizara sua revolução capitalista. Renato Lessa (1999) estudou essa política em *A invenção republicana*. Campos Sales logrou formular e instituir um modelo político, ou, como prefiro dizer, um pacto político, por meio do qual procurou garantir a estabilidade da República. Deodoro e Floriano haviam buscado a estabilidade, mas esta não podia ser alcançada apenas pela força, era preciso um pacto político dotado de legitimidade — de apoio na sociedade civil, que apenas surgia no Brasil e era ainda essencialmente elitista. Assim, segundo Lessa, o modelo contava "dois aspectos distintos: o que se refere a *procedimentos* e o que se refere a *valores substantivos*. O primeiro é composto de um conjunto de procedimentos postos em ação para obter estabilidade e dotar a República de um padrão mínimo de governabilidade. Eles se resumem à montagem da política de governadores e à operação da Comissão de Verificação de Poderes. O segundo aspecto diz respeito aos valores que Campos Sales atribuiu a seu modelo, notadamente uma concepção despolitizadora e administrativa do governo, dotado de atribuições de resguardar o interesse nacional" (p. 28).[5] Em síntese, o modelo

> "[...] visava estabelecer uma camada protetora em torno do governo federal, isolando-o das demandas particularistas de oligarquias estaduais. O governo é apresentado, por Campos Sales, como um ente despolitizado, voltado para a obra de administração do país, para o altruísmo e o bem público. Mas o arranjo prático estabelecido para dotar o Presidente de tal autonomia pressupôs o livre curso para o exercício da predação e violência oligárquicas nos diversos estados da federação." (p. 14)

No que se refere aos procedimentos, a política dos governadores ou "política dos estados", como Campos Sales a chamou, inova ao buscar compatibilizar um Estado central fraco com o poder das oligarquias locais e de seus representantes, os governadores — um poder que a Constituição de 1891 se encarregara de aumentar ao mudar o Estado brasileiro de unitário para federal. Segundo Lessa, ficara claro que o aumento simultâneo do poder do Executivo, do Legislativo e dos estados da federação previsto na Constituição gerava mais conflitos que soluções. Era um sistema institucional que necessitava de reforma — mas uma reforma na prática, não na letra da lei: "a estabilidade deve derivar de um arranjo entre o governo nacional e os chefes estaduais, tentando definir o que poderia ser chamado de *parte não constitucional do pacto político*" (p. 139).[6]

Quanto aos valores do pacto, Campos Sales se revela um ideólogo consumado. Ele sabia que "o conteúdo simbólico presente na dimensão substantiva do modelo não pode ser reduzido a mera racionalização retórica, encarregada de encobrir os 'verdadeiros motivos' da ação política" (p. 166). Assim, centra seu argumento no pressuposto de que os políticos federais estão comprometidos com os interesses nacionais e com uma administração pública desinteressada, na qual o efeito perturbador das paixões está neutralizado. Há também um forte autoritarismo em todo o modelo. Para a busca do bem público são necessárias "grandes reuniões", e os partidos políticos pouco ajudam, já que eles representam os interesses de indivíduos pouco identificados com o interesse nacional. Basta contar com o altruísmo

---

[5] Grifos do autor.

[6] Grifos do autor.

dos governantes em nível federal. Ao fazer esse tipo de análise, ele mostrava sua inconformidade com a agitação política que muitas vezes tomava o Rio de Janeiro. E o levava a uma curiosa contradição: o interesse público nacional seria definido pelo poder central, mas o público que realmente conta é aquele que está nos estados. Segundo Campos Sales, em frase reproduzida por Renato Lessa, "é lá que se governa a República por cima das multidões que tumultuam, agitadas, nas ruas da capital da União" (p. 172).

Combinava-se, assim, um idealismo ideológico esperto, que atendia às demandas valorativas das elites oligárquicas, com grande autonomia para as oligarquias locais e os governadores agirem de acordo com seus interesses. Desse modo, estas ficavam pacificadas, e o governo central podia governar com razoável tranquilidade, tendo apenas de enfrentar o surgimento de uma sociedade civil no Rio de Janeiro. A República não contava mais com o Poder Moderador, mas, como assinalou Fernando Henrique Cardoso (1975/1993, p. 48), por meio da política dos governadores estabeleceu-se "um sistema baseado numa liderança que mais do que pessoal (como no Poder Moderador) seria 'institucional'".

A política dos governadores favoreceu o poder dos "coronéis" locais. O voto continua censitário e as eleições, fraudadas, como eram no Império, além de não garantirem o voto secreto, mas agora o coronel tinha mais poder, na medida em que cabia a ele, como latifundiário e chefe político, "administrar" as eleições locais em acordo com os governadores. Note-se, porém, que esse não é ainda o coronelismo descrito por Victor Nunes Leal como existente quando escreveu seu livro (1949/1975). Nesse momento, o poder central já havia sido refortalecido pelo primeiro governo de Getúlio Vargas, de forma que o coronelismo, conforme já vimos, expressava uma relação de compromisso entre o poder privado dos coronéis, que estava em declínio, e o poder público que se fortalecera, mas que ainda tinha que contar com os coronéis para assegurar o seu poder.

A EMERGÊNCIA DOS MILITARES

É impossível entender a Proclamação da República sem considerar a emergência dos militares como força política, o caráter de classe média e plebeu dos oficiais do Exército, e o papel clássico que tiveram e vêm tendo os militares na realização das revoluções nacionais em seus países. Conforme observa Luciano Martins (1973/1976, pp. 83-7), no último quartel do século XIX é possível observar a emergência de dois grupos de classe média de maior prestígio social: de um lado, um grupo de profissionais em sentido estrito, o dos engenheiros, e, de outro, um grupo ligado ao Estado, os oficiais militares. "O *militar* e o *engenheiro* aqui tomados como tipos ideais são os dois novos atores — que frequentemente se confundem — que emergem desses setores médios no curso dos últimos dois decênios do século XIX e dos primeiros do século XX." Eles vão se opor ao *bacharel*, que, também como tipo ideal, correspondia então à burocracia patrimonial. Os militares do Exército formam o primeiro grupo burocrático a fazer parte da classe dirigente brasileira, ao lado da oligarquia econômica e da burocracia patrimonial de bacharéis, que também vai se tornando moderna. A maior autonomia dos militares irá se manifestar pela primeira vez na Proclamação da República, principalmente no governo Floriano Peixoto. Os esforços da oligarquia para cooptar os militares, entretanto, acabam vitoriosos a partir do final de 1894, com a eleição de Prudente de Morais para a Presidência da República. "É preciso assinalar" — continua Luciano Martins — "que, para esses novos atores, o conhecimento passa de *ornamental* a *instrumental* na medida em que os militares e os engenheiros transformam o conhecimento 'científico' em instrumento de ascensão social e de *recurso político* análogo e rival ao conhecimento 'jurídico' do *bacharel*."[7]

É no Exército que ocorre o primeiro desenvolvimento de uma moderna burocracia pública no Brasil. Só é possível falar em força armada profissional no Brasil após a Guerra do Paraguai, mas, apesar da presença militar na Proclamação da República, esse Exército é ainda incipientemente organizado. Os oficiais se dividem em "científicos" e "tarimbeiros", ou seja, entre aqueles que possuem curso superior e os limitados à carreira no próprio Exército. Essa é uma classificação significativa porque sugere que começa a se formar uma burocracia interna ao Estado. Conforme assinalou José Murilo de Carvalho (2005, p. 17), "com exceção do Rio Grande do Sul, o recrutamento de oficiais, ao longo do Império e República adentro, passou a ser feito predominantemente dentre a própria organização e entre grupos sociais de renda mais baixa e posição social modesta". O Exército é a instituição que funciona como uma agência para promover a mobilidade social de uma elite técnica ou intelectual proveniente da baixa classe média. Conforme observa Edgard Carone (1970/1972, p. 353), "o Exército representa, no Império, uma das poucas oportunidades de trabalho e de ascensão, numa

---

[7] Grifos do autor.

sociedade em que a pouca mobilidade e a estagnação impedem à sociedade brasileira quaisquer veleidades".

O desenvolvimento organizacional do Exército era obstaculizado pela oligarquia, que se sentia mais à vontade com a Guarda Nacional. Desde o Império, as funções do Exército haviam sido limitadas às de defesa contra o inimigo externo, enquanto se atribuía à Guarda Nacional o papel de manutenção da ordem interna. A Guarda Nacional era uma instituição que servia principalmente às oligarquias regionais, possuindo características típicas dos exércitos, ou seja, de organizações militares permanentes. Conforme observa Nelson Werneck Sodré (1965/1968, p. 127), "na prática, e em especial no que diz respeito ao recrutamento, é que se verifica a diferença entre uma e outra organização, o carinho dedicado à Guarda Nacional, o desprezo dedicado ao Exército". A luta pela extinção da Guarda Nacional e pelo recrutamento obrigatório como uma prerrogativa do Exército se tornou a principal luta política e institucional que os militares brasileiros desenvolveram nos primeiros trinta anos da Primeira República, até sagrarem-se vitoriosos. Para essa vitória, são importantes as reformas institucionais que já começam em 1907-1908, com Hermes da Fonseca como ministro da Guerra, e que ganham intensidade com a vinda da Missão Francesa, em 1915. Essas reformas dão finalmente ao Exército um caráter de organização burocrática moderna, profissional. Também será fundamental a mobilização dos oficiais de patentes mais baixas, primeiro os "jovens turcos", que fazem estágios na Alemanha, e depois os tenentes, que darão origem, a partir dos anos 1920, ao movimento do tenentismo.

Entretanto, talvez o fato político mais significativo seja a aliança política que se estabelece entre os militares do Exército e a nova burguesia industrial nacional que prospera em São Paulo. Essa aliança se estabelecerá a partir da criação, pela alta burguesia paulista, após a Primeira Guerra Mundial, de diversas ligas políticas entre as quais se salienta a Liga de Defesa Nacional, que unirá empresários e militares na luta pelo serviço militar obrigatório. A burguesia paulista "aproveita-se da nova campanha do serviço militar obrigatório para gravitar outra vez em torno do tema do patriotismo, proclamado como ideal de classe, a servir de modelo para o reerguimento da Nação. Planeja-se uma grande campanha nacionalista, e o movimento da Liga de Defesa Nacional se faz paralelamente a outras iniciativas burguesas, como a Liga Nacionalista de São Paulo" (Carone, 1970/1972, p. 164).

Em 1917, Olavo Bilac vem do Rio de Janeiro para São Paulo para participar ativamente do movimento. O objetivo é realizar a revolução burguesa mediante a associação política entre empresários e a burocracia pública representada pelos militares — um objetivo que se concretizaria no plano político na revolução tenentista de 1922, na Revolta dos 18 do Forte de Copacabana, porque "só a partir da Revolução de 1922 é que temos o retorno da união entre civis e militares: tenentes e tenentismo representam essa tendência: a classe média volta a unir-se e a lutar, como no começo do regime, pela participação e a tomada de decisão" (Carone, 1970/1972, p. 181). Um pouco depois, o comandante da Revolução Paulista de 1924, general Isidoro Dias Lopes, dá o tom nacionalista do movimento tenentista ao incluir entre as razões do movimento o fato de que o Brasil "está falido e não pode pagar os fabulosos juros de sua fabulosa dívida, apesar dos milhões de contos de réis extorquidos ao povo nestes últimos vinte anos" (citado por Carone, 1970/1972, p. 365). O endividamento externo do Brasil, iniciado dois meses depois de sua Independência, com a proposta de um comerciante inglês de emprestar 400 mil libras ao novo Estado,[8] era agora, um século depois, o motivo de união da burocracia pública com a burguesia e as demais camadas médias em torno de um projeto nacional. Os anos do Estado oligárquico, patrimonial, mercantil e dependente estavam contados. A modernização que se anunciava era conservadora, como observou Luciano Martins (1973/1976, p. 96), na medida em que a liderança era naturalmente burguesa e que a questão agrária não era tocada. Entretanto, não há razão para que ele afirme que essa ruptura não ocorreu também em razão do movimento dos tenentes, já que a nova burguesia realizava uma aliança previsível, porque própria da formação dos Estados-nação, com a nova burocracia pública que estava surgindo.

O TENENTISMO

O tenentismo foi o fenômeno político mais significativo dos últimos anos da Primeira República. Virgínio Santa Rosa (1933/1976, p. 38) acentua com vigor o sentido do tenentismo e da Revolução de 1930 como resultado da profunda insatisfação das camadas médias urbanas, que incluíam a pequena burguesia, os profissionais liberais, os empregados privados e os ser-

---

[8] Conforme Sodré (1965/1968, p. 66), já em 29 de outubro a firma Read, Irving & Co. fazia essa proposta. Em 1824, o Brasil contraiu um empréstimo de 3 milhões de libras, quando era ministro da Fazenda Nogueira da Gama. Martim Francisco Ribeiro de Andrada demitira-se um pouco antes, entre outras razões, porque era contrário ao empréstimo que chancelava a dependência brasileira em relação à Inglaterra.

vidores públicos médios civis e militares. Em suas palavras, "as classes médias urbanas, alijadas das posições de mando e cargos eletivos pela ação decisiva da plebe dos latifúndios, ficavam, absurda e criminosamente, à margem dos políticos brasileiros, sem influência orientadora nos destinos pátrios". Barbosa Lima Sobrinho (1933), em sua notável história da Revolução de Outubro, explica-a essencialmente como o resultado da vitória do regionalismo, que, de fato, foi a causa imediata. Somente é possível compreender essa revolução, entretanto, a partir da insatisfação das camadas médias. Conforme observa Luciano Martins (1973/1976), "a crise do Estado oligárquico foi, em última análise, uma crise do processo de integração das novas camadas mais ao sistema político do que ao sistema de produção". Ou seja, a Revolução de 1930 marcou a integração da classe média moderna nas classes dirigentes brasileiras. Não apenas da classe profissional, que se manifestou sobretudo no nível do Exército e dos tenentes, mas também da classe média burguesa e da burguesia industrial, que não participou ativamente da revolução, mas foi, afinal, sua grande beneficiada. Isso porque a partir de 1930 o desenvolvimento industrial brasileiro ganha um grande e decisivo impulso, e porque Getúlio Vargas, membro da velha oligarquia, teve visão política e, compreendendo que o desenvolvimento econômico do país dependia da industrialização, tratou de integrar a burguesia industrial em um pacto político informal, nacional-desenvolvimentista: o Pacto Nacional-Popular.

No seio da burocracia pública foram os militares e, especificamente, os "tenentes" que desempenharam um papel político decisivo. Virgínio Santa Rosa (1933/1976), San Tiago Dantas (1949) e Nelson Werneck Sodré (1965/1968) explicaram o tenentismo como uma expressão da insatisfação das camadas médias, enquanto José Murilo de Carvalho (1978, p. 183) recusa essa tese afirmando que é preciso compreender o tenentismo no quadro da organização militar, já que "a sociologia tem demonstrado exaustivamente que as organizações possuem características e vida próprias que não podem ser reduzidas a meros reflexos de influências externas". Outros a recusaram de maneira mais confusa por terem dificuldade teórica de admitir um papel para as camadas médias urbanas no processo político. A oposição definida por Carvalho é interessante porque lança luz sobre o fenômeno do tenentismo, e o caracteriza como um movimento militar. Não há razão, entretanto, para optar por uma ou outra explicação, já que as duas são complementares. Conforme observa Maria Cecília Forjaz (1978, p. 20), "o comportamento político-ideológico dos tenentes só pode ser explicado pela conjugação de duas dimensões: sua situação institucional como membro do aparelho militar do Estado e sua composição social como membro das camadas médias urbanas".

O movimento tenentista, que surge das revoltas de 1922, 1924 e 1926, é um fenômeno político e militar original. Embora os tenentes tenham se revoltado contra a hierarquia do Exército — e não há maior afronta para uma organização militar burocrática que isso —, eles não foram expulsos da instituição e as punições que sofreram afinal foram menores, porque eles se revoltavam em nome do prestígio e da missão do Exército.[9] Embora eles tenham participado de revoltas ou de revoluções, partilhavam uma ideologia essencialmente burguesa, como a de Vargas. Não era, entretanto, uma ideologia liberal, mas uma ideologia positivista e, nesse momento, já claramente nacionalista e desenvolvimentista. O liberalismo é a ideologia por excelência da burguesia, porque foi baseada nele que a burguesia conseguiu vencer o Estado Absolutista dominado pela aristocracia. Mas a burguesia europeia e a americana sempre foram, também, nacionalistas; foi uma primeira forma de nacionalismo e de desenvolvimentismo — o mercantilismo — que permitiu à burguesia, neste caso associada primeiro ao rei absoluto e depois aos governos parlamentares, formar os Estados-nação, definir suas fronteiras — as fronteiras de seus mercados seguros —, e lograr êxito econômico na competição com os demais Estados nacionais.

No Brasil, que desde a Independência foi dominado por um liberalismo oligárquico, a origem do nacionalismo está no Exército Brasileiro e no positivismo heterodoxo de Benjamin Constant, ele próprio um militar. O positivismo ortodoxo, do qual Cruz Costa nos dá um excelente retrato, foi liderado por dois intelectuais, Miguel Lemos e Teixeira Mendes, que, poderosamente influenciados pelas ideias de Auguste Comte, participaram da Sociedade Positivista do Brasil e a transformaram, em 1881, na Igreja Positivista do Brasil. Eram críticos do liberalismo, que viam como artificial e inviável no Brasil, e defendiam uma "ditadura republicana" que seria orientada pela razão e pela ciência, e não se confundiria com o despotismo. Suas ideias, entretanto, acabaram tendo profunda influência no Brasil porque Benjamin Constant, que não aceitava essa ortodoxia mas era um positivista, teve papel decisivo na Proclamação da República, e porque havia no positivismo uma crítica ao liberalismo oligárquico que fazia sentido para a classe média de advogados, engenheiros, médicos e professores que surgia então com força

---

[9] Conforme observa José Augusto Drummond (1986, p. 51) em seu estudo sobre o movimento tenentista, os tenentes "não perderam seu valorizado vínculo com as instituições militares e nem a sua patente de oficiais".

no Brasil. Conforme assinalou Cruz Costa (1956, p. 267), "o positivismo, embora contrário ao individualismo anárquico, procurava substituir a ciência social imperfeita dos economistas [o liberalismo econômico] por uma ciência nova, de travação sistemática — a sociologia —, e fazer dela o coroamento de todo o saber humano e, ao mesmo tempo, a base da reorganização social". Ora, esse programa, embora eivado de idealismo, fazia sentido para todos os que procuravam criticar o caráter oligárquico da política brasileira, tanto no Império como na Primeira República. Nesse sentido, Cruz Costa (1956, pp. 295-6), a partir de um ensaio de Otto Maria Carpeaux,[10] observa que "o positivismo, que foi principalmente religioso, e que, talvez, por isso, não encontrou maior ressonância entre nós, tem sido uma espécie de grande mito que se vem mantendo na nossa história intelectual e política". Cita, em seguida, o texto de Otto Maria Carpeaux, para quem o positivismo é "um símbolo de realidades mais profundas"; e conclui, em consonância com o grande crítico literário e social, "talvez um símbolo das profundas contradições que se encerram no destino nacional".

Nos anos 1920, quando surgem os tenentes, ou nos anos 1930, quando Vargas abandona os liberais e se associa e eles, o desenvolvimento industrial brasileiro exigia que o nacionalismo se sobrepusesse ao liberalismo — o que foi feito.

Do capital mercantil ao industrial

Em meados do século XIX, no quadro de formação do Estado e de integração territorial, as exportações de café fornecem, afinal, o capital original para que o Brasil superasse o caráter patriarcal e mercantilista de sua sociedade e o caráter patrimonialista e autoritário de seu Estado; e, no momento seguinte, realizasse sua revolução industrial. Estabeleceram-se então as precondições para a sua revolução nacional ao se iniciar o processo de modernização pela cultura e exportação de café e o emprego de mão de obra assalariada que isso requereu. Mas, até o início do século XX, a produção foi guiada pela lógica do latifúndio patriarcal e mercantilista. Esta lógica já vinha sendo quebrada com a extinção do tráfico de escravos, que coincidiu com o início da imigração europeia requerida pelos cafeicultores mais mo-

---

[10] Cf. Otto Maria Carpeaux, "Notas sobre o destino do positivismo", *Rumo*, ano I, v. 1, 1943.

dernos no norte de São Paulo para substituir o trabalho escravo. Era o trabalho assalariado que surgia, uma condição central para o capitalismo. Mesmo assim, não houve progresso técnico significativo na agricultura do café entre 1830 e 1930. O Brasil "desenvolvia-se", aumentava sua produção por habitante à medida que se especializava na produção de um bem mais rentável, o café — não à medida que aumentava a produtividade.

O capital mercantil proporcionou à economia dois momentos de auge no período colonial, mas foram momentos efêmeros, já que não estavam baseados em ganhos de produtividade. Em 1650, tivemos o auge da cana-de-açúcar, e, em 1750, o auge do ouro. Em seguida, a retração secular. Entre 1750 e 1850, a economia brasileira não está apenas estacionada: ela regride. Somente a partir dessa última data o café passa a proporcionar algum "desenvolvimento", mas limitado porque, conforme demonstrou Celso Furtado (1961), os padrões de consumo da elite dominante se modernizam, mas essa modernização não promove o desenvolvimento das forças produtivas, ou seja, a incorporação sistemática de progresso técnico à produção, que é própria do capitalismo industrial. De 1850 até 1930, a renda por habitante cresce à medida que o país se especializa na produção de café, mas o capital mercantil continua dominante e o capital industrial pouco se desenvolve. O atraso do Brasil em relação aos países industrializados, que se definira no período colonial, não se reduz; pelo contrário, aumenta (ainda que com o café a renda passasse a crescer de forma satisfatória), porque no século XIX os países hoje ricos, e particularmente os Estados Unidos, experimentaram grande desenvolvimento econômico e se configurou o subdesenvolvimento brasileiro — a associação do atraso econômico do país à subordinação ao centro capitalista, ao Norte. Devido a essa subordinação ou a essa dependência e ao crescimento mais rápido dos países hoje ricos, o Brasil, conforme ensinou Celso Furtado, não era mais apenas um país atrasado: tornou-se um país subdesenvolvido.

Depois do grande atraso que representou o mercantilismo patriarcal do período colonial, desde o final do século XIX o Brasil, e principalmente São Paulo, começaram a se industrializar. O café era ao mesmo tempo o grande propulsor da industrialização, na medida em que proporcionava capital e mercado para a indústria, e o grande obstáculo, porque a oligarquia agrário-mercantil, incapaz de pensar na produção em termos de aumento da produtividade, não tinha condições para realizar a industrialização brasileira. Além de não terem condições técnicas, os cafeicultores tinham objeções econômicas e políticas à industrialização. A indústria era vista por eles e por seus intelectuais liberais como artificial, como imprópria para um país com vocação agrícola tão forte, e, usando o argumento da lei das vantagens comparativas do comércio internacional, opunham-se a qualquer política de desenvolvimento industrial. Eles entendiam que a industrialização dependia da proteção do Estado, inclusive a proteção alfandegária, que implicaria transferência de renda para os novos industriais. Ora, a renda a ser transferida só poderia ter origem no setor exportador da economia. Diante desse argumento, a oligarquia agrário-mercantil, formada por grandes fazendeiros e grandes comerciantes, aliava-se assim ao imperialismo em sua oposição à industrialização.

Origens da revolução industrial

Como veremos no próximo capítulo, a industrialização brasileira se desencadeou em 1930, mas esse momento crucial na construção do Brasil não surgiu de repente. Embora somente a partir de 1930 se verifique uma solução de continuidade no processo histórico brasileiro, que dá um salto para a frente, rompendo com suas bases agrárias, tradicionais e de caráter basicamente colonial, é certo que o arranque da economia brasileira tem antecedentes bem definidos. Esses antecedentes podem ser encontrados, em primeiro lugar, na cultura do café, que se desenvolve no Brasil a partir de meados do século XIX. O ciclo do café tem características diversas do ciclo do açúcar ou do ouro. Além do fato de o ciclo do açúcar e o do ouro terem ocorrido em plena época colonial, a diferença fundamental está no fato de que, durante o ciclo cafeeiro, começou a ser usado em grande escala o trabalho assalariado em lugar do trabalho escravo. Os grandes cafeicultores descobrem rapidamente que era mais econômico pagar pelo trabalho dos colonos, geralmente utilizando um sistema de meação, do que usar escravos quando se tratava de produzir café. Surge, assim, em grande escala no Brasil, fora dos centros urbanos, o trabalho remunerado, que permitirá a formação de um incipiente mercado interno. Abre-se uma brecha no sistema agrário tradicional brasileiro, de caráter semifeudal, modo pelo qual as fazendas constituíam-se em centros relativamente autossuficientes no que diz respeito ao consumo de seus escravos e agregados. Desenvolve-se o comércio interno. Começam a surgir as condições básicas para a instalação de uma indústria nacional orientada para o mercado interno. Como em todas as revoluções nacionais e industriais, o surgimento de um mercado interno constituiu-se em componente indispensável para a industrialização brasileira. A expansão da cultura e das exportações de café, e a decorrente expansão do trabalho assalariado, constituíram-se, portanto, na causa básica da emergência desse mercado.

Decorrência do café e da necessidade do trabalhador remunerado foi também a imigração maciça ocorrida no Brasil a partir de meados do século XIX. Esses imigrantes, com sua grande ambição e com seus conhecimentos técnicos, os quais, ainda que reduzidos, eram superiores aos existentes nas populações tradicionais brasileiras, foram uma das bases da decolagem da economia brasileira.

Ainda no campo econômico, temos como antecedentes da revolução industrial brasileira: o desenvolvimento da indústria têxtil, a partir da metade do século XIX; o surto industrial que ocorre nessa época, marcado pela figura do Barão de Mauá; a instalação de um sistema de transporte ferroviário, ainda que totalmente destinado a servir às necessidades de exportação e não às da integração econômica nacional; o aparelhamento da infraestrutura econômica geral do país (não somente ferrovias, mas também portos, usinas hidrelétricas, sistema de comunicações), que se tornou possível com a prosperidade trazida pelo café; a tentativa, ainda que fracassada por ter sido meramente especulativa, de se criar uma indústria nacional logo após a Proclamação da República, com o Encilhamento; e, em especial, a Primeira Guerra Mundial, que possibilitaria um extraordinário desenvolvimento da nascente indústria nacional.

Na virada do século XIX para o XX, estava na hora de o Estado dar apoio decisivo à indústria brasileira que então começava em São Paulo. Nesse momento era necessário fortalecer o Estado para que se desencadeasse a revolução nacional e industrial, mas esse Estado era fraco, excessivamente dependente dos proprietários de terra e de uma classe política liberal alienada para poder realizar essa tarefa. Não obstante, dado o dinamismo do sistema econômico e social impulsionado pelo café durante a Primeira República, a indústria brasileira experimentou desenvolvimento considerável. Conforme assinalou Steven Topik (1987, p. 185), que estudou esse período, "o Brasil passou por uma fase de substituição de muitos produtos importados ao longo da Primeira República, devido à política oficial e ao ímpeto das crescentes exportações [...] Ela favorecia o Tesouro Nacional, gerando impostos e melhorando a balança de pagamentos do Brasil".

No campo político e social, os antecedentes da revolução nacional no Brasil são, entre outros fatos: o surgimento de uma classe média mais atuante a partir das três últimas décadas do século XIX; a constituição do Exército, especialmente a partir da Guerra do Paraguai, como uma organização essencialmente de classe média, em oposição às origens aristocráticas da

Marinha; a Proclamação da República, permitindo que durante uns poucos anos, até a eleição de Prudente de Morais, a aristocracia agrária e comercial brasileira fosse substituída no poder por grupos de classe média; e as revoluções que nos anos 1920 abalam a Primeira República, evidenciando a insatisfação que grassava em amplas camadas da população brasileira, o que resultaria na Revolução de 1930.

> *Breve teoria 4*
> INDUSTRIALIZAÇÃO OU "SOFISTICAÇÃO PRODUTIVA"
>
> O desenvolvimento sustentável, ou simplesmente desenvolvimento, é geralmente entendido como o resultado da combinação do desenvolvimento econômico, do desenvolvimento social e do desenvolvimento ambiental. O desenvolvimento ou o progresso ocorre em um país quando ele se aproxima dos cinco objetivos políticos fundamentais que as sociedades modernas e democráticas definiram para si mesmas nos últimos três séculos, desde que a revolução capitalista se tornou realidade: a segurança, a liberdade, o bem-estar econômico, a justiça social e a proteção do meio ambiente.
>
> O desenvolvimento econômico é o processo de acumulação de capital com incorporação de progresso técnico que resulta em transformações estruturais da economia e da sociedade e no aumento dos padrões de consumo de um Estado-nação. É um processo histórico que ocorre a partir da revolução capitalista e, particularmente, da revolução industrial; é o aumento continuado da produtividade, que implica uma sofisticação cada vez maior da mão de obra empregada na produção. Essa elevação da produtividade pode ocorrer no mesmo setor, mas geralmente o aumento maior acontece quando se transfere mão de obra de setores com baixo valor adicionado *per capita* para setores com alto valor adicionado *per capita*, porque essa transferência envolve domínio de tecnologia mais sofisticada e paga maiores salários. Por isso, o desenvolvimento significa industrialização ou, mais amplamente, sofisticação produtiva, envolve a transferência de mão de obra para a indústria e, mais recentemente, para serviços com tecnologia altamente sofisticada. A teoria econômica convencional rejeita essa associação entre crescimento e industrialização, rejeita po-

líticas que impliquem estímulo à produção de bens cada vez mais sofisticados. Seus adeptos não pensam nem história nem estruturalmente, de forma que não importa quais sejam os setores econômicos nos quais o país se especialize. O mercado e, mais especificamente, a lei das vantagens comparativas do comércio internacional (mero raciocínio econômico lógico ao qual dão uma importância muito maior do que em verdade tem) se encarregarão de dizer quais são esses setores, ou, em outras palavras, como uma economia "maximiza" a utilização de seus recursos produtivos deixando-os governados pelo mercado. Conforme costuma dizer Gabriel Palma, de forma tão irreverente quanto apropriada, para esses economistas não há diferença entre *potato chips* e *microchips*.

Há uma conhecida distinção entre crescimento e desenvolvimento, o primeiro significando mero aumento da renda *per capita*, o segundo, o desenvolvimento sustentável ou integral. Entretanto, é preciso não desprezar o crescimento da renda *per capita*, porque quando é acompanhado de industrialização ele implica mudança estrutural e redução da pobreza, mesmo que haja aumento da desigualdade econômica. Normalmente, dois terços da redução da pobreza são causados pelo crescimento da renda por habitante. No caso da China, que entre 1981 e 2010 apresentou um crescimento da renda *per capita* recorde na história (média de 9% ao ano), ao mesmo tempo que a desigualdade aumentava fortemente, 680 milhões de pessoas foram tiradas da miséria ou extrema pobreza, que foi reduzida de 84% da população em 1980 para 10% em 2010.[1]

Não vou repetir toda a argumentação desenvolvida pelos economistas estruturalistas a respeito desse tema. Com a tese de Prebisch, segundo a qual existe uma tendência estrutural à deterioração das relações de troca dos países exportadores de *commodities*, ficou demonstrado que essa lei não faz sentido. Seu pressuposto é que os ganhos de produtividade realizados pelos países se transformem em baixa de custos e em baixa de preços, que beneficiam tanto os trabalhadores nacionais como os estrangeiros que importam os bens cuja produtividade foi aumentada. Entretanto, isso não é verdade para os

---

[1] Fonte: *The Economist*, 1º de junho de 2013, p. 11.

países ricos e industrializados, porque seus trabalhadores logram conservar para si, incorporando em seus salários, parte substancial do aumento de produtividade, enquanto os trabalhadores dos países produtores de bens primários não têm essa possibilidade.

A rigor, a lei das vantagens comparativas do comércio internacional é mero raciocínio econômico, não é uma lei comprovada pela experiência histórica dos países nas suas relações comerciais internacionais. Ela nos diz que mesmo em um mercado de dois países no qual o país A é mais eficiente em termos absolutos que o país B na produção dos dois únicos bens produzidos, valerá a pena que eles entrem em relações comerciais se o país B tiver vantagem comparativa na produção de um desses dois bens. É um elegante raciocínio, mas não é uma lei ou uma tendência econômica que possa orientar a política econômica voltada para o alcançamento. Além de não fazer frente à tese de Prebisch, é um raciocínio de curto prazo que ignora a mudança nas vantagens comparativas no médio prazo, e, por isso, é mais que inútil, é prejudicial ao entendimento do processo do desenvolvimento econômico. Já vimos que ela foi pateticamente utilizada pelos ingleses para tentar convencer os alemães a não se industrializarem.

Outra crítica a essa "lei" decorre do entendimento da própria dinâmica do desenvolvimento econômico. Sabemos que esse é um processo de acumulação de capital com incorporação de progresso técnico que resulta em aumento da produtividade e em aumento dos salários ou do padrão de vida da população. Se em determinado país pudermos identificar a presença persistente dessas quatro variáveis — acumulação de capital, progresso técnico, aumento da produtividade e melhoria dos padrões médios de vida —, estaremos diante de um processo de desenvolvimento econômico. Mas por que e como aumenta a produtividade? Podemos responder a essa questão usando os próprios elementos da definição: aumenta devido à acumulação de capital e ao progresso técnico. É uma resposta correta. Mas para compreender o aumento da produtividade e o próprio desenvolvimento econômico é necessário analisá-lo sob o ângulo da "industrialização em sentido amplo" ou da "tecnossofisticação produtiva": da transferência de mão de obra para setores com maior valor adicionado *per capita*. Não há nenhuma originalidade nessa abordagem. Ela é conhecida há séculos. Já era conhecida no longínquo ano de 1336, quando o rei inglês Eduardo III proibiu a exportação de lã *in natura*; queria que a produção de lã fosse completada pela do tecido para aumentar o valor adicionado pelos trabalhadores ingleses à produção. Segundo essa perspectiva, o aumento da produtividade ou da eficiência na produção não ocorre apenas nos mesmos bens e serviços produzidos, mas na transferência de mão de obra para bens e serviços tecnologicamente mais sofisticados, que paguem salários mais altos e impliquem valor adicionado *per capita* maior.

Chamemos de t_m o progresso técnico, ou o aumento da produtividade ocorrida na produção dos mesmos produtos, e de t_n aquele que ocorre com novos produtos. Qual desses dois tipos de progresso técnico é historicamente mais importante? É o segundo, é o progresso técnico baseado na transferência de mão de obra para produtos e serviços mais sofisticados, porque contribui mais para o aumento da produtividade do que aquele ocorrido na produção dos mesmos bens e serviços. Se um país produz tanto um produto simples como são as *commodities* ou os tecidos, ou um produto complexo como é um automóvel ou o telefone celular, esse país terá mais dificuldade em aumentar a produtividade produzindo os mesmos bens do que se lograr transferir mão de obra dos bens simples para os bens complexos ou sofisticados.

A industrialização ou a "tecnossofisticação produtiva" é a origem fundamental do aumento da produtividade de um país porque o valor adicionado *per capita* é maior nos setores mais sofisticados, e, por isso, a taxa de salários será mais elevada nesses setores. E por que isso? Porque a quantidade de trabalho incorporada na produção de trabalhadores e profissionais dos mais diversos tipos, desde os engenheiros de produção até os especialistas em marketing e os professores de literatura, é maior que na produção de trabalhadores não qualificados. Voltamos, assim, à teoria clássica do valor, a teoria do valor-trabalho, que é a única teoria que faz sentido para explicar os preços. Quando dizemos que a educação é fundamental para o desenvolvimento, o que estamos afirmando é que ao educar seus cidadãos, os países os estão preparando para realizar trabalhos mais sofisticados, que lhes garantirão maiores salários, e garantirão ao país maior taxa de desenvolvimento. A educação é, portanto, uma condição do desenvolvimento econômico pelo lado da oferta, mas para que essa condição se efetive é necessário que haja demanda para os trabalhadores e profissionais mais qualificados.

Quando os economistas estruturalistas afirmavam que desenvolvimento era industrialização, e quando hoje dizemos que desenvolvimento é inicialmente revolução industrial e sempre sofisticação produtiva (sofisticação tecnológica, administrativa e mercadológica), estamos todos dizendo que o desenvolvimento implica transferência de mão de obra de setores — e mesmo de tarefas no mesmo setor — para um novo setor ou para tarefas mais sofisticadas no mesmo setor que impliquem o aumento do valor adicionado *per capita*.

6
Começa a Revolução Capitalista Brasileira

A história de cada povo está dividida entre o período pré-revolução capitalista, no qual não existem nem progresso técnico nem desenvolvimento econômico, mas apenas a repetição de ciclos de expansão e de decadência de impérios, e o período pós-revolução, no qual os povos se organizam em nações e Estados-nação, e o desenvolvimento econômico se desencadeia e se torna autossustentado. Entre os anos 1930 e os anos 1970, temos o segundo ciclo da relação Estado e sociedade no Brasil — o Ciclo Nação e Desenvolvimento —, que foi também o momento da Revolução Capitalista Brasileira, da sua revolução nacional e industrial. Esta revolução econômica, social e política estava em preparação desde o início do século, mas a crise da forma de organização econômica e social do capitalismo vigente no seu centro há cerca de um século — do liberalismo econômico — desencadeia-se com o *crash* da Bolsa de Nova York de 1929. Nos cinquenta anos seguintes, abre-se espaço para a forma alternativa de organização econômica e social do capitalismo — o desenvolvimentismo —, e esse fato foi importante para que o Brasil desencadeasse sua industrialização.

O Ciclo Nação e Desenvolvimento ganhou *momentum* a partir da Revolução de 1930 e, no seu quadro, a Revolução Capitalista Brasileira se completou. Conforme assinala Luiz Toledo Machado (1980, p. 190), "a grande preocupação da Revolução Brasileira foi a constituição de um novo Estado capaz de manter a unidade nacional, o equilíbrio das forças sociais, e dirigir a nação acima das oligarquias regionais e promover a industrialização". Em 1980, quando essa revolução já podia ser considerada terminada, já não havia mais nenhuma dúvida sobre o caráter capitalista da sociedade brasileira. Em 1930, o Brasil estava preparado para realizar sua revolução nacionalista, e encontrou um político com porte de estadista, Getúlio Vargas, que liderou com habilidade e coragem essa revolução. Os antecedentes intelectuais do novo ciclo datam do positivismo heterodoxo de Benjamin Constant, que influenciou profundamente o Exército, e do governo militar de Floriano Peixoto, e se expressaram nas primeiras grandes figuras do nacionalismo brasileiro: Sílvio Romero, Manoel Bomfim, Euclides da Cunha,

Alberto Torres, Olavo Bilac, Monteiro Lobato e Roberto Simonsen. Em seguida, já no quadro do novo ciclo, o nacionalismo alcança um momento clássico nas obras de Oliveira Vianna, Gilberto Freyre, Nestor Duarte e Azevedo Amaral; e chega à sua definição completa no pensamento dos grandes intelectuais do ISEB, já citados, e nas obras de Barbosa Lima Sobrinho e Celso Furtado.[1] No plano cultural, a música de Villa-Lobos, a Semana de Arte Moderna, o pensamento poderoso de Mário de Andrade e o Manifesto Pau-Brasil são manifestações desse nacionalismo.

Passando do plano da sociedade para o do Estado, é preciso considerar uma mudança fundamental. Ao contrário do que aconteceu na Independência, agora é a sociedade que se antecede ao Estado. Enquanto no nível da sociedade as ideias nacionalistas já estavam avançadas desde o início do século, será apenas a partir da Revolução de 1930 que surgirá o primeiro pacto político voltado para o desenvolvimento: o Pacto Nacional-Popular de 1930 (1930-1959) — um pacto autoritário e industrializante que poderia também ser chamado de "nacional", porque envolve uma burguesia comprometida com a industrialização, e "popular", porque envolve as classes populares. Esse pacto tem Getúlio Vargas como seu principal ator político. Conforme observou Moniz Bandeira (2008, pp. 45-8),

> "[...] a crise da década de 1890 exacerbou o nacionalismo econômico [...] Mas a consciência da necessidade de industrialização e desenvolvimento econômico, vinculada à ideia de nação, começou a florescer na década de 1930, sendo a estratégia formulada no primeiro governo do presidente Getúlio Vargas (1930-1945)."

Vargas compreendeu a gravidade da crise mundial iniciada com o *crash* da Bolsa de Nova York em 1929 e a oportunidade que se abria para o Brasil. Assim, rompeu a aliança que fizera com os liberais (que representavam os interesses do café e do comércio externo) e se associou aos nacionalistas que vinham se manifestando cada vez mais ativamente no plano político, sobretudo no movimento tenentista.

---

[1] O ISEB (Instituto Superior de Estudos Brasileiros) foi um órgão do Ministério da Educação que existiu entre 1955 e 1964; o grupo de intelectuais que o formou existia desde o início dos anos 1950, e entre 1952 e 1955 publicou cinco números dos *Cadernos do Nosso Tempo*. Sobre o ISEB, ver Toledo, org. (2005).

Revoluções nacionais e nacionalistas

O desenvolvimento econômico somente se desencadeia de fato e se torna sustentado depois que um país realizou sua revolução nacional e industrial. A revolução nacional implica, historicamente, que uma oligarquia de caráter aristocrático seja substituída no controle político da sociedade por dois grupos de classe média — a burguesia industrial e a burocracia pública moderna —, porque são essas classes que têm condições de imprimir alguma racionalidade e eficiência no processo de produção por meio do investimento e da inovação. Mas, para chegar a esse ponto, a burguesia geralmente terá de se associar aos setores mais "progressistas" da velha aristocracia e lhe assegurar a liderança política. A mudança da coalizão de classes dominantes será tanto mais rápida e completa quanto mais radical for a revolução política. A Revolução de Cromwell de 1644, a Revolução Americana de 1776 e a Revolução Brasileira de 1930 foram menos radicais que a Revolução Francesa de 1789, ou a Revolução Russa de 1917. Consequentemente, naqueles países, a ascensão ao poder de grupos de classe média e a perda do poder por parte da aristocracia ocorreram de forma paulatina, enquanto nestes se verificou de forma abrupta.

Geralmente os setores sociais emergentes se associam a parcelas da aristocracia em declínio, e temos, sob a liderança destas últimas, as "modernizações conservadoras" a que se referiu Barrington Moore Jr. (1966). Foi o que aconteceu com a Inglaterra, a Alemanha e o Japão, e, até certo ponto, também no Brasil, pois Getúlio Vargas provinha da oligarquia proprietária de terras. Mas, afinal, a revolução capitalista e o desenvolvimento econômico que se seguem implicarão a transferência do poder político para as mãos de um grupo de classe média constituído de empresários e tecnoburocratas, estes últimos representados por políticos, militares e intelectuais que viviam a contradição de serem nacionalistas e liberais. Em todos os casos, na primeira fase — a fase da revolução industrial — o papel do Estado será decisivo e o Estado será desenvolvimentista; na segunda, a privatização dos setores competitivos tenderá a ocorrer, e veremos, então, a alternância do desenvolvimentismo e do liberalismo econômico. Isso aconteceu inclusive na Inglaterra, onde a revolução capitalista foi realizada no quadro de um Estado mercantilista, a primeira forma do Estado desenvolvimentista, e somente na segunda fase o mercado assumiu a coordenação mais efetiva da economia. Não é surpreendente, portanto, que as revoluções socialistas da Rússia e da China tenham sido, afinal, apenas a primeira fase de um desenvolvimento capitalista. Dada a inviabilidade do socialismo, essas revoluções primeiro estabeleceram um sistema econômico estatista, mas, depois que essa forma de organização econômica se exauriu, a Rússia transitou, primeiro, nos anos 1990, para um capitalismo liberal, que foi desastroso, e, em seguida, para um desenvolvimentismo bem-sucedido, enquanto a China transformava com êxito seu sistema estatista em um regime desenvolvimentista.

Os países retardatários, como o Japão, o México, a Turquia, o Brasil e a Índia, tiveram de enfrentar um problema adicional para conseguirem realizar sua revolução capitalista: o imperialismo industrial da Inglaterra, da França, da Bélgica, da Holanda, e, mais tarde, dos Estados Unidos. Assim, além de ser *nacional*, a revolução teve de ser *nacionalista*, porque esses países tiveram e têm de enfrentar o imperialismo moderno ou industrial dos países que realizaram sua revolução capitalista originalmente, tornaram-se poderosos e, na segunda metade do século XIX e na primeira metade do século XX, puderam ser imperialistas *explícitos*, colonialistas, e ainda, depois da Segunda Guerra Mundial, diante da reação dos povos colonizados, imperialistas *hegemônico*s. Perderam legitimidade para a dominação política direta, mas continuaram a explorar os países em desenvolvimento por intermédio de suas empresas multinacionais e do seu sistema financeiro, graças à sua hegemonia ideológica facilitada pela dependência das elites locais.

Essa hegemonia ideológica se expressava e se expressa na persuasão dessas elites, que deveriam abrir seus mercados internos, primeiro para o seu comércio, depois para seus sistemas financeiros, e, finalmente, para suas empresas multinacionais, sem uma contrapartida razoável. No caso do comércio, a exploração se dá por meio da troca desigual, da exportação de bens industriais e serviços de alto valor adicionado *per capita* em troca de bens primários de baixo valor adicionado *per capita*. No caso das finanças, através da persuasão de que os países em desenvolvimento enfrentam uma restrição externa e, portanto, *necessitam* de capitais externos para crescer, e da cobrança de juros elevados sobre os empréstimos. No caso das empresas multinacionais, mediante a mesma argumentação quanto à restrição externa, cuja gravidade é geralmente exagerada, e também da conclusão de que ela pode ser superada pelos investimentos diretos — investimentos que ocupam o mercado interno do país e implicam elevadas remessas de lucro para o exterior. Diante dessas formas de imperialismo, torna-se necessário que no nacionalismo econômico dos países retardatários haja um elemento "anti", anti-imperial, que é definidor desse nacionalismo (Barbosa Lima Sobrinho, 1981).

A Revolução de 1930

A Revolução de 1930 foi um divisor de águas da história brasileira. Como afirmou Francisco Iglesias (1993, p. 231), "a tentativa de 'republicanizar a República' tem seu momento mais expressivo em 1930. De todas as sucessões foi a mais perturbada e a única que deu um resultado de fato diferente". Ou, nas palavras de Leda Paulani (2005, p. 309), "o Brasil só poderia ter chance de ser considerado uma Nação a partir da inversão do polo dinâmico desencadeado pela crise de 1929". A revolução nacional e industrial que então começa marcou o fim do Estado oligárquico e o início do Estado nacional-desenvolvimentista. Essa transformação, entretanto, só foi possível porque a própria oligarquia se dividira regionalmente, e os setores voltados para o mercado interno dessa oligarquia aliaram-se às camadas médias urbanas na luta por maior participação política. Nos termos de Nelson Werneck Sodré (1962, p. 322), "desde o momento em que a classe dominante se apresentava cindida, surgia a possibilidade de recompor a aliança entre os setores daquela classe e os grupos atuantes da classe média".

O comando coube a um político autoritário e nacionalista, herdeiro do positivismo que esposara na juventude, cujas ideias liberais, importadas da Europa, cederam à realidade de um país que não havia ainda realizado a sua revolução nacional, mas apenas sua Revolução Mercantil. Getúlio Vargas liderou uma coalizão política heterogênea, a Aliança Liberal, para realizar a revolução, e depois, gradualmente, sem plano mas com sentido de oportunidade, grande capacidade de conciliação e visão do futuro, estabeleceu uma nova coalizão política baseada na aliança entre os setores substituidores de importação da velha oligarquia, os empresários industriais, os técnicos e os militares do governo, e os trabalhadores urbanos.[2]

Antes de 1930 não havia um Brasil feudal, como os intérpretes da primeira metade do século XX supuseram, mas houve um capitalismo patriarcal e mercantil que, durante a Primeira República, esteve sob o domínio da burguesia cafeeira paulista. Nesse período, entretanto, ocorria em São Paulo a emergência de uma burguesia industrial de imigrantes e descendentes de imigrantes com pouca ou nenhuma capacidade de formulação e de atuação política.[3] Getúlio Vargas dará espaço em seu governo a essa nova classe em

---

[2] A expressão "substituidor de importações" para caracterizar o setor da oligarquia agropecuária que participou de Revolução de 1930 é de Ignácio Rangel (1980, p. 47).

[3] A grande exceção foi Roberto Simonsen.

formação. Ao mesmo tempo, graças à sua liderança e às condições favoráveis que se abriram para o Brasil com a crise do sistema central nos anos 1930, a burocracia pública moderna terá um papel entre as classes dirigentes brasileiras. Assim, entre 1930 e 1960 uma coalizão de classes formada pela burguesia industrial, a burocracia pública moderna, os trabalhadores urbanos e o setor não exportador da velha oligarquia promoverá a revolução nacional e industrial brasileira. Durante os primeiros quinze anos, Vargas governará ou sob regime semiautoritário ou abertamente autoritário (o Estado Novo, entre 1937 e 1945). O período autoritário trouxe consigo abusos, mas a sociedade brasileira não estava ainda madura para a democracia. A formação do Estado-nação e a industrialização não teriam se desencadeado nesse período se Vargas não se valesse do autoritarismo para neutralizar a velha oligarquia agroexportadora e os interesses estrangeiros. Antes não existia democracia, mas o regime eleitoral viciado impedia qualquer mudança — mudança que o sistema autoritário de Vargas permitiu, como, por exemplo, a introdução do voto secreto alcançado logo após a Revolução de 1930.

No Brasil, os liberais sempre insistiram em se identificar com a democracia ao mesmo tempo em que acusavam os desenvolvimentistas de serem autoritários, mas, antes da Revolução Capitalista Brasileira (1930-1980), tanto o pensamento como a prática de ambos os lados eram autoritários. O discurso "democrático" dos liberais era apenas retórico: na verdade, o liberalismo de então era oligárquico e, portanto, autoritário, enquanto o pensamento desenvolvimentista era anti-oligárquico, mas também autoritário. É compreensível que as elites brasileiras não fossem democráticas antes de completarem sua revolução capitalista, ou seja, sua revolução nacional e industrial. Nenhum país realizou sua revolução capitalista no quadro de um regime democrático. Na Europa, as primeiras revoluções nacionais e industriais foram realizadas no quadro do Estado Absoluto; nos Estados Unidos, foi promovida por uma aristocracia republicana e liberal que pouco tinha de democrática; e, nas sociedades que realizaram essa revolução de forma retardatária, como o Japão e o Brasil, ela ocorreu no quadro de regimes que, além de autoritários, eram desenvolvimentistas e nacionalistas porque tinham de enfrentar o imperialismo dos países que já haviam realizado sua revolução industrial.[4]

---

[4] Para a justificação teórica do que estou afirmando, ver meu artigo "Transição, consolidação democrática e revolução capitalista" (Bresser-Pereira, 2011).

Entretanto, uma vez realizada a revolução capitalista, a forma de apropriação do excedente deixa de depender do controle do Estado (através da guerra, da escravidão, da servidão, da expropriação dos camponeses, dos monopólios estatais, da tributação abusiva) e passa a ser efetivada pela realização do lucro nos mercados. Agora a nova classe dominante não depende mais do controle direto do Estado para se apropriar do excedente econômico; ela se apropria dele por meio do lucro ou da mais-valia, ou seja, da troca de valores equivalentes no mercado, e a burguesia liberal se torna a primeira classe dominante a *não* impor um veto absoluto à democracia. Mas será apenas a partir da virada do século XIX para o XX, momento em que a burguesia afinal perde o medo da "ditadura da maioria", que ela cede à luta dos trabalhadores e das classes médias republicanas, e então regimes minimamente democráticos se instalam nos países ricos.

A partir desse quadro teórico fica compreensível porque o autoritarismo de Vargas foi instrumental para impedir que a oligarquia agrário-exportadora recuperasse o poder depois da Revolução de 1930. Wanderley Guilherme dos Santos (1978, p. 93) desenvolveu o conceito de "autoritarismo instrumental" para caracterizar pensadores como Oliveira Vianna, para quem não podia haver o liberalismo político em uma sociedade oligárquica. Conforme argumenta, "seria necessário um sistema político autoritário para que se pudesse construir uma sociedade liberal".[5] Não é possível haver liberalismo político (a garantia dos direitos civis) e muito menos haver democracia (a garantia dos direitos e o sufrágio universal) em uma sociedade patriarcal. Nesse tipo de sociedade, a apropriação do excedente econômico depende essencialmente do controle direto do Estado — do poder político, portanto, e não apenas do poder econômico, como acontece nas democracias capitalistas. Analisar estadistas como Getúlio Vargas com base no critério de atuação autoritária ou democrática em um momento em que o país não estava preparado para a democracia não faz nenhum sentido. Como não faria sentido julgar Alexandre, o Grande, ou Júlio César, ou a Rainha Elizabeth I, ou Napoleão a partir desse critério.

Conforme observa Pedro Cezar Dutra Fonseca (1989, pp. 144 e 184), em sua análise dos governos Vargas, a Revolução de 1930 obviamente não criou a burguesia industrial, porque "hoje há vasta bibliografia mostrando

---

[5] Para uma competente análise do autoritarismo instrumental, ver Ricardo Silva (2004). Ele tem dificuldade em compreender a inviabilidade de uma verdadeira democracia em um país que ainda não realizou a sua revolução capitalista, mas faz boa análise do Estado autoritário no Brasil.

a importância da indústria brasileira na Primeira República"; mas se sua origem foi oligárquica e burguesa, seus resultados foram eminentemente burgueses ou capitalistas; "a partir de 1930 começou no Brasil um novo tipo de desenvolvimento capitalista. Em linhas gerais, este consistiu em superar o capitalismo agrário e comercial assentado nas atividades exportadoras de produtos primários, rumando para outro cuja dinâmica iria gradualmente depender da indústria e do mercado interno". Conforme assinalou Octavio Ianni (1971, p. 13), "o que caracteriza os anos posteriores à Revolução de 1930 é o fato de que ela cria condições para o desenvolvimento do *Estado burguês*".[6]

O DESENCADEAMENTO DA INDUSTRIALIZAÇÃO

No quadro do Pacto Nacional-Popular, a partir de 1930, começa gradativamente a se configurar uma estratégia de industrialização substituidora de importações: a economia se volta para dentro, para o mercado interno, e o coeficiente de abertura da economia cai. Essa estratégia contará com razoável apoio na sociedade, exceto da antiga oligarquia agroexportadora e da classe média tradicional de profissionais liberais que servia àquela oligarquia. Era uma industrialização retardatária, comandada pelo Estado, como foram retardatárias e desenvolvimentistas as revoluções industriais de países centrais como a Alemanha, a Áustria, a Itália e os países escandinavos. Mas, além de retardatária, foi uma revolução nacional que precisou ser *nacionalista*, porque teve de enfrentar o imperialismo moderno ou industrial dos países que realizaram primeiro a sua revolução industrial. Pela primeira vez na história do país o governo liderava com êxito uma política voltada para a industrialização, e, desse modo, o Brasil alcançava taxas de crescimento mais elevadas.

Ao mesmo tempo, como líder político populista,[7] Vargas buscou (pela primeira vez na história do país) apoio nas massas urbanas, e, assim, logrou

---

[6] Esta citação mostra bem como Octavio Ianni não se curvou à interpretação da dependência então dominante, não obstante fosse um ilustre membro da chamada "Escola de Sociologia de São Paulo".

[7] Note-se que o populismo político (a relação direta do líder político carismático com o povo sem a intermediação dos partidos políticos e as respectivas ideologias) não tem nenhum sentido pejorativo para mim quando acontece no início do desenvolvimento político de um povo. Nessas condições, o populismo político é a primeira forma por

unir em um pacto informal desenvolvimentista as classes interessadas na industrialização e setores da velha oligarquia — os setores "substituidores de importações" (que não produziam para a exportação), como eram os dos criadores de gado (do qual Vargas fazia parte) do Sul e do Nordeste. Era, naturalmente, uma coalizão de classes cheia de contradições internas que Vargas administrava lançando mão de um complexo sistema de concessões ou compromissos. Na oposição ficavam a oligarquia agrário-exportadora e os interesses estrangeiros. O regime era autoritário como, aliás, foram todos os regimes políticos de outros países no período em que realizaram suas respectivas revoluções capitalistas.[8]

A revolução industrial brasileira tem início devido à conjugação de dois fatores principais: a oportunidade econômica para investimentos industriais, proporcionada paradoxalmente pela depressão econômica, e a Revolução de 1930. O governo que se instaurou a partir de 1930 se identificava com os ideais da renovação da política e da economia brasileira. Enfrentou desde logo a oposição feroz da aristocracia cafeeira de São Paulo e das classes médias tradicionais brasileiras — das forças liberais e dependentes — que tentaram retomar o poder pela Revolução de 1932. Logo adotou uma política industrializante, mas, em razão do desaparelhamento do Estado brasileiro para intervir na esfera econômica, essa política não teve efeitos benéficos de monta. As medidas do governo que afinal mais estimularam o arranque da economia brasileira e o seu desenvolvimento industrial foram respostas à Grande Depressão dos anos 1930. Em primeiro lugar, a compra e a queima dos estoques de café sustentaram a demanda interna. Por outro lado, a forte depreciação cambial causada pela crise de balanço de pagamentos e a consequente moratória da dívida externa foram essenciais para neutralizar a doença holandesa originada da exportação de *commodities*, e, assim, estimular a industrialização. Em seguida, quando a taxa de câmbio voltou a valorizar-se, a criação de obstáculos administrativos à importação de manufaturados e a elevação das tarifas aduaneiras foram a maneira encontrada para continuar a neutralizar a doença holandesa. Muitas das políticas não visavam especificamente à industrialização, mas o simples fato de que o go-

---

meio da qual o povo é chamado a participar da política, e esta deixa de ser meramente oligárquica.

[8] Ao contrário de crença arraigada, os Estados Unidos não foram exceção nessa questão. Somente alcançaram o sufrágio universal muito depois de realizar, na primeira metade do século XIX, sua revolução industrial e, assim, completar sua revolução capitalista.

verno saído da Revolução de 1930 tivesse uma atitude positiva em relação a ela já significava muito. A Revolução de 1930 marca uma nova era na história do Brasil, porque estabeleceu as condições políticas necessárias para sua revolução industrial. A industrialização acelerada que começa nos anos 1930 não teria sido possível se não houvesse existido a imensa oportunidade de investimentos industriais causada pela depressão econômica mundial que ocorreu, a queda dos preços do café e a consequente forte depreciação da taxa de câmbio. Com a crise no centro do capitalismo, a industrialização foi possível porque, de um lado, a procura interna manteve-se relativamente constante, e, de outro, porque os preços dos artigos manufaturados importados cresceram verticalmente na medida em que a taxa de câmbio real efetiva-efetiva se depreciou, primeiro devido à crise, e depois devido a tarifas alfandegárias, sistemas de câmbio múltiplo, ou ainda a medidas administrativas que limitavam a importação de manufaturados.[9]

Conforme a clássica análise de Celso Furtado (1959, pp. 218-9) sobre a manutenção do nível de procura nos anos 1930 no Brasil, quando sobreveio a crise, o mecanismo habitual de defesa da economia pela regulação da taxa de câmbio não foi suficiente. Com a crise, o preço do café no mercado externo caiu, e desvalorizou-se a moeda: "A baixa brusca do preço internacional do café e a falência do sistema de conversibilidade acarretaram a queda do valor externo da moeda. Essa queda trouxe, evidentemente, um grande alívio ao setor cafeeiro da economia". A baixa do preço internacional do café permitiu o aumento das exportações em volume físico, longe porém de ser suficiente para absorver a produção cafeeira. Mesmo baixando os preços, os produtores continuariam a produzir e a colher café até que o simples custo da colheita e das atividades subsequentes fosse maior que o preço. Nesse momento, estaríamos diante do caos econômico. Os cafeicultores deixariam de colher café e se restabeleceria o equilíbrio da oferta e da procura do produto. Impunha-se, pois, encontrar outra solução para o problema de forma a evitar que os estoques invendáveis continuassem a pressionar cada vez mais para baixo os preços sem que a quantidade vendida aumentasse correspondentemente, dada a baixa elasticidade-preço da procura do produto. A solução encontrada foi a compra e a destruição, pelo governo, dos excedentes de café. Esta era a única solução possível, tendo-se

---

[9] A taxa de câmbio é "real" quando dela é descontada a inflação; é "efetiva" quando em vez de tomarmos o dólar como referência tomamos uma cesta de moedas estrangeiras; e é "efetiva-efetiva" quando consideramos também os efeitos das tarifas de importação e os subsídios à exportação.

em vista o objetivo de defender a economia cafeeira, possibilitando que o café continuasse a ser colhido. Furtado (1959, pp. 220-4) observa que "à primeira vista parece um absurdo colher o produto para destruí-lo [...] Ao garantir preços mínimos de compra, estava-se na realidade mantendo o nível de emprego na economia exportadora e, indiretamente, nos setores produtores ligados ao mercado interno". Estávamos, em verdade, construindo as famosas pirâmides que anos depois preconizaria Keynes.

Esta simples manutenção relativa da procura agregada teve importância fundamental no surgimento de uma excepcional oportunidade de investimentos industriais no início dos anos 1930, porque a ela se aliou um segundo fato que geralmente não é salientado: a depreciação do mil-réis causou forte elevação dos preços dos bens manufaturados importados. Esta desvalorização da moeda brasileira está diretamente relacionada com a crise do café, cujo preço por libra, nos Estados Unidos, baixou de 22,5 centavos em 1929 para oito centavos em 1931, devido à depressão econômica. Confirmando-se a baixa elasticidade-preço da procura do café, suas exportações aumentaram pouco, de forma que tivemos entre 1921 e 1930 uma exportação de 8.371.920 toneladas contra 8.801.263 toneladas no decênio seguinte. Ao ligeiro aumento do volume físico das exportações, todavia, contrapôs-se queda violenta do seu valor. Enquanto nos anos 1920 as exportações brasileiras alcançaram 805,8 milhões de libras-ouro, no decênio seguinte não atingiram senão 44% desse total.[10] O resultado dessa queda vertical do poder aquisitivo externo, ao mesmo tempo em que se mantinha o poder aquisitivo interno graças à política de defesa do café, resultou em uma alta de aproximadamente 50% nos preços dos produtos manufaturados importados.

Esta oportunidade foi aproveitada. A capacidade ociosa existente nas empresas nacionais foi rapidamente utilizada. Em março de 1931, o governo Vargas, que já contava em seu seio com representantes dos industriais brasileiros de então, baixa um decreto proibindo as importações de maquinarias para todas as indústrias consideradas em estado de superprodução. Visava com isso proteger especialmente a indústria têxtil, há muito instalada no Brasil. Novos investimentos, em novos setores, foram incitados. As fábricas geralmente começavam como oficinas. O pequeno capital necessário era, na maior parte das vezes, levantado entre os membros da própria família. Com o reinvestimento dos lucros, porém, logo se expandiam. Dedicando-se inicialmente às indústrias de bens de consumo que exigiam equipamentos sim-

---

[10] Prado Jr. (1945/1956, p. 297); Furtado (1959, p. 218).

ples (indústria alimentícia, indústria de artigos de higiene e limpeza, perfumaria, indústria farmacêutica, indústria metalúrgica ligeira etc.), muitos desses equipamentos já podiam ser fabricados no Brasil. Dessa forma, em 1935 a produção industrial brasileira era 27% maior que a de 1929, e 90% maior que a de 1925.[11]

Nesse momento crucial da industrialização brasileira a relação de trocas (preço em moeda forte das mercadorias exportadas pelo país em relação às importadas) caiu fortemente, como podemos ver pelo Gráfico 3, mas ao invés da economia sofrer, como seria a situação normal, ela se beneficiou na medida em que ocorreu a desvalorização da moeda nacional. Com a queda geral dos preços das *commodities* exportadas pelo Brasil, a doença holandesa praticamente desaparecia por algum tempo (enquanto os preços estivessem reduzidos), porque os seus produtores deixavam de poder exportá-las a uma taxa de câmbio muito mais apreciada do que aquela que tornava competitivas as empresas industriais nacionais.

Gráfico 3
ÍNDICE DAS RELAÇÕES DE TROCA — 1901-2009

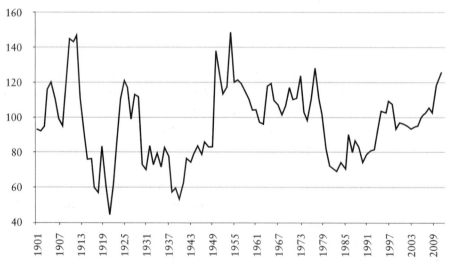

Fonte: Ipeadata (elaboração de Nelson Barbosa).
Observação: 2006 = 100.

---

[11] CEPAL (1949, p. 206).

O CAFÉ E A INDÚSTRIA

A industrialização ganhou novo e decisivo impulso com a crise dos anos 1930, que foi também uma crise da cafeicultura exportadora. Essa industrialização ocorreu na medida em que os cafeicultores foram politicamente derrotados pela coalizão de classes desenvolvimentistas que se formou nos anos 1930, mas isso não significa que tenha havido oposição entre o café e a indústria. A industrialização de São Paulo jamais teria ocorrido na forma que ocorreu não fosse a acumulação de riqueza provocada pelo café. As primeiras tentativas de industrialização tiveram lugar no Nordeste e no Rio de Janeiro, e abortaram porque lhes faltava um excedente econômico que permitisse, de um lado, a formação de um mercado interno, e, de outro, a construção de uma infraestrutura econômica — duas condições necessárias para a industrialização. Foi o café, em São Paulo, que garantiu à nova indústria paulista essas duas condições. Na relação café e indústria houve, portanto, um conflito no plano político, enquanto, no plano econômico, o café viabilizava a indústria. Warren Dean (1969/1971), no primeiro capítulo de seu livro sobre a industrialização de São Paulo, afirma a relação causal direta entre café e indústria, como o próprio título não deixa dúvida: "O comércio do café gera a indústria"; Carlos Manoel Peláez (1972), Villela e Suzigan (1973), Robert C. Nicol (1974) e Wilson Cano (1977) também se empenharam em demonstrar essa relação positiva, não obstante a linha de pensamento desses historiadores econômicos seja bastante diversa.

Entretanto, alguns desses trabalhos, associados à interpretação da dependência (tanto da associada como a da superexploração imperialista) tiveram uma clara preocupação em criticar a tese sobre a luta de intelectuais e empresários industriais nacionalistas contra a burguesia mercantil exportadora de café, cuja análise clássica fora realizada por Nícia Vilela Luz em seu bem documentado livro *A luta pela industrialização do Brasil* (1961), tendo por referência a ação política e a atividade intelectual do historiador econômico e empresário Roberto Simonsen (1937, 1945). Uma tese que é um pressuposto do desenvolvimentismo clássico ou estruturalismo da Comissão Econômica para a América Latina e o Caribe (CEPAL) e está na base do pensamento dos intelectuais nacionalistas do ISEB — uma tese que eu sempre adotei, a partir não apenas da leitura dos livros, mas da minha experiência direta com o liberalismo econômico da classe alta e da classe média rentistas de São Paulo, sua antipatia ao industrialismo "protecionista" e sua defesa, ainda nos anos 1950, da "vocação agrícola do Brasil". Os cafeicultores, e mais amplamente as elites e as classes médias liberais e rentistas, embora não se opusessem diretamente à industrialização, opunham-se ferrenhamente à proteção à indústria nacional, a qual chamavam de "artificial", enquanto a agricultura seria "natural" para a economia brasileira. Os cafeicultores percebiam que a proteção à indústria, além de prejudicar diretamente os consumidores, teria de, em última análise, ser financiada ou subsidiada pela própria produção cafeeira. Esse conflito, que nem sempre estava claro quando essas lutas se desencadearam no início do século, tendo Joaquim Murtinho como principal defensor do liberalismo cafeeiro e Amaro Cavalcanti e Serzedelo Correa como importantes orientadores do movimento industrialista e desenvolvimentista,[12] tornou-se claro nos anos 1940 e 1950, quando assistimos ao debate entre Roberto Simonsen e Eugênio Gudin e a luta dos cafeicultores contra o "confisco cambial".[13] O confisco cambial — um imposto sobre a exportação de produtos primários sob a forma de taxas de câmbio diferenciadas — será durante todo o período nacional-desenvolvimentista a forma por excelência por meio da qual o Estado neutralizará a doença holandesa. Supunha-se que dessa forma se transferiam recursos da agricultura exportadora para a indústria, mas isso era apenas parcialmente verdadeiro; de acordo com o modelo de doença holandesa (*Breve teoria 8*), o imposto de exportação era afinal devolvido aos cafeicultores na forma da depreciação cambial que ele causava.

Celso Furtado (1959), em sua análise do início da industrialização, mostrou a relação cíclica inversa entre o café e a indústria, sobretudo em função dos movimentos da taxa de câmbio.[14] Quando o preço do café subia no mercado internacional, o valor das exportações brasileiras aumentava, realizava-se um superávit comercial, e, em consequência, a taxa de câmbio baixava (a moeda nacional valorizava-se), reduzia-se a proteção cambial à indústria local, aumentando as importações de manufaturados. Não escapava a Furtado, porém, que havia também uma relação positiva entre o café e a indústria. Era óbvio que o complexo cafeeiro produzia um excedente eco-

---

[12] Ver Nícia Vilela Luz (1961, cap. II).

[13] Eugênio Gudin posicionava-se contra o planejamento econômico e considerava artificial a indústria brasileira. Nos anos 1950 e 1960, ele seria, no Brasil, o líder da reação contra as ideias da CEPAL. Roberto Simonsen, em nome dos empresários, defendia a indústria nacional e a intervenção do Estado na economia. Sobre essa disputa, ver João Paulo de Almeida Magalhães (1961), Lourdes Sola (1982/1998), Ricardo Bielschowsky (1988) e Maria Rita Loureiro (1992). Os textos originais do debate foram republicados em Gudin e Simonsen (1977).

[14] Suzigan chamou esta análise de "teoria do choque adverso" (1986, pp. 23-8).

nômico e que as divisas estrangeiras que originava permitiam a constituição de uma infraestrutura de energia e transportes essencial para a industrialização, o estabelecimento de um sistema bancário e o surgimento de um mercado interno para a indústria.

Entretanto, nos anos 1970, com o surgimento da interpretação da dependência, preocupada em demonstrar que jamais existira uma burguesia nacional no Brasil, surgiu a tese de que, além de não ter havido oposição econômica entre o café e a indústria, não teria havido oposição política entre a coalizão desenvolvimentista e a burguesia cafeeira, porque os empresários originavam-se das famílias do café. O debate sobre as relações entre o café e a indústria foi afinal satisfatoriamente resolvido por Sérgio Silva (1973/1976, pp. 91 e 103), seguindo a linha que Celso Furtado esboçara. Não apenas reconheceu corretamente a origem dos empresários industriais entre os imigrantes, afirmando de maneira clara que "a burguesia industrial nascente encontra suas origens na imigração europeia", mas percebeu ele o caráter eminentemente contraditório ou dialético do café com a indústria no Brasil. Sérgio Silva é explícito a esse respeito:

> "Na verdade, ao examinarmos os diferentes aspectos da questão concluímos que as relações entre o comércio exterior e o café de um lado, e a indústria nascente, de outro, implicam, ao mesmo tempo, a unidade e a contradição. A unidade está no fato de que o desenvolvimento capitalista baseado na expansão cafeeira provoca o nascimento e um certo desenvolvimento da indústria; a contradição, nos limites impostos ao desenvolvimento da indústria pela própria posição dominante da economia cafeeira na acumulação de capital."[15]

---

[15] Análise dialética semelhante encontra-se em Liana Aureliano (1981). Para ela, "a acumulação cafeeira se faz sob o signo do capital mercantil, e, no seu movimento contraditório, impulsiona o surgimento da grande indústria" (pp. 10-1). Mais adiante assinala a importância de 1930: "a crise política da década de 1920 culmina com a Revolução de 1930: a burguesia cafeeira é definitivamente deslocada de sua posição de controle sobre o aparelho do Estado" (p. 98). Na mesma linha, Sônia Draibe (1985), apesar de insistir nas relações positivas entre café e indústria, e de identificar-se com a crítica à "economia política da CEPAL", admite o conflito entre o café e a indústria, afirmando que "a nível de seu projeto de industrialização, a burguesia industrial enfrentaria a oposição dos setores ligados ao café" (p. 37). Sua análise da industrialização brasileira significativamente começa em 1930.

Origens dos empresários e burguesia nacional

Na discussão da relação entre o café e a indústria, assim como no debate sobre a existência ou não de uma burguesia nacional no Brasil, os adeptos da interpretação da dependência e a direita liberal preocuparam-se em minimizar o conflito político entre os cafeicultores e a indústria. Com esse propósito, afirmou-se que os empresários industriais paulistas haviam tido origem em famílias associadas à produção e ao comércio do café, e que o capital cafeeiro havia financiado os investimentos na indústria nascente. Estavam enganados. Na pesquisa que realizei em 1962 (Bresser-Pereira, 1964), busquei conhecer as origens étnicas e sociais dos empresários paulistas que haviam fundado as empresas, ou que decisivamente atuaram em seu desenvolvimento, e também qual tinha sido a origem do financiamento inicial. Em relação a este último ponto, 78,4% informaram que os fundos haviam sido próprios ou de familiares. Essas famílias, entretanto, não estavam relacionadas com o café, ao contrário do que afirmavam os dependentistas. Fernando Henrique Cardoso (1963/1964) defendeu tese de livre-docência baseado em pesquisa realizada junto a empresários, na qual chegou à conclusão de que não existiam empresários nacionalistas, e, portanto, não existia uma burguesia nacional no Brasil. Caio Prado Jr. (1966), em um livro apaixonado e ressentido, escrito logo após o golpe militar de 1964, usou essa mesma tese para condenar a esquerda que propusera a aliança dos trabalhadores com a burguesia industrial. Para ele, os empresários industriais pertenciam à mesma classe das famílias que sempre dirigiram a economia, as finanças e a política no Brasil, independentemente de serem suas atividades urbanas ou rurais; teriam se originado da oligarquia agrário-exportadora, e, mais especificamente, já que sua emergência ocorrera principalmente em São Paulo, das famílias "paulistas de quatrocentos anos" — das famílias associadas ao café. E concluía o grande historiador que a esquerda do ISEB e do Partido Comunista Brasileiro (PCB) haviam se equivocado gravemente ao defender a aliança dos trabalhadores e da burocracia pública com a burguesia industrial, que seria uma burguesia nacional.

Na verdade, conforme demonstrei na pesquisa já referida, apenas 16% dos empresários que fundaram ou desenvolveram decisivamente as empresas industriais paulistas então como mais de uma centena de empregados provinham de famílias de origem brasileira e apenas 3,9% deles de famílias associadas à produção e a comercialização do café (Bresser-Pereira, 1964). Além de os empresários não terem tido origem na velha aristocracia brasileira, mas em famílias imigrantes, a pesquisa mostrou que eram famílias de classe média na época da infância ou da adolescência do empresário. Conforme podemos ver no Quadro 3, verifiquei que 49,5% dos empresários paulistas eram imigrantes, e que 34,8% dos empresários tinha pais ou avôs paternos imigrantes. Já esperava alta porcentagem de imigrantes e seus descendentes próximos, mas o número obtido surpreendeu; revelava, de forma insofismável, a imensa importância que teve a imigração no desenvolvimento industrial brasileiro.

Quadro 3
ORIGEM ÉTNICA DOS EMPRESÁRIOS PAULISTAS

Origem	n°		%	
Brasileira (brasileiros de três gerações)	32		15,7	
Estrangeira	172		84,3	
Brasileiros, netos de imigrantes	23		11,3	
Brasileiros, filhos de imigrantes	48		23,5	
Imigrantes	101		49,5	
Total	172	204	84,3	100,0

Além da determinação dos países de nascimento dos empresários e de seus pais e avós, um terceiro passo necessitava ser dado: saber de que país se originavam. Os empresários de origem italiana apareceram em primeiro lugar, com 34,8%; temos, em seguida, os de origem brasileira, com 15,7%; os de origem alemã, austríaca e suíça, com 15,2%; os de descendência portuguesa, com 11,8%; e os oriundos do Oriente Médio (libaneses, sírios e armênios, nesta ordem), com 9,8%.

Desta pesquisa eu, naturalmente, não inferi que havia no Brasil uma burguesia nacional equivalente à que existiu na Europa Ocidental ou nos Estados Unidos. Eu aceitava o caráter dependente da nossa burguesia. Contudo, relativamente dependente, *contraditoriamente*, o que lhe permitia em muitos momentos ser nacional, mas, quando se sentisse ameaçada, como ocorreu em 1964, pudesse se unir à burguesia mercantil e liberal.

A NOVA CLASSE MÉDIA PROFISSIONAL

No plano social, a revolução nacional e industrial desencadeada em 1930 implicou transformações básicas. A sociedade tanto colonial como imperial apresentava apenas duas classes sociais: a dirigente, dos senhores de terra, associada a um estamento burocrático patrimonialista; e a dominada, constituída por um enorme subproletariado de escravos libertos e homens livres, vivendo em condições de extrema miséria. No plano econômico, o sistema era internamente semifeudal, na medida em que os latifúndios eram autossuficientes, exceto para o consumo da família do senhor de terras, e, externamente, capitalista mercantil. Entre a diminuta classe dirigente e a imensa classe dominada encontramos uma pequena classe média vivendo nas cidades, apoiada fundamentalmente no emprego público, já que o Estado, então, mais que tudo, funcionava como agência de empregos e polícia, às ordens da oligarquia dominante. O que caracterizava, portanto, politicamente o Brasil semicolonial era o domínio de uma pequena oligarquia de senhores de terra, comerciantes exportadores e importadores, e de burocratas patrimoniais, associada às elites dos países capitalistas desenvolvidos.

A partir de 1930, duas novas classes começam a se delinear com mais firmeza: a da burguesia industrial e a do proletariado urbano. Na burguesia, a classe média se expande fortemente com o desenvolvimento industrial. Entre os trabalhadores, uma parte do subproletariado rural ascende à categoria de proletariado urbano, com um padrão de vida superior, enquanto uma parte do antigo proletariado urbano já tende para a classe média ou nela se instala. E começa, então, a emergência da terceira classe das sociedades capitalistas desenvolvidas: a nova classe média, ou classe média tecnoburocrática, ou ainda classe média profissional, que tanto pode ser pública como privada.

A nova classe média profissional ou tecnoburocrática se distingue da tradicional porque, enquanto esta se acha desligada do processo produtivo, aquela é parte integrante dele; enquanto uma é formada por um estamento de funcionários públicos patrimonialistas e por profissionais liberais, sem falar de uns poucos empregados de escritório e de lojas, a nova classe média é formada por uma imensa gama de profissões, incluindo profissionais liberais, a burocracia pública, e ampla tecnoburocracia privada formada por técnicos, administradores de empresas, assessores, empregados de escritório, empregados de empresas de serviços auxiliares da indústria e do comércio, vendedores, operários especializados e uma infinidade de outras profissões.

No final dos anos 1950, já era possível ver uma estrutura social razoavelmente diversificada no Brasil. Com base no Censo de 1950, dividi a população brasileira em cinco camadas ou classes sociais (classe baixa, baixa classe média, classe média-média, alta classe média e classe alta) e distribuí a força de trabalho entre essas cinco classes; verifiquei que a camada média como um todo representava 24% da população, estando fracionada em três subgrupos: a alta classe média, constituída de profissionais liberais e outras pessoas com educação superior, representando 2%; a média-média, constituída de militares e empregados de categoria média, com funções de direção ou supervisão, compreendia 4%; e a baixa classe média, composta por empregados de escritório e do comércio e pelos operários especializados, registrava 18% da população.

A BUROCRACIA PÚBLICA MODERNA E O DASP

A burocracia de Estado moderna, que faz parte da classe profissional, já estava surgindo no final do século XIX, mas ela só ganha força política nos agitados anos 1920, quando as camadas médias urbanas das quais faz parte revelam de maneira intensa sua insatisfação com o domínio da oligarquia cafeeira que, aproveitando-se do voto aberto que lhe permitia comandar o voto da população rural, e da possibilidade de fraude eleitoral, não lhe dava espaço político. Os "tenentes" foram o lado militar dessa nova burocracia do Estado que, a partir da Revolução de 1930, passa a fazer parte da nova coalizão política ou bloco de poder que se forma então. Houve, entretanto, uma burocracia civil do Estado que também começa a ganhar papel decisivo a partir desse momento. Para que isso acontecesse, entretanto, era necessário que o próprio aparelho de Estado se desenvolvesse, criando os postos para a classe média que as escolas superiores estavam formando. E foi isso que ocorreu. Os anos 1930 foram anos de abandono do liberalismo econômico e do aumento do intervencionismo em todo o mundo. No Brasil, isso se deu não simplesmente como um mecanismo de defesa contra a depressão econômica, como ocorreu nos Estados Unidos e na Europa, mas como uma forma de levar adiante uma estratégia nacional de desenvolvimento. E, para isso, não havia lugar para o liberalismo econômico, para o *laissez-faire*. A hora é de organizar o Estado, de lhe dar o pessoal e os instrumentos que lhe permitam implementar uma política nacional de desenvolvimento econômico. Assim, em 1930 é criado o Ministério do Trabalho, Indústria e Comércio; em 1931, o Conselho Nacional do Café e o Instituto do Cacau da Bahia; em 1933, o Instituto do Açúcar e do Álcool; em 1934, o Conselho Federal de Comércio Exterior; em 1941, a Companhia Siderúrgica Nacional e o Instituto Nacional do Pinho; em 1942, o Serviço Nacional de Aprendizagem Industrial (SENAI); em 1943, a Coordenação da Mobilização Econômica; em 1944, a Superintendência da Moeda e do Crédito (SUMOC).

Conforme observou Octavio Ianni (1971, p. 25), a criação desses órgãos e dessas empresas estatais, em especial do Conselho Federal de Comércio Exterior, que foi o primeiro órgão de planejamento econômico do Brasil, "eram as primeiras manifestações da tecnoestrutura estatal, que irá desenvolver-se bastante nas décadas seguintes".[16] Esses órgãos exigiam pessoal burocrático de alto nível para dirigi-los, e Getúlio Vargas soube recrutá-los com carinho. Homens de todas as origens, com formações teóricas e ideologias políticas diferentes, mas que naquele momento partilhavam as ideias nacionalistas e desenvolvimentistas dominantes na sociedade brasileira. Pedro Cezar Dutra Fonseca (1989, p. 162) assinala que "o governo interpretava, exprimia e defendia seus ideais, que representavam as necessidades, os sentimentos e as aspirações do país; este passava a possuir um destino histórico — que, por seu turno exigia, para nele se chegar, o não desvirtuamento da obra e dos ideais revolucionários". Uma nação é uma sociedade que partilha um destino comum, e era fundamentalmente isso que se procurava então dizer ao povo brasileiro. As ideias de nação, de intervenção no domínio econômico e de planejamento, estão então em toda parte. No setor privado, Roberto Simonsen (1937, 1945) é o grande arauto do planejamento entre os empresários industriais (Cepêda, 2004). Na burocracia, são muitos os nomes. Naquele momento estava se formando no Brasil uma notável burocracia de Estado civil, que teria papel decisivo no desenvolvimento econômico brasileiro até 1980.

Desde que chegou ao poder, Getúlio Vargas entendeu que as deficiências administrativas eram centrais na explicação do atraso econômico do país. Para explicar a revolução, afirma ele em discurso de 1931: "agravados esses males com a anarquia administrativa, a desorganização financeira [do Estado], e a depressão econômica [...] a reação impunha-se".[17] A palavra de ordem, nesse período, é a da "racionalização", outro nome para o planeja-

---

[16] Ianni usava então o termo "tecnoestrutura", como eu uso "tecnoburocracia", para identificar a classe média profissional (civil e militar, privada e pública) que estava surgindo, neste caso, no nível do Estado.

[17] Citado por Pedro Cezar Dutra Fonseca (1989, p. 160).

mento da intervenção do Estado. Sem "boa administração" nada seria possível fazer. A partir dessa ótica, a reforma burocrática ou reforma do serviço público se impunha. Em 1936, com a criação do Conselho Federal do Serviço Público Civil, Vargas lança seu governo nessa empreitada. A Reforma Burocrática de 1936, que tivera como precursor o embaixador Maurício Nabuco, terá em Luiz Simões Lopes a principal figura política e administrativa.[18] Em seguida, a Carta Constitucional de 1937 dá um passo adiante com a exigência de concurso para os funcionários públicos e a previsão de um departamento administrativo junto à Presidência da República. No ano seguinte, este último dispositivo se efetiva com a criação do DASP — Departamento Administrativo do Serviço Público, que passou a ser o poderoso órgão executor da reforma.[19] Isso, entretanto, não significava que Vargas alimentasse ilusões quanto à possibilidade de um Estado organizado de modo plenamente "racional" e de políticas públicas coerentes. Esse ideal tecnocrático, que foi forte no período militar de 1964 a 1985, inexistia em Vargas. Conforme assinalou Wirth (1970, p. xvi), "Getúlio parecia satisfeitíssimo com um sistema contingente, um aglomerado *ad hoc* de grupos e personalidades em torno da presidência".

Com o Estado Novo, o autoritarismo brasileiro ressurgia com força, mas agora revestido de caráter modernizador. Para justificar a decisão arbitrária, o governo apelou para a luta contra o comunismo e o integralismo, movimentos que haviam recentemente tentado tomar o poder, mas a sua

---

[18] Maurício Nabuco foi o pioneiro da reforma burocrática no Brasil ao estabelecer os princípios do mérito no Itamaraty no final dos anos 1920. Entretanto, Luiz Simões Lopes foi o principal empresário público da reforma. "Lopes é o principal empresário de políticas públicas no período 1934-1937, embora Nabuco jogasse um papel importante em iniciar o processo de definição da reforma, e Vargas tenha sido o empresário político durante todo o tempo" (Gaetani, 2005, p. 99). Luiz Simões Lopes continuaria seu trabalho de racionalização do aparelho do Estado por meio da criação, em 1944, da Fundação Getúlio Vargas, que, com a Escola Brasileira de Administração Pública, iria se tornar o centro principal de estudos sobre a administração pública no país. Em 1954, cria em São Paulo a Escola de Administração de Empresas de São Paulo, e, nos anos 1960, seu Curso de Administração Pública. Sobre essa reforma é também significativa a contribuição de Lawrence S. Graham (1968).

[19] O DASP foi criado pelo Decreto-Lei nº 579, de junho de 1938. Era, essencialmente, um órgão central de pessoal, material, orçamento, organização e métodos. Absorveu o Conselho Federal do Serviço Público Civil que havia sido criado pela Lei nº 284, de outubro de 1936, a qual instituía também o primeiro plano geral de classificação de cargos e introduzia um sistema de mérito.

verdadeira lógica estava na orientação de Vargas e de uma parte importante das elites nacionalistas brasileiras de levar a cabo a revolução nacional iniciada em 1930: realizar a revolução modernizadora do país, dotá-lo de um Estado capaz e promover a industrialização, não obstante a insistência da oligarquia agrário-mercantil no caráter essencialmente "agrícola" do Brasil. Embora a revolução nacional fosse uma revolução burguesa, o Estado Novo dará ênfase ao papel da técnica e dos técnicos ou profissionais cujo papel, nas empresas e particularmente na organização do Estado, era estratégico para o desenvolvimento econômico buscado. Conforme observou Maria Celina D'Araujo (2000, p. 31), "o Estado Novo enalteceu a técnica em contraposição à política, veiculada como o lado sujo dos 'interesses privados'". Representou, assim, no plano administrativo, a afirmação dos princípios centralizadores e hierárquicos da burocracia clássica. Beatriz Wahrlich, cujo livro *A reforma administrativa da era de Vargas* (1983) constitui a obra básica para a análise da Reforma Burocrática de 1936, assim resume as principais realizações do DASP: ingresso no serviço público por concurso, critérios gerais e uniformes de classificação de cargos, organização dos serviços de pessoal e de seu aperfeiçoamento sistemático, administração orçamentária, padronização das compras do Estado, racionalização geral de métodos.[20] Além disso, o DASP cooperou no estabelecimento de uma série de órgãos reguladores da época (conselhos, comissões e institutos), nas áreas econômica e social. E as primeiras empresas estatais, como a Companhia Nacional de Álcalis e sobretudo a Companhia Siderúrgica Nacional de Volta Redonda, foram criadas abrindo novos espaços para o crescimento e o prestígio da burocracia pública. O DASP foi o principal agente da Reforma Burocrática de 1936. Estava inspirado nos princípios da "administração pública científica" que então dominava o pensamento administrativo nos Estados Unidos, e sua ênfase fundamental foi dada à criação de um quadro de administradores públicos profissionais no Brasil admitidos por concurso público. Seu trabalho não foi fácil nem linear. E mereceu muitas críticas, como as de Mario Wagner Vieira da Cunha (1963, p. 92): "seu defeito maior foi ter

---

[20] Beatriz Wahrlich (1915-1994) foi uma das fundadoras da EBAP (Escola Brasileira de Administração Pública), da Fundação Getúlio Vargas. Pela qualidade de seus estudos, de sua pesquisa e de seu ensino, merece o título de patrona intelectual da Administração Pública no Brasil (Wahrlich, 1970, 1983, 1984). Estudou profundamente a Reforma Burocrática de 1936-1938, e foi a principal teórica da Reforma Desenvolvimentista de 1968 — uma reforma que prenunciou a Reforma da Gestão Pública ou Reforma Gerencial do Estado de 1995.

procurado criar um divórcio, inocente ou não, entre a administração pública e o quadro social e econômico a que devia servir [...] A implantação de suas soluções resultou uma disciplina artificialmente sobreposta às reais condições de trabalho". Este problema se revelava, por exemplo, na clara distinção entre os servidores de carreira, concursados, e os "extranumerários". Com isso se buscava a separação entre uma classe média de altos servidores públicos e uma classe baixa de trabalhadores do Estado — uma distinção real, mas que enfrentava problemas porque já então estava claro o desenvolvimento econômico rápido por que passava o país, exigindo a admissão, nos quadros do Estado em sentido amplo, inclusive nas empresas estatais, de administradores de alto nível que não faziam parte das carreiras de Estado.

A criação do DASP representou uma formalização do crescente poder político da burocracia pública no Brasil. Simões Lopes foi um homem próximo a Getúlio Vargas e este estava pessoalmente interessado na reforma, o que facilitou que usasse o órgão com um escopo e um conjunto de poderes mais amplos do que teria a Reforma Gerencial de 1995. O DASP passou a órgão de assessoramento técnico por excelência do presidente. O DASP era chamado a opinar sobre os mais diversos assuntos que estivessem em discussão no governo, de forma que assim Getúlio Vargas pudesse usar os argumentos técnicos do órgão para suas decisões políticas. Em certos momentos, o papel dos profissionais era o de apenas justificar as decisões já tomadas, mas em muitos outros Vargas realmente se valia dos conselhos e das sugestões dos técnicos ou dos intelectuais públicos que se reuniam em torno do DASP, e mais amplamente em torno do governo, para tomar suas decisões. Não apenas através do DASP, mas dos Conselhos de Geografia e de Economia e Finanças, e igualmente do Ministério da Educação, que também foi uma fonte de pensamento da época, e de outros órgãos públicos que foram criados a partir de 1930, o Estado brasileiro se reorganizou, ganhou consistência administrativa e um sentido nacional para sua ação, ao mesmo tempo em que uma rígida disciplina fiscal o mantinha sadio no plano financeiro. Com isso, estava sendo construído um Estado forte — capaz —, um Estado cuja alta burocracia pública passava, pela primeira vez, a ter papel decisivo no desenvolvimento econômico brasileiro: um Estado que deixava de ser mero garantidor da ordem social, como ocorrera até 1930, para assumir o papel de prestador de serviços sociais e, mais que isso, de ser agente do desenvolvimento econômico, um Estado cuja burocracia técnica e política constituíam, ao lado da burguesia industrial, as classes dirigentes do país.

A burocracia pública teria ainda, no primeiro governo Vargas, participação importante na criação das primeiras empresas de economia mista que teriam papel decisivo no desenvolvimento do país. Na Segunda Guerra Mundial, Vargas hesitou entre o apoio aos Estados Unidos e à Inglaterra e o apoio à Alemanha e à Itália, mas percebeu que a vitória ficaria com os primeiros e decidiu, em um momento em que essa não estava ainda decidida, se aliar a eles. É conhecida a história de como Vargas usou essa decisão para obter o financiamento e a tecnologia necessários para a criação da nossa primeira grande siderúrgica: a Companhia Siderúrgica Nacional de Volta Redonda. Com a criação dessa empresa, da Companhia de Álcalis e da Companhia do Vale do Rio Doce, abriu-se um grande espaço para o desenvolvimento da burocracia pública. O país passou a contar com dois tipos de burocracia pública moderna: a burocracia de Estado e a burocracia das empresas estatais — dois grupos que teriam entre si seus conflitos, mas que seriam principalmente solidários na busca, de um lado, de maior poder e prestígio, e, de outro, de êxito no projeto de desenvolvimento nacional em curso. Os dois grupos técnicos ou modernos da burocracia, por sua vez, ganhavam melhores condições para se associar aos empresários privados. Conforme observa Luciano Martins (1973/1976, p. 127), "de um lado, a junção dos empresários com os 'grupos técnicos' da burocracia no interior do aparelho do Estado; de outro lado, o fato de ser colocada em pé de igualdade com os empresários permite à tecnocracia adquirir a 'liberdade' necessária para planejar o desenvolvimento capitalista a partir de critérios 'universalistas'". Com esse acordo estabelecem-se as bases para que a nação, por meio de tentativas e erros, ganhasse densidade política, fizesse o diagnóstico do seu atraso e formulasse uma estratégia nacional bem-sucedida de industrialização.

O NACIONAL-DESENVOLVIMENTISMO

No Brasil, onde o desenvolvimento econômico foi retardatário, durante o Império e a Primeira República a formação social continua oligárquica e patriarcal, mas se pratica o liberalismo econômico nas relações com o exterior. A partir de 1930, auxiliado pela crise que abala o mundo rico e o seu imperialismo em relação ao Sul, o país se torna desenvolvimentista — nacional-desenvolvimentista — e temos a Revolução Capitalista Brasileira no quadro do Ciclo Nação e Desenvolvimento. Entre 1930 e 1980, a taxa média de crescimento da renda *per capita* será alta: 4%. A expressão "desenvolvimentismo" começa a se tornar corrente no Brasil no início dos anos 1960. Em 1962, Hélio Jaguaribe (p. 206) opunha o desenvolvimentismo ao estatismo ou ao burocratismo e afirmava que "o desenvolvimentismo é a ideologia típica das forças novas que se acham identificadas com o processo de decolagem da economia brasileira". De fato, o Brasil, embora enfrentasse uma crise naquele momento (início dos anos 1960), desde 1930 estava em pleno desenvolvimento. Entretanto, devido a uma política equivocada de crescimento com poupança externa, adotada na segunda metade dos anos 1970, o país entra em crise — a Grande Crise da Dívida Externa dos Anos 1980 — e seu desenvolvimento é interrompido. O governo democrático e desenvolvimentista que se estabelece em 1985 não logra superar a crise econômica e o país continua caracterizado por alta inflação e estagnação econômica. Esse fracasso abre espaço para que, no início dos anos 1990, o Brasil, depois de sessenta anos de razoável independência, se submeta ao Norte e volte ao liberalismo econômico, agora denominado neoliberalismo. Entretanto, como — sem surpresa — o liberalismo econômico não leva o país à retomada do desenvolvimento econômico, apenas atendendo aos interesses de uma minoria, a partir de meados dos anos 2000 o Brasil volta a tentar o caminho do desenvolvimentismo, por enquanto ainda sem real êxito.

Nesse processo histórico do desenvolvimento, este tem sido o resultado da formação de coalizões de classe desenvolvimentistas, em conflito com coalizões políticas liberais interessadas em garantir a ordem social e seus privilégios.[21] No processo histórico do desenvolvimento temos sempre, de um dos lados, uma coalizão desenvolvimentista que aposta no futuro, vê o Estado como seu instrumento de mudança, vê os empresários como inovadores e investidores, e os capitalistas rentistas como base da ordem estabelecida e do atraso. Em alguns momentos, em períodos de grande crise econômica e política como aquela que ocorreu no Brasil entre 1961 e 1964, a coalizão que estava no governo perde o poder. Temos então um período de retrocesso social e baixo crescimento, que só será superado quando um novo pacto político desenvolvimentista vier a se afirmar e a fazer avançar a democracia e o desenvolvimento. Isso significa que, primeiro, não se deve confundir o liberalismo político (a garantia dos direitos civis) com o liberalismo econômico; enquanto o liberalismo político é uma conquista da humanidade, o liberalismo econômico é uma forma equivocada de organizar o capitalismo.

---

[21] Entendo por "rendas capitalistas" os juros, aluguéis e dividendos auferidos por capitalistas inativos ou rentistas; no capitalismo neoliberal ou rentista eles se associam aos "financistas", ou seja, aos profissionais que administram a riqueza dos primeiros em troca de comissões e elevados bônus. Ainda que haja semelhanças, não se confundem com as rendas ricardianas ou rendas da terra, que, no capitalismo rentista, fazem parte do conceito mais amplo de rendas capitalistas.

Breve teoria 5
DESENVOLVIMENTISMO, COALIZÕES DE CLASSE
E POPULISMO

Embora o sistema capitalista esteja marcado pela luta entre as classes sociais, eu entendo que uma alternativa não excludente, mas complementar, que uso extensamente neste livro, é a de analisá-lo em termos de *coalizões de classe*. O conflito de classes está sempre presente nas sociedades modernas, e é impossível entender a história sem levá-lo em consideração, mas sabemos que, ao contrário do que pensava Marx, esse conflito não é resolutivo, e o socialismo não teve até agora, nem há perspectivas de que venha a ter no futuro previsível, capacidade de substituir o capitalismo. Mas isso não significa que não possa haver progresso ou desenvolvimento. Não vejo as classes sociais enquanto entidades monolíticas; pelo contrário, vejo grandes subdivisões em cada uma das três classes sociais que caracterizam as sociedades modernas: na classe capitalista temos os empresários ou capitalistas ativos e os capitalistas rentistas ou inativos; na classe tecnoburocrática ou profissional, a tecnoburocracia pública, que resultou do aumento da burocracia patrimonialista, e a classe tecnoburocrática privada, que foi consequência do surgimento das grandes organizações empresariais; e, na classe trabalhadora, os trabalhadores urbanos, os rurais, e os empregados de lojas e escritórios. E vejo a dinâmica das lutas sociais não apenas como a da clássica luta de classes, mas também como o resultado de coalizões de classe, dos acordos ou pactos políticos tornados possíveis pela subdivisão das classes sociais. Geralmente se supõe que a luta entre trabalhadores e capitalistas se expressa ideologicamente no liberalismo e no socialismo, mas, quando pensamos em termos de coalizões de classe, a luta se dá em torno de duas formas alternativas de *organização econômica e social* do capitalismo: o desenvolvimentismo e o liberalismo econômico. Enquanto no desenvolvimentismo uma coalizão de empresários, burocratas públicos, intelectuais progressistas e trabalhadores defendem para o Estado um papel coordenador do sistema econômico ao lado do mercado, no liberalismo econômico capitalistas rentistas e financistas afirmam que basta que o Estado garanta a propriedade e os contratos, e mantenha suas contas equilibradas, porque o restante o mercado coordenará de forma ótima.[1]

A partir dessas duas formas de organização econômica e política do capitalismo e do conceito de coalizões de classe podemos ver como, desde o período mercantilista, desenvolvimentismo e liberalismo econômico historicamente se alternam. O capitalismo é a primeira forma de organização social na qual os mercados nacionais e, em seguida, um mercado mundial, passam a ser instituições que desempenham papel decisivo na coordenação econômica, mas isso não significa que o Estado tenha deixado de ser a principal instituição de cada nação. O desenvolvimentismo é o capitalismo no qual se reconhece o papel do mercado na coordenação econômica, mas afirma que a coordenação mais geral da sociedade e do próprio mercado cabe ao Estado; é o capitalismo que vê os mercados como maravilhosas instituições de coordenação econômica, e por isso rejeita o estatismo, mas é também o capitalismo no qual continua a ocorrer a efetiva intervenção nos mercados para regulá-los, corrigir suas falhas, e promover os objetivos políticos socialmente acordados; é a ideologia da intervenção moderada mas efetiva do Estado, do nacionalismo econômico moderado que não exclui a cooperação internacional; é a estratégia nacional de desenvolvimento que orientará um povo na busca de seus objetivos.

Nesse quadro teórico, desenvolvimentismo e liberalismo econômico se alternam no transcurso do desenvolvimento capitalista, e, ao se alternar, as coalizões de classe por trás desse quadro mudam. Nos países que primeiro se desenvolveram, a primeira coalizão desenvolvimentista (o Estado Absoluto) foi muito diferente da segunda coalizão desenvolvimentista, os Trinta Anos Dourados do Capitalismo, após a Segunda Guerra Mundial. No Brasil, a coalizão política que foi derrotada pela Revolução de 1930 não era formada por capitalistas rentistas e financistas, mas pela velha oligarquia exportadora de *commodities*, a alta classe média e os interesses estrangeiros.

---

[1] No início da industrialização já tínhamos de um lado empresários industriais, burocracia pública e trabalhadores urbanos; mas, de outro, em vez dos capitalistas rentistas e dos financistas, tínhamos, sempre associada aos interesses estrangeiros em relação ao mercado interno brasileiro, a burguesia mercantil e agroexportadora.

A revolução capitalista em cada país sempre ocorreu no quadro de um sistema desenvolvimentista, mas a burguesia se comprometeu historicamente com o liberalismo econômico, embora os empresários industriais geralmente dependam de uma política desenvolvimentista para prosperar. Na verdade, o liberalismo econômico interessa aos capitalistas rentistas e aos financistas que administram sua riqueza, e como esses setores sempre contaram com intelectuais orgânicos competentes para justificar esse liberalismo econômico, o desenvolvimentismo não foi uma constante na história do capitalismo. Em lugar disso, o que vimos historicamente foi a alternância entre as duas formas de organização econômica e social. Tomando-se Inglaterra e França como parâmetro, depois do primeiro desenvolvimentismo que foi o período mercantilista, temos, entre os anos 1830 e os anos 1920, o domínio do neoliberalismo, caracterizado por baixas taxas de crescimento e alta instabilidade financeira. Com o *crash* da Bolsa de Nova York em 1929 e a Grande Depressão dos anos 1930, o liberalismo econômico entrou em colapso. Temos então um segundo desenvolvimentismo, os Trinta Anos Dourados do Capitalismo, com elevadas taxas de crescimento, estabilidade financeira e redução das desigualdades nos países ricos. Entretanto, depois de uma crise econômica nos Estados Unidos e no Reino Unido nos anos 1970, a partir de 1980 o liberalismo econômico, agora denominado neoliberalismo, volta a ser dominante, e novamente apresenta baixas taxas de crescimento e alta instabilidade financeira. O segundo liberalismo econômico, o neoliberalismo, termina com a Crise Financeira Global de 2008, e hoje vivemos um período de transição no qual há um vácuo de hegemonia ideológica.

Enquanto o liberalismo econômico afirma que cabe ao Estado apenas garantir a propriedade e os contratos e cuidar das contas públicas, o desenvolvimentismo adiciona a isso uma política econômica ativa de regular os mercados, planejar seu setor não competitivo, principalmente o da infraestrutura, e cuidar das contas externas; não basta para o desenvolvimentismo controlar o déficit público, deve também controlar o déficit em conta-corrente, no qual, além do endividamento público, está também o endividamento privado. Isso, entretanto, não significa que não se cometam erros nos períodos de hegemonia desenvolvimentista. Esses erros acontecem e podem ser grandes. Desenvolvimentismo implica construção social, implica, portanto, planejamento e administração. Por isso, mais cedo ou mais tarde, erros e distorções acontecerão. Erros que os liberais insistem em afirmar que são mais graves que as "falhas de mercado" que derivariam da coordenação econômica apenas pelo mercado. Entretanto, essa comparação entre erros administrativos e falhas de mercado não faz sentido, a não ser que acreditemos que "no princípio era o mercado", que o mercado é um mecanismo mágico de coordenação econômica. Na verdade, o mercado é apenas uma instituição regulada pelo Estado e, portanto, como o próprio Estado, é uma instituição socialmente construída. Nesse sentido vale lembrar a proposta de Hegel de ver o Estado que cada sociedade logra construir como a expressão máxima de sua própria razão — da razão humana historicamente objetivada. Compreenderemos que todas as instituições, inclusive os mercados, são sempre imperfeitas, e que é ao longo da construção incessante desse Estado e das demais instituições que um povo se torna nação e alcança o desenvolvimento.

Mas não devemos nos enganar: os governos desenvolvimentistas podem cair no populismo econômico e fracassar. O mal no qual a ortodoxia liberal sempre incide e que o desenvolvimentismo também incide com certa frequência é o do populismo cambial: o Estado-nação gastar mais do que arrecada, incorrendo em déficits em conta-corrente irresponsáveis. Há também o risco do populismo fiscal: o Estado gastar mais do que arrecada, incorrendo em déficits públicos irresponsáveis. A soma do populismo cambial com o fiscal define o populismo econômico, que não deve ser confundido com o populismo político. Getúlio Vargas demonstrou que é possível ser populista no plano político sem sê-lo no plano econômico; já nos governos Juscelino Kubitschek (1956-1960) e Sarney (1985-1989) os dois populismos não se separaram. Ser populista no plano político significa falar diretamente ao povo, sem a intermediação dos partidos. Ora, esta pode não ser a forma ideal de comunicação política, mas é geralmente a primeira maneira por meio da qual as massas se expressam politicamente. É, portanto, a primeira manifestação de democracia. Ser populista em termos econômicos é algo diferente. Significa o Estado ou então o Estado-nação gastar de forma irresponsável. Quando é o Estado que gasta de forma irresponsável, o populismo é fiscal, quando é o Estado-nação, é o país como um todo que gasta mais do que arrecada, e o populismo é cambial. A sociedade brasileira não aceita mais o populismo fiscal, porque convenceu-se de que essa foi causa da alta inflação de 1980 a 1994, mas aceita o populismo cambial, como temos visto pela crônica sobreapreciação cambial e pelos elevados déficits em conta-corrente. Esse é um tipo de populismo que não é exclusivo de governos desenvolvimentistas; governos liberais também o praticam, na medida em que defendem o crescimento com poupança externa, ou seja, com déficits em conta-corrente.

7
A retomada do desenvolvimentismo após 1945

Ao se aliar aos Estados Unidos na Segunda Guerra Mundial, Getúlio Vargas ganhava no curto prazo, mas sabia que o destino do Estado Novo estava selado. O regime ditatorial violentara direitos, agravando uma condição autoritária que sempre existira no Brasil, mas, no final dos quinze anos do seu primeiro governo, o Brasil mudara: estava em pleno processo de revolução industrial e nacional. O governo provisório que resultou da deposição de Vargas, em 1945, presidido por José Linhares, adotou imediatamente uma política liberal. Com a democracia da Constituição de 1946, e como se fosse parte integrante dela, o liberalismo econômico ameaçou interromper a transformação em curso. No governo que nasce das eleições que se seguem, com a vitória do general Eurico Gaspar Dutra, a política liberal é inicialmente mantida. Mas, dada a crônica sobreapreciação da taxa de câmbio, em pouco tempo esgotam-se as grandes reservas cambiais que haviam sido constituídas durante a guerra, e, em 1947, o país enfrenta uma crise cambial ou de balanço de pagamentos. A crise era inevitável, dada a — então desconhecida — tendência à sobreapreciação cíclica da taxa de câmbio existente nos países em desenvolvimento, uma tendência que sempre se confirma quando o comércio internacional e os movimentos de capitais são deixados livres e o país se endivida em moedas fortes.

A crise cambial obrigou o governo, ainda em 1947, a voltar a controlar as importações, e, em 1948, a criar e tentar estabelecer o primeiro plano de investimentos no Brasil: o Plano Salte. Pode-se compreender melhor essa volta com uma consideração de ordem política. A transição de 1945 não implicara conflito social maior, mas fora antes o resultado de um quase consenso estabelecido entre as classes médias e as elites entusiasmadas com a vitória dos países democráticos na guerra. Não implicara, portanto, uma mudança substancial na coalizão política dominante no Brasil desde 1930. Por isso, não foi surpreendente que, a partir de 1948, diante do fracasso do liberalismo econômico, a política econômica do governo voltasse a reproduzir o acordo nacional entre a burguesia industrial, a burocracia pública e os trabalhadores em torno da estratégia de desenvolvimento econômico substitutiva de importações.

No entanto, faltava à nova política a legitimação ideológica necessária, já que a anterior, baseada em intelectuais como Oliveira Vianna e Azevedo Amaral, ficara prejudicada pelo apoio que prestara ao Estado Novo. Essa legitimação surgiria na virada da década de 1950, no Brasil, com as ideias do grupo que a partir de 1955 seria conhecido como o grupo do ISEB, e, na América Latina, com as ideias da CEPAL. A partir da crítica de Raúl Prebisch e de Celso Furtado da lei das vantagens comparativas do comércio internacional, do pensamento keynesiano e das experiências bem-sucedidas de desenvolvimentismo nos países retardatários centrais e no Japão, legitimava-se a estratégia econômica de proteção à indústria nacional. A política econômica desenvolvimentista do Brasil desde 1930 constituíra-se em uma antecipação a essas críticas, da mesma forma que as políticas fiscais expansionistas adotadas na Suécia e por Franklin Delano Roosevelt nos Estados Unidos haviam antecedido a *Teoria geral* de Keynes. Por outro lado, as ideias dos grandes intelectuais do ISEB, Guerreiro Ramos, Ignácio Rangel, Vieira Pinto, Roland Corbisier e Hélio Jaguaribe, serão fundamentais para legitimar a industrialização substitutiva de importações no plano político. Serão eles que diagnosticarão e defenderão com mais vigor e coerência o pacto político formulado por Getúlio Vargas e a correspondente estratégia nacional de desenvolvimento — o nacional-desenvolvimentismo. São eles que mostram que o Brasil fora uma semicolônia até 1930, dominada por uma oligarquia agrário-mercantil aliada ao imperialismo, e que a partir de 1930 começa a revolução industrial e nacional brasileira, baseada em uma coalizão política formada pela burguesia industrial, a burocracia pública, os trabalhadores e a oligarquia substituidora de importações.

Em 1946, instaurara-se no Brasil uma semidemocracia; não se podia falar em democracia porque os analfabetos não tinham direito a voto. Em 1947, o Partido Comunista Brasileiro foi posto fora da lei e seus representantes eleitos tiveram seus mandatos cassados. Entretanto, não obstante a campanha dos liberais vitoriosos em 1945, logo se estabeleceu o predomínio dos dois partidos criados por Vargas, o Partido Social Democrático (PSD) e o Partido Trabalhista Brasileiro (PTB), enquanto o próprio Vargas, no Senado, fazia a crítica do liberalismo econômico.

O segundo governo Vargas

Em 1950, Getúlio Vargas é eleito presidente da República com grande maioria de votos. Nos quatro anos que se seguem, até ser vítima de um golpe de Estado que o levou ao suicídio em 1954, Vargas conduzirá pessoalmente o nacional-desenvolvimentismo no seu governo, junto com uma assessoria econômica liderada por dois altos burocratas públicos — Rômulo de Almeida e Jesus Soares Pereira. Essa assessoria da Presidência da República logra restabelecer as bases do desenvolvimento nacional a partir da criação de novas empresas estatais que se encarregassem do desenvolvimento da infraestrutura econômica do país; a Petrobras e a Eletrobras serão os principais resultados desse trabalho. Por outro lado, um grupo de técnicos mais liberais e mais comprometidos com a cooperação internacional, do qual fizeram parte Ary Torres, Roberto Campos, Lucas Lopes e Glycon de Paiva, reúne-se em torno da Comissão Mista Brasil-Estados Unidos, que, no entanto, sob o comando de Vargas, realiza um trabalho que complementa a tarefa do primeiro grupo. Contribuía para isso o fato de que esses trabalhos e debates se realizavam em um quadro intelectual em que o planejamento econômico do desenvolvimento estava legitimado: o quadro do desenvolvimentismo clássico ou da teoria estruturalista do desenvolvimento econômico.

As novas empresas estatais e a decisão do Estado de investir na infraestrutura econômica representavam vitórias para a ala nacionalista da burocracia pública econômica, que assim concretizava seus planos de desenvolvimento e ao mesmo tempo criava postos de trabalho, prestígio e poder para si própria. Sua grande vitória, porém, será a criação do Banco Nacional de Desenvolvimento Econômico e Social (BNDES), em 1952, por proposta do ministro da Fazenda à época, o empresário industrial de São Paulo Horácio Lafer.[1] A ideia começara a ser estudada em 1942, no âmbito da Comissão Cooke, enviada por Franklin Roosevelt a pedido de Vargas, para promover o desenvolvimento industrial do Brasil. Corwin D. Edwards, membro dessa comissão, da qual participavam alguns industriais e o ex-tenente João Alberto, propõe a criação de um banco de investimentos e o tema pas-

---

[1] O BNDES nasceu em 1952 com o nome BNDE; o S em seu nome foi significativamente acrescentado em 1982, quando se iniciava o Ciclo Democracia e Justiça Social, para indicar que é também um banco "social".

sa a ser seriamente estudado pelo governo. Ainda nesse ano, Vargas encarrega o DASP de formar um grupo para estudar o problema, do qual farão parte o próprio João Alberto, Simões Lopes e o banqueiro Gastão Vidigal. Os industriais recebem a ideia com entusiasmo. Roberto Simonsen passa a ser um ativo defensor dessa ideia. Já naquele momento, entretanto, ficava clara a constituição, na tecnoburocracia pública e, mais amplamente, nas elites técnicas e industriais do país, de duas alas, a nacionalista e a liberal, que terão como seus principais expoentes o empresário Roberto Simonsen e o economista Eugênio Gudin, respectivamente. O debate que se trava à época entre os dois, o primeiro defendendo a industrialização apoiada por uma ativa política de planejamento, e o segundo afirmando a vocação essencialmente agrária do Brasil e rejeitando a intervenção do Estado, ficou na história do país. O Banco do Brasil se encarrega, então, do financiamento da produção, e, com a criação da Carteira de Exportação e Importação (CEXIM), passa a financiar o comércio exterior brasileiro. No entanto, continuava sem um órgão apropriado ao financiamento dos investimentos industriais. Isso ocorrerá somente em 1952. Em 1951, forma-se a Comissão Mista Brasil-Estados Unidos. Essa comissão fora antecedida, durante o governo Dutra, em 1948, por uma missão americana, a Missão Abink, que tivera como contraparte brasileira Octavio Gouvêa de Bulhões; não obstante seu corte liberal, aceitara o projeto de se estabelecer no país um "capitalismo industrial". Essa proposta ganhará consistência no seio da Assessoria Econômica e da Comissão Mista Brasil-Estados Unidos, criada para discutir e formular um plano de desenvolvimento para o país e seu financiamento internacional. Embora dominada pelo campo liberal, a Comissão Mista propõe que o Estado se encarregue da infraestrutura (energia, transportes, comunicações) enquanto a iniciativa privada e estrangeira se encarregariam da mineração (principal interesse estratégico dos Estados Unidos naquela época em relação ao Brasil), e o Estado brasileiro garantiria o acesso de empresas americanas ao seu mercado. Havia, naturalmente, um conflito entre os dois grupos de tecnoburocratas públicos, especialmente porque o grupo nacionalista queria o monopólio estatal do petróleo, enquanto o segundo o rejeitava. Mesmo assim, estavam os dois grupos igualmente voltados para o planejamento econômico e a montagem de uma infraestrutura de transportes e de energia de base estatal. Na política da Comissão Mista já estava delineado o que viria a ser o Plano de Metas de Juscelino Kubitschek.

Para obter os recursos americanos o governo deveria apresentar uma contrapartida nacional — um problema que o ministro da Fazenda resolve com a criação de um suplemento de 15% sobre o imposto de renda. Colocava-se, então o problema da definição do órgão que colocaria em prática o plano quinquenal que estava sendo elaborado valendo-se dos novos recursos financeiros. Em fevereiro de 1952, aconselhado por Lafer, Vargas submete ao Congresso mensagem propondo a criação do Banco Nacional de Desenvolvimento Econômico — uma autarquia autônoma que serviria de base para o planejamento econômico e o financiamento dos investimentos necessários à infraestrutura e à industrialização; uma instituição que até hoje tem papel decisivo no desenvolvimento econômico do país. Além de contribuir para o desenvolvimento econômico, o BNDES, não obstante todos os acidentes por que passou a administração estatal em nosso país, seria uma das bases da autonomia e do poder da burocracia pública brasileira.

Em 1953, o governo Vargas enfrenta uma crise cambial, ou de balanço de pagamentos, apesar do controle que seu governo mantinha das importações. Entretanto, dada a perspectiva que se forma em 1951, de que haveria uma terceira guerra mundial, o governo decidiu liberalizar as importações, temeroso de que o país voltasse a ter dificuldade para se suprir de insumos importados básicos para seu desenvolvimento, uma vez iniciada a guerra. Esse erro de previsão que levou ao afrouxamento dos controles de importações, e o fato de o governo continuar a considerar naturais os déficits em conta-corrente, e o consequente financiamento externo, alimentavam a tendência à sobreapreciação cíclica e crônica da taxa de câmbio e tornavam inevitável uma nova crise cambial. Conforme assinalou Pedro Paulo Zahluth Bastos (2012, p. 450),

> "[...] a crise cambial era estrutural, com efeitos negativos sobre a estratégia geral do governo Vargas. Ela não significava apenas a falência da estratégia de financiamento externo do programa do desenvolvimento: a curto prazo ameaçava a continuidade do crescimento econômico."

Diante da crise, o governo agiu com vigor: aprovou a Lei do Mercado Livre, e, em outubro de 1953, editou a Instrução 70 da SUMOC, por meio da qual o câmbio foi depreciado, ao mesmo tempo em que se estabelecia um leilão para a compra de divisas para a importação, no qual as mercadorias eram divididas em cinco categorias, de acordo com seu grau de prioridade para o desenvolvimento ou para o consumo básico. Por esse sistema de câmbio múltiplo estabelecido com Oswaldo Aranha, que substituiu Horácio Lafer no Ministério da Fazenda, o Brasil estabelecia pela primeira vez um mecanismo claro de neutralização da doença holandesa. Isso, naturalmente, não estava claro para os formuladores da política econômica, mas deviam intuir algo a respeito e, certamente, sabiam que o projeto nacional do Brasil era a industrialização e, por isso, deviam pragmaticamente tomar todas as medidas necessárias para alcançar esse objetivo.

A crise cambial, porém, enfraquecera o governo Vargas e abrira espaço novamente para o moralismo liberal da União Democrática Nacional (UDN) e de um líder radical que então emergiu, Carlos Lacerda. Acusado de forma injusta de corrupção, em 24 de agosto de 1954 Getúlio Vargas é vítima de um golpe de Estado conduzido pela oposição liberal e se suicida, deixando uma impressionante carta-testamento. Ele realizara um segundo grande governo e confirmara seu papel central na transformação maior que enfrenta um país para se desenvolver — a revolução nacional e industrial. Vargas foi o estadista que o Brasil teve no século XX. Foi autoritário quando o Brasil não tinha ainda realizado sua revolução capitalista, e portanto não tinha condições de ter uma democracia mínima consolidada. Graças à revolução que liderou, o excedente econômico deixou de ser apropriado no país sobretudo pelo Estado para sê-lo pelo mercado, e uma democracia digna desse nome tornou-se possível no Brasil.

Kubitschek e a consolidação da indústria

Depois de golpe de 1954 que derrubou Vargas, e de mais uma tentativa de golpe liberal em 1955, que foi neutralizada por um contragolpe de Estado conduzido pelo general Henrique Duffles Teixeira Lott, assegurando, assim, a posse de Juscelino Kubitschek, eleito nesse ano presidente com o apoio das mesmas forças políticas que haviam apoiado o projeto nacional-desenvolvimentista de Vargas, o Brasil via-se ante três grandes ameaças ao seu desenvolvimento. Em primeiro lugar, o processo inflacionário, que de 1939 a 1953 apresentara uma taxa média de elevação anual de 11%, e subira para 26,2% em 1954.[2] Em segundo lugar, a relação de trocas do Brasil, que em 1954 atingira um ponto alto, entra em declínio nos anos seguintes, com a baixa dos preços internacionais do café. De 1954 até 1960, temos uma redução de 25% nas relações de troca.[3] Finalmente, o desenvolvimento econômico na-

---

[2] "Índice de Custo de Vida na Guanabara de dezembro a dezembro", FGV.

[3] Fonte: *Conjuntura Econômica*.

cional via-se ameaçado pela crise da infraestrutura econômica do país. Não obstante os esforços do segundo governo Vargas de iniciar o planejamento econômico, os investimentos de infraestrutura não acompanharam o ritmo acelerado desse desenvolvimento, apresentando-se como verdadeiros pontos de estrangulamento da economia. Em consequência desses fatos, e em virtude especialmente da reduzida safra de café em 1956, nesse ano a taxa de crescimento do Produto Interno Real cai para 1,9%, tornando o crescimento da renda *per capita* negativo.[4]

No entanto, o período que se segue até 1961 constitui-se um período áureo do desenvolvimento econômico nacional, consolidando-se e encerrando a primeira fase da revolução industrial brasileira. A taxa média anual de crescimento do Produto Interno Real sobe para 6%. Mais impressionante, porém, é o crescimento da produção industrial, que alcança uma taxa média anual de 11%, quase o dobro, portanto, da taxa de aumento do produto.[5] Esse extraordinário desenvolvimento atinge seu ponto máximo em 1961 para, em seguida, a economia entrar em crise.

O governo Kubitscheck será um governo associado aos empresários industriais. Conforme afirmava Moniz Bandeira (1962, p. 35), "Juscelino Kubitscheck representou de fato o primeiro governo da burguesia industrial, que, no quinquênio 1955-1960, firmou-se no primeiro plano das classes dominantes". No campo econômico, a transformação estrutural básica foi o crescimento da participação da indústria manufatureira no Produto Interno Bruto real, que sobe de 22,6% em 1955 para 27,5% em 1960.[6] Nesse período, ocorre a implantação da indústria automobilística no Brasil. Partindo praticamente da estaca zero em 1955, o Brasil já produzia 133.078 veículos em 1960, com um índice de nacionalização superior a 90%.

Essa industrialização acelerada foi produto da política econômica do governo nesse período, mais especificamente do Plano de Metas. Antes da Revolução de 1930 os governos haviam sido sempre representantes da oligarquia agrário-comercial brasileira, decorrendo daí atitudes governamentais em relação à industrialização que iam desde a indiferença até à hostilidade aberta. Com a Revolução de 1930 isso mudou. Durante o segundo mandato de Vargas, em particular, houve uma tentativa séria de planejar a promoção

---

[4] Fonte: Instituto Brasileiro de Economia, FGV.

[5] Fonte: Ipeadata.

[6] Fonte: Instituto Brasileiro de Economia, FGV.

do desenvolvimento industrial brasileiro. E, desde 1937, com o DASP, uma reforma burocrática importante. Mas foi somente com o governo Kubitschek que o Estado brasileiro se transformou em um instrumento razoavelmente eficiente de desenvolvimento do país. O Brasil contava, afinal, com um Estado desenvolvimentista.

Três fatos explicam essa ação positiva do governo. Em primeiro lugar, ele fora eleito pelas mesmas forças políticas que desde 1930 estavam no poder. E essas forças, ainda que muitas vezes contraditórias, podiam ser definidas em suas linhas gerais como nacionalistas ou desenvolvimentistas. Em segundo lugar, temos a personalidade de Juscelino Kubitschek. A história não é obra de líderes políticos ou militares, mas os líderes de personalidade forte deixam sua marca na história. Foi o que aconteceu com JK. Com raro senso de oportunidade, soube perceber o momento histórico pelo qual o país passava e deu ao seu governo duas linhas mestras: a industrialização forçada, a todo vapor, e o otimismo, a confiança nas potencialidades do país e de seu povo. Sua ideologia industrialista e o extraordinário apoio que deu à industrialização brasileira pareciam, muitas vezes, ocorrer apesar dos empresários industriais, e não como algo por eles demandado; seu otimismo ilimitado era uma negação frontal ao complexo de inferioridade colonial, em relação, particularmente, aos povos de origem anglo-saxã, que então grassava no Brasil. Finalmente, o novo presidente soube rodear-se de uma competente equipe de técnicos, particularmente de economistas, que começaram a surgir no Brasil a partir do fim da Segunda Guerra Mundial em torno da Fundação Getúlio Vargas, da SUMOC, do Banco do Brasil e do Ministério da Fazenda.

Essa equipe de técnicos, muitos deles formados no exterior e sofrendo a influência do pensamento econômico da CEPAL, constitui um fato novo no Brasil. Na segunda metade dos anos 1950, esse grupo de economistas estava em condições de assumir um controle crescente da economia nacional e de planejar seu desenvolvimento. Além da capacidade técnica de seus membros, dispunham eles agora de um sistema de contabilidade nacional essencial para o trabalho de planejamento, sistema que a Equipe da Renda Nacional da Fundação Getúlio Vargas desenvolvera a partir de 1947. O presidente eleito em 1955, percebendo a potencialidade desse grupo, entregou-lhe a tarefa de elaborar o Plano de Metas e depois conferiu-lhe grande número de responsabilidades nos setores-chave da economia do país. Convém notar que esse grupo, que evidentemente não era homogêneo, observando-se muitas vezes divergências sérias entre seus membros, caracterizava-se antes de tudo pela competência técnica e pelo domínio de uma ciência complexa como a economia.

Constituindo-se em um clássico grupo burocrático nos quadros do Estado e das empresas paraestatais, mantiveram-se no poder independentemente dos governos e de suas orientações políticas. Sob a orientação política do presidente da República que assessoraram, em vez de definir a política econômica, esse grupo constituiu-se em um fator de desenvolvimento do país.

A questão dos investimentos diretos

Uma causa geralmente apontada para o desenvolvimento industrial nos anos 1950 foi o fato novo representado pelo afluxo de capitais estrangeiros na indústria manufatureira brasileira. Antes da Segunda Guerra Mundial, os investimentos na indústria limitavam-se à montagem de componentes importados. Naquele momento, diante do fechamento das importações brasileiras ditadas pelo modelo de industrialização por substituição de importações, as empresas estrangeiras, que começavam a ser chamadas de empresas multinacionais, mudaram de estratégia e vieram ocupar o mercado interno brasileiro. Diante desse fato, muitos analistas como Hélio Jaguaribe (1958) e Cardoso e Faletto (1969/1970) entenderam que as potências imperiais deixavam de dificultar a industrialização brasileira e vinham colaborar com ela. Durante muito tempo eu aceitei essa tese, porque não tinha um argumento para refutá-la. Hoje, no quadro do Novo Desenvolvimentismo, está muito claro para mim que, dada a doença holandesa e a alta taxa de substituição da poupança interna pela poupança externa, não interessa ao Brasil incorrer em déficits em conta-corrente. Ao contrário, ele dever ter um pequeno superávit para que sua taxa de câmbio gire em torno do equilíbrio industrial. Para os países ricos, porém, interessam os déficits em conta-corrente porque, graças a eles, os investimentos diretos de suas empresas multinacionais ficam legitimados.

Nos anos 1950, o governo de transição que sucedeu ao suicídio de Getúlio Vargas em 1954 — um governo liberal e dependente que teve como ministro da Fazenda um economista liberal-ortodoxo ilustre, Eugênio Gudin — incentivou a entrada de capitais estrangeiros diretos através da Instrução 113 da SUMOC, que chegou ao exagero de discriminar as empresas nacionais em favor das estrangeiras. Além disso, proporcionou grandes incentivos cambiais, tarifários, fiscais e creditícios para a instalação da indústria automobilística, naval e de mecânica pesada — setores muitas vezes dominados por empresas multinacionais. O governo Juscelino Kubitschek deu continuidade a essa política e os investimentos na indústria automobilística tornaram-

-se paradigmáticos dos "benefícios" da política de crescimento com poupança externa.[7]

Naquela época os nacionalistas brasileiros, liderados por grandes figuras como Barbosa Lima Sobrinho, Rômulo de Almeida e Jesus Soares Pereira, lutavam arduamente contra a entrada sem restrições de capitais estrangeiros no Brasil. Argumentavam que dificilmente os investimentos diretos de capitais estrangeiros se constituem em condição essencial e, muito menos, em causa básica do desenvolvimento industrial de um país. Pelo contrário, os investimentos estrangeiros diretos podem transformar-se em causa de subdesenvolvimento se forem dirigidos à mineração, ao comércio, à agricultura ou aos serviços públicos. Mesmo se for direcionado para o setor manufatureiro, argumentavam os críticos dos anos 1950, o investimento estrangeiro poderá ser prejudicial ao país, devido ao ônus que implicarão no futuro as remessas de lucros e *royalties*.

Entretanto, esses argumentos não foram suficientes, seja porque parece ser uma questão de "senso comum" acreditar que o investimento direto promove o desenvolvimento econômico, seja porque a hegemonia ideológica do mundo rico falou mais alto. Pessoalmente, fiquei confuso a respeito desse problema quando, nos anos 1970, vi que os países que mais recebiam investimentos diretos eram os países ricos. Se eles recebiam tantos investimentos, como poderia um país necessitado de capitais como o Brasil rejeitá-los, ou, mais precisamente, estabelecer condições para a sua entrada: que, de fato, transferissem tecnologia, que se associassem a capitais nacionais, que exportassem? Entretanto, nos anos 2000, dois argumentos me mostraram o equívoco em que havia incorrido.

Em primeiro lugar, é preciso distinguir a contabilidade nacional da teoria econômica. Em termos contábeis, a poupança total de um país é igual à soma da poupança interna e externa (a qual é igual ao déficit em conta-corrente); em termos econômicos, não necessariamente. O que geralmente acontece é que os investimentos diretos, que financiam parte do déficit em conta-corrente, terminam por não financiar o investimento, mas o consumo, na medida em que as entradas de capitais apreciam a moeda nacional e desestimulam o investimento. Hoje está bem demonstrado que há uma alta taxa de substituição da poupança interna pela poupança externa, e que as

---

[7] A primeira crise política no grupo de intelectuais nacionalistas do ISEB deveu-se ao fato de Hélio Jaguaribe (1958) ter defendido essa tese. O argumento básico da interpretação da dependência associada para propor a associação com os países ricos foi a crença nos benefícios dos investimentos das empresas multinacionais.

poupanças externas *deslocam* as poupanças internas. Quando um país decide adotar uma política de crescimento com poupança e endividamento externos, ele está implicitamente decidindo crescer com uma taxa de câmbio mais apreciada do que aquela que prevaleceria se a conta-corrente do país estivesse equilibrada. Está decidindo que suas empresas sofram uma *desvantagem* competitiva; está, portanto, desencorajando as empresas nacionais a investir na medida em que elas deixam de ser competitivas não apenas para exportar, mas também para suprir o mercado interno. Em segundo lugar, é preciso considerar que uma taxa de câmbio apreciada implica salários artificialmente altos e aumento do consumo, não do investimento, dada uma propensão marginal a consumir geralmente muito elevada nos países em desenvolvimento. No primeiro caso, a poupança interna é reduzida indiretamente a partir do argumento keynesiano de que é o investimento que determina a poupança; no segundo, é reduzida diretamente, dada a elevada propensão marginal a consumir dos trabalhadores.

O segundo argumento novo em relação aos investimentos diretos é a resposta a uma tabela que um órgão das Nações Unidas em Genebra, especializado no acompanhamento dos investimentos diretos,[8] distribui como *press release* todos os anos nos jornais: os dez países que mais receberam investimentos diretos no ano anterior. É verdade que os países que mais recebem esses investimentos são os países ricos encabeçados pelos Estados Unidos (e hoje também a China), e essa tabela sugere que esse é um forte argumento a favor dos investimentos diretos. Mas isso não é verdade. Se os investimentos diretos são voltados para o mercado interno de cada país, como normalmente é o caso, e não para a exportação, eles são uma cessão do mercado interno do país semelhante à cessão que o país faz ao importar mercadorias e serviços. Mas, no caso das exportações, o país sempre exige como reciprocidade a cessão do mercado interno do outro país (ou a cessão multilateral dos mercados), enquanto no caso dos investimentos diretos não há essa reciprocidade e ela não é sequer calculada. O argumento que nos apresentam as empresas multinacionais é que elas trazem capitais, mas já vimos que os países em desenvolvimento não necessitam deles; necessitam

---

[8] Trata-se da Division on Investment and Enterprise da United Nations Conference on Trade and Development (UNCTAD), órgão das Nações Unidas que publica anualmente o *World Investment Report*. Vale observar que a orientação ideológica liberal desse órgão contrasta com a orientação desenvolvimentista da UNCTAD como um todo, que se espelha no excelente relatório anual, *World Development Report*, para o qual contribuíram economistas de primeira linha como Jan Kregel e Heiner Flassback.

apenas de sua tecnologia. Desconsiderados esses argumentos, ficamos ainda com a tabela. Se na planilha maior que lhe dá origem fossem acrescentadas duas colunas, uma com os investimentos diretos realizados pelos países e outra com o saldo, o quadro seria completamente diferente. Descobriríamos, como mostro na Tabela 3, relativa aos investimentos diretos realizados entre 2001 e 2010, que em 2011 os países que mais ocuparam os mercados internos dos demais são os países ricos, encabeçados pelos Estados Unidos, enquanto aqueles que mais deixaram seu mercado interno ser ocupado pelos demais sem a devida reciprocidade são os países em desenvolvimento, encabeçados pelo Brasil.

Tabela 3
INVESTIMENTOS DIRETOS
E OCUPAÇÃO DO MERCADO INTERNO — 2011
(em milhões de dólares)

Maiores saldos		*Maiores déficits*	
EUA	169.719	Brasil	-67.689
Japão	116.111	China	-58.868
Suíça	69.808	Singapura	-38.776
Reino Unido	53.137	Austrália	-21.318
França	49.201	Bélgica	-18.436
Itália	18.151	Índia	-16.802
Noruega	16.430	Irlanda	-15.250
Áustria	16.323	Turquia	-13.412
Coreia do Sul	15.694	Arábia Saudita	-12.958
Suécia	14.760	Indonésia	-11.135

Fonte: UNCTAD. Saldos indicam ocupação dos mercados internos de outros países. Déficits indicam a ocupação passiva, dada a suposição de que os investimentos se destinam aos mercados internos, não à exportação.

Estes dois argumentos deixam claro para mim a forma pela qual hoje os países ricos, solidários entre si, exploram os países em desenvolvimento e dificultam seu desenvolvimento não por meio da troca, via comércio internacional, de bens com alto valor por bens com baixo valor adicionado *per capita*, mas com a *ocupação do mercado interno* desses países por empréstimos e investimentos diretos sem que os países financiadores ofereçam em troca seu próprio mercado interno. A ocupação mediante investimentos diretos implica remessas de lucros que são pagas com a receita da exportação de *commodities* que continuam a ter baixo valor adicionado *per capita*. Trata-se de um financiamento do qual os países de renda média não têm necessidade. Eles se desenvolveriam muito mais se não incorressem em déficits crônicos em conta-corrente, e no permanente endividamento externo resultante, se mantivessem equilibrados seus mercados (se não superavitários, se levarem em conta a doença holandesa que discutiremos mais adiante). Mas essa alternativa não interessa aos países ricos, que hoje são países rentistas na medida em que ocupam os mercados internos dos países em desenvolvimento sem a devida reciprocidade. Conforme observou Leda Paulani (2013, p. 254), "o rentismo é o traço definidor da atual fase do capitalismo e posturas como a do Brasil lhe servem de vigoroso fomento. Isto posto, é possível considerar a reiterada absorção de poupança externa que o Brasil apresenta há duas décadas como um tipo mais atual, porque afinado com a financeirização, mais sofisticado e mais perverso da dependência".

Nos últimos vinte anos, os investimentos diretos do Brasil no exterior aumentaram substancialmente, de modo que começamos a ocupar os mercados dos países ricos e de muitos países latino-americanos. Estamos, entretanto, muito longe de compensar a ocupação do mercado interno brasileiro.

Consolidação da burocracia pública

No quadro do Pacto Nacional-Popular de 1930, surge uma burocracia pública moderna que terá papel estratégico na formulação e na instauração da estratégia nacional de desenvolvimento da época. Já vimos como isso aconteceu no primeiro governo Vargas, com a criação de toda uma série de órgãos públicos, e, finalmente, com a adoção em 1937 da reforma burocrática no país, com a criação do DASP. Nos anos 1950, no segundo governo Vargas, com o BNDES, assim como o Banco Central, a Petrobras e alguns outros órgãos orientados para a coordenação econômica, veríamos a consolidação da estratégia de formação de uma grande burocracia pública e de seu *insulamento burocrático* — um mecanismo que caracteriza o desenvolvimento econômico de países como o Brasil, em que a burocracia pública joga papel decisivo, mas a democracia nascente obriga os políticos ao exercício da prática do clientelismo. Enquanto os órgãos pertencentes em especial aos ministérios sociais são objeto de repartição política entre os partidos que apoiam o governo, e os órgãos relacionados com a infraestrutura são relativamente preservados, os órgãos de coordenação econômica são insulados, separados do clientelismo. Esta é uma reivindicação da burocracia pública, mas é uma decisão dos próprios políticos que, assim, reconhecem o caráter estratégico dos órgãos de coordenação econômica e o perigo que representa para eles mesmos submetê-los ao clientelismo.

Enquanto, entre o fim da Segunda Guerra Mundial e o desencadeamento da Crise Financeira dos Anos 1980, a burocracia pública em sentido amplo, como também foi chamada, se desenvolvia a passos largos no âmbito do Banco do Brasil, do BNDES e das empresas estatais, a burocracia pública estatutária, que a Reforma Burocrática de 1936 procurara definir e tornar meritocrática, voltara para trás. Conforme Lawrence S. Graham (1968, p. 6), que estudou especialmente o período 1945-1960 da reforma burocrática, esta possuía um formalismo que era incompatível com a infraestrutura política existente no país após a transição democrática de 1946: "A tentativa de reformar a administração pública federal brasileira através do uso de um estilo americano de políticas de administração pública levou à construção de um sistema administrativo caracterizado por um alto grau de formalismo no qual havia um alto grau de discrepância entre as normas e a realidade". Da clássica crítica de Oliveira Vianna ao sistema jurídico brasileiro não havia, portanto, escapado o regime que ele apoiara.

Quando Getúlio Vargas volta ao governo procura restabelecer a reforma, enviando ao Congresso, em 1953, um projeto global de reforma administrativa, mas não logra aprová-lo, como não o logrará Juscelino Kubitschek, que fará a mesma tentativa. Não obstante, conforme relata Celso Lafer (1970/2002), a administração pública brasileira progredia: estimava-se que em 1952 a porcentagem de servidores escolhidos segundo o mérito subia a 9%, contra 4% em 1943.[9] O grande desenvolvimento da burocracia pública brasileira, entretanto, estava se realizando paralelamente por intermédio das empresas estatais, de organizações — na época quase estatais — como a Fundação Getúlio Vargas, criada em 1944 por Vargas, e por autarquias como o BNDES. Quando, em 1956, Juscelino Kubitschek decide por um ambicioso Programa de Metas que, particularmente por meio da indústria automobilística, completará a revolução industrial iniciada por Vargas, o problema de qual setor da burocracia deverá ser o principal acionado — se o estatutário ou o "paralelo" — será posto em relevo novamente. Embora

---

[9] Em seu clássico trabalho sobre o Programa de Metas de Juscelino Kubitschek, Celso Lafer (1970/2002) incluiu um capítulo sobre a administração pública brasileira com o objetivo de avaliar sua capacidade de consolidar um plano de governo abrangente como foi aquele programa.

o presidente tente a via estatutária, afinal a via paralela se revela mais flexível e mais rápida, o grande número de órgãos que então são criados, entre os quais se salienta o GEIA (Grupo Executivo da Indústria Automobilística), liderado por Lúcio Meira, emprega uma burocracia pública não estatutária mas competente, recrutada segundo critérios de mérito; é a burocracia gerencial que está surgindo, nem mal havia se formalizado a weberiana. Conforme observa Celso Lafer (1970/2002, p. 85), "os auxiliares diretos de Kubitschek para a implementação do Programa de Metas eram todos técnicos de alto nível, experimentados não apenas nas tentativas anteriores de planejamento como também em cargos políticos relevantes". Destacam-se, entre eles, além de Lúcio Meira, Lucas Lopes, Roberto Campos, e, mais adiante, já para criar a Superintendência do Desenvolvimento do Nordeste (SUDENE), Celso Furtado. Para o sucesso do plano, a escolha de uma burocracia paralela que já prenunciava a lógica do Decreto-Lei nº 200, de 1967, e da Reforma Gerencial de 1995, foi fundamental.

O nacional-desenvolvimentismo sagrara-se vitorioso. O Brasil de 1960 era outro país quando comparado ao de 1930. Seu desenvolvimento econômico havia sido extraordinário, um parque industrial sofisticado e integrado fora montado, de forma que se podia dizer que sua revolução industrial estava completa; a nação havia conseguido coesão, autonomia e identidade, seu Estado, enquanto organização, estava mais estruturado e profissionalizado, e enquanto sistema constitucional-legal estava legitimado por uma democracia nascente, de maneira que também sua revolução nacional estava completa; e quando essas duas revoluções se consumam, consuma-se também a revolução capitalista: o Brasil já não era mais uma sociedade mercantil e patriarcal, mas uma sociedade capitalista industrial na qual a acumulação de capital e a incorporação de progresso técnico passavam a fazer parte integrante do processo econômico.

Este já é um mundo diverso do mundo patrimonialista descrito por Faoro (1957/1975, pp. 733-6), que, congelando a sociedade e o Estado nessa formação, pretende que o Governo Vargas tenha sido ainda uma expressão do Estado patrimonial. Faoro é claro a esse respeito:

"De D. João I a Getúlio Vargas, numa viagem de seis séculos, uma estrutura político-social resistiu a todas as transformações [...] a persistência secular da estrutura patrimonial, resistindo galhardamente, inviolavelmente, à repetição, em fase progressiva, da experiência capitalista."

Ora, ao insistir nessa tese, Faoro ignora a diferença fundamental entre o patrimonialismo e a burocracia racional-legal que Weber tanto salientou. Não considera o caráter essencialmente tradicional do Estado patrimonial, em oposição ao caráter moderno, racional-legal, do capitalismo industrial e da burocracia moderna. Erro que Sérgio Buarque de Holanda (1936/1969, p. 106), por exemplo, embora escrevendo muito antes, não cometeu: "O funcionalismo patrimonial pode, com a progressiva divisão das funções e com a racionalização, adquirir traços burocráticos. Mas em sua essência ele é tanto mais diferente do burocrático, quanto mais caracterizados estejam os dois tipos".

Nos anos 1970 e início dos anos 1980, vários intelectuais discutem o Estado brasileiro, sua fraqueza, a pouca representatividade dos partidos políticos e o clientelismo ou o patrimonialismo, associam esses fenômenos e concluem pela necessidade de maior profissionalização da burocracia pública. Os mais ilustres entre eles são Luciano Martins (1973/1976), Simon Schwartzman (1975), Maria do Carmo Campello de Souza (1976), Edson de Oliveira Nunes (1984/1997) e Ben Ross Schneider (1991/1994). Ao verem na fraqueza do Estado, no seu caráter patrimonialista, o problema central da política brasileira, eram herdeiros das análises clássicas de Nestor Duarte, Victor Nunes Leal e Raymundo Faoro. Suas análises eram geralmente brilhantes, mas apenas o primeiro e o último perceberam com clareza que o Estado brasileiro estava em pleno processo de modernização, e que o clientelismo, sem dúvida existente e problemático, não impedia que uma burocracia paralela atuasse como elemento modernizador poderoso. O mesmo percebeu Roberto Campos que, em 1967, buscou dar maior flexibilidade à administração pública brasileira e aumentar essa burocracia paralela com uma reforma administrativa pioneira — a reforma do Decreto-Lei nº 200 —, que seria o primeiro passo na direção da Reforma Gerencial de 1995 e um instrumento poderoso de fortalecimento do Estado brasileiro.

Breve teoria 6
SOBREAPRECIAÇÃO CÍCLICA DA TAXA DE CÂMBIO

Nos últimos dez anos, um grupo de economistas keynesianos e estruturalistas vem desenvolvendo a Teoria Novo-Desenvolvimentista, que é uma macroeconomia do desenvolvimento. Trata-se de teoria que afirma (a) que o desenvolvimento econômico depende essencialmente dos investimentos e, estes, da existência de oportunidades de investimentos lucrativos; (b) que a falta dessas oportunidades decorre menos de estrangulamentos do lado da oferta (falta de poupança, de educação, de infraestrutura etc.) que da insuficiência de demanda e da falta de *acesso* a essa demanda; (c) que a insuficiência de demanda decorre em razão de os salários crescerem menos que a produtividade; (d) que a falta de acesso ao mercado tanto interno como externo de empresas tecnologicamente competentes decorre da tendência à sobreapreciação cíclica e crônica da taxa de câmbio, que *desconecta* as empresas competentes de seus mercados. A tendência à sobreapreciação cíclica e crônica da taxa de câmbio mostra que não basta para os macroeconomistas criticar a "lei de Say", como fez Keynes no primeiro capítulo de sua *Teoria geral* (1936), e mostrar que, ao contrário do que afirma a teoria convencional, a oferta não cria sua própria procura. É necessário também criticar a falta de *acesso* à demanda, tanto externa como interna, causada por uma taxa de câmbio cronicamente sobreapreciada.

Essa tendência à sobreapreciação cíclica e crônica da taxa de câmbio decorre da doença holandesa (que discutirei na Breve teoria 8), das entradas excessivas de capital que são "legitimadas" pela equivocada política de crescimento com poupança externa (discutida na Breve teoria 9), pelo uso de uma "âncora cambial" para controlar a inflação, e pelo populismo cambial.

A macroeconomia desenvolvimentista pode ser considerada um segundo momento da teoria ou da escola estruturalista de desenvolvimento econômico que, entre os anos 1940 e 1960, foi elaborada por um conjunto de pioneiros do desenvolvimento. Essa teoria, que combinava elementos da escola econômica clássica com a keynesiana, entrou em crise nos anos 1970, mas desde o início dos anos 2000 começou a ser retomada. Agora, seja porque muitos dos países estão em um estágio de desenvolvimento mais avançado, ou porque o capitalismo global do início do século XXI é diferente do capitalismo dos anos 1950, tornou-se necessária uma nova visão da economia que a macroeconomia desenvolvimentista pretende oferecer. Isso se tornou claro a partir do início dos anos 2000, depois que uma sucessão de crises financeiras, acompanhada por grande aumento da desigualdade econômica, tornou evidente o fracasso das propostas liberais para os países em desenvolvimento. Elas não garantiam nem estabilidade, nem crescimento, nem distribuição da renda. Pelo contrário, apenas beneficiavam uma minoria restrita. A partir de Crise Financeira Global de 2008, tornou-se claro também para os países ricos o fracasso do segundo liberalismo econômico, o neoliberalismo. Surge então um conjunto de teorias novas que constituem a macroeconomia desenvolvimentista, e um conjunto de políticas novas que configuram o Novo Desenvolvimentismo.[1]

Embora o desenvolvimento econômico dependa também de fatores do lado da oferta (educação, progresso técnico e científico, investimentos em infraestrutura, boas instituições), a macroeconomia desenvolvimentista afirma que seu ponto de estrangulamento está no lado da *demanda*, e diz respeito não apenas à própria demanda, mas também ao *acesso* a ela por intermédio de uma taxa de câmbio competitiva ou de equilíbrio. O desenvolvimento econômico depende de uma taxa de investimento elevada, que não depende de poupança prévia elevada, mas da existência de oportunidades de investimentos lucrativos para as empresas. Estas, por sua vez, dependem da existência de demanda interna e acesso à demanda interna e externa e do acesso a ambas que uma taxa de câmbio competitiva no longo prazo garante.

A condição principal para o *investimento* não é que haja poupança prévia, como querem os economistas ortodoxos ou neoclássicos, mas, pressuposta a disponibilidade de crédito para os empresários, o essencial é que haja oportunidades de investimentos lucrativos para os empresários — oportunidades essas que se expressam em uma diferença satisfatória entre a taxa de lucro esperada e a taxa real de juros. Para isso é necessário que haja demanda interna, e, portanto, que os salários (cujo aumento é a justificação final do desenvolvimento econômico) cresçam na mesma proporção que cresce a produtividade. E

---

[1] Uma parte desses economistas se reuniu em São Paulo, em abril de 2010, e definiu as *Ten Theses on New Developmentalism*, que em seguida foram submetidas a ampla discussão e subscritas originalmente por oitenta economistas do desenvolvimento de todo o mundo. Estão disponíveis no site <www.tentheseson-newdevelopmentalism.org>.

que as rendas capitalistas, sob a forma de juros e aluguéis, sejam as menores possíveis, porque sua justificativa econômica e social é limitada e porque, quanto maiores forem, menores serão os lucros dos empresários e os salários dos trabalhadores — daqueles que efetivamente produzem. E, finalmente, que a taxa de câmbio seja competitiva, situando-se no nível do equilíbrio industrial. No processo do desenvolvimento econômico, a taxa de câmbio exerce o papel de um interruptor de luz: quando ela está em equilíbrio, as empresas nacionais que usam tecnologia no estado da arte mundial têm *acesso* a toda a demanda mundial; quando ela está sobreapreciada, elas perdem esse acesso, enquanto empresas de outros países, cuja eficiência pode ser mesmo inferior, passam a exportar para o país e, assim, capturar seu mercado interno.

Entretanto, os países em desenvolvimento enfrentam um problema fundamental: a tendência à sobreapreciação cíclica e crônica da taxa de câmbio — uma tendência que leva o país a constantes crises de balanço de pagamentos. A identificação dessa tendência é nova na literatura econômica. Ela decorre de dois fatores que apreciam a taxa de câmbio: a doença holandesa (que atinge a maior parte dos países em desenvolvimento), e as entradas excessivas de capitais, justificadas pela tese equivocada de que a restrição externa estrutural que os países em desenvolvimento enfrentam deve ser superada pelo recurso à "poupança externa". A existência dessa tendência significa que, além de variar ciclicamente, a taxa de câmbio é *cronicamente* sobreapreciada — é, portanto, sobreapreciada no médio prazo, o que faz que, pela primeira vez, ela passe a se situar *no centro* da teoria econômica do desenvolvimento (que anteriormente nunca tratou da taxa de câmbio, cuja volatilidade se entendia ser de curto prazo, e, portanto, objeto apenas da teoria monetária). Dessa forma, a macroeconomia desenvolvimentista critica tanto a teoria neoclássica ou ortodoxa, que afirma que a taxa de câmbio flutua suavemente em torno da taxa que equilibra intertemporalmente a conta-corrente do país, como a teoria keynesiana, que afirma que ela flutua de forma volátil em torno desse mesmo equilíbrio. A macroeconomia desenvolvimentista afirma que, nos países em desenvolvimento, a taxa de câmbio não é regulada pelo mercado, mas por crises cíclicas de balanço de pagamentos geradas pelo próprio mercado.

O ciclo, como podemos ver no Gráfico 4, começa com uma crise de balanço de pagamentos, ou seja, com a súbita suspensão da rolagem da dívida externa em moeda estrangeira pelos credores externos e, em consequência da parada súbita (*sudden stop*), a forte desvalorização da moeda local. Em seguida, depois do inevitável ajuste que o país é obrigado a fazer, a taxa de câmbio volta a se apreciar gradualmente, puxada pela doença holandesa e por entradas de capitais para financiar o déficit em conta-corrente — um déficit recomendado pelos países ricos e irresponsavelmente aceito pelos governos locais. Assim, a dívida externa volta a aumentar, e os credores começam gradualmente a perder a confiança e a suspender a renovação de seus empréstimos. E, um pouco mais adiante, produz-se o efeito manada, os credores externos perdem a confiança, todos suspendem a rolagem da dívida externa, e acontece uma nova crise de balanço de pagamentos que leva a moeda nacional a se desvalorizar de forma abrupta.

Gráfico 4
TENDÊNCIA CÍCLICA À SOBREAPRECIAÇÃO
DA TAXA DE CÂMBIO

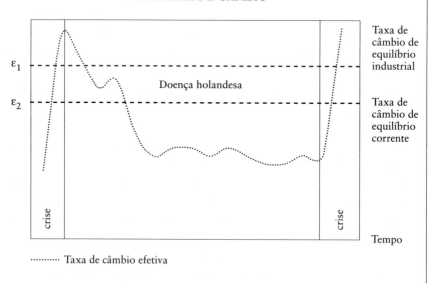

Fonte: Elaboração do autor.

No gráfico, nos termos do modelo da doença holandesa, temos as duas taxas de equilíbrio: o equilíbrio industrial (ε_1) e o corrente (ε_2). E temos a taxa de câmbio efetiva que passa por um ciclo de sobreapreciação e crise. As duas alternativas teóricas a essa tendência são a flutuação suave e bem-comportada, suposta pela teoria ortodoxa, e a flutuação volátil, suposta pelos keynesianos. O ciclo começa com uma parada súbita da rolagem da dívida externa do país, que envolve violenta depreciação, e leva a taxa de câmbio geralmente acima do equilíbrio industrial. Em seguida, a doença holandesa e as entradas de capital "puxam" a taxa de câmbio para baixo, apreciando-a.

Ainda que não se possa separar na prática o efeito dos dois fatores, podemos, para simplificar, supor que a doença holandesa puxa a taxa de câmbio até o equilíbrio corrente (porque ela é compatível com o equilíbrio intertemporal da taxa de câmbio no nível de equilíbrio corrente), e as entradas excessivas e desnecessárias de capital se encarregam de levá-la para a área do déficit em conta-corrente e do endividamento externo. Por outro lado, podemos pensar que esse endividamento passa por três momentos. Em todo o processo, temos a substituição da poupança interna pela externa, quando o país já está bastante endividado temos a "fragilidade financeira externa" (que, por muito tempo, os estruturalistas pensaram que era uma "condição estrutural" do desenvolvimento), e, finalmente, temos nova crise de balanço de pagamentos.

O caráter cíclico da sobreapreciação cambial evidenciou-se com clareza no governo Fernando Henrique Cardoso (FHC). Depois do Plano Real, a moeda apreciou-se fortemente devido a duas políticas — a de crescimento com poupança externa e a do uso da taxa de câmbio como âncora para segurar a inflação residual que o plano deixara. E não se neutralizou a doença holandesa. O resultado foram déficits em conta-corrente crescentes, o aumento da dívida externa, e, no final do primeiro termo do governo, em 1998, a perda da confiança dos credores, a suspensão da rolagem da dívida externa e a crise que eclodiu em janeiro de 1999, momento em que ocorreu a clássica depreciação da moeda nacional e o pedido de socorro ao Fundo Monetário Internacional (FMI).

Mas uma taxa de câmbio flutuante não impede essa apreciação e evita a crise? Poderia evitá-la, mas dificilmente isso ocorre porque as entradas de capital são especulativas e implicam uma bolha de endividamento externo. Os especuladores externos veem confirmada sua profecia de que a taxa de câmbio continuará se apreciando por suas próprias aplicações financeiras, e continuam a fazê-las irracionalmente até que, de um momento para o outro, percam a confiança, suspendam não apenas novas aplicações mas a rolagem ou o refinanciamento da dívida existente, e a crise afinal se desencadeie. Foi o que se viu na segunda crise financeira do governo FHC, em 2002, que ocorreu em pleno funcionamento da política de câmbio flutuante.

8

O Pacto Nacional-Popular de 1930

Durante o período que vai de 1930 a 1960, os políticos e os intelectuais brasileiros dividiram-se entre o nacionalismo e desenvolvimentismo e o liberalismo econômico e sua expressão periférica, o cosmopolitismo ou dependência cultural. No plano das interpretações do Brasil, o nacionalismo e o desenvolvimentismo tiveram origem nos trabalhos de intelectuais como Sílvio Romero, Alberto Torres, Oliveira Vianna, Gilberto Freyre, Anísio Teixeira e Azevedo Amaral. Nos anos 1950, essas ideias se consolidaram no pensamento econômico da CEPAL de Raúl Prebisch e Celso Furtado e no pensamento político do ISEB de Guerreiro Ramos, Hélio Jaguaribe, Ignácio Rangel, Roland Corbisier, Álvaro Vieira Pinto e Nelson Werneck Sodré. E, antes, houve a figura intelectual marcante de Roberto Simonsen, também empresário e dirigente associativo. Da CEPAL, se originou a crítica da teoria econômica liberal, a justificação da industrialização e a proposta de planejamento econômico. Do ISEB, a análise histórica da revolução nacional brasileira, da coalizão de classes desenvolvimentista, a crítica do idealismo das elites brasileiras, e a crítica do caráter mimético e alienado da nossa cultura. O liberalismo e o cosmopolitismo tinham uma longa história da qual fazem parte Tobias Barreto e Rui Barbosa. Nos anos 1950, seu maior expoente era Eugênio Gudin. Nacionalismo e desenvolvimentismo caracterizaram o Pacto Nacional-Popular de Vargas e a interpretação nacional-burguesa do Brasil, enquanto liberalismo e cosmopolitismo corresponderam à interpretação liberal ou da vocação agrária que havia sido dominante antes de 1930.

O nacionalismo anterior a 1930 confundia-se com o nativismo ou com o patriotismo. E somente a partir dos anos 1950, quando o processo de industrialização brasileira já deixara de ser um projeto para se transformar em realidade, quando os empresários industriais já se constituíam em um grupo suficientemente forte para sustentar uma ideologia que sensibilizaria todo o país, é que o nacionalismo se transformou em desenvolvimentismo e fez a crítica do cosmopolitismo ou da dependência das elites locais e do imperialismo dos países ricos ou desenvolvidos. A tese desenvolvimentista central era que o Brasil, que até 1930 fora um país semicolonial dominado pela aristocracia local aliada servilmente ao capitalismo internacional, encontrava, naquele momento, condições para se tornar um país independente, uma verdadeira nação. Graças à industrialização, as elites nacionalistas brasileiras, intelectuais e empresariais, já tinham condições de criticar as recomendações e pressões que vinham do Norte e que eram veiculadas, localmente, pelas elites locais liberais e cosmopolitas — teses que na verdade interessavam aos países ricos, não ao Brasil.

O desenvolvimentismo é a ideologia do desenvolvimento econômico, é uma estratégia nacional de desenvolvimento, e é, mais amplamente, a alternativa ao liberalismo econômico. Distingue-se historicamente do nacionalismo porque o nacionalismo pode ser étnico e violento, enquanto o desenvolvimentismo nada tem de étnico: é apenas o nacionalismo econômico. O nacional-desenvolvimentismo surgiu nos anos 1950 como uma ideologia da industrialização, como o resultado de uma coalizão de classes desenvolvimentista formada por empresários industriais, trabalhadores e a burocracia pública, enquanto o liberalismo permanecia agriculturalista. O desenvolvimentismo era crítico do imperialismo moderno, industrial, da Inglaterra, da França e dos Estados Unidos. Este não acabara com a descolonização do pós-Segunda Guerra Mundial. Continuava vivo e forte através do exercício de sua hegemonia ideológica e econômica — através de toda uma série de recomendações e pressões feitas aos países em desenvolvimento, apoiadas nas agências financeiras internacionais. Seu objetivo era ocupar o mercado interno brasileiro com suas exportações de bens industriais de elevado valor adicionado *per capita*. Por isso os desenvolvimentistas afirmavam que o imperialismo era anti-industrializante. Quando, diante do fechamento do mercado interno brasileiro às importações de manufaturados, as empresas multinacionais passaram a realizar investimentos no Brasil, suspenderam essa avaliação, mas continuaram críticos dos investimentos diretos na medida em que eles ocupavam o mercado interno brasileiro, traziam pouca tecnologia e implicavam elevadas remessas de lucros para o exterior.

Contra esse projeto de nação levantava-se então, como continua a levantar-se até hoje, o cosmopolitismo que, naturalmente, negava todas as teses da primeira ideologia, a começar pela ideia de que o Brasil era um país semicolonial. Negava-as ou então simplesmente as ignorava. Ideologia na época tipicamente de defesa, o cosmopolitismo não chegava a organizar perfeitamente suas ideias. O cosmopolitismo liberal, marcado pelo complexo de inferioridade colonial (a crença de que os países ricos, seus intelectuais, seus políticos, seus capitalistas sabem mais que nós o que é bom para o Brasil), partia de uma atitude de descrença em relação às potencialidades dos brasileiros. Ainda afirmava então, não obstante a clássica crítica de Gilberto Freyre, que as condições do clima e da raça não permitiam o desenvolvimento de uma grande civilização. Os ideólogos coloniais recusavam a existência do imperialismo e propunham que o Brasil se associasse aos países ricos, ignorando que a associação entre desiguais é subordinação. Apenas em um ponto suas ideias alcançavam concatenação maior: no momento em que defendiam o capital estrangeiro. Seu grande argumento era que a "poupança externa" era "necessária" para o desenvolvimento econômico brasileiro. E os nacionalistas não tinham, então, os argumentos que têm hoje para negar essa necessidade. Na verdade, o que é necessário é apenas o conhecimento técnico dessas empresas, não seus capitais.[1]

Grupos socioeconômicos e a política

Feita esta análise sucinta das três principais lutas ideológicas que marcaram a revolução nacionalista no Brasil, não é difícil identificar quais os grupos socioeconômicos que estavam por trás delas. O desenvolvimentismo e o nacionalismo eram claramente a expressão política dos novos grupos sociais que surgiam. No entanto, na medida em que a revolução nacionalista brasileira tinha toda a sua ênfase posta no processo de industrialização, as ideologias eram, antes de tudo, representativas dos interesses da classe emergente dos empresários industriais. O apoio dos empresários industriais ao desenvolvimentismo decorria naturalmente do apoio que recebiam do Estado desenvolvimentista. Apoio cujo elemento principal parecia ser as tarifas de importação, mas era mais que isso. Era a imposição de um imposto sobre as exportações — o chamado "confisco cambial" —, por meio do qual o Estado neutralizava a doença holandesa garantindo uma taxa de câmbio "efetiva" competitiva — que considera as tarifas e os subsídios ou os sistemas de taxa de câmbio múltipla. As medidas de neutralização da doença holandesa e de proteção a uma indústria infante preconizadas pelo nacionalismo eram realizadas por um Estado desenvolvimentista, que, em virtude dos seus investimentos nas empresas estatais, criavam demanda para os empresários industriais.

---

[1] Veremos este problema com mais clareza quando fizermos a crítica do "crescimento com poupança externa" que, nos anos 1990, se torna um mantra neoliberal no mundo em desenvolvimento.

A defesa das três ideologias contrárias, do agriculturalismo, do cosmopolitismo e do liberalismo, ficava, naturalmente, a cargo da classe média tradicional e, mais particularmente, da aristocracia rural e do alto comércio importador e exportador, cujos interesses eram ameaçados pelo desenvolvimento industrial. Esse desenvolvimento industrial vinha pôr em jogo o domínio tranquilo sobre o país, que a aristocracia rural e o alto comércio vinham exercendo desde a Independência, em perfeita consonância com os interesses dos países industrializados e sob a égide do liberalismo econômico. A esses países interessava manter o Brasil como uma economia complementar, de base agrícola. Esse mesmo objetivo era compartilhado pela velha classe dominante brasileira, que via na industrialização uma ameaça a suas posições. É certo que a industrialização beneficiaria a agricultura, mas o setor que teria privilégios seria o da produção de bens agrícolas de consumo interno, enquanto a velha classe dominante brasileira estava, toda ela, ligada à produção e à comercialização de produtos de exportação. O mercado exterior não seria aumentado de forma significativa com a industrialização, já que o objetivo principal do desenvolvimento industrial brasileiro era substituir importações. Por outro lado, a velha aristocracia brasileira, que sofrera um revés político com a Revolução de 1930, percebera claramente que o desenvolvimento industrial somente ocorreria no país com a proteção do governo. Ora, ela supunha que qualquer tipo de proteção importaria, imediatamente, em um processo de transferência de renda da agricultura de exportação para a indústria, como seria o caso do "confisco cambial".[2] Na verdade, essa transferência era muito menor, porque aquilo que os exportadores de *commodities* pagavam em termos de imposto era compensado pelo que recebiam em termos da depreciação do câmbio causada por esse mesmo imposto.

As lutas políticas que se travaram a partir de 1930 até o governo Juscelino Kubitschek tiveram, portanto, como principais interessados: de um lado, a classe de empresários industriais e os técnicos ou profissionais do Estado; de outro, a velha classe dominante composta de grandes fazendeiros

---

[2] "Confisco cambial" era o sistema por meio do qual, no quadro de um sistema de taxas múltiplas de câmbio, o governo passava aos exportadores de bens primários uma taxa de câmbio artificialmente baixa. Era, portanto, um imposto disfarçado sobre as exportações de *commodities* que, ao deslocar a curva de oferta dessas *commodities* para a esquerda em relação à taxa de câmbio (não em relação ao preço internacional da *commodity*, aqui suposto como constante), neutralizava a doença holandesa, porque esse deslocamento fazia com que a taxa de câmbio se depreciasse no valor do imposto.

e comerciantes ligados ao comércio externo. Tínhamos, pois, uma luta entre dois grupos pertencentes à elite. De um lado, a nova burguesia, a nova classe capitalista de empresários industriais, cujas origens poderiam ser encontradas nos diversos escalões da classe média; de outro, a velha oligarquia agrário-comercial, os "paulistas de quatrocentos anos" ligados ao café em São Paulo, os senhores de engenho no Nordeste, enfim, todos aqueles elementos incluídos na chamada aristocracia rural brasileira, que exportavam *commodities* que o Estado desenvolvimentista tributava com um imposto disfarçado sobre suas exportações.

Pergunta-se, então: qual o papel dos demais grupos socioeconômicos no debate político? Mais particularmente, qual o papel dos grupos de esquerda? Naqueles anos a organização de esquerda realmente relevante era o Partido Comunista Brasileiro, que entrara em uma aventura revolucionária ou golpista em 1936, mas ainda contava com ampla participação de intelectuais brasileiros. Durante certo tempo eles hesitaram entre a ideia de revolução e a associação com a burguesia nacional, mas, conforme assinala Daniel Aarão Reis Filho (1986), depois do golpe de 1954, que derrubou Getúlio Vargas, "o PCB vai se tornar, pouco a pouco, um defensor rigoroso da Constituição vigente", e pela "valorização da democracia política". Em seu Congresso de 1958, em um momento em que os intelectuais do ISEB já haviam definido e teorizado a aliança nacional-desenvolvimentista, o partido também adota essa alternativa ao firmar a *Declaração de Março de 1958*. Ao mesmo tempo, nos outros partidos, e particularmente no Partido Trabalhista Brasileiro, surgem grupos de esquerda nacionalistas. No Congresso forma-se a antiga Frente Parlamentar Nacionalista (FPN). O controle de grande número de organizações estudantis e sindicais passa para a esquerda. Enfim, nos anos 1950 já se podia afirmar a existência no Brasil de uma esquerda com significativa expressão política. Mas seus objetivos não eram a revolução socialista, e sim uma combinação do nacional-desenvolvimentismo com a afirmação de direitos sociais pelo Estado. O nacionalismo da esquerda era mais radical que o dos empresários industriais. Alguns grupos de esquerda chegavam, por exemplo, a negar a utilidade de todo e qualquer investimento estrangeiro no país.

Mas, se havia divergências, pelo menos entre os empresários industriais e os elementos de esquerda mais representativos, essas eram divergências menores. Mais importante que as possíveis divergências era a identidade de pontos de vista na luta comum contra o cosmopolitismo, o agriculturalismo e o liberalismo econômico. E assim não é de causar surpresa que os intelectuais nacionalistas de esquerda do "Grupo de Itatiaia" — que publicou de

1953 a 1956 os *Cadernos de Nosso Tempo*, e depois se reuniria no ISEB (Instituto Superior de Estudos Brasileiros) — viesse a se transformar em grandes intérpretes do Brasil e em ideólogos da burguesia industrial brasileira.[3] Não era também surpreendente que o Partido Trabalhista Brasileiro, que, mal ou bem, era a manifestação política das esquerdas, se aliasse ao Partido Social Democrático, no qual, entre muitos outros, estavam representados os interesses de boa parte da burguesia industrial brasileira.

---

[3] Este fato ficou particularmente patente com relação a um dos mais importantes representantes do grupo, Hélio Jaguaribe. A esse respeito, ver Simon Schwartzman (1963). Em fins dos anos 1950, esse grupo entraria em desagregação, talvez como um reflexo das transformações estruturais a que nos vamos referir logo adiante, e o ISEB passaria para o controle de grupos mais radicais, resultando daí seu fechamento pelo golpe militar de 1964.

9

A crise do Pacto Nacional-Popular de 1930

Em 1960, a eleição de Jânio Quadros, um líder populista apoiado pela direita liberal para a Presidência da República, foi um sinal claro de que o Pacto Nacional-Popular de 1930 havia entrado em crise. O *The New York Times*, em notícia publicada algumas semanas antes das eleições, afirmava que no Brasil o candidato de direita (Lott) era apoiado pelas forças de esquerda, enquanto o candidato de esquerda (Jânio) era apoiado pela direita... A afirmação era paradoxal, mas não deixava de ter um fundo de verdade. Ela traduzia a grande confusão política que se estabelecera a partir de uma série de *fatos históricos novos* que ocorreram nos anos 1950 e que inviabilizaram a coalizão de classes desenvolvimentista de Vargas. Nos seis meses em que Jânio governou o país, a confusão se aprofundou porque, não obstante ter contado com o apoio dos liberais, ele definiu a Política Externa Independente em um momento em que a Guerra Fria se tornara mais aguda devido à Revolução Cubana de 1959. A renúncia de Jânio Quadros seis meses depois de assumir a Presidência da República — uma tentativa de golpe na qual o novo presidente superestimou sua liderança — foi imediatamente aceita pelo Congresso, mas, em seguida, os militares tentaram impedir a posse do vice-presidente João Goulart, herdeiro político de Getúlio Vargas, porque ele seria um político de esquerda. Afinal Goulart foi empossado, mas com a condição de se estabelecer no país um regime parlamentarista, que seria rejeitado dois anos mais tarde por um plebiscito. Nos três anos seguintes o país viveu em permanente crise política, que refletia a reação dos Estados Unidos ao avanço da influência da União Soviética — naquela época ainda em processo de crescimento acelerado — sobre os países em desenvolvimento. Esta crise afinal se "resolveu" com o golpe militar de 1964.

Fatos históricos novos

Durante os anos 1950, a série de fatos históricos novos — vários deles associados ao agravamento da Guerra Fria — provocariam modificações estruturais na política brasileira, ao abrir espaço para a crise política do início dos anos 1960 e ao tornar superado o Pacto Nacional-Popular de 1930. O primeiro e mais importante fato novo foi a Revolução Cubana de 1959. Esta revolução era originalmente apenas uma revolução nacionalista, mas, dada a rejeição pelos Estados Unidos da nacionalização de empresas americanas, acabou por se converter em uma revolução socialista, como previu C. Wright Mills em seu dramático livro *Listen, Yankee* (1960). A previsão se confirmou, e em consequência surge em toda a América Latina, entre as esquerdas, a esperança de que nesses países também seria possível uma revolução socialista. O Brasil não fugiu à regra. A esquerda, que até então era politicamente irrelevante ou se associara à burguesia industrial e à burocracia pública, buscou ganhar autonomia e definir um projeto próprio, o que implicou certa radicalização da sua parte e o alarmismo da direita.

O segundo fato, associado ao primeiro, ocorreu nas Forças Armadas, em função da Guerra Fria que dominara a política internacional nos anos 1950. Vemos, então, a crescente influência dos militares saídos da Escola Superior de Guerra que, mais bem preparados que seus demais colegas de armas, e mais bem organizados, desenvolveram uma "ideologia de segurança nacional" e uma estratégia militar baseadas na pressuposição da inevitabilidade da terceira guerra mundial, e na conclusão que, nessa guerra, o Brasil deveria se vincular ao bloco liderado pelos Estados Unidos. Essa visão enfraqueceu o nacionalismo que sempre caracterizara o Exército, e minou o pacto nacional-desenvolvimentista do qual os militares haviam sido um esteio. O terceiro fato novo foi a consolidação da industrialização brasileira. Durante o governo Juscelino Kubitschek houve um extraordinário desenvolvimento industrial, coroando a transformação acelerada do país em economia industrial iniciada nos anos 1930. Nesses anos, desenvolvemos nossa indústria de bens de consumo e estabelecemos os fundamentos de nossa indústria de base, com a usina siderúrgica de Volta Redonda, por exemplo. Mas, como vimos no Capítulo 5, foi no governo Kubitschek que se instalou definitivamente no Brasil a indústria automobilística, a de equipamentos industriais e a naval, ao mesmo tempo em que a indústria de base ganhava novo impulso, com a instalação da indústria petroquímica, a construção de novas usinas siderúrgicas etc. Em outras palavras, nesse período não ocorreu a decolagem, mas a consolidação do desenvolvimento industrial brasileiro. A consequência mais direta deste fato novo foi a vitória da ideologia do industrialismo e sua subsequente perda de importância, na mesma medida em que era vitoriosa. Depois de todos os grandes investimentos realizados no transcorrer dos anos 1950, especialmente nos últimos cinco anos, já não tinha mais sentido discutir se o Brasil poderia se tornar um país industrial ou não, se o Brasil tinha uma "vocação agrária" ou não; já éramos um país industrial. A realidade havia negado as velhas teses de que o Brasil não poderia se industrializar e que nossas condições naturais e étnicas não nos permitiriam criar uma indústria poderosa, semelhante à existente nos países desenvolvidos. Por outro lado, do ponto de vista teórico, ficava cada vez mais claro que o desenvolvimento econômico não seria possível sem a industrialização, que a agricultura somente atingiria altos níveis de produtividade se o país se industrializasse. Economistas, sociólogos, quase todos os cientistas sociais interessados no desenvolvimento nacional eram obrigados a chegar à mesma conclusão. Esses dois fatores e, principalmente, o primeiro, a consolidação do desenvolvimento industrial brasileiro, tornaram o agriculturalismo anacrônico. Estava vencida a batalha para o industrialismo, que deixava de ser uma ideologia deste ou daquele grupo socioeconômico, dos desenvolvimentistas ou dos liberais, para se transformar em uma ideia amplamente aceita no país.

O quarto fato novo foi o da crise de superprodução de café ocorrida na segunda metade dos anos 1950, a queda do seu preço internacional, e a perda do valor e importância do "confisco cambial" — o mecanismo de neutralização da doença holandesa que os governos utilizavam. A queda dos preços do café provocou outro abalo no sistema de poder da velha aristocracia rural, que desde 1930 vinha sofrendo reveses econômicos e políticos. Com a diminuição do valor do confisco cambial, atenuava-se o grande motivo que levava os grandes fazendeiros a lutar contra a industrialização. Eles entendiam que o mecanismo de câmbio múltiplo através do qual os exportadores de *commodities* tinham uma taxa de câmbio mais apreciada do que os importadores de máquinas e insumos para a indústria era uma transferência de renda para a indústria, e o definiam como um confisco. Na verdade, na medida em que a taxa de câmbio básica se depreciava devido ao imposto disfarçado, boa parte do que os cafeicultores supunham perder era devolvido por um câmbio mais favorável. Isto não era fácil para eles compreenderem, mas seu problema perdia importância com a crise de superprodução de café. Os grupos ligados ao café continuariam a protestar contra o confisco, mas sem a mesma energia, sem a mesma veemência. Com a crise do café, ao mesmo tempo em que se reduzia o poder dos grandes fazendeiros, crescia o poder dos empresários industriais, e se reduziam as razões de conflito entre eles. Não havia, portanto, mais razão para luta, na medida em que as demais frações de classe da burguesia aceitavam a liderança da burguesia industrial. Aliando-se aos demais setores da classe capitalista, os empresários industriais preocupavam-se agora em conservar as vantagens conquistadas; já não precisavam do industrialismo para defender seus interesses, e podiam caminhar para uma posição mais conservadora.

Outra consequência da consolidação do desenvolvimento industrial e da crise do café é o início da perda de importância do nacionalismo no cenário político brasileiro. O esvaziamento do nacionalismo se acentua com a aprovação da Lei de Tarifas pelo Congresso, em 1958. Este é o quinto fato novo que vem provocar modificações estruturais na política brasileira. Antes da Lei de Tarifas, a proteção à indústria nacional era realizada através de instrumentos administrativos, como o sistema de licenças de importação, e de medidas cambiais, como os leilões de câmbio estabelecidos no Brasil com a Instrução 70 da Superintendência da Moeda e do Crédito. Essas medidas de proteção eram instáveis, e estavam sob constante ameaça de revogação por um simples ato administrativo do governo. Sofriam, pois, constante ataque dos adversários de um sistema de proteção à indústria nacional. Com a aprovação da Lei de Tarifas, porém, o nacionalismo alcançava uma grande vitória. A proteção à indústria nacional deixava de ser algo eventual e provisório. Agora uma lei, não um simples ato administrativo, assegurava o desenvolvimento industrial brasileiro. No entanto, à medida que essa vitória era alcançada, à medida que os empresários industriais se tornavam seguros de suas posições adquiridas, perdia-se também maior razão de ser seu nacionalismo, pelo menos o nacionalismo como eles entendiam.

O sexto fato novo foi o aumento de poder do sindicalismo durante os anos 1950. Em 1953, temos a primeira greve dos marítimos. É também nos anos 1950 que surge o primeiro acordo intersindical de importância no Brasil — o pacto da "Unidade Sindical" —, que naquele momento, em um quadro institucional que proibia esse tipo de central sindical, foi visto com grande apreensão pela burguesia. Surgiram, depois, muitos outros. Assim o sindicalismo se organizava, abandonando a tutela governamental que o criara nos anos 1930; o "peleguismo" perdia força,[1] líderes mais autênticos, embora ainda representando pequena parcela dos operários da classe, assumiam o controle das organizações sindicais, tanto das regulamentadas como das não regulamentadas por lei.

---

[1] Os líderes sindicais nascidos do sistema sindical organizado por Getúlio Vargas eram chamados depreciativamente de "pelegos", e o sistema como um todo, no qual o Estado se mantinha como força dominante, era chamado de "peleguismo".

O golpe de Estado de 1964

Esses *seis fatos históricos novos* foram decisivos em causar o colapso da coalizão nacional-desenvolvimentista de Vargas que unia empresários industriais, trabalhadores urbanos e setores não exportadores da velha oligarquia, em provocar a crise política de 1961-64, e finalmente conduzir ao golpe militar. Entre os fatos novos, a Revolução Cubana foi o mais importante, porque ela promoveu a radicalização da esquerda e o alarmismo da direita, mas todos tiveram um peso em fazer desaparecer os motivos para a aliança da burguesia com os trabalhadores e aumentar os motivos para a união de seus setores desenvolvimentistas com os setores liberais. A burguesia industrial era vitoriosa, mas, com medo da emergência do povo como agente político, unia-se a seus antigos opositores — a oligarquia rural exportadora, o alto comércio e as empresas estrangeiras — e com eles se confundia, lembrando o capítulo final da *Revolução dos bichos* de George Orwell. A antiga aliança política entre os empresários industriais e as esquerdas — a coalizão de classes nacional-popular — rompia-se. Parte das esquerdas, por sua vez, recusava-se a ser uma força política auxiliar da burguesia industrial e se radicalizava. A esquerda nacionalista moderada, representada pelo presidente João Goulart, ficou sozinha, sem apoios nem de um lado, nem do outro; contando apenas com a massa dos trabalhadores, que, no entanto, não tinham condições de se fazer ouvir. Logo, o rompimento do Pacto Nacional-Popular de 1930 tornou-se inevitável. A esquerda moderada e os empresários industriais progressistas viam que a revolução nacional não estava terminada, mas o processo de radicalização política pelo qual passaria o Brasil, especialmente após a renúncia de Jânio Quadros, enfraqueceria a posição dos moderados.

Com o fortalecimento da esquerda moderada, ganhou importância política a exigência de reformas das estruturas econômicas e sociais com o objetivo de acelerar o crescimento e melhorar a distribuição de renda. O termo "reformas de base" resumia as medidas propostas, principalmente a reforma agrária — a grande esquecida da revolução industrial brasileira —, a reforma urbana, a reforma tributária, a limitação das remessas de lucros das empresas multinacionais e a reforma bancária. O reformismo surgira com todo o vigor após as eleições presidenciais de 1960. A tese fundamental era que as estruturas jurídicas brasileiras, que regulavam as relações econômicas, sociais e políticas do país, eram arcaicas; correspondiam, em grande parte, à fase semicolonial do Brasil. Segundo o reformismo, essas estruturas, entre as quais era dada especial ênfase à estrutura da propriedade agrária (observe-se que a velha aristocracia rural continuava a ser o principal alvo das esquerdas), representariam a institucionalização do privilégio e do atraso, dificultando o progresso econômico e social do país. Era preciso, portanto, reformar essas estruturas, eliminar os privilégios, mas para isso não seria preciso uma revolução. As reformas seriam feitas nos quadros da democracia, pacificamente.

Já o conservadorismo liberal negava a necessidade de mudanças com a profundidade demandada pelos reformistas sociais. Para os liberais, o que o Brasil necessitava era de mais educação (embora, quando no poder, nada tivessem realizado por ela) e de mais moralidade administrativa. Era a ideologia da *jeunesse dorée*, liberal e moralista, criticada com tanto brilho por Guerreiro Ramos (1955), que se repetia. O desenvolvimento econômico decorreria das forças do mercado; a justiça social se faria naturalmente, através de algumas medidas legislativas oportunas.

Nos anos 1950, a luta ideológica entre reformistas e conservadores travava-se de maneira relativamente moderada. A partir da renúncia do presidente Jânio Quadros e da tentativa de golpe militar para evitar a posse de João Goulart, o quadro político começa a se deteriorar rapidamente. Os militares só aceitam a posse do vice-presidente com a mudança do regime político para o parlamentarismo. Mas no começo de 1963, através de um plebiscito no qual o parlamentarismo é fortemente rejeitado, João Goulart é confirmado presidente de um regime novamente presidencialista e propõe algumas reformas de base. Começa, então, um forte processo de radicalização política. O espaço para o diálogo e o compromisso, por meio do qual os grupos socioeconômicos resolveriam os conflitos fazendo concessões mútuas, reduz-se rapidamente. Muitos dos reformistas se tornaram revolucionários, desanimados de transformar a sociedade por meios pacíficos; muitos dos liberais transformaram-se em imobilistas ou então em golpistas, decididos a nada ceder, seguindo a lógica de que qualquer concessão que fizessem seria uma derrota e um degrau para as esquerdas se apoiarem e pedirem mais. Liberais que, antes da convenção da União Democrática Nacional em Curitiba, no início de 1963, aceitavam uma reforma agrária por meio de emenda constitucional, deixam agora de aceitá-la. Por outro lado, reformistas que concordavam em obter uma reforma agrária moderada passam a somente se contentar com uma reforma mais radical.

Os grupos de esquerda, apesar de sua relativa fraqueza no cenário político brasileiro (a política ideológica estava apenas começando), ganharam autonomia, fortaleceram-se em relação ao que eram antes, e os esquerdistas mais extremados, baseados nesse aumento relativo de poder, nas vitórias dos grupos de esquerda, nos sindicatos, nos meios estudantis, entre os sargentos, entre os trabalhadores rurais das ligas camponesas, passaram a acreditar que possuíam grande força política. A direita liberal, por sua vez, via que, pela primeira vez na história do Brasil, grupos de esquerda com certa expressão política participavam do poder, e uma parte deles buscava um poder maior. Antes a luta pelo poder travava-se entre subgrupos na própria classe dominante. No máximo tivemos lutas entre a classe média ascendente e a velha aristocracia rural. Naquele momento, porém, eram grupos de esquerda, cujo objetivo era o socialismo.

O alarmismo será, pois, o grande instrumento da radicalização a serviço dos líderes mais extremados da direita liberal. Servirá também aos radicais de esquerda, mas com menor eficiência. A forma pela qual a direita usava do alarmismo para obter radicalização é simples. Espalhavam-se, inicialmente, afirmações de cunho aparentemente derrotista: "A revolução comunista está às portas"; "Não dou um ano para uma revolução comunista no Brasil"; "Vamos aproveitar os últimos momentos do conforto burguês"... A última frase tinha tom de brincadeira, mas seu efeito era o mesmo que o obtido com as outras frases: alarmavam, atemorizavam. Eram frases sem fundamento real; o comunismo, no Brasil, jamais teve grande expressão política; e as forças de esquerda eram ainda demasiadamente fracas para realizar uma revolução armada no país. Mas eram frases que, por traduzirem a emergência das esquerdas como força política autônoma, encontravam ressonância e começavam a ser repetidas. Ora, concluíam os alarmistas da direita, se a revolução comunista está às portas, é preciso que nos unamos para resistir, é preciso que não cedamos nada, é preciso voltar todas as nossas forças contra os comunistas. Em outras palavras, é preciso que nos radicalizemos. E, assim, muitas pessoas, que até então não eram radicais, que tinham tendências conservadoras mas não imobilistas, subitamente se radicalizaram em direção à direita, sem saber que estavam sendo vítimas de um processo de manipulação política por parte dos líderes radicais conservadores, que se beneficiavam grandemente dessas circunstâncias.

Dessa maneira, o Brasil caminhava para o golpe de Estado. Os militares passaram a conspirar. Logo foram informados do apoio dos Estados Unidos, através do seu embaixador no Brasil, Lincoln Gordon. Recentemente, tornaram-se públicos documentos da Casa Branca daquela época, que indicaram que o presidente John Kennedy, também preocupado com um golpe comunista no Brasil, cogitou uma intervenção armada em 1963. Não foi preciso. Duas semanas antes do golpe militar, duas grandes Marchas da Família com Deus pela Liberdade, no Rio de Janeiro e em São Paulo, sinalizaram que a alta classe média apoiaria qualquer medida que fosse tomada. Em 1º de abril de 1964, um golpe militar termina a breve democracia da Constituição de 1946. Cinquenta anos depois, Marcelo Ridenti (2014) a resumiu como um capítulo da "modernização conservadora". De fato, a Revolução Capitalista Brasileira realizou-se sem grandes rupturas. A Revolução de 1930, o golpe de Estado militar de 1964 e a transição democrática de 1985 foram rupturas, mas rupturas moderadas, sempre para garantir a ordem e o desenvolvimento capitalista.

10
A crise dos anos 1960

A crise política que se desencadeou com a renúncia de Jânio Quadros foi acompanhada por grave crise financeira e econômica. Desde o fim da Segunda Guerra Mundial o país era dominado por um sentimento de otimismo, que, no final da década de 1950, se transformara em euforia. O Brasil não era apenas "o país do futuro", estava se transformando nesse país. A partir de 1961, porém, a situação muda. O país foi pouco a pouco entrando em uma conjuntura de crise, em que as dificuldades emergentes superavam as soluções encontradas. A crise se manifestou inicialmente como uma crise financeira — como uma crise de balanço de pagamentos — e se expressou na desvalorização cambial de 1961. Em seu aspecto econômico, a crise era facilmente discernível. A taxa de crescimento da renda *per capita* que, até 1961, costumava girar em torno de 3%, tornou-se negativa em 1964, apresentando redução de 6,1%. Pela primeira vez na história do país, passamos a ter um sério problema de desemprego industrial. Segundo cálculos realizados depois de cuidadosa pesquisa efetuada pela FIESP (Federação das Indústrias do Estado de São Paulo), o desemprego na cidade de São Paulo, em junho de 1965, subiu a mais de 13% da força de trabalho industrial.[1]

A crise econômica teve como principais causas a política fiscal inflacionária e a apreciação cambial que ocorreram no governo Kubitschek, a insegurança política que prevaleceu durante o governo Goulart e o esgotamento da estratégia de industrialização por substituição de importações — os quatro fatores levando à diminuição das oportunidades de investimento. Entre 1959 e 1966, a taxa de formação bruta de capital caiu de 15,9% para 12,8% do PIB, mostrando com clareza a diminuição das oportunidades de investimentos lucrativos.[2] Os gastos realizados para a construção de Brasília, inau-

---

[1] Departamento de Documentação, Estatística e Cadastro da Federação das Indústrias do Estado de São Paulo, dados publicados no jornal O *Estado de S. Paulo*, em 1º de fevereiro de 1966.

[2] Fonte: Werner Baer e Andrea Maneschi (1969, p. 74).

gurada em 1960, desequilibraram o orçamento público e causaram inflação. A tentativa de segurá-la por meio da apreciação cambial provocou uma crise de balanço de pagamentos. A inflação inicialmente se manifestou como inflação de demanda, mas logo se transformou em uma inflação de custos. Entretanto, a causa mais profunda para a crise foi o esgotamento da estratégia de industrialização por substituição de importações, que, ao contrário do que geralmente se afirma, não ocorreu nos anos 1980, mas no início dos anos 1960.

Esgotamento da substituição de importações

O esgotamento da estratégia de industrialização por substituição de importações foi a causa estrutural da crise. O desenvolvimento industrial brasileiro, desde seus primórdios até o fim dos anos 1950, havia se baseado na substituição de importações. As novas empresas industriais já iniciavam suas atividades com um mercado cativo: aquele que fora aberto pelas importações de artigos manufaturados similares, importações essas que agora não mais eram possíveis devido às barreiras alfandegárias e/ou cambiais levantadas. Depois de instalada no país, e depois de abastecido o mercado tradicional, só então a empresa procurava expandir o mercado interno, atingindo setores que antes não eram alcançados pelos produtos importados. Entretanto, essa estratégia de desenvolvimento econômico baseada na redução do coeficiente de importações é essencialmente transitória. No início dos anos 1960, em meio à crise econômica da época, as possibilidades de substituição de importações já estavam esgotadas, conforme Maria da Conceição Tavares (1963/1972) e Celso Furtado (1964) observaram tão logo o fenômeno começou a se verificar. Esse esgotamento se expressou no fato de que a variável que define essa estratégia de crescimento — a queda do coeficiente de importações — deixou de ocorrer. Como vemos pelo Gráfico 5, o coeficiente de importações que, em 1913, superara 50% e em 1930 já estava em 28% do PIB, caiu para 6% do PIB em 1966 — e esse foi seu ponto mais baixo. Em consequência, enquanto o país não se organizava para exportar manufaturados, a taxa de investimento privado em relação ao PIB cai de 11,2% em 1959 para 7,8% em 1966. O que ainda sustentou o investimento total nesse período foi o investimento público, que subiu de 4,7% para 5% do PIB.[3]

---

[3] Fonte: Werner Baer e Andrea Maneschi (1969, p. 74).

Gráfico 5
IMPORTAÇÕES COMO PERCENTUAL DO PIB — 1901-2011
(a preços de 2005)

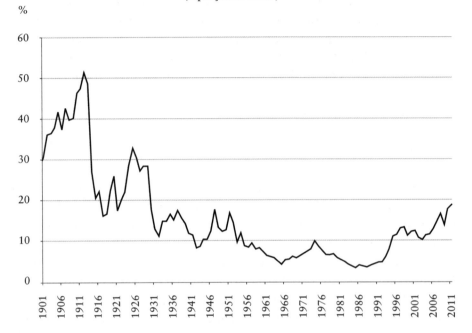

Fonte: Ipeadata, com cálculos do autor.

Alguns anos antes era ainda relativamente fácil iniciar uma nova empresa industrial no Brasil. Bastava tomar algum produto manufaturado que vinha sendo importado, adquirir o *know-how* a seu respeito, simplesmente copiando-o ou pagando *royalties*, obter o capital inicial e o financiamento necessário e iniciar a empresa. A partir do início dos anos 1960, no entanto, a situação mudou. Continuávamos a importar grande gama de mercadorias. Portanto, teoricamente, o processo de substituição de importações continuava viável. Se examinássemos a pauta de importações do Brasil, verificaríamos que as mercadorias que continuavam a ser importadas dificilmente poderiam ser produzidas economicamente no Brasil, ou então — e este era o problema principal — exigiam grandes investimentos, que nem mesmo os maiores empresários nacionais estavam em condições de financiar. Chegara o momento de o Brasil começar a pensar na exportação de manufaturados.

Com a queda dos investimentos e a desaceleração da economia, caíram os salários reais, agravando-se o problema da falta de demanda para as empresas. A diminuição dos salários começou a ocorrer antes da crise se manifestar, a partir de 1958. Enquanto o produto *per capita* continuava a crescer, os salários reais caíam. Resultava daí uma distribuição de renda menos favorável para a classe consumidora, enquanto aumentava a produção e, especialmente, a capacidade de produção. Entre 1958 e 1966, o salário mínimo real caiu 38%. Essa queda se concentra de 1961 para 1962, quando o salário mínimo real cai 37,4% em decorrência da alta inflação e da depreciação cambial de 1961. A partir desse momento o ritmo de desenvolvimento econômico começa a se reduzir.

Inflação de custos

Para entender o baixo crescimento de 1960 a 1967 é preciso considerar uma variável adicional: a aceleração da inflação no governo Kubitschek, não controlada no governo João Goulart, e o fato de o governo Castello Branco (1964-1967), ao controlá-la, não ter considerado o componente *de custos* da inflação. A taxa de inflação, que permanecera entre 10% e 20% desde o fim da Segunda Guerra Mundial, cresceu, durante o governo Kubitschek, em virtude da expansão do gasto público, e, a partir de 1961, ganhou características de inflação aberta, ao mesmo tempo em que a economia entrava em crise e a demanda se retraía. Como explicar esse fato? A discussão acirrada entre estruturalistas e monetaristas a respeito das causas da inflação perdera sentido. Quando a inflação estava em torno de 20% ainda era possível buscar suas origens no comércio externo (subida do preço do dólar devido à crônica tendência ao desequilíbrio entre nossas importações), na oferta insuficiente de produtos agrícolas de consumo interno e em outros pontos de estrangulamento da oferta. Ou podia ter uma explicação monetária, embora as emissões fossem endógenas — fossem antes uma consequência que uma causa da inflação. Mas, diante da estagflação (inflação com recessão), era preciso buscar outra explicação.

Quem primeiro percebeu que a inflação deixara de ser tanto uma inflação estrutural como uma inflação de demanda, e se definia então como uma inflação de custos, foi Ignácio Rangel, em *A inflação brasileira* (1963/1986). Esse livro é uma das obras mais importantes que já se escreveu no Brasil sobre a inflação. A extraordinária imaginação de seu autor, e seu agudo senso de observação, permitiram-lhe abrir novas perspectivas para a análise do fenômeno inflacionário no país. Afirma Rangel (pp. 56-7) que a inflação de custos não tem origem apenas no poder de monopólio das empresas — no fato de a economia brasileira ser caracterizada por oligopólios e cartéis. É também um mecanismo ao qual o sistema econômico recorre para se defender da crise de insuficiência de demanda. No médio prazo, "uma vez saturados os campos institucionalmente preparados para absorver investimentos novos, e antes que se preparem novos campos [...] a rentabilidade de novas aplicações entra a declinar", e caem os investimentos, configurando-se "uma tendência à depressão econômica, a qual passaria de potencial a efetiva, se deixássemos que as imobilizações realmente declinassem. A elevação da taxa de inflação é um dos meios pelos quais a economia resiste a essa tendência, sustentando a taxa de imobilização do sistema". A inflação, portanto, "é um mecanismo de defesa da economia contra a tendência à redução da taxa de imobilização".

Afinal, entre 1964 e 1967, o novo regime militar foi bem-sucedido em controlar a inflação, mas esse resultado teria sido menos custoso em termos de recessão e queda de salários se tivesse sido considerada a análise clássica de Ignácio Rangel.

A EMERGÊNCIA DO POVO

O novo regime autoritário cuidou sempre de se revestir de uma aparência democrática. O Congresso esteve em funcionamento quase todo o tempo. Havia um partido de oposição. Os brasileiros inculpados de subversão ou de luta armada eram julgados regularmente, ainda que por uma Justiça Militar. A tortura e os assassinatos eram cuidadosamente escondidos. Por que faziam isto? Porque sabiam que já não havia mais espaço no Brasil para um regime claramente autoritário como fora o Estado Novo. Porque uma ditadura pura e simples não teria apoio nas elites brasileiras e muito menos no seu povo. Nos anos 1950, havíamos assistido a um aumento muito claro da participação política do povo brasileiro. Um dos momentos em que ela se revelou de forma dramática foi nas grandes manifestações de protesto contra o golpe de Estado que, em 1954, derrubou Getúlio Vargas. Aquele povo que na Proclamação de República fora ignorado, a rigor porque não existia, começava a ganhar consistência. Em 1961, Guerreiro Ramos (1961, p. 42) se revelou otimista a esse respeito: "O cardinal fato político da vida brasileira nos dias de hoje é a existência de povo [...] como protagonista eminente do processo político".

Durante toda a história pregressa do Brasil não podíamos falar na existência de um "povo", ou seja, de uma parcela ponderável da população brasileira que participasse do processo político do país. Desde a Independência, o controle político ficara a cargo de uma pequena classe dominante de senhores de terra e de uma burocracia patrimonialista, que não se constituía em sociedade civil. Nos fins do século XIX, com o desenvolvimento de um incipiente mercado interno e, depois da Guerra do Paraguai, com a crescente importância do Exército, começa a surgir a classe média como força política. Essa classe média e, em particular, os militares, tomam o poder com a Proclamação da República, e ali se mantêm nos governos de Deodoro da Fonseca e de Floriano Peixoto. Contudo, com a eleição de Prudente de Morais para a Presidência da República, o poder volta para a velha oligarquia agrário-exportadora. E com ela permanecerá até a Revolução de 1930. O restante da população — os trabalhadores rurais, os operários e a classe média inferior — permanecia ainda, como no Império, alheia ao processo político. Apenas a alta classe média começava a ser ouvida, mas não servia ainda de base para uma sociedade civil digna desse nome. Essa situação começa a mudar com a Revolução de 1930, com o governo populista de Getúlio Vargas, por meio do qual ele procurava pela primeira vez na história do país incorporar o povo na vida política, e, em seguida, com a "democracia" da Constituição de 1946.[4] A crescente importância dos operários industriais como grupo socioeconômico, a difusão dos meios de comunicação em massa, particularmente do rádio, entre outros fatores, provocam um crescente interesse da população pelos destinos políticos do país. Os líderes populares, que surgem especialmente no pós-guerra, aproveitam-se desse clima de interesse para se elegerem. Observe-se, porém, que seu populismo, apesar de seu caráter demagógico, já representava um progresso em relação à política de clientela, em que os "coronéis" manipulavam as eleições. Agora já era preciso convencer o eleitorado. E nas eleições de 1960, como em menor grau já havia acontecido com as duas eleições presidenciais anteriores, pode-se observar a manifestação clara da vontade popular. Depois dessas eleições já é possível falar na existência de povo no Brasil. Pelo menos em relação às eleições para os cargos executivos e, particularmente, para a Presidência da República, verificava-se dedicada participação da população no processo político. Era esse aumento da participação popular que levava Guerreiro Ramos a saudar a emergência do povo brasileiro em 1961, mas talvez tivesse ainda mais razão José Honório Rodrigues (1965, pp. 13-4)

---

[4] As aspas na palavra "democracia" estão por conta do fato de que os analfabetos não terão ainda voto. Isso só acontecerá na Constituição de 1988. E porque o Partido Comunista Brasileiro é então posto fora da lei e seus representantes na Câmara dos Deputados perdem os seus mandatos.

quando, quatro anos depois (mas tendo por trás a experiência do golpe militar de 1964), declarava que "dois terços do povo brasileiro são marginalizados, vivem na periferia do poder, nada têm a ver com ele". O Brasil estava em plena mudança econômica e social, mas o poder continuava firmemente nas mãos da oligarquia. O que para esse autor explicava a estabilidade institucional básica por trás da aparente instabilidade política: "Haja o que houver, abdicações, renúncias, abolições, mudanças formais de regime, crises sucessórias, a estabilidade brasileira é uma rocha [...] Não é a estrutura que é instável, é a conjuntura superestrutural; é o comando que vacila, são as finanças que se revelam críticas". Na verdade, o povo brasileiro surgiria somente com toda a sua força no quadro do Pacto Democrático-Popular de 1977, nas manifestações sindicais de 1978 e 1979 no ABC paulista, e, em especial, na campanha das "Diretas Já".

11
O Pacto Autoritário-Modernizante de 1964

O golpe militar de 1964 originou-se de uma crise econômica e política, e, no primeiro momento, agravou a crise econômica. Em razão da necessária política de ajustamento adotada, o país entrou em recessão, mas afinal a estabilização alcançada e uma série de reformas competentes, inclusive a estatização de um número importante de empresas de serviço público, deram origem a elevadas taxas de crescimento entre 1968 e 1973. A legitimidade do governo, por sua vez, começou alta, já que o golpe de Estado contara com o apoio da alta burguesia e da alta classe média, mas desde 1974 essa legitimidade começou a se esgarçar, na medida em que aos poucos o regime militar foi perdendo apoio nessas classes enquanto continuava a ter a oposição da classe trabalhadora e das esquerdas. A partir do golpe militar de 1964 formou-se um novo pacto político, o Pacto Autoritário-Modernizante de 1964. Era um pacto desenvolvimentista como fora o de Vargas, mas excluía os trabalhadores e as esquerdas. Para entendê-lo é preciso, primeiro, distinguir o primeiro governo militar, do presidente Castello Branco, dos demais, a partir do governo Costa e Silva.

O governo Castello Branco

O governo Castello Branco foi um governo de militares tecnoburocráticos que partilharam com a tecnoburocracia pública civil os seus poderes, especialmente na esfera econômica. Economistas e engenheiros ocuparam todos os cargos-chave econômicos no Brasil, com exceção da presidência do Banco do Brasil. No Ministério da Fazenda, no Ministério do Planejamento, na presidência do Banco Central e na do Banco Nacional de Desenvolvimento Econômico tínhamos economistas, técnicos que deixaram suas posições de assessoria para tomar as rédeas do governo — tecnoburocratas, portanto. Nos ministérios relacionados com a infraestrutura, engenheiros.

Nesse primeiro governo, a burguesia estava presente somente na medida em que criara as condições políticas para o golpe militar e que o governo atendia a seus interesses gerais. Os empresários industriais, porém, não participavam do poder, assim como estavam ausentes os políticos. Os membros da extinta União Democrática Nacional, que poderiam parecer os maiores beneficiários da revolução, constituíram-se mais instrumentos que elementos ativos de controle do governo. Os sindicatos estavam ausentes. A velha oligarquia brasileira também não foi atendida: a política cafeeira de 1966 mostrou-se extremamente severa para com os cafeicultores. Já nos demais governos do regime militar, a partir do governo Costa e Silva, o quadro social de participação política se ampliou, em especial pela presença dos empresários industriais, ao mesmo tempo em que a estratégia nacional de desenvolvimento se tornava desenvolvimentista — mas agora um desenvolvimentismo conservador em vez de relativamente progressista como fora o de Vargas, sobretudo no seu segundo governo.

Economicamente, o governo Castello Branco foi um governo liberal, e, filosoficamente, idealista. Idealista no sentido de acreditar mais nas ideias que na realidade. Idealista porque acreditava que seria preciso modificar antes as mentalidades e depois as estruturas. Acreditava que, mais importante do que se criarem condições efetivas para a mudança social, era fundamental "converter" a sociedade. Esse caráter idealista do governo Castello Branco pode, aliás, ser ilustrado pela frase significativa de um de seus representantes. Conversando sobre a crise econômica do primeiro semestre de 1963, disse-nos ele a certo momento:

> "A situação econômica realmente está difícil, mas há uma compensação. O mais importante agora é mudar a mentalidade dos industriais, é fazê-los preocuparem-se com custos, com aumento da produtividade. Acabou-se o tempo em que era só produzir para vender e ter muitos lucros. Agora, ou eles mudam sua mentalidade, e passam a concorrer efetivamente no mercado, ou não sobreviverão."

Esta era uma mentalidade semelhante à da *jeunesse dorée* formada por liberais que se opunham ao desenvolvimentismo de Vargas, e que Guerreiro Ramos (1955) criticou de forma hoje clássica. Para eles o desenvolvimento econômico podia ser alcançado através de leis ou reformas institucionais. Poucos governos foram tão prolíficos em leis. Muitas delas eram boas, tecnicamente bem-feitas. Foi o caso das leis do inquilinato, do Conselho Nacional do Comércio Exterior (CONCEX), das incorporações imobiliárias, da criação do Banco Central (embora não se possa falar realmente em uma reforma bancária), da reforma tributária. Podemos discordar delas em muitos aspectos, mas devemos reconhecer que são frutos do trabalho de técnicos inteligentes e capazes.

No plano econômico, o governo adotou uma retórica liberal e uma política econômica relativamente liberal. Liberal porque afirmava acreditar nas forças do mercado e buscava o objetivo da estabilização monetária em primeiro lugar, sacrificando o desenvolvimento em favor do combate à inflação. Os militares só trariam o país de volta a um regime de política econômica inteiramente desenvolvimentista a partir de 1967, no governo Costa e Silva.

Politicamente, o governo Castello Branco foi conservador, na medida em que visava preservar o *status quo*; moralista, enquanto via na honestidade dos políticos a solução para os problemas do Brasil; e anticomunista com tal violência que chegava às raias da paranoia. No campo internacional foi um governo colonialista que deixou o país sob a dependência dos Estados Unidos no quadro da Guerra Fria. Foi colonialista porque acreditava que o desenvolvimento do Brasil somente poderia ser realizado com o auxílio do exterior, não havendo condições para um desenvolvimento autônomo.

A recessão econômica de 1965 e 1966 decorreu da política de estabilização do governo Castello Branco. O Programa de Ação Econômica do Governo (PAEG) para o período 1964-1966 registrava como primeiro objetivo "acelerar o ritmo de desenvolvimento econômico do país" e, como segundo objetivo, "conter, progressivamente, o processo inflacionário durante 64 e 65, objetivando um razoável equilíbrio de preços a partir de 66", mas foi dada inteira prioridade à política de combate à inflação. Mas isso não significa que o governo tenha sido malsucedido entre 1964 e 1966. Nos três anos do governo Castello Branco, sob a direção de Roberto Campos no Ministério do Planejamento e de Octavio Gouvêa de Bulhões na Fazenda, as finanças públicas foram postas em ordem e a inflação, que alcançara 94% em 1962, baixou para 25% em 1967.[1] Por outro lado, reformas importantes de caráter desenvolvimentista foram adotadas: a reforma tributária, com a criação de um imposto sobre valor adicionado; a reforma bancária; a criação da correção monetária dos ativos financeiros; e a criação do Banco Central. E foram nacionalizadas e estatizadas as empresas de telefonia e de eletricidade, o que permitiu que nos anos seguintes esses setores tivessem

---

[1] IGP/DI da FGV.

enorme avanço de forma autofinanciada: as tarifas dos serviços financiavam os investimentos.

Com o término do mandato do presidente Castello Branco e a subida ao poder de Costa e Silva, esse quadro sofre profundas alterações. Com a promulgação do Ato Institucional nº 5, em dezembro de 1968, o regime se torna mais autoritário. Novas cassações de direitos são agora feitas, atingindo especialmente professores universitários de esquerda. A esquerda mais idealista e radical, indignada, parte para a luta armada e é violentamente reprimida. O autoritarismo traduziu-se no desrespeito sistemático aos direitos civis dos cidadãos, com a anuência dos Poderes Legislativo e Judiciário, que continuavam funcionando, e no uso da tortura como forma regular de investigação. Diante dessa violência, a Igreja Católica, que apoiara inicialmente o golpe militar, muda de posição e passa a defender os direitos humanos. Alguns bispos, como Dom Paulo Evaristo Arns e Dom José Maria Pires, salientam-se então. Essa mudança da Igreja refletia uma mudança maior da Igreja latino-americana que decorreu do Concílio Vaticano II e da reunião dos bispos em Medellín, em novembro de 1968. A Igreja faz então uma "opção preferencial pelos pobres" ao mesmo tempo em que se torna um instrumento de democratização. O retorno da Igreja ao conservadorismo aconteceria somente dez anos mais tarde, a partir da sagração de João Paulo II como papa, em 1978, e da repressão da Teologia da Libertação que nascera da mudança da Igreja para a esquerda nos anos 1960.

No plano econômico, o regime militar volta a ser desenvolvimentista. E passa também a contar com a participação dos empresários industriais, que no governo anterior haviam sido excluídos das decisões governamentais. A substituição de importações é retomada, mas visando à indústria de bens de capital e de insumos básicos. A industrialização não é mais apenas substitutiva de importações, não mais implica redução do coeficiente de importações. Ao contrário, voltou-se com êxito para a exportação de bens manufaturados. A renda, porém, continua a se concentrar da classe média para cima, e os trabalhadores permanecem excluídos do pacto político.

Força e fraqueza do "tripé modernizante"

O Pacto Autoritário-Modernizante de 1964 foi também um pacto nacionalista e desenvolvimentista na medida em que deu clara preferência à empresa nacional e manteve para o Estado o papel de agente estratégico do desenvolvimento econômico, mas teve uma relação próxima com os interesses do capitalismo financeiro e das empresas multinacionais instaladas no Brasil. Por isso, foi também denominado de "modelo do tripé modernizante": burguesia, tecnoburocracia e interesses estrangeiros. O Brasil, em 1964, já dispunha de uma burguesia industrial poderosa, responsável pela implantação de um parque industrial integrado. Por outro lado, as empresas multinacionais industriais já estavam solidamente instaladas no Brasil desde os anos 1950, e o capital bancário, que serviu de ponte entre o capital mercantil e o industrial, modernizava-se e integrava-se ao processo de acumulação.[2]

Entretanto, essa classe dominante burguesa não tinha condições de comandar o processo de acumulação através dos mecanismos clássicos do mercado de capitais. O incipiente mercado de capitais não estava habilitado a protagonizar a industrialização no Brasil. A classe média profissional pública, civil e militar, surge assim, em 1964, como a força racionalizadora e ordenadora que, aliada àquela burguesia, se propõe a consolidar o capitalismo no Brasil.[3] A força do Pacto Autoritário-Modernizante residia no seu desenvolvimentismo, no fato de os militares terem sabido se aliar ao capital nacional. Sua fraqueza estava na exclusão radical do pacto político dos trabalhadores e de amplos setores da classe média profissional e da pequena burguesia.[4] E como ficaria patente a partir de 1977, essa fraqueza derivava também do fato de que a burguesia, embora beneficiada pelo regime militar, estava excluída de muitas das decisões tomadas: foi uma burguesia tutelada. Verificava-se, assim, falta de correspondência entre a formação social, dominantemente capitalista, e o caráter do regime político, dominantemente burocrático. A derrota da Arena (Aliança Renovadora Nacional), o partido de apoio ao regime militar, em 1974, nas eleições para o Senado, marca o início da crise de legitimidade do regime militar — uma crise que ganhará

---

[2] Não chamamos o capital bancário de capital financeiro, como é comum fazer, porque entendemos por capital financeiro a fusão do capital bancário com o industrial, sob a liderança do primeiro. Ora, isso jamais ocorreu no Brasil.

[3] Entendemos por "capitalismo estatal" ou por "capitalismo de Estado" ou por "capitalismo tecnoburocrático" uma formação social dominantemente capitalista mas crescentemente tecnoburocrática, que vem se generalizando em todos os países capitalistas industrializados.

[4] Já analisávamos criticamente essa aliança do tripé modernizante no começo dos anos 1970, juntamente com outros críticos do regime militar. É significativo, entretanto, que seus defensores, como Roberto Campos e Mario Henrique Simonsen, não hesitavam em também falar explicitamente do tripé, reconhecendo a sua importância para a sustentação do regime.

nova dimensão a partir do "Pacote de Abril" de 1977, conforme veremos no Capítulo 15.

Tecnoburocracia industrializante

O regime militar, embora tenha contado com a participação ativa da burguesia industrial, foi um período de amplo domínio da tecnoburocracia civil e militar. A nova classe média profissional, da mesma forma que a tradicional, cujas origens são anteriores à revolução industrial, é conservadora e prudente, preocupando-se sempre com sua segurança. Diferentemente, porém, a velha classe média está integrada no processo produtivo, o que a torna realista. Além disso, ela depende fundamentalmente do desenvolvimento econômico: é produto desse desenvolvimento e seu poder e prestígio crescem diretamente com a industrialização. Isso leva ao surgimento das grandes organizações burocráticas privadas e públicas, nas quais os elementos da nova classe média, os administradores profissionais e os técnicos, vão assumindo paulatina, mas inexoravelmente, o poder.

Nesses termos, e na perspectiva de os grupos de classe média se tornarem politicamente dominantes, podíamos imaginar um Brasil governado em particular por tecnoburocratas e militares dessa nova classe média, caracterizada por sua grande necessidade, sua premência mesmo, de promover o desenvolvimento econômico do país (já que nesse desenvolvimento está toda a fonte de seu prestígio e seu poder). Com isso era possível prever os militares brasileiros livres do jugo de suas ideias colonialistas e autoritárias e os tecnoburocratas da nova classe média profissional desenvolvendo uma teoria econômica mais adaptada às reais necessidades do desenvolvimento brasileiro.

Para ganhar representatividade política, essencial para qualquer projeto de desenvolvimento nacional, esses militares e tecnoburocratas teriam de chamar para o governo outros grupos, especialmente os empresários industriais. O diálogo com as esquerdas poderia recomeçar, os sindicatos poderiam ser novamente liberados. Por outro lado, esse tipo de governo logo perceberia que o desenvolvimento econômico brasileiro somente poderia ser realizado em termos nacionalistas, de defesa do interesse nacional e com uma intervenção crescente do Estado. Apenas desse modo se venceria o círculo vicioso estrutural do subdesenvolvimento brasileiro. Na medida em que seus interesses não estavam visceralmente ligados ao sistema capitalista liberal, tecnoburocratas e militares da nova classe média não teriam dificuldade em adotar as posições estatizantes que se fizessem necessárias. O que caracteriza esse tipo de governo de tecnoburocratas e militares da nova classe média profissional é a disponibilidade ideológica. Para eles o que realmente importa é seu poder, que depende do desenvolvimento tecnológico e industrial. Dado que o conhecimento técnico — fator estratégico de produção em substituição à terra e ao capital — é o que dá legitimidade ao poder tecnocrático, essa legitimidade somente se confirma se a administração eficiente da economia produzir o desenvolvimento. Desde que uma maior estatização seja necessária para garantir esse desenvolvimento, essa estatização será naturalmente adotada.

O DESENVOLVIMENTISMO DOS MILITARES

Em fins de 1969, com a morte do presidente Costa e Silva, sucede-o outro militar, o general Garrastazu Médici, escolhido por um conselho de militares. À ditadura, os setores mais radicais da esquerda, desorientados e sem perspectivas, respondiam com luta armada. E a polícia retrucava com violência, em especial a tortura. Os escalões mais altos do governo faziam tentativas no sentido de eliminar esse fenômeno, mas não chegavam a aprofundar seu esforço dadas as resistências das bases militares e policiais. E a luta armada da esquerda, apesar de sucessivas derrotas que revelavam sua falta de apoio na população, continuava ativa, embora cada vez mais enfraquecida. Por outro lado, a juventude, os intelectuais e as lideranças políticas continuavam mudos. O diálogo democrático permanecia rigorosamente fechado. O regime militar ditatorial, que era disfarçado até dezembro de 1968, torna-se declarado a partir de então. Vivíamos sob a égide do Ato Institucional nº 5.

A vitória do partido do governo nas eleições parlamentares de 1970 revelou que o regime militar conseguira construir até aquele momento uma imagem favorável junto às massas populares. A vitória do Brasil na Copa do Mundo de Futebol de 1970 ajudou-o a vencer as eleições. Assim, o governo não encontrava oposição nas massas; muito menos nas elites, cujo caráter autoritário muitas vezes se reafirmara. O liberalismo brasileiro, embora tentasse se identificar com a democracia, sempre foi intrinsecamente autoritário. A tradição liberal no Brasil, ao contrário do que aconteceu nos Estados Unidos ou na Inglaterra, jamais envolveu a maioria de sua população. O liberalismo foi sempre uma ideologia importada e associada ao autoritarismo oligárquico com o qual historicamente se aliou. Do outro lado, os nacionalistas e desenvolvimentistas eram igualmente autoritários. Estavam preocupados com a realização da revolução nacional e não viam ainda as condições para uma democracia no Brasil. Supunham que, se o regime autoritário contribuísse para levar adiante a revolução nacional e industrial, essa revolução criaria as condições para uma democracia consolidada. Não se autoenganavam como o faziam os liberais, que se diziam democráticos não para promover o desenvolvimento do país ou sua revolução capitalista, mas para manter o Pacto Oligárquico com aparência de liberal e democrático.

Nos anos 1930, antes da Revolução Capitalista Brasileira, não havia condições para uma democracia real e consolidada no Brasil. Durante o período quase democrático entre 1945 e 1964,[5] a prioridade da classe operária, dos empresários industriais, dos intelectuais nacionalistas e de esquerda não era a defesa da democracia: estavam mais preocupados em definir uma ideologia nacional-desenvolvimentista que garantisse a industrialização e o desenvolvimento do país.

O regime militar era profundamente autoritário, mas retomou a ideia de um projeto nacional de desenvolvimento que havia sido originalmente formulado por Vargas. O governo Castello Branco fora marcado pelo combate à subversão e pelo ajustamento macroeconômico. Depois da transição representada pelo governo Costa e Silva, no governo Médici a ênfase da mensagem governamental perde seu caráter negativo e adquire um ar cada vez mais afirmativo. Um nacionalismo desenvolvimentista surge com base nos militares, que eram tradicionalmente nacionalistas, e nos empresários industriais que passavam a receber o apoio decidido do governo. O desenvolvimentismo do Pacto Autoritário-Modernizante de 1964 transparece na preocupação com a bandeira, com o hino nacional, com os programas de moral e civismo. Deixa-se entrever no discurso do governo que a intenção era subordinar tudo à construção de um país economicamente grande e poderoso. Expressa-se através da política externa que teve como seu mais notável expoente, no período militar, Antônio Francisco Azeredo da Silveira, ministro das Relações Exteriores do governo Geisel (1974-1979). Tem manifestação clara no projeto da rodovia Transamazônica, cujo principal objetivo foi o de garantir a soberania nacional sobre aquela região. Além disso, a Transamazônica visava mobilizar o povo brasileiro, da mesma forma que

---

[5] "Quase democrático" porque o sufrágio universal não estava ainda assegurado: os analfabetos não tinham direito ao voto.

Brasília e a construção da rodovia Belém-Brasília exerceram esse papel durante o governo Kubitschek.

Uma ideologia nacionalista e um projeto nacional desenvolvimentista caracterizaram, portanto, o regime militar. Depois do governo Castello Branco, os militares brasileiros reencontraram sua vocação nacionalista e desenvolvimentista. Esse nacionalismo, porém, era moderado, notadamente porque não tomou uma posição restritiva em relação ao capital estrangeiro — posição que o grande intelectual e homem público nacionalista e democrático da época, Barbosa Lima Sobrinho, reclamava. Sob influência das lideranças tecnocráticas, os governos militares adotaram uma atitude pragmática, sem radicalismo. A estratégia do grupo tecnoburocrático no poder estava baseada em uma aliança entre o governo e o capitalismo nacional e o internacional. Nessa aliança o governo não era mais elemento subordinado ao Império, como acontecia no Ciclo Estado e Integração Territorial. Pelo contrário, era um elemento ativo que procurava, por meio dessa aliança, maior taxa de crescimento da renda no país. O nacional-desenvolvimentismo continuava a ser sua definição ideológica mais apropriada. Mas um nacional-desenvolvimentismo que, diferentemente do de Vargas, excluía os trabalhadores da coalizão política.

12
Interpretação da dependência

A crítica da esquerda ao regime autoritário será realizada pela "teoria da dependência" — antes uma *interpretação* que uma teoria do desenvolvimento. Ela tem origem na crítica clássica dos socialistas ao nacionalismo, que seria uma forma de *ocultar* as contradições de classe do capitalismo. Surge em 1965, logo após o golpe militar brasileiro, com a circulação por toda a América Latina do artigo do intelectual marxista alemão André Gunder Frank, "O desenvolvimento do subdesenvolvimento", publicado no ano seguinte. Nesse trabalho havia uma crítica da tese então dominante entre as esquerdas de que os países em desenvolvimento tinham características feudais combinadas com características mercantis, sendo, portanto, sociedades semifeudais que deveriam, primeiro, realizar sua revolução capitalista para, em seguida, realizar sua revolução socialista. Para sustentar a crítica a esta tese, que tinha autores brasileiros ilustres a apoiá-la, como Oliveira Vianna, Gilberto Freyre e Ignácio Rangel, a teoria da dependência, originalmente de caráter marxista, vai opor a ideia de luta de classes à ideia de construção da nação. Em um livro recente, o brilhante e jovem cientista político André Kaysel (2018) mostra que no seu processo de industrialização as correntes ideológicas na América Latina "podem ser agrupadas em dois ramos: de um lado os discursos que procuraram construir a identidade dos grupos subalternos enfatizando a noção de 'classe', e de outro, aqueles que o fizeram por meio das noções de 'povo' e 'nação'". Enquanto este segundo ramo, que Kaysel denomina "nacional-popular", teve uma grande influência na história do Brasil, porque foi dominante durante a Revolução Capitalista Brasileira (1930-1980), o primeiro, que no plano intelectual foi dominante na década de 1970, não logrou influenciar a construção política do Brasil de maneira relevante.

As duas versões canônicas da interpretação da dependência — a da "superexploração imperialista" e a da "dependência associada" — afirmavam que as sociedades periféricas não eram dualistas, que não havia aqui o clássico conflito entre uma nova burguesia industrial e a velha oligarquia agroexportadora associada aos interesses estrangeiros, que os empresários industriais tinham origem na antiga oligarquia, e, portanto, que, ao contrário do que havia ocorrido na Europa e nos Estados Unidos, não havia nem poderia haver uma burguesia nacional na periferia do capitalismo industrial.

Conforme vimos no Capítulo 6, o fundamento dessa interpretação (a identificação social da burguesia industrial com a oligarquia agrário-exportadora) não faz o menor sentido em relação ao Brasil, onde a grande maioria dos empresários industriais se originava de famílias que haviam imigrado entre meados do século XIX e as duas primeiras décadas do século XX. A interpretação ou teoria da dependência foi uma reação ressentida da esquerda latino-americana aos golpes militares que ocorrem na região nos anos 1960 (1964, no Brasil; 1967, na Argentina; 1968, no Uruguai) e uma forma de encontrar os "culpados" internos das derrotas políticas que esses golpes representaram: os partidos e grupos de intelectuais de esquerda que haviam identificado que em muitos países latino-americanos revoluções nacionais estavam ocorrendo e a industrialização estava acontecendo a partir de coalizões políticas desenvolvimentistas. A negação do caráter semifeudal e dual da sociedade brasileira anterior a 1930 conflita com todos os dados empíricos que nos fornece a história.

Como todas as revoluções burguesas, a brasileira não foi originalmente uma revolução democrática, mas nacionalista e desenvolvimentista. Mesmo assim, criou as condições necessárias para que, mais adiante, houvesse uma democracia consolidada. A interpretação da dependência, entretanto, ao surgir em seguida a uma série de golpes militares, estava preocupada em criticar os regimes desenvolvimentistas porque eram autoritários e excludentes. Tinha razão em criticá-los desses dois pontos de vista, mas equivocou-se ao jogar fora a ideia de nação juntamente com o autoritarismo e o caráter excludente desses regimes, como se isso fosse necessário para se alcançar a democracia e diminuir as desigualdades.

Na história intelectual da América Latina, poucos tópicos têm sido tratados de forma mais confusa e imprecisa que a teoria ou interpretação da dependência. Em primeiro lugar, porque não chega a ser uma teoria, não se expressa em um conjunto sistemático de ideias; em vez disso, é ou foi uma interpretação sociológica e política da América Latina que nos anos 1970 tornou-se dominante, superando a interpretação nacional-burguesa que havia preponderado até então no campo intelectual. Em segundo lugar porque, ao contrário do que muitos pensaram, *não* se constituiu em uma crítica ao imperialismo. O termo "dependência", aplicado à periferia do capitalismo, é a contrapartida ao termo imperialismo, aplicado ao centro, não mais ao imperialismo colonial, mas ao imperialismo por hegemonia. Por isso, muitos foram levados a acreditar que lutavam contra os obstáculos que o imperialismo impunha ao desenvolvimento econômico dos países em desenvolvimento. Na verdade, a versão "associada" da interpretação da dependência nega que o imperialismo dos países ricos represente um obstáculo ao desenvolvimento de um país já independente como o Brasil. A mesma crítica não pode ser feita à versão da "superexploração imperialista" que, como seu próprio nome sugere, acentuava o caráter imperialista da relação centro-periferia. O problema com essa interpretação é de outra natureza: reside no seu caráter utópico, na ideia de que uma revolução socialista seria viável no Brasil.

As duas versões canônicas

A tese central das duas interpretações centrais da dependência, tanto da interpretação da superexploração como a da associada, é que não existe uma burguesia nacional na periferia do capitalismo — uma burguesia identificada com os interesses nacionais. O que existe é apenas uma burguesia dependente. A partir dessa tese, a interpretação da superexploração imperialista, cujo fundador foi André Gunder Frank (1966, 1969) e o principal expoente na América Latina, Ruy Mauro Marini (1969, 1973/2005), negava radicalmente a possibilidade de uma burguesia nacional se formar e liderar ou participar de uma revolução nacional e capitalista, como havia acontecido nos séculos XVIII ou XIX nos países hoje ricos. Já Fernando Henrique Cardoso e Enzo Faletto (1969/1970) desenvolveram a interpretação da dependência associada, segundo a qual as elites locais eram também dependentes, mas a revolução capitalista continuava possível por meio da associação com as potências hegemônicas graças às suas empresas multinacionais, que desde o pós-guerra estavam trazendo para o país a poupança externa "necessária" ao desenvolvimento.

As duas versões canônicas da interpretação da dependência opõem-se à interpretação nacional-burguesa que fora dominante nos anos 1950 — uma interpretação que fazia a crítica do imperialismo enquanto era otimista em relação à autonomia da burguesia nacional. Já a terceira versão — a interpretação nacional-dependente — foi complementar a essa interpretação, ao mesmo tempo em que é também uma interpretação da dependência, porque reconheceu parcialmente o caráter dependente da burguesia industrial. Ela, entretanto, manteve-se próxima da interpretação nacional-burguesa, porque reafirmou o problema do imperialismo, agora identificado com a hegemonia ideológica, e porque relativizou essa dependência, afirmando-a ambígua ou contraditória.[1] As duas primeiras são interpretações originalmente marxistas, enquanto a nacional-burguesa e a nacional-dependente usam as ideias de Marx sem que possam, no entanto, ser consideradas marxistas. Enquanto a interpretação nacional-burguesa se concentrava nos obstáculos ao desenvolvimento que representam os conselhos e pressões dos países ricos para que os países em desenvolvimento adotassem políticas que não atendiam aos seus interesses, a interpretação da dependência associada preferia enfatizar a exploração das classes (que evidentemente existe) em vez da exploração das nações. Para Fernando Henrique Cardoso (1976/1980, p. 97) a característica essencial da interpretação da dependência não é o estudo do imperialismo, mas a análise das classes sociais no capitalismo dependente: "O que interessava era o 'movimento', as lutas de classe, as redefinições de interesses, as alianças que, ao mesmo tempo em que mantêm as estruturas, abrem perspectivas para sua transformação". Não é surpreendente, portanto, que essa teoria tenha tido tanta repercussão nos Estados Unidos, onde os intelectuais de esquerda viram nela algo de novo e atraente na medida em que criticava o capitalismo, mas não atribuía ao imperialismo de seu país parte importante das dificuldades que os países latino-americanos enfrentavam para se desenvolver.

A interpretação da superexploração imperialista adota um raciocínio mais consistente do ponto de vista lógico, mas que acabava por ser irrealista. Assumindo a impossibilidade da existência de uma burguesia nacional na América Latina, concluía ela que os trabalhadores não teriam escolha senão trabalhar pela revolução socialista. Era, portanto, uma interpretação próxima da nacional-burguesa, porque admitia a existência do imperialismo, mas ao mesmo tempo criticava a interpretação nacional-burguesa ao negar a possibilidade de desenvolvimento nacional baseado em uma coalizão de classes desenvolvimentista, na qual os empresários industriais desempenhariam papel estratégico. Para Gunder Frank (1966, 1969), a América Latina sempre foi capitalista, mas capitalista mercantil, e era incorreto afirmar que ela viesse experimentando uma revolução nacional-burguesa desde os anos 1930. A colonização europeia havia sido mercantil ao promover na região um modelo de crescimento baseado na exportação de produtos primários e ao não dar atenção ao progresso tecnológico. Dessa forma, capitalismo e imperia-

---

[1] Nesse levantamento abrangente da dependência, Gabriel Palma também identifica três versões e, acertadamente, situa dois fundadores da teoria estruturalista do desenvolvimento da CEPAL — Celso Furtado e Osvaldo Sunkel — na terceira versão.

lismo seriam as causas básicas do subdesenvolvimento, tanto assim que as áreas menos desenvolvidas do continente foram aquelas que tiveram desempenho exportador mercantil no mais alto grau. Na mesma linha, Ruy Mauro Marini (1969) desenvolveu a interpretação da superexploração, ou, segundo a forma que ele adotou, a teoria da superexploração do trabalho e do sub-imperialismo. Ele reconheceu que, durante certo período, houve interesses comuns entre a burguesia e o proletariado, que "conduziram a vanguarda pequeno-burguesa ao reformismo e à política de colaboração de classes", mas "o pronunciamento militar de 1964 assestou um golpe mortal na corrente reformista" (1969, p. 151). A interpretação nacional-burguesa, portanto, seria identificada com o reformismo que Mauro Marini admitia ter sido válido durante certo tempo. O reformismo fracassou porque o desenvolvimento do Brasil baseava-se na superexploração dos trabalhadores, definida pelo fato de os trabalhadores receberem salários inferiores ao requerido para a subsistência, além do aumento de sua jornada e carga de trabalho. A exploração era uma característica normal das economias capitalistas, que se acentuou nos países dependentes ou periféricos e se transformou em superexploração na medida em que os trabalhadores ficaram sujeitos não apenas à burguesia dependente local, mas também ao centro imperial. Em termos compatíveis, Theotonio dos Santos argumentava, inclusive no título de seu livro *Socialismo o fascismo: el nuevo carácter de la dependencia y el dilema latinoamericano*, de 1973, que as únicas alternativas para o Brasil e a América Latina em geral eram o socialismo e o fascismo (este último identificado com os golpes militares).

A versão da dependência associada teve origem na chamada "Escola de Sociologia de São Paulo" e é também marxista em suas origens, embora a maioria de seus proponentes tenha abandonado o marxismo após a transição democrática de 1985 e se tornado liberais.[2] Sua análise é uma reação imediata ao golpe militar que começou no Cone Sul em 1964 e uma reflexão sobre o "milagre econômico" que teve início no Brasil em 1968. Os pesados investimentos industriais feitos naquela época promoveram mais uma etapa da industrialização por substituição de importações e, ao mesmo tempo, pareciam ser a causa subjacente de um novo pacto político que unia os tec-

---

[2] Florestan Fernandes, o fundador e chefe da Escola de Sociologia de São Paulo, Octavio Ianni e Roberto Schwarz não adotaram a interpretação da dependência associada. Originalmente, Florestan Fernandes não era marxista, mas se tornou marxista nos anos 1960, como quase sempre acontece com intelectuais republicanos à medida que envelhecem. Sobre sua interpretação do Brasil, ver mais adiante neste capítulo.

nocratas do Estado aos empresários industriais e às empresas multinacionais, excluindo os trabalhadores. Em consequência, a nova estratégia de desenvolvimento que emergiu após meados dos anos 1960, ou seja, a estratégia de desenvolvimento dependente e associado, era autoritária no nível político e concentradora de renda no nível econômico. Tais circunstâncias serviram de base para a interpretação da dependência associada, cujo trabalho fundador é o ensaio de Fernando Henrique Cardoso e Enzo Faletto publicado no Chile em 1969, *Dependência e desenvolvimento na América Latina*. Esse livro, e uma série de outros escritos de Fernando Henrique Cardoso que se seguiram, nem sempre são claros. Durante muito tempo não vi com clareza a distinção entre essa versão da interpretação da dependência e a alternativa nacional-dependente, que sempre fez mais sentido para mim na medida em que preserva a ideia de uma burguesia nacional, mas considera essa burguesia ambivalente e contraditória — ora associada à nação, ora subordinada às elites dos países ricos.

A dependência associada pode ser resumida — com todos os riscos implícitos — em uma ideia simples: já que os países latino-americanos não contam com uma burguesia nacional, não lhes resta alternativa senão se associarem ao sistema dominante e aproveitarem as frestas que ele oferece em proveito de seu desenvolvimento. Segundo seus seguidores, um pré-requisito do crescimento econômico nesses países era o ingresso de poupança externa, na medida em que se supõe que os países latino-americanos carecem de recursos para financiar seu desenvolvimento. Ignorando o fato de que as corporações industriais multinacionais estavam apenas se apoderando dos mercados internos que haviam sido fechados a suas exportações, e o fato de que o crescimento entre 1930 e 1960 tinha sido financiado pela poupança interna, a dependência associada via a participação das empresas multinacionais na industrialização como uma condição para maior crescimento. O fato de que essa participação havia começado nos anos 1950 seria uma refutação de fato da interpretação nacional-burguesa. Eles não se davam conta de que as empresas industriais multinacionais vieram simplesmente capturar os mercados domésticos que haviam sido fechados para as suas exportações. E eles ignoraram vários fatos: (a) ignoraram que o capital é feito em casa, e que o crescimento entre 1930 e 1960 foi financiado essencialmente pela poupança interna; (b) ignoraram que a entrada de capitais têm pouco efeito no crescimento econômico, porque elas apreciam a moeda nacional, desencorajam o investimento, e, em consequência, a poupança externa substitui a poupança interna, ao invés de se adicionar a ela; em outras palavras, ignoraram que a poupança externa resulta, em primeiro lugar, no aumento do consumo (dada a elevada taxa de substituição da poupança interna pela externa), em segundo lugar, na fragilidade financeira do país frente ao sistema financeiro internacional, e, finalmente, em crise de balanço de pagamentos; e (c) ignoraram que os países que enfrentam a doença holandesa apresentam superávits em conta-corrente, não déficits, e dessa maneira neutralizam essa desvantagem competitiva. Em sua defesa, é preciso lembrar que os modelos da Teoria Novo-Desenvolvimentista que demonstram isso não eram conhecidos naquela época. Na *Breve teoria 1* temos um resumo desse nova escola de pensamento econômico que um grupo de economistas brasileiros vem desenvolvendo nos últimos vinte anos.

Valendo-se de suas habilidades como analistas sociológicos e políticos, Cardoso e Faletto mostraram como as classes sociais se digladiavam e se entrelaçavam na luta pelo poder nos quadros de uma relação de dependência, e foram longe demais, primeiramente, ao afirmarem a impossibilidade da existência de elites nacionais e, em segundo lugar, ao defenderem a necessidade imperiosa de poupança externa para financiar o crescimento. A tese da impossibilidade da existência de elites nacionais foi logo após falseada quando se viu a burguesia industrial brasileira agir como burguesia nacional e democrática no quadro do Pacto Democrático-Popular de 1977 e das "Diretas Já"; já as teses econômicas foram também falseadas graças ao conjunto de modelos que hoje formam a Teoria Novo-Desenvolvimentista. Equivocava-se a interpretação da dependência associada ao afirmar que investimentos diretos eram essenciais para o desenvolvimento brasileiro, porque não haveria aqui poupanças suficientes para financiar o desenvolvimento. Dessa forma, a interpretação da dependência associada não percebia que essas multinacionais apenas passaram a investir na indústria na periferia dos países em desenvolvimento para contornar as barreiras alfandegárias às suas exportações e poderem, assim, se apropriar de seu mercado interno, sem oferecer, em contrapartida, o mercado interno de seus países. Não sabia que países que enfrentam a doença holandesa, como é o caso do Brasil, somente estarão neutralizando essa sobreapreciação crônica da taxa de câmbio se suas contas-correntes apresentarem superávits. Não percebiam, finalmente, que o capital se faz em casa, que nenhum país cresce com déficits em conta-corrente ou poupança externa. Que esta "poupança" acaba, primeiro, transformando-se em consumo (dada a alta taxa de substituição da poupança interna pela externa), depois, em fragilidade financeira internacional, e termina em crise de balanço de pagamentos.

A manifestação mais recente da interpretação da dependência apareceu no conceito de "revolução passiva" de Luiz Werneck Vianna (1997, pp. 47-

51). A tese clássica da história político-social do Brasil, segundo a qual essa história não teria abrigado rupturas, mas a contínua conciliação das suas elites — uma tese que tem um elemento de verdade, mas esconde os conflitos e as rupturas que realmente aconteceram —, é reafirmada: "a revolução burguesa seguiu em continuidade à sua forma 'passiva', obedecendo ao lento movimento da transição da ordem senhorial-escravocrata para uma ordem social competitiva". A esta lógica não escapa a Revolução de 1930, de forma que o nacional-desenvolvimentismo partia da "crença de que o *atraso* e o subdesenvolvimento poderiam ser vencidos a partir de avanços moleculares derivados da expansão do *moderno*". A partir dessa crítica do desenvolvimentismo, que afinal repete a crítica dependentista com outras palavras, Werneck lamenta que, por meio de sua Declaração de Março do 1958, o PCB tenha se incorporado a esse projeto. E conclui que "a aliança da esquerda com as elites territorialistas em torno do Estado e de um projeto nacional-desenvolvimentista implicava convalidar a reciclagem do domínio das elites tradicionais". Ou seja, no final do século XX, o Brasil, em termos de dominação política, continuava igual ao Brasil colonial — uma tese cara ao pensamento utópico de esquerda, mas que tem pouca base na realidade.

Dependência segundo Florestan Fernandes

Na discussão da dependência, Florestan Fernandes merece uma análise à parte. Como fundador e chefe da Escola de Sociologia de São Paulo dos anos 1960-1980, e como intelectual de esquerda que, juntamente com seus colegas e liderados foi afastado do ensino pelo regime militar brasileiro em 1969, ele adotou uma atitude crítica em relação à burguesia brasileira ao mesmo tempo em que, já na sua maturidade, voltou-se para a esquerda e se tornou um socialista revolucionário.[3] Por isso, ele poderia ser considerado um integrante da interpretação da superexploração imperialista.

Para Florestan a burguesia estaria, em princípio, afinada com uma revolução nacional e democrática, como discorre em seu livro *A revolução burguesa no Brasil* (1975).[4] Em ensaio anterior (1973, p. 35), afirma que

---

[3] Florestan Fernandes foi fundador do PT e se elegeu deputado federal quando esse partido ainda se julgava um partido socialista revolucionário ou, pelo menos, não reformista.

[4] Foi essa, aliás, a definição que Florestan Fernandes utilizou nesta obra clássica. Para ele, burguesia "se define, em face de seus papéis econômicos, sociais e políticos,

"classes e relações de classe carecem de dimensões estruturais e de dinamismos societários que são essenciais para a integração, a estabilidade e a transformação equilibradas da ordem social inerente à sociedade de classes". Por isso, e considerando "quão emaranhado e desnorteante foi o desencadeamento da Revolução Burguesa numa economia colonial, periférica ou dependente" (1975, p. 89), Florestan tinha dúvidas quanto ao papel da burguesia industrial brasileira — dúvidas que se misturavam com sua indignação em relação ao regime militar. Afinal, para ele, a revolução burguesa foi frustrada no Brasil; a burguesia não logrou realizar uma revolução nacional e democrática. Pelo contrário, presa no quadro do capitalismo mundial que transitava do capitalismo competitivo para o monopolista, essa burguesia não soube conservar sua independência nem soube caminhar em direção à democracia: tornou-se uma burguesia dependente e autocrática. Segundo Florestan (1975, p. 293), a essência autocrática da dominação burguesa, funcional para as nações capitalistas hegemônicas e centrais, traduz-se no fato de que "o capitalismo dependente e subdesenvolvido é um capitalismo selvagem e difícil, cuja viabilidade se decide, com frequência, por meios políticos e no terreno político".

Sabemos hoje que essa essência autocrática da burguesia não é verdadeira. Isso ficou claro a partir de 1977, quando a burguesia industrial brasileira reagiu contra o Pacote de Abril do presidente Ernesto Geisel (um violento conjunto de medidas autoritárias que envolveram o fechamento provisório do Congresso Nacional e a mudança da Constituição por decreto). Conforme veremos no Capítulo 15, essa burguesia revelou-se então nacional e democrática ao iniciar o rompimento de seu acordo com a tecnoburocracia militar para participar do amplo Pacto Democrático-Popular de 1977 e das "Diretas Já", que presidiria a transição democrática nos anos seguintes. Entretanto, o pensamento de Florestan é rico e complexo, não podendo ser simplesmente situado na interpretação da superexploração imperialista. Ele rejeita a tese da dependência intrínseca das burguesias periféricas: "Ao contrário do chavão corrente, as burguesias não são, sob o capitalismo dependente e subdesenvolvido, meras 'burguesias compradoras' (típicas de situações coloniais e neocoloniais, em sentido específico). Elas detêm um forte poder econômico, social e político, de base e de alcance nacionais" (1975, p. 296). Nas crônicas da Escola de Sociologia de São Paulo, ficou célebre

---

como se fosse a equivalente de uma burguesia revolucionária, democrática e nacionalista. Propõe-se, mesmo, o grandioso modelo francês da Revolução Burguesa nacional e democrática" (Fernandes, 1975, pp. 215-6).

seu debate com Guerreiro Ramos, mas esse debate foi metodológico, não foi substantivo. Conforme observa Maria Arminda do Nascimento Arruda (2009, p. 320),

> "[...] o diálogo dos paulistas com a agenda desenvolvimentista ocorreu de modo diverso da perspectiva isebiana. De saída, a questão do desenvolvimento nacional e da autonomia da Nação era marginal às análises, sendo interessante comparar as duas vertentes de interpretação do tema."

Nesse plano, sua análise do Brasil é muitas vezes semelhante à do ISEB e à de Celso Furtado. Em lugar, por exemplo, de atribuir papel secundário ao imigrante na industrialização, como fez a interpretação da dependência, Florestan (1975), para ser coerente com sua tese da continuidade das elites agrárias e industriais, vê o imigrante "como um agente econômico privilegiado nas fases iniciais da concentração do capital industrial, e o herói da industrialização" (p. 133). Da mesma forma, em lugar de fazer a crítica do dualismo ou da "razão dualista" da sociedade brasileira (algo que foi importante do ponto de vista retórico para a interpretação da dependência porque permitia a seus adeptos rejeitar a origem própria da burguesia industrial brasileira, e afirmar que jamais houve uma divisão da burguesia brasileira entre uma burguesia mercantil e patriarcal e uma burguesia industrial),[5] Florestan faz uma fascinante análise da "dupla articulação" da economia capitalista brasileira. Na linha da interpretação da dependência, ele situa o início da revolução burguesa na última década do século XIX, em vez de situá-la nos anos 1930, como eu faço. Dessa forma, reduz-se a importância da Revolução de 1930 e da liderança de Getúlio Vargas (o "inimigo" da Escola de Sociologia de São Paulo). Mas, no período de 1890 a 1930, Florestan (p. 141) identifica "uma economia capitalista competitiva duplamente articulada: internamente, através da articulação do setor arcaico ao setor moderno ou urbano-comercial (na época transformando-se lentamente em um setor urbano-industrial); externamente, através da articulação do complexo econômico agrário-exportador às economias capitalistas centrais. Por isso, as próprias condições de desenvolvimento capitalista introduziam ini-

---

[5] "Economia brasileira: crítica à razão dualista", de Francisco de Oliveira (1972), foi, depois do ensaio de Cardoso e Faletto (1969/1970), o texto mais influente da interpretação da dependência. Sua crítica à interpretação nacional-burguesa centrou-se na crítica à dualidade presente na obra de Celso Furtado.

bições sistemáticas ou ocasionais, que solapavam, reduziam ou anulavam suas potencialidades dinâmicas".

Nesse momento, ele abandonou a interpretação da dependência e está pensando nos termos da interpretação nacional-burguesa. Mas ele não se identifica com essa interpretação porque está indignado com a associação entre a burguesia industrial e os militares; também porque seu conceito de burguesia nacional é exigente demais. Para Florestan, como para todos os representantes da interpretação da dependência, uma burguesia somente seria nacional se fosse consciente da revolução que está realizando, se tivesse "uma forte orientação democrático-nacionalista" (p. 215). Mas essa exigência, que também foi a de Fernando Henrique Cardoso quando fez sua pesquisa sobre os empresários, não faz sentido. Ela não existiu nos países ricos em que a revolução capitalista foi indiscutível; afinal, os empresários não são intelectuais que desenvolvem teorias para explicar o comportamento político; são homens práticos que formam sua visão do mundo e de seu país de acordo com seus interesses. Com mais razões não poderia ter ocorrido no Brasil, cuja burguesia viveu e vive sempre a ambiguidade nacional-dependente.

Florestan tem razão quando afirma que o que determinou a industrialização "não foi a 'vontade revolucionária' da burguesia brasileira [...] mas o grau de avanço relativo e de potencialidades da economia capitalista no Brasil" (p. 215). Ele, porém, queria e esperava mais da burguesia, e frustrou-se quando se viu diante do golpe militar de 1964 apoiado por essa burguesia. É o que vemos, por exemplo, quando afirma que o Brasil era "uma Nação que parecia preparar-se e encaminhar-se para a Revolução Burguesa em grande estilo — isto é, seguindo o modelo francês de revolução nacional e democrática" (p. 216), mas, de repente, o processo foi interrompido quando "os setores dominantes das classes altas e médias se aglutinaram em torno de uma contrarrevolução autodefensiva" (p. 217). E assim, em lugar do nacionalismo e da democracia, o que vimos foi a aliança da burguesia com o capitalismo financeiro internacional, a repressão da classe operária, e "a transformação do Estado em instrumento exclusivo do poder burguês" (p. 217). Em todo o livro, Florestan vê a crise brasileira dos anos 1960 como associada à transição do capitalismo competitivo ao monopolista. Foi nesse momento que "a burguesia perdeu a sua 'oportunidade histórica' porque, em última instância, estava fora de seu alcance neutralizar os ritmos desiguais do capitalismo" (p. 260). Em vez disso, associou-se aos militares e ao capitalismo financeiro internacional em um golpe militar autoritário que "proporcionou à burguesia brasileira a oportunidade de dar um salto gigantesco"

(p. 265). Mas em seguida, ele não se deixa enredar em uma visão simplista do autoritarismo burguês. A posição autocrática assumida pela burguesia a partir de 1964 pode estar em contradição com os fundamentos econômicos da dominação burguesa. Mas "semelhante polarização é histórica, não estrutural-funcional. Em outras palavras, ela não é intrínseca à dominação burguesa e é muito provável que outras forças burguesas (internas ou externas) deslocarão, se essa fase de transição for vencida 'dentro da ordem', os elementos oligárquicos que estão por trás dessa polarização" (p. 275).

Em outros termos, Florestan Fernandes assinala que o regime autoritário de 1964 era transitório, que se tratava de um momento de consolidação do capitalismo brasileiro que não impediria a posterior transição democrática, já que a burguesia não é sempre autoritária. Na verdade, a classe capitalista não é nem intrinsecamente autoritária, como eram as oligarquias pré-capitalistas, nem intrinsecamente democrática: a democracia é uma conquista do povo e das classes médias republicanas que a burguesia não veta, porque sua riqueza e sua capacidade de realizar lucros não depende do controle direto do Estado, ao contrário do que acontecia nos modos de produção antigos, mas que teme porque a burguesia constitui uma minoria dominante. Desde que a democracia seja "limitada", desde que se realize enquanto ela mantém o controle da mídia, financia as campanhas políticas (em vez de aceitar o financiamento público das campanhas eleitorais) e, dado que mantenha sempre seu poder de veto sobre os investimentos, a classe capitalista tende a preferir o regime democrático ao autoritário, como veríamos no Brasil a partir do Pacto Democrático-Popular.

Florestan Fernandes escrevia antes da mudança que teria início em 1977, mas já percebia que as contradições do capitalismo brasileiro poderiam se resolver no sentido da democracia. E sabia que para que isso acontecesse no quadro da revolução burguesa seria preciso que houvesse, de um lado, uma "cesura" da classe capitalista, seria preciso que desaparecesse o "monolitismo" do poder burguês e se abrisse espaço para o "nacionalismo burguês", ou então para uma "revolução dentro da ordem pró-capitalista mas antiprivatista e anti-imperialista", e, de outro lado, que ocorresse "a irrupção do povo brasileiro", algo que já ocorrera nos anos 1920, e que agora voltava a ocorrer na medida em que "o *povo* muda de configuração histórica e estrutural, e o proletariado adquire um novo peso econômico, social e político dentro da sociedade brasileira" (1975, pp. 279 e 287). Nesse momento, o notável sociólogo está longe tanto da dependência associada como da superexploração imperialista, e não está longe da interpretação nacional-dependente.

INTERPRETAÇÃO NACIONAL-DEPENDENTE

A terceira versão da interpretação da dependência é a interpretação nacional-dependente que venho discutindo com esse nome desde o artigo "Do ISEB e da CEPAL à teoria da dependência" (2005),[6] mas que já está presente nos trabalhos de Celso Furtado a partir de 1966 e, nos meus, a partir de 1970. Essa interpretação perpassa todo este livro.[7] Essa interpretação está mais próxima da interpretação nacional-burguesa dominante antes de 1964, que se tornou superada desde então, porque a correspondente coalizão de classes desenvolvimentista foi inviabilizada pelos fatos históricos novos ocorridos nos anos 1950 e a crise do início dos anos 1960: o grande avanço da industrialização que tornou sem sentido a interpretação da vocação agrária; a entrada de multinacionais manufatureiras no Brasil que, aparentemente, implicava a rejeição da tese nacionalista da oposição dos países ricos à industrialização da periferia; a intensificação das reivindicações sociais; e, principalmente, a Revolução Cubana de 1959.

Os intelectuais que, a meu ver, compartilham a interpretação nacional-dependente entenderam que a crise política e econômica dos anos 1960 foi causada por esses fatos históricos novos que naquele momento inviabilizaram a coalizão de classes entre a burguesia industrial e os trabalhadores. Ao contrário, porém, da interpretação da dependência associada, para a interpretação nacional-dependente esses fatos não justificavam o abandono da crítica ao imperialismo, como aconteceu com a interpretação da dependência associada. E ao contrário da interpretação da superexploração imperialista, não justificavam a proposta de uma revolução socialista no curto prazo.

Com relação ao imperialismo, nunca aceitei a tese da interpretação da dependência associada segundo a qual a entrada das empresas multinacionais

---

[6] Este artigo representa uma revisão de "Seis interpretações sobre o Brasil" (1982). Nele identifiquei quatro interpretações do Brasil pós-1964: a interpretação autoritário-modernizante, a interpretação da dependência como superexploração imperialista, a interpretação funcional-capitalista ressentida (na qual situava a maior parte dos integrantes da Escola de Sociologia de São Paulo, menos Fernando Henrique Cardoso) e a interpretação da nova dependência, em que este notável intelectual era situado ao meu lado. No artigo de 2005, junto Fernando Henrique a seus pares, e substituo a denominação "interpretação funcional-capitalista" por "interpretação da dependência associada", e substituo "interpretação da nova dependência" por "interpretação nacional-dependente". A expressão "nova dependência" referia-se ao modelo concentrador de renda da classe alta para cima que caracterizou o regime militar.

[7] Furtado (1966), Bresser-Pereira (1970).

na indústria tornara a tese do imperialismo superada. Em 1978, em "Empresas multinacionais e interesses de classe", eu voltava a enfatizar esse fato; Celso Furtado (1992, p. 35), que sempre foi claro a esse respeito, dizia no início dos anos 1990, diante da estagnação da economia brasileira deflagrada em 1980:

> "[...] em um país ainda em formação, como é o Brasil, a predominância da lógica das empresas transnacionais na ordenação das atividades econômicas conduzira quase necessariamente a tensões inter-regionais, à exacerbação de rivalidades corporativas e à formação de bolsões de miséria, tudo apontado para a inviabilização do país como projeto nacional."

A interpretação nacional-dependente reconhece o caráter dependente das elites latino-americanas, e por essa razão pode ser considerada parte da interpretação da dependência, mas, na medida em que trata essa dependência como relativa e contraditória, distingue-se das outras duas. Ela reconhece que as elites locais tendem a ser alienadas e cosmopolitas, dificultando a definição de uma estratégia nacional de desenvolvimento, mas enfatiza a contradição entre os interesses dos países ricos e os interesses dos países de renda média como o Brasil, afirmando que a burguesia industrial, ainda que de forma imprecisa, percebe esse fato. O termo "nacional-dependente", que uso para identificá-la, é um oximoro deliberado: seus dois termos unidos por um hífen estão em oposição um ao outro. Durante a Revolução Capitalista Brasileira, a classe capitalista na América Latina dividia-se entre seu lado mercantil e financeiro (que vivia das rendas ricardianas realizadas com a exportação de *commodities*), associado aos países ricos, e seu lado industrial; hoje, essa burguesia, ainda que enfraquecida pela compra de muitas de suas empresas por parte das empresas multinacionais, continua a representar o lado desenvolvimentista, enquanto o capitalismo rentista e financeiro associado aos interesses estrangeiros representa o lado liberal. O nacionalismo da burguesia industrial baseia-se em interesses concretos: na dimensão do mercado interno brasileiro e no fato de que esse mercado e os mercados estrangeiros podem ser mais bem conquistados por ela se contar com o apoio do Estado.

Breve teoria 7
Imperialismo e dependência

A lógica do capitalismo é a lógica da competição. E é também a lógica do mais forte, explorando ou procurando tirar vantagem dos mais fracos. Isso vale para a relação entre as empresas, e vale também para a relação entre os Estados-nação. O imperialismo é uma decorrência inevitável da dominação. E não é apenas consequência da dominação dos países ricos, hoje liderados pelos Estados Unidos, cuja mão de obra cara os torna relativamente solidários; é também resultado da dominação dos países de renda média, como o Brasil, em relação aos países pobres.

No plano histórico, o imperialismo moderno, industrial, primeiro reduziu os outros povos atrasados à condição de *colônia* (foi a experiência da Ásia no século XIX e na primeira metade de século XX), ou então reduziu-os à condição de *semicolônia*, viabilizada pela dependência das elites locais, como foi a dos países latino-americanos. Depois que o país realiza sua revolução nacional e industrial e passa a se desenvolver, ou temos a plena independência do país, como aconteceu com os países asiáticos depois da Segunda Guerra Mundial, ou os países ainda ficam submetidos à *hegemonia ideológica* dos países ricos — o que é facilitado pela alienação e dependência das elites locais, pela sua incapacidade de se constituir como nação em associação com seu povo. O resultado é a adoção pelo país dominado de políticas econômicas antinacionais — políticas que não atendem aos interesses do desenvolvimento nacional e que não interessam ao país, mas aos países dominantes.

A lógica da dominação dos países ricos é clara. Eles estão interessados em realizar lucros nos países em desenvolvimento: seja exportando bens de maior valor adicionado *per capita* do que os que importam; seja realizando financiamentos que apenas sobreapreciam sua taxa de câmbio e aumentam o consumo interno em vez de aumentar o investimento; seja ocupando seu mercado interno por investimentos diretos de suas empresas multinacionais sem que tenham de oferecer, em reciprocidade, seu próprio mercado para as empresas multinacionais dos países menos ricos (que não as têm, ou apenas começam a tê-las). Interessa ao Norte ampla abertura comercial e financeira e uma taxa de câmbio sobreapreciada nesses países, taxa essa que se transforma em um obstáculo maior à industrialização ou — como aconteceu no Brasil a partir de 1991, quando deixa de ter uma taxa de câmbio competitiva, no nível do equilíbrio industrial — causa desindustrialização.

Nesse quadro de interesses, a tese da tendência à sobreapreciação cíclica da taxa de câmbio é ignorada ou então rejeitada pelos economistas dos países ricos. A doença holandesa não pode ser negada no caso dos países exportadores de petróleo, mas mesmo nesses países é subestimada e todo o problema é atribuído à corrupção dos dirigentes políticos; no caso do Brasil, onde a sobreapreciação causada por ela é menos grave, ela é vivamente negada. Assim, os brasileiros são persuadidos a ignorar a existência da doença holandesa originada nas *commodities* que exporta. Finalmente, a tese da restrição externa é alegremente aceita por esses economistas e "resolvida" através do aconselhamento a que os países em desenvolvimento recorram à poupança externa, ou seja, ao endividamento em moeda estrangeira. Forma-se, assim, o complexo "restrição externa + recurso ao endividamento externo" que, com frequência, se transforma em um obstáculo maior para o desenvolvimento. Com base nesse argumento, o Brasil aceita a entrada de capitais no país sem restrições, embora a poupança externa se some à poupança interna de forma muito limitada.[1]

Faz parte desse processo de hegemonia imperial persuadir os países em desenvolvimento de que devem se endividar no exterior. Dessa forma, a ortodoxia liberal fez a sociedade brasileira acreditar na tese absurda, mas aparentemente verdadeira, segundo a qual os países em desenvolvimento devem competir entre si para receber esses investimentos diretos, e, portanto, devem fazer todas as concessões às empresas multinacionais para obter seus capitais e poder crescer. Na verdade, ao abrir seus mercados internos a essas empresas, sem que seus países de origem abram correspondentemente seus mercados às empresas brasileiras multinacionais, o Brasil abre seu mercado aos países ricos com pouca ou nenhuma contrapartida. O capital dessas empresas

---

[1] A poupança externa é, por definição, igual ao déficit em conta-corrente, o qual é financiado por entradas de capitais: por financiamento externo e por investimento direto.

não nos interessa: sua entrada no país apenas aprecia o câmbio e promove a substituição da poupança interna pela externa; sua tecnologia, sim, nos interessa, mas esta fica em grande parte na metrópole. A alienação nacional expressa na abertura indiscriminada ao capital externo tem sua expressão maior e patética na permissão que empresas estrangeiras recebam rendas da operação de serviços públicos monopolistas como os de energia elétrica, telefonia fixa e operação de estradas de rodagem.[2]

Ao aceitar a tese da restrição externa e procurar "resolvê-la" com uma política de crescimento com poupança externa, a sociedade em desenvolvimento cria as condições ideológicas para a dominação externa. Se o Brasil "precisa" de crédito externo para se desenvolver, e, por isso, se a situação de alto endividamento externo é inerente aos países em desenvolvimento, isso significa que deve fazer tudo para garantir seu crédito e sua credibilidade junto aos credores externos, e, portanto, deve se dedicar à prática do *confidence building*, ou seja, que deve adotar as recomendações e pressões vindas do Norte através do Banco Mundial e do Fundo Monetário Internacional — muitas das quais são contra a boa teoria econômica e o interesse nacional.

O Norte faz recomendações e exerce pressões para que os países em desenvolvimento adotem políticas e façam reformas institucionais que eles próprios não adotaram quando estavam em estágio correspondente de desenvolvimento — algo que Ha-Joon Chang (2002/2004) e Erik Reinert (2007) demonstraram de forma conclusiva em suas pesquisas. A imposição, pelo FMI, à Argentina, de uma completa privatização do sistema previdenciário foi um exemplo do que estou afirmando. Nenhum país rico fez tamanha violência: privatizar a previdência pública, que é uma previdência básica, uma garantia na velhice a que todo cidadão tem direito. Outro exemplo é o da desnacionalização dos bancos de varejo: nenhum dos grandes países ricos permite que isso ocorra e, no entanto, aqui no Brasil o processo vai de vento em popa, sem nenhuma resistência de nossas elites e de nosso governo. Outro caso dramático de exportação de ideologia é aquele que conde-

---

[2] Nos anos 1990, percebendo essa oportunidade em boa parte da América Latina, o governo espanhol não hesitou em subsidiar suas empresas para que elas capturassem essas rendas seguras.

na as políticas industriais. Em nome do livre comércio, os países ricos criticam veementemente essas políticas, enquanto as praticam sem a menor cerimônia. A condenação, porém, faz efeito ao manter muitos dos países periféricos imobilizados. Um último exemplo dessa alienação das elites brasileiras está em aceitarem a tese da "escola da escolha pública", segundo a qual o grande problema da economia brasileira estaria na burocracia pública brasileira, no Estado, nos seus servidores e nos seus políticos, e não nas políticas econômicas equivocadas que são adotadas como fruto da dependência e do populismo econômico.

Essas são as formas através da qual se manifesta, de um lado, o imperialismo industrial ou moderno do Norte (uma combinação de hegemonia ideológica ou de *soft power* com pressões e condicionalidades econômicas), e, de outro, se materializa a dependência e a alienação das elites brasileiras. A dependência ou a independência das elites dos países em desenvolvimento pode ser mais bem compreendida se considerarmos dois tipos possíveis de coalizão de classes: a coalizão de classes nacional e a coalizão dependente. Quando há uma coalizão nacional, isso significa que, não obstante os conflitos de classe, há a básica aliança nacional entre os ricos e os pobres de um país; quando a coalizão é dependente, isso significa que as elites locais preferiram se associar de forma subordinada às elites dos países ricos, em vez de se associar ao seu povo.

A alienação não é apenas das elites econômicas e políticas; é também das elites intelectuais. Basta ver os encontros ou congressos anuais de economistas e demais ciências sociais. Para as grandes conferências são apenas convidados cientistas sociais estrangeiros. Outro exemplo é o do sistema oficial de avaliação de trabalhos científicos do Estado brasileiro — o Qualis —, no qual, na economia, na administração e na ciência política, praticamente não existem revistas brasileiras classificadas nas duas primeiras categorias. Mais amplamente, essa alienação e essa dependência se expressa na adoção de teorias e políticas vindas do exterior que não se aplicam à realidade brasileira, mas são legitimadas pela "superioridade" da cultura estrangeira e o maior "fator de impacto" dos artigos publicados em suas revistas acadêmicas.

13
O modelo exportador de manufaturados

A primeira fase da revolução industrial brasileira, entre 1930 e 1960, foi caracterizada pela substituição de importações: o crescimento acompanhado pela redução do coeficiente de importações (importações divididas pelo PIB). No plano econômico, as transformações alcançadas a partir de então foram notáveis. Formou-se um mercado interno, a substituição de importações efetivou-se, de forma que no final da primeira fase da revolução industrial (a fase propriamente substituidora de importações que começa em 1930 e termina em 1960) o Brasil praticamente não mais importava produtos manufaturados de consumo, produzidos agora no país. Por outro lado, a dependência de nossa economia, e, portanto, da nossa renda nacional com relação à exportação de café e outras *commodities*, diminuiu. O Brasil se transformou em uma economia industrial.

Entre 1961 e 1967, temos um período de crise política, crise econômica e ajustamento, e a partir deste último ano o país entra em uma fase de decidida recuperação econômica, ao mesmo tempo em que muda sua estratégia de desenvolvimento para um modelo exportador de bens manufaturados. Em 1968, 1969 e 1973 a renda cresceu à taxa média de 10%. Foi o "milagre econômico" brasileiro, que só terminaria em 1974, um ano depois da primeira grande alta do preço do petróleo. Essas altas taxas de crescimento foram possíveis porque a estabilização econômica, as reformas institucionais, e as nacionalizações de Campos e Bulhões foram bem-sucedidas, e porque no novo governo, agora com Antonio Delfim Netto como ministro da Fazenda, quatro políticas aceleraram o processo de crescimento: (a) o governo promoveu a mudança da estratégia de desenvolvimento da substituição de importações para uma estratégia de exportação de bens manufaturados; (b) conceituou a inflação que ainda restava como uma inflação de custos e pôde, assim, realizar uma política macroeconômica mais expansiva; (c) garantiu a sustentação da demanda agregada compatibilizando a produção de bens de luxo, sobretudo automóveis, com a concentração da renda da classe média para cima; e (d) garantiu uma taxa de câmbio competitiva, compatível com a exportação de manufaturados, por meio de um mecanismo original de neutralização da doença holandesa.

Teoricamente, a neutralização da doença holandesa se faz sempre mediante um imposto sobre as exportações. Mas esse fato não estava claro para os economistas que identificavam essa política cambial fundamental com a política industrial. Entre 1930 e 1960 esse imposto, o chamado "confisco cambial", se expressara por meio de taxas múltiplas de câmbio. A partir de 1967 expressou-se em um sistema de tarifas de importação e subsídios de exportação que substituiu, a partir desse ano, o mecanismo de neutralização da doença holandesa baseado em taxas de câmbio múltiplas. Ele envolvia uma tarifa média de importação e um subsídio médio de exportação de bens manufaturados, ambos, em média, de 45%. Embutia, portanto, um imposto disfarçado sobre as *commodities* que davam origem à doença holandesa, que equivalia a aproximadamente 33% do valor das exportações de *commodities*. Considerando-se que nos anos 1970 e 1980 a tarifa média de importação era de 50%, e o subsídio às exportações era de 50%, isso tornava a taxa de câmbio efetiva 50% maior que a taxa nominal paga aos exportadores de *commodities*, de maneira que o imposto implícito sobre o seu preço de venda era de 33%.[1] Esse sistema deslocava a curva de oferta dos exportadores para a esquerda em relação à taxa de câmbio, e esse deslocamento depreciava a taxa de câmbio pelo valor do imposto, de modo que o que o produtor pagava sob a forma de imposto ele recebia de volta como taxa de câmbio. A doença holandesa foi assim novamente neutralizada e possibilitou que o país aumentasse dramaticamente suas exportações. Em 1965, as exportações de manufaturados correspondiam a 6% do total exportado; em 1990, 62%.

A EXPORTAÇÃO DE BENS MANUFATURADOS

Conforme Maria da Conceição Tavares assinala em seu clássico trabalho "Auge e declínio do processo de substituição de importações no Brasil" (1963/1972), naquele momento a estratégia de industrialização substituido-

---

[1] Se a taxa de câmbio fosse de R$ 20,00 por dólar, as tarifas de importação e os subsídios de exportação a transformavam em R$ 30,00 por dólar. Como o café e as demais *commodities* não tinham subsídio, o produtor pagava R$ 10,00 por dólar de imposto disfarçado, o chamado "confisco cambial", cujo grande mérito era neutralizar a doença holandesa.

ra de importações já se esgotara. Já vimos que desde o início do século, e sobretudo a partir de 1930, o coeficiente de importações baixara. Estava em 28% do PIB em 1930; caíra para 6% do PIB em 1966. A partir de então o coeficiente de importações cresce um pouco até 1975 graças ao aumento da exportação de manufaturados, volta a cair em seguida, e só passa realmente a crescer a partir de meados dos anos 1990, mas agora com base na exportação de *commodities*. Em 1966, o país chegara ao limite de um projeto de autarquia industrial. Não podia mais basear sua industrialização em uma estratégia voltada para o mercado interno, que implicaria necessariamente a diminuição do coeficiente de importações da economia brasileira. Insistir na estratégia provocaria perdas de economias de escala e baixa produtividade que não eram economicamente sustentáveis. O desenvolvimento econômico brasileiro passara a depender da exportação de bens manufaturados. E foi o que aconteceu. A partir de 1967 o Brasil passou a adotar uma política decidida de apoio à exportação de bens manufaturados, aumentando sua participação nas exportações de maneira dramática: em 1965 ela representava apenas 6% do total das exportações; em 1990, alcançou 62% desse mesmo total (Gráfico 6). Terminou, assim, a estratégia de industrialização substituidora de importações, que se esgotara, e a partir de 1967 teve início a estratégia exportadora de manufaturados. Isso não significou abandonar a proteção à indústria, mas que agora o essencial era incentivar a exportação de bens manufaturados, e que não se neutralizava a doença holandesa apenas em relação ao mercado interno, por meio de tarifas elevadas, mas também em relação às exportações de manufaturados.[2] Em consequência, o Brasil, ao lado da Coreia do Sul, de Taiwan, de Hong Kong, de Singapura e do México, passou a ser um dos NICs — Newly Industrialized Countries.[3]

Observe-se que não se abandonou a proteção à indústria nacional (principalmente a indústria de bens de capital e as indústrias de base, como a

---

[2] Entre 1967 e 1990, a tarifa de importação de bens manufaturados e os subsídios à exportação iniciados em 1967 foram, em média, de 45%. Minha estimativa é que cerca de metade das altas tarifas de importação e cem por cento dos subsídios à exportação de manufaturados não representavam protecionismo, mas sim a neutralização da doença holandesa.

[3] Conforme observou Bela Balassa (1981, p. 12) em seu estudo dos NICs, "uma estratégia de desenvolvimento voltada para fora não deveria ser entendida como uma estratégia favorecendo as exportações em detrimento da substituição das importações. Sua característica era antes prover de incentivos iguais para a produção voltada para o mercado externo e o interno".

petroquímica, que continuaram a ser prioridade do governo e objeto de substituição), mas o fundamental era exportar manufaturados. As tarifas de importação não representavam apenas uma política de proteção à indústria infante, implicavam também a neutralização da doença holandesa do lado das importações. Agora era preciso fazer a mesma coisa do lado das exportações — era preciso "subsidiar" a exportação de manufaturados. O que foi feito. E registro entre aspas o "subsidiar" porque, na verdade, embora tivesse a forma de subsídio, não era um estímulo para que empresas ineficientes exportassem; era a maneira de garantir às empresas brasileiras uma taxa de câmbio efetiva que as tornasse internacionalmente competitivas.

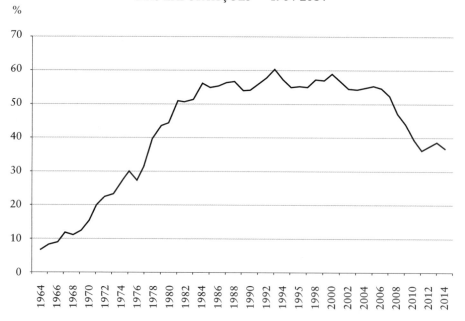

Gráfico 6
PARTICIPAÇÃO DA INDÚSTRIA DE TRANSFORMAÇÃO
NAS EXPORTAÇÕES — 1964-2014

Fonte: Ministério do Desenvolvimento, Indústria e Comércio Exterior (MDIC).

A estratégia de desenvolvimento deixara, portanto, de ser substituidora de importações para ser exportadora de manufaturados. O coeficiente de importações da economia deixara de cair e voltara a crescer um pouco. E o mercado interno voltou a se expandir, mas, como já acontecera no período da estratégia substituidora de importações, esse crescimento foi acompanhado por aumento da desigualdade econômica. Configurava-se, assim, uma nova estratégia de desenvolvimento que, além de ser exportadora de manufaturados, era fortemente concentradora de renda da classe média para cima. Em um livro de 1977, denominei essa estratégia "modelo de subdesenvolvimento industrializado", porque mantinha o caráter dual (e, portanto, subdesenvolvido) da economia e da sociedade brasileira: uma elite capitalista e duas camadas médias (a classe média capitalista e a classe média tecnoburocrática). Sob a égide do Pacto Autoritário-Modernizante de 1964, a nova estratégia econômica definida pelos militares, por Delfim Netto e por João Paulo dos Reis Velloso continuava voltada para a substituição de importações na área da indústria pesada e dos bens de capital, mas já fortemente voltada para a exportação de bens manufaturados.

A alta taxa de crescimento a partir de 1967 terá como explicações básicas, de um lado, uma nova política macroeconômica que deixa de ver a inflação como um problema essencialmente de demanda para, adotando a tese de Ignácio Rangel, diagnosticá-la como de custos. De outro, um processo de concentração de renda da classe média para cima que serve de demanda para uma oferta de bens de luxo, principalmente de automóveis. Assim, enquanto os trabalhadores estão agora excluídos do pacto político e devidamente marginalizados, a classe média, tanto burguesa como profissional ou tecnoburocrática, é beneficiada.

O DESENVOLVIMENTISMO DE VOLTA

O novo governo sob o comando do general Costa e Silva surpreendeu a todos com uma política macroeconômica desenvolvimentista. O novo ministro da Fazenda, Antonio Delfim Netto, a partir de uma perspectiva que ele havia aprendido com Ignácio Rangel, define a inflação como sendo *de custos*.[4] Afirma que, em 1967, o processo inflacionário brasileiro mudara de uma fase de predominante expansão da demanda, com níveis elevados de utilização de capacidade produtiva, para uma fase de predominante expansão de custos, com níveis acentuados de capacidade ociosa. A inflação prosseguiu, apesar da retração da demanda, devido à influência da elevação autô-

---

[4] Alguns anos antes, em 1963, quando fazia meu doutorado com Delfim Netto, no seminário semanal que ele organizava, lemos e discutimos o recém-lançado livro de Rangel, *A inflação brasileira*.

noma de certos custos, da elevação da taxa de juros, do aumento do custo médio resultante de menores vendas e da ação das expectativas.[5]

Os resultados da política econômica iniciada por Delfim Netto mostraram-se positivos. Definindo a inflação sobretudo como de custos e apenas secundariamente como de demanda, o governo não teve receio de tomar medidas, ainda que sempre limitadas, para estimular a procura. Nesses termos, a política salarial foi reformulada, procurando-se compensar as perdas que os assalariados haviam sofrido com a subestimação do resíduo inflacionário. A política de crédito revelou-se mais flexível. Os investimentos governamentais continuaram em nível elevado. O estímulo à procura permitiu que as empresas aumentassem sua produção e que os níveis de emprego fossem restabelecidos. Entrava, assim, a economia em um processo cumulativo de prosperidade, em que o aumento da procura estimulava a produção e esta, por sua vez, voltava a estimular a procura. Os lucros das empresas aumentavam, de forma que estas não tinham mais aquela necessidade de aumentar seus preços para cobrir seus custos.

O governo, por sua vez, coerente com sua definição da inflação, estreitava cada vez mais os controles administrativos sobre os preços industriais. Se a inflação é de custos, isto é sinal de que os preços estão sendo estabelecidos em termos monopolistas. Nestas circunstâncias, portanto, não tem sentido pretender combater a inflação com severas restrições à demanda. É preciso liberá-la, ao mesmo tempo em que se exerce um severo controle dos custos e preços dos setores monopolistas. Essa política foi adotada por meio da criação do Conselho Interministerial de Preços, que controlava custos e preços das 350 maiores indústrias brasileiras, precisamente o setor oligopolista da economia. Além disso, o déficit do governo era contido dentro de estreitos limites, e o crédito bancário controlado, de forma que, ao mesmo tempo em que entrávamos em um período de relativa prosperidade, a inflação se reduzia para quase metade da verificada entre 1965 e 1966, girando em torno de 25% entre 1967 e 1968, e caindo ainda mais em 1969.

Com relação à redução do déficit do governo e das emissões de papel-moeda, é preciso salientar que isso foi em parte possível graças ao ajuste fiscal ocorrido durante o governo Castello Branco. Este governo, embora não tenha distinguido inflação de custos da inflação de demanda, com prejuízos para o desenvolvimento brasileiro, teve por mérito facilitar o trabalho do governo Costa e Silva em conter o déficit público. Os dois principais fatores

---

[5] Documento do Ministério do Planejamento e Coordenação Econômica, 1967.

que permitiram esta contenção, porém, foram o novo aumento dos impostos e a prosperidade que possibilitou maior arrecadação. Além disso, é preciso salientar que o déficit, mais que uma causa, era uma consequência da inflação. Na medida em que o governo conseguia reduzir a taxa inflacionária (de custos) mediante o estímulo à demanda e ao controle dos preços, tornava-se mais fácil controlar o déficit de caixa e as emissões, evitando-se que a espiral inflacionária ganhasse fôlego.

Outro aspecto positivo da conjuntura econômica no governo Costa e Silva, além da redução da taxa de inflação, era o aumento das exportações. Estas foram elevadas em 1967, atingindo um recorde de 1.890 milhões de dólares em 1968, e superando 2 bilhões de dólares em 1969. Além da situação econômica internacional favorável, um fator que teve influência positiva sobre as exportações, especialmente as exportações de manufaturados, foi o estabelecimento, pelo ministro da Fazenda em 1967, de uma taxa cambial móvel que acompanhava a inflação. Esta política de minidesvalorizações cambiais, além de limitar a especulação, deu maior segurança aos exportadores, que não se arriscavam a ver, de repente, que os produtos que exportavam haviam se tornado gravosos porque, por exemplo, o governo decidira usar a taxa de câmbio como âncora para controlar a inflação.

Breve teoria 8
DOENÇA HOLANDESA E SUA NEUTRALIZAÇÃO

A industrialização brasileira, tanto em sua primeira fase, substituidora de importações, como em sua segunda fase, exportadora de manufaturados, somente foi possível porque o Brasil neutralizou sua doença holandesa. Como pode ter isso acontecido, se, para se desenvolver, um país precisa de uma taxa de câmbio competitiva, e se os formuladores da política de desenvolvimento econômico do país não tinham o conceito de doença holandesa ou de maldição dos recursos naturais? De fato, eles não tinham uma ideia clara da doença holandesa, porque o primeiro modelo que definiu a doença holandesa foi o de Corden e Neary (1982), baseado na formação de dois setores na economia e na desindustrialização, e o segundo foi o meu (Bresser-Pereira, 2008), que salientou a origem da doença holandesa em rendas ricardianas originadas da abundância de recursos naturais e destacou a existência de duas taxas de câmbio de equilíbrio, a de equilíbrio corrente e a de equilíbrio industrial. A doença holandesa e as políticas que, intuitivamente, os economistas desenvolvimentistas brasileiros adotaram para neutralizá-la são fundamentais para compreender a industrialização brasileira entre 1930 e 1980.[1] Como também a falta dessa política cambial é essencial para compreender a desindustrialização, acompanhada de baixas taxas de crescimento, que ocorreu a partir de então.

A doença holandesa pode ser definida de maneira muito simples: é uma sobreapreciação de longo prazo da taxa de câmbio de um país causada pelo fato que as *commodities* que exporta se beneficiam de rendas ricardianas e/ou são sujeitas a *booms* de preços, e, por isso, podem ser exportadas com lucro a uma taxa de câmbio (equilíbrio industrial) substancialmente mais apreciado do que a taxa de câmbio necessária para que as empresas de bens *tradable* não-*commodities* que utilizam tecnologia no estado da arte mundial possam ser exportadas também com lucro. Um país tem, portanto, a doença holandesa quando existem nele duas taxas de câmbio de equilíbrio: a taxa de câmbio de equilíbrio corrente, que equilibra intertemporalmente a conta-corrente do país, e a taxa de câmbio de equilíbrio industrial, que é a taxa de câmbio *necessária* para que empresas de bens comercializáveis utilizando tecnologia no estado da arte mundial sejam competitivas. Essas duas taxas de câmbio ou esses dois preços "necessários" são pensados em termos do *valor* da moeda estrangeira — ou seja, são definidos em função de qual seja o preço necessário para que, respectivamente, as empresas produtoras de *commodities* e as empresas produtoras de outros bens transacionáveis sejam competitivas.[2] A taxa de câmbio nominal ou de mercado flutua em torno do equilíbrio mais baixo, o equilíbrio corrente, inviabilizando ou tornando muito difícil

---

[1] Celso Furtado (1957/2008), em um trabalho que escreveu para a CEPAL sobre a Venezuela, publicado apenas há pouco, praticamente já havia descrito o problema.

[2] Quando escrevi o modelo original de doença holandesa (Bresser-Pereira, 2008) eu tinha apenas uma ideia vaga do que era o valor da taxa de câmbio. Esclareci o assunto em Bresser-Pereira (2013), "The Value of the Exchange Rate and the Dutch Disease".

a vida das demais empresas do país. A diferença entre os dois equilíbrios é causada pelas "rendas ricardianas" obtidas pelo país em decorrência de seus recursos naturais abundantes e baratos. A produção e exportação de *commodities* que dão origem à doença holandesa são economicamente viáveis a uma taxa de câmbio substancialmente mais apreciada que aquela necessária para que as demais empresas competentes do país possam ter *acesso* ao mercado externo e mesmo ao interno.

A doença holandesa recebeu esse nome porque os holandeses descobriram gás natural nos anos 1960 e, em consequência, o florim se apreciou e seu governo percebeu que aquela "bênção" era, na verdade, uma maldição, porque a apreciação de sua moeda estava matando sua moderníssima indústria. Por isso ela é também denominada "maldição dos recursos naturais". Uma maldição porque, quando o câmbio se aprecia, a empresa industrial passa a receber menos moeda local por dólar exportado, seus custos excedem sua receita em moeda local, e ela deixa de exportar; um pouco depois, os importadores passam a importar os bens que ela fornecia para o mercado interno, e também o acesso ao mercado interno lhe é negado. A desindustrialização torna-se inevitável.

A diferença entre o equilíbrio industrial e o equilíbrio corrente nos indica a gravidade da doença holandesa. Em países em que as rendas ricardianas são elevadas, a gravidade da doença é alta, e os investimentos em outras indústrias de bens comercializáveis serão inviáveis se o país não neutralizá-la através de uma política cambial adequada; em países nos quais as rendas ricardianas não são tão grandes, a diferença entre as duas taxas de equilíbrio é relativamente pequena, e as empresas manufatureiras mais eficientes e beneficiadas com alguma proteção tarifária poderão sobreviver no mercado interno, mas dificilmente poderão exportar. O primeiro caso é típico de países como a Venezuela e a Arábia Saudita, o segundo, de países como o Brasil, que fez sua abertura comercial e financeira (1990-1992) e, a partir de então, deixou de administrar sua taxa de câmbio. Desde então, começou a se desindustrializar de maneira prematura e a crescer lentamente, mas não destruiu toda a sua indústria de transformação.

A neutralização da doença holandesa se faz por meio da imposição de um imposto variável sobre as exportações das *commodities* que dão origem a ela. Esse imposto deve ser igual à diferença, em moeda nacional, das duas taxas de câmbio de equilíbrio. Esse imposto aumenta o *custo* da moeda estrangeira (aumenta, portanto, o *valor* da moeda estrangeira), e faz com que ele se iguale ao equilíbrio industrial, neutralizando-se, assim, a doença holandesa. Em outras palavras, o imposto desloca a curva de oferta em relação à taxa de câmbio (não em relação ao preço internacional que se supõe constante) para cima, até o nível industrial, na medida em que os produtores da *commodity* só estarão agora dispostos a produzir as mesmas quantidades que a demanda estava absorvendo se a taxa de câmbio for correspondentemente depreciada. Observe-se que o imposto não afeta o preço internacional da *commodity*; afeta apenas sua oferta pelos produtores nacionais em relação à taxa de câmbio. Se, por exemplo, dado o preço internacional da soja, seus produtores estão exportando 100 a uma taxa de R$ 2,40 por dólar, e o governo entende que a taxa de câmbio de equilíbrio industrial é de R$ 3,00 por dólar, a imposição de um imposto de R$ 0,60 por dólar exportado neutralizará a doença holandesa, porque, dado o imposto, os produtores de soja só estarão dispostos a continuar a produzir e exportar a mesma quantidade se a taxa de câmbio se deslocar para esse nível. O imposto deve ser variável, sendo alterado de acordo com a mudança do preço internacional da *commodity*. Se a gravidade da doença holandesa não for grande, como é o caso do Brasil, em certos momentos o preço da *commodity* pode cair tanto que a exportação se torna "gravosa". Nesse caso o governo, além de zerar o imposto, deverá definir um subsídio transitório para os produtores.

Quem paga o imposto é o produtor e exportador da *commodity*, mas, afinal, ele não é onerado, porque aquilo que gasta com o imposto ele recebe de volta em termos de desvalorização cambial. Por isso, não há razão econômica para que os exportadores se oponham ao imposto.

14

Auge e declínio nos anos 1970

A expansão iniciada em 1967 alcança seu auge em 1973. É o período do "milagre econômico", no qual a economia cresceu a uma taxa anual de 11,3% e a indústria a uma taxa de 12,7% ao ano (Tabela 4). Graças ao aumento da poupança, proporcionado pelos amplos lucros das novas empresas estatais, cujos preços haviam sido corrigidos no período de ajuste anterior (1964-1967), e à boa situação financeira do Estado brasileiro, que se expressava em uma poupança pública elevada, alcançando 9,5% do PIB em 1973, os investimentos privados e os investimentos do Estado eram também elevados (15,7% e 9,5% do PIB, respectivamente), de forma que nesse ano a taxa de investimento alcançou 27,2% do PIB. A partir de 1974, tem início um processo de desaceleração econômica que culmina com a recessão de 1981. No período entre 1967 e 1973, o Produto Interno Bruto cresceu a uma taxa de 11,3%, enquanto entre 1974 e 1981 essa taxa reduziu-se para 5,4%. A produção industrial sofreu uma queda mais acentuada na taxa de crescimento: cresceu 12,7% ao ano no primeiro período, contra 5,4% entre 1974 e 1981.[1] Estávamos assistindo a um segundo ciclo de expansão industrial no quadro do modelo exportador, que continuava a ter um elemento de substituição de importações, mas que era agora exportador de bens manufaturados.

Desde os anos 1950, a economia brasileira alcançara suficiente densidade industrial para passar a ser palco dos ciclos econômicos clássicos. A existência de uma completa indústria de bens de consumo, mas também de uma indústria de bens de capital e de insumos básicos, permitiu que os ciclos econômicos de sobre e subacumulação de capital se tornassem endógenos, ligados à dinâmica interna do sistema capitalista brasileiro. O ciclo econômico no Brasil deixava de ser mero reflexo dos ciclos das economias centrais, que se reproduziam aqui através da elevação ou da queda de preços dos

---

[1] Agradeço a Geraldo Gardenalli pela colaboração no levantamento dos dados e pelas críticas e sugestões.

produtos exportados (principalmente o café) e do valor das nossas exportações; deixava, portanto, de ser o ciclo primário-exportador, de caráter exógeno, e passava a ser resultado da dinâmica interna do sistema capitalista brasileiro. Mas, ao mesmo tempo, o ciclo econômico interno continuava a refletir os movimentos cíclicos do capitalismo internacional, com o qual a economia brasileira é naturalmente e cada vez mais solidária. A Tabela 4 apresenta a evolução do produto brasileiro no período analisado. Um problema preliminar em relação à crise iniciada em 1974 era saber se se tratava efetivamente de um fenômeno cíclico.

Tabela 4
CICLOS INDUSTRIAIS — 1955-1981
(taxas anuais de crescimento %)

Períodos	PIB	Indústria	Agricultura	Serviços
1955-1962	7,1	9,8	4,5	6,8
1963-1967	3,2	2,6	4,2	3,7
1968-1973	11,3	12,7	4,6	9,8
1974-1981	5,4	5,4	4,9	6,6

Fontes: Contas Nacionais/FGV e revista *Conjuntura Econômica*, vol. 35, maio de 1982 (para o PIB de 1981).

Embora não haja dúvida quanto à importância de fatores exógenos na explicação dos ciclos econômicos, estes são causados por um processo de sobreacumulação na fase de expansão, seguido de uma drástica redução dos investimentos na desaceleração. Em geral, ao ciclo econômico se soma o *ciclo financeiro*, que em toda parte é fruto da ação especulativa dos agentes financeiros, e que, nos países em desenvolvimento, é adicionalmente fruto da tendência cíclica e crônica à sobreapreciação da taxa de câmbio. Nesse ciclo a taxa de câmbio se aprecia à medida que o país vai se endividando em moeda estrangeira, até o momento em que os credores externos perdem a confiança, suspendem a renovação dos créditos, e o país quebra. A crise de balanço de pagamentos só ocorreria em 1981, mas houve uma reversão do ciclo econômico em 1974. O primeiro choque do petróleo, em 1973, teve um papel nessa reversão, mas não houve crise externa. Pelo contrário, a partir daí o governo decidiu "crescer com poupança externa" — o que levaria a uma crise financeira mortal em 1981.

Concentração da classe média para cima

Somente é possível compreender o "milagre econômico" de 1968-1973, e, mais genericamente, a alta taxa de desenvolvimento econômico alcançada até 1980, considerando-se a concentração de renda da classe média para cima que acontece nesse período. Uma característica central do desenvolvimento econômico ocorrido durante o regime militar foi o da compatibilização da concentração de renda com a existência de demanda para os bens relativamente de luxo que a indústria brasileira passara a produzir na década anterior, especialmente os automóveis. Em princípio, dado que o consumo é determinado sobretudo pelos salários, é necessário que seu aumento seja proporcional à taxa de produtividade para que a demanda seja sustentada. Isso não ocorreu nessa época (nos anos 1960, os salários cresceram claramente menos que a produtividade e ocorreu forte concentração da renda), mas o capitalismo sempre encontrou formas de contornar essa restrição. Na fase inicial do desenvolvimento, uma política planejada de produção de bens de capital e de bens intermediários que criam demandas cruzadas é a solução clássica. A política de exportações pode, durante algum tempo, obter esse resultado. Uma terceira forma é a de substituir aumento de salários pelo aumento de crédito, como vimos nos Estados Unidos no período que antecedeu a Crise Financeira Global de 2008. No Brasil, nos anos 1970, a forma encontrada para compatibilizar crescimento com salários crescendo menos que a produtividade foi incluir a classe média entre os beneficiados do desenvolvimento econômico.

Em 1966, diante da redução da produtividade do capital decorrente de investimentos intensivos que reduziam a relação capital-produto do país, e diante do baixo crescimento dos salários, Celso Furtado previa, em *Subdesenvolvimento e estagnação da América Latina*, que o Brasil e, mais amplamente, a América Latina, caminhavam para a estagnação. Ele se enganou. Pouco depois desencadeava-se o "milagre econômico". Como explicar o fato? Em 1970, a partir de uma sugestão que fizera Antonio Barros de Castro em conferência em São Paulo, eu publico o artigo "Dividir ou multiplicar: a distribuição de renda e a recuperação da economia brasileira", que oferecia uma explicação para o problema: além do fato de que a economia brasileira estava se voltando para a exportação de manufaturados, estava havendo a concentração de renda da classe média para cima.[2] Na mesma

---

[2] Este artigo foi publicado originalmente em *Visão*, em novembro de 1970. Desde

época, Maria da Conceição Tavares e José Serra (1971/1972) trabalhavam em um artigo, publicado no ano seguinte, "Más allá del estancamiento", que oferecia explicação semelhante à minha. Conforme mostra a Tabela 5, retirada do meu artigo de 1970, a desigualdade econômica aumentara substancialmente nas cidades selecionadas entre o começo e o fim da década.

Tabela 5
DISTRIBUIÇÃO DE RENDA
SEGUNDO QUINTOS DA POPULAÇÃO — 1960-1967
(% sobre totais)

Cidades		1° Quintil	5° Quintil
Recife	1960 Outubro	10,3	47,1
	1967 Março	3,2	56,4
Salvador	1962 Julho	5,6	50,5
	1967 Agosto	3,8	51,0
Fortaleza	1962 Abril	8,0	48,8
	1965 Julho	5,3	49,0
João Pessoa	1964 Novembro	5,6	50,8
	1967 Julho	2,8	54,1
São Luís	1963 Setembro	5,6	43,9
	1967 Fevereiro	4,6	52,4

Fonte: *Distribuição e níveis da renda familiar no Nordeste urbano* (Fortaleza, Banco do Nordeste do Brasil, 1969, p. 22).
Pesquisa realizada por BNB/ETENE — SUDENE.

Por outro lado, puxado pelo crescimento da economia, o salário médio estava crescendo fortemente (Tabela 6), enquanto o salário mínimo crescia lentamente. Assim, confirmava-se a hipótese inicial: o crescimento econômico acelerado ocorria através da concentração de renda da classe média para cima. O salário mínimo é uma indicação, ainda que imperfeita, da remuneração das camadas mais pobres da população. Segundo dados do Ministério do Trabalho, em São Paulo, a cidade mais rica do Brasil, cerca de 30% dos empregados recebiam salário mínimo. Já o salário médio é influenciado, de

---

a terceira edição de *Desenvolvimento e crise no Brasil* (1972) foi incorporado ao livro como uma de suas seções. Está também disponível em <www.bresserpereira.org.br>.

um lado, pelo salário mínimo, e de outro, pelos salários elevados, que são pagos aos operários especializados, aos mestres, aos técnicos, ao pessoal de escritório, aos engenheiros, às funções técnicas e burocráticas típicas da classe média, desde a baixa classe média até a alta classe média. Se o salário mínimo caía e, mesmo assim, o salário médio crescia, era óbvio que isso estava ocorrendo devido a uma redistribuição de renda em favor daqueles que recebiam os maiores salários.

Tabela 6
SALÁRIO MÉDIO REAL
NO ESTADO DE SÃO PAULO — 1965-1970

Ano	Cr$
1965	405,70
1967	466,00
1968	400,70
1969	471,00
1970	534,10

Fonte: IBGE.
Observação: Dados referentes a março, exceto 1970 (dado de fevereiro).

Modelo tecnoburocrático-capitalista

Nos anos 1970, denominei o modelo desenvolvimentista exportador de bens manufaturados também de "modelo de subdesenvolvimento industrializado" para assinalar a concentração de renda da classe média para cima que o caracterizará. Dessa forma, se mantinha no Brasil uma sociedade dual, formada por incluídos e excluídos do desenvolvimento capitalista, ao mesmo tempo em que se garantia demanda para a indústria produtora de bens de luxo através de um processo de concentração de renda que incluía a classe média profissional e a classe média burguesa — os donos de diplomas universitários e os empresários de pequenas e médias empresas.

O modelo de subdesenvolvimento industrializado e o Pacto Autoritário-Modernizante de 1964 constituem um todo único que, no plano de abstração em que estou trabalhando, exige uma análise integrada. Poderíamos também falar em "capitalismo de Estado", mas essa denominação retiraria ao modelo sua especificidade. Tivemos, de fato, entre 1964 e 1984, uma sociedade tecnoburocrática-capitalista na qual o poder político ficou sob o comando tecnoburocrático do governo, e os grupos beneficiados foram sobretudo os empresários industriais. Mas as empresas multinacionais e os bancos internacionais também muito se beneficiaram, estes últimos na medida em que o país tentou crescer com poupança externa e acabou vítima da Grande Crise da Dívida Externa dos Anos 1980.

O modelo exportador de bens manufaturados adotado a partir de 1967 foi resultado do Pacto Autoritário-Modernizante de 1964 que reuniu a tecnoburocracia pública civil e militar e a burguesia industrial. No quadro dessa coalizão de classes, o Estado controlava diretamente uma substancial parcela da economia nacional por intermédio das empresas estatais; planejava os grandes investimentos na infraestrutura e na indústria de base; estabelecia, além da política fiscal e monetária, a política cambial e a salarial, controlando assim os principais preços macroeconômicos; e promovia uma política industrial que se confundia com a política macroeconômica, na medida em que o sistema de tarifas de importação e de subsídios à exportação equivalia ao controle da taxa de câmbio com a neutralização da doença holandesa. O Estado e a empresa capitalista complementavam-se. O grande governo produzia energia elétrica, transportes, aço, petróleo e comunicações, e criava demanda para a indústria de bens de capital. Esta, como o restante da indústria de transformação, era privada, e seu setor estratégico era a indústria automobilística. Em alguns setores, especialmente na indústria petroquímica, a tríplice aliança entre a tecnoburocracia pública, os empresários industriais e as empresas multinacionais manifestou-se de maneira formal — e foi objeto de tese de doutorado de Peter Evans (1979), um dos mais brilhantes sociólogos americanos.

ENDIVIDAMENTO EXTERNO

O acesso do Brasil e dos demais países latino-americanos ao crédito externo deveu-se ao aumento da liquidez internacional, mais precisamente ao aumento de eurodólares disponíveis para empréstimos externos depois que o choque do petróleo de 1973 produziu enormes saldos comerciais nos países produtores e exportadores de petróleo. Da nossa parte, a estratégia equivocada do governo era aumentar o mais possível a dívida externa bruta adotando como garantia reservas internacionais elevadas. Esperava assim evitar a crise financeira, mas em 1981 o Brasil entra em uma crise financeira maior — a Grande Crise da Dívida Externa dos Anos 1980.

Uma consequência da reversão cíclica mundial de 1974 e da política de endividar-se para crescer foram as entradas de capital que apreciaram a taxa de câmbio e levaram a um explosivo processo de endividamento externo. A política de crescimento com poupança externa (cuja crítica está na *Breve teoria 9*) é uma política que leva o país, sucessivamente, ao aumento do consumo mais que ao aumento do investimento, à fragilidade financeira internacional, e, afinal, à crise de balanço de pagamentos. O país, até o início dos anos 1970, inclusive no período do "milagre econômico", crescera rapidamente recorrendo pouco à poupança externa. Quando, porém, passou a recorrer de maneira irresponsável à poupança externa (Tabela 7), a taxa de crescimento não aumentou, mas caiu: de 11,3% no período 1968-1973 para 5,4% ao ano no período 1974-1981, ao mesmo tempo em que a dívida externa mais que dobrou de 1976 para 1981. Esta tabela, porém, não contém todo o mal que representou esse recurso à poupança externa, porque foi a partir de 1982 que a economia brasileira entrou em completa estagnação, em consequência da crise financeira — da crise de balanço de pagamentos —, que foi a Grande Crise da Dívida Externa dos Anos 1980.

Tabela 7
TRANSAÇÕES CORRENTES E DÍVIDA EXTERNA — 1971-1981
(anos selecionados, em milhões de dólares)

Ano	Transações correntes	Dívida externa
1971	-1.898	7.947
1973	-2.936	13.962
1976	6.784	30.970
1978	-13.407	50.143
1981	-9.113	71.878

Fontes: Banco Central e revista *Conjuntura Econômica*.

O endividamento destinava-se a financiar déficits na conta-corrente, que, se esperava, aumentariam a taxa de acumulação de capital. Entretanto, embora não se importasse diretamente bens de consumo, esses déficits levaram também ao aumento dos níveis de consumo, na medida em que apreciavam a moeda nacional e implicavam aumento artificial dos salários. Ao acontecer, no final de 1973, a quadruplicação do preço do petróleo, seria natural a mudança da política de déficits em conta-corrente e de endividamento externo. Não foi, entretanto, o que ocorreu. A euforia do "milagre econômico" contagiou a política econômica brasileira. Quando, em 1974, o milagre já terminara, e o mundo se defrontava com as consequências do primeiro choque do petróleo (1973), o presidente que tomou posse, general Geisel, declarou o Brasil uma "ilha de prosperidade", ao mesmo tempo que formulava em termos grandiosos o Plano Nacional de Desenvolvimento (II PND). Este plano promoveu o desenvolvimento da infraestrutura (por conta do Estado), da indústria de insumos básicos (por conta do Estado e de grandes empresas, inclusive estrangeiras no caso da petroquímica), e da indústria de bens de capital, por conta dos empresários nacionais. Para financiar esse plano, decidiu recorrer à poupança externa, e as empresas estatais receberam a incumbência de se endividar em dólares, ao mesmo tempo que o governo passava a usar a contenção dos seus preços para controlar a inflação. Essa inaceitável contenção de preços será a origem da crise dessas empresas nas décadas seguintes. Não houve problema de clientelismo em relação a elas, beneficiadas pela política de insulamento burocrático. Pelo contrário, através do autofinanciamento, elas haviam, desde 1964, sustentado seus grandes investimentos — particularmente a Eletrobras e a Telebras. Não obstante, devido à contenção de preços, ficaram vulneráveis e foram em boa parte privatizadas.

Em 1977, o endividamento externo já havia alcançado um nível tão elevado que tendia a transformar-se em bola de neve. Por outro lado, a partir de 1977, tem início uma dramática deterioração das relações de troca do Brasil, agravada em 1979 pelo segundo choque do petróleo. O índice de preço das exportações brasileiras em relação às importações caiu de 112,7 para 65,1 entre 1977 e 1981. Enquanto o Brasil se endividava irresponsavelmente, em 1979 o Tesouro americano, diante da estagflação (uma forma de inflação inercial) que ocorria então na economia dos Estados Unidos, decidiu elevar dramaticamente a taxa de juros. Em consequência, a taxa de juros internacional subiu de forma explosiva. Como, de acordo com os contratos de endividamento, os pagamentos dos juros e das amortizações da dívida externa brasileira (não o total da dívida) estavam indexados à taxa de juros internacional (geralmente, à Libor), o valor desses pagamentos aumentou. Por outro lado, dado o contínuo crescimento da dívida externa do Brasil, a partir de 1980 e definitivamente a partir de 1981 os bancos credores deixaram de rolar a dívida brasileira. O país voltava, assim, a quebrar, como quebrara em 1930. Desencadeou-se a crise financeira mais grave por que passou a economia brasileira em sua história. O país não enfrentava mais uma simples crise de liquidez, mas uma crise de solvência que teria consequências trágicas para a economia brasileira não apenas em termos de crescimento — os anos 1980 serão anos de completa estagnação —, mas também de desencadeamento da alta inflação inercial (*Breve teoria 10*) que assombraria o país até 1994.

Os equívocos de 1979-1980

No início de 1979, o quadro da economia brasileira já apresentava claros sinais de crise. A inflação acelerava-se perigosamente para 77% naquele ano; o endividamento externo começava a se tornar preocupante em face do novo choque do petróleo e da elevação das taxas de juros internacionais. O déficit público, que já alcançara 5,3% do PIB em 1978, aumenta para 8,1% em 1979.[3] Finalmente, para fazer frente à inflação que voltava a aumentar, havia-se permitido que o cruzeiro se valorizasse ao mesmo tempo em que se seguravam os preços cobrados pelas empresas estatais. Estas, que haviam se autofinanciado desde 1964 — o que permitira grande expansão dos serviços de produção de energia e de comunicações —, viam-se agora deficitárias e obrigadas a se endividar em moeda estrangeira. Era o fim prematuro do grande arranque da economia brasileira iniciado em 1930 que se anunciava; terminava então o Ciclo Nação e Desenvolvimento.

Na mudança do governo Geisel para o governo Figueiredo, Mario Henrique Simonsen deixa o Ministério da Fazenda (que ocupava desde 1974) e assume o Ministério do Planejamento. Para enfrentar a crise provocada pelo segundo choque do petróleo e pelo aumento dos juros internacionais, Simonsen se dispõe a (a) acelerar as minidesvalorizações; (b) reduzir as despesas do Estado e os subsídios; (c) unificar o orçamento fiscal e monetário; (d) desaquecer a economia para reduzir as importações e segurar a taxa de inflação. Diante dessa perspectiva adversa, os empresários apoiaram Antonio Delfim Netto, que entre 1967 e 1973 comandara a economia brasileira com grande competência, o que, afinal, levou Simonsen a renunciar. Delfim assumiu o Ministério do Planejamento em agosto de 1979 com plenos poderes, supondo que reeditaria o êxito de 1967. Para isso, formulou uma estratégia expansionista, a partir da premissa de que a inflação seria uma inflação sobretudo de custos. Se a economia se expandisse ao mesmo tempo em que o governo controlasse administrativamente os preços, as empresas seriam le-

---

[3] Cálculos de Doellinger (1982). Em 1980 essa porcentagem caiu para 7,3%.

vadas a reduzir suas margens de lucro (lucro sobre a venda), reduzindo a pressão inflacionária, mas sua taxa de lucro (lucro sobre o capital) seria mantida, já que suas vendas estariam aumentando.

A situação de 1979, entretanto, era diversa. Enquanto em 1967 o orçamento do Estado estava equilibrado e a dívida externa do país era reduzida, naquele momento estávamos em situação oposta. Por outro lado, em 1967 estávamos saindo naturalmente de uma crise cíclica, enquanto em 1979 estávamos nos aprofundando nessa crise. Os trabalhadores, em 1967, estavam neutralizados, facilitando a política de arrocho salarial, enquanto em 1979 eles realizavam grandes movimentos sindicais a partir de São Bernardo do Campo. Na verdade, o único ponto em comum das duas etapas era o componente de custos da inflação. Não é surpreendente, portanto, que a nova política não tenha alcançado o resultado esperado. Durante o segundo semestre de 1979 foram realizados vários reajustes de preços das empresas estatais (a chamada "inflação corretiva"), que pressionaram fortemente os preços para cima. Em dezembro de 1979, diante da sobreapreciação do cruzeiro, foi feita uma maxidesvalorização de 30% que causou graves prejuízos para as empresas estatais, que haviam se endividado em dólares. Mas, devido ao forte componente inercial ou indexado da inflação já naquele momento, essa desvalorização teve forte efeito inflacionário, assim se autoanulando. Em seguida, o governo cometeu seu erro mais grave: prefixou as minidesvalorizações da taxa de câmbio em níveis inferiores ao da taxa de inflação esperada. Pretendia, com isso, reduzir e orientar as expectativas inflacionárias das empresas, que assim diminuiriam a taxa de crescimento de seus preços. Desse modo, o governo adotava sua política de controle da inflação nas expectativas dos agentes, ignorando o conflito distributivo ou a necessidade de equilíbrio dos preços relativos.[4] Essa política parte do pressuposto neoclássico das "expectativas racionais" que então se tornara dominante nas universidades americanas — o pressuposto de que os agentes econômicos formam suas expectativas de forma racional a partir do seu conhecimento intuitivo da "boa" teoria econômica. O Brasil adotava, assim, uma política semelhante àquela que fora adotada um pouco antes na Argentina por Martínez de Hoz com resultados desastrosos, e que, aproximadamente ao mesmo tempo que no Brasil, foi também adotada no Chile, com resultados igualmente desastrosos, na medida em que os agentes econômicos ignoravam a

---

[4] Os preços relativos estão em equilíbrio em uma economia quando as taxas de lucro são razoavelmente iguais, quando, portanto, a lei fundamental dos mercados, a tendência à equalização da taxa de lucro, está ocorrendo.

"orientação cambial" que lhes era oferecida e continuavam a aumentar inercialmente seus preços para manter sua participação na renda. Em consequência, a moeda nacional se apreciava fortemente, causava forte aumento no déficit em conta-corrente e na dívida externa, e desse modo encaminhava o país para a crise de balanço de pagamentos.[5] Naturalmente, essa política liberal também não funcionou no Brasil. Enquanto a inflação subia a quase 120%, as correções monetária e cambial ficavam em menos de 60%. Esta era uma violência à *lei do valor*, que também se aplica à taxa de câmbio,[6] cujos efeitos distorcivos foram imediatos. Com a valorização da taxa de câmbio, a taxa de juros real subiu, o câmbio negro de dólares reapareceu, os salários reais e o consumo interno aumentaram no curto prazo (enquanto o desestímulo aos investimentos não provocava a desaceleração da economia). Assim, em um quadro internacional em que a economia reclamava ajuste, esta entrou em clima de euforia no Brasil, o PIB cresceu nada menos que 8%, as importações cresceram desmesuradamente, o déficit da balança comercial elevou-se para 3,4 bilhões de dólares, o endividamento externo que estava em US$ 50,143 bilhões em 1978 subiu para 71,878 bilhões de dólares em 1981 (Tabela 7). Naturalmente, o cruzeiro revalorizou-se, anulando a maxidesvalorização de 1979, da qual restou apenas seu efeito negativo: a forte aceleração da inflação para cerca de 100% ao ano, iniciando-se, assim, um período de alta inflação inercial que só terminaria em 1994, com o Plano Real.

Geralmente, os historiadores da Grande Crise da Dívida Externa dos Anos 1980 identificam a quebra do México, em 1982, com o seu desencadeamento, mas no Brasil essa crise já começara no segundo semestre de 1980. A política econômica equivocada do governo levou os banqueiros internacionais a interromper a renovação dos débitos brasileiros. Depois de uma série de viagens infrutíferas ao exterior, e dada a pressão cada vez maior dos banqueiros internacionais no sentido de uma política econômica mais austera, em novembro de 1980 o ministro Delfim Netto mudou de forma drástica a política econômica, realizando, com competência, o ajustamento necessário. O Brasil, agora parcialmente monitorado pelo FMI, iniciou uma política de ajuste fiscal e de elevação da taxa de juros, preparando-se, assim,

---

[5] Sobre essas equivocadas estratégias de estabilização, o trabalho clássico foi o de Carlos Diaz-Alejandro (1981/1991).

[6] O valor da taxa de câmbio corresponde ao custo mais a margem de lucro da empresa representativa nacional que utiliza tecnologia no estado da arte mundial dividida por uma cesta de moedas.

para uma nova tentativa de desvalorização da moeda que seria adotada no início de 1983. Não havia alternativa para o governo brasileiro. Apenas não fazia sentido o forte corte dos investimentos das empresas estatais que foi então posto em vigor, a partir da política contábil do FMI de considerar déficit público a variação das necessidades de financiamento das empresas estatais (sem, naturalmente, incluir na mesma categoria o déficit das empresas privadas). A política ortodoxa proposta pelo FMI só não foi inteiramente seguida porque nem a lei salarial de 1979 nem os subsídios às exportações e à agricultura foram eliminados.

A violenta contenção monetária e a dramática elevação nas taxas de juros paralisavam os investimentos. Em 1981, a desaceleração se transformou em recessão. Pela primeira vez, desde 1930, a taxa de crescimento do PIB foi negativa. Os níveis de emprego industrial caíram 10,3%. A produção industrial sofreu um decréscimo de 9,9%. Em contrapartida, a inflação caiu, mas moderadamente, reduzindo-se de 110% em 1980 para 95,1% em 1981. O objetivo fundamental da política recessiva não era reduzir a inflação, mas equilibrar a balança comercial e aplacar o sistema financeiro internacional.[7] Esse resultado só foi alcançado em fevereiro de 1983, quando Delfim Netto decide realizar uma bem-sucedida desvalorização cambial — uma depreciação através da qual o ministro voltava à sua política desenvolvimentista depois de haver, a partir de novembro de 1980, corrigido o equívoco monetarista de 1979 —, mas a alta inflação inercial estava desencadeada. E a crise da dívida externa não estava resolvida. Ela se resolveria somente dez anos mais tarde.

---

[7] De fato, conforme observou Luiz Antonio de Oliveira Lima (1982, p. 151), "o combate à inflação não é uma prioridade do presente programa econômico governamental (1981), sendo apenas uma cortina de fumaça para justificar um processo de redução da atividade econômica que viabilize uma melhoria, ainda que passageira e precária, das nossas contas externas".

15
A transição democrática (1977-1984)

A tese deste capítulo é a de que a transição democrática no Brasil começou a ocorrer em 1977, quando a burguesia — particularmente a industrial — começou a romper o Pacto Autoritário-Modernizante a que estava associada desde 1964 e, gradualmente, se aliou às forças populares. A transição democrática não foi, portanto, o resultado da vitória dos militares *softliners* sobre os *hardliners* nas Forças Armadas — a tese equivocada que prevaleceu entre os intelectuais que, na primeira metade dos anos 1980, participaram da pesquisa sobre as transições democráticas dirigidas por Guillermo O'Donnell, Philippe C. Schmitter e Laurence Whitehead (1986/1988) —, mas um movimento ocorrido no nível da sociedade civil.[1] A partir do momento em que a classe dominante burguesa se deu conta de que a ameaça do comunismo desaparecera, e que, embora a democracia não fosse o regime político ideal para ela, a experiência histórica mostrava que não havia nela o risco da "ditadura da maioria" que os ideólogos liberais sempre alegavam, ela se convenceu de que era mais seguro e talvez lhe garantisse mais poder sacudir a tutela militar e se associar às forças democráticas. Começava então o Pacto Democrático-Popular de 1977, que levará à campanha das "Diretas Já" em 1984 e à transição democrática no final desse ano.

Em 1974, ao iniciar seu governo, o presidente Geisel procurou iniciar a transição para a democracia ao tomar a iniciativa da "distensão" política, mas esta durou pouco: contrariado pela rejeição no Congresso da reforma do Poder Judiciário, interrompeu-a em abril de 1977 por um conjunto de atos institucionais de caráter autoritário que ficou conhecido como Pacote de Abril. A partir de 1977 o governo retomou o processo de transição democrática, agora com o nome de "abertura", mas diante da sua lentidão a

---

[1] Ver O'Donnell, Schmitter e Whitehead (1986/1988). Os cientistas políticos brasileiros que participaram dessa pesquisa foram Bolívar Lamounier, Luciano Martins e Fernando Henrique Cardoso. Todos ignoraram as teses que eu defendera em dois livros (1978, 1985) e transformaram a transição democrática brasileira em uma "doação" dos militares *softliners*.

sociedade civil brasileira, que vinha ganhando corpo desde o início da revolução capitalista, percebeu que essa abertura era, na realidade, uma forma de adiar a transição e aumentou sua pressão pela democracia. Foi graças à reação da burguesia ao Pacote de Abril que a transição democrática realmente começou. Passa-se, então, à constituição do Pacto Democrático-Popular de 1977 — pela primeira vez um pacto sem a participação do governo, mas que aos poucos se torna dominante na sociedade, e também pela primeira vez um pacto no qual as classes populares tinham realmente algum poder.

Foi logo se tornando claro que o novo pacto tinha dois objetivos: além da democracia, a redução das desigualdades. Este segundo objetivo era o preço que os trabalhadores cobravam da burguesia. Esta o aceitou porque toda a crítica que vinha sendo realizada ao regime militar desde 1970 não se focou apenas no seu autoritarismo, mas também no caráter concentrador de renda da classe média para cima das políticas econômicas adotadas. E também porque as demandas dos trabalhadores eram moderadas. Não havia nenhuma ideia de desapropriação. E mesmo as demandas de maior progressividade no sistema tributário eram pequenas, de modo que o entendimento básico que foi surgindo entre os líderes políticos democráticos foi o de que a política de redução das desigualdades se limitaria a elevar de maneira substancial os gastos do Estado na área social: na educação fundamental, na saúde, na previdência e na assistência social. Em outras palavras, o que se buscou foi instalar no Brasil um Estado de bem-estar social — algo que seria cumprido pelos governos democráticos que, nos vinte anos seguintes à transição democrática, mais que dobraram as despesas do governo na área social, não simplesmente em termos absolutos, mas de participação no PIB — sem adotar o sistema progressivo de impostos condizente.[2]

O novo pacto político ganhou força com a crise econômica que se desencadeou em 1980. No início de 1985, depois de uma grande campanha pelas eleições diretas para presidente da República, na qual a participação popular e a da classe média foi decisiva, a transição democrática se completou com a eleição do candidato da oposição, Tancredo Neves, que disputou a presidência com o candidato da situação, Paulo Maluf. A eleição direta não foi aprovada por um Colégio Eleitoral ainda dominado pelo partido do

---

[2] A atenção sobre um sistema progressivo de impostos foi desviada, porque se definiu como "a grande reforma tributária" a ser realizada a reforma do Imposto sobre Circulação de Mercadorias (imposto estadual), que é realmente uma reforma necessária para impedir a guerra fiscal entre os estados da federação. Mas um sistema tributário progressivo é igualmente necessário.

governo, mas, quando se tratou de eleger o novo presidente, o PDS (antiga Arena), sob pressão da sociedade, se cindiu, surgindo o Partido da Frente Liberal (PFL), e a oposição democrática comandada pelo Partido do Movimento Democrático Brasileiro (PMDB) foi vitoriosa.

A transição democrática iniciada em 1977 caracterizou-se pela dialética entre o processo de "abertura" comandado pelo governo e o processo de "redemocratização" exigido pela sociedade civil — na verdade, de democratização, já que o regime de 1946 fora uma meia democracia ao recusar o voto aos analfabetos. Esses dois processos não eram radicalmente contraditórios, mas tinham objetivos diversos. A transição democrática consubstanciava a luta da sociedade civil pelos direitos civis, pela democracia ou direitos políticos e pelos direitos sociais; já a abertura correspondia ao processo por meio do qual o regime militar tentava controlar as demandas da sociedade, cedendo aqui e ali para, assim, postergar o restabelecimento da democracia.

Os avanços e retrocessos da "abertura": 1974-1978

A transição democrática brasileira foi um processo político *sui generis*. Os cientistas políticos que estudam a América Latina têm procurado estabelecer relações e analogias entre a transição democrática ocorrida em países como Portugal, Espanha, Grécia e o Brasil, mas a transição brasileira teve pouco a ver com a daqueles países. Muitas são as razões para a especificidade do caso brasileiro, a começar pelo fato de que naqueles países a transição foi rápida. No caso de Portugal e da Grécia, a transição implicou ruptura da ordem constitucional. No caso da Espanha, o processo ocorreu planejadamente. Mas, nos três casos, a transição foi relativamente rápida e completa, enquanto no Brasil durou mais de oito anos.

A abertura brasileira, ao mesmo tempo que era um real processo de transição para a democracia, correspondia também a uma estratégia de sobrevivência do regime militar autoritário. Através de fases de "abertura" e momentos de fechamento, o regime militar procurava sempre atribuir ao processo de transição democrática o caráter de "dádiva", o que levou muitos analistas a acreditar nessa tese, a partir da distinção, mais retórica que real, entre os militares *softliners* ou brandos e os *hardliners* ou duros. O líder da corrente branda era o presidente Ernesto Geisel, o presidente que ditou com grande violência o Pacote de Abril. Jogando com o conservadorismo da burguesia, os brandos lembravam sempre que a abertura devia ser "lenta e gradual" para que se evitasse o retrocesso — a retomada do poder pelos duros. O curioso, entretanto, é que nesse jogo entre brandos e duros nem sempre era possível perceber com clareza quem jogava em que time, porque a unidade burocrática do Exército, embora pudesse sofrer uma ou outra fissura, permanecia intocada. Na verdade, essa oposição interna era mais ficção criada pelo próprio regime e sustentada por analistas apressados que realidade. Os duros eram sistematicamente usados pelos brandos para ameaçar a sociedade civil e manter o regime autoritário.

Em novembro de 1976, nas eleições municipais, o partido da oposição, MDB, que dois anos antes elegera um número surpreendente de senadores, realizou um novo grande avanço eleitoral. A resposta autoritária não tardou em surgir. Foi o Pacote de Abril, editado porque o Congresso se recusara a aprovar um projeto do governo de reforma do Poder Judiciário. O governo fechou o Congresso durante catorze dias e promulgou uma série de emendas à Carta Constitucional outorgada em 1969, destinadas a garantir para a Arena a maioria no Congresso nas eleições gerais de 1978. As principais medidas autoritárias foram a criação dos senadores "biônicos", eleitos de forma indireta, a limitação do número de deputados de São Paulo e a criação de oito vagas de deputados para cada um dos ex-territórios transformados em estados. Por meio desses três mecanismos garantiu-se para a Arena o controle do Congresso.

A partir do Pacote de Abril os protestos da sociedade civil se multiplicaram. A burguesia, que desde 1975 falava contra a estatização, passa a falar diretamente a favor da democracia. A Ordem dos Advogados, os jornalistas, os intelectuais, os estudantes e setores da Igreja Católica multiplicam manifestos a favor do restabelecimento do Estado de direito. Nas eleições de 1978, o MDB volta a ser vitorioso no Senado e quase logra a maioria na Câmara dos Deputados. Dada a perda de legitimidade política, não restava alternativa ao governo senão aceitar a democratização, mas sempre postergando-a.

O levantamento da censura à imprensa, entre 1977 e 1978, foi o primeiro sinal concreto da transição democrática. E afinal, em junho de 1978, o presidente Geisel anuncia o "cronograma da abertura" como uma forma de influenciar as eleições e os membros do Colégio Eleitoral que escolheriam o novo presidente da República. De acordo com esse cronograma, seu governo terminaria (como de fato terminou) com a passagem do mandato para o sucessor por ele escolhido, o general João Batista Figueiredo, e com a extinção do Ato Institucional nº 5, que dava poderes ditatoriais ao presidente da República, de cassar mandatos, censurar a imprensa e fechar o Congresso.

Breve teoria 9
CRÍTICA AO CRESCIMENTO COM POUPANÇA EXTERNA

A tendência à sobreapreciação cíclica e crônica da taxa de câmbio nos países em desenvolvimento é causada, de um lado, pela doença holandesa não neutralizada por um imposto de exportação, e, do outro, por entradas excessivas de capitais que são associadas à política de âncora cambial para controlar a inflação, e à crença amplamente difundida e aparentemente correta de que os países em desenvolvimento devem crescer com poupança externa, ou seja, com déficits em conta-corrente financiados por empréstimos ou investimentos diretos.

A existência nos países em desenvolvimento de uma *restrição externa* causada principalmente pelo fato de que a elasticidade-renda de suas importações é maior do que 1, levou, primeiro, os economistas estruturalistas e, depois, os keynesianos a defender essa política equivocada de endividamento externo que, naturalmente, interessa aos países ricos, aos seus capitalistas rentistas, aos financistas, e aos economistas ortodoxos que os servem.[1] Para explicar um fato óbvio, a *falta de dólares* para financiar os investimentos que os países em desenvolvimento geralmente enfrentam, o modelo de dois hiatos explica que essa falta de divisas fortes ou restrição externa seria decorrente da elasticidade-renda das importações acima referida e de uma elasticidade-renda das suas exportações de *commodities* menor do que 1. Na verdade, essa falta de dólares era sobretudo causada pela taxa de câmbio cronicamente sobreapreciada existente nos países em desenvolvimento que não administram devidamente sua taxa de câmbio. Como, porém, essa tendência à sobreapreciação cíclica e crônica da taxa de câmbio era desconhecida, estruturalistas e keynesianos concluíam que esta era uma "limitação estrutural ao desenvolvimento" a ser enfren-

---

[1] A elasticidade-renda das importações de bens manufaturados é, nos países em desenvolvimento, exportadores de bens primários, maior do que 1, ou seja, quando aumenta a renda, aumenta mais a importação; por outro lado, a elasticidade-renda da importação de bens primários pelos ricos é menor do que 1; estas duas elasticidades implicam que para que o país em desenvolvimento cresça a uma determinada taxa, é necessário que o aumento de suas exportações seja maior. Está aí a restrição externa.

tada com o endividamento externo — um endividamento que deveria ser alto, tendo como limitação apenas o risco de crise de balanço de pagamentos. Esta era uma tese heterodoxa que a ortodoxia liberal recebia com alegria. A "lei de Thirlwall" — um economista pós-keynesiano —, que afirma corretamente que, uma vez superada a estratégia de industrialização por substituição de importações na qual o coeficiente de importações da economia cai, as exportações devem crescer à mesma taxa do PIB, baseou-se nas mesmas elasticidades e foi equivocadamente interpretada por muitos como uma justificativa "keynesiana" para o endividamento externo.

A macroeconomia desenvolvimentista rejeita essa tese, com o argumento de que existe nos países em desenvolvimento uma elevada taxa de substituição da poupança interna pela externa. Não rejeita o conceito de restrição externa, mas quer que essa restrição seja resolvida por um câmbio mais depreciado, no nível do equilíbrio industrial, e não pelo recurso ao endividamento externo. Mais que isso: se o país sofre da doença holandesa, sua neutralização implicará um superávit em conta-corrente que é fundamental manter para que a taxa de câmbio não negue às empresas industriais competentes do país acesso aos mercados interno e externo.

Há sempre a esperança de que a poupança externa se some à interna, mas isso acontece apenas nos momentos em que a economia está crescendo rapidamente e a propensão marginal a poupar dos agentes econômicos cai. Normalmente a taxa de substituição da poupança interna pela externa tende a ser alta, e não vale a pena recorrer ao endividamento externo para acabar com o superávit em conta-corrente que sinaliza que a taxa de câmbio está no equilíbrio industrial porque, além desse fato desestimular os investimentos na indústria, o custo desse endividamento será alto: se a taxa de substituição for de 50%, um investimento que rende para a empresa multinacional que aqui aplica 15% custará para o país 30%, o restante dissolvendo-se no consumo de curto prazo.

O mecanismo que causa a substituição de poupança interna por externa é simples. As entradas de capital causam substituição da poupança interna pela externa ao provocarem a apreciação da moeda local. Em consequência, pensando-se do lado da oferta ou da renda, há mudança na distribuição da renda: os salários aumentam artificialmente, o consumo também aumenta artificialmente (dada a existência entre os trabalhadores de elevada propensão marginal a consumir), a poupança interna cai e a poupança externa substitui a interna ao invés de a ela se somar. Do lado da demanda, a apreciação da moeda nacional por um breve período estimula os investimentos devido ao barateamento dos equipamentos importados e ao aumento da demanda interna causada pelo aumento dos salários, mas, em contrapartida, o país deixa de poder aproveitar a grande vantagem que tem para realizar o alcançamento dos níveis de vida dos países ricos, o *catching up*: o crescimento orientado para exportações. Ao apreciar-se a moeda nacional, as empresas eficientes do país são desconectadas da demanda mundial; em consequência, suas oportunidades de investimentos lucrativos voltados para exportação caem, e cai também a poupança interna. Não bastasse isso, os bens importados passam a inundar o mercado interno, e as empresas nacionais começam a perder também esse mercado. O resultado, tanto de acordo com o primeiro como com o segundo raciocínio, é pouco ou nenhum aumento da taxa de investimento e de poupança total do país; em vez disso, aumentam o consumo e a dívida externa. Somente em momentos excepcionais, quando o país já está crescendo aceleradamente e a propensão marginal a consumir diminui, uma política de crescimento com poupança externa é benéfica para o país. Na maior parte das vezes, mesmo quando se trata de investimentos diretos que implicam formação de capital fixo, essa substituição acontece.[2]

Esta crítica à política de crescimento com poupança externa pode parecer estranha, mas todo conhecimento científico implica a crítica do conhecimento intuitivo. Antes de Copérnico era "evidente" que a Terra era plana; antes de Darwin era "evidente" que o homem fora criado por Deus à sua imagem e semelhança; antes de Keynes, era "evidente" que para aumentar o investimento era necessário, primeiro, aumentar a poupança. Até recentemente, era "evidente" que as empresas eficientes têm sempre acesso aos mercados porque a taxa

---

[2] No Brasil, entre 1994 e 1999, a taxa de substituição da poupança interna pela externa foi de 100%, não obstante 60% de déficit em conta-corrente do período tenha sido financiado por investimentos diretos.

de câmbio só se desviaria do equilíbrio no curto prazo. Também parecia "evidente" até agora que a poupança externa se somaria à interna, mas, além dos dois argumentos econômicos que acabei de apresentar, há a evidência empírica. Esta mostra que o capital se faz em casa. Que raramente um país cresce com base na poupança externa, e que, quando o faz, é por pouco tempo. Esta percepção se confirma no fato de que os países asiáticos dinâmicos estão crescendo com despoupança externa — ou seja, superávits em conta-corrente e aumento de reservas.

Ao implicarem a sobreapreciação da taxa de câmbio, as entradas excessivas de capitais originadas do uso do câmbio para controlar a inflação e da política de crescimento com poupança externa são uma forma de *populismo cambial*. Não é o Estado que gasta irresponsavelmente mais do que arrecada (o que implica o populismo fiscal), mas é o Estado-nação que o faz, ou seja, o Estado mais o setor privado. Dada uma propensão marginal a poupar elevada, o resultado da apreciação do câmbio é o aumento artificial dos salários e do consumo e a diminuição dos investimentos. O populismo econômico — a política de se gastar irresponsavelmente[3] mais do que se arrecada — pode, portanto, ser fiscal quando o Estado gasta irresponsavelmente mais do que arrecada e incorre em déficit público; ou então cambial, quando o país ou o Estado-nação gasta irresponsavelmente mais do que arrecada e incorre em déficit em conta-corrente. A tese dos déficits gêmeos, que é verdadeira quando a taxa de câmbio está razoavelmente equilibrada, decorre da similaridade e das inter-relações entre os dois déficits ou os dois populismos. Quando economistas tanto ortodoxos como heterodoxos recomendam insistentemente que o Brasil procure crescer com poupança externa, estão na verdade promovendo o populismo cambial, estão defendendo o consumo em prejuízo do inves-

---

[3] O advérbio "irresponsavelmente" é aqui importante, porque há o déficit público legítimo ou responsável, aquele que é realizado no quadro de uma política contracíclica. Pode haver também déficit em conta-corrente responsável: quando o país não tem doença holandesa a neutralizar, e quando o país esteja crescendo muito rapidamente dadas as expectativas elevadas de lucro dos empresários. Neste caso, a propensão marginal a consumir diminuirá e, com isso, diminuirá também a taxa de substituição da poupança interna pela externa.

> timento, os primeiros porque acreditam que tentar crescer com endividamento externo é bom para o país (na verdade, é bom para os credores), os segundos porque pensam que dessa forma estão distribuindo renda.
>
> A rejeição ao financiamento externo não significa que um sistema financeiro nacional bem desenvolvido deixe de ser considerado fundamental para o desenvolvimento. O Brasil tem um sistema financeiro sofisticado que, conforme assinalou Fernando Cardim de Carvalho (2005, p. 20), é disfuncional, porque não financia suficientemente o investimento, mas "têm capacidade de adaptação bastante alta, especialmente se se puder contar com instituições de regulação e supervisão financeira bem apropriadas para orientar a transição e garantir a aplicação sempre das melhores práticas". Ora, podemos afirmar que o Estado brasileiro conta com essas instituições. Assim, somados ao BNDES e aos demais bancos públicos, os grandes bancos privados nacionais têm condições de financiar o investimento, desde que deixem de ser meros financiadores de uma dívida pública a juros muito altos, e, assim, possam contribuir para o aumento do investimento e da poupança. E — ressalte-se — seu financiamento é interno, é concedido em moeda nacional às empresas que estão investindo, e dessa forma não aprecia a taxa de câmbio como acontece quando o empréstimo externo é feito em divisa forte, nem implica, portanto, elevada taxa de substituição da poupança interna pela externa.

O Pacto Democrático-Popular de 1977

A aceleração do processo de transição democrática, culminando com a extinção do Ato Institucional nº 5, foi fruto do Pacto Democrático-Popular de 1977. Essa coalizão de classes era popular porque implicava a participação dos trabalhadores ou dos mais pobres. Por meio desse pacto tácito, informal, a sociedade civil estabeleceu, acima da luta de classes, a unidade básica que tornou possível a transição democrática do país. Não se tratou de um acordo entre partidos políticos, nem implicou uma estratégia revolucionária de tomada do poder, mas de uma coalizão de classes ampla que lograria se tornar dominante, ou, nos termos de Antonio Gramsci, de um bloco histórico.

O Pacto Democrático-Popular de 1977 e das "Diretas Já" estava baseado em quatro princípios básicos: (a) a transição democrática, que interessava a todas as classes; (b) a manutenção do capitalismo, que interessava à burguesia; (c) a diminuição da desigualdade econômica, que interessava aos trabalhadores e às esquerdas; e (d) a retomada do desenvolvimentismo, que interessava a todos. A transição democrática não apenas interessava à grande maioria, mas agora se tornava uma conquista dessa maioria. Interessava aos trabalhadores, aos intelectuais e às classes médias tanto empresariais, como rentistas e como assalariadas (a classe tecnoburocrática). E passara a coincidir com os interesses da burguesia em quase todos os seus níveis (pequena, média e mesmo grande burguesia) e em quase todas as suas frações, com exceção da burguesia mercantil especulativa. Esta, formada pela velha burguesia agrário-mercantil e pela nova grande burguesia diretamente dependente das encomendas e dos subsídios do Estado, continuava autoritária, juntamente com a pequena tecnoburocracia civil e militar no poder e com frações minoritárias de todas as classes. Eram estes os setores sociais que continuavam a apoiar o partido político do governo: então Arena, depois o Partido Democrático Social (PDS).[3]

O princípio de não se opor ao capitalismo fez parte do Pacto Democrático-Popular de 1977 de forma praticamente automática. Apenas em um momento na história do Brasil, no período imediatamente anterior a 1964, as esquerdas acreditaram que poderiam chegar ao poder. Eram imaturas e estavam enganadas. Em 1977, porém, diante da manifesta hegemonia ideológica burguesa, estava claro para as esquerdas que o capitalismo seria mantido pelo menos em médio prazo no Brasil. Era, portanto, natural deixar a revolução para depois e dar prioridade absoluta à transição democrática.

O princípio da diminuição das desigualdades se impôs à burguesia diante da evidência da enorme concentração de renda existente no país. Não apenas a renda se concentrava fortemente desde 1960, conforme os estudos estatísticos tornaram claro, mas também o grau de desigualdade econômica, quando comparado com o dos demais países capitalistas, revelava ser um dos maiores do mundo.[4] Diante da denúncia, por parte das esquerdas, dessa

---

[3] E que, mais tarde, se transformaria no PPB (Partido Progressista Brasileiro), atual PP (Partido Progressista).

[4] Um estudo publicado pelo Banco Mundial, em 1980, comparando a participação das famílias 10% mais ricas na renda nacional de 32 países capitalistas, apresentou o Brasil com o maior índice de concentração (50,6%) e a Suécia com o mais baixo (21,3%).

desigualdade crescente desde o início dos anos 1970, tornara-se aceitável para a grande maioria da burguesia a ideia de que era preciso fazer alguma coisa, especialmente na área da política salarial, e do gasto público em educação e saúde, no sentido de ir desconcentrando aos poucos a renda.[5] Nada se falou sobre um imposto progressivo, embora isso seja hoje a principal causa da desigualdade brasileira, não obstante outros fatores, como os níveis muito diferentes de educação e o sistema de heranças oneradas com imposto muito baixo, sejam também causas importantes. Enquanto nos países europeus mais desenvolvidos um sistema tributário baseado em impostos progressivos, principalmente o imposto de renda, reduz os índices de desigualdade em 30%, no Brasil essa redução é de apenas 6%.[6]

Finalmente, o Pacto Democrático-Popular de 1977 foi um pacto desenvolvimentista. O nacionalismo voltou a ser uma ideologia a caracterizar a sociedade brasileira no quadro da luta pela democracia, como a Constituição de 1988 — o resultado maior desse pacto — demonstrou. Entretanto, como veremos adiante, esse pacto democrático, popular, social e nacional durou apenas dez anos. A burguesia nacional, que, segundo a interpretação da dependência, não existia, associou-se às forças populares e democráticas na luta pela democracia e pela diminuição da desigualdade econômica e social. Entretanto, o governo democrático que se instala em 1985 fracassa em lograr a estabilização da economia, devido às políticas econômicas populistas que então adota, e, além de desmoralizar o pacto de 1977, desmoralizou também as ideias nacionalistas e desenvolvimentistas, que passam a ser confundidas com o populismo.

Além de países desenvolvidos, constavam da lista países latino-americanos, asiáticos e africanos.

[5] Vale aqui reproduzir as palavras de um dos seus representantes mais insuspeitos, Roberto Campos (1979): "A preocupação com a distribuição de renda brota de uma nova percepção de fatores políticos, éticos e econômicos. No plano político é preciso reter e recapturar a lealdade das massas [...]; no plano ético, há a percepção cada vez maior do absurdo contraste entre o consumo ostentatório de certas elites e a abjeção da pobreza absoluta; no plano econômico, a continuidade da expansão exige o fortalecimento do mercado interno de consumo de massa para atingir escalas ótimas de produção".

[6] Cálculos de Fernando Rugitsky (2014).

O COLAPSO DE UMA ALIANÇA DE CLASSES

Com a extinção do Ato Institucional nº 5, em 31 de dezembro de 1978, o país dava um grande passo no sentido da transição democrática. Essa fora uma clara conquista da sociedade civil, agora fortalecida pela gradual adesão da burguesia. Desde o Pacote de Abril de 1977, os empresários — e, entre eles, em especial os empresários industriais — haviam começado a se desligar do regime autoritário e a optar pela democratização do país. Enquanto os demais setores da sociedade — os intelectuais de esquerda, os trabalhadores, os estudantes, a Igreja, a classe média assalariada, a pequena burguesia de profissionais liberais — vinham há muito exigindo a democratização, a posição da burguesia a favor do restabelecimento do Estado de direito era o fato novo e decisivo. O "cronograma da abertura", de junho de 1978, em última análise propunha à sociedade civil uma "troca". Pressionado pela sociedade civil, o governo concordava com a extinção do Ato Institucional nº 5, mas em troca exigia a garantia da eleição, pelo Colégio Eleitoral, de João Batista Figueiredo, ou seja, a manutenção do mesmo sistema de poder por pelo menos mais seis anos.

Por outro lado, um sinal, entre muitos, de que foi a adesão da burguesia à ideia da democratização o fato novo que tornou a transição democrática inevitável para o governo foi o "Manifesto dos Oito", formalmente intitulado "Primeiro Documento dos Empresários", em 26 de junho de 1978, no qual os principais empresários brasileiros apoiavam a democratização.[7] Foi essa mudança de posição da burguesia que abriu espaço para os estudantes, os advogados, os trabalhadores e a Igreja se manifestarem com mais força e sem tanta repressão a favor de uma transição democrática pela qual vinham lutando há muito tempo.

Conforme assinalei em um livro publicado em 1978, *O colapso de uma aliança de classes*, o que se verificou especialmente em 1977 foi uma ruptura da aliança entre a burguesia industrial e a tecnoburocracia militar (Bresser-Pereira, 1978). Nesse livro, procurei prever e analisar sistematicamente o processo de transição democrática a partir dessa ideia básica. À medida que estivesse, de fato, havendo um rompimento, ainda que parcial, do pacto político autoritário de 1964, era possível prever a inevitabilidade da transi-

---

[7] Uma análise desse documento encontra-se em Motta (1979). O último capítulo desse livro, *Empresários e hegemonia política*, é uma competente análise da "abertura" e do papel dos empresários nesse processo.

ção democrática do país e analisar suas causas. A ideia central então desenvolvida era a de que a democratização se tornara inevitável, mas que este fato não se devia à mera estratégia do regime militar para recuperar legitimidade, nem era a tendência liberalizante natural de um regime capitalista como o brasileiro, nem era simplesmente fruto das lutas populares a favor da democracia.[8] Embora cada uma dessas explicações tivesse alguma base na realidade, a explicação mais geral e direta estava no fato histórico novo representado pelo rompimento da aliança da burguesia (sobretudo industrial) com a tecnoburocracia estatal e na definição de um projeto de hegemonia política por parte dessa classe. Forma-se então, na sociedade civil, o Pacto Democrático-Popular de 1977, que levará à democratização do país. Nesse processo, o rompimento do Pacto Autoritário-Modernizante de 1964 era o fato novo essencial, na medida em que da solidez dessa aliança da tecnoburocracia militar com a burguesia (sobretudo industrial) dependia a solidez do regime autoritário. As lutas populares realizadas por trabalhadores, estudantes, intelectuais e comunidades eclesiais de base, em favor da democracia, foram importantes, mas o fato histórico novo e decisivo foi a adesão de amplos setores da burguesia à ideia de redemocratização.[9]

Assim, a transição democrática não foi resultado de mera estratégia de sobrevivência do regime militar, como a maioria dos cientistas políticos pretendeu, nem consequência das lutas populares a favor da democracia, como outros afirmaram. A teoria da transição democrática que resumi aqui, formulada enquanto o processo de transição democrática ocorria, tem pontos em comum com essas duas interpretações, mas dá ênfase à ruptura da aliança dos empresários com a burocracia militar, ao surgimento de um projeto de hegemonia política da burguesia, e ao estabelecimento de um novo pacto político que chamei de Democrático-Popular, que vigoraria no país a partir de 1977. Esses fatos produziram uma progressiva perda de legitimidade do

---

[8] A "abertura" como uma estratégia do regime para recuperar legitimidade foi defendida, por exemplo, por Campos (1979). A "abertura" como uma tendência "natural" do capitalismo é a interpretação preferida pela burguesia liberal. Já a hipótese das lutas populares é defendida (embora jamais sistematizada) por analistas envolvidos diretamente nessas lutas. Embora esta última interpretação seja claramente insuficiente, é preciso destacar, conforme demonstrou cabalmente Therborn (1977), que o surgimento das atuais democracias depende decisivamente das lutas dos trabalhadores.

[9] É preciso, aliás, salientar que os países capitalistas centrais jamais teriam alcançado os níveis de democracia que alcançaram se dependessem apenas da vontade da burguesia. Nesses países, as lutas populares foram essenciais para a democracia.

regime militar e explicam a transição democrática. Sua dinâmica, entre 1977 e 1985, quando se completou, caracterizou-se por permanente dialética entre as demandas da sociedade civil de aprofundar a democratização e a estratégia do governo militar de controlar e postergar a "abertura".[10]

Refluxo conservador da burguesia: 1979

Dada a mudança de posição da sociedade civil brasileira e, em particular, de seu componente empresarial, que gradualmente se voltava para a democracia, a oposição acreditou durante certo momento que, apoiada na pressão democrática da sociedade, conseguiria conquistar o apoio de parte dos deputados e senadores da Arena, e assim eleger o seu candidato à Presidência da República, general Euler Bentes, nas eleições indiretas. O governo, entretanto, contra-atacou: formulou o "cronograma da abertura" e fez ameaças de novo fechamento caso fosse derrotado. Seja devido a essa estratégia do governo, seja porque o candidato do MDB era também um militar que não logrou dividir os militares (pelo contrário, os uniu), nem conseguiu sensibilizar a burguesia, o fato é que esta se acomodou. E o presidente Figueiredo foi obedientemente eleito pelo Colégio Eleitoral. Ocorreu, assim, uma recomposição da direita no Brasil, que enfraqueceu o processo de transição democrática, na medida em que a burguesia voltou a restabelecer, ainda que em termos mais débeis e provisórios, sua aliança com a tecnoburocracia estatal, agora personificada no presidente Figueiredo.[11]

A eleição do general Figueiredo significava para a burguesia que, por pelo menos mais seis anos, o poder estaria com a mesma tecnoburocracia civil e militar que o ocupava em 1964. Dada sua dependência em relação ao Estado, era conveniente uma recomposição política com a tecnoburocracia governante. A rápida adesão ao governo da nova diretoria da FIESP (Federação das Indústrias do Estado de São Paulo, o mais importante órgão representativo da burguesia no Brasil), eleita em 1980 com grandes expectativas de independência em relação a esse mesmo governo, foi uma demonstração desse refluxo conservador e autoritário.

---

[10] Desenvolvi essa teoria em dois livros, *O colapso de uma aliança de classes* (1978) e *Pactos políticos: do populismo à redemocratização* (1985).

[11] Fernando Henrique Cardoso (1979) percebeu esse fato e o denominou, muito apropriadamente, uma "fronda conservadora".

O governo, por sua vez, fazia todos os esforços possíveis para agradar à grande burguesia. A designação de Antonio Delfim Netto para o Ministério do Planejamento, em agosto de 1979, teve esse sentido. A manutenção de grandes encomendas das empresas estatais ao setor de bens de capital e a manutenção de uma extensa gama de subsídios à acumulação de capital, quando o déficit orçamentário global do Estado alcançava níveis sem precedentes e realimentava uma inflação também sem precedentes, são outras demonstrações do empenho do governo em agradar à burguesia. Em 1981, quando uma recessão torna-se inevitável em face dos erros de política econômica, a burguesia industrial é a principal sacrificada, enquanto a burguesia financeira é amplamente beneficiada. E mesmo na burguesia industrial os setores monopolistas, controlados pelo capital multinacional e pela burguesia local, logram aumentar suas margens de lucro durante a recessão e conseguem, afinal, lucros compensadores, conforme mostram suas demonstrações financeiras publicadas durante o primeiro semestre de 1982. Além disso, o presidente multiplica suas viagens ao exterior. Nessas viagens, convidava uma curiosa corte de empresários. A justificativa formal para o convite era a possibilidade de se realizarem contatos comerciais. Da parte do governo era uma forma de relações públicas, e, por parte dos empresários, era um modo de homenagearem e manifestarem sua submissão formal ao presidente.

O realinhamento parcial da burguesia com o governo explicava-se pela grande dimensão das manifestações e greves sindicais ocorridas em 1978, 1979 e 1980. Especialmente na região do ABC paulista, nesses anos, grandes greves ocorrem sob a liderança de Luiz Inácio da Silva, o Lula (que mais tarde mudaria seu nome oficialmente para Luiz Inácio Lula da Silva). Essas greves, embora realizadas sem o emprego de nenhuma violência, surpreenderam e assustaram a burguesia. Esta afirmava-se disposta a realizar negociações diretas com os trabalhadores e a aceitar que fizessem greves, mas quando estas se desencadearam e revelaram grande determinação por parte dos trabalhadores, a burguesia amedrontou-se e, afinal, apoiou-se nos poderes do governo para reprimir as greves.

Nos quadros desse refluxo conservador da burguesia, o governo sentiu-se suficientemente forte para dissolver autoritariamente o partido da oposição, o MDB, quando o democrático seria simplesmente permitir que novos partidos fossem criados. Ocorre então uma divisão da oposição entre o PMDB, que é o prolongamento do antigo MDB, e o Partido dos Trabalhadores (PT), formado pelos sindicalistas do ABC paulista liderados por Luiz Inácio Lula da Silva. Da Arena nascem o PDS, depois transformado em PP, e o PFL, o partido originariamente de Tancredo Neves que, ao votar com a oposição no Colégio Eleitoral de 1984, viabilizou a transição democrática em curso. O Partido Democrático Trabalhista (PDT) será o partido originariamente de Leonel Brizola; um partido com projeto trabalhista ou social-democrata, com força apenas no Rio de Janeiro e no Rio Grande do Sul. Semelhante a ele será o PSB — o Partido Socialista Brasileiro — originariamente de Miguel Arraes, forte especialmente em Pernambuco, mas que no transcorrer dos anos tenderá a aumentar sua participação no poder. O PT é o fenômeno político novo mais importante, originário da aliança de líderes sindicais com representantes das comunidades eclesiais de base da Igreja Católica. É também um partido da classe média tecnoburocrática,[12] como também será mais tarde o Partido da Social Democracia Brasileira (PSDB) — um partido que nasce em 1988 de uma nova cisão do PMDB —, um partido da alta classe média tanto tecnoburocrática como burguesa que, durante o governo FHC, caminha para a direita, torna-se um partido liberal-conservador, e substitui o PFL (transformado então em DEM — Democratas) no papel de polo partidário conservador. O PT será inicialmente um partido orientado para o socialismo e a democracia, com o apoio da maioria dos intelectuais de esquerda, mas, quando chega ao poder, em 2003, faz o que todos os partidos de esquerda que chegaram ao poder são obrigados a fazer: tornam-se social-democratas e enfrentam o desafio de governar o capitalismo melhor que os capitalistas. O PDS é o partido autoritário, sucessor da Arena, que depois se transforma em Partido Progressista Brasileiro (PPB) — uma tentativa patética de se tornar um partido popular. O PTB, o PL e o Partido da República (PR) serão "partidos de negócios", destinados apenas a atender aos interesses pessoais dos seus membros, e sempre parte da coligação partidária dominante. Esse tipo de partido se multiplicaria mais tarde, depois da transição democrática.

Em 30 de abril de 1981, ocorre o atentado terrorista no Riocentro, realizado por integrantes do Exército contra uma manifestação de esquerda relativa ao 1º de Maio. O Exército, entretanto, une-se corporativamente em torno dos responsáveis pelo atentado e o presidente sente-se sem força para identificar e punir os culpados. É o sinal de que um processo de fechamento se avizinhava, confirmado logo depois pela demissão do general Golbery do Couto e Silva da direção da Casa Civil da Presidência da República.

---

[12] Ver Leôncio Martins Rodrigues (1990).

O relativo fechamento, apoiado no refluxo da burguesia de 1979 e no episódio do Riocentro de 1981, será confirmado com o "pacote eleitoral de novembro de 1981", pelo qual se estabelece a vinculação total de votos a cada partido, proibindo-se as coligações. De acordo com esse monstrengo eleitoral, destinado a dividir formalmente as oposições, o eleitor podia votar somente em candidatos de um único partido, de vereador e o prefeito da cidade a deputados, senadores e o governador.

O novo fechamento mostrava bem como a abertura patrocinada pelos militares *softliners* era mera estratégia dilatória. Em junho de 1982, prevendo sua derrota nas eleições nesse ano, apesar de todas as medidas eleitorais tomadas na eleição anterior, o governo decide: (a) congelar a Carta Constitucional outorgada em 1969 por uma junta militar, estabelecendo que ela somente poderá ser modificada por maioria de dois terços; e (b) estabelecer uma nova forma de composição do Colégio Eleitoral que elegerá o presidente da República em janeiro de 1985, assegurando maior peso para os pequenos estados (que o PDS esperava controlar), assim violentando gravemente o princípio da representatividade.

Campanha das "Diretas Já"

A derrota eleitoral prevista pelo regime militar confirma-se. Em outubro de 1982, são eleitos vários governadores de oposição, inclusive André Franco Montoro em São Paulo e Tancredo Neves em Minas Gerais. Sob essa nova liderança, o processo de transição democrática tornava-se invencível. Os empresários e mais amplamente a burguesia, que havia recuado em 1979 e 1980, voltam à cena política após o episódio do Riocentro. O rompimento de sua aliança com a burocracia militar torna-se definitivo.

A transição democrática, entretanto, ganhará ímpeto no início de 1984, quando a emenda constitucional proposta pelo deputado Dante de Oliveira, estabelecendo eleições diretas para a escolha do presidente da República, subitamente se transforma na grande bandeira da oposição democrática. O fato decisivo, que leva o povo às ruas, é o comício das "Diretas Já" em São Paulo, no dia 25 de janeiro, data de fundação da cidade. O governador Franco Montoro, revelando notável liderança política, decide promover o comício e, para surpresa da grande maioria dos políticos, mais de 100 mil pessoas comparecem.

Começa então um período de grandes manifestações populares em todas as cidades do país, que ficou conhecido pelo nome de "Diretas Já". A liderança do movimento era repartida entre os dois governadores, Franco Montoro e Tancredo Neves, que estabeleceram uma aliança política que reproduzia a clássica aliança São Paulo-Minas Gerais, e o deputado Ulysses Guimarães, presidente do PMDB.

As manifestações populares comovem os políticos, e diversos congressistas do partido do governo aderem à tese das eleições diretas, mas afinal a maioria governista se reafirma e a emenda é derrotada. Toda a sociedade, entretanto, estava voltada para a restauração da democracia. O PMDB lidera uma coligação de partidos da oposição, ainda que com minoria no Colégio Eleitoral, e lança Tancredo Neves à Presidência da República. A escolha de Tancredo, um líder de centro que fundara o PP e depois decidira voltar a integrar-se no PMDB, em lugar de Franco Montoro ou de Ulysses Guimarães, visava ampliar o leque de apoios ao candidato da oposição. Dada a pressão de todas as classes em favor da democracia, o partido do governo racha, surgindo o PFL. O deputado José Sarney é escolhido pelo novo partido para ser o vice-presidente na chapa de Tancredo Neves. A vitória no Colégio Eleitoral estava assegurada. Tancredo Neves é eleito presidente da República. Completava-se, assim, a transição democrática.

Em síntese, a transição democrática foi o resultado de um grande pacto político que uniu praticamente todos os setores modernos da sociedade civil brasileira. Empresários industriais, classes médias intelectualizadas e trabalhadores organizados foram seus principais atores. Excluídos do pacto foram apenas a burguesia mercantil e financeira e os setores da tecnoburocracia civil e militar, mais comprometidos com o regime autoritário. Essa exclusão, entretanto, foi relativa, porque o novo regime revelou-se aberto, se não indefeso à adesão dos derrotados. Ora, dado o alto grau de oportunismo prevalecente nesses setores da sociedade, que têm na dependência do Estado sua principal característica, a adesão foi maciça. De repente, a democracia se transformou em unanimidade nacional.

Na medida em que a burguesia industrial teve papel decisivo na formação do Pacto Democrático-Popular de 1977, tornou-se inevitável o caráter conciliador da transição democrática. A partir desse fato, Francisco Weffort (1984, p. 87) sugeriu que tivemos no Brasil uma "transição conservadora". Isso seria verdade se considerarmos que a alternativa ao conservadorismo é a revolução socialista. Os militares pretendiam uma transição conservadora através da "abertura" — um processo sobre o qual manteriam controle integral. Sob a abertura, entretanto, prevaleceu a "redemocratização" controlada pela sociedade civil, que não punha em questão o capitalismo, mas queria que fosse um capitalismo social e nacional. A Constituição de 1988 refletirá, três anos depois da transição democrática, essa opção reformista e progressista.

Houve, entretanto, um elemento conservador na transição democrática que foi acentuado pelo acordo político que garantiu a vitória à oposição no Colégio Eleitoral. A Aliança Democrática, que deu origem ao PFL como consequência de uma cisão do PDS, o partido sucessor da Arena, envolveu a aliança desse partido, que reproduzia a clássica aliança entre o liberalismo e o poder oligárquico pré-industrial, com o PMDB — o partido sucessor do MDB no regime democrático. O PFL (mais tarde transformado em DEM — Democratas) rejeitava o autoritarismo, mas estava profundamente comprometido com o regime militar. Por isso, o custo desse acordo para a causa democrática foi enorme. Significou não apenas aceitar um candidato a vice-presidente desse grupo, José Sarney, mas também oficializar a adesão de amplos setores da burguesia mercantil autoritária, que assim escapavam do destino dos derrotados e se mantinham no poder.

Projeto de hegemonia política da burguesia

Não foram apenas causas negativas relacionadas com a perda de legitimidade do governo que levaram amplos setores da burguesia a romper sua aliança com a tecnoburocracia estatal em 1977 e a apoiar a luta pela democratização. Em adição, é preciso considerar que a burguesia formulou então um projeto de hegemonia política burguesa — projeto esse que somente poderia ser realizado nos quadros de um regime democrático. A burguesia, particularmente a burguesia industrial, queria agora sacudir a tutela militar e assumir o comando da nação. As manifestações dos empresários nesse sentido foram então reiteradas. Não bastava à burguesia ser a classe economicamente dominante, queria também ser politicamente dirigente.

Esse projeto, embora ingênuo da parte dos empresários, por pretender estabelecer uma relação linear entre dominação econômica e dominação política, tinha base na realidade. A acumulação de capital realizava-se no Brasil em ritmo acelerado desde os anos 1930. Em consequência, formou-se no país uma imensa burguesia empresarial, constituída de pequenos, médios e grandes industriais, agricultores, comerciantes, prestadores de serviços de toda natureza, substituindo cada vez mais a velha burguesia latifundiária e mercantil. Ao lado dessa burguesia empresarial surgiu também uma burguesia rentista de classe alta e de classe média que vivia de juros, aluguéis e dividendos. E toda essa burguesia passava agora a ser portadora da ideologia capitalista clássica: liberalismo econômico e político, individualismo, defesa da "iniciativa privada" como único regime compatível com a democracia, valorização da atividade empresarial e do lucro.

Além de assumir mais diretamente os valores políticos inerentes à sua própria classe, a burguesia brasileira conseguiu finalmente exercer hegemonia ideológica sobre a sociedade, ou seja, logrou que aquelas ideias se impusessem às demais classes, inclusive à classe média profissional, que possui a própria ideologia apoiada na racionalidade técnica, no planejamento e no desenvolvimento econômico. Mas, apesar da importância dessas ideias nas sociedades modernas, e da penetração no Brasil de valores socialistas dos mais variados matizes (cristão, marxista, social-democrata...), não há dúvida alguma sobre o amplo domínio dos valores burgueses. Um sintoma desse fato está na transformação dos empresários mais conhecidos nos novos "heróis" da sociedade brasileira, disputando com os governantes, os políticos de oposição e os artistas o foco das atenções da imprensa.

Essa hegemonia ideológica da burguesia, mantida pelo controle dos jornais, do rádio, da televisão e do sistema escolar em todos os níveis, não apenas deu segurança à burguesia de que o jogo democrático de alternância no poder pode ser jogado sem maiores riscos para ela, mas lhe permitiu um projeto de hegemonia não apenas ideológica, mas também política. Por essas razões, porque não temia mais o comunismo e porque tinha um projeto hegemônico, a burguesia nacional fez parte do Pacto Democrático-Popular de 1977 e das "Diretas Já" — um pacto que chegou ao poder em 1985 — mas que, como veremos no Capítulo 17, foi um pacto de vida curta, porque, já em 1987, com o fracasso do Plano Cruzado, entraria em colapso.

16
Crise financeira e fim do grande crescimento

A partir de 1978, depois de cinquenta anos de extraordinário desenvolvimento, uma grave crise financeira o interrompeu e levou a economia brasileira a uma quase estagnação que dura até hoje, mas que, no entanto, não impedirá um significativo avanço político e social nos trinta anos seguintes. Encerrava-se então o Ciclo Nação e Desenvolvimento, que havia logrado completar a Revolução Capitalista Brasileira, e começava o Ciclo Democracia e Justiça Social. A tomada de consciência da profundidade da crise financeira que se desencadeou então não foi imediata. Em 1985, com a retomada das exportações proporcionada pela bem-sucedida desvalorização cambial de dois anos antes, o bom crescimento do PIB e a transição democrática deixaram todos otimistas. Um otimismo que é reforçado no livro de Antonio Barros de Castro e Francisco Eduardo Pires de Souza (1985), *A economia brasileira em marcha forçada* — um livro instigante que afirmava que os grandes investimentos na infraestrutura, na indústria de insumos básicos e na de bens de capital do II PND estavam finalmente dando seus frutos. Infelizmente os dois economistas estavam enganados, porque subestimaram a dimensão do desequilíbrio macroeconômico causado pela crise financeira da dívida externa, que obrigara o Estado brasileiro a socorrer as empresas e os bancos, e, assim, mergulhar em grave crise fiscal. Na verdade, o crescimento satisfatório de 1984 decorrera da depreciação cambial de 1983; o de 1985 e 1986, da política fiscal expansiva praticada pelo novo governo democrático de forma irresponsável.

Eu me dei plenamente conta da gravidade da crise em 1987, quando fui ministro da Fazenda. Assumi o ministério logo após o colapso do Plano Cruzado e a moratória da dívida externa decidida por meu antecessor, Dilson Funaro, e procurei imediatamente dar aos brasileiros uma ideia mais clara da crise financeira (uma crise cambial ou de balanço de pagamentos) e da crise fiscal em que o país estava imerso. E talvez eu tenha contribuído para que a sociedade brasileira começasse a tomar consciência da gravidade da situação. Pus em prática um plano de emergência para controlar a alta inflação inercial, que ficou chamado de Plano Bresser, defini como prioridade o ajuste fiscal, e busquei uma solução geral para a reestruturação da dívida dos países altamente endividados.[1] Em dezembro desse mesmo ano, vendo que não tinha apoio do presidente Sarney para realizar o necessário ajuste fiscal, e que a economia brasileira caminhava para o descontrole e a hiperinflação, pedi demissão.[2] Dois anos depois, quando o presidente Sarney transmitiu o governo ao presidente Fernando Collor de Mello, a alta inflação inercial se transforma em hiperinflação. No mês de fevereiro de 1990, a taxa de inflação mensal alcançou 82% — bem mais que o mínimo considerado convencionalmente necessário para que se configure a hiperinflação. Em minha última semana no ministério, lembro-me de ter feito uma conferência em São Paulo na qual alertava a sociedade brasileira de forma dramática para a gravidade da crise macroeconômica. Meu diagnóstico apareceu de forma completa no artigo que apresentei em 1989, "A macroeconomia perversa da estagnação: dívida, déficit e inflação no Brasil". Em 1992, Celso Furtado publicou um livro com título sugestivo, *Brasil: a construção interrompida*.

CRISE FINANCEIRA E ESTAGNAÇÃO

A estagnação da renda *per capita* dos anos 1980 foi essencialmente produto da grande crise cambial ou de balanço de pagamentos que foi então chamada de "crise da dívida externa" — uma crise que se desencadeou a partir da mudança radical de política econômica dos Estados Unidos, sob o comando do presidente Ronald Reagan e do presidente do banco central americano, Paul Volcker. Nos anos 1970, os Estados Unidos viveram um período de crise econômica caracterizada pela queda das taxas de lucro, pela diminuição do crescimento, por uma contínua depreciação do dólar, e pelo aumento da inflação — pela estagflação, portanto. E também um perío-

---

[1] Na qualidade de ministro da Fazenda, entre maio e dezembro de 1987, fiz o diagnóstico da crise e apresentei as diretrizes para sua solução no *Plano de Controle Macroeconômico* (Ministério da Fazenda, julho de 1987), formulei e introduzi o Plano Bresser, e comandei uma proposta de reestruturação da dívida externa de todos os países endividados com base na securitização de seus débitos com um desconto — uma proposta que foi recusada pelo secretário do Tesouro, James Baker, mas adotada, dezoito meses depois, pelo secretário Nicholas Brady, e que, afinal, ficou chamada de Plano Brady.

[2] Devo, entretanto, reconhecer que o presidente Sarney sempre me deu apoio quando se tratou da crise financeira da dívida externa.

do de perda de hegemonia causada pela crise econômica e pela derrota na Guerra do Vietnã. Diante da crise americana, Volcker adotou uma política que surpreendeu a todos, e foi bem-sucedida em seu país. Fez um forte aperto monetário que elevou brutalmente a taxa de juros, apreciou o dólar, e levou o país a um grande déficit em conta-corrente — déficit, entretanto, em dólares, na sua própria moeda, e portanto que não implicava os riscos e males que os déficits em conta-corrente causam nos países em desenvolvimento. Ao mesmo tempo, o Tesouro realizava uma política de expansão fiscal e aumentou fortemente o déficit público. Dessa forma, como observou Maria da Conceição Tavares (1985, pp. 40-1),

"[...] Reagan resolveu fazer uma coisa que nunca se viu, que é uma política keynesiana bastarda, de cabeça para baixo, combinada com uma política monetária dura. Redistribuir a renda em favor dos mais ricos, aumentar o déficit fiscal e subir a taxa de juros é uma política explosiva. No entanto, teve como resultado a recuperação americana... Em suma, desde 1979, a partir desta movida de Volcker, confirmada pela política de Reagan, os Estados Unidos declararam que o dólar era a moeda soberana, era o padrão internacional e que a hegemonia do dólar ia ser restaurada. Com isso mergulharam a economia mundial numa recessão que durou três anos."

A crise durou três anos para os países ricos. Para os países em desenvolvimento, altamente endividados em moeda estrangeira, a política econômica americana provocou uma crise financeira de grande proporção, e que manteve o Brasil estagnado por dez anos. Nos países ricos, que têm moeda reserva e se endividam em sua própria moeda, as crises financeiras são geralmente crises bancárias; nos países em desenvolvimento, que se endividam em moeda estrangeira, que não podem emitir, a crise financeira é em princípio uma crise cambial ou de balanço de pagamentos. Essa crise terrível foi consequência de o Brasil ter acreditado na política de crescimento com poupança externa, que os mercados financeiros e os economistas ortodoxos recomendavam e os economistas estruturalistas aceitavam, para resolver o problema da restrição externa, em vez de buscarem ajustar a taxa de câmbio ao nível correto. Mas, dada a absoluta hegemonia ideológica neoliberal nos anos 1990, o caráter financeiro da crise foi minimizado, deu-se importância à crise econômica e esta foi atribuída à "excessiva intervenção do Estado na economia", especificamente à estratégia de industrialização substitutiva de importações, embora o Brasil já estivesse desde 1967 engajado com êxito na estratégia de industrialização via exportações de manufaturados.

A Crise Financeira dos Anos 1980, que por sua dimensão merece ser denominada com letras maiúsculas, começou em 1979, quando o governo dos Estados Unidos, diante da estagflação e do segundo choque do petróleo, decidiu aumentar brutalmente os juros dos títulos do Tesouro. Já discuti no Capítulo 14 esse fato e os erros que cometemos então, reproduzindo os erros monetaristas e liberais que Martínez de Hoz havia cometido na Argentina. Em 1981, quando o sistema financeiro internacional suspendeu a rolagem da dívida externa brasileira e a crise se desencadeou com toda a força, o Brasil tinha duas alternativas: declarar moratória completa ou declarar "moratória branca" (não agressiva) do principal e continuar a pagar os juros e os dividendos enquanto negociava com o FMI e os principais credores. A segunda alternativa foi escolhida pelo governo brasileiro e, em janeiro de 1983, o Brasil assinou sua carta de intenções com o FMI. Nessa carta, o Brasil comprometeu-se a ter um superávit comercial de US$ 6 bilhões, um corte de 50% no déficit do setor público e uma taxa de inflação de 90%. De acordo com as estimativas do FMI, esse processo de ajustamento representaria uma taxa negativa de crescimento no PIB brasileiro de 3,5% em 1983.

Em fevereiro de 1983, o país foi surpreendido com uma maxidesvalorização da moeda de 30%, provocando indignação em toda a sociedade, mas era uma medida necessária, que derivara do acordo com o FMI, e que afinal se revelou bem-sucedida em produzir, a partir de então, grandes superávits comerciais. Em abril estava claro que os US$ 6 bilhões de superávit comercial seriam alcançados graças a essa desvalorização e a uma forte recessão que reduziu as importações, mas o alvo programado para o déficit público era inatingível. O custo da maxidesvalorização e de outras medidas de "inflação corretiva" tiveram como resultado o aumento do patamar de inflação, de 100% no início do ano para aproximadamente 180% em 1984. Era a inflação inercial que ganhava corpo — uma inflação decorrente da indexação formal e informal da economia. Uma inflação que não podia ser explicada nem pelas teorias monetaristas, nem pelas keynesianas, nem pelas teorias estruturalistas, mas pela teoria da inflação inercial que discuti na *Breve teoria 10*. Uma inflação que era formal e informalmente indexada, e, por isso, rígida para baixa.

No início de 1983, dada a suspensão da rolagem da dívida brasileira desde 1981, a falta de dólares era dramática. Em consequência, e desde que não se optou pela moratória dos juros, um novo acordo com o FMI, implicando novas medidas de austeridade, tornou-se necessário. Os fatos de que a recessão já era violenta, o desemprego e as falências cresciam, as importações caíam e o alvo de um superávit comercial de US$ 6 bilhões estava sendo alcançado não impressionaram o FMI. Várias medidas foram postas em prática em junho e julho de 1983. A mais relevante delas foi cortar os salários reais — política que não era adotada desde 1974. A decisão foi de indexar os salários a 80% do INPC durante os dois anos seguintes. Essa medida representou um corte de cerca de 30% nos salários reais em dois anos. As medidas de ajustamento, que o governo tomava para compensar a experiência desastrosa de populismo econômico de que ele próprio fora responsável no biênio 1979-1980, aprofundavam a crise política. A transição democrática tornava-se cada vez mais inevitável e era preciso pensar em alternativas de política econômica e social.

A crise que a economia brasileira enfrentou nos anos 1980 foi a mais grave crise da história de seu desenvolvimento capitalista. De fato, salvo pequenas flutuações, a economia do país não havia parado de crescer desde o século XIX, aproximadamente desde os anos 1840, quando extinguiu-se o acordo comercial de caráter colonialista firmado com a Inglaterra no momento da Independência, e quando o desenvolvimento da cultura do café permitiu a superação de uma conjuntura de baixo crescimento vigente desde meados do século anterior, devido ao esgotamento do ciclo do ouro. Foram cento e cinquenta anos de extraordinário crescimento. De acordo com estudo de Angus Maddison (1988), o Brasil foi o país que apresentou maiores taxas de crescimento do PIB entre 1870 e 1980, em comparação com um número selecionado de países, entre os quais os Estados Unidos, o Japão e a União Soviética. A partir de 1981, porém, a economia brasileira entrou em um longo período de estagnação que durou toda a década. A renda por habitante, que nos oito anos anteriores (1973-1980) crescera 52,7%, entra em estagnação total nos anos 1980.

Essa dramática redução da taxa de crescimento estava diretamente relacionada com a queda na taxa de investimento do país. Esta, que havia girado entre 23% e 25% na segunda metade dos anos 1970, baixou a partir de 1983 e chegou a 18% do PIB em 1985.[3] Estávamos, na verdade, diante de uma crise estrutural, cujos sintomas básicos eram a estagnação da renda por habitante e a drástica redução da capacidade de investir e poupar do país. O fato de as transferências recebidas pelo país terem se tornado posi-

---

[3] Fonte: Ipeadata.

tivas, o que significava que começávamos a pagar a dívida externa, pesou nessa redução.

É preciso, porém, introduzir o terceiro sintoma da crise econômica brasileira dos anos 1980: a taxa de inflação. Nos anos 1970, o crescimento fora possível com uma taxa de inflação média (IGP) de 32,6% ao ano — uma taxa moderada, portanto. Já em 1980, a inflação sobe para cerca de 100%; em 1983 para a casa dos 200%, e finalmente, depois do interregno do Cruzado, vai a quase 400% em 1987. Em 1988 já estava próxima de 1.000%. No final do governo Sarney, no mês de março de 1990, quando assume o presidente Fernando Collor, a inflação alcança 72% no mês de fevereiro, configurando-se a hiperinflação.

Ora, com taxas de inflação dessa ordem era inviável pensar em crescimento econômico. Não era mais a diminuição da relação produto-capital ou a deterioração dos termos de troca que impediam o desenvolvimento econômico, mas a desorganização econômica que a alta inflação produzia, não obstante a indexação formal e informal que pretendia neutralizar os efeitos desestruturadores da inflação, mas que, afinal, era sua causa inercial. Assim, após o fracasso do Plano Cruzado, tínhamos três grandes sintomas básicos da grande crise que o Brasil enfrentava: estagnação sem precedente da renda por habitante, redução de aproximadamente seis pontos percentuais na taxa de investimento, e taxas de inflação de mais de 10% ao mês.

Breve teoria 10
A ALTA INFLAÇÃO INERCIAL

Entre 1980 e 1994, a economia brasileira viveu um período de alta inflação inercial durante o qual a inflação deixou de ser pensada em termos anuais para sê-lo em termos mensais, variando geralmente entre 10% e 30% ao mês. Esta inflação deixou perplexos tanto os economistas ortodoxos e monetaristas como os estruturalistas e keynesianos. Lembro-me bem de Affonso Celso Pastore — um dos melhores economistas ortodoxos do país — dizer-me, no final de 1984, quando era presidente do Banco Central e eu presidente do Banespa: "Bresser, não entendo o que está acontecendo. Já fiz de tudo para derrubar a inflação e ela não cai!". Minha resposta foi imediata: "Não cai porque é uma inflação inercial". Se Pastore tivesse lido os dois artigos meus escritos com Yoshiaki Nakano sobre o tema um ano antes, ele compreenderia melhor o que estava acontecendo e o que era preciso fazer para acabar com esse tipo de inflação.[1]

De fato, nós — hoje economistas novo-desenvolvimentistas — tínhamos naquela época uma nova teoria para explicar a inflação no Brasil. Essa teoria, que surgira na América Latina no início dos anos 1980 — a teoria da inflação autônoma ou inercial —, não apenas decifrava um quebra-cabeça importante mas, adicionalmente, sugeria que a solução do problema, embora difícil, não era tão custosa quanto a teoria econômica ortodoxa pretendia. Meu companheiro de estudos Yoshiaki Nakano e eu tivemos uma participação direta no desenvolvimento dessas novas ideias.

Minhas próprias ideias sobre a inflação tinham origem em Ignácio Rangel e nas suas ideias sobre a inflação de custos ou administrada. Essas ideias eram revolucionárias. Explicavam como recessão e inflação podiam conviver, como aconteceu já em 1963, quando *A inflação brasileira* foi publicado. Ignácio Rangel descobrira uma especificidade das situações de alta inflação que a teoria econômica convencional, fosse ela monetarista ou keynesiana, não explicava. Além disso, Rangel dera um passo decisivo na compreensão das relações entre a inflação e a moeda ao aprofundar a ideia estruturalista de que a oferta de moeda é endógena, passiva. Não era o aumento da quantidade de moeda que explicava a inflação, mas era o aumento desta, provocado pelo poder de monopólio e pela necessidade de reduzir as crises cíclicas, que induzia o aumento da oferta monetária. Alguns anos mais tarde, lendo uma resenha das ideias sobre moeda endógena (Merkin, 1982/1986), verificaria que nenhum economista dos países centrais escrevera com tanta firmeza e clareza sobre o assunto antes de Rangel, embora vários deles, como Wicksel, Keynes, Schumpeter e Joan Robinson, houvessem insinuado a ideia.

Durante os anos 1960 e 1970, adotei basicamente essa visão da inflação. Acrescentei apenas a ideia, já então conhecida, de que o con-

---

[1] Referia-me a "Fatores aceleradores, mantenedores e sancionadores da inflação" (1983) e a "Política administrativa de controle da inflação" (1984a) — os dois artigos básicos sobre a inércia inflacionária que havia escrito com Yoshiaki Nakano.

flito distributivo tinha papel essencial na explicação do processo inflacionário. Entretanto, durante os anos 1970, após a crise do petróleo, surgira um fato histórico novo nas economias desenvolvidas: a estagflação. As economias centrais viam suas taxas de inflação aumentarem enquanto entravam ou permaneciam em recessão. O mesmo fenômeno que Rangel estudara e explicara dez anos antes, examinando a economia brasileira, repetia-se agora em nível mundial. A estagflação teve, nos países centrais, a consequência perversa de minar as teorias keynesianas de inflação, que foram substituídas por teorias monetaristas baseadas nas expectativas dos agentes econômicos — expectativas que tinham sido transformadas em um instrumento mágico que dava uma resposta a todos os problemas mal resolvidos pelos economistas.

Nem as teorias convencionais, monetaristas, nem a teoria de Rangel explicavam a estagflação ou a estabilidade da inflação em determinados patamares. Esse fenômeno era universal, embora fosse particularmente visível na economia brasileira. Durante quase todos os anos 1970, por exemplo, a inflação permaneceu relativamente estabilizada em torno de 40% ao ano. Em 1979 mudou de patamar e permaneceu estável em torno de 100% ao ano. Por que a estabilidade, e por que a aceleração? As teorias monetaristas eram claramente insatisfatórias e as keynesianas haviam perdido poder explicativo com a estagflação. O estruturalismo era uma explicação limitada, já que os pontos de estrangulamento na oferta de bens agrícolas revelavam-se menos importantes do que pareciam. E as ideias de Rangel, embora esclarecedoras, não resolviam o problema.

Em 1980, depois de ter visto a inflação dar um salto, passando de 50% para 100% ao ano e em seguida estabilizar-se nesse nível, em um processo claramente independente da demanda, tive uma *intuição*. O fato de que a inflação administrada ou de custos tendia a generalizar-se nas economias modernas, caracterizadas por um capitalismo oligopolista ou tecnoburocrático, em que o Estado desempenhava um papel econômico fundamental, não era uma explicação suficiente para o fenômeno. Havia um problema adicional e básico: a defasagem no aumento de preços das empresas, que levava ao repasse automático do aumento de custos para os preços, independentemente da demanda. Conforme escrevi no ano seguinte: "as elevações de custos e preços não ocorrem todas ao mesmo tempo em todas as empresas. Elas ocorrem alternadamente, em uma e outra empresa. Este fato é decisivo. Suponhamos três empresas, A, B e C, no sistema. Se estas três empresas aplicam rigorosa e alternadamente a política de margem fixa sobre o custo, a taxa de inflação, uma vez iniciada, torna-se permanente. A combinação de margem fixa sobre o custo com mudanças alternadas de preços não leva necessariamente a um aumento da taxa de inflação, mas à manutenção dos níveis de inflação em um determinado patamar" (Bresser-Pereira, 1981, p. 17). Creio que essa foi a primeira formulação da teoria da inércia inflacionária no Brasil. Não posso afirmar que essa ideia óbvia tenha me ocorrido de forma totalmente independente. Na teoria estruturalista da inflação de Juan Noyola Vázquez (1956) e de Osvaldo Sunkel (1958) já havia a ideia do processo de propagação de um aumento inicial de preços. Por outro lado, Mario Henrique Simonsen (1970), em um estudo pioneiro sobre inflação, havia falado sobre a "realimentação inflacionária". Nem os estruturalistas, nem Simonsen, entretanto, usaram a ideia de aumentos defasados de preços baseados no conflito distributivo, ou seja, na luta dos agentes econômicos para manter sua participação na renda, para explicar a estagflação das economias centrais e da economia brasileira. No modelo eclético de Simonsen, a realimentação era apenas um fator a ser combinado com os fatores monetários e de demanda.[2]

Entretanto, só logrei uma compreensão mais geral e ampla da inflação a partir dos trabalhos que em seguida escrevi com Nakano. Seu primeiro artigo sobre o tema, de 1982, mostrava por que a inflação brasileira de então não era de demanda, havendo compatibili-

---

[2] Nenhuma ideia é realmente nova neste mundo. Muitos anos depois, eu descobriria que, em 1972, Felipe Pazos havia publicado um livro nos Estados Unidos, *Chronic Inflation in Latin America*, no qual já estavam presentes muitas das ideias sobre a inflação inercial. Naquele momento, entretanto, as ideias que usei, primeiramente nas minhas aulas na FGV e depois no artigo citado, pareciam-me uma descoberta extraordinária, iluminadora, ainda que estivessem em embrião. Em alguns momentos em minha vida, eu me senti entusiasmado com uma ideia. Aquele era um desses momentos. Afinal, eu começava a decifrar o mistério da estagflação e das altas inflações.

dade entre recessão e inflação (Nakano, 1982). Em seguida, escrevemos juntos um artigo teórico sobre a inflação, "Fatores aceleradores, mantenedores e sancionadores da inflação" (Bresser-Pereira e Nakano, 1983). Com ele, afinal tínhamos uma exposição sistemática e formal da teoria da inflação inercial. Naquela época, os economistas da Pontifícia Universidade Católica (PUC) do Rio de Janeiro, particularmente Francisco Lopes, André Lara Resende, Persio Arida e Edmar Bacha, estavam também desenvolvendo suas ideias sobre o assunto, mas não haviam ainda escrito um trabalho sistemático sobre a inércia inflacionária.[3]

Descoberta uma nova teoria da inflação, uma nova política para controlá-la se impunha. Nakano e eu passamos a discuti-la ainda no primeiro semestre de 1983, quando começamos a escrever "Política administrativa de controle da inflação", nosso segundo artigo básico sobre a teoria da inflação inercial (Bresser-Pereira e Nakano, 1984a). Estava claro para nós que as políticas convencionais de estabilização não se aplicavam ao caso. Não fazia sentido restringir a demanda, quando a economia já estava em recessão. Menos sentido fazia pretender controlar a oferta de moeda, já que esta era endógena. A tentativa de controlar administrativamente os preços dos oligopólios, embora aparentemente mais razoável, na verdade tampouco fazia sentido, não apenas devido às dificuldades inerentes ao controle de preços, mas principalmente porque quando a inflação é alta e inercial as empresas devem aumentar seus preços regularmente, pelo menos todos os meses. Neste caso, pretender controlar os ajustes de preços de cada empresa oligopolista não fazia sentido. Indexar também não fazia, na medida em que se engessavam os preços relativos. Finalmente, conviver com a inflação, como pretendiam os estruturalistas nos anos 1950, quando a inflação estava em torno de 20% ao ano, fazia senti-

---

[3] O primeiro trabalho sistemático sobre a inércia, produzido na PUC do Rio de Janeiro, foi escrito por Chico Lopes. Ele, que entrara em conflito teórico com seus colegas da PUC, André e Persio, ao optar por um congelamento, no final de 1984 chegou a um acordo com seus colegas e apresentou no congresso da ANPEC, em dezembro, um maravilhoso artigo sobre a inflação inercial (Lopes, 1984b).

do, mas quando ela passa a ser de 5%, 10%, 20%, 30% ao mês, ou seja, quando a inflação se torna totalmente inercial, igualmente deixava de fazer sentido.

Não enfrentávamos uma hiperinflação, situação na qual a economia se torna inteiramente dolarizada e os preços passam a ser aumentados diariamente, quando não a cada hora. Quando isso acontece, uma reforma monetária com o uso de uma âncora nominal — em princípio a taxa de câmbio, que é fixada e tornada conversível em dólar — garantirá a estabilização, desde que seja acompanhada de um ajuste fiscal e de outras reformas institucionais, visando tornar a política monetária independente. Basta que o governo tenha reservas internacionais em moeda forte ou o apoio de uma potência estrangeira que lhe assegure essas reservas, e consiga, em seguida ao choque, zerar o déficit público. O ajuste fiscal é essencial, já que a hiperinflação é sempre consequência de profunda crise fiscal, na qual o Estado deixa de ter crédito, perdendo, assim, a capacidade de financiar não inflacionariamente algum déficit.

Estávamos em 1983 diante de uma situação de "alta inflação" intermediária entre uma inflação pequena, moderada, típica dos países desenvolvidos, na qual a inércia é um fator secundário, e a hiperinflação. Estávamos diante de uma alta inflação tipicamente inercial, e para esta não havia outra alternativa senão controlá-la administrativamente, ou seja, através da política de rendas, do controle direto dos preços. Para controlá-la indiretamente, através de política fiscal e monetária, seria preciso que não houvesse a autonomia da inflação em relação à demanda. Se quiséssemos controlá-la através de âncoras, deveríamos primeiro deixar que a hiperinflação dolarizasse a economia. Esse risco, entretanto, ninguém estava disposto a correr.

Mas como controlar administrativamente a inflação sem pensar em um controle caso a caso, como é próprio dos sistemas de controle de preços de empresas oligopolistas? Víamos somente duas alternativas: ou se montava um sistema de prefixação gradual, baseado na previsão de uma inflação futura declinante, e se estabeleciam guias ou orientações que levassem os agentes econômicos a mudar suas expectativas e, assim, aumentarem seus preços a taxas decrescentes, ou se estabelecia um congelamento geral e rápido de todos os preços e salários.

> Afinal, em nosso *paper*, fizemos a proposta do congelamento como segunda alternativa, caso a inflação continuasse a se acelerar. Não falamos em "choque heterodoxo". Chamamos nossa proposta de "solução heroica de controle da inflação". O artigo foi publicado na *Revista de Economia Política* em julho de 1984. Um mês depois saía publicado no *Boletim do Conselho Regional de Economia* um pequeno artigo de Francisco Lopes (1984a) com uma proposta firme e corajosa de congelamento, que ele chamou de "choque heterodoxo".
>
> Naquele ano de 1984, a teoria da inflação inercial finalmente amadureceu. Nakano e eu havíamos escrito os dois artigos que deixavam claro o diagnóstico e a terapêutica da inflação brasileira. André Lara Resende (1984) publica em setembro, na *Gazeta Mercantil*, "A moeda indexada: uma proposta para eliminar a inflação inercial", em que propunha uma reforma monetária por meio da qual, por algum tempo, conviveriam duas moedas. Dessa forma seria possível aos agentes econômicos redefinir seus contratos na nova moeda. Em novembro daquele ano André Lara Resende e Persio Arida escreveram para um seminário organizado por John Williamson, em Washington, um artigo mais bem estruturado e fundamentado sobre a mesma ideia (Arida e Resende, 1984/1985).

Poupança pública negativa

O "esgotamento da estratégia de industrialização por substituição de importações" não foi a causa da crise econômica brasileira dos anos 1980. Repetiu-se esse diagnóstico liberal infinitas vezes, mas foi a política de crescimento com poupança externa dos anos 1970 a causa matriz da estagnação econômica dos anos 1980. Essa política teve tal papel porque originou, diretamente, a Grande Crise da Dívida Externa dos Anos 1980 e, indiretamente, a alta inflação inercial e a crise fiscal do Estado. Algo semelhante ao que ocorreu nos demais países latino-americanos, como assinalaram Fanelli, Frenkel e Rozenwurcel (1990/1992, p. 1):

> "[...] a crise da América Latina não se origina na fraqueza da estratégia de substituição de importações e sim na dinâmica do ajustamento aos choques externos que ocorreram no começo dos anos

1980 [...] nos desequilíbrios externos e fiscais induzidos pela crise da dívida externa, que até hoje, depois de 10 anos de ajustamento, não foram resolvidos."

A política de incorrer em déficits em conta-corrente (poupança externa) resultou no aumento da dívida externa e em apreciação da taxa de câmbio. O aumento da dívida afinal se transformou em crise de balanço de pagamentos e em crise bancária. Na medida em que os bancos e as empresas endividadas em dólares foram socorridos pelo Estado, desencadeou-se a crise fiscal. Por outro lado, as depreciações que se tornaram necessárias implicaram aceleração da inflação — uma aceleração que não era temporária porque os preços eram indexados e a inflação, inercial.

Assim, como é clássico acontecer nas crises financeiras, foi o Estado que afinal acabou se desequilibrando — o que permitiu aos liberais afirmar que "o Estado não era mais a solução, mas o problema". O regime militar tentou contornar a crise fiscal a partir de 1981, e a sobreapreciação da taxa de câmbio com a desvalorização de 1983, mas não entendeu e não logrou controlar a inflação inercial. A partir de 1985, o populismo do governo democrático levou novamente o país à crise cambial e fiscal e ao agravamento da crise inflacionária.

A dimensão de fluxo da crise fiscal resultante pode ser medida de duas maneiras: pelo déficit público operacional e pela capacidade de poupança do setor público. A primeira inclui as empresas estatais e corresponde ao aumento do endividamento ou das necessidades de financiamento do setor público como um todo. Além de medir o desequilíbrio financeiro do Estado, seria também uma indicação de excesso de demanda. Como o déficit público já tinha um substancial componente financeiro, e como podia ocorrer ao mesmo tempo em que o setor privado reduzia seus investimentos devido ao aumento da taxa de juros, esse déficit público era compatível com clara insuficiência de demanda global.

A segunda medida de fluxo do desequilíbrio financeiro do Estado está na sua capacidade de poupança. Esta medida não pode ser comparada diretamente com a de déficit público, porque as contas nacionais no Brasil excluem do setor público as empresas estatais. Mas as duas medidas estão relacionadas. A poupança pública, que estava em torno de 5% do PIB em final dos anos 1970, já havia sido reduzida para 3,8% em 1979 e transformou-se em uma poupança negativa de 1,9% do PIB em 1988 (Tabela 8). Isso significa que, nos anos 1970, o setor público era capaz de recolher poupança forçada e investi-la — ou seja, de realizar o papel por excelência do Estado no processo de desenvolvimento —, enquanto nos anos 1980, depois de haver assumido a dívida em dólares das empresas durante a grande crise financeira de então, passa a apresentar poupança negativa. Como o Estado deixava de contar com sua própria poupança para financiar seus investimentos, o déficit público passava a financiá-los, mas de forma precária, diminuindo com isso a capacidade de investimento e poupança da economia brasileira.

Tabela 8
POUPANÇA PÚBLICA — 1979-1988
(anos ímpares, % do PIB)

Ano	Carga tributária	Poupança pública
1979	24,3	3,8
1981	24,6	2,3
1983	24,7	0,6
1985	22,0	0,3
1987	22,6	-1,2
1988	22,1	-1,9

Fontes: Ipeadata (primeira coluna) e Banco Central (segunda coluna).

A poupança pública é a diferença entre a receita corrente e a despesa de custeio do Estado. Se o Estado está com suas contas equilibradas, os investimentos são financiados por essa poupança. Trata-se, portanto, de um conceito de contabilidade pública essencial, tão importante quanto o conceito de déficit público e mais importante que o de superávit primário, tão privilegiado pelo FMI a partir dos anos 1980. O FMI concentra-se no superávit primário porque este é igual ao déficit público menos os juros pagos pelo setor público. Como o FMI está intimamente associado ao sistema financeiro internacional, o qual sempre que possível quer que se esqueçam os juros, o superávit primário foi privilegiado, e passou a ser o conceito fiscal mais utilizado. Se é positivo, é sinal de que está havendo recursos para pagar pelo menos uma parte dos juros. O próprio déficit público, que indica o valor do endividamento do Estado, é deixado em segundo plano. O que dizer da poupança pública, que indica a quantidade de recursos que o setor público tem para investir? A partir do pressuposto jamais explicitado de que o Estado não precisa investir, ou deve investir pouco, ela é ignorada, embora uma poupança pública negativa seja o principal indicador de uma crise fiscal. Quem investe é o setor privado. Ora, o Estado também precisa investir, e precisa de poupança para financiar seus investimentos. Quando a poupança pública se torna negativa, o Estado entra em crise fiscal. E a prioridade de política econômica passa a ser recuperar a capacidade do Estado de financiar seus investimentos necessários, recuperar sua poupança.

A poupança pública negativa e o consequente déficit público tiveram como resultado um crescente desequilíbrio de estoque do Estado: a dívida pública. Esta, no início dos anos 1970, passou a ser fundamentalmente externa, mas no final dessa década, a partir do momento em que os bancos internacionais começam a reduzir a rolagem da dívida externa (1979-1980) para finalmente suspendê-la em definitivo (1982), a dívida interna pública passou a crescer de maneira explosiva. Na medida em que o setor privado ia pagando em cruzeiros seus compromissos externos, o governo assumia a dívida em dólares, e, com os recursos obtidos, financiava seu próprio déficit.

17

A crise do Pacto Democrático-Popular de 1977

No início de 1986, o governo lançou o Plano Cruzado, que se transformaria na grande oportunidade perdida da nova democracia e dos economistas que tanto haviam criticado a ortodoxia do período 1981-1984. Embora bem delineado, porque baseado na mais importante contribuição dos economistas latino-americanos à teoria econômica — a teoria da inflação inercial —, o plano fracassou. As causas imediatas do seu fracasso foram o fato de o desequilíbrio dos preços relativos, que é inerente à inflação inercial, não ter sido suficientemente corrigido pela tabela de conversão de contratos das compras a prazo (cujo papel é de anular a inflação futura embutida nesses contratos); a incapacidade do governo de conter a demanda agregada, na medida em que não reduziu o déficit público nem praticou uma política monetária rígida; o aumento de salários realizado no dia do plano; e, principalmente, a apreciação do câmbio real causada pelo aumento dos salários reais acima da produtividade. Diante desse fato, que resultou em elevado déficit em conta-corrente, e de uma dívida externa que já era alta, os credores externos perderam novamente a confiança, a rolagem da dívida externa foi interrompida e a crise financeira de balanço de pagamentos se desencadeou ao mesmo tempo que a inflação voltava com toda a força.

Nos anos 1980, a dívida externa era o pano de fundo da crise econômica brasileira e continuou a sê-lo até 1993. A estagnação da economia brasileira nos anos 1980 explicava-se pela redução da taxa de investimentos públicos e pela aceleração da inflação, que desorganizava ou tornava mais ineficientes os investimentos. Ocorreu então uma redução da relação produto-capital, ou seja, da produtividade dos investimentos, que não pode ser explicada apenas pelo encarecimento relativo dos bens de capital que então ocorre. O desequilíbrio financeiro estrutural do setor público, expresso na poupança pública negativa, e a dívida externa, interligados, eram por sua vez a causa da redução dos investimentos e da inflação.

O problema externo, entretanto, foi aos poucos sendo equacionado, de um lado, porque os grandes superávits em transações reais que decorreram da recessão brasileira e da desvalorização real de 10% que decidi em maio de 1987 reduziam relativamente a dívida externa. De outro porque, apesar de o secretário do Tesouro americano, James Baker, ter recusado de forma pouco elegante a minha proposta de setembro de 1987 como ministro da Fazenda do Brasil, de solução da crise da dívida externa por meio de um desconto através da securitização — ou seja, da sua transformação, no mercado financeiro, em novos títulos (*securities*) com valor mais baixo —, um ano e meio depois o novo secretário do Tesouro, Nicholas Brady, incorporou esta minha sugestão ao que ficou chamado de Plano Brady.[1] Depois de muitos acidentes, inclusive uma postura corajosa mas mal orientada do governo Collor em relação à dívida externa, em 1993, já sob a presidência de Itamar Franco, o Brasil finalmente assinou seu Plano Brady de reescalonamento da dívida externa com um desconto de cerca de 15%. Não era um grande desconto — dado o péssimo exemplo que deu o México ao negociar sua dívida logo em seguida ao anúncio do plano com um desconto irrisório —, mas, somado ao efeito positivo dos superávits em transações reais, representava um relativo equacionamento da dívida externa brasileira.

O colapso do Pacto Democrático-Popular

O Pacto Democrático-Popular de 1977, que presidiu a transição do país para a democracia, entrou em crise no início de 1987. O fato decisivo foi o fragoroso fracasso do Plano Cruzado em estabilizar os preços e estabelecer as bases da superação da grande Crise Financeira dos Anos 1980. A dupla crise — dívida externa e alta inflação — havia sido instrumental em apressar o fim do regime autoritário; agora se torna a causa da crise do pacto democrático. A sociedade havia apoiado com entusiasmo o plano de estabilização envolvendo o congelamento dos preços, e sentiu-se traída quando o plano fracassou no início de 1987 e a inflação voltou com força.

A nova crise política mostrava mais uma vez o fosso existente entre uma cidadania massificada, dotada de direito ao voto, mas sem participação efetiva na vida política, e uma elite que se tornara incapaz de definir um pacto político e um projeto nacional para o Brasil. O Pacto Democrático-Popular de 1977 e das "Diretas Já" implicava um roteiro que a Constituição de 1988 formalizou — um acordo democrático, social e nacional. Mas seu aspecto

---

[1] Para um relato da minha atuação no Ministério da Fazenda, ver Bresser-Pereira (1992), "Contra a corrente: a experiência no Ministério da Fazenda".

nacional estava sob o fogo dos intelectuais progressistas que tinham aceitado a interpretação da dependência associada, e todo o acordo estava sob crítica da ideologia neoliberal que se tornara dominante no Oeste desde o final da década anterior.

A crise política expressou-se em curto prazo na perda de legitimidade política — ou seja, na perda de apoio da sociedade civil — do governo Sarney. Mais amplamente, significou que pela primeira vez desde 1930 a burguesia industrial ficava excluída do pacto político — uma burguesia que, não obstante suas ambiguidades e contradições, fora uma burguesia nacional e nessa qualidade participara da revolução nacional brasileira. Ficava excluída porque, depois de um novo período de crise e de vácuo de poder (1987-1990), semelhante ao de 1961-1964, o novo pacto político seria neoliberal e anti-industrializante: seria o Pacto Liberal-Dependente de 1991.

Tudo indica que a morte de Tancredo Neves, no momento em que deveria assumir a Presidência da República, não foi apenas uma tragédia pessoal, mas também uma fatalidade histórica que custou caro ao Brasil. A história não é construída por personalidades, mas em curto prazo não há dúvida de que o peso positivo ou negativo de determinados dirigentes políticos pode ser decisivo. A circunstância de José Sarney ter ocupado a Presidência da República foi o fator determinante do retorno ao poder dos setores mais arcaicos e parasitários do capitalismo brasileiro. É possível adotar uma visão alternativa estruturalmente mais pessimista e afirmar que a Nova República — o nome que Sarney deu ao seu governo — estava fadada ao fracasso, independentemente de a quem coubesse sua liderança política. Florestan Fernandes (1985), por exemplo, não tinha dúvidas a respeito desse destino. Já vimos que a transição teve um elemento conservador significativo na medida em que contou com a participação da burguesia industrial, mas não se deve esquecer que a Constituição de 1988 foi fruto dessa transição, e nela ideias progressistas e nacionais estavam fortemente presentes. O compromisso com a democracia e com a afirmação dos direitos sociais, e um substancial aumento dos gastos públicos voltados para a educação, a saúde pública e os programas de renda mínima foram resultado dessa Constituição, assim como o foi a grande descentralização de recursos para os municípios. Em consequência, nos anos que se seguiram à transição democrática o Brasil avançou substancialmente no plano político e social. O mais impressionante avanço realizado nesse campo foi a implantação do SUS (Sistema Único de Saúde), um sistema universal de saúde. A democracia brasileira tornou-se mais consolidada, a sociedade civil teve mais espaço para ação, e os indicadores sociais do país melhoraram de forma substancial.

Para Florestan, o fracasso era inevitável porque ele estava convencido, desde *A revolução burguesa no Brasil* (1975), de que, devido ao seu caráter dependente, a burguesia brasileira seria incapaz ou teria muita dificuldade de realizar uma revolução nacional e democrática semelhante àquela que as burguesias dos países centrais realizaram. Mas seu pessimismo não se confirmou. Embora o caráter contraditório, nacional-dependente, da burguesia brasileira limite sua capacidade de liderança econômica e política, embora a burguesia muitas vezes se revele politicamente confusa e sempre conservadora, parece-me um equívoco negar-lhe capacidade de liderança econômica e política por falta de uma visão adequada dos problemas nacionais. O projeto da burguesia pode não ser claro e certamente não se identifica com o projeto de cada um de nós, mas ele existe. As pesquisas e a análise de Eli Diniz e Renato Boschi a respeito são conclusivas (Diniz, 1978; Boschi, 1979). E a própria experiência de desenvolvimento nacional do Brasil, que foi essencialmente o resultado de uma aliança entre a burguesia e os técnicos ou burocratas estatais, revelou sua capacidade de promover o desenvolvimento do país, desde 1930 até pelo menos os anos 1970. É certo que revelou também seu conservadorismo, sua incapacidade de resolver de forma adequada o problema da concentração de renda, sua falta de determinação em enfrentar a condição de miséria absoluta em que ainda vive parte ponderável da população brasileira. Mas é preciso não confundir esse conservadorismo, que, aliás, caracterizou as burguesias dos países hoje desenvolvidos, com incapacidade de liderança política para a promoção do desenvolvimento nacional.

O Plano Cruzado

No início de seu governo, o presidente José Sarney tentou ser fiel ao Pacto Democrático-Popular de 1977, que por obra do destino o levara ao poder. Seu comportamento durante o ano de 1985 foi caracterizado pela tentativa de encontrar um discurso e uma prática política moderna e progressista. O ministério de Tancredo Neves foi mantido e, quando se tratou de mudá-lo, a mudança foi feita em sentido mais progressista. No Ministério da Fazenda, por exemplo, Francisco Dornelles foi substituído por Dilson Funaro. Através de um único ato, os empresários paulistas e os economistas bastante diferentes da Unicamp, da PUC do Rio de Janeiro e da Universidade de São Paulo (USP) assumiram o comando da política econômica brasileira respectivamente no Ministério da Fazenda, no Banco Central e no Ministério do Planejamento. A área social foi definida formalmente como prioritária pelo governo. No Ministério da Previdência, os médicos sanitaristas brasileiros iniciam uma revolução no sistema de saúde: as Ações Integradas de Saúde, que mais tarde, com a Constituição de 1988, dariam origem ao SUS. A reserva de mercado na informática foi reafirmada. A dívida externa começa a ser objeto de uma política soberana. Inicia-se o processo de privatização, mas limitado a pequenas empresas estatais do setor competitivo da economia. Reafirma-se, embora com certa ambiguidade, a vocação da economia brasileira no sentido de integrar-se cada vez mais no sistema capitalista internacional. Inicia-se a limpeza do "entulho jurídico autoritário": restabelecem-se as eleições diretas para a Presidência da República, suaviza-se a Lei de Segurança Nacional, a Assembleia Constituinte é convocada.

Já no primeiro ano da Nova República começaram a ficar evidentes os conflitos internos ao pacto democrático. As reivindicações dos trabalhadores eram claramente superiores à capacidade do sistema econômico de atendimento em curto prazo. Reivindicava-se aumentos salariais reais ou reposições salariais muito superiores ao aumento da produtividade. Seu atendimento, ainda que parcial, acabou resultando em aumento do consumo e aceleração da inflação, que já era alta. A disposição dos empresários modernos e progressistas de pagar mais impostos para financiar o aumento da despesa social, que estava implícito no pacto social, era claramente menor que a necessária. Reafirmavam a ideia de um pacto, mas pretendiam limitá-lo apenas aos problemas salariais — o que evidentemente não era aceitável para os trabalhadores. E na área salarial acabaram adotando uma curiosa atitude populista: faziam pouca resistência às reivindicações salariais e repassavam imediatamente os aumentos reais aos preços, acelerando a inflação. Por outro lado, os economistas da oposição ao regime militar não tinham uma avaliação correta da gravidade da situação macroeconômica e supunham que uma política industrial bem conduzida bastaria para resolver os principais problemas do país.

O populismo foi a principal resposta do governo — tanto do governo federal como dos governos estaduais — às demandas sociais aumentadas pela transição democrática.[2] O aumento dos salários dos servidores públicos

---

[2] Observe-se que estou aqui falando de "populismo econômico", que é a prática de os governos gastarem de forma irresponsável mais do que arrecadam, e que pode ser "fiscal", quando o déficit irresponsável é o do Estado (é o déficit público), ou "cambial", quando é o Estado-nação que gasta irresponsavelmente e temos o déficit em conta-corrente. Outra coisa é o populismo em termos políticos — a prática de alguns políticos lograrem se comunicar com o povo sem a intermediação dos partidos.

e dos empregados e administradores das empresas estatais foi o resultado mais evidente desse fenômeno. Igualmente, o aumento dos gastos em obras e serviços públicos. O efeito disso foi o aumento do déficit público e, portanto, redução da capacidade de poupança do Estado — capacidade essa que já havia sido antes gravemente reduzida pela necessidade de pagar os juros de uma dívida externa pública excessivamente grande, e que naquele momento (1985) estava sendo agravada pelo aumento explosivo da dívida pública interna devido ao déficit público crescente.

Em 28 de fevereiro de 1986, entretanto, um fato novo — o Plano Cruzado — muda o quadro econômico e político do país. Diante de uma inflação que não parava de crescer, o governo afinal segue a recomendação do grupo de economistas que desenvolvera a teoria da inflação inercial e promove um "choque heterodoxo" congelando todos os preços. O plano correspondia a um diagnóstico correto da natureza da inflação brasileira — basicamente inercial naquele momento — e foi bem-sucedido em reduzir drasticamente a inflação. Em consequência, obteve imediatamente apoio de toda a nação. Durante alguns meses, o governo e a sociedade viveram em "estado de graça". Os índices de popularidade do governo subiram a níveis jamais imaginados. Afinal a Nova República fizera o que dela se esperava. A crise econômica e a crise política foram esquecidas.

Entretanto, alguns erros cometidos no momento da sua formulação — a ideia irrealista de "inflação zero" e o aumento real de salários de 8% no dia do congelamento —, somados a uma série de erros na administração do plano, sobretudo a incapacidade de controlar a demanda agregada que, apoiada no consumo, crescia explosivamente, e a incapacidade de corrigir os desequilíbrios dos preços relativos, levaram o Plano Cruzado ao completo fracasso no final de 1986. A responsabilidade desse fracasso deve ser compartilhada por muitos, mas não há dúvida de que foi decisivo o imobilismo do presidente, que, fascinado pelo êxito do plano, proibiu a flexibilização do congelamento nos meses seguintes, impedindo a correção dos preços relativos, e limitou o mais possível as medidas fiscais propostas pelos dois ministros da área econômica, e em especial pela equipe do Banco Central, com o objetivo de submeter ao controle a demanda agregada. As sequelas deixadas pelo fracasso do Plano Cruzado foram terríveis: a partir do neoliberalismo que avançava em todo o mundo, pôs-se absurdamente em dúvida a contribuição dos economistas que haviam desenvolvido a teoria da inflação inercial e proposto o "choque heterodoxo"; ocorreu o retorno da crise econômica e financeira no primeiro semestre de 1987, com uma virulência que não tinha precedentes na história do país, e a crise política caracterizada pela perda de popularidade e de legitimidade do governo junto à sociedade civil reapareceu com toda a força.

No furacão da crise

Assumi o Ministério da Fazenda em 29 de abril de 1987, em meio à profunda crise desencadeada pelo fracasso do Plano Cruzado. Nesse momento, porém, ainda restava alguma esperança na ação do governo. Uma indicação disso foi o fato de que o presidente do PMDB — o grande líder da transição democrática, deputado Ulysses Guimarães — ainda queria associar o nome do partido à política econômica do governo e apresentou quatro nomes para a substituição do ministro demissionário, inclusive o meu. Acreditava-se, portanto, ainda naquela época, na possibilidade de se manter o Pacto Democrático-Popular que dera origem à Nova República e que sempre teve como base o PMDB. Sete meses e meio mais tarde, porém, quando apresentei de forma definitiva minha demissão, a decisão do presidente do partido, deputado Ulysses Guimarães, foi a de não oferecer mais nenhum nome para a Fazenda. Era o sintoma definitivo de que o Pacto Democrático-Popular de 1977 fora rompido, não mais existia. Era o sinal de um profundo agravamento da crise política.

A moratória brasileira de fevereiro de 1987, dois meses antes de minha chegada ao Ministério da Fazenda, era inevitável devido à impossibilidade de o país renovar seus débitos no exterior. E foi um ato de coragem do então ministro da Fazenda, o empresário industrial Dilson Funaro. Quando o substituí, dois meses depois, mantive a moratória, ao mesmo tempo que busquei — e afinal encontrei — uma solução geral para o problema da Grande Crise da Dívida Externa dos Anos 1980: a securitização da dívida externa com um desconto (que, dezoito meses depois, seria adotada pelo Plano Brady).[3] Em síntese, no novo cargo: (1) tomei as medidas de emergência consubstanciadas no plano de estabilização que ficou chamado Plano Bresser, visando e logrando contornar a agudíssima crise econômico-financeira que produzia então grande número de concordatas e falências, redução dos salários reais, aumento do desemprego, aceleração da inflação e desequilíbrio do balanço de pagamentos nunca vistos anteriormente; (2) formulei um plano de médio pra-

---

[3] Sobre este meu papel na solução da crise da dívida externa, ver "A Turning Point in the Debt Crisis" (Bresser-Pereira, 1995/1999).

zo para o país, o Plano de Controle Macroeconômico; (3) reformulei a política brasileira com relação à dívida externa; e (4) propus uma reforma tributária e um conjunto de medidas visando reduzir o déficit público, cuja não aceitação pelo presidente foram a causa específica da minha demissão.

A dificuldade do presidente de aceitar o ajustamento fiscal teve relação com um fato novo. No dia 18 de maio, dezessete dias depois que assumi o ministério, configurou-se definitivamente a crise política que perduraria até o fim do governo Sarney. Nesse dia, o presidente José Sarney vai à televisão e, contra a expectativa geral de que ficaria na Presidência da República quatro anos, afirma que ficaria cinco. O discurso contrariava os compromissos que José Sarney e Tancredo Neves haviam assumido, por não terem sido eleitos em eleições diretas mas pelo Colégio Eleitoral, de permanecer no cargo apenas quatro anos — tempo suficiente para aprovação da nova Constituição. Ao tomar essa decisão, o presidente perdeu o apoio dos setores democráticos e progressistas que até então haviam se manifestado a favor do seu governo. Começava então a cisão do PMDB, que daria origem um ano mais tarde, em 1988, ao PSDB, sob a liderança de Mario Covas, André Franco Montoro e Fernando Henrique Cardoso. A partir de então, o presidente sentiu-se pessoalmente comprometido com seu discurso. Em consequência disso passou a subordinar toda a sua ação política à obtenção dos cinco anos. O princípio de Maquiavel de que o primeiro dever do príncipe é conservar o próprio poder foi entendido literalmente e passou a ser praticado até o seu limite.

Para atingir o objetivo de conservar-se no poder por cinco anos, definia-se aos poucos uma estratégia e uma tática política. Percebendo que os setores mais progressistas ou de esquerda no PMDB se afastavam do governo, a ideia foi dividir o PMDB e formar um grande partido de direita com a adesão do PFL e de parte do PDS — dois partidos que tinham origem no regime autoritário, como o próprio Sarney. Dessa forma, toda a burguesia se unificaria em torno do presidente. Sarney não consegue, porém, formar o novo partido, muito menos unir o empresariado para apoiá-lo, mas no final de 1987 forma-se um agrupamento político de direita na Assembleia Constituinte, o "Centrão", que se oporá às teses da esquerda dominante na Comissão de Sistematização e dará apoio parlamentar ao presidente. Significativamente, porém, algumas teses nacionalistas fora do tempo, como o nacionalismo dos anos 1950 contra o "imperialismo anti-industrializante", defendidas por setores da esquerda, são endossadas pelo "Centrão". A transição democrática foi desde o início conservadora, e envolvia certa continuidade com relação ao regime militar. Mas essa continuidade era limitada na medida em que a democratização fora uma efetiva conquista dos setores democráticos e modernos, tanto progressistas como conservadores. Fora o resultado de forças políticas de centro-esquerda e de centro-direita que se uniram para instituir no Brasil um capitalismo democrático e moderno. Entretanto, a partir da crise do Plano Cruzado, e em particular a partir do segundo semestre de 1987, os aspectos arcaicos e populistas do governo se acentuaram. Além da centro-esquerda social-democrática, também a direita liberal se afastou do governo. E assim, na medida em que se reinstalava no poder uma elite política que não tinha mais nenhuma consonância com as forças econômicas e políticas reais do país, o governo Sarney perdia legitimidade, vendo diminuir dia a dia o apoio conseguido em todos os níveis da sociedade civil. Configurava-se a crise política.

A crise econômica, por sua vez, só se agravava. Revelando incompetência e já adotando a prática do *confidence building* a qualquer preço, o governo suspende a moratória da dívida externa em 1988 sem antes ter alcançado uma negociação razoável, com a necessária reestruturação dos prazos e do valor a ser pago, de forma a tornar seu pagamento compatível com a retomada do desenvolvimento. Logo em seguida, porém, o país volta à moratória — uma "moratória branca", decorrente da impossibilidade de fazer frente aos compromissos internacionais. Por outro lado, o novo ministro da Fazenda faz duas tentativas de estabilização fracassadas, o ortodoxo Plano Feijão com Arroz e o heterodoxo Plano Verão, ao mesmo tempo em que o Estado continua imerso na indisciplina fiscal. Assim, o último ano do governo, 1989, é um ano de euforia econômica artificial e de aceleração inflacionária. Esta culmina, no último mês (março de 1990), com uma taxa de 72%. Estávamos em hiperinflação.

Nesse quadro político desalentador tínhamos, porém, dois fatores positivos. De um lado confirmava-se a consolidação da democracia brasileira: não obstante a gravidade da crise, não houve qualquer proposta dos setores liberais visando um novo golpe militar no Brasil; de outro, em 1988 a Constituinte terminava seu processo de institucionalização da democracia no Brasil. A falta de condições para um golpe de Estado derivava de duas circunstâncias: do fato de que os militares não tinham nenhum projeto alternativo para o país e da falta de apoio que uma ação desse tipo teria nas classes dirigentes, as quais não se sentiam ameaçadas em seu poder pela crise econômica e política. Por outro lado, apesar de todas as críticas que foram depois dirigidas ao trabalho da Constituinte, apesar do conservadorismo de algumas medidas, apesar do populismo de outras, não há dúvida de que a Constituição de 1988 representou um avanço político. Ela resultou de um grande acordo político democrático do qual participaram de forma razoavelmente representativa as forças reais da nação. Com a Constituição de 1988, a democracia brasileira, que já estava consolidada no plano político, na medida em que refletia o fato de que a revolução capitalista se completara no país, consolidava-se também no plano institucional.

Em síntese, o Pacto Democrático-Popular de 1977, que presidiu a transição democrática, desintegrou-se no começo de 1987, quando o fracasso do Plano Cruzado demonstrou que a coalizão de classes democrática e desenvolvimentista no poder não possuía uma avaliação realista da grande crise econômica que o país enfrentava, nem uma real proposta de modernização para o Brasil. Essa ampla coalizão de classes fora bem-sucedida em seu principal e específico objetivo — restabelecer a democracia no Brasil —, mas falhou quanto à estabilização da economia, à retomada do desenvolvimento e à promoção de uma distribuição de renda mais equitativa. Fracassou porque a crise deixada pelo regime autoritário era imensa — e também porque essa coalizão política acabou por ser populista no plano econômico.

18
A democracia brasileira

A transição democrática alcançada em 1985 foi uma grande vitória da sociedade civil brasileira; foi o resultado da ruptura da aliança da burguesia industrial com o regime militar a partir de 1977, e de uma grande mobilização popular que se expressou na campanha das "Diretas Já". Qual foi a democracia que resultou de tudo isso? Qual a sua qualidade? Uma democracia já consolidada? Uma democracia apenas de elites, ou talvez uma democracia de opinião pública, na qual o povo já tem voz e a sociedade civil já se faz representar? Uma democracia apenas liberal, ou já uma democracia social? Estas perguntas não têm resposta simples, mas duas declarações políticas nos ajudam a entender a questão. No dia do segundo turno das eleições presidenciais brasileiras de 2002, o presidente Fernando Henrique Cardoso afirmava que "a democracia está consolidada no Brasil", enquanto Lula assegurava: "Quero ficar na história como o presidente que mais dialogou com empresários, sindicalistas e com todas as forças políticas". Ao fazer tal afirmação no final de 2002, o candidato já praticamente eleito confirmava e completava a frase do presidente que terminava seu mandato: uma democracia consolidada é aquela em que predominam a argumentação e o compromisso. Sugiro, entretanto, que as eleições de 2002 significam mais que a consolidação da democracia no Brasil: indicam que o Brasil estava atravessando a transição de uma democracia de elites para uma democracia social e de opinião pública.

A democracia de 1946 não era ainda uma democracia consolidada. Aconteceu durante a Revolução Capitalista Brasileira e, a rigor, não chegava a ser uma democracia, já que recusava aos analfabetos o direito ao voto. Diferente é o caso da democracia brasileira que ressurge em 1985, depois da campanha das "Diretas Já": ela nasceu forte, como uma conquista do povo. O Brasil já terminara sua revolução capitalista, de modo que a apropriação do excedente econômico deixara de se realizar sobretudo por meio da força ou do controle do Estado, para ocorrer por intermédio do mercado, na forma de lucros para os empresários e salários bônus elevados para parte da classe média profissional ou tecnoburocrática. Assim, a sociedade brasileira continuava muito desigual, mas as classes dirigentes não precisavam do poder do Estado para se apropriar do excedente econômico. Os regimes autoritários não faziam mais sentido para essas classes, que podiam ver seus interesses melhor assegurados nos quadros do regime democrático. Da sua parte, o povo nunca teve dúvida quanto ao seu apoio à democracia. Esta é sempre conquistada pelos democratas apoiados no povo contra os liberais apoiados na burguesia. Não havia, portanto, ninguém mais que se opusesse à democracia no Brasil; ela estava consolidada. A probabilidade de um novo golpe de Estado passava a ser um número próximo de zero.

A primeira forma histórica de democracia é sempre uma democracia de elites. O regime já pode ser considerado democrático porque todos os requisitos mínimos para a democracia já estão presentes, mas o povo está mudo, e a sociedade civil apenas dá seus primeiros passos. Já estão em vigência o Estado de direito, a liberdade de pensamento e de associação, e eleições livres e competitivas para os cargos principais do governo, mas, na prática, os políticos ouvem os eleitores somente no momento da eleição. Uma vez eleitos, passam a governar segundo suas convicções e interesses. Nossa primeira democracia, a de 1946, era tipicamente uma democracia de elites.

Quando Fernando Henrique Cardoso assumiu a Presidência da República, já tínhamos uma democracia consolidada no Brasil, mas ele será lembrado como um bom presidente porque presidiu a transição da democracia de elites para a democracia de opinião pública. Estava claro para ele que um governante tem de olhar para duas restrições quando governa. Tem tanto que se pautar pela "restrição econômica", que lhe impõe severos limites, como para a "restrição democrática", que o obriga a considerar sempre o povo. Lembro-me de uma frase que ele me disse, no final de 1998, quando sua popularidade despencava em virtude da crise de balanço de pagamentos em que o país mergulhava: "Com esses índices, meu poder está diminuindo". Foi nesse quadro que ele tomou sua decisão mais corajosa e mais acertada no plano econômico: a de desvalorizar o real. Fernando Henrique governou sempre atento ao que lhe dizia a sociedade. O êxito maior ou menor de suas iniciativas, porém, dependeu em grande parte da clareza que a própria sociedade tinha com relação à matéria. E essa clareza dependia da complexidade do problema e do grau de debate público havido e de consenso alcançado.

A sociedade lhe dizia, a uma voz, que educação e saúde eram fundamentais, que era preciso enfrentar o problema da pobreza, e que a reforma agrária era necessária — e por isso ele investiu parte considerável dos seus esforços nessas direções.

Outra parte da sociedade lhe dizia também que as reformas institucionais orientadas para o mercado eram necessárias, e ele procurou avançá-las. Entretanto, como o conteúdo das reformas não estava suficientemente discutido, como não havia uma posição clara da opinião pública a respeito, como não havia se formado um consenso nacional sobre a matéria, algumas das reformas como aquelas que permitiram a desnacionalização de empresas monopolistas ou quase monopolistas de serviços públicos foram decididas na cúpula do governo, em um quadro de hegemonia neoliberal. Com relação a outras reformas, como a da previdência pública e a tributária, havia consenso, por exemplo, sobre a necessidade de uma reforma tributária, mas seu conteúdo variava de cabeça para cabeça e o desenho que os técnicos do setor partilhavam era essencialmente incompetente. Havia o consenso na sociedade de que, controlada a inflação, era necessário e possível retomar o desenvolvimento. Entretanto, diante da natural limitação dos recursos internos, não mais a opinião pública, mas os economistas e o setor financeiro, sob influência externa, chegaram a um quase consenso, equivocado, de que esse desenvolvimento teria de se basear na poupança externa. E se caminhou nesse sentido. Em todo o seu governo, porém, o que vimos, sempre, foi a prática reiterada do governo democrático. O respeito à lei e à opinião pública. A observância de princípios éticos. A busca do diálogo e da negociação. Havia sempre quem aconselhasse uma atitude mais executiva, que em certas circunstâncias era inevitável, mas esta era a exceção. Como sociólogo que é, e democrata convicto, o presidente preferia ouvir a todos e buscar, em meio às ideias desencontradas, um vetor que melhor representasse a perspectiva da sociedade. Se excluirmos de seu governo a estabilização da moeda que ele liderou, mas que ocorreu no governo Itamar Franco, não logrou bons resultados econômicos, mas contribuiu para o avanço da democracia brasileira.

Lula agiu de forma semelhante. Seu governo foi marcado pelo diálogo e pela negociação — uma negociação que marcou toda a sua vida, desde que assumiu a liderança dos metalúrgicos do ABC paulista nos anos 1970. Essa negociação passou a ser feita com toda a nação. Na política democrática a negociação é fundamental: por meio dela fazemos compromissos, cedendo um pouco para conseguir outro tanto. As democracias avançadas, porém, combinam os compromissos com os consensos, que são alcançados por argumentação nas diversas arenas do debate público. Para governar o PT, Lula contou com grande vantagem em relação a partidos mais conservadores. Não precisou recorrer ao populismo para ter o apoio do povo porque boa parte desse povo sabia que as decisões que estavam sendo tomadas seriam o que melhor se podia fazer pelos pobres. Isso, porém, não eliminava o desafio que é o de todos os políticos democráticos — o de convencer a maioria de que se está no caminho certo.

Lula não governou sozinho. Seu governo deu amplo espaço para a negociação e a argumentação. Os ricos ou conservadores preocuparam-se com o fato de que, pela primeira vez, um candidato nitidamente de esquerda assumiu a Presidência da República. Mas em uma demonstração de que a democracia está consolidada no Brasil, não houve nenhuma tentativa de pôr em dúvida o seu mandato — algo que invariavelmente ocorre nas democracias não consolidadas. Nas democracias modernas ninguém governa sozinho. Nas democracias de opinião pública, governar não é uma ação individual, mas um processo coletivo que envolve toda a sociedade. É um processo permanente de formação de consensos e, quando estes não são possíveis, de compromissos. Lula fez, durante a campanha, declarações insistentes nessa direção porque aprendeu essa verdade na prática, na medida em que viveu e participou ativamente da transição democrática e dos dezoito anos da segunda democracia brasileira. No governo, foi fiel a esse compromisso.

O governo, em uma democracia de opinião pública, já é um governo de muitos. Não apenas o presidente, não apenas os ministros e os deputados e senadores, não apenas os tribunais superiores, não apenas os governadores, não apenas os altos servidores públicos participam do governo, mas todos os que, manifestando aspirações e emitindo opiniões, formam a sociedade civil. Para expressar esse fato surgiu inclusive uma palavra nova — governança —, que significa esse processo coletivo e impessoal ao longo do qual caminha politicamente uma nação democrática. A governança de um país é o resultado das ideias e dos interesses, das pressões e das contrapressões que ocorrem na sociedade civil, e, em nível internacional, da dinâmica do aparelho de Estado e da liderança dos políticos ocupando os cargos-chave. Ao presidente da República cabe a liderança desse processo complexo de governo, mas é preciso não sobre-estimar esse papel.

Em um regime presidencialista como o nosso, é o presidente que detém a maior soma de poder, mas esse poder é menor do que se julga. Seu poder maior está em nomear e demitir seus auxiliares — seus ministros e o segundo escalão, mas, depois disso, não lhe resta outra alternativa senão dirigir o barco do Estado com cuidado em direção ao rumo a que se comprometeu nas eleições. Este rumo está claro — é o rumo do emprego para todos e o da justiça social —, mas, para atingir esses dois objetivos, muitos são os caminhos e muitas são as restrições econômicas e políticas — restrições que, se não forem observadas, o sistema econômico e político funcionará mal. Como defini-los? Como percorrê-los? Lula, em seu governo, deu clara precedência aos pobres, e logrou reduzir a desigualdade no país graças a uma conjuntura internacional que lhe foi muito favorável e se expressou no grande aumento dos preços das *commodities* exportadas pelo Brasil.

Quando não há crise, quando os problemas estão relativamente bem equacionados, os cidadãos das democracias modernas tendem a se afastar do dia a dia da política. Analistas têm interpretado que isso significa que a democracia nesse país está em crise. Talvez tenham razão. Mas não é essa a minha visão da democracia brasileira. Nela tem-se confirmado o fato de que em um país em que a democracia está viva os cidadãos não se fazem ouvir apenas na hora das eleições. Essa é a concepção elitista da democracia, é a concepção schumpeteriana de democracia, que o Brasil já superou. Não atingiu ainda o estágio da democracia participativa, mas caminhou nessa direção, e já é uma democracia de opinião pública, na qual cada cidadão participa do governo, ainda que limitadamente, como podemos ver pela força dos mecanismos de participação cidadã que a Constituição de 1988 criou. E muitos são críticos da democracia. Afinal, ela nunca é aquela que queremos. Milton Lahuerta (2003, pp. 256 e 247), escrevendo no final do governo FHC, fez uma análise pessimista da democracia brasileira. Para ele, naquele momento, "o Brasil vive sob a égide da falência das instituições públicas e da dissolução dos atores e das identidades políticas". Mas reconheceu o caráter participativo dessa democracia: "a Carta de 1988 terá como principal virtude o fato de resultar de uma participação popular incomum na história do país e de se expressar em um conjunto de reivindicações que revelam os contrastes e as contradições que surgiram em consequência da ditadura militar". As avaliações da democracia brasileira são sempre difíceis. As opiniões variam muito. Wanderley Guilherme dos Santos (2006, p. 14) dividiu seus avaliadores em três categorias: "segundo uns, teria alcançado seu esplendor agora, entre dois séculos; segundo outra escola, encontra-se sob ameaça; e, finalmente, para terceiros, expôs-se à definitiva desmistificação", mas provavelmente não se situa em nenhuma delas, porque nenhuma delas faz sentido sozinha. Definitivamente, a democracia brasileira não é uma mistificação, mas não está nem sob ameaça nem em algum esplendor.

QUALIDADE DA DEMOCRACIA BRASILEIRA

Feita esta introdução, discutamos a qualidade da democracia brasileira. Os críticos sociais como Chico de Oliveira, talvez o maior deles, a consideram má, mas esse é seu papel em relação a uma forma de escolher os governantes na qual, desde o século XX, são colocadas tantas esperanças. O que se pode afirmar com certeza é que a partir da Constituição de 1988, garantido o sufrágio universal, o regime político brasileiro passou a atender aos requisitos mínimos de uma democracia, já que se podia então considerar que o outro requisito — a garantia dos direitos civis — já estava razoavelmente atendido. Com a extensão do voto aos analfabetos e a garantia à liberdade de opinião, de associação e de imprensa, o Brasil já se tornara uma nação de cidadãos. Mas continuava uma sociedade marcada por grande desigualdade econômica, desigualdade de gênero e desigualdade de raça. Como avaliar a democracia brasileira dada a desigualdade no plano econômico e social e a igualdade formal no plano político? A democracia que resultou da transição democrática de 1985 e da Constituição de 1988 tem uma qualidade razoável ou é ainda uma democracia de elites? Qual é, afinal, o nível de desenvolvimento político do Brasil?

Para responder a esta questão é preciso considerar o nível de desenvolvimento econômico e correlacioná-lo com o desenvolvimento político, a partir do pressuposto de que essas duas variáveis correspondem a duas instâncias estruturais da sociedade que devem, em princípio, se movimentar de forma correlata. É claro que essa correlação nunca é perfeita. Pelo contrário, quando genialmente Marx (1859/1979) a compreendeu em seu célebre prefácio à *Contribuição à Crítica da Economia Política*, ele salientou o caráter dialético dessa relação e o fato de que, na primeira metade do século XIX, na Europa, a instância econômica avançara mais em relação à instância política e institucional, abrindo-se, assim, espaço para as revoluções políticas. No caso do Brasil, o inverso hoje ocorre. A democracia que faz parte da instância política e institucional avançou mais que a instância econômica e social, e a puxa para a frente — tenta reduzir as desigualdades nela existentes. Wanderley Guilherme dos Santos (2007, pp. 14, 29 e 31), discutindo a democracia brasileira, afirma que "a premissa compartilhada por muitos que incumbe à democracia diluir as desigualdades econômicas, é, não obstante, inválida". Creio que ele está sendo pessimista. A democracia é viva e forte no Brasil porque, como ele próprio assinala, a sociedade civil é organizada, porque "o número de grupos de cidadãos que se têm organizado em busca de benefícios é crescente", porque "o processo brasileiro contradiz o sentido da história das democracias ricas tanto no que diz respeito à participação eleitoral quanto no que concerne à mobilização e criação de capital social básico". De fato, enquanto vejo uma democracia antiga como a americana, que nos anos 1960 haviam alcançado um bom nível de qualidade, entrar em decadência na medida em que a sociedade americana perdeu coesão, no Brasil vejo o inverso.

Meu otimismo com relação aos avanços da democracia brasileira não deve, entretanto, ser confundido com a satisfação pelos resultados alcançados. Os direitos civis estão basicamente garantidos, mas para os ricos e a classe média. O respeito é um direito civil fundamental, mas os mais pobres, as mulheres, os negros e os mestiços continuam a ser desrespeitados. Os brasileiros já se sentem como cidadãos e abandonaram aquela humildade patética dos não cidadãos, dos súditos, mas a herança autoritária é ainda forte. Eles tomaram também consciência de seus direitos políticos e sociais, exigem a garantia do primeiro pelas diversas formas de participação democrática e do segundo pelo aumento e pela melhoria dos serviços sociais prestados pelo Estado, mas a desigualdade econômica profunda da sociedade brasileira continua a ser um obstáculo maior à efetivação dos direitos não apenas sociais mas também civis. Conforme vem apontando José de Souza Martins em toda a sua obra, esse desrespeito é forte, como também é forte o recurso ao linchamento para puni-lo, quando as mulheres são desrespeitadas. Em artigo recente sobre esse problema (2014), afirmou o notável sociólogo: "num país em que a pseudocidadania, mais de discurso do que efetiva, ainda não conferiu à mulher toda proteção a que tem direito, os valores arcaicos da sociedade tradicional a protegem, a seu modo, na cultura da vingança e do castigo definitivo".

A qualidade da democracia está associada à forma e à legitimidade do Estado. No plano dos poderes, o Poder Judiciário é um poder por natureza burocrático. Avançou bastante com a reforma constitucional de 2003 que criou o Conselho Nacional de Justiça e a súmula vinculante. O caráter detalhista da Constituição de 1988 levou à judicialização da justiça, que implicou um preocupante aumento do poder de legislar do Judiciário. O calcanhar de Aquiles da democracia brasileira é o Poder Legislativo. Em primeiro lugar, ele sofre de todas as limitações à democracia representativa. O Brasil escolheu um sistema eleitoral proporcional, que funciona bem em países pequenos, como os escandinavos, mas apresenta problemas graves em grandes países. O eleitor fica distante dos candidatos à Câmara dos Deputados, e geralmente não os conhece quando vai votar. Eleito o candidato, a capacidade do eleitor de responsabilizá-lo, ou seja, de acompanhar o que está realizando no parlamento, é muito pequena. Além disso, como os candidatos do mesmo partido competem entre si pelo voto, a força dos partidos políticos diminui. Finalmente, o sistema eleitoral proporcional, ao não garantir maioria na Câmara dos Deputados ao partido político vencedor (algo que é geralmente alcançado no sistema alternativo do voto majoritário por distrito eleitoral), obriga o presidente a praticar o que Sérgio Abranches (1988) denominou "presidencialismo de coalizões". Esse sistema talvez não apresentasse problemas se os partidos políticos fossem todos partidos "sérios" — ou seja, partidos que têm um programa ou uma ideologia razoavelmente clara. Esses partidos existem no Brasil, já temos um grande partido que começou revolucionário e se tornou social-democrático e desenvolvimentista, o PT, e outro grande partido liberal e conservador, que originalmente buscou ser social-democrático, o PSDB, e alguns partidos pequenos com opções ideológicas claras, mas há grande número de "partidos de negócios", partidos sem nenhum programa real, cujos deputados buscam apenas seus próprios interesses de poder e de enriquecimento. Assim, para alcançar a maioria, o governo tem de obter seu apoio em troca de cargos e, principalmente, da aprovação de emendas parlamentares de seu interesse. Precisa, portanto, fazer compromissos que muitas vezes vão além do que é razoável. A política é a arte do compromisso, mas o sistema eleitoral brasileiro obriga o presidente a fazer compromissos que são muitas vezes desmoralizantes.

Em compensação, o sistema eleitoral proporcional é mais democrático na medida em que abre espaço para as minorias, sendo assim mais representativo que o sistema baseado em distritos eleitorais — que é dominante nos países ricos e grandes. A solução intermediária — o sistema misto usado na Alemanha desde o pós-guerra — é a melhor solução. Metade dos deputados seria eleita pelo voto proporcional, com base em lista definida pelo partido, e a outra metade seria eleita majoritariamente em distritos eleitorais que teriam apenas um representante. Essa não é uma solução mágica, mas, somada ao financiamento exclusivamente público de campanhas eleitorais, são os dois itens fundamentais para uma reforma política no Brasil.

Enquanto isso, vemos um parlamento desconectado do povo, no qual políticos com passado duvidoso continuam a ocupar cargos importantes na direção da própria Câmara dos Deputados e de suas comissões especializadas. A imprensa se aproveita do fato para fazer denúncias e mais denúncias, algumas bem fundamentadas, outras não, mas que têm pouca repercussão na própria vida parlamentar. Conforme sintetizou o deputado Chico Alencar (2013), do Partido Socialismo e Liberdade (PSOL), diante disso a população vive ela própria uma contradição: sabe da importância da política e respeita os políticos quando os encontra, mas, ao mesmo tempo, despreza a política realmente existente, e, assim, desvaloriza seu próprio voto. E acrescenta o deputado de esquerda: "No lugar dos partidos, com seus propósitos — tantas vezes enganosos — temos as bancadas dos empreiteiros, dos bancos, dos religiosos sectários, do agronegócio, da bola, da bala... Democracia das corporações. Na gestão interna dos recursos públicos, a matemática é a da soma e multiplicação, não da divisão ou da diminuição. Os princípios constitucionais da moralidade e da impessoalidade pouco valem".

A crítica do deputado ao sistema de partidos no Brasil é forte demais, como também foi inicialmente forte a crítica de cientistas sociais como Bolívar Lamounier e Rachel Meneguello (1986), Scott Mainwaring (1993) e Olavo Brasil de Lima Júnior (1997), para os quais não havia base ideológica para os partidos brasileiros, mas essa visão perdeu validade a partir das pesquisas realizadas por Argelina Cheibub Figueiredo e Fernando Limongi (1995, 1999), que mostraram nos grandes partidos brasileiros de então forte coerência programática, o PFL, o PDS e o PTB na direita, o PSDB e o PMDB no centro, e o PT e o PDT na esquerda. Leôncio Martins Rodrigues (2002, pp. 110-1), por sua vez, mostrou que essas posições ideológicas estavam relacionadas com suas origens profissionais, e que eram semelhantes às que se encontram em outros países. Nas suas palavras, "os dados relativos à composição sócio-ocupacional, à dimensão patrimonial, aos níveis de escolaridade e à formação universitária das bancadas mostram que os seis partidos brasileiros se diferenciam não apenas quanto à ideologia (a face mais visível da vida dos partidos), mas também quanto aos seguimentos sociais neles representados". Dessa maneira, a "política ideológica" pela qual Guerreiro Ramos clamava nos anos 1950 já existe hoje no Brasil.

A jovem democracia brasileira foi acompanhada por um extraordinário aumento do eleitorado brasileiro. Em 1945, os cidadãos com direito a voto representavam 16% da população adulta brasileira (com mais de 18 anos); em 2010, 70,6% da população adulta, somando 135 milhões de eleitores. Assim, o Brasil se transformou em uma democracia de massas, na qual os eleitores têm algo a dizer, menos nas eleições proporcionais e mais nas eleições majoritárias para os três níveis da federação. Nas eleições para deputados estaduais e federais não é possível ver com clareza as opções do eleitorado, dada a profusão de candidatos e sua distância dos eleitores. Em compensação, o sistema proporcional é mais democrático, abrindo espaço para todas as tendências ideológicas. Já nas eleições majoritárias, em particular nas eleições presidenciais, o "peso do povo" tem-se feito sentir com muita clareza. Em 1989, a massa dos eleitores pobres votou em Fernando Collor de Mello, porque estava indignada com o fracasso do Plano Cruzado; em 1994 e ainda em 1998 eles votaram em Fernando Henrique Cardoso, em retribuição a ter ele estabilizado a alta inflação; em 2002 e 2006 votaram em Luiz Inácio Lula da Silva, e em 2010 e 2014, em Dilma Rousseff, porque os candidatos do PT lograram mostrar um compromisso com pobres que não se podia ver nos outros candidatos.

Essa democracia de massas naturalmente preocupa as forças conservadoras e economicamente liberais, que buscam manter sua hegemonia política de várias maneiras. Seu grande trunfo é o fato de que o socialismo deixou de ser uma alternativa de médio prazo para o capitalismo; sua estratégia é identificar o capitalismo com o liberalismo econômico, e concluir que também não há alternativa para este, embora o desenvolvimentismo seja obviamente uma alternativa. Seus principais instrumentos para o exercício dessa hegemonia são o financiamento das campanhas eleitorais, o controle da grande mídia escrita e televisiva, e a sistemática desmoralização da classe política, que é facilitada pela falta de ética de muitos políticos. Seu problema fundamental é neutralizar as decisões dos políticos eventualmente tomadas em nome do povo que os elege. Embora o discurso dessas forças seja sempre democrático, existe nelas um "ódio à democracia" que Jacques Rancière (2005) identificou com clareza. Pela rejeição do financiamento público de campanhas, as forças conservadoras e liberais "compram" os políticos, tornam-nos dependentes delas. Uma vez eleitos, sua mídia se encarrega de desmoralizá-los sempre que possível — uma tarefa que não se revela difícil porque, de fato, boa porcentagem dos políticos é corrupta: ao invés de fazerem compensações entre a vontade de serem eleitos e o interesse público, fazem compensações entre essa mesma vontade e a "busca de rendas", ou seja, a corrupção. Existe, entretanto, também uma parcela significativa de políticos comprometidos com o interesse público — políticos que fazem o primeiro tipo de compensações. É este tipo de comportamento, somado à participação política de um povo que sabe que a política pode beneficiá-lo, que assegura uma qualidade razoável à democracia brasileira.

A democracia brasileira enfrenta uma curiosa contradição que parte dos trabalhadores: a democracia foi fundamentalmente uma conquista deles, mas nas pesquisas de opinião eles mostram pouco apoio a ela. Provavelmente porque as esperanças que depositaram nela não foram realizadas. Nem poderiam sê-lo. A democracia é apenas uma forma de Estado, é a forma que a instituição maior nas sociedades capitalistas assume quando garante os direitos civis e o sufrágio universal. Logo, o atendimento dessas duas condições não significa que a democracia esteja consolidada e muito menos que o país está bem governado, e menos ainda que nesse país as demandas dos trabalhadores e dos pobres estejam razoavelmente atendidas. A democracia está condicionada pelo próprio sistema capitalista — pelas diferenças de riqueza e de poder que lhe são inerentes. Podemos também pensar a democracia como uma ideologia, mas pensada como tal surge uma contradição básica: em princípio a democracia é a ideologia da igualdade que permite aos pobres e aos trabalhadores defenderem seus direitos. Este é o caso do Brasil e de muitos outros países que já completaram sua revolução capitalista realizando sua revolução industrial, e, portanto, têm sua democracia consolidada. Mas há entendimentos perversos quanto aos objetivos da democracia. Refiro-me não apenas ao fato de que todo regime autoritário se declara democrático, mas principalmente ao uso que os Estados Unidos vêm fazendo da democracia. Desde os anos 1980, a democracia transformou-se em um instrumento para deslegitimar governos de países em desenvolvimento; para promover *regime change*, ou seja, um eufemismo para designar a derrubada de governos nacionalistas empenhados em realizar suas revoluções nacionais e industriais, sejam eles autoritários (como a Síria), ou razoavelmente democráticos (como o Equador), mas que têm em comum a resistência à ocupação de seu mercado interno pelas exportações, pelos financiamentos e pelos investimentos das empresas multinacionais.

A Constituição de 1988

Já fiz várias referências à Constituição de 1988. Dado seu grande significado para a construção do Brasil, dedicarei esta seção a ela. Ela foi a quinta Constituição digna desse nome que o Brasil teve. A primeira, a Constituição de 1824, foi liberal-autoritária, estabeleceu o Poder Moderador e só logrou vigência quando foi corrigida pelo Ato Adicional, de 1834, liberal, e pela Lei de Interpretação, de 1840, conservadora e centralizadora. A segunda, a Constituição de 1891, foi liberal-oligárquica, estabelecendo o presidencialismo no Brasil e descentralizando prematuramente o Estado brasileiro em benefício das oligarquias estaduais. A terceira foi a Constituição de 1934, que refletiu o corporativismo da época expresso na ideia de representação classista, e teve breve vigência. A quarta, a Constituição de 1946, liberal-democrática. A quinta foi a Constituição de 1988, democrática, social e desenvolvimentista.

A transição democrática implicou a formação de uma Assembleia Nacional Constituinte com poderes originários. Ainda que os juristas tenham se digladiado após a transição democrática, uns afirmando, outros negando esse poder originário, o fato é que ele foi exercido. Ao mesmo tempo ocorria a transição democrática na Argentina, mas lá o novo governo se limitou a restabelecer a constituição anterior. Diante desse fato, Cícero Araújo (2013,

p. 336) perguntou: "Mas por que, afinal, a transição dos brasileiros teve uma constituinte e a dos argentinos, não?". A resposta a esta questão está, a meu ver, não nas considerações de ordem jurídica, mas no fato de que no Brasil a transição, embora conservadora, foi uma verdadeira revolução, porque ela implicou a mudança da natureza da nova coalizão de classes. Enquanto o Pacto Autoritário-Modernizante de 1964 reunia a burocracia militar e a burguesia, a nova coalizão, o Pacto Democrático-Popular de 1977, foi muito mais amplo, reunindo praticamente todas as classes em torno da democracia e da ideia de uma Assembleia Constituinte. O fato de a transição ter sido conservadora limitou a mudança que poderia ocorrer, mas ao mesmo tempo deu mais legitimidade a uma constituição progressista e nacional como é a Constituição de 1988.

O Pacto Democrático-Popular de 1977 era eminentemente democrático, e a Constituição que dele se originou também o foi. Essencialmente porque garantiu o voto ao analfabeto, que a Constituição de 1946 negava. Ao garantir o voto do analfabeto, garantiu o sufrágio universal, que é um dos dois requisitos mínimos para um regime político ser considerado democrático (o outro é a garantia dos direitos civis), e o Brasil se tornou, afinal, um país democrático. Mas os constituintes não se limitaram ao conceito mínimo de democracia; quiseram que o Estado brasileiro fosse também um Estado social, e, além de garantir os direitos civis e os políticos, introduziram no texto constitucional um número extenso de direitos sociais, o mais importante dos quais foi o direito universal aos cuidados de saúde. E no plano estritamente democrático, buscaram dar mais poderes aos cidadãos por meio de mecanismos de democracia direta ou participativa: há na Constituição de 1988 doze incisivos que estão relacionados com o ideal de democracia participativa e solidária.

A Constituição de 1988, a "Constituição Cidadã", conforme a batizou seu principal líder político, o deputado Ulysses Guimarães, foi a primeira Constituição realmente democrática que o Brasil teve: democrática no seu conteúdo, democrática em razão da legitimidade democrática dos constituintes. Conforme assinalaram Paulo Bonavides e Paes de Andrade (1989, p. 485), "nunca uma lei magna no Brasil esteve tão perto de refletir as forças reais do poder, de que fazia menção Lassale na segunda metade do século passado, quanto este singular texto de 245 gordos artigos, escoltados de mais 70 outros não menos volumosos, contendo disposições constitucionais transitórias". Além de ampliar o número de direitos fundamentais, a Constituição teve como inovação tornar a aplicabilidade desses direitos imediata: os cidadãos passavam a poder exigir seu cumprimento simplesmente com base no texto constitucional. Foi especialmente democrática a forma pela qual a Constituição foi discutida e aprovada. Os constituintes não partiram de um documento já elaborado por especialistas, mas se organizaram em comissões, de acordo com os diversos temas que uma Constituição deve cobrir, e assim aprovaram o texto constitucional de baixo para cima. Isso permitiu que ela realmente cobrisse todos os pontos importantes da lei de forma democrática. Em compensação, por essa forma de encarar o trabalho constituinte, a Constituição tornou-se pesada de incisos, e, entre eles, grupos de pressão lograram fazer valer seus interesses.

A Constituição de 1988 foi discutida no quadro de um pacto político popular, democrático e desenvolvimentista como nunca tinha havido antes no Brasil, por deputados constituintes que haviam sido eleitos em 1986, mas, quando foi aprovada em 5 de outubro de 1988, esse pacto já sofrera colapso em função do fracasso do Plano Cruzado, cuja responsabilidade foi atribuída aos políticos que lideraram a transição democrática. Talvez por isso, enquanto os constituintes celebravam sua aprovação, as elites brasileiras a receberam de forma negativa. O fracasso do desenvolvimentismo levou essas elites a uma guinada forte no sentido do neoliberalismo já dominante nos países ricos desde 1980, um liberalismo dependente que naturalmente não via com simpatia uma Constituição tão democrática e nacional. A primeira crítica foi quanto ao "detalhismo" da nova Constituição: o excessivo número de artigos e incisos. A segunda foi relativa ao seu caráter social. Seria "impossível" para um país de renda média como o Brasil garantir tantos direitos aos seus cidadãos; tentar garanti-los significaria tornar o país "ingovernável". A terceira, ao seu caráter nacionalista, expresso na preferência que o Estado deve dar a empresas nacionais nas suas compras e a proibição de desnacionalização de serviços públicos básicos.

Essas críticas liberais tiveram guarida no governo liberal de Fernando Henrique Cardoso no que diziam respeito ao caráter desenvolvimentista da Constituição. Foi autorizada a desnacionalização das empresas monopolistas de serviços públicos e extinguiu-se a preferência para as empresas nacionais. Logrou-se, também, tirar o caráter excessivamente burocrático da Constituição através da flexibilização da estabilidade dos servidores públicos — tarefa na qual eu, como ministro da Administração Federal, me envolvi pessoalmente. De essencial, foi isso o que foi mudado na Constituição, ao longo das muitas emendas aprovadas desde 1988. Até março de 1988, já haviam sido aprovadas setenta emendas constitucionais.

O número grande de dispositivos constitucionais e o número grande de emendas constitucionais levaram Cláudio Gonçalves Couto e Rogério Bastos

Arantes (2006) a realizar uma esclarecedora pesquisa sobre a Constituição de 1988. Eles se perguntaram por que essa Constituição vem se revelando tão instável, sujeita a emendas constantes, e, para responder a esta pergunta, distinguiram três dimensões no processo democrático: a dimensão da *polity*, que diz respeito aos parâmetros básicos do regime, a dimensão *politics*, que se refere às regras do jogo político, e a dimensão *policy*, referente aos resultados desse jogo em termos de políticas públicas. A partir dessa distinção, eles realizaram uma cuidadosa classificação dos dispositivos da Constituição, e verificaram que foi o uso imoderado de dispositivos de políticas públicas que levou a Constituição de 1988 a ser detalhista e sujeita a emendas frequentes. E concluíram que 30,5% podem ser considerados como *policy* e 69,5% como *polity*.

A análise é inovadora e esclarecedora, mas naturalmente apresenta problemas. Quais são os parâmetros básicos de uma Constituição que seriam "relativamente neutros" do ponto de vista ideológico, e, por isso, seriam classificados na dimensão *polity*? Apenas os direitos civis, como querem os liberais, ou também os políticos, como querem os democratas, ou também os sociais, como querem os social-democratas? Por que considerar o direito de propriedade na dimensão *polity* e o direito aos cuidados de saúde na dimensão *policy*? E, admitindo-se que o segundo tipo de direito seja de *policy*, por que incluir o primeiro tipo de direito em uma boa Constituição e excluir o outro? Na verdade, não há razão para excluir os dispositivos de *policy* que foram considerados pelos constituintes fundamentais para a construção social do país.

Por outro lado, o fato de a Constituição de 1988 ser detalhista não é uma exclusividade dela. As Constituições modernas são geralmente muito mais extensas que a clássica e resumida Constituição Americana. As sociedades modernas são mais complexas, e exigem muito mais regulação do que exigiam as sociedades do século XVIII. E o fato de a Constituição de 1988 ser frequentemente emendada não diz nada ou diz pouco contra ela. Quando se decide fazer uma Constituição extensa, que inclui *polity* e *policy*, sabemos que ela terá de ser emendada com relativa frequência. E, para isso, é necessário que as dificuldades institucionais para emendar a Constituição não sejam insuperáveis. Eu sei que a Constituição Americana é apresentada pelos liberais como o modelo ideal de Constituição. Ela só o é porque atravessou mais de dois séculos com poucas emendas. Mas será que isso foi devido a ser ela uma Constituição resumida ou foi porque a sociedade americana não parou de se desenvolver no plano econômico desde a Independência? E será que hoje essa Constituição, que se transformou em um tabu e praticamente não pode ser emendada pelo Poder Legislativo, mas apenas por interpretações feitas pelo Supremo Tribunal Federal, é hoje uma Constituição que contribui para o desenvolvimento político e social dos Estados Unidos mais do que a Constituição de 1988 contribui para o desenvolvimento político e social do Brasil? Não creio.

As eleições presidenciais de 1989

Entre o fracasso do Plano Cruzado e a eleição de Fernando Collor de Mello (ou seja, entre 1987 e 1989), o Brasil viveu um período de vácuo de poder semelhante ao de 1961-1964. O colapso do Pacto Democrático-Popular de 1977 ocorreu em 1987, como consequência direta do fracasso do Plano Cruzado. O significado desse fracasso não foi apenas econômico; foi também, se não mais que tudo, político. A melhor e mais trágica comprovação do que afirmo foram as eleições presidenciais de 1989. Todos os grandes líderes da transição democrática, Ulysses Guimarães, Mario Covas, Leonel Brizola e Luiz Inácio Lula da Silva, foram derrotados, obtendo uma votação quase na proporção inversa de sua participação do Pacto Democrático-Popular de 1977; Ulysses Guimarães, que chefiara a transição democrática e o pacto, recebeu apenas 3% dos votos. E um político arrivista, desconhecido até então, Fernando Collor de Mello, foi eleito para a Presidência da República. Esta não era uma indicação da imaturidade política do povo brasileiro, como alguns supuseram, mas foi uma manifestação da sua indignação diante da incapacidade que os dirigentes revelaram em estabilizar uma inflação que causava insegurança e sofrimento para todos. Quando Collor de Mello assumiu a administração do Brasil, em 15 de março de 1990, encontrou um país em hiperinflação. A inflação de fevereiro fora de 72% e ameaçava subir para 100% em março, mês da posse do novo presidente.

19

Pacto Liberal-Dependente de 1991

Desde os anos 1970, a hegemonia dos países ricos era contestada, primeiro pelos "tigres" asiáticos, depois por países latino-americanos como o Brasil e o México, e finalmente pelos grandes países asiáticos, a China e a Índia. Entretanto, primeiro a Grande Crise da Dívida Externa dos Anos 1980 que atingiu a América Latina e a África, e em seguida o colapso da União Soviética, em 1991, devolveram ao capitalismo central, e particularmente aos Estados Unidos, sua hegemonia. Contribuía também para isso a crise dos Trinta Anos Dourados do Capitalismo durante os anos 1970 e a nova hegemonia ideológica neoliberal que dava ao Norte imperial um novo e aparentemente convincente discurso. E parecia contribuir para isso a globalização — a abertura dos mercados mundiais — que a nova hegemonia ideológica e o colapso do comunismo propiciavam. Na verdade, o grande beneficiado da globalização foi a China, que, com sua estratégia novo-desenvolvimentista, depreciou sua taxa de câmbio, situou-a no nível do equilíbrio industrial, e passou a exportar seus bens manufaturados para todo o mundo, aproveitando-se de sua mão de obra barata.

O Pacto Liberal-Dependente que se torna dominante no Brasil em 1991, no segundo ministério Collor, somente pode ser compreendido no quadro da grande transformação pela qual passou o capitalismo mundial naquela década. No pós-guerra tivemos os Trinta Anos Dourados do Capitalismo — um período de grande crescimento econômico, estabilidade financeira, avanço dos direitos sociais, e, surpreendentemente, de diminuição da desigualdade nos países ricos. Nos anos 1970, porém, esse momento do capitalismo perdeu força por uma série de razões: porque a taxa de crescimento baixou nos Estados Unidos e esse país enfrentou algo novo, a estagflação (inflação alta e estagnação); porque os movimentos dos trabalhadores por maiores salários reduziram as taxas de lucro; porque os movimentos sociais reivindicando direitos, a partir da Revolução Estudantil de 1968, atemorizaram os conservadores; e por causa da emergência dos NICs — os novos países industrializados que passaram a exportar bens manufaturados para os países ricos. A classe capitalista — e inseridos nela os capitalistas rentistas (que vivem de juros, aluguéis e dividendos) — associada aos profissionais financistas saiu-se afinal vitoriosa com a eleição de Margaret Thatcher no Reino Unido e a de Ronald Reagan nos Estados Unidos. Configura-se, então, no quadro da globalização, um capitalismo rentista ou neoliberal que significou a substituição dos Trinta Anos Dourados do Capitalismo pelos seus Trinta Anos Neoliberais, caracterizados pela financeirização da economia — a explosão do capital fictício em benefício de capitalistas rentistas e dos financistas que administram sua riqueza e recebem por isso altas comissões e bônus —, uma fase regressiva do desenvolvimento capitalista que só entraria em crise trinta anos mais tarde, na Crise Financeira Global de 2008.[1] Instala-se então, conforme assinalou Luiz Gonzaga Belluzzo (2000, p. 50), uma

> "[...] 'nova ordem mundial' que não é um fenômeno espontâneo. Muito ao contrário: é o resultado do exercício, sem peias, do poder dos Estados Unidos: as normas de mercantilização generalizada e da concorrência universal, apresentadas como forças naturais, refletem, na verdade, a prevalência dos interesses do país dominante sobre o resto do mundo."

O neoliberalismo chegou com atraso ao Brasil e terminou cedo. O Pacto Liberal-Dependente de 1991 foi dominante no Brasil entre aproximadamente 1991 e 2005. Nasceu do colapso do Plano Cruzado e do decorrente vácuo de poder que se estabeleceu entre 1987 e 1990. Para a classe capitalista de um país em desenvolvimento como o Brasil, a opção política fundamental está sempre em decidir se deve se aliar aos trabalhadores e às classes médias profissionais que constituem seu mercado interno ou às elites dos países ricos; em outras palavras, se deve ser parte da construção de uma nação ou se deve assumir a dependência. No primeiro caso ela tem de aceitar maiores salários da burocracia pública e dos trabalhadores, e maiores gastos do Estado com educação, saúde e assistência social. Em compensação, tem um mercado interno maior e mais seguro para realizar lucros e investir; conta com o apoio do Estado na competição internacional; e se beneficia de maior estabilidade política, porque os governos são dotados de maior legitimidade. No segundo caso, as elites capitalistas locais globalistas pagam

---

[1] A financeirização foi originalmente analisada por François Chesnais em *La mondialisation du capital* (1994). No Brasil, o trabalho pioneiro foi realizado por Luciano Coutinho e Luiz Gonzaga Belluzzo (1998).

menos impostos e contam com aprovação maior da parte das elites dos países ricos à qual agrada sua submissão. O país deixa, no entanto, de ser uma verdadeira nação, não logra mais ter uma estratégia nacional de desenvolvimento ou de competição internacional e suas taxas de crescimento tendem a ser baixas, insuficientes para o alcançamento.

No caso de um país grande como o Brasil, que possui um respeitável mercado interno, a opção por uma aliança com as elites do Norte só poderia fazer algum sentido para a classe capitalista produtiva no tempo da Guerra Fria, quando havia o medo real do comunismo. Mas, mesmo nesse período, a opção dos empresários industriais e dos militares era nacionalista. Entretanto, nos anos 1990, no quadro do Pacto Liberal-Dependente de 1991, ela passou a fazer sentido para todo o empresariado e não apenas para os capitalistas rentistas e os financistas que deles recebem comissões. Paradoxalmente, essa subordinação não fazia sentido para os empresários e mesmo para o setor financeiro, especialmente para os grandes bancos de varejo que dependem do crescimento do mercado interno para crescer. Mas a hegemonia ideológica neoliberal que prevalecia então chamava a burguesia brasileira para fazer parte das elites globalistas mundiais. Por isso os empresários brasileiros viveram em constante ambiguidade e contradição que podem ser definidas por um oximoro: a nacional-dependência. Em alguns momentos são nacionalistas, em outros cedem à hegemonia ideológica dos países ricos.

Crise do Estado e Consenso de Washington

Para compreendermos a dominação neoliberal que se instaura no Brasil no final de 1991 é preciso que voltemos, de um lado, à Grande Crise da Dívida Externa dos Anos 1980 que debilitou gravemente o Estado brasileiro, e, de outro, à nova hegemonia neoliberal que se estabeleceu no Norte a partir de 1980, com a eleição de Thatcher no Reino Unido e de Reagan nos Estados Unidos. A crise da dívida externa decorreu da política de crescimento com poupança externa e se transformou rapidamente em uma crise fiscal do Estado, na medida em que, como acontece classicamente nas crises financeiras, o Estado assumiu a dívida privada. O custo da desvalorização de 1983, por exemplo, recaiu quase que integralmente sobre o Estado e suas empresas. Por outro lado, como o Banco Central não dispusesse de dólares para fornecer às empresas que deviam pagar suas dívidas em moeda forte, mas estas tinham alguns recursos em moeda local, ainda que insuficientes, elas transferiam sua dívida para o Estado pagando-lhe com os recursos em cruzeiros de que dispunham. Com esses recursos, o Estado financiava seu próprio déficit público. E a dívida externa assim se estatizava; a crise da dívida externa se transformava em crise fiscal.

Fiz a crítica sistemática do Consenso de Washington já em dezembro de 1990, na aula magna no XVIII Encontro Nacional de Economia da Associação Nacional dos Centros de Pós-Graduação em Economia (ANPEC).[2] O Consenso de Washington formou-se a partir da crise do consenso keynesiano e da correspondente crise da teoria do desenvolvimento econômico elaborada nos anos 1940 e 1950.[3] Por outro lado, essa perspectiva foi influenciada pelo surgimento, e afirmação como tendência dominante, de uma nova direita, neoliberal, a partir das contribuições da escola austríaca (Hayek, Von Mises), dos monetaristas (Milton Friedman e Edmund Phelps), dos novos clássicos relacionados com as expectativas racionais (Robert Lucas e Thomas Sargent) e da escola da escolha pública (James Buchanan, Gordon Tullock e William Niskanen). Essas visões teóricas, temperadas por certo grau de pragmatismo, próprio dos economistas trabalhando nas grandes burocracias internacionais, foi partilhada pelo Tesouro americano, e, em consequência, pelo FMI e pelo Banco Mundial, agências multilaterais que, na prática, lhe estão subordinadas.

De acordo com a abordagem de Washington, as causas da crise latino-americana eram basicamente duas: (1) o excessivo crescimento do Estado, traduzido em protecionismo (a estratégia de industrialização por substituição de importações), excesso de regulação, e empresas estatais ineficientes e em número excessivo; e (2) o populismo econômico, definido pela incapacidade de controlar o déficit público e de manter sob controle as demandas salariais tanto do setor privado como do setor público. Esquecia-se, assim, que havia também o populismo cambial, expresso em déficits em conta-corrente irresponsáveis. A partir dessa avaliação, as reformas no curto prazo deveriam combater o populismo econômico e lograr o equilíbrio fiscal e a estabilização. Em médio prazo ou estruturalmente, a receita seria adotar uma estratégia de crescimento *market oriented*, ou seja, uma estratégia baseada na redução do tamanho do Estado, na liberalização do comércio internacional e na promoção das exportações.

---

[2] Ver Bresser-Pereira (1990/1991), "A crise da América Latina: Consenso de Washington ou crise fiscal?".

[3] Sobre essa crise da macroeconomia keynesiana e da teoria estruturalista do desenvolvimento econômico ou desenvolvimentismo clássico, ver John Hicks (1974), Albert Hirschman (1981) e Michael Bleaney (1985).

Segundo John Williamson (1990a), o Consenso de Washington era constituído por dez reformas. As cinco primeiras reformas poderiam ser resumidas em uma: promover a estabilização da economia através do ajuste fiscal; as cinco restantes são formas diferentes de afirmar que o Estado deveria ser fortemente reduzido. Esta lista de reformas é, portanto, coerente com o diagnóstico equivocado de que a crise latino-americana tinha origem na indisciplina fiscal (populismo econômico) e no estatismo (protecionismo nacionalista). Nada dizia a respeito do equívoco de se procurar crescer com dívida externa. Por outro lado, a análise não tinha, como é próprio do pensamento neoclássico e neoliberal, nenhuma perspectiva histórica. Ignorava, portanto, que o papel do Estado é especialmente importante nas fases iniciais do desenvolvimento econômico, na fase da revolução capitalista que o Brasil havia completado na década anterior. E, naturalmente, sugeria ou pressupunha o absurdo neoclássico e liberal segundo o qual é suficiente estabilizar a economia através do ajuste fiscal, liberalizá-la, privatizá-la, desregulá-la e garantir boas instituições (estas entendidas como as que garantem a propriedade e os contratos) para que o país cresça de forma satisfatória e estável.

Plano Collor

Quando, em 15 de março de 1990, o novo presidente assumiu a Presidência da República, encontrou um país em hiperinflação. Uma vez no poder, o presidente decidiu com coragem encetar um ataque frontal, dramático, à inflação. E adotou um programa de reformas liberais comandadas pela abertura comercial e pela privatização. A política de controle da inflação materializou-se no Plano Collor — um plano de estabilização ortodoxo, que continha um violento ajuste fiscal e monetário que incluiu a captura das poupanças privadas pelo Estado e o congelamento dos preços. De acordo com a visão ortodoxa, esse plano devia necessariamente acabar com a alta inflação, mas seus autores cometeram um grande erro: não incluíram a tabela de conversão das contas a pagar das empresas, que neutralizava a inflação inercial. Esta tabela era essencial porque, sem ela, as empresas que compravam a prazo e vendiam à vista teriam grandes prejuízos no dia do congelamento, enquanto o inverso aconteceria com as empresas que compravam à vista e vendiam a prazo. As que vendiam a prazo incluíam no preço a inflação prevista para o mês ou os dias seguintes. Congelados os preços sem que essa inflação prevista fosse anulada (era o que fazia a tabela de conversão), os desequilíbrios dos preços relativos seriam enormes. Foi o que aconteceu com o Plano Collor. Dada a necessidade imperiosa das empresas que foram prejudicadas no dia do congelamento de recuperarem suas margens de lucro, os preços voltaram a crescer e o plano fracassou. No final do ano a inflação estava em 20% ao mês.[4]

É frequente identificar o governo Collor com a submissão do Brasil ao Consenso de Washington, ou, mais genericamente, à ortodoxia liberal, mas na primeira equipe econômica de Collor, liderada por Zélia Cardoso de Mello, Ibrahim Eris e Antônio Kandir, não houve essa subordinação. Esse foi um período "heroico" porque, além de medidas corajosas, ainda que equivocadas, para interromper a hiperinflação, foi feita uma tentativa soberana de negociar a dívida externa brasileira.[5]

A subordinação ao Norte

Na década de 1990, após o colapso da União Soviética, os Estados Unidos tornaram-se plenamente hegemônicos, ao mesmo tempo em que a revolução nacional do Brasil foi interrompida e o país perdeu a ideia de nação. A nova subordinação ao Norte, a partir da segunda fase do governo Collor, foi transformada com a escolha de Marcílio Marques Moreira como ministro da Fazenda. Com ele chegava ao poder o Departamento de Economia da PUC do Rio de Janeiro — um grupo de economistas que foi heterodoxo apenas em relação à inflação inercial e, no mais, desenvolveu uma política ortodoxa e neoliberal desde 1991 até 2010, em especial no Banco Central.[6] O plano de estabilização de dezembro de 1991, que contou com o apoio do FMI, marcou a submissão do Brasil ao Consenso de Washington. E, como era de se esperar, fracassou. Nos termos do acordo, ao mesmo tem-

---

[4] Yoshiaki Nakano e eu escrevemos e apresentamos no primeiro semestre de 1990 um *paper*, "Hiperinflação e estabilização no Brasil: o primeiro Plano Collor" (1991), no qual afirmávamos que o plano infelizmente fracassara devido à falta de tabela de conversão das contas a pagar. Vale relatar que em julho daquele ano discutimos o *paper* com técnicos do FMI e do Banco Mundial, que não concordaram com ele, porque estavam seguros de que o plano seria bem-sucedido.

[5] Ver Bresser-Pereira (1991), *Os tempos heroicos de Collor e Zélia*.

[6] O ministro da Fazenda era Marcílio Marques Moreira; na presidência do Banco Central estava Francisco Gros, e na sua diretoria, Armínio Fraga, que em 1999 seria o presidente da instituição.

po que o governo aumentava a taxa de juros de forma estratosférica, perdia o controle de sua taxa de câmbio que mantinha desde 1930 devido à abertura da conta de capitais — uma das condições básicas postas pelo FMI para sua participação no plano de estabilização ortodoxo. A inflação mensal, em dezembro de 1991, estava em 20%. Contando com o ajuste fiscal já feito, a carta de intenção aprovada pelo FMI previa que, graças à elevação da taxa de juros, essa inflação se reduziria obedientemente um pouco menos de 2 pontos percentuais por mês, de forma que um ano mais tarde ela estaria no nível de 2% ao ano. Refletia uma visão monetarista convencional sobre a inflação brasileira. Em dezembro de 1992, a inflação mensal continuava nos mesmos 20%. Não obstante o grande ajuste fiscal de 1990, a economia voltou a apresentar déficit público em 1992 devido ao enorme aumento da taxa básica de juros paga pelo governo, que alcançou mais de 30% ao ano em termos reais, enquanto a economia estava mergulhada na recessão. Afinal, foi esse o único "resultado" do acordo com o FMI, além do aumento do endividamento externo, já que a taxa de inflação que se pretendia reduzir se manteve constante em torno de 20% ao mês. Por meio do acordo com o FMI de 1991, o país aderia sem restrições às teses do Consenso de Washington, abria sua economia às entradas de capitais, perdia seu controle sobre a taxa de câmbio, e fazia a promessa de reformas liberais que, até há pouco, eram consideradas impensáveis para o Brasil.

Por ser também conservador, nos primeiros momentos o Pacto Liberal-Dependente de 1991 contou com a participação dos empresários industriais. Mas logo esses empresários perceberam a incompatibilidade da ortodoxia liberal com o desenvolvimento econômico, e como seus interesses estão diretamente relacionados com esse desenvolvimento, buscaram alternativas. Dessa maneira, a coalizão de classes foi formada essencialmente por rentistas, pelos capitalistas das grandes empresas de serviços públicos operando em situação de monopólio ou quase monopólio, pelo agronegócio e pelo setor financeiro. Nas economias modernas — no capitalismo do conhecimento ou dos profissionais —, o poder do setor financeiro deriva, de um lado, de seu papel quase público de criar moeda, e, de outro, de seu conhecimento de política macroeconômica — um conhecimento que deriva de sua necessidade de contratar grande número de economistas para gerir suas próprias tesourarias e a riqueza de seus clientes. A política macroeconômica e o conhecimento da teoria das finanças tornaram-se estratégicas: têm mais poder aqueles que conhecem ou que aparentam conhecer melhor essa técnica social. No caso brasileiro, a instabilidade macroeconômica crônica acentuou esse poder.

Dada sua dependência ou seu globalismo, essa coalizão liberal-dependente contou com a participação distante, mas efetiva, dos governos e das elites dos países ricos, e com a participação direta das empresas multinacionais aqui situadas. Enquanto os rentistas, o setor financeiro e o grande capital investido nos serviços públicos interessam-se principalmente pela taxa de juros alta e por preços monopolistas altos, os países ricos e as empresas multinacionais se interessam pelo câmbio apreciado, que reduz a capacidade competitiva do país e aumenta o valor em divisa forte das remessas de lucros, dividendos e *royalties* para as matrizes. A associação em condições de inferioridade de nacionais com estrangeiros não tem nada de surpreendente, já que a cooptação de elites locais sempre foi uma estratégia dos impérios. Está baseada na força da ideologia dominante e em interesses econômicos comuns. Como lembra Paulo Nogueira Batista Jr. (2008, p. 32), "as nações hegemônicas operam de forma a beneficiar aqueles que se dispõem a cooperar com os seus projetos de poder".

Neste novo quadro histórico neoliberal, os empresários com espírito nacional ficaram em minoria e sem discurso, enquanto os capitalistas rentistas, interessados em obter altas taxas de juros, e o setor financeiro que os serve, aproveitavam-se da instabilidade macroeconômica do país para garantir a continuidade de uma política de juros internos elevados, câmbio sobreapreciado e forte dependência externa. Contudo, mais grave que essa falta de discurso da burguesia industrial foi a alienação de seus intelectuais. Amplos setores de sua elite intelectual de esquerda, ressentida desde o golpe militar de 1964, recusavam desde então qualquer aliança com os empresários, a partir do pressuposto de que "seria impossível haver uma burguesia nacional em países dependentes", mas que esse fato não teria importância, já que o desenvolvimento econômico brasileiro estava assegurado pelos investimentos das empresas multinacionais...[7] Ao adotarem tal pressuposto, as esquerdas inviabilizavam o próprio conceito de nação. Somente existe nação quando, apesar dos conflitos de classe, há solidariedade básica entre elas com relação à competição com as demais nações. No passado essa solidariedade era essencial para ganhar a guerra. Hoje, é necessária para poder crescer e competir na arena global. Enquanto as elites dos países ricos sabem (ou até os anos 1970 sabiam) bem isso e eram nacionalistas, a começar pelos

---

[7] Mais coerentes, mas utópicos, foram aqueles — os defensores da interpretação da dependência radical, baseada na tese da superexploração imperialista — que, a partir do mesmo pressuposto de "impossibilidade" de uma burguesia nacional, concluíram pela revolução socialista a ser realizada naquele momento.

Estados Unidos, as elites econômicas, políticas e intelectuais brasileiras ignoraram essa simples verdade e, no início dos anos 1990, pelas três razões acima referidas, submeteram-se ao Norte.[8]

A perda da ideia de nação ocorreu inicialmente entre os intelectuais brasileiros a partir da hegemonia da "interpretação da dependência associada" nos anos 1970. Entre 1968 e 1973, no quadro de um regime militar nacionalista e repressivo, ocorreu o "milagre econômico" durante o qual as taxas de crescimento econômico foram em média de 10%. A reação dos intelectuais progressistas foi ver na política do regime militar a confirmação que não podia haver no Brasil uma burguesia identificada com a nação. Mas, segundo essa visão, a ausência de burguesia nacional não impedia o desenvolvimento econômico, que agora seria "assegurado" pelas empresas multinacionais. Assim, abandonaram a interpretação nacional-desenvolvimentista e anti-imperialista do ISEB, da CEPAL e do Partido Comunista Brasileiro e, na prática, subordinaram-se ao Norte. Em vez de entenderem que a dependência tornava a burguesia nacional ambígua e contraditória, ora nacional, ora dependente, e que era legítimo firmarem um pacto político com ela, preferiram uma interpretação purista que conduzia os socialistas de volta às origens do seu pensamento baseado no internacionalismo e na luta de classes. Mas afinal, nos anos 1990, muitos dos que nos anos 1970 adotaram as teses da dependência associada e rejeitaram o nacionalismo, abandonaram o socialismo que haviam partilhado na juventude.

A ideologia neoliberal e globalista expressava-se na crença de que os economistas neoclássicos, com seus modelos matemáticos, com sua racionalidade superior, sabem mais e são mais racionais. E, por isso, aceitam a tese defendida por esses senhores quanto à superioridade da coordenação pelo mercado das atividades econômicas em relação à coordenação pelo Estado. Mercados são, de fato, excelentes mecanismos de coordenação que alocam recursos relativamente bem, mas são intrinsecamente instáveis, são sujeitos a recorrentes bolhas de preços de ativos, e são cegos à justiça e à moral, além de não terem como critério o interesse nacional. Por isso, precisam ser fir-

---

[8] Durante os Trinta Anos Neoliberais do Capitalismo, na medida em que o lucro das empresas multinacionais deixa de ser realizado principalmente no próprio mercado interno, o nacionalismo das elites dos países ricos também passa a sofrer. Em vez da coalizão elites-povo, que, não obstante os conflitos de classe, define a nação, começamos a ver em cada país central a busca por coalizões transnacionais, acordos com as elites econômicas dos outros países. A grande crise desses países a partir de 2008 está relacionada com esse fato, mas não cabe aqui discuti-lo.

memente regulados pelo Estado. Dominante no Brasil em um momento de ampla hegemonia neoliberal, o Pacto Liberal-Dependente de 1991 partilhava com a ortodoxia neoclássica a crença em mercados autorregulados que, afinal, a partir da Crise Financeira Global de 2008, causaria tantos prejuízos aos próprios países ricos.

No momento em que o Pacto Liberal-Dependente de 1991 se tornou a coalizão política dominante no Brasil, a revolução nacional, ou seja, a formação do Estado-nação brasileiro com a transferência dos centros de decisão para dentro do país, foi interrompida, e o país voltou à condição semicolonial que já havia caracterizado o período entre 1822 e 1930. Na condição semicolonial, a nação se enfraquece por carência de um acordo entre as classes, por faltar a ela a característica que Otto Bauer ([1924] 1996/2000) definiu como fundamental, "a consciência de um destino comum". Nessas condições, deixa de contar com uma estratégia nacional de desenvolvimento ou de competição internacional e o crescimento fica prejudicado, se não inviabilizado.

Identidade cultural e identidade nacional

Todos os povos que se desenvolveram passaram por uma revolução comercial e uma revolução industrial, e entre as duas, ou concomitantemente com a segunda, por uma revolução nacional ou formação do Estado-nação. O nacionalismo e sua expressão econômica, o desenvolvimentismo, foram a ideologia que cimentou a formação de cada Estado-nação ao transformarem povos, geralmente dotados de razoável identidade étnica e sobretudo cultural, em nações. Estas, dotadas de um mercado interno seguro e de um instrumento de ação coletiva, que é o seu Estado, passaram a deliberadamente competir no mercado ou na arena internacional e a promover seu desenvolvimento.

Nos anos 1990, diante da hegemonia neoliberal, a revolução nacional brasileira paralisou-se e o Brasil ficou sem o conceito de nação. Os países em desenvolvimento reagiram de forma diferente a essa hegemonia. Enquanto os países asiáticos foram apenas relativamente influenciados por elas,[9] os

---

[9] China, Taiwan e Índia permaneceram firmes, enquanto Tailândia, Coreia do Sul, Indonésia e Malásia se renderam parcialmente às novas ideias, sobretudo à de crescimento com endividamento externo, e, assim, sofreram a crise financeira de 1997.

países da América Latina renderam-se às novas ideias. Com relação ao Brasil, que geralmente é conhecido por ser um país com forte identidade cultural, essa subordinação pode parecer surpreendente. Não será, porém, se compreendermos que forte identidade cultural não significa necessariamente clara identidade política nacional, nem mesmo autoestima. O caso do México, que sempre teve identidade cultural e sentimento nacional fortes, é significativo. Desde que aderiu ao Tratado Norte-Americano de Livre Comércio, o México perdeu sua independência e sua ideia de nação, embora conservasse a identidade cultural.

A identidade cultural brasileira se expressa na língua comum, na raça mestiça, nos imigrantes integrados, na maravilhosa arte plumária dos índios, na grande arte barroca, na nossa maravilhosa música popular e clássica, nas nossas comidas típicas, no carnaval, na nossa exuberância, se não alegria tropical. Tudo isso torna os brasileiros conscientes de quem são e orgulhosos de si mesmos. Já em países economicamente mais desenvolvidos, como o Canadá, por exemplo, essa identidade cultural é mais esgarçada. Em compensação, porém, esse país tem uma clara consciência de nação, tem forte identidade política nacional, dado que ninguém tem dúvida de que é dever do seu governo defender o trabalho, o capital e o conhecimento nacionais. Já nós, brasileiros, estamos divididos, inferiorizados, perdemos o conceito de interesse nacional. Existe, portanto, a possibilidade de um país ter forte identidade cultural mas fraca identidade política nacional. Esse é o caso do Brasil. Ou uma fraca identidade cultural mas uma forte identidade nacional, como o Canadá. Ou, ainda, fortes identidades cultural e nacional, como acontece com os Estados Unidos ou com a China. A identidade cultural está entranhada na sociedade, enquanto a identidade nacional é política — está relacionada com a capacidade de suas elites e de seu povo terem um conceito de nação.

Entre a identidade cultural e a identidade política nacional está a autoestima. Os brasileiros são orgulhosos de suas peculiaridades culturais, mas sua autoestima é baixa. Isso fica explícito quando a identidade cultural é pensada como exótica, como o fazem os países ricos em relação a nós, e assim os brasileiros aceitam a depreciação associada ao exotismo. E, dessa forma, voltamos ao complexo de inferioridade de que já falava Oliveira Vianna (1920, 1923). E voltamos à situação em que nossa cultura, quando não é popular, é transplantada, mimética, copiada sem crítica, como já assinalavam Guerreiro Ramos (1955, 1960) e Roland Corbisier (1955/1958) no ISEB, nos anos 1950. E à condição de que nossas ideias ficam "fora do lugar", como Roberto Schwarz (1973) bem observou.

Com a industrialização e o enorme desenvolvimento ocorrido entre 1930 e 1980, poderia se pensar que esse problema perdeu força, mas, diante da brutal ofensiva do *soft power* universitário norte-americano, não foi isso que aconteceu. Os intelectuais brasileiros, especialmente os economistas, subordinaram-se gravemente ao pensamento e aos valores professados pelo *mainstream* neoclássico anglo-saxão. Seus congressos anuais são dominados por convidados estrangeiros. Ao atribuírem pontos aos pesquisadores brasileiros pelos artigos publicados em revistas de economia, sociologia ou ciência política, atribuem mais do dobro de pontos a artigos publicados em revistas estrangeiras. Dessa forma, os padrões de excelência acadêmica dos trabalhos que os cientistas sociais escrevem sobre o Brasil são definidos no exterior.

A identidade nacional está relacionada com o nacionalismo, mas com ele não se confunde. É também um fenômeno cultural, já que depende do êxito da nação em transformar em realidade os objetivos de desenvolvimento econômico e político — em assegurar maiores graus de bem-estar, liberdade e justiça. A nação é "uma alma, um princípio espiritual" e é "um plebiscito de todos os dias", disse Ernest Renan (1882/1993) no século XIX. É a sociedade politicamente organizada com vistas à autonomia nacional e ao desenvolvimento econômico. É, através do nacionalismo, a construção coletiva sempre inacabada do Estado-nação a partir de uma visão de identidade nacional. Se a nação está realmente sendo construída, a autoestima do seu povo será alta. A autoestima dos brasileiros está baixa há muito tempo. O Brasil teve um projeto de nação entre 1930 e 1980 porque, então, foi possível aos brasileiros, apesar de suas divisões, estabelecer um grande acordo político reunindo empresários e a burocracia pública. Reconhecidos os conflitos, a existência de uma solidariedade básica entre as classes é a condição da existência de uma nação. Esse acordo foi mais forte entre 1930 e 1960 porque incluía também os trabalhadores urbanos. O regime militar representou retrocesso nesse acordo, na medida em que excluiu os trabalhadores do pacto político e acentuou o conflito social. Também porque levou grande parte da esquerda brasileira a elaborar uma ideia de dependência que negava a possibilidade de uma classe empresarial nacional — o que inviabilizava a própria ideia de nação. Mas o colonialismo dependente somente tomou conta do Brasil, e inviabilizou o desenvolvimento, quando a crise dos anos 1980 abriu as defesas brasileiras. O discurso globalista, pós-crise da dívida externa, segundo o qual os países em desenvolvimento não tinham mais recursos, devendo competir para obter poupança externa, invadiu o país e alienou as elites empresariais, governamentais e intelectuais. Para lograrem os investimentos e financiamentos "necessários" era preciso obter "credibilidade" — e, portanto, executar todas as recomendações vindas do Norte —, particularmente uma política macroeconômica contrária aos interesses nacionais. Em consequência, apesar de todo o ajuste e de todas as reformas implementadas, o país manteve-se estagnado.

Diante das baixas taxas de crescimento que prevaleceram entre 1980 e 2004, do desemprego, da falta de perspectivas, da emigração, a autoestima dos brasileiros, que já era baixa, entrou em queda livre. A identidade cultural negativa — do Brasil-Macunaíma, do Brasil do "jeitinho" — voltou a se impor sobre o Brasil afirmativo da Emília de Monteiro Lobato, sobre o Brasil indignado mas otimista de Gonçalves Dias e Castro Alves, do próprio Lobato e de Darcy Ribeiro. Desde meados dos anos 2000, porém, na medida em que o desenvolvimento econômico se acelerou, o país adotou uma política nacionalista tanto no nível interno como no externo, ganhando projeção maior no plano internacional, fazendo com que a autoestima voltasse a melhorar.

O ataque à burocracia pública

Como em todas as sociedades modernas, também na brasileira a classe tecnoburocrática ou profissional é forte. É forte no setor privado, em razão dos administradores e consultores de empresas e dos técnicos em geral, mas é sobretudo forte no Estado, porque sua camada alta está no coração do aparelho do Estado, e ali participa, com os políticos eleitos, da formulação das políticas públicas. Para o pensamento neoliberal e a ortodoxia liberal, a burocracia do Estado é a grande inimiga. Uma espécie de anjo do mal ou, então, uma erva daninha que impede o desenvolvimento brasileiro. Não poderia ser de outra maneira, dado que a origem das suas ideias está nos países ricos e na hegemonia neoliberal e globalista que emanou deles entre os anos 1979 e 2008. Para que exerça sua dominação, para que logre continuar extraindo excedente econômico dos países em desenvolvimento por meio do comércio, de empréstimos e de investimentos diretos, ela precisa manter no governo desses países elites dóceis. Nada é mais estratégico para os países ricos que dividir para reinar, nada mais importante na sua relação com os países de renda média que minar o acordo político básico que forma uma nação: o acordo entre os empresários ativos, a burocracia do Estado e os trabalhadores. É esse acordo que permite que o Estado defenda os interesses nacionais e se torne um instrumento do desenvolvimento econômico;

é ele que permite que não apenas a política industrial, mas toda a política macroeconômica do país seja pensada em termos de apoio à empresa nacional. Quando a esse acordo se juntam os trabalhadores, como é próprio das democracias, o Estado, além de instrumento do crescimento econômico, torna-se também instrumento da diminuição das desigualdades e do aumento da coesão social.

O discurso visando diminuir o tamanho do Estado e fazendo a crítica da burocracia e procurando limitar as demandas dos trabalhadores foi aplicado também internamente pelas elites dos países ricos; foi o discurso dos Trinta Anos Neoliberais do Capitalismo, que afinal teve desastrosas consequências para esses países a partir de 2008. Mas os países em desenvolvimento foram o alvo predileto do neoliberalismo. No exercício de seu papel imperial, os ideólogos do Norte, o Banco Mundial e o Fundo Monetário Internacional usaram os países em desenvolvimento como "laboratórios" das suas reformas liberais. Dessa forma, eles transformaram a retórica neoliberal em experiência concreta, e minaram os acordos nacionais das elites empresariais locais com as burocracias de Estado. Na Ásia essa estratégia teve pouco êxito, mas na América Latina, cujas elites insistem em se pensar como parte do Ocidente, ela logrou neutralizar o desenvolvimento econômico nos anos 1990. Já nos anos 2000, porém, a partir de eleições nos quais candidatos nacionalistas e de esquerda foram eleitos seguidamente, esse quadro começou a mudar.

A coalizão política dominante de capitalistas rentistas, de financistas e dos interesses estrangeiros foi a principal beneficiária das políticas do Estado. As instituições estratégicas para essa coalizão — para o Pacto Liberal-Dependente de 1991 — são a universidade e o Banco Central. A captura da universidade é essencial porque ela é um aparelho ideológico-chave de dominação, e porque vivemos no capitalismo tecnoburocrático ou do conhecimento no qual a dominação pelo capital perdeu espaço relativo para a dominação pelo conhecimento e pela hegemonia ideológica. A estratégia fundamental de dominação foi levar os jovens brasileiros mais brilhantes a fazerem PhD em universidades estrangeiras. O envio de técnicos e cientistas das ciências naturais para fazerem doutorado no exterior é recomendável; já o envio dos nossos mais brilhantes jovens para ficar quatro a cinco anos estudando Economia no exterior, no nível de pós-graduação, em universidades dominadas pelo ideário neoliberal, tem sido a forma por excelência pela qual o ensino e a pesquisa nesta área se alienaram.

Essa prática facilitou também a captura do Banco Central pelo mercado financeiro. A alta taxa de juros de curto prazo existente no Brasil somente é explicável por esta captura. Há outras causas, especialmente o desequilíbrio fiscal, mas ficou claro que apenas esse desequilíbrio, que se deve em grande parte à própria taxa de juros, não é suficiente para explicar o nível dessa taxa. A análise do comportamento das autoridades monetárias durante o período em que o Pacto Liberal-Dependente de 1991 foi dominante mostrou que a taxa de juros não era vista como um problema para o Banco Central e pelo Ministério da Fazenda, submetidos aos conceitos da ortodoxia liberal. O objetivo de tê-la a mais baixa possível, como a lei do Federal Reserve Bank estabelece nos Estados Unidos, era algo ignorado pelo Banco Central do Brasil. Não se falava jamais na necessidade de todo o governo e particularmente do Banco Central definirem uma estratégia para reduzir a taxa real de juros de curto prazo para níveis aceitáveis e tornar a taxa de câmbio competitiva. Na verdade, no quadro do Pacto Liberal-Dependente o Brasil não contou com um banco central a serviço da nação.

20
O Plano Real

O tempo do Pacto Liberal-Dependente de 1991 foi, portanto, um período de submissão do Brasil ao Norte (o conjunto dos países ricos), somente interrompido pelo breve governo do presidente Itamar Franco (1993-1994). Foi um pacto neoliberal e cosmopolita que refletiu a nova hegemonia norte-americana depois da queda do muro de Berlim e do colapso da União Soviética. Caracterizou-se pela privatização, inclusive dos serviços públicos monopolistas ou quase monopolistas, e pela abertura de todos os mercados, inclusive o mercado dos grandes bancos de varejo. Mas foi sob sua vigência que a alta inflação inercial (*Breve teoria 10*) foi afinal controlada através do Plano Real, de 1994. Este fato deu origem a muita confusão teórica, porque quiseram atribuir ao Consenso de Washington uma estratégia de neutralização da inércia inflacionária que foi rigorosamente heterodoxa, nada tendo a ver com as políticas de estabilização patrocinadas pelo FMI, mas que afinal acabou fortalecendo o neoliberalismo, porque seus responsáveis diretos em seguida se identificaram com essa ideologia. Por isso, Marcus Ianoni (2013) viu no Plano Real a "reconstrução neoliberal do poder do Estado" que fora abalado pela grande Crise Financeira dos Anos 1980 e o fracasso do Plano Cruzado. Na verdade, essa reconstrução ocorreu, mas foi o resultado de um plano heterodoxo, não de um plano liberal-ortodoxo de estabilização.

Os dois anos e meio do governo Collor, que terminaram com o seu impeachment em agosto de 1992 por corrupção, foram anos de grande ajuste fiscal e monetário, mas, na sua segunda parte, a partir de 1991, foram também anos de políticas econômicas incompetentes e de taxas de juros abusivamente altas. Esse governo, no entanto, deixou uma herança positiva: embora a abertura comercial realizada devesse ter sido mais gradual — da forma que foi realizada implicou a falência de muitas empresas que poderiam ter sido preservadas se a abertura fosse mais lenta —, esta reforma obrigou que as empresas se reestruturassem, modernizassem suas fábricas, aumentassem substancialmente sua produtividade e, assim, que muitas demonstrassem, a partir de então, serem capazes de competir internacionalmente. Já a abertura financeira foi um desastre para o Brasil, porque desde então o país não teve mais condições de neutralizar a tendência à sobreapreciação cíclica da taxa de câmbio, que sempre aqui existiu devido à doença holandesa e às entradas excessivas de capitais externos causadas pela política equivocada de crescimento com poupança externa.[1]

Ao fazer o acordo com o FMI, e ao abrir a conta de capitais do país, o governo renunciou à autonomia nacional que havia tão duramente conquistado desde 1930. Instalava-se no Brasil o Pacto Liberal-Dependente de 1991. Com o impeachment de Collor, depois de uma campanha popular que lembrou a campanha das "Diretas Já", assumiu a Presidência da República o vice-presidente Itamar Franco, um político nacionalista de Minas Gerais voltado para o interesse público. Ele tentou restabelecer a autonomia nacional do país, mas a alta inflação que o governo Itamar herdou de Fernando Collor de Mello já era de 20% ao mês, contribuindo decisivamente para reduzir sua margem de manobra.

No final de 1993, a economia brasileira permanecia em profundo desequilíbrio macroeconômico. Esta instabilidade caracterizava-se pela alta inflação, pela alta taxa de juros e pelo desemprego generalizado. Apenas o balanço de pagamentos estava equilibrado, graças à desvalorização do câmbio de 1983, mantida nos dez anos seguintes graças à política de minidesvalorizações e à depreciação de 10% que eu realizei em 1987. Os elevados superávits comerciais que se obtêm nesse período, e a negociação da dívida nos termos do Plano Brady, sugeriam que o problema da dívida externa estava sendo solucionado. O presidente Itamar Franco estabeleceu como prioridade absoluta de seu governo o controle da inflação. Para isso, esse extraordinário homem público trocou de ministro da Fazenda quatro vezes em dois anos. Somente com a indicação de Fernando Henrique para o ministério a esperança de controlar a inflação ressurge, quando parte dos economistas que haviam desenvolvido a teoria da inflação inercial volta ao governo e o Plano Real começa a ser delineado com base nesta teoria.[2]

---

[1] O desenvolvimento do modelo de doença holandesa e da crítica à política de crescimento com poupança externa está em vários *papers* e nos livros *Macroeconomia da estagnação* (2007), no qual analiso o período 1994-2006, *Globalização e competição* (2009) e *Macroeconomia desenvolvimentista*, com Nelson Marconi e José Luís Oreiro (2016), em que discuto teoricamente o Novo Desenvolvimentismo.

[2] Refiro-me a três economistas que tiveram importância na formulação e na instauração do Plano Real, Edmar Bacha, André Lara Resende e Persio Arida, que até esse

O Plano Real

O Plano Real foi baseado na teoria da inflação inercial que discuti no Capítulo 15. Esta teoria, embora viesse sendo discutida desde o início dos anos 1980 e fosse simples — afinal, explicava a inflação pela indexação formal e informal da economia —, continuava desconhecida pela maioria dos economistas que lidavam com a economia brasileira nesse período. O fracasso dos sucessivos planos de estabilização — foram doze planos entre 1980 e 1993 — deveu-se, essencialmente, a esse desconhecimento. Os planos de estabilização de Delfim Netto, nos anos 1980, o Plano Feijão com Arroz, de Maílson da Nóbrega, e os três planos do governo Collor, todos ignoravam a inércia inflacionária. No caso do Plano Collor I, a razão fundamental para o fracasso foi não tê-la neutralizado. Os Planos Cruzado, Bresser e Verão reconheceram o caráter inercial da inflação e buscaram neutralizá-la através de uma tabela de correção das contas a pagar das empresas, mas foram derrotados pelo populismo reinante no governo Sarney, que impediu que fossem acompanhados do ajuste fiscal necessário. Dos doze planos de estabilização, cerca de cinco incluíram congelamento de preços, alguns foram heterodoxos, a maioria deles ortodoxos. Todos falharam.[3]

Quando Fernando Henrique Cardoso assumiu o Ministério da Fazenda, um novo congelamento tornara-se politicamente inviável. As experiências anteriores, algumas traumáticas como o Plano Cruzado (pelo seu fracasso retumbante) e o Plano Collor (pelo confisco das poupanças), haviam deixado a sociedade e o mercado financeiro traumatizados. Se um congelamento nessas condições não era viável, e se o governo não estava disposto a esperar que a hiperinflação eliminasse as defasagens de aumentos de preços e assim neutralizasse a inércia, nem concordava em dolarizar a economia como alguns economistas irresponsáveis e o FMI propuseram, não havia outra alternativa senão a neutralização da inércia inflacionária através de uma moeda indexada ou de um índice-moeda indexado que acompanhasse o dólar, na linha proposta originalmente por Persio Arida e André Lara Resende (1984/1985). Era a tentativa de "otenização" da economia, a estabilização

---

plano eram definidos como "neoestruturalistas" dado o caráter heterodoxo do plano, mas que, após o plano, no governo FHC, revelaram-se economistas neoclássicos e ortodoxos, juntamente com Gustavo Franco, que teve papel importante na consolidação do plano.

[3] Para uma avaliação desses doze planos, ver Bresser-Pereira (1996).

através da indexação de todos os preços durante um certo período de acordo com a OTN (Obrigações do Tesouro Nacional), que já naquela época eram indexadas ao dólar, seguida por uma reforma monetária que introduzisse uma nova moeda. Dois anos depois, quando esses dois economistas participaram do Plano Cruzado, em 1986, entenderam que um plano de estabilização dessa natureza seria difícil de ser explicado e adotado, e optaram pelo congelamento. Quando discuti com minha equipe o Plano Bresser, a ideia similar da "otenização", ou seja, do uso de uma moeda indexada como eram então as OTNs, foi discutida com Francisco Lopes e Yoshiaki Nakano, mas chegamos ao mesmo diagnóstico. Quando o Plano Bresser falhou, porque fora um plano de emergência introduzido em momento de profundo desequilíbrio dos preços relativos, que apenas uma tabela de conversão não poderia neutralizar, e porque não logrei empenhar o governo no ajuste fiscal necessário, pensamos em aplicar a ideia da moeda indexada em um segundo plano que seria formulado no início de 1988. Mas decidi antes me demitir, por falta de apoio político para o ajuste fiscal necessário. Minha avaliação de que era impossível controlar a alta inflação inercial no governo Sarney confirmou-se nos dois anos seguintes. Quando se completou o último mês do governo (fevereiro de 1990), a inflação mensal alcançara 80% e nos primeiros quinze dias do mês seguinte caminhava para 100%. Já não estávamos em alta inflação inercial, mas em hiperinflação.

Em junho de 1993, quando a taxa de inflação encontrava-se acima de 20% ao mês e o governo Itamar Franco se via paralisado por esse índice, Fernando Henrique Cardoso assumiu o ministério. Novas esperanças surgiram, dado o apoio político que recebeu e a excelente equipe de economistas que convocou. Como primeiro resultado positivo da existência de uma nova e competente equipe econômica, a atitude irracional contra um novo choque econômico heterodoxo, que dominara o país após o fracasso do Plano Collor I, perdeu força. Estava claro que a nova equipe logo adotaria uma terapia de choque, e que provavelmente combinaria políticas econômicas ortodoxas e heterodoxas. Estava claro também que o maior componente da inflação alta e persistente no Brasil era a inércia, de maneira que o choque deveria neutralizar essa inércia. A explicação convencional relacionando inflação aos déficits orçamentários, embora válida para pequenas inflações, tinha se provado recorrentemente equivocada para o Brasil, particularmente nos anos imediatamente anteriores. O déficit orçamentário havia chegado a zero em 1990 e 1991, mas a inflação permaneceu em seu alto patamar. Outra sabedoria convencional (aquela que atribui a inflação a um aumento na oferta de moeda) também havia se provado equivocada. Mesmo os economistas monetaristas (neoclássicos) reconheciam agora o caráter passivo ou endógeno da oferta de moeda quando a inflação é inercial.[4]

O Plano Real, que liquidaria com a alta inflação em 1º de julho de 1994, começou a ser desenvolvido em outubro de 1993. A estratégia do congelamento de preços havia politicamente se esgotado. Dessa forma, quando a equipe do Cruzado se restabeleceu no governo, o Plano Real por ela concebido visou neutralizar a inflação alta e inercial através de uma reforma monetária que reduzisse instantaneamente a inflação. A ideia original era a de se ter duas moedas coexistindo ao mesmo tempo, como acontecera na Bulgária nos anos 1920: a velha moeda, em que a inflação seria alta; e uma nova moeda indexada. Este sistema dual permitiria aos agentes econômicos converter seus contratos, de forma voluntária e de acordo com o mercado, da velha moeda, em que os contratos incorporavam a expectativa de inflação, para a nova moeda, que — por ser atrelada ao dólar — não exigia que os contratos incluíssem aquela expectativa. Desse modo, no momento em que a reforma monetária eliminasse a moeda velha, as pressões inflacionárias, derivadas dos desequilíbrios dos preços relativos e do fato de que, em uma inflação inercial, os preços se alteram de forma defasada e não sincronizada, estariam ausentes. Os preços relativos na nova moeda já estariam equilibrados, não haveria defasagens entre seus aumentos, já que nos três meses de dupla moeda eles estavam aumentando todos os dias, de acordo com a variação da taxa de câmbio, tornando desnecessária a tabela de conversão visando eliminar dos contratos a inflação esperada. A equipe econômica do Plano Real, em vez de emitir uma segunda moeda, estabeleceu um índice-moeda diário que equivalia a uma moeda, a Unidade Real de Valor (URV), que refletia a inflação presente porque era atrelado à taxa de câmbio. Não era, na verdade, uma moeda, porque os pagamentos continuariam a ser feitos com a moeda velha, o cruzeiro. Mas, sendo um índice-moeda, os contratos, inclusive as vendas a crédito e os salários, puderam ser voluntariamente convertidos para ela nos quatro meses em que a URV existiu, evitando a necessidade de uma *tablita* no dia da reforma monetária, quando a velha moeda foi extinta.

O Plano Real foi dividido em quatro fases. Na primeira, entre dezembro de 1993 e fevereiro de 1994, foi realizado um ajuste fiscal, baseado em cortes da despesa pública, inclusive da despesa social cuja porcentagem constitucional em relação à despesa total foi parcialmente suspensa, e em aumen-

---

[4] Ver, por exemplo, Pastore (1994).

to de impostos, o que permitiu um orçamento equilibrado para 1994. O Congresso, depois de alguma oposição inicial, aprovou o ajuste fiscal que a equipe econômica definira como pré-requisito para a introdução da segunda fase do programa.

A segunda fase do plano, entre o dia 1º de março e o dia 30 de junho, consistiu na neutralização da inércia inflacionária através do mecanismo da URV. Todos os preços, inclusive os salários, contratos de longo prazo, aluguéis e aplicações financeiras passaram a ter dois preços — o preço nominal em cruzados e o preço em URVs — ao mesmo tempo em que essa unidade de valor era corrigida diariamente por minidesvalorizações diárias da taxa de câmbio realizadas de acordo com a inflação corrente. Apenas os salários foram convertidos obrigatoriamente para o novo índice pelo seu valor médio dos últimos meses, não tendo havido resistência à decisão do governo. Como os contratos foram convertidos para URV, os preços em URV permaneciam estáveis, enquanto os preços em cruzados mudavam todos os dias — como acontece sob hiperinflação e dolarização plena. Conforme prognosticado, o mercado assegurou que a conversão de cruzeiros para URV fosse feita segundo o valor médio real dos contratos, em vez de seus valores nominais de pico como se fazia com os contratos em cruzados. Por meio desse mecanismo os agentes econômicos puderam, nesses três meses, estabelecer razoável equilíbrio dos preços relativos, que deixaram de ter as defasagens próprias da inflação inercial, neutralizando-se, assim, a inércia inflacionária que decorria da indexação defasada de preços, e, portanto, de uma contínua mas frustrante tentativa de equilibrar os preços relativos.

A terceira fase do plano foi o choque anunciado — ou reforma monetária — que no dia 1º de julho transformou a URV em uma nova moeda, substituindo o cruzeiro, que foi extinto. A taxa de inflação que alcançara 45% ao mês foi imediatamente reduzida para próximo de zero.

A quarta fase, entre 1º de julho e 31 de dezembro, foi a de consolidação do plano. Em princípio, deveria ter consistido em um ajuste fiscal adicional, mas o medo do fracasso levou o governo a fazer uma abertura comercial adicional, desnecessária, e, principalmente, promover uma elevação brutal da taxa de juros, que provocou forte apreciação cambial e se constituiu em âncora cambial. Assim, nos dias seguintes, a nova moeda, que deveria ter ficado atrelada ao dólar em uma relação de um para um, valorizou-se fortemente. O Banco Central aproveitava então a pressão pela venda de dólares e compra de reais que imediatamente ocorreu para consolidar a estabilização. Assim, além do original mecanismo de neutralização da inércia, a URV, o governo adotava um velho mecanismo de controle das altas inflações — a âncora cambial —, que hoje muitos economistas (que nunca entenderam a teoria da inflação inercial) consideram ter sido o fator fundamental da estabilização dos preços. Não o foi, mas sem dúvida ajudou a controlar a inflação, e não teria sido um erro se não se tivesse, em seguida, abusado desse mecanismo.

O uso e abuso dessa âncora nos anos seguintes, sempre em nome do Plano Real, teria consequências desastrosas para a economia brasileira. Enquanto o Banco Central mantinha a política de minidesvalorizações, a combinação perversa de juros altos e câmbio valorizado manteria a economia semiestagnada, inviabilizando os investimentos, enquanto as dívidas internas e externas aumentavam explosivamente, impulsionadas pela taxa de juros. A flutuação do real somente aconteceria mais tarde, em janeiro de 1999, em meio à crise de balanço de pagamentos causada por essa sobreapreciação, que os responsáveis pela política econômica não tiveram coragem de corrigir na época em que ela apareceu.

O governo FHC

Quando Fernando Henrique Cardoso assumiu a Presidência da República, em janeiro de 1995, já com a inflação sob controle, grandes eram as esperanças. Que em boa parte se confirmaram, porque o governo expandiu e racionalizou o gasto na área social, avançou na área dos direitos humanos, iniciou a Reforma Gerencial de 1995 e a Reforma da Previdência Social, aumentou o prestígio do Brasil no exterior através de uma diplomacia equilibrada e pautou-se por elevado padrão ético. Mas não foi bem-sucedido em retomar o crescimento econômico, porque não enfrentou o problema do câmbio altamente apreciado que herdou do Plano Real. Não há pior herança para um governo do que receber do governo anterior uma taxa de câmbio apreciada. Fica por sua conta trazê-la de volta ao equilíbrio — o que é uma política altamente impopular, porque aumenta temporariamente a inflação e também reduz temporariamente os rendimentos reais de toda a população. Mas se o governo não enfrentar o problema, a competividade do país cairá, as oportunidades de investimentos lucrativos diminuirão, as exportações se reduzirão, as importações aumentarão, e o país, além de crescer pouco, ficará sujeito a uma crise de balanço de pagamentos. Foi o que aconteceu no governo FHC. Dilma Rousseff também começou seu governo com uma taxa de câmbio altamente apreciada que, como veremos, foi a principal responsável pelo baixo crescimento, e só não levou o país à crise porque ela logrou, ainda que de maneira insuficiente, depreciar o real, e porque as reservas internacionais do país eram grandes.

Fernando Henrique percebeu com clareza que, diante da economia global o Brasil não podia pensar em ser uma autarquia, em se fechar, voltando para o modelo de industrialização por substituição de importações, mas equivocou-se ao não fazer a crítica da ideologia neoliberal e globalista então dominante, para a qual a integração na economia mundial não devia ser uma integração *competitiva*, mas uma integração produtiva, subordinada aos interesses das empresas multinacionais e de seus governos. Desde o início, o governo FHC logrou obter substancial maioria parlamentar, na medida em que obteve o apoio do então mais importante partido de direita e neoliberal (o PFL), de um partido social-democrático (o PPS, herdeiro do antigo Partido Comunista Brasileiro), do sempre indefinido PMDB e dos habituais "partidos de negócios" que, no quadro do presidencialismo de coalizões vigente no Brasil, os presidentes não têm alternativa senão incluir em sua coligação política no Congresso em troca de cargos.[5] Essa maioria deu poder ao governo para iniciar uma pesada agenda de reformas institucionais — uma agenda que logo no início se revelou neoliberal e dependente: neoliberal porque implicava a privatização de empresas que constituem monopólios naturais, como a produção e distribuição de energia elétrica, as estradas e a telefonia fixa; dependente porque retirou a preferência assegurada às empresas nacionais na Constituição; e permitiu não apenas a privatização mas também a desnacionalização dos serviços públicos monopolistas e dos grandes bancos de varejo. Conforme assinalou Brasilio Sallum (2000, p. 25), o governo FHC procurou construir um bloco hegemônico de centro-direita baseado em duas ideias-força: as reformas liberais justificadas pela necessidade de estabilização dos preços e o projeto explícito do governo de liquidar a era Vargas. Na verdade, o projeto era um só, era o projeto que havia se tornado hegemônico no Norte a partir de 1980 e que desde 1991 se tornara dominante no Brasil: o projeto neoliberal de redução do papel do Estado e de diminuição da autonomia do Estado-nação no quadro de uma globalização — de um capitalismo que se tornara global — que os Estados Unidos supunham favorável à sua hegemonia. A era Vargas foi o tempo da revolução

---

[5] "Partidos de negócios" são os partidos sem ideologia ou programa, voltados exclusivamente a satisfazer aos interesses de poder e de enriquecimento pessoal de seus líderes. O sistema eleitoral proporcional lhes permite formar bancadas e vender seus votos aos presidentes em troca de cargos e emendas parlamentares.

nacional e industrial brasileira, foi o tempo em que "o Estado passou a constituir-se em núcleo organizador da sociedade brasileira e alavanca de construção do capitalismo industrial do país — um Estado desenvolvimentista"; para Sallum, "a candidatura Cardoso deu acabamento a um longo processo de construção social de um novo bloco hegemônico saído das entranhas da era Vargas mas em oposição a ela". As revoluções nacionalistas, não apenas no Brasil mas em muitos outros países em desenvolvimento, sobretudo na Ásia, haviam se mostrado um desafio à dominação dos Estados Unidos, mas este, envolvido na Guerra Fria e na desgastante Guerra do Vietnã, durante os anos 1960 e 1970, não tinha tido condições de enfrentar esse segundo desafio. A partir do momento em que a União Soviética entrou em colapso e os Estados Unidos se tornaram a única potência imperial, seu projeto hegemônico, agora dotado de uma ideologia, o fundamentalismo de mercado neoliberal, dispôs-se a se afirmar sobre todo o mundo. O governo FHC foi vítima dessa conjuntura, desse momento único e fugidio da hegemonia neoliberal, e a ela se curvou.

Em segundo lugar, o governo FHC não foi bem-sucedido no plano econômico porque não logrou recuperar a competitividade da taxa de câmbio brasileira, que se apreciara de forma significativa nos seis meses após o Plano Real. Um governo só é bem-sucedido no plano econômico quando logra manter sua taxa de câmbio flutuando em torno do nível competitivo ou de equilíbrio industrial, porque só assim as empresas serão estimuladas a investir. As perspectivas econômicas que se abriam para o país pareciam as melhores possíveis. Através do Plano Real, que Fernando Henrique liderara enquanto ministro da Fazenda, os preços haviam sido estabilizados e muitos pensaram, inclusive eu, que fui seu ministro da Administração Federal e Reforma do Estado (1995-1998) e da Ciência e da Tecnologia (1999), que isso significava que o país, afinal, depois de quinze anos de alta inflação, alcançara a estabilidade macroeconômica, e que, portanto, estava pronto para retomar o crescimento.[6] O candidato de um partido moderno que se supunha social-democrático como seu nome indicava, o PSDB, poderia as-

---

[6] Embora o governo e a imprensa entendam o Plano Real como compreendendo toda a gestão econômica do governo FHC, este é um entendimento incorreto. O Plano Real — que neutralizou a inércia e terminou com a alta inflação no Brasil — foi anunciado em dezembro de 1993, teve início com a medida provisória que, em 1º de abril de 1994, introduziu a URV (o mecanismo de neutralização da inércia), e completou-se com a reforma monetária em 1º de julho de 1994. Em 1º de janeiro de 1995 começou a gestão econômica de Pedro Malan, cujos resultados analiso neste trabalho.

segurar ao país um equilibrado desenvolvimento econômico e social, sem cair nas malhas do velho populismo, nem do novo neoliberalismo que vinha do Norte. Entre essas duas alternativas polares, o novo governo surgia como uma esperança. Entretanto, não foi isso o que ocorreu. O governo não foi social-democrático, de centro-esquerda; nem adotou uma política desenvolvimentista moderna, não populista, mas se opôs ao desenvolvimentismo e a uma opção nacional. Sallum assinala que houve uma corrente "liberal-desenvolvimentista" no governo FHC, mas que não chegou a se afirmar; nas palavras de Brasilio Sallum (2000, p. 35): "o fundamentalismo liberal continuou sendo o eixo da política econômica". Isso foi facilitado pela confusão em que estava a classe empresarial brasileira, ela própria sob a influência da nova hegemonia neoliberal. Assim, não obstante o governo ter retirado qualquer prioridade para a empresa nacional, os empresários industriais, com raras exceções, permaneciam calados, senão prestavam seu apoio.

O governo FHC deu completa prioridade à política de consolidação da estabilização de preços ignorando a necessidade de se restabelecer o equilíbrio cambial, e, em consequência, além de não promover a retomada do crescimento, acabou, em 1998, por mergulhar o país em uma grande crise de balanço de pagamentos. Desde seus primeiros dias, em janeiro de 1995, o governo submeteu-se aos princípios do Consenso de Washington então dominantes no mundo e usou a sobreapreciação cambial como âncora nominal contra a inflação. Para isso, elevou violentamente os juros. Dessa forma, enquanto a taxa de câmbio sobrevalorizada promovia o consumo de bens importados, desestimulava os investimentos privados e impedia a estabilização de suas contas externas, a taxa de juros elevada, além de atrair capitais e de somar-se à taxa de câmbio no desestímulo dos investimentos, perversamente impedia que o país alcançasse o equilíbrio fiscal, dado o peso dos juros na despesa do Estado.

A taxa de câmbio não voltava para o nível de equilíbrio industrial (no qual estivera em quase todo o período 1930-1990), primeiro, porque desde a abertura comercial e financeira promovida pelo governo de Fernando Collor de Mello, o país deixara de neutralizar a doença holandesa ao deixar de impor o imposto disfarçado sobre as exportações de *commodities* — o chamado "confisco cambial"; assim, a falta de um imposto de exportação (a forma correta de neutralizar a doença holandesa) levava a taxa de câmbio do equilíbrio industrial para o equilíbrio corrente; segundo porque, a partir de 1995 usou-se do mecanismo de âncora cambial e da política de crescimento com poupança externa (que, em conjunto, constituem o populismo cambial), o que levou o país para o déficit em conta-corrente, para a substituição da poupança interna pela externa, e, finalmente, para a crise de balanço de pagamentos.

Em consequência, o processo de desindustrialização, que já ocorria desde a Grande Crise da Dívida Externa dos Anos 1980 e a alta inflação inercial, ganhou mais força, na medida em que a taxa de câmbio se tornava cronicamente sobreapreciada — sobreapreciada, portanto, no longo prazo. A produtividade aumentou no período, mas isso não se deveu às reformas institucionais, mas sim, como observou David Kupfer (2005, p. 132), "a um forte aumento da propensão a importar, principalmente insumos e bens intermediários, e à descontinuidade da produção de certos bens de maior sofisticação tecnológica".

Nos oito anos do governo FHC a taxa média de crescimento do PIB foi de apenas 2,1% ao ano, o que significa um crescimento da renda por habitante em torno de 1% ao ano. O país se manteve, portanto, quase estagnado. Nos seus quatro primeiros anos, o governo FHC conviveu com uma taxa de câmbio sobrevalorizada, grandes déficits em conta-corrente que chegaram a 4% do PIB, e altas taxas de juros; o período terminou em meio a uma grave crise de balanço de pagamentos. Essa crise, cuja causa imediata foi a suspensão da rolagem da dívida externa pública e privada brasileira pelos credores externos, estava claramente relacionada com o alto índice de endividamento do país. No final de 1998, a relação dívida externa/exportações subiu acima de quatro vezes. Reeleito, imediatamente o presidente, em janeiro de 1999, deixou afinal flutuar o câmbio, o real se depreciou cerca de 30% em termos reais e o país pareceu voltar a caminhar em direção ao equilíbrio macroeconômico e, possivelmente, à retomada do desenvolvimento.

Não obstante a crise de balanço de pagamentos de 1998 e a depreciação cambial decorrente, crise que estava diretamente relacionada com a política de crescimento com poupança externa e com a política de controle da inflação com apreciação cambial, o governo, após o susto, manteve a mesma orientação. Esse fato, combinado com a manutenção da política de taxa de juros elevada e da política de crescimento com poupança externa, e somado à doença holandesa não neutralizada, fez com que a taxa de câmbio voltasse a se apreciar. Em consequência, o índice dívida externa/exportações se manteve em nível superior a quatro vezes. Dado esse índice de endividamento, uma economia estagnada e uma nova ameaça política representada pela provável eleição para a Presidência da República do candidato do Partido dos Trabalhadores, Luiz Inácio Lula da Silva, não foi surpreendente que o país voltasse a enfrentar uma segunda crise de balanço de pagamentos no fim de 2002.

O socorro pronto do FMI evitou o pior, mas, ao mesmo tempo, confirmou uma verdade sempre esquecida: os credores internacionais e o próprio FMI só se preocupam e só falam em déficit público e dívida interna, mas, quando acontece a crise financeira em um país em desenvolvimento, ela sempre ocorre pelo lado externo, é sempre uma crise de balanço de pagamentos. A crise se desencadeia depois que se forma uma bolha de crédito externo para o país "resolvida" pela poupança externa. Quando o déficit em conta-corrente e a dívida externa tornam-se, do ponto de vista dos credores internacionais, altos demais e, por isso, arriscados, a crise irrompe. Mas nunca é o país devedor quem declara moratória. São os agentes financeiros internacionais que suspendem a rolagem da dívida, e, se não houver intervenção do agente de última instância, o FMI, o *default* torna-se inevitável.

A segunda crise de balanço de pagamentos pela qual o país passou no governo FHC refletiu a equação macroeconômica perversa que foi então adotada (taxa de juros alta + taxa de câmbio baixa ou valorizada) com o apoio de Washington e de Nova York, ou seja, do governo americano e do sistema financeiro internacional. A taxa elevada de juros impede o investimento privado e provoca o aumento do déficit público. Todos os esforços do governo em reduzir a despesa pública pouco afetam o déficit público devido ao peso dos juros, mas acabam se refletindo na elevação da carga tributária e na redução dos investimentos públicos. Nos anos 1990, a carga tributária aumentou em cerca de oito pontos percentuais, alcançando um nível incompatível com o estágio de desenvolvimento do país, mas pelo menos metade desse aumento foi aplicado no pagamento de juros, enquanto a taxa de investimento público caía cerca de um ponto porcentual, para ficar em torno de 2% (durante todo o período de elevado desenvolvimento do país, até 1980, essa taxa girava em torno de 5% a 6%).[7]

Os resultados econômicos e financeiros do governo FHC (no qual não estou incluindo o Plano Real, que foi obra de Fernando Henrique, mas no governo de Itamar Franco) não foram, portanto, bons, mas daí não se pode deduzir que o governo fracassou. Grandes avanços ocorreram na área social e na área dos direitos humanos. O gasto social aumentou e os pobres passaram a contar com uma cobertura social mais ampla. Na verdade, o processo de diminuição das desigualdades que ocorreu no Brasil começou no governo FHC, mas coube ao governo Lula dar impulso ao processo com sua política de salário mínimo e a ampliação dos beneficiários do Bolsa Família. Os pa-

---

[7] A carga tributária, por sua vez, girava em torno de 23% do PIB.

drões éticos do governo nunca foram tão altos. A democracia foi respeitada e reafirmada. O elevado prestígio de Fernando Henrique junto à sociedade brasileira é uma indicação desse fato.[8] Os eleitores comportaram-se de forma aparentemente paradoxal, prezando seu presidente, mas criticando as altas taxas de desemprego que caracterizaram o seu mandato, e, assim, recusando-se a votar em um candidato que representasse a continuidade desse governo. Esse comportamento é apenas aparentemente paradoxal porque o presidente, nesses anos, assumiu a figura presidencial de maneira impecável. Em um cenário internacional difícil, demonstrou dedicação à coisa pública e grande capacidade de conciliação. Por isso, os brasileiros respeitam, se não admiram, seu ex-presidente. A principal crítica que seu governo recebeu reiteradamente da oposição — a de não se preocupar com o social — revelou-se falsa. Esse governo foi social-democrata na área social, pois aumentou a carga tributária e gastou no social. Quando, por exemplo, Portugal e Espanha transitaram para a democracia e foram governados por partidos social-democratas, liderados, respectivamente, por Mário Soares e Felipe González, suas cargas tributárias para financiar o aumento dos gastos sociais aumentaram significativamente (Maravall, 1993). Nos oito anos do governo FHC a carga tributária cresceu de 27,9% para 33,4% do PIB, e parte desses recursos adicionais foi gasto em programas sociais nas áreas de educação, saúde, renda mínima, assistência social, reforma agrária, assistência aos pequenos produtores rurais — a outra parte foi gasta com o aumento do encargo com juros. Deve-se reconhecer que, embora o país continuasse essencialmente injusto no final de seu governo, avanços significativos foram realizados na área social. A mortalidade infantil caiu de 48 para 30 por mil nascidos vivos. A taxa de analfabetismo caiu de 19% em 1991 para 13% em 2000. O sistema nacional de avaliação ficará como um marco da educação nacional (ENEM, Provão etc.). Imagino que a Reforma Gerencial de 1995, da qual participei, será, por sua vez, um marco da administração pública brasileira. No plano político, o presidente revelou-se um democrata respeitoso dos direitos humanos, tolerante e sempre disposto ao debate e à conciliação. E no plano ético deu exemplo para todo o país. Sua mulher, Ruth Cardoso, acompanhou-o em tudo, mas com luz própria, e sua contribuição para o desenvolvimento do terceiro setor e para os organismos de controle social da administração pública é inestimável.

---

[8] Segundo o Datafolha, a avaliação do governo FHC em setembro de 2002 era ótimo e bom para 26%, regular para 39%, e ruim e péssimo para 32% dos brasileiros.

O Segundo Consenso de Washington

A causa mais geral que determinou o desempenho insatisfatório da economia brasileira depois do Plano Real foi a sobreapreciação cambial causada por duas políticas: a política de crescimento com poupança externa e a política de combate à inflação através de âncora cambial. Essa política de se usar a taxa de câmbio para controlar a inflação foi amplamente usada desde 1999, quando a política de minidesvalorizações cambiais (ou de *crawling peg*, que garantia o equilíbrio da taxa de câmbio desde 1964) foi substituída pela política de metas de inflação. "Poupança externa" é um dos eufemismos da teoria econômica para indicar déficit em conta-corrente. A política de crescimento com poupança externa significa que o país tentará acelerar seu crescimento adicionando à poupança interna a poupança externa, e, portanto, aumentará a taxa de investimento do país (já que a poupança interna mais a externa é igual ao investimento). É uma política que parte do pressuposto equivocado de que a restrição externa deveria ser superada pelo endividamento externo em vez de sê-lo pela adoção de uma taxa de câmbio adequada e o aumento das exportações. Tomada essa decisão pelo governo brasileiro, o país que tinha déficit em conta-corrente próximo de zero em 1994, passou a experimentar déficits em conta-corrente cada vez maiores, que foram financiados por empréstimos e por investimentos diretos. O resultado, entretanto, não foi o aumento da taxa de investimento e de crescimento, mas o aumento artificial dos salários reais e do consumo, porque as entradas de capital apreciavam a moeda nacional, e, assim, reduziam as oportunidades de investimento voltadas para a exportação de bens manufaturados. Por outro lado, a taxa de juros era mantida em nível muito alto "para combater a inflação" (embora não houvesse nenhuma explicação razoável para que o Brasil precisasse de taxas de juros reais então superiores a 12% ao ano quando outros países de nível semelhante de desenvolvimento tinham taxas de juros quatro a cinco vezes menores); e "para atrair capitais", embora esses capitais não se somassem aos capitais internos, mas os substituíam. O que, além de reprimir a taxa de investimento, implicava transferência de renda para capitalistas rentistas, aumento da despesa pública e desnecessário déficit público.

Esta equação macroeconômica perversa baseada em taxa de juros alta e taxa de câmbio valorizado levou ao aumento da instabilidade financeira e ao baixo crescimento. Mas o sistema contava com o apoio dos países ricos, que eram beneficiados por ele. A taxa elevada de juros beneficiava capitalistas rentistas nacionais e estrangeiros, o câmbio apreciado beneficiava os exportadores estrangeiros para o Brasil, e, indiretamente, os rentistas nacionais, na medida em que era através de valorização cambial que se mantinha a inflação baixa e os juros reais (a remuneração dos rentistas) altos. Enquanto isso, os altos juros pagos pelo Estado brasileiro giravam em torno de 6% do PIB, refletindo-se na elevação da carga tributária e na redução dos investimentos públicos.

As três causas mais gerais do desempenho econômico medíocre do Brasil nos anos 1990 foram: (a) o novo governo ter aceitado sem crítica a liberalização comercial, que desmantelou o mecanismo de neutralização da doença holandesa que estava embutido no sistema de comércio exterior do país; (b) ter também aceito sem crítica a abertura financeira que fazia parte do que denomino o Segundo Consenso de Washington; e (c) ter adotado firmemente a política de crescimento com "poupança" ou endividamento externo, que levou a elevados déficits em conta-corrente e à crise de balanço de pagamentos do final de 1998. O Segundo Consenso de Washington foi um passo adiante em relação ao primeiro, e teve efeitos mais devastadores sobre os países em desenvolvimento, inclusive o Brasil; foi a dimensão financeira do primeiro. Além de dizer que os países em desenvolvimento deveriam ajustar suas economias equilibrando suas contas públicas e deveriam abrir comercialmente seus mercados — algo que para os países de renda média era razoável desde que fosse adotado um substituto para a mecanismo de neutralização da doença holandesa que estava embutido no sistema de comércio externo —, adicionou que deveriam abrir sua conta financeira internacional, ou, em outras palavras, deveriam suspender todos os controles que tradicionalmente mantinham sobre a taxa de câmbio. E ainda que deveriam crescer com poupança externa, ou seja, com déficits em conta-corrente a serem financiados por endividamento externo ou investimentos diretos. Em matéria de endividamento externo, voltávamos ao "desenvolvimento *cum* dívida" dos anos 1970, só que teríamos agora o "desenvolvimento *cum* poupança externa", como se houvesse diferença entre as duas coisas.

Sobre a política de crescimento com poupança externa, a crítica que realizei a partir de 2001, especialmente a tese de que ela envolve elevada taxa de substituição de poupança interna pela externa, está na *Breve teoria 9*. Sobre o tema da abertura financeira e dos fluxos de capital desenvolveu-se amplo debate entre os economistas dos países desenvolvidos — alguns, críticos da liberalização, outros, entusiastas. Estes partiam do pressuposto neoclássico de que toda liberalização é benéfica, afirmavam que a liberalização financeira é tão necessária para o desenvolvimento quanto a comercial, e deve ocorrer ao mesmo tempo. Entretanto, Dani Rodrik (1998, p. 61) demonstrou não haver evidência de que países sem controle de capitais cresçam mais. Luiz Fernando de Paula (2011, p. 108) realizou estudo econométrico que mostrou que na economia brasileira "não há evidências que a liberalização financeira [de 1992] tenha gerado efeitos positivos em um conjunto de variáveis econômicas (inflação e crescimento econômico). Pelo contrário, a evidência empírica mostra que, além de ter tido um efeito adverso no PIB, a integração financeira do Brasil gerou efeitos desestabilizadores do ponto de vista macroeconômico, evidenciados em seu impacto em aumentar a taxa de inflação e apreciar a taxa de câmbio". A liberalização financeira significa, em última análise, a perda da possibilidade de o país administrar de forma adequada a sua taxa de câmbio. Ora, dada a tese central que venho discutindo na macroeconomia desenvolvimentista — a tese da tendência à sobreapreciação cíclica e crônica da taxa de câmbio existente historicamente em países em desenvolvimento —, é desastroso para um país perder sua capacidade de praticar uma política cambial visando mantê-la competitiva.

No entanto, o erro mais grave do Segundo Consenso de Washington está em sua promessa: "nós financiaremos seu desenvolvimento com poupança externa, se possível com investimento direto". Aí estava a armadilha que levou a maioria dos países em desenvolvimento, já altamente endividados no final dos anos 1980, a pouco crescerem nos anos 1990; aí está a origem das crises de balanço de pagamentos cujo caso-limite foi o da Argentina; aí está a explicação principal para o fato de o Brasil ter entrado em duas crises de balanço de pagamentos: uma em 1998, no final do primeiro quadriênio do governo FHC, a outra em 2002, no final do segundo quadriênio.

Substituição de poupanças: 1993-2005

A crítica à política de crescimento com poupança externa (*Breve teoria* 9) foi desenvolvida em razão do que aconteceu concretamente na economia brasileira após o Plano Real. Conforme podemos ver pela Tabela 9, o déficit em conta-corrente (ou poupança externa recebida pelo país) aumentou firmemente no Brasil entre 1993 e 1999: tivemos um superávit em 1992 e outro em 1999, e a poupança externa recebida pelo país alcançou 4,73% do PIB. Não obstante, a taxa de investimento não aumentou; pelo contrário, caiu um pouco se tomarmos como referência esses mesmos dois anos: 1993 (19,28%) e 1999 (18,90%).

Os déficits em conta-corrente do governo FHC (1995-2002) foram financiados de duas formas: por empréstimos e por investimentos diretos.

Estes aumentaram extraordinariamente. Conforme ele próprio assinalou em sua mensagem de Natal de 2001, até 1994 o país recebia no máximo 2 bilhões de dólares por ano de investimentos estrangeiros; depois do Real o país passou a receber, em média, 2 bilhões de dólares por mês em investimentos diretos. De fato, houve um enorme aumento do investimento direto estrangeiro em seu governo.[9] Não obstante, conforme vemos nas Tabelas 9 e 10, a taxa de investimento total da economia não cresceu no período. Aumentaram, sim, a renda líquida enviada ao exterior e o consumo. E, entre 1994 e 1999, enquanto aumentava o déficit em conta-corrente, tivemos elevada taxa de substituição da poupança interna pela externa, e depois, entre 1999 e 2005, quando esse déficit caiu e se transformou em superávit, a substituição inversa da poupança externa pela interna.

Tabela 9
POUPANÇA INTERNA, POUPANÇA EXTERNA
E INVESTIMENTO — 1992-2004
(% em relação ao PIB)

Ano	Poupança externa	Poupança interna	Investimento
1992	-1,58	20,00	18,42
1994	0,33	20,42	20,75
1996	2,80	14,99	17,79
1998	3,96	14,42	18,38
1999	4,73	14,17	18,90
2000	3,76	14,25	18,01
2002	1,51	16,47	17,98
2004	-1,76	19,43	17,67

Fontes: Ipeadata e IBGE.
Poupança externa = déficit em conta-corrente.
Investimento = formação bruta de capital fixo.

Entre 1994 e 1999, no quadro da política de crescimento com poupança externa, houve forte crescimento do déficit em conta-corrente ou da poupança externa recebida pelo Brasil, enquanto a taxa de investimento permanecia praticamente constante. Ocorreu então, como o modelo crítico da

---

[9] Nesse ano, os investimentos diretos foram superiores ao déficit em conta-corrente, o que significa que o país pagou um pouco de sua dívida financeira.

poupança externa prevê, a substituição da poupança interna pela externa. A partir da depreciação do real em 1999, o processo inverso começa a ocorrer. À forte depreciação cambial se soma um choque externo favorável que dobra as exportações do país em alguns anos, de forma que o déficit em conta-corrente, de 4,73% do PIB em 1999, se transforma em superávit de 1,65% em 2005. Temos, portanto, um ajuste externo de 6,4% do PIB. Na Tabela 10 vemos que, da mesma maneira que a taxa de investimento não aumentara no período anterior em que a poupança externa estava aumentando, nesse período em que ela cai o investimento também não cai: na verdade, se compararmos a taxa média de investimento de 2004-2005 com a de 1999-2000, ocorre um aumento de 3,7% ou de 0,7 pontos porcentuais na taxa de investimento; nessa segunda fase houve, portanto, substituição da poupança externa pela interna. Isso acontece porque, como prevê o modelo, com a depreciação cambial os salários caem e cai o consumo, o que, pelo lado da renda, aumenta a poupança interna; ao mesmo tempo, pelo lado da demanda, a depreciação causa o ressurgimento de oportunidades de investimentos lucrativos voltados para a exportação que, ao serem realizados, aumentam igualmente a poupança interna.

Tabela 10
TAXAS DE SUBSTITUIÇÃO DE POUPANÇA —
1993-2006

Taxa de investimento $I = S = S_i + S_x$	Variação no período	Poupança externa $\Delta S_{x(t)} - \Delta S_{x(t-1)}$	Poupança interna $\Delta S_{i(t)} - \Delta S_{i(t-1)}$	Taxa de substituição $\Delta S_i / \Delta S_x$ (%)
20,3%				
17,2%	1994-1999	2,8	-5,9	-211
17,1%	1999-2006	-4,8	4,7	-97

Fonte: Ipeadata (elaboração do autor).
Observação: Valores correspondem à média de três anos centrada no ano.
Interna/externa: 1993-1999; externa/interna: 2000-2005.

No caso brasileiro esse processo inverso de substituição foi aumentado pelo ajuste fiscal que começou em 1999, pelo aumento dos preços das *commodities* exportadas, e pela melhoria das relações de troca que, a partir de 2003, produziram superávits em conta-corrente e uma bem-vinda despoupança externa. A Tabela 10 sumariza a medição das duas taxas de substituição. Para medir a taxa de substituição da poupança interna pela externa escolhi o período em que a poupança externa estava em clara ascensão (1993-1999), e para medir o processo inverso de substituição da poupança externa pela interna escolhi o período em que a poupança externa estava em declínio (2000-2005).

Como a Tabela 10 mostra, a elasticidade de substituição foi muito alta nos dois períodos escolhidos. O resultado quanto à taxa de substituição da poupança interna pela externa entre 1994 e 1999 é impressionante, 211% no período. A taxa elevada decorre do fato de que a taxa de investimento caiu, apesar do aumento da poupança externa de 2,8%, porque os salários cresceram fortemente com o Plano Real e aumentou o consumo, provocando, assim, forte diminuição da poupança interna nesse mesmo período, de 5,9% do PIB. O processo inverso de substituição da poupança externa pela interna, que ocorre entre 1999 e 2005, poderia parecer surpreendente, mas está igualmente previsto pelo modelo. Nesse período a taxa inversa, a de substituição da poupança externa pela interna, foi de 97% porque a taxa de investimento permaneceu praticamente a mesma, e a diminuição da poupança externa, de 4,8%, foi compensada quase integralmente pelo aumento da poupança interna, de 4,7% do PIB, na medida em que os salários caíram. Mas não é apenas a diminuição dos salários reais que explica a substituição da poupança externa pela interna nesse segundo período; adicionalmente é preciso considerar o ajuste fiscal do governo a partir de 1999[10] e o aumento das exportações a partir de 2002, este explicado não apenas pelo câmbio mais favorável, mas especialmente pela melhoria dos preços das mercadorias exportadas pelo Brasil, que aumentaram em 30% entre 2002 e 2005.[11] No primeiro período, a taxa de substituição superior a 200% foi excepcional; outros pesquisadores, embora sem uma teoria para explicar o fenômeno, mediram o deslocamento de poupança interna causado pela poupança externa em vários países e períodos, e a maioria dos resultados está em torno de 50%.[12]

---

[10] Enquanto entre 1995 e 1998 o superávit primário ficou em torno de 0%, no quadriênio 1999-2002 girou em torno de 3,5%, e, no quadriênio seguinte, em torno de 4,5% do PIB.

[11] Fonte: FUNCEX.

[12] Em Gala (2006) há uma resenha dessas pesquisas.

21
A armadilha do câmbio e dos juros

Entre 1980 e 1994, os problemas fundamentais que a economia brasileira enfrentava eram a crise financeira da dívida externa, a alta inflação inercial que decorreu em grande parte dessa crise, e o desequilíbrio das contas públicas. Desde o início dos anos 1990, quando o primeiro e o segundo problema foram equacionados, restou o problema fiscal e somaram-se dois novos problemas: uma taxa de juros básica (Selic) muito alta e uma taxa de câmbio cronicamente (no longo prazo) sobreapreciada.[1] O problema fiscal foi razoavelmente resolvido entre 1999 e 2012. Nesses quatorze anos, o governo alcançou sua meta de superávit primário e a dívida pública, a líquida e a bruta (não descontadas as reservas), mostrou alguma queda. Só em 2015 o país voltaria à crise fiscal, devido a uma política de aumento de despesas e de desoneração de impostos desastrosa do governo Dilma em 2013-2014.

Já a armadilha dos juros altos e do câmbio apreciado não foi resolvida, e, até hoje, é a causa principal do baixo investimento privado, enquanto a incapacidade dos governos, sejam liberais ou desenvolvimentistas, a restabelecer a poupança pública explica a baixa taxa de investimentos públicos. Na medida em que o crescimento é determinado, fundamentalmente, pela taxa de investimento, a armadilha macroeconômica e a falta de poupança e investimento público são, portanto, as duas principais causas do baixo crescimento do Brasil. A poupança pública vem sendo negativa em cerca de 2% do PIB, quando deveria ser superavitária. A taxa de juros real básica tem girado em torno de 5%, quando devia girar em torno de 1%, dados os juros negativos hoje existentes nos países ricos. E a taxa de câmbio que deveria

---

[1] A taxa Selic, instrumento primário de política monetária do COPOM, é a taxa de juros média que incide sobre os financiamentos diários com prazo de um dia útil (*overnight*), lastreados por títulos públicos registrados no Sistema Especial de Liquidação e Custódia (Selic). O COPOM estabelece a meta para a taxa Selic, e cabe à mesa de operações do mercado aberto do BC manter a taxa Selic diária próxima à meta.

girar em torno de R$ 3,80 por dólar (que estimo ser a taxa de câmbio competitiva ou de equilíbrio industrial), entre 2007 e 2014 flutuou em torno de R$ 2,40, e foi a principal causa da brutal desindustrialização ocorrida no período, só voltando a se desvalorizar em 2014, no quadro de uma nova crise econômica.

Vejamos mais de perto esta armadilha, começando pela taxa de juros. O principal argumento dos defensores ortodoxos de taxas de juros altas é o da inflação. Mas por que o Banco Central do Brasil precisa que a taxa de juros real gire em torno de 5% reais, enquanto outros países praticam, em sua política monetária, uma taxa de juros em um nível em torno de 1% a 2% em termos reais? Na verdade, a grande dificuldade que o Brasil vem encontrando para sair da armadilha da taxa de juros alta reside no fato de que os brasileiros se tornaram reféns da inflação. O que foi excelente para a coalizão dominante de capitalistas rentistas e financistas. Para eles, a inflação é um mal em si mesmo, mesmo que seja pequena, porque através dela os juros podem ficar negativos e sua riqueza deixar de crescer. Pelo contrário, passa a ser comida lentamente. Depois da Crise Financeira Global de 2008 os países ricos se viram diante de uma riqueza rentista grande demais, combinada com dívidas excessivas das famílias e das empresas. Uma das soluções que eles vêm encontrando para o problema é a inflação um pouco mais alta e taxas de juros negativas que reduzem a riqueza dos rentistas. No Brasil, há muito não temos taxas de juros negativas no mercado interbancário e jamais tivemos uma taxa básica de juros negativa.

Uma taxa de juros em nível elevado tornou-se convencional no Brasil desde 1964, quando, ao se criar o Sistema Financeiro de Habitação, o Estado garantiu aos aplicadores nas cadernetas de poupança uma taxa de juros real de 6% ao ano. Em 2012, quando a taxa de juros real caiu e estava chegando a 2%, a presidente Dilma Rousseff desvinculou as cadernetas de poupança dessa taxa mínima. Mas essa convenção absurda só começou realmente a prevalecer depois que, em 1996, uma reforma igualmente absurda passou a regular a taxa de juros básica e os depósitos dos bancos no Banco Central: a Selic passou a ser usada pelo BC como a taxa básica de juros, e passou a ser a *causa básica* da dificuldade que a instituição enfrenta se quiser realizar sua política monetária em torno de um nível de taxa básica de juros de 1% ou 2% positivos, e, assim, tornar a taxa de juros no Brasil uma taxa civilizada. Conforme a teoria econômica e a prática dos países ricos ensinam, a taxa básica de juros é uma taxa essencialmente exógena ao sistema econômico, podendo ser definida com razoável grau de liberdade pelo Banco Central. Porém, no Brasil ela é também utilizada como indexador de títulos públicos. Logo, os bancos centrais em todo o mundo têm ampla autonomia para determinar a taxa de juros básica, enquanto as taxas de juros para aplicações mais longas, como nos títulos públicos, é mais elevada. *Não no Brasil*, pois a taxa básica de juros que deveria regular as operações de mercado aberto e a quantidade de moeda em circulação é a mesma que remunera os títulos públicos. Desde que, em 1996, o Conselho de Política Monetária transformou a Selic na taxa básica de juros do Banco Central, essa última é sempre muito alta, devido à própria Selic também corrigir uma parcela dos títulos públicos em poder do mercado. Nesse quadro institucional, se o BC baixar os juros, os rentistas e seus intermediários, os bancos, não são obrigados a comprar os títulos do Tesouro. Eles podem manter o dinheiro de suas reservas e de seu compulsório remunerados por uma taxa semelhante à dos títulos públicos recorrendo às "operações compromissadas", que são de curto prazo e também remuneradas pela Selic. Em consequência, o Banco Central é obrigado a recuar, porque não está encontrando tomadores para a dívida pública, e a taxa de juros básica não cai o quanto deveria cair. Isso é absurdo. Nenhum outro país remunera o dinheiro líquido dos bancos. Essencialmente, porque é a soberania do país que está em jogo. Quando o Estado se endivida na sua própria moeda, ele nunca quebra, porque o setor privado e, portanto, os bancos, não tem alternativa senão comprar títulos do Estado. Se este não goza de confiança, o financiamento pode realizar-se apenas no *overnight*, como acontecia no período de alta inflação inercial. Mas o Estado e seu Banco Central continuam com a possibilidade de baixar a taxa de juros de curto prazo o quanto acharem necessário, porque eles não correm o risco de não serem financiados. Não é esse o caso do Brasil. Nos outros países o Banco Central pode tornar negativa a taxa nominal de juros de curto prazo. No Brasil, o Banco Central não pode, nos momentos em que a economia entra em recessão, baixar os juros reais para, digamos, 1% real, porque o setor privado pode recusar-se a financiá-lo — algo que nos países ricos é impensável.

Por que este problema não é resolvido? Por que o Brasil, simplesmente, não adota a prática dos demais países. Essencialmente porque *não interessa* aos capitalistas rentistas, inclusive uma grande classe média rentista, e não interessa aos bancos e demais instituições financeiras juros reais baixos; negativos, nem pensar. Eles estão acostumados a taxas elevadas de juros, e quando um governante, como foi o caso da presidente Dilma Rousseff em 2012, tenta enfrentá-los, a reação é muito forte. A ortodoxia liberal sempre afirma que a única função da taxa de juros é garantir o atingimento da meta de inflação — é ser o instrumento da política monetária. Mas, na verdade, o COPOM e o Banco Central não são autoridades imunes às pressões do mercado, que decidem soberanamente em relação ao nível da taxa de juros. Se o COPOM e o Banco Central tivessem realmente independência em relação ao mercado financeiro e, mais amplamente, em relação à coalizão rentista-financista, eles teriam há muito realizado uma pequena reforma monetária e acabado com a Selic e com os títulos pós-fixados.

Vejamos, agora, o segundo elemento da armadilha: a taxa de câmbio apreciada no longo prazo. Essencialmente porque, segundo a Teoria Novo--Desenvolvimentista (*Breve teoria 1*), existe na maioria dos países em desenvolvimento, inclusive no Brasil, a tendência à sobrevalorização cíclica e crônica (no longo prazo) da taxa de câmbio, que precisa ser neutralizada para que as empresas invistam e o país cresça (*Breve teoria 6*). As causas dessa tendência são a doença holandesa, que puxa a taxa de câmbio até o equilíbrio corrente, e três políticas habituais (a política de crescimento com poupança e endividamento externos, a política de âncora cambial para controlar a inflação, e a política de nível alto da taxa de juros em torno da qual o Banco Central pratica a sua política monetária. Ora, desde 1990, com a abertura comercial, o Brasil, pensando acabar com o protecionismo, na verdade desmantelou seu mecanismo de neutralização da doença holandesa. Quanto às três políticas habituais: (1) desde meados dos anos 1970 o Brasil vem tentando crescer com poupança externa, ou seja, com déficit em conta-corrente, e, portanto, com taxa de câmbio apreciada, já que existe uma correlação direta entre a conta-corrente de um país e o déficit em conta-corrente: quanto maior for este, mais apreciada será a moeda nacional; (2) desde o Plano Real o Brasil vem usando a política de âncora cambial para controlar a inflação; e (3) também desde o Plano Real o Banco Central do Brasil vem praticando taxas de juros extremamente elevadas. Em relação à primeira política, Bibiana Medialdea (2013, p. 443) assinalou que a política de crescimento com poupança externa está na origem do processo de financeirização da economia brasileira: "na medida em que os intermediários financeiros canalizavam grande parte dos recursos para a esfera financeira, menos recursos ficavam disponíveis para os investimentos produtivos".

Por que os governos brasileiros, desde 1990, não neutralizam a tendência à sobrevalorização cíclica e crônica da taxa de câmbio? Essencialmente porque depreciar a moeda fora de uma crise financeira apresenta custos elevados no curto prazo. Envolve aumento temporário da inflação, redução temporária dos salários reais e quebra de empresas excessivamente endividadas em moeda estrangeira. Ora, é difícil aceitar esses custos, especialmente se a sociedade revela uma alta preferência pelo consumo imediato, como é o caso da sociedade brasileira. Por outro lado, as pessoas e os próprios economistas têm dificuldade em compreender o quão prejudicial para a economia de um país pode ser um nível de taxa de câmbio sobreapreciada no longo prazo. Eles não se dão conta de que essa sobreapreciação crônica e cíclica atua como um interruptor de luz que desconecta as empresas competentes do mercado, tanto externo como interno, e, assim, desestimula o investimento e a poupança, e impede o crescimento acelerado que o Brasil precisa para realizar o alcançamento.

O TRIPÉ MACROECONÔMICO EQUIVOCADO

Depois que, em 1994, o Plano Real estabilizou a alta inflação que dominava a economia brasileira desde 1980, todos imaginaram que a partir de então a economia brasileira voltaria a crescer de forma acelerada. Mas nos anos seguintes o crescimento do PIB foi frustrante, e já em 1998 o país mergulhou em mais uma crise financeira. Em consequência, o governo abandonou a política cambial de minidesvalorizações (*crawling peg*), que, desde 1964 até 1994, garantia a estabilidade e a competitividade da taxa de câmbio no Brasil, e adotou o sistema de câmbio flutuante, ao mesmo tempo em que propunha um programa de metas de inflação e passava a praticar uma política fiscal mais rigorosa. Denominou o conjunto dessas três medidas adotadas no arrepio da crise de "tripé macroeconômico": superávit primário, câmbio flutuante e política de metas de inflação. E, com apoio entusiasta dos nossos concorrentes internacionais, o tripé se transformou em sinônimo de política macroeconômica responsável e competente.

Em termos práticos, esse tripé é constituído por três conceitos genéricos em relação aos quais eu só tenho objeção grave à política de câmbio flutuante, porque nela está embutida a tese de que o governo deve deixar plenamente livre a taxa de câmbio, apenas porque o mercado decide sempre melhor do que os governantes. Além disso, seria impossível administrar o câmbio flutuante; ter uma política cambial ao lado da política de juros e da política fiscal. Quanto ao superávit primário, em princípio ele é necessário; é sinal de responsabilidade fiscal. Basta, em relação a esse problema, não esquecer que a política fiscal deve ser sempre contracíclica. E, quanto ao regime de metas de inflação, não tenho objeções desde que a meta de inflação não seja a única considerada; que haja também uma meta de taxa de câmbio real, dentro de uma certa faixa, e certamente uma meta de crescimento; e que o governo faça *trade offs* entre esses três objetivos.

Na prática o tripé faz parte da retórica liberal, e é uma maneira de justificar os interesses e objetivos da coalizão liberal-dependente: juros reais altos, que podem ser alcançados graças a uma política de juros nominais altos e uma taxa de inflação baixa garantida pelos juros e por uma âncora cambial. O verdadeiro tripé ortodoxo, portanto, é o de superávit primário alto, juros altos e taxa de câmbio sobreapreciada. Os dois parâmetros para se alcançar os juros altos são uma taxa de juros nominal a mais alta possível e uma taxa de inflação a mais baixa possível, para, assim, se ter uma taxa de juros real elevada, que remunere os capitalistas rentistas e os financistas que administram sua riqueza.

Há pouca dúvida de que o país deve apresentar superávit primário, ou, mais precisamente, ser responsável do ponto de vista fiscal. Mas é inaceitável que um país em desenvolvimento renuncie a uma política de taxa de câmbio e a deixe flutuar *livremente* no mercado, quando sabemos que nos países em desenvolvimento existe tendência à sobreapreciação cíclica e crônica da taxa de câmbio. E é igualmente inaceitável que a política de metas de inflação subordine os dois outros objetivos que deve ter uma boa política macroeconômica: taxa de câmbio competitiva e razoável pleno emprego. É ótimo que haja uma meta de inflação, desde que os responsáveis pela política econômica tenham também uma meta de câmbio e uma meta de crescimento, e façam os difíceis compromissos entre essas três metas.

Geralmente esse tripé é justificado por um silogismo econômico, o "trilema de Mundell", também chamado "triângulo das impossibilidades", segundo o qual é impossível ter ao mesmo tempo política de juros, mobilidade de capitais e regime de câmbio fixo (política cambial). Para chegar a essa conclusão e para propor que a política cambial seja abandonada, o trilema parte de dois pressupostos: que a política de juros é essencial e que a mobilidade de capitais está dada, não se podendo pensar em seu controle. Logo, conclui, é preciso que o governo desista da política cambial (que denomina "política de câmbio fixo") e embarque no regime de pura flutuação da taxa de câmbio, sem qualquer intervenção do governo. Não há, porém, nenhuma razão para se considerar a completa mobilidade de capitais como parte da ordem das coisas.

A causa direta do mau desempenho da economia brasileira depois do Plano Real é a combinação de taxa de juros alta e sobreapreciação crônica da taxa de câmbio. Uma combinação perversa que está associada à abertura comercial e financeira apressada e mal pensada de 1990-1992, que destruiu o mecanismo de neutralização da doença holandesa existente no Brasil desde 1967, e ao tripé macroeconômico que, em 1999, ao abandonar o sistema de minidesvalorizações da taxa de câmbio (*crawling peg*), deixou o câmbio ao sabor do mercado. O Brasil já era então um país de renda média, e uma certa literatura apareceu nos anos 2000 falando da "armadilha da renda média", que decorreria do esgotamento da oferta ilimitada de mão de obra ("ponto Lewis") e da necessidade de o país investir mais em ciência e tecnologia, porque agora não poderia mais simplesmente copiar tecnologias. Estes dois pontos são problemas reais para a economia brasileira, mas em relação à ciência e tecnologia, o Brasil há muito tem uma política competente garantida por um sistema nacional de inovação apoiado na respectiva comunidade acadêmica. Na verdade, a armadilha em que o Brasil se meteu desde que superou a alta inflação inercial em 1994 foi a armadilha dos juros altos e do câmbio cronicamente sobreapreciado. A taxa de câmbio se manteve sobreapreciada em quase todo o período, exceto nas crises de balanço de pagamentos de 1998 e de 2002, quando se depreciou violentamente. Manteve-se sobreapreciada porque a doença holandesa deixou de ser neutralizada desde 1990-1992, em consequência da abertura comercial combinada com a abertura da conta de capitais, que levaram o país a perder o controle que até então mantivera sobre a taxa de câmbio, e porque a política de âncora cambial para controlar a inflação e a política de crescimento com poupança externa inundou o país de dólares e apreciou o câmbio. Mas essa apreciação se deveu também, na verdade, à alta abusiva da taxa de juros que foi praticada desde o Plano Real.

Em vez de entender, como deveria tê-lo feito, que o Plano Real terminara com êxito no final de 1994, o governo decidiu "continuar" com ele. Decidiu, portanto, que o principal problema da economia brasileira ainda era a inflação. E assim os economistas liberais tinham uma justificativa para que a taxa de juros real fosse alta; algo que, mais tarde, vários economistas desenvolvimentistas a partir do governo Lula respaldariam com entusiasmo... Quanto à taxa de câmbio sobreapreciada, liberais e depois desenvolvimentistas logo perceberam que ela podia ser usada de forma muito conveniente como âncora contra a inflação. Como também perceberam, especialmente os últimos, que o uso dos preços das empresas estatais como âncora contra a inflação era muito atrativo. Ora, nada há de mais perverso e populista em uma economia do que o uso do câmbio e do preço dos bens e serviços das empresas estatais para combater a inflação. A âncora cambial só é legítima em casos de hiperinflação, e o uso dos preços das empresas estatais não é legítimo em caso algum.

Política de metas de inflação

Em janeiro de 1999, depois da grave crise de balanço de pagamentos desencadeada no quarto trimestre do ano anterior, o presidente da República, que acabara de ser reeleito, contrariando o seu ministro da Fazenda, decidiu deixar flutuar o câmbio,[2] e, seis meses depois, decidiu abandonar o sistema de minidesvalorizações que tão bons serviços havia prestado ao país, e adotar a política de metas de inflação.[3] A decisão de flutuar o câmbio implicava em desvalorizá-lo, e se revelou sábia: a taxa de câmbio desvalorizou cerca de 30% em termos reais nos dias seguintes. Depois da necessária elevação da taxa de juros, esta começou a ser sistematicamente reduzida pelo novo presidente do Banco Central. Entretanto, em 2001, a grande crise cambial da Argentina (depois de os argentinos haverem fixado o peso em uma relação de um para um com o dólar durante dez anos) causou uma forte depreciação do real, e levou o Banco Central, em nome da política de metas de inflação que fora equivocadamente introduzida em 1999, a novamente elevar a taxa de juros básica, fazendo-a voltar aos níveis mais elevados do mundo em termos reais. Mais uma vez o Banco Central do Brasil quebrava a regra de ouro de qualquer política monetária competente — a de estabelecer a taxa de juros mais baixa possível, consistente com o equilíbrio macroeconômico. Como a taxa de juros é o único instrumento que os economistas ortodoxos reconhecem ser disponível para as autoridades monetárias, há sempre uma "boa razão" para elevá-la. Em um momento, o objetivo

---

[2] Surpreendentemente, porém, apenas o presidente do Banco Central perdeu o cargo, enquanto o ministro Pedro Malan foi mantido, apesar de ter sido desautorizado pelo presidente. O novo presidente do Banco Central, Francisco Lopes, que na equipe econômica apoiara a flutuação do câmbio, permaneceu poucos dias no cargo. Sem o apoio do ministro, e enfrentando as naturais dificuldades que se seguiram à flutuação do câmbio, foi substituído por Armínio Fraga, que permaneceu no cargo até o final do governo FHC. Todos os economistas citados são originários ou fazem parte do corpo docente da PUC do Rio de Janeiro.

[3] Desta luta interna participaram José Serra, Paulo Renato de Souza e eu. De nós três, apenas Serra fazia parte da equipe econômica, como ministro do Planejamento nos primeiros quinze meses do governo. Serra demitiu-se para ser candidato à Prefeitura de São Paulo. Paulo Renato de Souza, como ministro da Educação, e eu, como ministro da Administração Federal e Reforma do Estado, fomos excluídos da equipe econômica. Eu, porém, insisti muitas e muitas vezes com o presidente sobre a necessidade de se desvalorizar ou deixar flutuar o real. Formalizei a minha posição com uma carta, em novembro de 1996.

é atrair capitais de curto prazo; noutro, impedir que a economia se aqueça e o déficit em conta-corrente aumente em demasia; noutro ainda, a busca de controlar a inflação, ainda que esta não seja uma inflação de demanda. Em todos os casos, para beneficiar os rentistas e financistas.

Em 2001, a razão principal alegada para elevar a taxa de juros foi o cumprimento da meta inflacionária. A política de metas de inflação, adotada pelo Banco Central em 1999, foi equivocadamente identificada com o êxito da flutuação cambial de janeiro desse ano. Graças ao estigma que a alta inflação de 1980-1994 havia deixado, seu controle se tornou uma espécie de tabu que ninguém se sentia autorizado a discutir. Três anos depois de ter saído do governo, eu, que enquanto estivera no governo manifestara sempre minha discordância em relação à política econômica que estava sendo adotada, escrevi com Yoshiaki Nakano um documento que teve então grande repercussão, "Uma estratégia de desenvolvimento com estabilidade" (Bresser-Pereira e Nakano, 2002).[4] Através da adoção da política de metas de inflação havia-se procurado substituir a âncora cambial por uma âncora monetária.[5] O pressuposto subordinado, colonial, era o de que o Brasil seria incapaz de controlar a inflação sem uma "âncora". Mas afinal, através da sobreapreciação constante da taxa de câmbio até que uma crise se desencadeasse, a âncora contra a inflação continuou a ser cambial.

Em 1999, o Brasil não estava pronto para uma política de metas de inflação porque esta só pode fazer algum sentido quando se parte de uma situação de equilíbrio macroeconômico e se quer evitar que o país perca esse equilíbrio. Ora, este não era o nosso caso. A política de metas de inflação foi pensada nos países ricos para administrar determinado regime de política monetária, *não* para mudá-lo. O Brasil, que desde a abertura comercial e financeira de 1990-1992, estava preso em uma armadilha de alta taxa de juros e baixa taxa de câmbio, precisava mudar o seu regime de política monetária por meio de uma estratégia concertada, visando baixar a taxa de juros básica e manter relativamente depreciada, em nível competitivo, a taxa de câmbio. Tanto a alta taxa de juros como a taxa de câmbio evidenciavam um regime de política monetária perverso, que uma política de metas de inflação não tinha condições de resolver. Além disso, a desindexação promo-

---

[4] A repercussão do *paper* na imprensa encontra-se documentada em dossiê especial, em <www.bresserpereira.org.br>. O documento foi publicado na *Revista de Economia Política*, juntamente com quatro outros *papers* comentando, em particular, a possibilidade de múltiplos equilíbrios da taxa de juros.

[5] Ver Blanchard (2005).

vida pelo Plano Real não havia sido completa. Continuaram a ser indexados por índices específicos de preços os contratos das concessões públicas, que correspondem a cerca de 30% da economia brasileira. É essa indexação que explica por que a inflação cai pouco nos momentos de desaquecimento da economia. Antes de adotar uma política de metas de inflação, o governo deveria aprovar no Congresso uma lei que *proibisse* celebrar qualquer novo contrato com cláusula de indexação. Conforme observou Elio Gaspari (2013), "a indexação de seja lá o que for está para a sociedade assim como está a cocaína para o corpo humano". Isso, naturalmente, não significaria que o governo não considerasse a inflação nas revisões periódicas dos contratos, mas os reajustes não estariam presos a um índice e levariam em consideração outras variáveis, em particular o aumento da produtividade.

Entretanto, em lugar disso, em julho de 1999, momento em que a taxa de juros estava ainda anormalmente alta, o governo decidiu adotar uma política de metas de inflação. Com isso, o país deixou-se prender formalmente na armadilha de altos juros e câmbio baixo em que já estava, e em uma inflação relativamente rígida para baixo. A taxa de juros elevadíssima e a taxa de câmbio sobrevalorizada eram indicação clara de que era necessário, primeiro, resolver esses dois problemas gêmeos, e, depois, consolidar a estabilização macroeconômica por meio de uma política de metas de inflação.

A política de metas de inflação opera através de uma função de reação à taxa de inflação em curso e ao hiato do produto. Quando se introduz a taxa de câmbio nesta função de reação, como a boa prática aconselha, especialmente para os países em desenvolvimento onde a taxa de câmbio tem tendência à sobreapreciação cíclica, é preciso saber distinguir qual é a distância entre a taxa de câmbio vigente e a taxa de câmbio de equilíbrio industrial, que é parte central da macroeconomia desenvolvimentista. Caso a distância seja grande, devido à doença holandesa não neutralizada, a introdução de uma política de metas de inflação deve ser adiada até que se consiga essa neutralização.

A queda da inflação que ocorreu a partir de 1995 (Tabela 11) poderia ter sido maior se, no Plano Real, o governo não tivesse cometido o erro de manter algumas indexações, principalmente a dos serviços públicos privatizados. Graças à neutralização da inércia causada pelo Plano Real em 1994 e à apreciação da taxa de câmbio no período que se segue, a taxa de inflação caiu fortemente nos quatro primeiros anos após o plano. Em todo o período variou essencialmente em função da taxa de câmbio, cabendo à taxa de juros um papel secundário. Com a flutuação cambial e a depreciação de 1999, a inflação acelerou, embora muito menos do que se temia. Com a depreciação de 2002 a inflação brasileira voltou a aumentar, mas novamente pouco, e nos anos seguintes caiu à medida que a taxa de câmbio se apreciava. Entretanto, em 2012, apesar da apreciação cambial, a taxa de inflação não caiu, provavelmente porque a relativa falta de mão de obra causada pelo esgotamento da oferta ilimitada de mão de obra ocorrida nos anos 2000 viabilizou o aumento de salários acima da produtividade.

Tabela 11
TAXA DE INFLAÇÃO
E VARIAÇÃO DO CÂMBIO NOMINAL — 1994-2013
(anos pares)

Ano	Inflação (IPCA)	Taxa de câmbio nominal (Δ%)
1994	916,43	1.887,71
1996	9,56	9,53
1998	1,65	7,66
2000	5,97	0,85
2002	12,35	24,28
2004	7,60	-4,95
2006	3,14	-10,64
2008	5,90	-5,82
2010	5,91	-11,88
2012	5,84	16,69
2013	5,91	10,39

Fonte: Ipeadata.

No quadro de inércia inflacionária e recessão, a política de combate à inflação com elevada taxa de juros básica é ineficiente e irracional. A sensibilidade da inflação à taxa de juros é baixa quando a inflação é inercial, de forma que o custo em termos de desemprego e falta de crescimento não é compensado pela mínima redução da inflação que esse tipo de política proporciona. Os movimentos da inflação tanto para cima quanto para baixo desde o Plano Real são explicados mais pela depreciação ou apreciação da taxa de câmbio que pelas taxas de juros maiores ou menores. A queda da inflação que ocorreu a partir de meados de 2003, já no primeiro governo Lula, deveu-se menos à recessão e mais à apreciação cambial e ao fato de que a bolha inflacionária causada pela desvalorização de 2002 cedeu. Se a alternativa não é aumentar a taxa de juros básica, mas baixá-la firmemente para o nível dos países com igual classificação de risco do Brasil, como enfrentar o problema da inflação existente? A solução mais óbvia, além de um ajuste fiscal mais rígido, seria iniciar um processo decidido de desindexação de contratos de todos os tipos, principalmente os das concessões públicas. E é preciso incluir os salários na indexação. Eles não estão indexados formalmente, mas sua indexação informal é uma herança do período de alta inflação.

22

O governo do PT e a crise atual

Em outubro de 2002, em sua quarta tentativa, Luiz Inácio Lula da Silva foi finalmente eleito presidente da República. Candidato do Partido dos Trabalhadores, que fundou em 1980 com outros dirigentes sindicais, políticos e intelectuais de esquerda, líder popular que demonstrou equilíbrio e grande capacidade de liderança nas grandes greves do ABC paulista de 1978 e 1979, Lula já teria sido eleito em 1994 não fosse o êxito do Plano Real em controlar a inflação — o que garantiu a Fernando Henrique a vitória, não obstante no início desse ano as pesquisas eleitorais atribuíssem amplo favoritismo ao candidato do PT. A eleição, pela primeira vez na história do país, de um candidato de esquerda demonstrou que o capitalismo e a democracia estavam consolidados no Brasil. A consolidação da democracia comprovou-se pelo fato de que, em nenhum momento, a burguesia e os partidos de direita pensaram em golpe de Estado para enfrentar o problema criado pela eleição de um presidente de esquerda. O Brasil já não era mais o país da oligarquia agroexportadora que jamais era derrotada, nem o país dos liberais autoritários que, quando derrotados, pensavam imediatamente em derrubar o governo eleito. Em compensação, uma vez no governo, a coalizão política de esquerda em nenhum momento pôs em dúvida a lógica da propriedade privada e do lucro, limitando-se a procurar reduzir a desigualdade.

Mas isso não significa que a direita liberal tenha aceitado tranquilamente a eleição de políticos de esquerda. Lula sabia que a política é a arte do compromisso, das concessões mútuas, para alcançar maioria; mais do que isso, ele sabia que é possível ser eleito sem o apoio da burguesia, mas é impossível governar sem ela. Por isso, já em um famoso documento de sua campanha eleitoral de 2002, a "Carta ao povo brasileiro", ele mudou o tom e o conteúdo de suas propostas, e assim que foi eleito, demonstrou que sabia que não é possível governar o capitalismo sem os capitalistas e logrou deles se aproximar. Mais do que isso, procurou restabelecer um novo pacto nacional e popular, como Getúlio Vargas, mas este foi um político conservador que logrou liderar um pacto nacional-desenvolvimentista não obstante a resistência da burguesia. Lula nunca deixou de ser um político de esquerda, e este fato foi um empecilho para a formação de uma nova coalizão de classes desenvolvimentista. Mas isso não impediu que ele terminasse seu governo de forma consagradora. A rejeição da burguesia brasileira só ficou muito clara no governo de Dilma Rousseff, que além de não possuir a habilidade política de Lula, não logrou as taxas de crescimento que seriam necessárias para sustentar a coalizão de classes desenvolvimentista.

Uma vez eleito, Lula afirmou que o governo anterior deixou uma "herança maldita", mas, na verdade, ele recebeu uma "herança bendita": uma taxa de câmbio incrivelmente depreciada, que lhe permitiu, nos anos seguintes, apreciá-la e, assim, manter a taxa de inflação sob controle ao mesmo tempo que aumentava o salário mínimo e o país crescia. Quando um governo recebe uma taxa de câmbio fortemente depreciada, isso facilita enormemente sua vida. Quem "resolveu" a crise financeira de 2002 não foi principalmente o novo governo, mas a própria crise, a fortíssima desvalorização do real que nela aconteceu, e o ajuste fiscal de 2003 que impediu que a inflação fosse retomada.

O governo Lula

O governo Lula (2002-2010) deixou confusas as elites conservadoras, decepcionou a esquerda mais radical, que saiu do PT e criou o PSOL,[1] satisfez a esquerda reformista, foi visto como uma volta à ideia de nação pelos desenvolvimentistas de centro-esquerda, maravilhou o "povão" — a grande massa de trabalhadores pobres que garantiu sua reeleição em 2006 —, e alcançou popularidade no final de seu governo jamais vista anteriormente. Durante os dois primeiros anos promoveu um ajustamento maior que aquele que seria realmente necessário, porque foi essa a maneira que encontrou para obter a confiança da burguesia e da alta tecnoburocracia. Aconselhado por um ministro da Fazenda oportunista e por um presidente do Banco Central comprometido com o sistema financeiro internacional,[2] que controlava a inflação através da apreciação perversa da taxa de câmbio, fez tudo o que a coalizão liberal-dependente pedia, e certamente mais do que devia ter feito: elevou a taxa de juros e aprofundou o ajuste fiscal, embora a taxa de

---

[1] O Partido Socialismo e Liberdade foi fundado por militantes socialistas do Partido dos Trabalhadores, descontentes com os rumos do governo Lula.

[2] Refiro-me a Antonio Palocci e Henrique Meirelles.

juros real já fosse alta e o ajuste já viesse sendo feito desde 1999. A recessão de 2003 foi o reflexo dessa política. A partir do quarto ano, porém, quando já contava com os ministros Dilma Rousseff na Casa Civil, Guido Mantega no Ministério da Fazenda e Luciano Coutinho na presidência do BNDES, logrou dar início a uma estratégia de desenvolvimento cuja melhor caracterização talvez seja a de ter sido uma prática "social-desenvolvimentista", que ficou longe das propostas da Teoria Novo-Desenvolvimentista — um arcabouço teórico e normativo que eu e um grupo cada vez maior de economistas e cientistas políticos vêm formulando desde 2001.[3] Ao mesmo tempo, as taxas de investimento e de crescimento se aceleravam graças, de um lado, ao aumento dos preços das *commodities* exportadas pelo Brasil, à melhoria das relações de troca e ao aumento vertiginoso em valor (não em *quantum*) das exportações (Tabela 12), e, de outro, a uma política de distribuição da renda apoiada em forte aumento do salário mínimo: 52% em termos reais. Ao terminarem os oito anos de seu governo, a taxa de crescimento do PIB havia dobrado em relação ao governo anterior, mas não foi tão alta a ponto de justificar a "onda" que faziam os países ricos a respeito do "grande crescimento do Brasil". Na verdade essa era uma "recompensa" do *establishment* internacional pelo bom tratamento que suas empresas recebiam, e pela contínua apreciação do real que atendia aos interesses tanto de seus especuladores quanto de seus exportadores para o nosso país.

Um momento de euforia nacional, durante o governo Lula, foi a descoberta de grandes reservas de petróleo no pré-sal. Um pouco antes, em 2005, eu havia escrito um pequeno artigo sobre a doença holandesa e a desindustrialização que ela provoca. Esse artigo, já referido anteriormente, deu início a uma grande discussão sobre o tema e os problemas que decorriam de sua não neutralização desde a abertura comercial e financeira de 1990-1992. O governo negou que houvesse doença holandesa no Brasil apesar da evidência em contrário, mas um pouco depois, com a descoberta das grandes reservas no pré-sal, reconheceu que o petróleo daria origem a ela, e decidiu mudar

---

[3] A expressão "social-desenvolvimentismo" foi adotada por um dos principais líderes do PT, o senador Aloizio Mercadante, em sua tese de doutoramento na Unicamp (2010), para caracterizar o governo Lula, que, afinal, foi um governo mais social do que desenvolvimentista. A expressão é adequada para descrever os governos Lula e Dilma, com seus erros e acertos, mas inadequada para definir uma teoria que se oporia ao Novo Desenvolvimentismo, já que este é um novo arcabouço teórico, enquanto que o social--desenvolvimentismo não passou de uma expressão populista do desenvolvimentismo clássico. Sobre isso ver Bresser-Pereira (2016).

seu marco regulatório. Este passou a ter dois regimes, a serem escolhidos dependendo de os lotes a serem licitados apresentarem maior ou menor risco para as empresas. O regime de partilha foi adotado no caso do pré-sal, com o argumento de que este permitiria uma melhor neutralização da doença holandesa. Mas, como ficou claro para mim mais tarde, nesse novo marco regulatório não foi colocado como instituição central um imposto de exportação, sem o qual é impossível evitar a sobreapreciação do câmbio. O que foi feito foi a criação de um fundo soberano para nele colocar os recursos oriundos da exploração do pré-sal, e o que ocorreu no plano político foi uma grande discussão sobre como distribuir esses recursos. Quanto à neutralização da doença holandesa, entendeu-se, equivocadamente, que caberia ao fundo soberano essa tarefa, e nenhum palavra foi dita sobre o necessário imposto sobre as exportações.

Tabela 12
EXPORTAÇÕES E RELAÇÕES DE TROCA — 2002-2010
(anos pares)

Ano	Exportações (US$ bilhões)	Relações de troca
2002	60,4	98,5
2004	96,6	98,0
2006	137,0	104,0
2008	197,9	110,1
2010	201,9	124,5

Fonte: Ipeadata.
Relações de troca: 2000 = 100.

Mas não foi o desenvolvimento econômico e sim a distribuição da renda que caracterizou o governo Lula. Por isso seu governo foi antes fortemente social e hesitantemente desenvolvimentista. Sua principal medida distributiva foi o grande aumento do salário mínimo real, de 52% nos oito anos de seu governo. Contribuiu também para a diminuição da desigualdade o aumento da participação das despesas sociais no PIB, mas esse aumento já vinha ocorrendo desde 1985, no quadro do Pacto Democrático-Popular de 1977. Em 1987, o fracasso do Plano Cruzado causou o colapso desse grande pacto político, mas o acordo sobre o aumento do gasto social para reduzir a desigualdade econômica existente no país sobreviveu e foi executado em todos os governos democráticos, exceto no governo Collor. Entre 1985 e 2010, as despesas sociais do Estado dobraram em termos percentuais, passando de cerca de 13,3% em 1985 para 22,8% do PIB em 2009.[4] Além do aumento do salário mínimo real e do aumento das despesas sociais do Estado, a ampliação do Bolsa Família contribuiu para a diminuição da desigualdade social. Milhões de brasileiros pobres ascenderam para a classe C (um conceito das pesquisas eleitorais e de marketing), e foram equivocadamente identificados como pertencentes a uma "nova classe média". Na verdade são trabalhadores que estão saindo da condição de subproletários e passando a participar do consumo de massa — um consumo suprido por grandes empresas industriais e de serviços — que caracteriza os países capitalistas.[5] Conforme assinalou Jessé Souza (2010, p. 45), que estudou os trabalhadores brasileiros, que denominou "batalhadores" para se referir a essa classe C, a denominação de "classe média" para esse grande grupo social esconde as "contradições e ambivalências importantes da vida desses trabalhadores brasileiros e veicula a noção de um capitalismo financeiro apenas 'bom' e sem defeitos". Sua crítica é pertinente, mas não deixa de ser significativa a mudança de tendência das curvas de participação da classe C e das classes D e E a partir de 2003 verificada por Marcelo Neri (2011, p. 27), o principal pesquisador a identificar o fato: entre 1995 e 2003 a participação dessas classes no total da população mantinha-se estável em torno de 36% e 54%, mas a partir desse ano a tendência muda completamente, e em 2011 a relação se invertera: a classe C já correspondia a 55% da população enquanto as classes D e E haviam baixado para 33%. Não há dúvida de que o aumento do consumo de massa que os economistas associados ao PT, sob a liderança de Ricardo Bielschowsky, propunham em seu plano de governo elaborado para as eleições de 2002 foi alcançado no governo Lula; uma manifestação significativa disso foi o fato de que enquanto a renda média cresceu 52%, o PIB *per capita* cresceu apenas 28%.[6] Mas esse modelo de crescimento mos-

---

[4] Dados do IPEA atualizados por Milko Matijascic (2011, p. 173). Os aumentos foram de 0,23% para 1,09% para assistência social, de 2,25% para 3,67% para saúde pública, de 2,61% para 4,22% para educação e cultura, e de 5,71% para 7,30% para previdência social.

[5] Marcelo Neri (2011, p. 18) é bem claro a esse respeito: "Nova classe média foi o apelido que demos à classe C há anos. Chamar as pessoas de classe C soava depreciativo, pior do que classe A ou B, por exemplo [...]. Nova classe média dá o sentido positivo e prospectivo daquele que realizou — e continua a realizar — o sonho de subir na vida".

[6] Fonte: Marcelo Neri, presidente do IPEA (*Folha de S. Paulo*, 31/5/2014).

trou ter fôlego curto, porque, já no governo Dilma, o grande mercado interno que se materializara no governo Lula foi capturado pelas importações, e a desindustrialização se aprofundou. Um bom modelo de crescimento não deve ser nem apoiado nas exportações, nem apoiado no consumo, mas deve manter essas duas variáveis equilibradas e a taxa de câmbio, competitiva.

Os números relativos à diminuição da desigualdade e à melhoria dos padrões de vida da classe trabalhadora desde a transição democrática e, em particular, no governo Lula, foram impressionantes. A desigualdade já vinha diminuindo em função do aumento das despesas sociais em educação, saúde e em programas focados de assistência social, mas houve aceleração nítida no governo Lula em função do aumento do salário mínimo real e do aumento das despesas de assistência social. Segundo o Banco Mundial, o Brasil conseguiu praticamente eliminar a pobreza extrema e fez isso mais rápido que seus vizinhos. Em seu relatório de 2014 o Banco ressalta que o número de brasileiros vivendo com menos de 2,5 dólares (cerca de 7,5 reais) por dia caiu de 10% para 4% entre 2001 e 2013. A renda domiciliar *per capita* da população brasileira aumentou 40,7% entre 2003 e 2011, taxa 13,3 pontos superior à apresentada pelo PIB *per capita*, que avançou 27,7% no período. O índice de Gini, que girava em torno de 0,60 na segunda metade dos anos 1990 e baixara para 0,58 em 2003, em 2009 reduz-se para 0,54.[7] A participação dos salários no PIB, que subira com o Plano Real, cai em seguida, mas volta a crescer a partir de 2004, o que confirma o modelo de crescimento voltado para o consumo que caracterizou os governos do PT — um modelo que possibilitou a inclusão social, mas se revelou insustentável no plano econômico, como bem demonstrariam as baixas taxas de crescimento do governo Dilma.[8]

O desenvolvimentismo social ou neodesenvolvimentismo do governo Lula ficou longe das políticas econômicas propostas pela Teoria Novo-Desenvolvimentista.[9] A apreciação cambial nos seus oito anos foi enorme. A preços de janeiro de 2016, ela caiu de R$ 6,00 por dólar em 31 de dezembro

---

[7] Fonte: Ipeadata (2010).

[8] A participação dos salários no PIB, que alcançara 35% em 1995, logo após o Plano Real, e caíra para 31% em 2004, volta a subir para 35% em 2009. Em termos das contas nacionais, o consumo das famílias, que era de 60,3% do PIB em 2001, passou a 62,5% em 2013 (fonte: estimativas de João Sicsú em *Teoria e Debate*, nº 88, p. 14, maio de 2010, com base nas Contas Nacionais do IBGE; e dados do IBGE).

[9] Como vimos, "desenvolvimentismo social" foi a expressão usada pelo senador Aloizio Mercadante em sua tese de doutoramento na Unicamp (2010) para definir o

de 2002 para R$ 2,20 por dólar em 31 de dezembro de 2010. Essa apreciação foi o fator que, somado à elevação do salário mínimo real, e à elevação dos demais salários no mercado de trabalho, explica o crescimento da classe C, e a enorme popularidade de Lula no final do seu governo. Mas, como veremos, explica também por que no governo Dilma a taxa de crescimento foi tão baixa. As causas dessa apreciação cambial foram: (1) a falta de neutralização da doença holandesa; (2) seu agravamento (causado pelo aumento dos preços das *commodities*); (3) a política equivocada de crescimento com poupança externa; (4) a política de combater a inflação através de uma âncora cambial; e (5) a política de juros elevados praticados pelo Banco Central para, além de controlar a inflação, atrair capitais e apreciar o real. Resumindo, deveu-se ao populismo cambial. A valorização do real inviabilizou as exportações de manufaturados, que caíram fortemente, e agravou o processo de desindustrialização. Inicialmente não causou crise na indústria, porque o setor foi compensado pelo aumento do mercado interno. Ficávamos, assim, no "melhor dos mundos possíveis": a inflação era mantida sob controle, os salários dos trabalhadores aumentavam e a desigualdade econômica diminuía; os juros dos rentistas e dos financistas eram mantidos em nível apenas um pouco mais baixo que no governo anterior; os lucros das empresas comerciais voltadas para o mercado interno eram elevados; e o lucro das empresas industriais se mantinha também graças ao mercado interno. Mas, dada a sobreapreciação cambial, a ampliação do mercado interno em benefício das empresas nacionais revelou-se provisória. Os efeitos desastrosos dessa grande apreciação cambial ocorreram no governo Dilma. Todo esse aumento do mercado interno foi afinal capturado pelas importações. A captura não ocorreu no governo Lula porque são necessários geralmente três anos para que os importadores de manufaturados se organizem.

É evidente que essa equação macroeconômica era insustentável. Na verdade, era a clássica equação do populismo cambial que governos tanto liberais como desenvolvimentistas adotam com frequência. A política macroeconômica parecia responsável, porque o déficit público era mantido sob controle, mas, na verdade, era irresponsável, porque se baseava na apreciação do câmbio e em déficits em conta-corrente (que irresponsavelmente são recomendados pela ortodoxia liberal, porque implicam "poupança externa"). O aumento dos preços das *commodities* e o consequente aumento das

---

governo Lula; "neodesenvolvimentismo" foi a expressão usada por Armando Boito Jr. (2012; 2017) nos seus trabalhos sobre o mesmo tema.

exportações, e os elevados déficits em conta-corrente do governo anterior se transformaram em superávit em conta-corrente em 2005, mas logo em seguida, em 2007, devido à continuidade do processo de apreciação cambial, o país voltou à condição deficitária. A perspectiva de uma crise cambial continuava distante, porque esse mesmo aumento das exportações, somado a uma política de compras de reservas em troca de dívida pública interna, permitiram ao governo reduzir a dívida externa líquida e torná-la mesmo negativa no final de 2010. Em consequência, o aumento das reservas internacionais dava mais segurança aos agentes econômicos e ao governo — uma segurança relativa porque se deveu menos ao acúmulo de superávits em conta-corrente e mais ao aumento de reservas através da troca de dívida externa por interna, esta pagando uma taxa muito maior do que a receita derivadas das reservas. Além disso, essa política, que fez a dívida pública interna não parar de crescer, era e continua a ser dispendiosa para as finanças públicas; representa um imenso custo financeiro para o Estado, porque a taxa de juros recebida pelas reservas brasileiras no exterior é substancialmente inferior à taxa de juros Selic paga internamente pelo governo. O Estado logrou diminuir os juros pagos baixando a taxa de juros básica, mas os fez aumentar novamente através de sua política de reservas — uma política, é preciso reconhecer, que derivou menos do objetivo de aumentar reservas para ter mais segurança e mais da necessidade de comprar divisas para impedir a sobreapreciação do real.

O governo Lula esmerou-se em buscar o apoio não apenas dos empresários, mas também do sistema econômico-financeiro internacional. Por isso, assim que ficou claro que o novo governo não ameaçaria os interesses dos investidores e das empresas multinacionais, Lula passou a receber elogios de Washington e de Nova York. O Norte dedicava-se, assim, ao processo clássico de cooptação das elites econômicas e políticas dos países em desenvolvimento às quais procura se associar, repetindo a estratégia de todos os impérios de se associar à elite local e subordiná-la. Concorrentes que são do Brasil, os países ricos estavam naturalmente satisfeitos, já que seus interesses estavam sendo atendidos: (1) que a taxa de juros seja alta para remunerar seus capitais especulativos; (2) que a entrada e saída de capitais seja livre, de forma a poderem nos emprestar capitais a juros altos; (3) que os investimentos de suas multinacionais sejam considerados necessários, e, portanto, que haja um déficit em conta-corrente que possam financiar com seus investimentos diretos, com direito à entrada no país e capturar o mercado interno sem condições de transferência de tecnologia, e sem que tenham de oferecer seu mercado interno em reciprocidade (como acontece entre os países ricos); (4)

que a taxa de câmbio se aprecie gradualmente, porque assim, além de os especuladores externos ganharem com os juros elevados, ganham também com a apreciação do real (essa prática é denominada *carry trade*); (5) que, durante o ciclo de apreciação, a taxa de câmbio permaneça cronicamente sobreapreciada, o que permite que as remessas de lucro das multinacionais para suas matrizes sejam maiores, e que as exportações provenientes do Norte sejam também maiores. Conforme observou Leda Paulani (2013), "o resultado conjunto desses movimentos não poderia ter sido outro: a economia brasileira afogada em dólares e a moeda doméstica em permanente estado de sobrevalorização. Do ponto de vista produtivo, isso significa desindustrialização e reprimarização da pauta de exportações do país". Assim, sem surpresa, confirmando a verdade mais geral de quanto mais elogiado por Washington e por Nova York for um dirigente de um país de renda média, mais favorável será sua política aos seus competidores ricos e mais prejudicial será ao seu próprio país, Lula passou também a receber amplos elogios enquanto a taxa de câmbio não parava de se apreciar.[10]

Analisado o governo Lula, analisarei o governo Dilma Rousseff, mas antes de fazê-lo, vou tratar de três tópicos que são importantes para entender este segundo governo do PT e a crise que nele se desencadeou: a Crise Financeira Global de 2008.

Crise Financeira Global de 2008

Quando o governo Lula terminava seu sexto ano irrompeu a Crise Financeira Global de 2008 — uma crise maior do capitalismo neoliberal, semelhante à crise desencadeada em 1929. Uma crise de um capitalismo rentista e financeirizado e da teoria econômica neoclássica que o legitimava. Uma crise que decorreu da desregulação dos mercados financeiros e da especulação frenética que levava à formação de sucessivas bolhas de ativos — ações, imóveis, créditos. Uma crise que provavelmente, após o período de transição e reorganização em curso, levará a uma nova maneira de pensar e organizar o capitalismo. Uma crise que teve origem no centro do capitalismo rentista, nos Estados Unidos, confirmando o paradoxo identificado por José Luís Fiori (2004, p. 15): "o paradoxo absolutamente inexplicável do ponto de

---

[10] Nos anos 1990, os dois dirigentes de países de renda média que mais elogios receberam de Washington e Nova York foram Carlos Menem e Boris Ieltsin, que levaram seus respectivos países a crises brutais.

vista de todas as teorias existentes sobre as lideranças ou hegemonias mundiais: a descoberta de que as principais crises do sistema foram provocadas pelo próprio poder que deveria ser seu grande pacificador e estabilizador".

Diante da crise, o governo Lula, no plano do Ministério da Fazenda e do BNDES, buscou realizar uma política contracíclica, mas que ficou pela metade porque durante os oito anos do governo o Banco Central foi dominado por economistas ortodoxos originados do mercado financeiro, ou a ele destinados depois de haverem realizado um doutorado no exterior. Desde que o Ministério da Fazenda foi assumido por Guido Mantega, lutou com firmeza contra as políticas do Banco Central, mas a política monetária permaneceu fora de seu poder, e foi uma política consistentemente ortodoxa e contrária aos interesses do país. O momento patético dessa ortodoxia ocorreu por ocasião da Crise Financeira Global de 2008, que atingiu principalmente as empresas que haviam se endividado em dólar e especialmente as que haviam feito contratos arriscados de derivativos. Nesse quadro de crise, quando praticamente todos os demais países trataram de imediatamente baixar sua taxa de juros, o Banco Central do Brasil, que a vinha aumentando desde fevereiro de 2008, quando os sinais de crise já eram manifestos, continuou a aumentá-la até janeiro de 2009. Esse fato contribuiu para que o crescimento do PIB brasileiro estagnasse em 2009 e a produção industrial experimentasse forte queda.[11]

Em compensação, o Ministério da Fazenda realizou uma política fiscal anticíclica, reduzindo os impostos e aumentando o gasto público. Com esse objetivo reduziu os impostos dos setores de baixa renda, ampliou a abrangência do Bolsa Família, reduziu a carga tributária sobre a indústria automobilística, lançou o grande programa de habitação popular subsidiada, Minha Casa Minha Vida, e reduziu a meta de superávit primário. Além disso, não obstante a falta de cooperação do Banco Central, logrou intervir no sistema monetário ao promover a capitalização do BNDES no valor de R$ 100 bilhões,[12] ao aumentar os recursos para o financiamento das exportações e ao determinar o aumento dos empréstimos dos bancos oficiais.[13]

---

[11] Conforme concluíram José Luís Oreiro e Eliane Araújo (2012), a partir de uma competente análise teórica e econométrica contrafatual, "a redução da taxa de juros na reunião de outubro poderia ter atuado no sentido de reduzir o impacto da crise econômica mundial sobre a produção industrial brasileira".

[12] O volume de empréstimos do BNDES sob a presidência de Luciano Coutinho subiu de R$ 150 bilhões em meados de 2006 para R$ 280 bilhões no final de 2009.

[13] Assim, entre outubro de 2008 e dezembro de 2009, enquanto o crédito oferecido

O governo conseguiu também que, a partir do início de 2009, o Banco Central reduzisse a taxa de juros real, mas ao mesmo tempo baixavam as taxas de juros em todo o mundo, de forma que o diferencial de juros reais do Brasil em relação aos demais países continuou elevado até o final do governo Lula. O grande momento de Guido Mantega aconteceu nesse ano de 2009, quando ele teve a coragem de iniciar o controle da entrada de capitais através da imposição do Imposto sobre Operações Financeiras (IOF) de 2% sobre essas entradas — algo que a ortodoxia liberal afirmava ser o crime maior contra a "sagrada" livre circulação dos capitais. A medida era modesta (depois foi ampliada e aperfeiçoada), mas foi suficiente para, então, limitar a apreciação da taxa de câmbio.

No plano microeconômico houve políticas desenvolvimentistas importantes. O BNDES, fortalecido com grande injeção de capital, aumentou fortemente o financiamento dos investimentos, ao mesmo tempo que praticava uma política industrial voltada para o fortalecimento de grandes grupos nacionais. O Ministério do Desenvolvimento passou a definir e a praticar ativamente uma política industrial estratégica. A empresa nacional voltou a ter prioridade nas compras do Estado. E o que é mais importante: através do Programa de Aceleração do Crescimento (PAC) o país voltou afinal a ter planejamento na área onde ele é realmente necessário — na infraestrutura e na indústria de base —, nos setores que o mercado não tem a menor possibilidade de coordenar de maneira eficiente. Conforme assinalou João Paulo dos Reis Velloso (2010, p. 22), "a real importância do PAC encontra-se no reconhecimento, pela primeira vez em trinta anos, de que, contrariamente à tese neoliberal, a simples ação das forças do mercado não é suficiente para promover o crescimento acelerado do PIB". O desastre ocorrido nessa área desde o governo Collor — o desmonte de toda a área de engenharia e de planejamento do governo federal com o argumento de que o setor privado se encarregaria do problema — começava agora a ser corrigido. E a demanda de engenheiros — os profissionais mais importantes em qualquer processo de desenvolvimento econômico —, que havia baixado de maneira patética, voltou a aumentar.

Outro grande avanço ocorreu na área da política externa, comandada pelo ministro Celso Amorim, que já havia ocupado o cargo de ministro das Relações Exteriores no governo Itamar Franco. As decisões que os países em

---

pelos bancos privados nacionais aumentou 24%, e o dos bancos estrangeiros no país apenas 1%, o crédito dos bancos públicos cresceu 75% (fonte: Banco Central).

desenvolvimento precisam tomar internamente estão relacionadas com sua capacidade de rejeitar a dependência em relação aos países ricos capitaneados pelos Estados Unidos. O governo Lula conduziu uma política externa nacionalista mas cooperativa com os demais países. Acompanhando a tendência do governo FHC, que resistira à pressão americana para que o Brasil aderisse à ALCA — o Acordo de Livre Comércio das Américas —, Lula rejeitou o acordo sem entrar em conflito com os Estados Unidos. Quando o Brasil condicionou sua entrada na ALCA a uma série de princípios de autonomia nacional, os Estados Unidos desistiram.

Na área da política cultural houve também grande avanço, inicialmente sob a orientação de um dos grandes nomes da música popular brasileira, Gilberto Gil. Na área da política social e na dos direitos humanos o governo Lula atuou com competência, mas sem grandes inovações em relação ao governo anterior. O mesmo não se pode dizer da Reforma Gerencial de 1995, que andou devagar devido à hostilidade inicial do PT. Esta reforma é a segunda reforma administrativa do Estado moderno. A primeira, que ocorreu no século XIX nos países ricos e iniciou-se em 1936 no Brasil, foi a Reforma Burocrática, que torna profissional e efetiva a administração pública de um Estado liberal; a segunda, a reforma gerencial, começou a ocorrer no Reino Unido nos anos 1980 e depois vem se espalhando pelos demais países ricos. É uma reforma que torna eficiente os grandes serviços sociais do Estado de bem-estar social. Entre os países em desenvolvimento, o Brasil foi o primeiro a iniciá-la, em 1995. O PT se opôs a essa reforma, com o argumento equivocado de que seria neoliberal e contra os servidores públicos. Nos primeiros anos do governo Lula a reforma foi paralisada no nível federal. Entretanto, como continuava a ocorrer com grande apoio da sociedade nos estados e nas grandes cidades, e como os servidores públicos e os consultores e professores nessa área a apoiassem de forma amplamente majoritária (como costumo dizer, a Reforma Gerencial de 1995 ganhou corações e mentes dos altos servidores públicos brasileiros), o governo federal acabou por gradualmente aceitá-la e praticá-la. Mas de forma tímida, mostrando que a esquerda brasileira é dependente dos servidores públicos de segundo escalão que, de modo geral, não apoiaram a reforma. Não o fizeram porque a reforma os tornava relativamente desnecessários, na medida em que reserva para os servidores públicos estatutários apenas as funções de formulação e direção das políticas públicas e de controle dos recursos do Estado, e transfere para as organizações sociais (organizações públicas não estatais que são financiados pelo Estado, com o qual mantêm contrato de gestão) os serviços sociais e científicos gratuitos, ou quase, que a sociedade decide que o Estado deve prestar. Não obstante essas reservas, no segundo governo Lula já não havia mais objeções maiores à reforma, e esta continuava a caminhar, ainda que lentamente. Continuava, entretanto, a avançar com vigor nos estados e nos grandes municípios principalmente por meio da criação de organizações sociais.

Terminado o governo Lula, devemos discutir o governo Dilma, quando começa a grande crise em que hoje está mergulhado o Brasil. Antes disso, porém, nas duas próximas seções, discutirei o fracasso do pacto desenvolvimentista proposto por Lula, e o ciclo cambial de 2002-2014, este a partir da Teoria Novo-Desenvolvimentista.

Estratégia *wage-led* ou *profit-led*?[14]

A Teoria Novo-Desenvolvimentista começou a ser desenvolvida em 2001, um ano antes da eleição de Lula, e originou-se da Teoria Econômica Keynesiana e da Teoria Desenvolvimentista Clássica. Mas diferentemente desta última, que defende o modelo de substituição de importações, ou seja, a estratégia de crescimento *wage-led*, que supõe a proteção à indústria nacional e é "voltada para o mercado interno", o novo sistema teórico considera essa estratégia superada, já que a indústria brasileira no seu todo não pode mais ser considerada uma "indústria infante", e defende um modelo competitivo, voltado tanto para o mercado interno quanto para as exportações — um modelo *profit-led*. Vale observar que os nomes dessas duas estratégias pode ser enganoso. O Brasil foi *wage-led* entre 1930 e 1967, mas nesse período os salários não aumentaram mais do que os lucros; pelo contrário, houve aumento da desigualdade. Por outro lado, a expressão *profit-led* não significa defender o aumento dos lucros com sacrifício dos salários, mas simplesmente que para a economia crescer são necessários investimentos, e para que a taxa de investimento de uma economia seja alta, é necessário que as empresas industriais competentes do país (que são tecnologicamente competitivas) sejam também economicamente competitivas — não enfrentem uma desvantagem competitiva derivada de uma taxa de câmbio apreciada no longo prazo.

O mercado interno é o maior ativo que a economia de um país pode possuir; sua magnitude é definida por seu PIB, pela soma dos salários, dos

---

[14] Esta seção foi escrita em conjunto com Nelson Marconi.

lucros e das rendas do capital. Foi buscando aproveitar esse mercado que nos anos 1950 os desenvolvimentistas brasileiros defenderam a estratégia de industrialização por substituição de importações. Que era um modelo apenas parcialmente protecionista porque as altas tarifas de importação (nos anos 1960, de 45%) visavam também, ainda que intuitivamente, neutralizar a doença holandesa pelo lado do mercado interno. Mas em 1967 esses economistas se aperceberam que esse modelo de industrialização estava esgotado, criaram um subsidio à exportação de manufaturados que neutralizava a doença holandesa do lado do mercado externo, e essa política teve um grande êxito: a participação das exportações de manufaturados no total das exportações, que representava apenas 6% do total das exportações em 1965, em 1990 subira para 62%. Esse sucesso na exportação de manufaturados coincidia com as mudanças que estavam ocorrendo no capitalismo ao tornar-se global. Nesse novo quadro, as economias são mais abertas que no passado; competir em pé de igualdade pelos mercados de manufaturados e exportar bens cada vez mais tecnologicamente sofisticados torna-se uma condição de desenvolvimento. Não faz sentido, portanto, pensar em voltar a economia para dentro, reduzindo o seu coeficiente de importações.

Entretanto, nos governos do PT esses economistas continuaram a defender uma estratégia de crescimento voltada para o mercado interno; preferiam conviver com a sobreapreciação cambial porque a desvalorização *once and for all* defendida pela Teoria Novo-Desenvolvimentista reduziria os salários no curto prazo. Pretendendo defender os interesses dos assalariados, eles atendem mais aos interesses da coalizão financeiro-rentista dominante no capitalismo neoliberal brasileiro, porque quando há uma desvalorização os trabalhadores perdem no curto prazo, o poder aquisitivo dos salários realmente cai um pouco, enquanto os rentistas perdem muito mais, porque, além de cair o poder aquisitivo de suas remunerações (dividendos, juros e aluguéis), diminui o valor de sua riqueza (que os trabalhadores não têm), e porque, para desvalorizar, é preciso reduzir os juros — coisa que é ótima para os assalariados mas um anátema para os rentistas e financistas.

A partir de 2005, não obstante o real, que se desvalorizara na crise de 2002, voltara a se valorizar e a criar uma desvalorização competitiva para as empresas industriais instaladas no país, a economia brasileira continuou a apresentar taxas de crescimento satisfatórias. Diante disso, os defensores da estratégia *wage-led* comemoraram. Sua tese pareceu-lhes confirmada. Mas aquele crescimento somente foi possível porque a economia mundial estava aquecida antes da crise e a China se encontrava em plena expansão; isso causou uma elevação dos preços das *commodities* (160% entre 2002 e 2008) enquanto os preços das exportações de manufaturados cresceram apenas 53% no mesmo período, fato que possibilitou à economia brasileira financiar o aumento das importações decorrente dessa estratégia sem gerar desequilíbrio significativo no saldo em transações correntes. Além disso, os empresários industriais que deixavam de exportar (as exportações de manufaturados, calculadas em *quantum*, entraram em declínio desde 2007, e em 2011 já eram 15% inferiores às daquele ano) tiveram como compensação o aumento do mercado interno. Mas a continuidade desse modelo logo se revelou inviável, não tanto porque não fazia sentido contar com o aumento do preço das *commodities*, mas, principalmente, porque o câmbio sobreapreciado fez com que o mercado interno fosse em pouco tempo capturado pelas importações. O aumento do mercado interno só não foi entregue aos outros países ainda no governo Lula porque os importadores de bens manufaturados precisam de em média três anos para se organizar para importar. Em poucos anos o superávit comercial da indústria se transformou em déficit crescente, enquanto aumentava a participação dos bens importados no consumo. Enquanto a produção industrial se encontrava praticamente no mesmo patamar que vigorava antes da Crise Financeira Global de 2008, o volume de vendas do comércio varejista foi 25,3% superior na mesma base de comparação. Graças ao crescimento que se acelerou por um breve período e ao aumento contínuo do salário mínimo, o mercado interno brasileiro cresceu, enquanto o país se desindustrializava, e os novos empregos criados por esse mercado interno passavam a ocorrer nos países exportadores de manufaturados para o Brasil. O descompasso entre o aumento do mercado interno e o aumento da produção industrial para esse mercado pode ser visto no Gráfico 7. Nele, a produção física da indústria é comparada com as vendas do varejo. Os dois índices vinham crescendo de forma bem comportada, ou seja, a taxas praticamente iguais, mas, a partir de 2008, há um violento descolamento das duas variáveis, com a produção física estagnando enquanto as vendas do varejo continuavam a crescer normalmente, mas agora supridas pelas importações para as quais o mercado interno vazou, mostrando a inviabilidade de um modelo *wage-led* quando a economia é aberta, como é o caso do Brasil.

Como a crise econômica de 2015-2016 demonstrou, a continuidade de uma política baseada na sobreapreciação cambial e no aumento dos salários e, portanto, no rendimento das famílias acima do crescimento do PIB, não é sustentável, porque isso indica redução da taxa de lucro esperada, e ajuda a explicar as baixas taxas de investimento e de crescimento que estão ocorrendo no Brasil. Todos os estudos mostram que a renda domiciliar *per capita* vem aumentando mais do que o PIB *per capita*.[15] A defesa de uma estratégia *wage-led* não é sustentável em uma economia aberta como a brasileira. Mas é também equivocado defender uma estratégia *export-led* no médio prazo. Só faz sentido uma estratégia voltada para as exportações no curto prazo, em consequência da desvalorização necessária para tornar a taxa de câmbio competitiva. Depois disso a estratégia correta é a estratégia equilibrada — uma estratégia que garanta o crescimento das exportações e do mercado interno ou do PIB de 5% ao ano, e dos salários à mesma taxa que o aumento da produtividade.

Gráfico 7
PRODUÇÃO DA INDÚSTRIA
E VENDAS DO VAREJO — 2000-2012

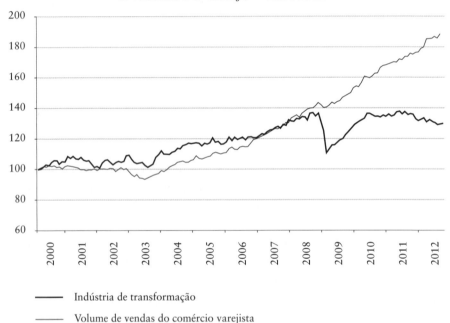

——— Indústria de transformação

——— Volume de vendas do comércio varejista

Fonte: IBGE, Pesquisa Industrial Mensal de Produção Física (PIM-PF) e Pesquisa Mensal de Comércio (PMC).
Observação: Janeiro de 2000 = 100.

---

[15] Segundo estudo do IPEA, a renda domiciliar *per capita* entre 2003 e 2010 aumentou 40,7%, enquanto o PIB *per capita* avançou 27,7%. No ano de 2012, quando o PIB cresceu apenas 0,9% e a renda *per capita* ficou estável, a massa salarial aumentou 5,2%.

O PACTO DESENVOLVIMENTISTA FRACASSA

Os governos do PT foram caracterizados pela tentativa de estabelecer uma nova coalizão de classes desenvolvimentista associando empresários industriais e trabalhadores — algo fundamental para a retomada do desenvolvimento econômico interrompido em 1980, mas que, afinal, fracassou. Os empresários industriais constituíram o grupo dominante no Brasil durante todo o período nacional-desenvolvimentista, e tiveram papel decisivo na transição democrática — no Pacto Democrático-Popular de 1977. Entretanto, com o fracasso do Plano Cruzado, eles se desorientaram e se desorganizaram. Começava o fim de sua hegemonia política. Eles entendiam que a estratégia de industrialização por substituição de importações estava esgotada, mas não viam a alternativa da ortodoxia liberal como aceitável, e não sabiam para onde orientar sua ação política. Durante algum tempo ficaram perplexos. Organizações como a FIESP e a Confederação Nacional da Indústria de repente se viram sem discurso. A onda neoliberal soprava então com toda a força, e, diante dela, os empresários industriais sentiam-se sem argumentos perante os fatos novos. Opuseram-se à abertura comercial que se impunha para tornar a indústria mais competitiva, mas que foi realizada de maneira radical e apressada no governo Collor e levou muitas empresas à falência; já a abertura financeira, em dezembro de 1991, que representava uma ameaça maior porque implicava a perda do controle da taxa de câmbio, não foi percebida como tal pelos industriais.

Em maio de 1989, os trinta maiores empresários industriais nacionais fundam o Instituto de Estudos para o Desenvolvimento Industrial (IEDI) para defender a indústria brasileira. Entretanto, quando, em 1990, o governo Collor faz a abertura comercial e financeira e assim muda o regime de política econômica de desenvolvimentista para liberal, eles não perceberam que a ameaça fundamental que a indústria passa então a sofrer estava no plano macroeconômico, e, em especial, no déficit em conta-corrente e na taxa de câmbio.[16] Em vez disso, insistiam na definição pelo governo de uma

---

[16] Lembro-me, nos três primeiros anos da década de 1990, quando participava das reuniões do Conselho Superior de Economia da FIESP, de alertar os demais membros sobre o problema. Dizia então: "Vocês estão resistindo à abertura comercial, que é inevitável; ela precisa apenas ser mais bem administrada; não estão entretanto percebendo que o principal risco está na taxa de câmbio, que provavelmente se apreciará com o fim da alta inflação, que mais cedo ou mais tarde acontecerá". Em 2001, quando fui convidado

política industrial como teria acontecido nos anos 1970. Não perceberam que o que era chamado de "política industrial" nessa época misturava elementos específicos de política industrial com uma política macroeconômica. O regime comercial baseado em elevadíssimas tarifas de importação de manufaturados e igualmente altos subsídios à exportação de bens manufaturados implicava uma política macroeconômica cambial que neutralizava a doença holandesa — a falha de mercado que mantém a taxa de câmbio satisfatória para a exportação de *commodities* mas sobreapreciada para as empresas industriais. As tarifas neutralizavam a doença holandesa em relação ao mercado interno enquanto os subsídios a neutralizavam em relação às exportações. Com as aberturas comercial e financeira esse sistema de neutralização da doença holandesa (que tornava competitivas comercialmente as empresas que fossem competitivas no plano tecnológico) foi desmantelado, as empresas passaram a enfrentar uma grande desvantagem competitiva em relação às empresas localizada em outros países, e o país entrou em profundo processo de desindustrialização.

Os empresários, que não tinham essa análise para orientá-los, estavam perplexos e confusos e apoiaram a abertura que, ao ignorar a doença holandesa, os matava. Depois de quase sessenta anos de exercício de razoável hegemonia política (1930-1987), percebiam que tinham perdido poder e viam suas empresas morrerem, mas, diante da força da ideologia neoliberal que se tornara dominante no Norte e era exportada para o Brasil através do Consenso de Washington, não tinham um discurso e uma política alternativos a apresentar a não ser a política industrial que era impotente para colocar os preços macroeconômicos no lugar certo — para baixar os juros, depreciar a moeda nacional, e assim garantir uma taxa de lucro satisfatória. Em consequência, muitos se deixaram levar pela ortodoxia liberal e por toda a "modernidade" que ela prometia, enquanto fechavam suas empresas e se transformavam em capitalistas rentistas

Foi só a partir de 2011, quando se inicia uma nova onda de desindustrialização (a primeira foi na segunda metade dos anos 1990), que começou a ficar claro o fracasso da política econômica proposta pela ortodoxia liberal, e as críticas de alguns empresários industriais deixaram de se limitar aos exageros da abertura comercial e à falta de uma política industrial para se dirigirem contra os juros altos e o câmbio apreciado. Mas continuaram,

---

para jantar com os dirigentes do IEDI, as primeira palavras que seu líder, Paulo Cunha, me disse, foi de se lembrar daquela frase.

perplexos, incapazes de participar de forma positiva da nova coalizão de classes desenvolvimentista que Lula e depois Dilma lhes havia proposto, porque o peso sobre eles da ideologia neoliberal, que se tornara hegemônica nos países ricos no início dos anos 1980, os impedia de pensar e agir. Percebiam o problema mas hesitavam quanto à solução. Por outro lado, insistiam em apontar o Estado e sua burocracia como seus adversários, sem perceber que esta é uma estratégia do Norte para dividir a nação. Paulo Cunha (2006, p. 23), que foi o líder intelectual mais importante dos empresários industriais brasileiros nesse período de crise, indignava-se com a quase estagnação da economia brasileira, criticava a política macroeconômica, mas afinal concentrava sua crítica no problema do tamanho do Estado, e afirmava que "o Brasil se encontra encurralado por seu Estado".

Tabela 13
RETORNO SOBRE INVESTIMENTO
E SELIC/OVER — 2010-2014 (%)

	Retorno	*Selic/Over*
2010	16,5	9,8
2011	12,6	11,7
2012	7,2	8,5
2013	7,0	8,2
2014	4,3	10,9

Fonte: Rocca (2015) e Oreiro e D'Agostini (2016).
Taxas médias.

Ao chegar ao poder, Lula tentou construir um pacto político desenvolvimentista e social. A "Carta ao povo brasileiro", ainda durante as eleições, e a formação do Conselho de Desenvolvimento Econômico, o "Conselhão", de 2003, foram apenas alguns dos esforços que ele e depois sua sucessora, Dilma, empreenderam. Mas o projeto de uma nova coalizão de classes falhou definitivamente em 2013, e o país voltou ao quadro da luta de classes, agora levada adiante pela classe rica. Ainda que os empresários industriais e, mais amplamente, as elites econômicas não tenham votado em Dilma, Lula havia terminado seu governo contando com um razoável apoio dos primeiros. No primeiro ano de seu primeiro mandato, Dilma demitiu vários ministros envolvidos em corrupção e gozou de grande popularidade. Ainda assim, no final de 2012, antes mesmo de sua popularidade cair radicalmente no ano seguinte, ela já havia perdido o apoio dos empresários industriais. O motivo central dessa perda foi a violenta queda da taxa de lucro da indústria que vimos na Tabela 13, causada pela sobreapreciação da taxa de câmbio a partir de 2007 (Gráfico 8). Em 2013, a burguesia industrial, cansada de baixos lucros, senão de prejuízos, debilitada pelos anos de desindustrialização e desnacionalização, sem líderes com clareza ideológica, repetiu o que tinha feito na crise de 1960, e juntou-se aos capitalistas rentistas e financistas, que defendem sempre as políticas econômicas liberais, e ao agronegócio, que as defende no Brasil devido às condições naturais ótimas para a agricultura aqui existentes. Embora o liberalismo econômico não esteja no sangue dos industriais, a burguesia brasileira voltou a se unir, novamente sob a hegemonia do liberalismo conservador. Os governos haviam feito um enorme esforço para construir um novo pacto político nacional-popular com os empresários, brindaram-nos com várias formas de política industrial, mas deixaram que a taxa de juros permanecesse elevada e a taxa de câmbio apreciada, que acabavam por levar suas empresas ao prejuízo. Por isso eu costumo brincar dizendo que "o PT inventou uma nova forma de capitalismo: um capitalismo sem lucro". Queriam muito o apoio dos empresários industriais, realizaram políticas industriais para estimulá-los a investir, mas ao deixar o país preso na armadilha macroeconômica dos juros altos e do câmbio apreciado, não garantiram uma taxa de lucro satisfatória para as empresas.

O CICLO CAMBIAL DE 2002-2014
E A CRISE DE 2014-2020

O último ciclo cambial começou em 2002, quando o PT ganhou as eleições para governar o Brasil, e terminou em 2014, quando a economia enfrentou uma nova crise financeira e entrou em recessão. Começou com uma forte depreciação do real e terminou com outra forte depreciação. Para entender essa crise, vamos agora olhar para este ciclo. Praticamente todas as escolas de pensamento econômico entendem que a taxa de investimento do país é o principal determinante da taxa de crescimento. A Teoria Econômica Keynesiana acrescentou que a taxa de investimento depende da taxa de lucro esperada, que, por sua vez, depende da demanda. A Teoria Novo-Desenvolvimentista acrescentou que a existência de demanda não garante que as empresas industriais que utilizam a melhor tecnologia do mundo invistam. Também é necessário que eles tenham acesso à demanda externa e interna. Ora, se a taxa de câmbio não for apenas volátil, como geralmente se pensa, mas, nos países em desenvolvimento, tender a se manter apreciada por vários anos, as empresas competentes não terão acesso à demanda e não investirão. A taxa de câmbio permanecerá sobrevalorizada dentro dos ciclos cambiais. Assim, podemos dizer que a taxa de câmbio é como um interruptor de luz que conecta ou desconecta as boas empresas de seus mercados ou de sua demanda. Deixada em liberdade, a taxa de câmbio apresenta este comportamento cíclico: deprecia-se fortemente na crise financeira que encerra o ciclo anterior; superada essa crise, ela passa a se apreciar, cruza a curva do equilíbrio industrial, cruza a curva do equilíbrio corrente, entra na área dos déficits em conta-corrente e permanece apreciada por vários anos, enquanto os déficits acumulados dão origem a uma dívida externa custosa e perigosa. Essa valorização acontece após a crise porque o mercado volta a funcionar e traz a taxa de câmbio não apenas para o equilíbrio corrente, mas para baixo dele (para a área do déficit em conta-corrente), porque o país em desenvolvimento está, equivocadamente, procurando crescer com déficits em conta-corrente e endividamento externo. O processo de valorização não para no equilíbrio corrente mas entra na área do déficit em conta-corrente porque, por algum tempo, os credores externos se mantêm felizes com os juros elevados que recebem, mas, finalmente, eles perdem a confiança, suspendem a rolagem da dívida externa, e uma nova crise financeira acompanhada pela respectiva depreciação da taxa de câmbio acontece, terminando, assim, ciclo cambial.

Outras teorias econômicas não atribuem esse papel estratégico à taxa de câmbio, pois assumem que a taxa de câmbio é simplesmente volátil no curto prazo, flutuando em torno do equilíbrio corrente. Se isso fosse verdade, quando as empresas fizessem a avaliação de seus projetos de investimento, elas levariam em consideração esse equilíbrio competitivo e investiriam. Mas, em países em desenvolvimento como o Brasil, a taxa de câmbio pode permanecer apreciada por vários anos dentro de um ciclo cambial. Nesse caso, a empresa vai olhar para essa taxa apreciada quando fizer sua decisão de investimento, verá que ela torna o projeto de investimento não competitivo, apesar da tecnologia no estado da arte mundial que planeja adotar, e não investe.

Isso aconteceu no Brasil entre 2002 e 2014. Para construir nossa série de equilíbrio industrial, que está no Gráfico 8, escolhemos 2005 como ano-base, pois neste ano houve superávit em conta-corrente, como prevê o modelo da doença holandesa quando a doença é zerada. Entretanto, a partir de 2011, as duas curvas começaram a subir: o equilíbrio industrial subiu porque os salários começaram a aumentar mais do que a produtividade e, portanto, o custo unitário da mão de obra passou a crescer mais no Brasil do que em seus concorrentes. Enquanto isso, a leve queda dos preços das *commodities* fez com que a taxa de câmbio começasse a se depreciar, mas continuava bem abaixo do equilíbrio industrial, fazendo com que a indústria de transformação continuasse não competitiva em termos comerciais ou econômicos e realizasse uma taxa de lucro muito baixa, senão prejuízo.

Em 2014, porém, o preço das *commodities* exportadas pelo Brasil caiu drasticamente, as empresas manufatureiras perderam crédito e pararam de investir, e estourou uma crise financeira que fez com que a taxa de câmbio se depreciasse fortemente para manter a competitividade das *commodities*. Neste ano, o ciclo cambial se encerrou, enquanto a taxa de câmbio cruzou a curva de equilíbrio industrial a R$ 3,75 por dólar, zerando novamente a doença holandesa.

Gráfico 8
ÍNDICE DA TAXA DE CÂMBIO REAL
E DE EQUILÍBRIO INDUSTRIAL — 2005-2019
(R$ contra US$, a preços de dezembro de 2019)

—— Taxa de câmbio real efetiva

----- Taxa de câmbio de equilíbrio industrial

Fonte: Centro do Novo Desenvolvimentismo da EAESP-FGV.
Índice 2005=100. Média nos últimos 12 meses.

A partir de 2015, porém, a taxa de câmbio voltou a se valorizar, mas essa valorização não sinalizou o início de um novo ciclo. O real agora estava se valorizando, não por causa de um novo aumento no preço das *commodities* (que não ocorreu), mas porque a taxa de câmbio havia se depreciado muito no ano anterior — havia experimentado um *overshooting* que o mercado estava então corrigindo. Por fim, a partir do final de 2019, a taxa de câmbio experimentou uma nova depreciação, desta vez não por causa de uma crise financeira, como ocorrera em 2014, mas devido: (a) à forte queda das taxas de juros que o Banco Central foi forçado a fazer devido à queda da taxa de inflação abaixo da meta, causada pela recessão de 2014-2016 e pela fraca recuperação de 2017-2019; (b) pela desconfiança do mercado financeiro internacional em relação à economia brasileira e seu governo; e (c) devido à pandemia da Covid-19 que causou a valorização do dólar em todos os mercados.

Por outro lado, o equilíbrio industrial, que caíra em 2017 e 2018, voltou a subir em 2019 e 2020, porque a redução salarial no Brasil causada pela pandemia foi menor do que a ocorrida nos países concorrentes e porque a produtividade continuou estagnada no Brasil devido à falta de investimentos na indústria, enquanto continuou a crescer nos países concorrentes. Na figura, porém, a taxa de câmbio não cruzou o equilíbrio industrial, cujo maior valor é de R$ 4,29 por dólar. Isso, por razões estatísticas, porque usamos uma média móvel anual. Calculando o equilíbrio industrial apenas no primeiro trimestre de 2020, chegamos a R$ 5,25 por dólar. O câmbio real tão elevado indica que a crise de confiança que o governo brasileiro enfrenta desde o início de 2015 se agravou em 2020, quando terminei de escrever esta quarta edição deste livro; já o elevado equilíbrio industrial indica a falta de produtividade da indústria brasileira depois de tantos anos de baixos investimentos e desindustrialização.

O GOVERNO DILMA ROUSSEFF

Não há nada melhor para um novo governo que receber do governo anterior uma moeda altamente desvalorizada devido a uma crise de balanço de pagamentos. O novo governo assume o poder ainda no meio da crise, mas como o principal ajuste a ser feito — o da taxa de câmbio — já foi feito pelo mercado, em pouco tempo o emprego se recupera e a economia volta a crescer graças ao câmbio agora competitivo. Por outro lado, graças à apreciação que, imediatamente, começa a ocorrer, a inflação cai, e os salários e demais rendimentos aumentam em termos reais. O sucesso é atribuído ao novo governo, quando, na verdade, o ajuste foi feito pela crise. Foi o que aconteceu em 2003, na transição de FHC para Lula. Em contrapartida, não há nada pior para um novo governo do que receber de seu antecessor uma moeda fortemente valorizada. Isso foi o que aconteceu em 2011, na transição de Lula para a presidente Dilma Rousseff. Em 1º de janeiro de 2011 ela recebeu uma taxa de câmbio de R$ 2,30 por dólar (a preços de janeiro de 2019), quando o equilíbrio competitivo ou industrial era, naquele momento, de R$ 4,20 por dólar. Ela começou sua administração com a esperança de continuidade do governo Lula, que havia alcançado taxas de crescimento satisfatórias e redução da desigualdade econômica. De fato, nos oito anos do governo Lula, entre 2003 e 2010, a taxa de crescimento do PIB duplicou em relação ao governo anterior, levando analistas otimistas a concluir que o Brasil tinha "retomado seu desenvolvimento". Isso significaria que o meu livro de 2007, *Macroeconomia da estagnação*, no qual eu afirmava que a economia brasileira estava quase estagnada desde o Plano Real, estaria essencialmente equivocado; que a armadilha da taxa de câmbio sobreapreciada e da taxa de juros alta não existia; que para assegurar o crescimento bastaria manter a economia brasileira voltada para o mercado interno, adotando uma política *wage-led* (puxada pelos salários), como Lula havia feito. Infelizmente esse otimismo mostrou fazer pouco sentido. A avaliação positiva do desempenho econômico do governo Lula foi equivocada. Os cinco anos (2004-2008) de taxas de crescimento satisfatórias não foram explicadas por políticas competentes, mas pelo *boom* das *commodities*. Assim, Lula deixou um terrível legado — uma missão impossível — para a presidente Dilma: ela não tinha apoio político para promover uma depreciação da moeda superior a 50%, tendo em conta suas consequências de curto prazo — redução de todos os rendimentos incluindo salários reais e aumento da inflação — em um país em que há uma alta preferência pelo consumo imediato e não se aceita qualquer aumento da inflação, ainda que temporário.

Por que Dilma não logrou as taxas de crescimento elevadas como as que Lula alcançou? A principal razão para isso foi ter recebido do governo Lula uma taxa de câmbio brutalmente apreciada e não ter tido condições econômicas e políticas para depreciá-la o quanto era necessário para que as empresas industriais voltassem a ser competitivas comercialmente.

Entre 1995 e 1998 a taxa de câmbio havia se mantido valorizada, e foi essa sobrevalorização a principal causa da crise de balanço de pagamentos de 1998/99 e da forte depreciação do real que então aconteceu, seguida, menos de quatro anos depois, de nova crise financeira em 2002. Essa última crise resultou do ajuste incompleto realizado a partir de 1999 e do medo de uma provável eleição de Lula no final desse ano. As duas crises financeiras foram caracterizadas pela alta desvalorização cambial que o governo FHC deixou para Lula. Já a partir de 2003 o real voltou a se valorizar, e não parou de se valorizar durante todo o governo Lula. A taxa de câmbio ficou bem abaixo da taxa de câmbio de equilíbrio industrial. Esse foi o paraíso populista de Lula: salários reais artificialmente elevados, mercado interno crescendo, a inflação sob controle, enquanto os preços das *commodities* não paravam de aumentar e a apreciação da taxa de câmbio atingia o máximo. Mas, a partir de 2011, será o inferno de Dilma Rousseff, porque então os efeitos negativos da desvalorização passam a estar todos presentes: perda de competitividade, vazamento do mercado interno para as importações, e redução dos lucros e dos investimentos das empresas industriais.

Diante desse quadro muito difícil — taxa de câmbio dramaticamente valorizada e taxa de juros real muito alta —, a nova presidente buscou libertar o país da armadilha dos juros altos e do câmbio apreciado. Em agosto de 2011 o Banco Central surpreendeu o mercado financeiro ao reduzir firmemente a taxa de juros. Argumentou que a grave crise do euro e uma pequena queda no preço das *commodities* indicavam que era necessária uma política monetária anticíclica. Na verdade, havia uma razão melhor: conforme mostraram Fernando Holanda Barbosa pai e filho,[17] o risco-Brasil havia caído muito graças ao sucesso econômico (exceto em relação à taxa de câmbio) e ao sucesso das relações internacionais conduzidas por Lula e o chanceler Celso Amorim, justificando a redução da taxa básica de juros. Para garantir a taxa mais baixa o governo teve a coragem de mudar uma velha lei que garantia uma taxa de juros reais mínima de 6% para os aplicadores na caderneta de poupança. A taxa de juros nominal caiu de 12,25% para 7,25%, correspondendo a uma taxa de juros real de apenas 2% ao ano. Esse era um ataque direto aos capitalistas rentistas e aos financistas, que têm, na prática, uma senhoriagem de cerca de 6% do PIB através dos juros pagos pelo Estado. O governo, porém, cometeu um grande erro: baixou os juros sem acompanhar essa política monetária por um ajuste fiscal mais forte. Entendeu que as contas fiscais estavam sob controle já que a meta de superávit primário estava sendo cumprida — o que, no caso, era irrelevante. A queda dos juros implicou naturalmente uma depreciação do real de cerca de 13%; como podemos ver pelo Gráfico 8, a taxa média de câmbio em 2011

---

[17] Fernando Holanda Barbosa e Fernando Holanda Barbosa Filho (2014).

era de R$ 2,31 por dólar e subiu para R$ 2,61 por dólar no ano seguinte. Para que não tivesse efeitos inflacionários, a depreciação deveria ter sido acompanhada por uma política fiscal contracionista firme. Como isso não foi feito, a inflação aumentou. Por outro lado, os investimentos industriais não responderam à depreciação porque os 20% eram insuficientes. A taxa de câmbio em torno de R$ 2,61 por dólar ainda estava muito abaixo da correspondente taxa de equilíbrio industrial, que, como vemos no Gráfico 8, era de R$ 3,32 por dólar — a taxa de câmbio que, naquele momento, garantiria competitividade comercial à indústria brasileira. Ao invés, o governo afirmou que, com a baixa dos juros e a depreciação cambial, havia corrigido "a matriz macroeconômica" e o Brasil estava pronto para voltar a crescer. O governo estava enganado: dos cinco preços macroeconômicos, quatro ainda estavam fora de lugar: (1) a taxa de câmbio mantinha-se muito abaixo do equilíbrio industrial, tornando as empresas industriais não competitivas; (2) devido a isso e ao aumento das importações de manufaturados, a taxa de lucro das empresas caía a cada ano e se tornara inferior à taxa de juros, como mostra a Tabela 13; (3) a taxa de salários crescia mais rapidamente do que a produtividade e também pressionava os lucros — crescimento devido à continuidade da política de aumento do salário mínimo quando o espaço para ele já se esgotara e devido à relativa escassez de mão de obra associada à queda da natalidade desde os anos 1980; e (4) a taxa de inflação, que estava abaixo de 6%, começou a subir devido à depreciação de 2011. Dos cinco preços macroeconômicos, apenas a taxa de juros tinha sido colocada no lugar certo.

Foi em seguida, no início de 2013, depois da redução da taxa de juros, depois de uma série de intervenções da presidente na economia (nos preços da Petrobras, na organização e nos preços do sistema elétrico) que irritaram profundamente os empresários, e depois da publicação dos resultados do PIB em 2012 (apenas 1,9%, como vemos no Gráfico 9), que o fracasso do governo Dilma no plano econômico se consumou. Os representantes da ortodoxia liberal e a grande imprensa liberal-conservadora, que haviam ficado relativamente calados até então, recobraram forças e passaram a atacar o governo, criticando a alta da inflação e o "pibinho". Em meados de 2013, a derrota política do governo Dilma em relação ao sistema financeiro tornou-se total quando o Banco Central voltou a aumentar a taxa básica de juros. Foi o reconhecimento da derrota. Os economistas liberais comemoraram sua vitória, transformaram a mudança na matriz econômica no seu saco de pancadas, e argumentaram que ficara "demonstrado" o acerto das taxas de juros mais elevadas, e que era "impossível" baixá-las... A presidente perdera qualquer apoio nas elites financeiras e rentistas, e em seguida, devido às grandes manifestações políticas de junho de 2013, perdeu também o apoio da classe média. Seu governo se inviabilizaria politicamente.

Mas nesse momento a crise estava apenas começando. Em 2013, vendo que a política industrial que adotara no começo de seu governo, o "Plano Brasil Maior", não tivera efeito, Dilma tentou uma última e desastrosa cartada: compensar a perda de competitividade da indústria, causada pelo câmbio valorizado e pelos salários reais que haviam subido mais do que a produtividade, com uma nova "política industrial" agressiva e improvisada, que, em pouco tempo, se estendeu para quase todos os setores industriais. Foi uma política altamente dispendiosa, tendo sido uma das causas da transformação da conta fiscal de um superávit primário razoável para um déficit primário inaceitável. Foi uma política incompetente que ignorou que as políticas industriais não compensam preços macroeconômicos fora do lugar; elas são necessárias, mas para promover estrategicamente empresas industriais capazes. A política industrial foi eficaz na promoção do desenvolvimento econômico no Brasil na década de 1970, e nos países do Leste da Ásia desde a Segunda Guerra Mundial, porque então a condição essencial para o crescimento — o equilíbrio das suas contas macroeconômicas (externa e fiscal) e dos cinco preços macroeconômicos (juros, câmbio, salários, lucro e inflação) estava garantida.

No segundo semestre de 2014, depois da derrota vexatória da seleção brasileira frente à seleção alemã na Copa do Mundo que aconteceu em nosso país, e que fora rodeada de injustificadas esperanças de vitória, depois das vaias imperdoáveis que a pobre presidente sofreu nos jogos do Brasil, o preço das principais *commodities* exportadas pelo país — o minério de ferro, a soja e o petróleo — caiu de forma radical, para cerca da metade. Era a crise econômica que começava, embora naquele momento ninguém se desse conta dela. Sua primeira manifestação ocorrera um ano antes, quando a bolha de crédito externo começou a se esvaziar e a taxa de câmbio tendeu a se desvalorizar. Esse fato tinha uma causa real — o déficit em conta-corrente que não parava de aumentar —, de forma que, embora as entradas de capitais externos continuassem relativamente elevadas, tanto sob a forma de investimentos diretos como de financiamentos, elas não se mostravam suficientes para impedir a desvalorização do real. Temendo que a desvalorização causasse o aumento da inflação, o Banco Central passou a intervir ativamente no mercado "vendendo" US$ 108 bilhões de dólares no mercado de futuros (na verdade, fazendo *swaps*). Mas quando o preço das *commodities* caiu, o Banco Central não teve mais condições de evitar a depreciação da moeda brasileira, e, no final do ano, a taxa de câmbio deslocou-se de um patamar de R$ 2,60 para R$ 4,00 por dólar. O ciclo cambial iniciado em 2003 terminou em 2014.

A política de desonerações fiscais não evitou e até agravou a recessão que começa em 2014. Suas causas foram: (a) a brutal queda dos preços das *commodities* exportadas que ocorre no segundo semestre de 2014, que vimos no último parágrafo, e, mais amplamente, a deterioração das relações de troca que começa já em 2012; (b) o aumento da taxa de juros que leva a taxa de câmbio a novamente se apreciar; (c) a forte queda da taxa de lucro das empresas industriais causada pelo real altamente apreciado e pelo vazamento do mercado interno para as importações; e (d) o grande aumento da dívida do setor privado (empresas e famílias) que foi de 35% para 73% do PIB de 2005 para 2014. Não bastassem esses fatos, ao iniciar seu segundo mandato em janeiro de 2015, com a economia brasileira já em plena recessão, o ministro liberal recém-empossado, Joaquim Levy, presta atenção apenas ao déficit primário e, em plena recessão, promove uma desastrosa política procíclica de ajuste fiscal que agravou ainda mais a contração da demanda. O resultado dessa combinação de incompetência desenvolvimentista e incompetência liberal foi a maior recessão da história do país, traduzida em uma queda do PIB de 3,6% em 2015 e de 3,3% em 2016. Entre 2014 e 2019 o PIB *per capita* sofreu uma queda acumulada de 6,9%; a taxa média de *decrescimento* deste período foi de 1,2% ao ano.

Entre as causas da recessão listadas acima, a principal foi a forte deterioração das relações de troca que ocorreu no governo Dilma devido à queda violenta dos preços das *commodities*. Este fato teve um efeito recessivo muito forte em um país que, em 1990, era um orgulhoso país exportador de bens industriais (62% de suas exportações eram de bens manufaturados), mas que em 2014 havia voltado a ser um vulnerável país exportador de *commodities*, no qual a participação dos bens manufaturados na exportação total havia caído para 37%. A redução dos preços das *commodities* teve uma imediata repercussão na renda do agronegócio, que havia se transformado no motor do crescimento (insatisfatório) brasileiro. A redução da renda do setor repercutiu em toda a economia. Por outro lado, as empresas industriais, que já vinham reduzindo seus investimentos porque, com a valorização cambial, haviam perdido competitividade e sua taxa de lucro caíra dramaticamente, em 2014 param de investir. Nessas circunstâncias, a recessão era inevitável. Dada a evidente incapacidade de Joaquim Levy de conduzir a economia brasileira, em 15 de dezembro de 2015 ele foi substituído por Nelson Barbosa, um competente economista que participara dos governos do PT e, em 2012, pedira demissão por discordar da política econômica que estava sendo seguida. O novo ministro redefiniu a política fiscal, mantendo o ajuste dos preços correntes, enquanto procurava aumentar o investimento público de forma contracíclica, e propôs um teto de gastos fiscais primários (exclusive juros) em percentual do PIB, que deveria ser fixado no primeiro ano de cada mandato presidencial, com corte de despesa automático caso tal limite fosse descumprido. Afinal o Brasil tinha um ministro da Fazenda competente. Em 12 de maio do ano seguinte, porém, seu trabalho foi interrompido pelo impeachment.

Gráfico 9
TAXA DE CRESCIMENTO DO PIB — 2009-2019

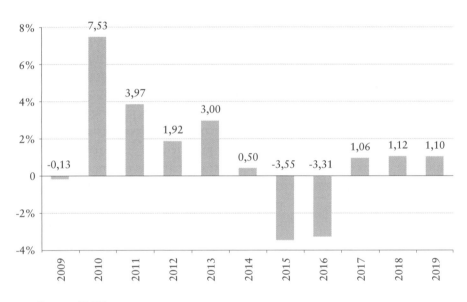

Source: IBGE.

Em síntese, nos 14 anos em que esteve no governo, o PT não conseguiu tirar o país do regime de política econômica liberal que foi determinante para a quase-estagnação brasileira desde 1990. O presidente Lula revelou-se um líder político competente e terminou seu governo vitorioso, mas foi beneficiado pela sorte — pelo *boom* das *commodities* — que lhe assegurou as únicas taxas de crescimento satisfatórias desde que a quase-estagnação da economia brasileira começou em 1980. Não teve, porém, nem condições políticas nem uma assessoria econômica que lhe permitisse sair do regime de política econômica liberal iniciado em 1990 com a abertura comercial e a abertura financeira. Dilma Rousseff cometeu erros e mais erros econômicos e políticos. Ela mostrou uma rigidez tecnocrática incompatível com os compromissos e as concessões que seu cargo requeria.[18] Contribuiu também para isso o fato que a presidente Dilma Rousseff adotou desde o início de seu governo um intervencionismo na área econômica muito grande, que incomodaria em qualquer hipótese os empresários, mas os incomodou especialmente porque muitas vezes implicavam erros de política econômica, como foram os casos da reforma do sistema elétrico e dos preços da Petrobras. Por outro lado, queremos sempre que os governantes sejam honestos e relativamente imunes ao clientelismo, mas o governo Dilma mostrou como é perigoso adotar a ética da convicção ao invés da ética da responsabilidade. Seu objetivo original era conduzir um projeto nacional com o apoio da sociedade. No início de seu governo, ela adotou uma forte postura ética que é geralmente associada com o classe média tradicional, não com os ricos, mas essa postura ética acabou desmoralizada, não devido a qualquer desonestidade que tenha cometido (pelo contrário, ela sempre se pautou por um compromisso ético e republicano), mas porque seu partido, o PT, envolveu-se em um grande processo de corrupção. Ao mesmo tempo, já no seu segundo ano de mandato, ficou claro para o liberal-conservadorismo brasileiro (que é dominante nas elites econômicas) que a presidente e seu partido continuariam fiéis a seus compromissos com os trabalhadores e os mais pobres — o que deixou as elites conservadoras profundamente insatisfeitas. Finalmente, seu governo foi duramente atingido pela grande publicidade que teve, em 2012, o julgamento do escândalo do Mensalão pelo Supremo Tribunal Federal. Esse julgamento abriu espaço para a crise política que explodiria no ano seguinte.

A CRISE COMEÇA

A partir de 2013 o Brasil entra em uma profunda crise política, econômica e moral. A economia brasileira, que estava quase estagnada desde 1980, a partir de então entra em retrocesso: a renda *per capita* no início de 2020 não havia ainda alcançado o nível de 2014, e nesse ano voltou a cair, e fortemente, em consequência da pandemia da Covid-19. Em 2013 desencadeia-

---

[18] Ver Marcos Nobre (2016).

-se a crise política e em 2014, a crise econômica. Terminou assim o Ciclo Democracia e Justiça Social iniciado em 1980. Em junho de 2013, sem que ninguém esperasse, aconteceram grandes manifestações populares nas principais cidades do país. Elas foram o sinal de uma crise e de um novo "vácuo político" semelhante ao que o país experimentara em 1961-1964 e também em 1987-1990, quando, respectivamente, o Pacto Nacional-Popular e o Pacto Democrático-Popular das Diretas entraram em colapso. O fracasso da coalizão de classes desenvolvimentista ficou evidente com essas grandes manifestações, quando milhares de jovens tomaram as ruas. Eles foram inicialmente conduzidos por um pequeno grupo de esquerda que exigiu o cancelamento do aumento das tarifas de ônibus urbanos, mas logo manifestou a insatisfação da alta classe média com os grandes serviços públicos de educação, saúde e segurança social, para os quais paga impostos, mas não usa (usam os serviços privados correspondentes). Estas manifestações deixaram claro que a democracia é algo tão concreto no Brasil como são a insatisfação e as críticas que a sociedade faz aos governos e aos políticos. Alguns intérpretes, como Marcos Nobre (2013) e Renato Janine Ribeiro (2014), entenderam que estas manifestações marcaram uma nova fase na história da democracia no Brasil. Eles provavelmente estavam certos. Estas manifestações demonstraram uma forte descrença da população nos políticos, uma guinada da alta classe média para a direita e o surgimento de uma extrema direita neofascista. Como observou Janine Ribeiro, as manifestações mostraram uma forte demanda por serviços públicos de educação e saúde melhores, algo que estava no centro das preocupações da Reforma Gerencial Pública de 1995. Cláudio Gonçalves Couto (2014), analisando as reivindicações disparatadas das manifestações menores, mas frequentes, que se sucederam às manifestações de junho de 2013, argumentou que elas estavam relacionadas à ascensão recente da classe C ao consumo. Para ele "surgiu daí um duplo ressentimento. Primeiramente, dos de cima (sobretudo dos não tão de cima) que perderam a sua distinção baseada no consumo. Depois, dos de baixo (sobretudo dos não tão de baixo) que, após ascenderem pelo consumo, passaram a almejar também o reconhecimento que supostamente poderia lhes proporcionar as marcas da distinção (o mais das vezes "marcas" mesmo, comerciais), mas têm a porta da sociedade distinguida batida em sua cara". A consequência imediata das manifestações populares de junho de 2013 foi uma grande queda dos índices de popularidade de Dilma Rousseff, que passou de cerca de 65% de "bom" ou "excelente" a metade disso em agosto de 2015 (Gráfico 10).

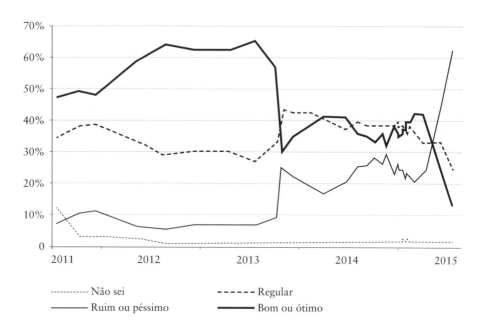

Gráfico 10
OPINIÃO PÚBLICA SOBRE
A PRESIDENTE DILMA ROUSSEFF — 2011-2015

Fonte: Datafolha.

A principal mudança política aconteceu na alta classe média. A partir de 1977, esta classe, para lutar pela democracia, se associou, de um lado, aos empresários industriais, e, de outro, aos mais pobres e aos trabalhadores, a "ralé" e os "batalhadores" estudados por Jessé Souza (2009; 2010). Mas desde o fracasso do Plano Cruzado em 1987, e, principalmente, desde que os escândalos envolvendo políticos de todos os partidos e grandes empresas explodiram com o Mensalão e, depois, com o escândalo da Petrobras, esta classe média, em grande parte também rentista, recebendo rendimentos não apenas sob a forma de salários, mas também de juros, aluguéis e dividendos, sentiu-se abandonada pelos governos Lula e Dilma e, consequentemente, refletiu para a direita. Em 2013 muitos grupos políticos de direita foram organizados com base nessa classe social. Com isso a oposição ao governo, que ganhara força graças aos erros de política econômica e ao conservadorismo da mídia, aumentou enormemente, alimentada por um moralismo que recordava o moralismo golpista de um partido político liberal pré-1964, a

UDN. Agora, no entanto, ao contrário do que aconteceu nos anos 1950, os liberais foram confrontados com uma democracia consolidada.

A radicalização política e ideológica da alta classe média manifestou-se pateticamente em sua reação contra o programa do governo "Mais Médicos", lançado em julho de 2013, que colocou médicos estrangeiros, principalmente cubanos, nas regiões mais pobres do país e na periferia das grandes cidades, onde os médicos brasileiros, relativamente escassos, recusavam-se a trabalhar. A reação inicial contra o programa era apenas corporativa, da profissão médica, mas logo uma política pública de alto interesse social (não há nada mais terrível para alguém do que estar doente e não ter um médico para ajudá-la) transformou-se em mais um argumento dos ricos e da classe média — para os quais a escassez de médicos não é um problema — contra o governo de esquerda. Tínhamos aí um sinal de que as elites brasileiras, incluindo a classe média, estavam perdendo a serenidade, e estavam sendo tomadas pelo ódio — ódio ao PT, ódio a Lula e a Dilma —, um ódio que nunca havíamos visto antes no Brasil, nem mesmo nas vésperas do golpe militar de 1964.

No ano seguinte tivemos a Copa do Mundo, jogada no Brasil, na qual a seleção brasileira sofreu uma derrota humilhante diante da seleção da Alemanha. Durante os jogos, o que vimos, principalmente nos locais em que as cadeiras eram mais caras, foram vaias e ofensas à presidente. Era essa classe média que estava se deixando levar pelo ódio. E foi nesse quadro que, no segundo semestre desse ano, tivemos as eleições presidenciais. A oposição tinha dois candidatos, e estava segura que venceria, já que não apenas as elites econômicas, mas também boa parte da classe média com maior nível de educação se opunham ao governo, e contavam com forte apoio da mídia. Supunha, assim, que sua hegemonia ideológica desceria até os mais pobres. Não obstante, a presidente Dilma Rousseff se reelegeu, mas por uma pequena margem, e com o apoio dos mais pobres e do Nordeste. As perspectivas que se abriam para seu segundo mandato eram, portanto, sombrias. Não apenas o pacto desenvolvimentista falhara, mas boa parte da sociedade civil, principalmente aquela formada pelos ricos e pela alta classe média, recusava legitimidade ao governo recém-eleito.

O segundo governo Dilma começou, em janeiro de 2015, sob a égide de uma crise política, derivada da falta de apoio das elites econômicas para sua reeleição, e de uma grande recessão acompanhada de crise fiscal.

A Operação Lava Jato
se transforma em "Partido da Justiça"

No plano político, a crise que começara nas manifestações de junho de 2013 se agravou em janeiro de 2015. Os erros econômicos da presidente recém-eleita levaram-na a perder qualquer apoio junto às elites econômicas do país, que, de repente, tornaram-se quase unanimemente neoliberais, enquanto a dimensão inusitada que assumiu o escândalo da Petrobras tornou a classe média cheia de ódio. As ações da Operação Lava Jato, lideradas pelo juiz de Curitiba Sergio Moro e pelo procurador federal Deltan Dallagnol, revelaram imensas propinas pagas pelas empresas construtoras a alguns dos diretores da Petrobras, a lobistas e a dirigentes dos partidos políticos — não apenas do PT, mas também do PMDB e do PSDB —, que detinham poder nos Estados. A Operação Lava Jato concentrou suas investigações e denúncias sobre o PT, para assim conseguir apoio junto à sociedade mais conservadora. No início essa operação mostrou que o Estado brasileiro já adquirira capacidade republicana de defender o patrimônio público, que as empresas, lobistas e políticos tentam sempre capturar. As denúncias do juiz, dos procuradores e dos policiais federais, que André Singer (2015, p. 35) chamou de "Partido da Justiça", teve o efeito de um furacão sobre o sistema político brasileiro. Graças a um instituto jurídico recentemente adotado pela lei brasileira, a "delação premiada", em menos de um ano a Lava Jato enviou 96 pessoas à prisão e processou e condenou um grande número de empresários, inclusive um importante banqueiro, políticos e lobistas, e recuperou enormes somas de dinheiro para os cofres públicos.

Mas aos poucos foi ficando claro que os dirigentes da Lava Jato praticavam sistematicamente o abuso de poder sobre as pessoas que investigava, que as submetiam a chantagem para que realizassem delações como desejavam e realizavam prisões provisórias sem base legal. E que faziam isso com evidente objetivo político pessoal. Aproveitando-se da nova hegemonia neoliberal surgida nas elites econômicas, e do ódio da classe média que transformara o PT e o ex-presidente Lula nos representantes do mal sobre a Terra, a Operação Lava Jato estabeleceu como prioridade impedir o ex-presidente de se candidatar nas eleições de 2018. Para isso o condenaram à prisão a partir de um processo penal sem pé nem cabeça sobre um apartamento no Guarujá que uma construtora planejava entregar a Lula e a sua mulher por um preço inferior ao valor de mercado, mas pelo qual o ex-presidente logo se desinteressou e nenhuma operação de venda e compra foi realizada. Ao agir dessa maneira, o juiz Moro mostrou o claro viés político e o caráter de promoção pessoal que ele deu à operação — viés político e carreirismo incompatível com um juiz, algo que se confirmaria três anos depois quando Moro renunciou à magistratura e foi nomeado ministro da Justiça pelo presidente eleito Jair Bolsonaro.

Crise econômica e impeachment

A crise política ganhou mais força ainda no primeiro semestre de 2015, quando ficou claro que a recessão seria muito grave. Nesse momento os economistas liberais argumentaram que o governo era o único "culpado" pela recessão, cuja causa seria um desequilíbrio fiscal "estrutural" associado ao forte aumento da despesa social.[19] Segundo eles, a Constituição de 1988 "não cabia" no PIB brasileiro. O que era falso, como era falso também que o desequilíbrio fiscal fosse estrutural. Houve realmente, de 1985 até 2003, um grande aumento da despesa social do Estado, mas esta não tinha caráter estrutural — resultou simplesmente do grande pacto democrático-popular que precedeu e presidiu a transição democrática. Do acordo informal que então se estabeleceu fez parte não apenas a instauração da democracia mas também a diminuição das desigualdades através de um substancial aumento do gasto do governo em educação, saúde e assistência social. Grave foi o enorme aumento do gasto público com juros que passou a acontecer a partir do aumento da taxa de juros básica do Banco Central em seguida ao acordo de dezembro de 1991 com o FMI. Esse aumento da despesa social somado a uma despesa absurda com juros fizeram com que a carga tributária aumentasse de 22% do PIB em 1985 para 32 a 33% do PIB em 2002, estabilizando-se desde então. Metade desses 10 pontos percentuais eram necessários para financiar o aumento da despesa social, a outra metade foi uma captura do patrimônio público por rentistas e financistas, que se tornaram poderosos desde que o Plano Real, de 1994, resolveu o problema da inflação. No primeiro governo Fernando Henrique Cardoso, enquanto a carga tributária continuava a aumentar, a dívida pública explodiu devido ao custoso socorro aos bancos — o programa PROER. O ajuste fiscal só realmente começou em 1999 e foi mantido até 2012; nesse período o Brasil apresentou superávits primários satisfatórios e manteve a dívida pública sob controle. A queda do superávit primário só passou a ocorrer em 2013 e a dívida pública a aumen-

---

[19] Ver, por exemplo, Mansueto Almeida, Marcos Lisboa e Samuel Pessôa (2015).

tar em 2014, em consequência da política fiscal populista então adotada pela presidente Dilma Rousseff.

No dia seguinte à eleição presidencial de 2014, o candidato derrotado do PSDB, Aécio Neves, pediu o impeachment da presidente. O golpismo liberal estava de volta, desta vez comandado pelo vice-presidente da República e presidente do PMDB, Michel Temer — o maior interessado na deposição de Dilma Rousseff. Seu trabalho foi facilitado pela fraqueza da nova presidente junto ao novo Congresso eleito em 2014, que era mais conservador do que o anterior.[20] Foi nesse clima político exaltado que, em 15 de março de 2015, ocorreu uma grande manifestação contra o governo, contra os políticos e contra a má qualidade dos serviços públicos. De acordo com o Instituto Datafolha, 220 mil pessoas se reuniram na Avenida Paulista, em São Paulo. Mas como era evidente que a presidente não tinha qualquer ligação com a corrupção, o movimento pelo impeachment pareceu perder força. Um ano depois, porém, em fevereiro de 2016, novos desdobramentos da Operação Lava Jato, novas manifestações populares contra o governo e uma fortíssima recessão fortaleceram novamente o movimento pelo impeachment. Neste quadro político sombrio, a oposição liberal se associou a Michel Temer e ao presidente da Câmara dos Deputados, Eduardo Cunha, um político corrupto do PMDB que usava dos recursos públicos para garantir sua liderança sobre os colegas deputados. Para obter o apoio das elites neoliberais, Michel Temer, na qualidade de presidente do PMDB, encomendou a intelectuais igualmente neoliberais um plano fundamentalista de mercado, "Uma ponte para o futuro", embora ele próprio nunca houvesse sido um neoliberal. Quando o PT não deu apoio a Eduardo Cunha em uma votação na Comissão de Ética do Congresso, ele, que estava profundamente envolvido no escândalo da Lava Jato e logo depois seria condenado e preso, revidou e autorizou o início do processo de impeachment. Tratava-se de um claro golpe parlamentar, já que Dilma Rousseff não havia cometido um "crime de responsabilidade", que é condição legal para um impeachment no Brasil. Um golpe que não instalou uma nova ditadura no Brasil porque a democracia está consolidada no país, mas contribuiu para dividir ainda mais a nação brasileira e a enfraquecê-la no cenário internacional.

O governo Temer começou em 12 de maio, instalando em sua cúpula uma quadrilha de políticos corruptos que tinha uma missão: realizar todas

---

[20] Os cientistas políticos Carlos Pereira e Marcus Mello (2015) realizaram pesquisa que não deixa dúvidas a respeito.

as reformas que as elites econômicas neoliberais reclamavam. Entre elas, uma era realmente necessária e urgente, a reforma da Previdência Social. Cálculos atuariais mostravam que ao longo da próxima década a população do Brasil com mais de 65 anos deverá crescer 3,5% ao ano, enquanto a população em idade de trabalhar vai crescer apenas 0,7%. Em consequência a população que paga a conta da Previdência vai se tornando menor do que a população que recebe seus benefícios. O governo, entretanto, não tinha ainda um plano, e preferiu propor, como medida de "salvação nacional", uma emenda constitucional instituindo um teto fiscal real sobre o gasto público. Um teto que inclui toda a despesa do Estado, inclusive as voltadas para a saúde. Um absurdo constitucional; uma medida demagógica, para convencer as elites econômicas neoliberais que o novo governo era "de confiança"; uma política que economistas neoliberais não hesitam em patrocinar.

O novo governo não teve pressa em baixar os juros; sua prioridade absoluta voltou a ser o ajuste fiscal, a ser obtido principalmente pelo corte do investimento público. Desta maneira o Estado continuava a gastar cerca de 6% do PIB sob a forma de juros pagos aos rentistas,[21] enquanto tentava reduzir os modestos 5% do PIB que gasta com a saúde, e os 7% do PIB que gasta com a educação. Nas primeiras duas semanas, além do teto fiscal, propôs reformas constitucionais desvinculando os benefícios sociais do salário mínimo e propondo uma reforma trabalhista que eliminou direitos e autorizou a prevalência dos acordos diretos sobre a legislação do setor.

Afinal, em 2017, a economia brasileira saiu da recessão, mas isso não se deveu a uma política macroeconômica contracíclica (que não existiu), mas à dinâmica dos ciclos econômicos e à desvalorização da taxa de câmbio ocorrida em 2014, que eliminou a doença holandesa e tornou a indústria competitiva. Saiu da recessão, mas a recuperação econômica foi exangue, como pudemos ver pelo Gráfico 9.

O governo Bolsonaro

No final de 2018, a eleição surpreendente de um político de extrema direita, Jair Bolsonaro, refletiu a gravidade da crise econômica, política e moral em que estava imerso o Brasil desde 2014. Há muitos anos ele se elegia deputado federal, defendia sempre o regime militar de 1964, a violência

---

[21] Em 2015 o valor subiu a 8,7% do PIB, mas esse foi um ano excepcional.

policial e a tortura, mas ninguém o ouvia. No início do ano ninguém supunha que um candidato dessa natureza poderia ser eleito. Havia dois candidatos naturais. Lula, pela centro-esquerda, embora julgado e preso, revelava nas pesquisas alta intenção de voto; e Geraldo Alckmin, pela centro-direita, era o candidato do PSDB e o mais provável vencedor porque se tornara a alternativa ao PT, que se enfraquecera durante a crise. O juiz Sergio Moro, ignorando os princípios que orientam a atividade judicial, definiu para si próprio sua função política no pleito: condenar Lula em um dos processos em que movia contra ele a tempo de inviabilizar sua candidatura. Conseguiu, e depois aceitaria o convite de Bolsonaro para participar de seu governo.

Lula, inconformado com a condenação que lhe tirava o direito de concorrer às eleições, retardou o mais que pôde a indicação de um novo nome pelo PT, na esperança que sua candidatura ainda fosse possível. Foi um erro, como também foi um erro não ter apoiado um notável político desenvolvimentista de centro-esquerda, Ciro Gomes, ex-governador do Ceará e ex-ministro em diversas pastas, que em diversas ocasiões havia apoiado Lula. Ciro Gomes candidatava-se então pela segunda vez à Presidência da República e, para isso, há anos vem construindo e debatendo um projeto de desenvolvimento para o Brasil. O PT, por sua vez, tinha um candidato natural, Fernando Haddad, um jovem político que se notabilizara como ministro da Educação e como prefeito de São Paulo. Se o PT decidisse apoiar Ciro Gomes e indicasse Haddad para a vice-presidência, a possibilidade de vitória de um candidato de centro-esquerda teria aumentado muito — algo que se tornara especialmente importante para o Brasil, porque no transcorrer do ano a candidatura de Alckmin não se afirmava, principalmente porque o PSDB também se desmoralizara por envolvimento em corrupção, e a candidatura de Bolsonaro começava a concentrar os votos não apenas da direita, mas também da centro-direita neoliberal. Ao invés de unir forças, o PT e Lula indicaram Haddad como candidato à Presidência apenas cerca de um mês antes do pleito — quando Bolsonaro já assumira a liderança nas intenções de voto e já não havia mais tempo para uma virada.[22]

Diante do desinteresse dos eleitores pela candidatura de Alckmin, as elites econômicas financeiro-rentistas tomadas pelo neoliberalismo e uma

---

[22] Vale relatar aqui que, convidados para me ouvirem sobre a Teoria Novo-Desenvolvimentista, Ciro Gomes e Fernando Haddad estiveram juntos no meu escritório em janeiro de 2018, durante toda uma tarde. A chapa que eu defendia, unindo os dois candidatos, afinal não ocorreu, mas ambos incluíram nos seus programas de governo ideias saídas do Novo Desenvolvimentismo.

ampla classe média tomada pelo ódio ao PT decidiram apoiar Bolsonaro — um candidato sem condições mínimas para governar um país civilizado. Se Lula e o PT cometeram um erro em não apoiar Ciro Gomes, as elites econômicas que se julgam democráticas cometeram um erro muito maior ao apoiar Bolsonaro. Este, para conseguir o apoio dessa elite, deu um sinal de seu compromisso com o neoliberalismo (embora nunca houvesse sido neoliberal), neste caso convidando Paulo Guedes, um economista neoliberal formado pela Universidade de Chicago para ser seu futuro ministro da Fazenda. Por outro lado, revelando uma "modernidade neofascista", Bolsonaro desenvolveu uma campanha apoiada em *fake news* difundidas para milhões de brasileiros através das redes sociais, especialmente pelo WhatsApp — uma prática não permitida pela legislação eleitoral brasileira. O resultado foi sua eleição no segundo turno do pleito.

Desde que assumiu a presidência, em 1º de janeiro de 2019, Jair Bolsonaro vem realizando um governo que deixa a grande maioria dos brasileiros indignada. Não apenas os de esquerda e centro-esquerda, mas também os de centro-direita que defendem a democracia. Só o apoiam uma minoria fundamentalista de extrema direita, para quem Bolsonaro é um "mito", e uma parte da elite econômica que se tornou completamente cínica. Um governo que está sendo duramente criticado pelos dois grandes jornais paulistas, a *Folha de S. Paulo*, de centro-direita moderada, e *O Estado de S. Paulo*, de centro-direita conservadora, enquanto a sociedade capitalista novamente se organiza e não para de organizar manifestos criticando o governo e defendendo a democracia. Que governo é esse? Um governo neofascista que tentou várias vezes obter o apoio dos militares da ativa para um golpe de Estado, que defende armar a população, que não respeita os direitos humanos, que adota políticas contra os negros, as mulheres, os povos indígenas e os LGBTs, um governo racista e homófobo. Um governo que extinguiu o Ministério da Cultura. Um governo em que ministros de extrema direita ocupam os ministérios da Justiça, da Educação, da Saúde, do Meio Ambiente e da Economia. Um governo no qual esse último ministério resultou da fusão das pastas da Fazenda, do Planejamento, da Indústria e Comércio e de partes do Ministério do Trabalho, mas que nada faz, não adota qualquer política que leve o país a retomar o desenvolvimento econômico. Um ministério que, ao invés, só fala em reformas neoliberais, que desregulamentem os mercados e privatizem as empresas públicas — reformas que em certos casos até são necessárias, mas que têm efeito no longo prazo e, no entanto, o ministro promete que trarão o desenvolvimento econômico de volta imediatamente. Um ministério que só conseguiu aprovar a necessária reforma da Previdência porque o presidente da Câmara, Rodrigo Maia, assumiu a iniciativa e a liderança do processo — reforma que foi melhorada graças à atuação de deputados e senadores de centro-esquerda.

No início do segundo ano do governo Bolsonaro, em janeiro de 2020, surgiu a pandemia da Covid-19. Diante dessa crise maior — uma crise sanitária que está causando uma grande recessão em todo o mundo — o comportamento do governo Bolsonaro foi novamente de absoluta incompetência e irresponsabilidade. Ao invés de atender às recomendações da Organização Mundial da Saúde e dos cientistas e sanitaristas, o presidente fez tudo o que pôde para evitar que os governadores e os prefeitos promovessem o isolamento e o distanciamento social necessários para interromper a difusão do vírus, não adotou a política de realizar testes em massa seguidos de rastreamento das pessoas infectadas, não liderou uma política econômica para financiar o aumento dos gastos com a saúde e, principalmente, para neutralizar a depressão econômica causada pela pandemia. Não praticou, portanto, nenhuma das políticas que os outros países estão adotando para salvar vidas, empregos e empresas. Adotou apenas um amplo programa de transferência de R$ 600,00 para mais de 40 milhões de famílias. Mas esse programa lhe foi praticamente imposto pelo Congresso; a proposta do governo era de apenas R$ 200,00.

O resultado da irresponsabilidade do governo federal diante da Covid-19 vem sendo um aumento enorme do número de infectados e do número de mortes. Um genocídio porque, se normalizarmos a semana em que o vírus foi identificado originalmente em cada país, o Brasil tende a ter um número de mortes por cada 100 mil habitantes muito maior do que em outros países igualmente importantes. Por exemplo, o Brasil no início de agosto de 2020 já contava com 46,3 mortes por 100 mil habitantes, enquanto a Argentina, onde o vírus começou apenas nove dias depois, contava com apenas 7,4 mortes por 100 mil habitantes. Outro exemplo: uma comparação do número de casos no Brasil, EUA, Reino Unido e Itália (Gráfico 11). Enquanto o Reino Unido e principalmente a Itália controlaram a difusão do vírus, nos EUA, então governado por Donald Trump, sempre imitado pelo presidente brasileiro, o número de casos por milhão de habitantes continuou a crescer, e no Brasil esse índice revelou-se explosivo. Segundo as melhores análises, a pandemia no Brasil só começará a estabilizar e cair no segundo semestre de 2021, quando teremos no Brasil mais de 500 mil mortes. Apesar de ser apenas o sétimo país em população, com esse número o Brasil estará nos três primeiros lugares entre os países do mundo com maior número de mortes, e em primeiro lugar entre estes em número de mortes por 100 mil habitantes. Estamos, assim, assistindo a um genocídio, que deixa seu principal responsável, o presidente da República, impassível e indiferente. Para ele, as mortes seriam inevitáveis e não haveria nada a fazer.

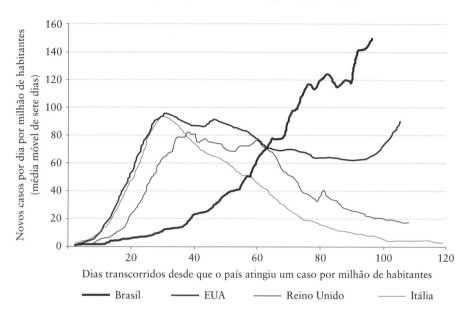

Gráfico 11
COVID-19: NOVOS CASOS POR MILHÃO DE HABITANTES, BRASIL, EUA, REINO UNIDO, ITÁLIA — 2020

Fonte: Fernando Reinach, *O Estado de S. Paulo*, 26/6/2020.

Por outro lado, o governo nada fez para financiar os enormes gastos necessários através de emissão de moeda — algo que os países ricos estão fazendo firmemente. Seu déficit primário acumulado deverá ser de 17% do PIB, correspondentes a US$ 4,2 trilhões, uma despesa que podem fazer porque estão emitindo moeda para isso, e, portanto, a dívida pública líquida (dívida pública contabilizada menos títulos dos Tesouros nos bancos centrais) não aumentará. Não obstante o senso comum ainda diga o contrário, essa emissão de moeda através da compra pelo respectivo banco central dos títulos emitidos pelo Tesouro do país não causará inflação. Hoje está mais do que comprovado que o aumento da quantidade de moeda não causa inflação; é antes a inflação que causa o aumento automático da quantidade de moeda. O aumento da quantidade de moeda em circulação depende dos gastos e das emissões do Estado e do aumento da dívida pública e da dívida privada. A moeda é um óleo que lubrifica e que mantém a liquidez do sistema econômico e permite que esse sistema continue a funcionar. Quando o governo gasta como está gastando com a Covid-19, a quantidade de moeda aumentará independentemente de esse gasto ser financiado com dívida junto ao setor privado ou de dívida junto ao Banco Central. No segundo caso, porém, a dívida pública líquida não aumenta. No Brasil, como o governo não fez qualquer esforço para conseguir autorização do Banco Central para financiar as despesas com emissão de moeda — uma política que eu propus insistentemente assim que começou a pandemia no Brasil —, os brasileiros serão condenados a pagar nos anos seguintes uma dívida substancialmente aumentada.[23] O problema foi discutido no Congresso, mas o governo se manifestou contra, os parlamentares ficaram com medo da inflação, e o Banco Central não foi autorizado a comprar títulos novos do Tesouro para financiar as ações contra a pandemia e seus efeitos.

Não bastasse tudo isso, o presidente vem aparelhando seu governo com um número enorme de militares, chegou a participar de manifestações de seus apoiadores que pedem o fechamento do Congresso e do Supremo Tribunal Federal, e vem falando que apenas um golpe de Estado resolverá os problemas do Brasil — que é impossível governar o país com um poder Legislativo e um poder Judiciário como os que existem no país. Temos, portanto, um presidente que advoga o golpe de Estado. Uma advocacia que ele moderou a partir do início de julho de 2020, quando um assessor muito próximo dele e de seus filhos e altamente envolvido em corrupção, Fabrício Queiroz, foi afinal preso e poderá fornecer informações que evidenciarão as relações da família Bolsonaro com as milícias. Embora o apoio popular do presidente venha caindo na classe média, sua popularidade aumentou provisoriamente entre as famílias mais pobres devido ao auxílio emergencial de R$ 600,00 mensais pago em 2020. Por isso, embora já tenha cometido um número de crimes de responsabilidade mais que suficiente para sofrer o impeachment, a maioria dos congressistas ainda não está convencida de que sua reeleição será prejudicada se continuarem a apoiá-lo. Sentindo-se porém ameaçado pela prisão de Queiroz e vendo que a democracia tem mais apoio do que ele imaginava, Bolsonaro tem moderado seu discurso golpista e seus ataques aos outros poderes, mas seu projeto autoritário não foi abandonado. Estou convencido, porém, que esse projeto é inviável porque a democracia está consolidada no Brasil, e porque, diante dessas ameaças, estamos vendo

---

[23] Bresser-Pereira (2020a; 2020b).

a sociedade civil brasileira se organizar em um sem-número de manifestos e campanhas pedindo o impeachment de Bolsonaro. Há ainda pessoas que hesitam em apoiar um impeachment porque seu substituto constitucional, o vice-presidente, o general da reserva Hamilton Mourão, é também um político de direita. Mas o problema não é tirar o controle da direita sobre o governo — em uma democracia isso se faz por meio de eleições —, mas afastar do poder um homem que ameaça abertamente a democracia brasileira, está associado às milícias, e comanda um genocídio. Um homem que, como assinalou de forma muito apropriada João Cezar de Castro Rocha (2020), tem "uma visão de mundo bélica, reforçada por uma estrutura de pensamento conspiratória". Visão que tem origem no regime militar, e foi completada pela doutrina de Olavo de Carvalho, "uma retórica do ódio", o elemento que faltava ao discurso de Bolsonaro para que ele pudesse propagar sua lógica de destruição para a sociedade. Portanto, conclui o autor, "o bolsolavismo é um poderoso sistema de crenças, dotado de coerência interna paranoica, tornando-o praticamente imune ao princípio de realidade".

Uma coisa parece segura em relação a Jair Bolsonaro: ele não deve ser subestimado. Ele foi o primeiro presidente de extrema direita eleito na América Latina. Alberto Fujimori tornou-se um político de extrema direita depois de ter sido eleito presidente do Peru. A vitória de Bolsonaro reflete o caráter profundamente doentio da economia, da sociedade e da política brasileiras. Uma economia quase estagnada há 40 anos, uma sociedade sem coesão marcada pela desigualdade entre as classes e entre as raças, e uma política que se deixou corromper, só podem produzir no povo ressentimento e uma profunda desilusão. Neste quadro de crise de longo prazo, tanto a narrativa da esquerda baseada na democracia e na justiça, quanto a narrativa neoliberal apoiada no mercado e na eficiência no uso dos recursos econômicos perderam credibilidade. Bolsonaro foi eleito aproveitando-se desse vácuo político e do acordo da extrema direita com a direita neoliberal. Mas ele não está entregando nada ao povo brasileiro a não ser o aprofundamento da crise que o gerou.

23
40 anos de quase-estagnação

A crise política que começou com as manifestações populares de junho de 2013 implicou a derrota da proposta de coalizão de classes desenvolvimentista do PT, associando trabalhadores e empresários industriais, e a reunificação política das elites econômicas brasileiras sob o comando de uma capitalismo financeiro-rentista. A crise econômica que começa um ano depois, no momento em que a presidente Dilma Rousseff estava sendo reeleita, levou a economia brasileira, que já era uma economia quase estagnada desde 1980, a um retrocesso econômico de grandes proporções até 2019, e que se agravou consideravelmente em 2020 devido à depressão econômica causada pela pandemia da Covid-19.

Esta crise política e econômica definiu o fim do Ciclo Democracia e Justiça Social (1980-2014), que foi bem-sucedido em alcançar a democracia e em reduzir a desigualdade, mas não conseguiu promover o crescimento econômico. Cícero Araújo, em um artigo de 2015 com o sugestivo título "Derrota na vitória", argumentou que o Brasil estava passando por uma "mudança de regime", por uma crise na qual estava ocorrendo o "deslocamento das camadas mais profundas do nosso regime democrático" em direção a uma nova fase política que é "substancialmente mais conservadora".[1] Sem dúvida. Uma fase conservadora que expressa uma reação dos mais ricos, incluindo a classe média, contra os governos do PT que favoreceram os mais pobres; uma reação contra a corrupção que atingiu todos os partidos, mas que foi conveniente para culpabilizar apenas o PT; e talvez um reflexo da guinada da direita neoliberal para a direita populista que ocorreu no centro do capitalismo depois da Crise Financeira Global de 2008. Em 2015, antes da eleição de Donald Trump para a presidência dos Estados Unidos e antes do referendo original do Brexit no Reino Unido, escrevi um artigo com o título "Depois do fracasso do neoliberalismo, mas não do conservadorismo, um terceiro desenvolvimentismo?", onde previ essa mudança no âmbito do

---

[1] Cícero Araújo (2015, pp. 30-1).

mundo rico.² Se a crise de 2008 representou um grande fracasso para os ideólogos liberais e para os economistas ortodoxos, a crise econômica de 2015-2016 representou um grande fracasso para os ideólogos de um nacionalismo neoconservador. A grande crise que começou em 2013 e na qual o Brasil continuou mergulhado em 2020 foi uma crise de um partido político, o Partido dos Trabalhadores, que tentou tornar seu compromisso social compatível com o desenvolvimento econômico capitalista, mas falhou; foi incapaz de superar a quase-estagnação da economia brasileira desde 1980 cuja principal causa, a partir de 1990, foi, de um lado, a alta preferência pelo consumo imediato dos brasileiros e, de outro, a submissão ao Norte e a adoção de um regime de política econômica liberal que é incompatível com o desenvolvimento econômico do Brasil.

Podemos agora realizar um balanço do Ciclo Democracia e Justiça Social. Ele começou com a reação da burguesia brasileira ao autoritarismo do Pacote de Abril de 1977. A partir daí formou-se uma ampla coalizão de classes democrática e popular que comandou a transição democrática de 1977-1985. Esse ciclo foi marcado por um substancial avanço no plano político e social, mas o desenvolvimento econômico se desacelerou de maneira dramática, o país entrou em regime de quase-estagnação e passou a ficar para trás não apenas dos países em desenvolvimento, mas também dos países ricos, enquanto ocorria um processo de desindustrialização prematura. O avanço político consubstanciou-se na grande e bem-sucedida luta pela transição para a democracia comandada por uma coalizão de classes democrática, social e desenvolvimentista, o Pacto Democrático-Popular de 1977 e as "Diretas Já", que culminou com a instituição do sufrágio universal ainda em 1985 e a aprovação da Constituição de 1988. Dessa maneira, as três condições que considero mínimas para que se possa falar em democracia em um país — a garantia do Estado de direito ou império da lei, a afirmação razoável dos direitos civis ou de cidadania, e o sufrágio universal — passavam a estar presentes no Brasil. No plano social, afirmaram-se de maneira decisiva os direitos sociais, permitindo que nos anos seguintes o Brasil começasse a construir um Estado de bem-estar social. Embora sua renda *per capita* seja a de um país de renda média, houve grande aumento dos gastos sociais em saúde, educação, assistência social e sistemas de transferência de renda que praticamente eliminaram a miséria em um país com uma renda *per capita* entre um quarto ou um terço daquela dos países ricos.

---

² Bresser-Pereira (2015).

Já o fracasso no plano econômico foi pautado, nos anos 1980, pela Grande Crise da Dívida Externa e por uma alta inflação inercial que foi de 1980 a 1994; em 1990 e 1991, pela mudança no regime de política econômica, de desenvolvimentista para liberal, com a abertura comercial e financeira, atendendo, assim, a uma pressão para embarcar no neoliberalismo que os Estados Unidos vinham fazendo desde o início da década anterior; durante os anos 1990, pela mudança da coalizão de classes desenvolvimentista e autoritária, não para uma coalizão social-democrática e desenvolvimentista na qual os líderes da transição democrática apostaram, mas para uma coalizão liberal financeiro-rentista; e também durante os anos 1990, pelo estabelecimento de uma alta taxa de juros para beneficiar os rentistas e atrair capitais externos, muito mais do que para controlar a inflação, e pelo desmantelamento do mecanismo que neutralizava a doença holandesa e transformara o Brasil em um grande produtor e exportador de produtos industriais. Tudo isso levou a uma apreciação de longo prazo da moeda nacional, uma grande desvantagem competitiva para as empresas industriais localizadas no país — existentes e potenciais —, que resultou em uma desindustrialização prematura e a quase-estagnação da economia brasileira. Para esse resultado econômico lamentável foi decisiva a dependência das elites econômicas e políticas brasileiras aos EUA e ao neoliberalismo que tomou conta daquele país nos anos 1980 — a incapacidade dessas elites de enfrentar a hegemonia ideológica do Norte e comandar um projeto nacional de desenvolvimento —, e a alta preferência pelo consumo imediato que caracterizou a sociedade brasileira como um todo desde a transição democrática.

Um avanço social precário

A desigualdade é o problema fundamental da sociedade brasileira desde que foi colonizada pelos portugueses como uma empresa mercantil baseada no latifúndio e no trabalho escravo — primeiro, no trabalho escravo da população indígena, depois, dos negros importados da África como se fossem mercadoria. Herdada, portanto, do escravismo brasileiro, que tanto demorou a acabar, essa desigualdade definiu na Colônia e no Império uma sociedade constituída por uma pequena elite branca e por uma grande massa de pobres e escravos, tendo entre elas uma pequena classe média de profissionais liberais e pequenos comerciantes. Esse quadro começou a mudar durante o Ciclo Nação e Desenvolvimento (1930-1977), quando o Brasil realiza sua revolução industrial e capitalista e Getúlio Vargas surge como um líder populista desenvolvimentista que, pela primeira vez na história do Brasil, procurou fundar uma ampla coalizão onde a classes populares urbanas ocupavam algum espaço. O populismo, quando bem usado, pode ser uma primeira experiência de participação popular no governo — e um caminho para a democracia. Desde os anos 1930, porém, quando afinal o desenvolvimento econômico foi definido como um problema, a prioridade política foi para ele — para um projeto nacional de desenvolvimento — e não para a diminuição do índice de desigualdade que se tem revelado estável através dos anos. Segundo estudo de Pedro Ferreira de Souza, entre 1926 e 2013 a participação do 1% mais rico na renda nacional oscilou entre 20 e 25%.[3]

Foi só a partir da transição democrática de 1985 que esse quadro começa a mudar. Ainda que a democracia que o Brasil passa a ter a partir desse ano seja uma democracia limitada, liberal, e o poder esteja firmemente nas mãos dos mais ricos e da alta classe média, o problema da desigualdade não pôde mais ser ignorado. O sufrágio universal, que deu poder de voto aos analfabetos, fez a massa popular, de alguma forma, passar a ser ouvida. Por outro lado, a Constituição de 1988 foi uma constituição claramente progressista, e os problemas da desigualdade e da pobreza passaram a ser efetivamente considerados por todos os governos desde 1985 até 2016, mas principalmente pelos governos do PT (2003-2016).

Um indicador significativo dos resultados alcançados é o índice de Gini, que depois de alcançar seu auge no início dos anos 1990, ainda no quadro da alta inflação inercial (*Breve teoria 10*), passou a cair, em seguida, de maneira significativa, como podemos ver pelo Gráfico 12 (quanto menor o índice, melhor). O auge desse índice foi 1989, quando a alta inflação inercial estava se transformando em hiperinflação, e o Gini alcançou 0,636; passa a partir de então a cair de forma consistente, alcançando 0,490 em 2014. A melhoria do índice a partir de 1989 deveu-se primeiro ao Plano Real, que em 1994 terminou com a alta inflação, e depois à política redistributiva dos governos Lula e Dilma — mais graças à política de salário mínimo, o qual cresceu 70% em termos reais entre 2003 e 2014, e menos à política de transferências.[4] Quanto à participação dos salários na remuneração total dos fatores, ela caiu até 2004, momento em que corresponde a 45,8% da remuneração total, passando em seguida a aumentar em resposta à política sala-

---

[3] Ferreira de Souza (2016).

[4] Ver Luis F. López-Calva e Sonia Rocha (2012).

rial, superando 50% nos anos 2010.[5] Mas talvez o fator mais importante na elevação dos padrões de vida e na diminuição da desigualdade tenha sido o grande aumento das despesas sociais do governo e o esforço em se instalar um Estado de bem-estar social.

Gráfico 12
ÍNDICE DE GINI NO BRASIL — 1960-2014

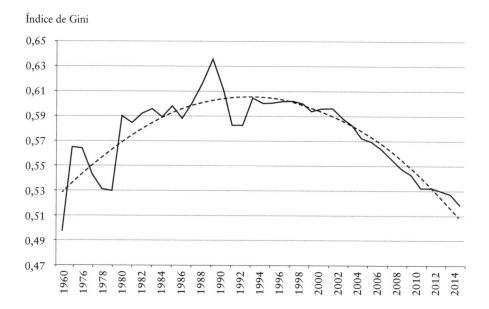

---- Tendência polinomial de ordem 2.

Fontes: *A questão social no Brasil* (1991), livro organizado por João Paulo dos Reis Velloso (dados dos Censos de 1960, 1970 e 1980); *A distribuição de rendimentos no Brasil 1976/85* (1993), de Lauro Ramos (dados de 1976 a 1979, elaboração do autor a partir da PNAD); Ipeadata (de 1981 até 2009; para os anos de 1991, 1994 e 2000 foram utilizados os dados do período seguinte).

Desde a transição democrática, a sociedade brasileira vem cumprindo o que foi acordado no Pacto Democrático-Popular de 1977: reduzir a desigualdade mediante o aumento do gasto público na área social. Esse gasto, que correspondia a 12% do PIB em 1985, corresponde hoje a cerca de 24%

---

[5] Ver Estêvão Kopschitz Xavier Bastos (2012, p. 27).

do PIB. Aumentou-se, também, a carga tributária para financiar os juros da dívida pública resultantes de taxas extorsivas, mas o principal aumento deveu-se à necessidade de financiar a educação, a saúde e a assistência social. Assim, em um período histórico em que o mundo era dominado pela hegemonia neoliberal, o Brasil logrou montar um Estado de bem-estar social. Adicionalmente auxiliados pela forte diminuição da natalidade ocorrida na década de 1980 (que repercutiu na diminuição da oferta de trabalho nos anos 2000 e causou diminuição do desemprego e aumento da formalização dos contratos de trabalho, não obstante o baixo crescimento), os indicadores sociais melhoraram.

Tabela 14
IDH E INDICADORES SOCIAIS — 1980-2014

	1980	2014
Índice de Desenvolvimento Humano	0,55	0,74
Expectativa de vida (anos)	62,5	74,9
Mortalidade infantil (1 ano, %)	69,1	14,9
Índice de analfabetismo (%)	25,9	8,4
PIB *per capita* GDP (PPP $ 2005)	7.695	14.652

Fonte: PNUD/IBGE.

A política social, e, como parte dela, o Sistema Único de Saúde (SUS), é a maior realização da democracia brasileira. O gasto social e sua qualidade aumentaram no Brasil porque houve um acordo nesse sentido no momento da transição democrática, porque a pressão dos eleitores e das organizações da sociedade civil por mais e melhores serviços em educação e saúde manteve-se forte durante todo o tempo, e porque a longa e incansável luta do senador Eduardo Suplicy pela renda mínima afinal encontrou uma forma política vitoriosa no Bolsa Família.[6] No quadro de uma democracia consolidada o Brasil vem logrando êxitos na área social, sob o comando do governo federal, mas com efetivação descentralizada através dos estados e dos

---

[6] Ver, a esse respeito, Marques (1997), Suplicy (2002), Paes de Barros *et al.* (2006) e Soares (2006), entre outros. Os dois últimos trabalhos, ao examinarem em profundidade o problema da evolução recente da desigualdade econômica no Brasil, avaliam o programa Bolsa Família e estabelecem seus limites, mas salientam seu efeito positivo sobre a distribuição.

municípios. Os dados da Tabela 14, relativos ao Índice de Desenvolvimento Humano e às três medidas sociais básicas que o constituem, indicam que até 2014 houve um avanço, e mostram que o gasto social foi bem empregado: produziu resultados. E vale acrescentar aos números expressivos da tabela que o índice de analfabetismo caiu de 25,9% em 1980 para 8,4% em 2014. A cobertura do ensino fundamental já atinge 97% das crianças. Ainda que a qualidade desse ensino no Brasil continue muito a desejar, prejudicada pelo baixíssimo "currículo familiar" dos alunos, ela vem melhorando sensivelmente. Segundo a Unesco (*2015 Education for All Report*), a porcentagem dos alunos repetentes caiu de 24% para 9% entre 1980 e 2011.

Enquanto o PT governou o país (2003-2016), a crítica conservadora afirmava que o gasto social brasileiro era excessivo e se concentrava em atividades assistenciais. De fato, houve um aumento importante no gasto em assistência social no Brasil, sobretudo com a adoção de mecanismos de renda mínima que se concentraram no Bolsa Família. Mas não há dúvida de que a política assistencial logrou eliminar ou reduzir substancialmente a pobreza extrema.[7] Estudo da Fundação Getúlio Vargas mostrou queda substancial no nível da pobreza no Brasil entre 2003 e 2005. Segundo a pesquisa da FGV, em 2003 a miséria atingia 28,2% da população brasileira e em 2005 havia caído para 22,7%. Pesquisa do Instituto de Pesquisas Econômicas Aplicadas (IPEA), por sua vez, mostrou que entre 2001 e 2005, entre os 10% mais pobres a renda média subiu 8% ao ano; entre os 20% mais pobres, 6%, e entre os 30% mais pobres, 5%. Por outro lado, estudos comprovaram a melhoria na distribuição de renda no Brasil desde 1989, e mais aceleradamente a partir de 1996.[8] Nesse ano o índice de Gini brasileiro estava em 0,599. Desde então, vem baixando de forma sustentada, exceto em 2002, quando subiu ligeiramente; em 2011 já alcançara 0,524.[9] Tomando-se outra medida de desigualdade e novamente 1996 como base (porque este foi o ano de concentração máxima), nesse ano o rendimento dos 20% das famílias

---

[7] O Bolsa Família beneficiava, em 2012, mais de 13 milhões de famílias (três vezes os programas anteriores somados), mas seu custo foi de apenas 0,4% do PIB.

[8] Estes dados têm origem em pesquisas coordenadas por Marcelo Neri, diretor do Centro de Estudos Sociais da Fundação Getúlio Vargas, e por Ricardo Paes de Barros, do IPEA, com base na PNAD de 2005. Segundo Kakwani, Neri e Son (2006), no período de 1995 a 2004, enquanto a renda *per capita* decresceu a uma taxa de 0,63% ao ano, a taxa de crescimento pró-pobres foi positiva, crescendo à taxa de 0,73% ao ano.

[9] Fonte: IPEA (elaboração da Secretaria do Planejamento e Investimentos Estratégicos do Ministério do Planejamento para o PPA 2012-2015).

mais ricas era 29,3 vezes maior que o dos 20% das famílias mais pobres; em 2014 esse índice havia caído para 21,9 vezes.[10] Segundo as contas nacionais (IBGE), os rendimentos do trabalho (assalariados e autônomos) representavam 40,1% do total da renda nacional do país. Por outro lado, sabemos que nesse período o valor recebido pelos rentistas na forma de juros aumentou de forma extraordinária. No início dos anos 1990 estava em torno de 2% do PIB; aumentou enormemente nos anos seguintes, chegou a 8,3% do PIB, e afinal se estabilizou em torno de 6% do PIB. Em consequência dessa verdadeira captura do patrimônio público, suponho que, não obstante a diminuição geral da desigualdade no Brasil que se pode observar pelos decis ou pelo índice de Gini, os 1% mais ricos da população ficaram ainda mais ricos. Foram os membros desse grupo que se beneficiam dos altos juros que imperaram no Brasil. Quando caem os rendimentos da classe média em relação aos dos mais pobres, os índices usuais de distribuição de renda apontam melhoria mesmo que os rendimentos dos ricos tenham aumentado muito. O que ocorreu desde 1999 foi a queda dos rendimentos dessa classe média. Entre 2001 e 2005, a renda de quem conseguiu entrar no mercado recebendo mais de R$ 1.050,00 caiu 46% em termos reais (descontada a inflação) em relação ao que era pago aos que estavam sendo demitidos.[11] A síntese mais simples do que ocorreu no Ciclo Democracia e Justiça Social (1980-2014) é a seguinte: enquanto caíam relativamente os rendimentos das classes médias, tanto empresariais como profissionais, os muito ricos, que em grande parte se confundem com os rentistas e que não representam mais de 1% da população, se beneficiaram com o aumento dos juros, e a classe trabalhadora relativamente qualificada (a classe C das pesquisas de marketing e de opinião pública que vem sendo chamada de "nova classe média") também se beneficiou e teve acesso ao consumo de massa. Dessa forma, devido à queda dos rendimentos da classe média propriamente dita, os índices normais usados para indicar distribuição de renda são favoráveis. De fato, houve distribuição, mas eles foram favoráveis aos mais pobres e aos muito ricos, e prejudiciais à classe média.

Houve, também, um substancial aumento da taxa de formalidade nas relações de trabalho, o que refletiu, em meados da primeira década do sé-

---

[10] Resultados com base na Pesquisa Nacional por Amostra de Domicílios (PNAD) do IBGE. Todos os outros índices de desigualdade econômica, como o de Gini e o de Theil, mostram a mesma tendência.

[11] Fonte: CAGED (Cadastro Geral de Empregados e Desempregados, do Ministério do Trabalho). Dados compilados por Mendonça de Barros Associados.

culo, o esgotamento da oferta ilimitada de mão de obra que rebaixava os salários e facilitava a contratação informal de pessoal pelas empresas e a consequente diminuição do desemprego. Essa redução da oferta de mão de obra, que permitiu ao país alcançar finalmente o "ponto Lewis", está relacionada com a forte diminuição da taxa de natalidade nos anos 1980. Essa taxa estava em 3% nos anos 1960; hoje se encontra próxima a 1%. Já o desemprego caiu de forma substancial nos anos 2000, quando a taxa de crescimento aumentou: em 2005, foi de 9,5% da força de trabalho; em 2012, ficou abaixo de 5% da força de trabalho.[12] Esses dois movimentos e o aumento do trabalho formal contribuíram para a redução da desigualdade que ocorreu no Brasil. A partir, porém, do impeachment de 2016, os dois governos de direita que se originaram desse golpe de Estado passaram a adotar expressamente a política de redução de salários diretos e indiretos através das reformas, anulando grande parte do avanço conseguido até 2014.

O avanço social foi, portanto, limitado. Isso se deve principalmente ao fato de que não houve uma reforma que mudasse o sistema tributário brasileiro transformando-o em um sistema progressivo ao invés de regressivo, como de fato é. Conforme observou Thomas Piketty em seu último livro, *Capital et idéologie*, não obstante o empenho do PT em reduzir a desigualdade, o resultado conseguido foi "pouco expressivo". Confirmando a análise que fiz no artigo de 2014 já citado, a classe média foi espremida entre os muito ricos e os pobres. A participação dos 50% mais pobres na renda aumentou, mas ela ocorreu em detrimento da classe média, sem prejudicar os 10% mais ricos. Quanto ao 1% mais rico, entre 2002 e 2015 o crescimento de sua parcela na renda total cresceu, sendo hoje duas vezes maior que a detida pelos 50% mais pobres. E conclui Piketty:

> "Esses resultados decepcionantes e paradoxais têm uma explicação simples: o PT nunca realizou uma verdadeira reforma tributária. As políticas sociais foram financiadas pela classe média e não pelos mais ricos, pela única e simples razão de que o PT nunca conseguiu enfrentar a regressividade estrutural do sistema tributário do país, que impõe pesadíssimos impostos e taxas indiretas sobre o consumo (chegando a 30% nas contas de luz), en-

---

[12] Fonte: PNAD; elaboração: Secretaria do Planejamento e Investimentos Estratégicos do Ministério do Planejamento para o PPA 2012-2015.

quanto os impostos progressivos sobre as rendas e os patrimônios mais altos são, historicamente, pouco desenvolvidos."[13]

Por que o PT sequer tentou mudar o sistema tributário e torná-lo progressivo enquanto foi governo? Essencialmente, porque aumentar a progressividade dos impostos não estava na agenda do país, nem mesmo em destaque na agenda da esquerda. Há 20 anos se discute uma reforma tributária, mas esta apenas torna os impostos indiretos mais racionais porque inteiramente sob valor adicionado. Uma reforma que aumente a participação dos impostos diretos e os torne progressivos, como fazem os países civilizados, está fora de cogitação para as elites econômicas. Elas, que sempre foram radicalmente conservadoras e agora são adicionalmente neoliberais, detêm poder suficiente para que esta ideia não caminhe no Congresso. Enquanto senador, Fernando Henrique Cardoso apresentou uma emenda constitucional para tributar as grandes fortunas, mas quando se tornou presidente da República, não voltou ao tema porque percebeu que uma emenda dessa natureza não seria aprovada.

Desde o primeiro trimestre de 2016, em consequência da crise econômica que começa em 2014 e da emenda constitucional do teto de gastos de 2016, a desigualdade voltou a aumentar fortemente. De acordo com Marcelo Neri, da Fundação Getúlio Vargas, De 2014 a 2019, a renda do trabalho da metade mais pobre da população caiu 17,1%; já a renda dos 1% mais ricos subiu 10,11% nesse período; a renda da fatia da população considerada de classe média (posicionada entre os 40% intermediários) teve queda de 4,16%.[14] Em 2020, devido à Covid-19, a desigualdade continuou a aumentar e anulou praticamente todos os avanços que foram realizados desde 1995 graças ao Plano Real e aos governos do PT. Os mais atingidos foram os pobres, e, entre eles, os negros.[15]

---

[13] Piketty (2020, p. 31).

[14] Marcelo Neri, "Desigualdade de renda cresce há 17 trimestres consecutivos no país", FGV Social, *O Globo*, 16/8/2019. Segundo esse estudo, o Brasil vive o mais longo aumento contínuo da concentração de renda já registrado.

[15] Conforme o Boletim Estatístico de 8/6/2020 da Secretaria Estadual de Saúde do Estado de Pernambuco, 78% dos casos graves da doença são em pessoas que se autodeclaram pretas ou pardas, enquanto na população do estado 68,6% são negros.

Causas econômicas da desindustrialização

A economia brasileira cresceu de maneira extraordinária entre 1950 e 1980, mas está quase estagnada desde então. A partir de 1995, depois que o problema da grande crise da dívida externa foi equacionado e que a alta inflação foi controlada em 1994, seria de esperar que o Brasil voltasse a crescer, mas não foi o que aconteceu. A economia brasileira entrou em regime de quase-estagnação. Os dados são claríssimos. Enquanto o PIB *per capita* crescia 4,5% ao ano entre 1950 e 1980, cresceu desde então, em média, apenas 0,8% ao ano. A mesma semiestagnação pode ser observada quando comparamos o crescimento do Brasil com os demais países: enquanto tivemos miseráveis 0,8% ao ano, o crescimento dos demais países em desenvolvimento foi de 3% ao ano, e o dos países ricos, 1,7% ao ano. Além de deixar de realizar o *catching up*, o Brasil está ficando para trás em relação aos países menos desenvolvidos. O Gráfico 13, onde vemos a evolução do PIB *per capita* do Brasil comparado com o da Índia e da China entre 1980 e 2019, mostra isso de maneira dramática.

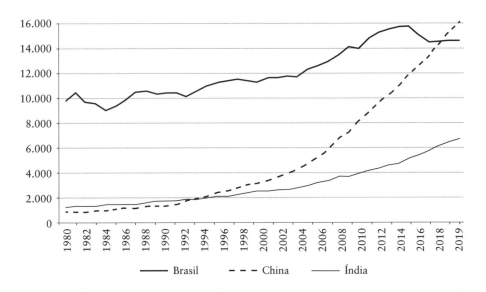

Gráfico 13
PIB *PER CAPITA* DO BRASIL, DA CHINA
E DA ÍNDIA — 1980-2019

Fonte: Banco Mundial (1990-2019), Maddison Project Database (1980-1989).
Obs.: PPP (preços constantes de 2017, em US$).

Essa quase-estagnação está diretamente relacionada com a desindustrialização — desindustrialização prematura porque começou a ocorrer antes que a economia brasileira estivesse em condições de mudar para os serviços e atividades mais sofisticados, que se caracterizam por um alto valor adicionado *per capita* e pagam bons salários. Foi apenas nos anos 2000 que começou a ficar claro que o país entrara em um processo de desindustrialização prematura. Creio ter sido eu o primeiro a alertar para esse fato quando, em 2005, em um pequeno artigo na *Folha de S. Paulo*, apresentei as bases do que seria meu modelo de doença holandesa. Minha afirmação tinha base teórica, não empírica; estava baseada na tese, que então eu começava a construir, que a taxa de câmbio no Brasil tendia a ser cíclica e cronicamente apreciada devido às taxas de juros elevadas — que atraíam capitais externos financiadores do consumo, não do investimento —, e devido à doença holandesa, que o Brasil deixou de neutralizar ao fazer a abertura comercial em 1990. Desde os anos 1930 o país neutralizava pragmaticamente (sem saber bem defini-la) essa desvantagem competitiva através de regimes de câmbio múltiplo e depois através de tarifas de importação e subsídios à exportação de manufaturados. A partir de 1990, ao deixar de neutralizar a doença holandesa e ao insistir em tentar crescer com endividamento externo, o Brasil deixou que a taxa de câmbio se apreciasse no longo prazo e as empresas industriais passassem a ter uma desvantagem competitiva muito grande: se não eram simplesmente fechadas, não investiam ou investiam muito pouco. Essa tese, que expus pela primeira vez de forma sistemática em meu livro de 2007, *Macroeconomia da estagnação*, foi confirmada nos anos seguintes em termos empíricos.

Na verdade, a quase-estagnação já havia começado nos anos 1980, quando o país, no quadro de uma grave crise da dívida externa, de uma alta inflação a ela associada, e da crise política do regime militar, viu sua poupança pública se transformar em uma despoupança pública, ou seja, em uma "crise fiscal do Estado" — uma crise que eu examinei no livro *A crise do Estado*, de 1992, caracterizada pela queda dos investimentos públicos. O crescimento extraordinário dos anos 1970 fora baseado em uma poupança pública próxima de 4% do PIB; no quadro da recessão de 1981 ela se tornou negativa, passando a girar em torno de menos 2% do PIB.

Nos anos 2000 as evidências sobre a desindustrialização se acumulavam. Conforme vimos no Gráfico 1, a participação da indústria de transformação no PIB caiu de 26% em 1984 para 11% em 2019. A desindustrialização aconteceu em duas etapas. A primeira vai da grande crise dos anos 1980 (crise da dívida externa e de alta inflação) até 1996, quando, graças ao

Plano Real, a alta inflação inercial é controlada, os salários aumentam em termos reais e o crescimento do mercado interno abre espaço para a reindustrialização. Mas as condições favoráveis para a indústria logo terminam e, a partir de 2007, quando o real passa novamente a se valorizar, começa uma nova etapa da desindustrialização, agravada pelo *boom* das *commodities* porque estas podem agora ser exportadas a uma taxa ainda mais valorizada, ou, em outras palavras, porque a doença holandesa se acentuou.

Outros dados da desindustrialização: a participação da indústria de transformação caiu de 20% em 1986 para 6% em 2019; a participação do emprego industrial no emprego total baixou de 27,0% em 1986 para 17,9% em 2009; o saldo da balança comercial de manufaturados, que era positivo, de US$ 29,8 bilhões em 2006, transformou-se em um enorme déficit de US$ 48,7 bilhões em 2011; a participação dos manufaturados nas exportações, que era de 62% em 1990, caiu para 35% em 2018. Um imenso desastre econômico não compensado pelo aumento do saldo da exportação de *commodities* — exportações estas com um valor adicionado *per capita* muito menor que o das exportações de manufaturados. Enquanto a China se transforma na fábrica do mundo e seu avanço tecnológico é impressionante, o Brasil se transforma na "fazenda do mundo" e o progresso técnico só ocorre na agricultura e na mineração, porque continuam a investir, enquanto a produtividade entra em estagnação porque a indústria não tem uma taxa de lucro que justifique o investimento. Conforme observa Pierre Salama (2012, p. 242), "o aumento das atividades industriais de produtos cada vez mais sofisticados é um fato na China, o que não ocorre no Brasil, salvo em alguns setores".

Em 2005 o Departamento Econômico da FIESP se deu conta da desindustrialização e de sua relação com a taxa de câmbio apreciada no longo prazo e, por algum tempo, colocou o problema da apreciação do real como um problema tão negativo para a indústria quanto a alta taxa de juros. Mas uma associação perversa de desenvolvimentistas populistas com ortodoxos neoliberais impediu que o país se organizasse para sair dessa armadilha macroeconômica. Os desenvolvimentistas populistas ou keynesianos vulgares recusaram qualquer depreciação porque ela reduziria o poder aquisitivo dos salários; os ortodoxos liberais, porque a desvalorização causa prejuízo para as empresas endividadas em dólares, reduz o poder aquisitivo dos juros, dividendos e aluguéis dos rentistas, reduz o valor da sua riqueza e porque, para que de fato ocorra, é preciso que o Banco Central baixe os juros para parar de atrair capitais enquanto o governo faz um forte ajuste fiscal para evitar a inflação decorrente da depreciação. Enquanto populistas e liberais se digladiavam em torno das consequências a curto prazo da desvalorização, o governo permanecia calado e nada fazia também porque estava comprometido com o populismo cambial. Em 2008, limitou moderadamente a entrada de capitais, e em 2011, tentou baixar os juros, mas, não tendo o apoio nem na sociedade, nem entre os economistas, suas ações foram tímidas e não evitaram a desindustrialização e a quase-estagnação.

Surgiu na teoria econômica, nos anos 2010, a tese da "armadilha da renda média" para explicar a quase-estagnação que muitos países, inclusive o Brasil, experimentaram "quando chegaram a um nível médio de renda". Essa tese não faz sentido, não apenas porque seus defensores usaram conceitos de renda média amplos demais, mas porque os países do Leste da Ásia não estagnaram, mas continuaram a crescer, e hoje Coreia do Sul, Taiwan e Singapura são países ricos, e a China caminha nessa mesma direção. Eu venho defendendo há algum tempo que essa "armadilha da renda média" não existe; o que aconteceu foi que um grande número de países, principalmente os latino-americanos, mergulharam na "armadilha da liberalização comercial", enquanto os países do Leste da Ásia resistiram a isso — ao neoliberalismo ou às "milagrosas reformas". Em artigo de 2020, escrito em conjunto com Eliane Cristina de Araújo e Samuel Costa Peres, demonstramos esse fato apoiados em um cuidadoso estudo econométrico.[16] Mostramos que os países do Leste da Ásia continuaram a crescer, ao contrário dos países latino-americanos, porque não tinham doença holandesa (não desmontaram, portanto, o mecanismo que neutralizava essa sobreapreciação) e porque realizaram uma abertura comercial e financeira bem menor e mais gradual do que aquelas realizadas na América Latina.

Para discutirmos as causas da desindustrialização e da quase-estagnação da economia brasileira desde 1980 precisamos distinguir os anos 1980 e o pós-1990. As razões da completa estagnação nos anos 1980 são bem conhecidas. A economia brasileira foi vítima de uma crise financeira, a Grande Crise da Dívida Externa, que foi grave para toda a América Latina, mas foi especialmente grave para o Brasil devido à estratégia equivocada do governo Geisel de tentar crescer com poupança externa, ou seja, com déficits em conta-corrente e endividamento externo. Essa política — que hoje é criticada pela Teoria Novo-Desenvolvimentista porque, além de causar crises, causa apreciação da moeda nacional e a indústria perde competitividade — era considerada na época a perfeita receita para o crescimento. Por outro lado,

---

[16] Bresser-Pereira, Araújo e Peres (2020).

desde 1964 o regime militar havia indexado a economia brasileira formalmente (os financiamentos, os aluguéis e os salários passaram a ser corrigidos pela taxa de inflação) e a sociedade brasileira se encarregou de indexar informalmente o restante. Em consequência, a crise financeira se transformou em alta inflação inercial, e o desenvolvimento econômico foi paralisado.

Na década de 1990, porém, se esperava que, resolvido o problema da dívida externa e alcançado o controle da inflação, a economia brasileira voltasse a crescer, mas a economia brasileira permaneceu quase estagnada. Nos anos 2000 o crescimento foi parcialmente retomado devido ao *boom* de *commodities* que as importações da China causaram. O país viveu, então, um período de euforia, que chegou ao auge em 2007 — bem no ano em que publiquei *Macroeconomia da estagnação*. Mas o ciclo cambial que começara na crise de 2002 ainda não estava completo. Ele só se completaria com uma outra crise financeira, que afinal ocorre em 2014. Nesse ano, as empresas industriais altamente endividadas e sem lucros, devido aos juros altos e ao câmbio apreciado, paralisaram seus investimentos, enquanto os preços das *commodities* caíam fortemente e o real se depreciou. Estava terminado o ciclo cambial (2002-2014) e, mais amplamente, estava terminado o ciclo histórico Democracia e Justiça Social (1980-2014). Já discuti anteriormente a crise de 2014; agora me proponho a explicar mais detalhadamente a desindustrialização e a quase-estagnação da economia brasileira que caracterizou esse ciclo.

Começo pelas causas econômicas diretas. As duas principais foram a queda da taxa de investimento do país e a redução da produtividade do capital, ou seja, da relação produto-capital.

1. *Queda da taxa de investimento*. Na teoria do desenvolvimento econômico há mais perguntas do que respostas, mas uma coisa parece certa: a taxa de investimento é a causa direta do desenvolvimento econômico. Causas indiretas existem muitas importantes: existem as condições gerais da acumulação de capital (a educação, os investimentos em infraestrutura, um sistema financeiro capaz de financiar os investimentos e instituições que garantam o bom funcionamento do mercado, especialmente um Estado comprometido com o desenvolvimento econômico); e existem as condições sociais, principalmente uma nação coesa, e culturais, principalmente um projeto nacional de desenvolvimento. Mas quando buscamos uma variável que seja diretamente relacionada com o desenvolvimento econômico, a taxa de acumulação de capital é certamente aquela que é sempre encontrada nas pesquisas econômicas. A acumulação de capital aumenta diretamente a produção, aumen-

ta a produtividade do trabalho ao substituir trabalho por capital, libera mão de obra para a realização de serviços mais sofisticados e com maior valor adicionado *per capita*, e cria demanda por desenvolvimento tecnológico, seja aquele incorporado na produção dos bens de capital, seja aquele que se acumula nas pessoas, nas suas práticas administrativas e nos seus softwares. O capital adicional que resulta do investimento, além de aumentar a produtividade do trabalho, tem a sua própria produtividade ou relação produto-capital: de quanto aumenta a produção a cada aumento marginal do capital. Por outro lado, a forma por excelência pela qual os países em desenvolvimento realizam o *catching up* é a da transferência de mão de obra de atividades com baixo valor adicionado, que são pouco sofisticadas produtivamente e pagam baixos salários, para atividades com alto valor adicionado *per capita*, na prática, da agricultura e pecuária para a indústria. Este caminho está aberto principalmente para os países em desenvolvimento que têm ainda muitas atividades pouco sofisticadas para transferir para a indústria de transformação. Para os países ricos o argumento mais importante a favor da industrialização é o de Nicholas Kaldor (1968): o fato de que na indústria existem rendimentos crescentes de escala.

Examinemos, primeiro, o problema da queda da taxa de acumulação de capital na economia brasileira como uma variável explicativa da diminuição da sua taxa de crescimento. Para isso, compararei a década de 1970, quando o Brasil crescia aceleradamente, a uma taxa média de 8,7%, com os anos 2010, nos quais essa taxa caiu para apenas 0,8%. Este último número, 0,8%, reflete a recessão que houve ente 2014 e 2016 e a recuperação insuficiente que se seguiu, enquanto nos 8,7% dos anos 1970 está o "milagre" de 1968 a 1973. Mesmo se fazendo alguma correção, a queda no crescimento foi enorme. A queda nos investimentos também foi significativa, eles caíram de 25,4% para 20,5% do PIB, mas foi uma queda muito menor do que foi a diminuição da taxa de crescimento. Isso mostra que o problema de produtividade do capital, que discutirei em seguida, é igualmente importante.

A queda dos investimentos aconteceu quase toda no setor público. Isso se deve a dois fatos. Um deles foi a brutal diminuição da poupança pública — a diferença entre a receita do Estado e a despesa corrente (inclusive juros e exclusive investimentos). A taxa de poupança de um país depende no curto prazo dos investimentos, como mostrou classicamente Keynes, os quais, naturalmente, contribuem para o aumento da poupança no longo prazo. Mas no longo prazo a poupança depende principalmente dos hábitos de consumo e poupança da população, dos mecanismos de poupança forçada que o Estado cria como fundos de previdência ou aposentadoria, e da capacidade de o Estado lograr realizar uma poupança pública. Algo que não é facilmente alcançável, porque a pressão das empresas e das famílias para evitar o aumento da carga tributária é enorme, tão grande quanto o esforço que realizam para que o Estado realize gastos em seu benefício. É muito grande a pressão das empresas por obter subsídios (política industrial) e das famílias para que o Estado aumente o gasto social, principalmente a nível municipal e estadual. A outra causa da queda do investimento público é ideológica. A partir de 1990, quando o país embarcou no liberalismo econômico, o investimento público tornou-se "desnecessário"; foi confundido com estatização e acusado de tirar espaço do investimento privado (o chamado *crowding out*). Entretanto, ao invés de prejudicar o investimento do setor privado, o investimento público em setores não competitivos de infraestrutura e de insumos básicos cria demanda e estimula sua realização. O governo do PT tentou reverter essa visão e essa prática e conseguiu por algum tempo aumentar o investimento público, mas terminou em crise fiscal e na reversão do avanço alcançado.

Já a principal causa do baixo investimento privado foi a sobreapreciação do real, que, entre uma crise financeira e outra, foi sempre muito grande. Entre o segundo semestre de 2007 e o primeiro semestre de 2014, por exemplo, a taxa de câmbio média foi de R$ 2,40 por dólar, enquanto minha avaliação é a de que a taxa de câmbio de equilíbrio industrial no Brasil deve ser cerca de R$ 3,80 por dólar, a preços de janeiro de 2016. Segundo estudo econométrico competente realizado por André Nassif, Carmem Feijó e Eliane Cristina de Araújo (2011), o nível "ótimo" da taxa de câmbio, ou seja, o nível "de equilíbrio industrial", seria R$ 2,84 por dólar a preços do final desse ano. Nelson Marconi (2013), por sua vez, calculou a taxa de câmbio de equilíbrio industrial em R$ 2,75 por dólar a preços de 2012. Finalmente, Oreiro et al. (2013) calcularam essa taxa para o fim de 2013 em R$ 3,30 por dólar. Nos três casos os autores chegam a um valor que trazido para preços de janeiro de 2016, giram em torno dos R$ 3,80 por dólar.[17]

Diante do acúmulo das evidências, foi necessário afinal reconhecer o problema da desindustrialização. Contudo, para a ortodoxia liberal o câmbio continua a não ser o culpado. Seus economistas e jornalistas estão sempre interessados em "se livrar" da taxa de câmbio — para eles, um preço macroeconômico cuja valorização é conveniente para atingir a meta de inflação e, assim, aumentar os ganhos dos rentistas e dos financistas que não estão

---

[17] Em 2020 o equilíbrio industrial deve estar em torno de R$ 4,50 por dólar.

interessados nos lucros do investimento produtivo, mas nas rendas sob a forma de juros reais. Buscam, então, outros culpados da desindustrialização, e afirmam que é a "falta de poupança", ignorando que a poupança insuficiente é causada pelo investimento insuficiente; ou então afirmam que o culpado é o "custo Brasil" — a infraestrutura insuficiente, os impostos altos demais, a oneração excessiva da folha de salários com direitos trabalhistas e a escassez de conhecimentos tecnológicos —, ignorando que todos os governos procuram enfrentar esses problemas independentemente de sua orientação ideológica.

O atraso dos investimentos em infraestrutura que ocorreu desde os anos 1980 e se estendeu até meados dos anos 2000 deveu-se a duas crenças caras à ortodoxia liberal e às políticas que elas ensejam: primeiro, que não há diferença entre gasto público de custeio e de investimento, devendo as duas despesas ser contadas sem distinção no cálculo do superávit primário a ser alcançado; segundo, que não há diferença entre produzir estradas e usinas hidrelétricas ou produzir camisas e automóveis, de modo que o mercado é igualmente competente em alocar recursos nos dois tipos de indústria. Foram essas duas crenças que, nos anos 1990, levaram ao desmonte do setor de engenharia do governo federal (dos ministérios que cuidam da Energia, das Minas, dos Transportes e das Comunicações), ao desemprego dos engenheiros, e a uma queda acentuada no número de jovens com interesse em fazer o exame para cursar engenharia civil. Apenas em 2007, depois que o governo passou a planejar investimentos na infraestrutura e na indústria de base através do PAC, e o BNDES aumentou seu financiamento para esses setores, os cursos de engenharia civil voltaram a ser procurados. Mesmo assim, um problema fundamental para o desenvolvimento desses setores continua a ser o desaparelhamento do governo e das empresas de projetos por falta de engenheiros.

Há ainda o problema da privatização de empresas estatais. Por serem monopolistas, elas têm ampla capacidade de realizar lucros e contribuir para a poupança pública. Quando, por exemplo, em 1964, no início do regime militar, Roberto Campos estatizou a telefonia fixa e as empresas de energia, ele o fez para usar seus lucros no financiamento desses dois setores, que então estavam estagnados. O resultado foi extraordinário: esses dois setores cresceram enormemente financiados por seus próprios lucros. Nos últimos vinte anos os investimentos da Petrobras foram enormes, mas eles são considerados investimentos privados. Por isso, quando comparamos a taxa média de investimento privado nos anos 1970 e nos anos 2010, verificamos que sua queda foi muito pequena — menor do que a armadilha dos juros altos e do câmbio apreciado deixariam prever. A explicação é que o investimento propriamente privado caiu, mas o investimento das empresas estatais em particular aumentou muito, e por isso o investimento total "privado" não diminuiu tanto no período.

2. *Queda da produtividade do capital*. Ainda no plano econômico, para compreender a quase-estagnação da economia brasileira precisamos considerar, além da queda da taxa de investimento, a queda na produtividade do capital. Como a Tabela 15 mostra, nos anos 1970 a relação marginal produto-capital era 0,30 — para cada real investido o PIB aumentava 30 centavos —, caindo para 0,21 nos anos 2000. Esse é um fenômeno que tende a acontecer em todas as economias que se industrializam. É o que Marx chamava de tendência ao aumento da composição orgânica do capital, que corresponde aproximadamente à relação marginal capital-produto e, portanto, ao inverso da relação produto-capital que é a medida mais simples e mais clara da produtividade do capital. Em um trabalho relativamente recente, voltei a esse tema.[18] A produtividade do capital tende a cair nas economias capitalistas porque as empresas, no processo de "mecanização", ao substituírem mão de obra por capital, investem, primeiro, nas máquinas cuja produtividade é maior. Uma vez, porém, realizada a substituição de trabalho por essas máquinas, as empresas avaliam e decidem investir em novas máquinas que substituem novos contingentes de trabalhadores, que também são econômicas (o custo do retorno da máquina e da depreciação é menor do que o da mão de obra substituída). As empresa agem dessa maneira até pararem o processo porque não existem, por enquanto, dada a tecnologia existente, novas máquinas que substituam novos trabalhos de maneira econômica. Nesse processo de compra de novas máquinas para substituir outros trabalhos, as novas máquinas são relativamente menos produtivas do que as máquinas anteriores; elas o são por definição dado que pressupomos que as empresas compram máquinas e substituem mão de obra começando pelas máquinas mais produtivas e terminando pelas menos produtivas. Em consequência, a produtividade média da acumulação de capital realizada no ano cai. É isso que acontece nas economias capitalistas, inclusive no Brasil. É o que vem acontecendo de maneira muito acentuada com o processo de automação e robotização que decorreu da revolução da tecnologia da informação e comunicação iniciada após a Segunda Guerra Mundial. A queda da relação

---

[18] Bresser-Pereira (2018).

produto-capital torna-se causa da queda da taxa de lucro e leva o país a reduzir sua taxa de crescimento. De fato, as taxas de crescimento realmente caíram em todo o mundo desde os anos 1980, mas não se chegou à estagnação, só ao baixo crescimento da chamada "estagnação secular", porque as grandes empresas compensaram a perda da produtividade do capital com o aumento do seu poder de monopólio (por isso fazem tantas fusões e aquisições), e podem, assim, aumentar suas margens de lucro sobre vendas de forma a evitar que a taxa de lucro sobre o capital investido caia. Esta tendência só não se torna realidade se os investimentos em novas máquinas substituindo máquinas antigas superarem o investimento das mesmas máquinas substituindo mão de obra ainda não substituída. Isso só acontece quando o país está crescendo muito, a taxa de lucro esperada é alta, e a propensão marginal das empresas a investir é grande. Um quadro como esse não existe no Brasil desde, novamente, o "milagre" de 1968-1973. Não existe também no capitalismo neoliberal, financeiro e rentista, dominante no mundo rico desde a virada neoliberal de 1980.[19]

Tabela 15
UMA COMPARAÇÃO ENTRE OS ANOS 1970
E OS ANOS 2010

Médias como % do PIB	1971-1980	2011-2018
Crescimento anual do PIB	8,7%	0,8%
Investimento privado	17,6%	17,1%
Investimento público	7,8%	3,4%
Poupança pública	4,4%	-2,0%*
Carga tributária	25,2%	32,6%
Juros pagos pelo Estado	1,5%	5,8%
Despesa social	-5,5*	11,8%
Produto/capital	0,30	0,21

Fonte: IBGE e Ipeadata (* valores estimados).

A quase-estagnação da economia brasileira desde 1990 explica-se, portanto, pelas duas causas econômicas que acabei de apresentar: pela queda da produtividade do capital, que é até certo ponto inevitável, e pela queda da

---

[19] Esse modelo foi aplicado à estagnação secular nos países ricos em Bresser-Pereira (2019).

taxa de investimento. Esta decorreu da diminuição do investimento público, o qual decorreu da forte queda da poupança pública, e do não aumento do investimento privado na indústria, que se traduziu em desindustrialização prematura. O investimento privado não aumentou porque, não obstante a transferência para o setor privado de empresas públicas, o país mergulhou na armadilha dos altos juros e do câmbio apreciado.

Causas gerais da quase-estagnação

Por trás dessas duas causas especificamente econômicas, proponho que existem quatro causas mais gerais, de caráter sócio-político, que desestimularam os investimentos das empresas e tornaram o Estado incapaz de poupar para poder investir:

1) O poder político que a coalizão financeiro-rentista alcançou no Brasil a partir de 1990;
2) A alta preferência pelo consumo imediato dos brasileiros;
3) A incompatibilidade do liberalismo econômico com o desenvolvimento e o *catching up* do Brasil;
4) A dependência das elites econômicas e políticas brasileiras.

1. *O poder assumido pela coalizão financeiro-rentista no Brasil*. Esse poder decorreu da virada neoliberal que ocorreu no mundo rico em torno de 1980, desencadeada pela eleição de Margareth Thatcher no Reino Unido e de Ronald Reagan nos Estados Unidos. Os países industrializados, que haviam sido desenvolvimentistas e social-democráticos no pós-guerra, nos Trinta Anos Dourados do Capitalismo (1946-1975), diante da crise econômica e da queda da taxa de lucro que ocorreu principalmente naqueles dois países, deixam-se convencer pelos intelectuais neoliberais que desde os anos 1950 se organizavam para combater a teoria econômica keynesiana. O inimigo maior dos novos liberais era o estatismo soviético, mas quando, a partir de meados dos anos 1960, perdeu dinamismo e tendeu à estagnação, eles não tiveram dúvida em se voltar contra o pensamento keynesiano, que revolucionara a teoria econômica e a havia tornado operacional ao lhe oferecer uma política macroeconômica, e por isso defendia uma intervenção moderada do Estado na economia. A teoria keynesiana da inflação a explicava muito simplesmente pelo excesso de demanda. Quando ela não se revelou capaz de explicar a estagflação (inflação com recessão) que passou a acontecer nos Estados Unidos, os economistas neoliberais, embora também

sem uma explicação para o problema (a explicação viria na década seguinte com a teoria da inflação inercial que foi principalmente desenvolvida no Brasil, onde esse fenômeno foi muito mais acentuado), lograram convencer os departamentos das grandes universidades norte-americanas e inglesas que estava na hora de retornar à teoria econômica neoclássica — uma teoria conservadora que pouco explicava e nada oferecia em termos de política econômica, a não ser tirar o Estado de tudo, deixar tudo por conta do mercado, defender "reformas" para liberalizar, privatizar, desregulamentar. E isso interessava aos próprios acadêmicos porque, graças ao método hipotético-dedutivo adotado, podiam voltar a matematizar toda a teoria. E interessava particularmente a nova coalizão de classes financeiro-rentista que estava emergindo, que não estava interessada em crescimento econômico, mas em juros e dividendos elevados, protegidos da inflação.

Dado o caráter dependente da sociedade brasileira e o imperialismo dos Estados Unidos — um imperialismo por hegemonia voltado para convencer e pressionar o resto do mundo a adotar as mesmas reformas neoliberais, o Brasil se submeteu à nova ordem em 1990, no governo Collor — em um momento em que o desenvolvimentismo estava fragilizado por 10 anos de crise da dívida externa e alta inflação inercial. E ao se submeter ao neoliberalismo, o poder da elite financeiro-rentista aumentou enormemente. E se expressou, principalmente, em duas coisas: no aumento brutal da dívida pública que acontece principalmente no governo Fernando Henrique Cardoso em consequência principalmente de um programa de salvamento de bancos (o PROER), e na adoção pelo Banco Central, a partir de então, de uma taxa de juros altíssima, sem nenhuma relação com o risco-Brasil. Explicada, apenas, pela definição nesse mesmo governo da política de crescimento com endividamento externo, que exige juros altos para atrair os capitais externos necessários para financiar o déficit em conta-corrente (a "poupança externa") e pelo poder político da nova elite financeiro-rentista e seus economistas. Uma taxa de juros que, entre 1992 e 2018, representou uma brutal captura do patrimônio público.

2. *A alta preferência pelo consumo imediato*. Esta segunda explicação geral para os baixos investimentos e para a quase-estagnação da economia brasileira desde 1990 corresponde ao erro das sociedades subdesenvolvidas de "tentar reproduzir os padrões de consumo do mundo rico", sobre o qual Celso Furtado tantas vezes falou. Esse consumismo se expressou nesse período em um fato muito simples: um grande aumento da participação do consumo na renda. Tomemos como base os anos 1980, quando a carga tri-

butária era de 25,2%, a poupança pública, de 4%, e o investimento público, de 6% do PIB. Desde a transição democrática de 1985 para cá, a carga tributária aumentou em cerca de 7,4 pontos percentuais para 32,6% do PIB, a poupança pública caiu 4,4% do PIB tornando-se negativa em 2% do PIB, e o investimento público caiu para 2% do PIB, portanto, 6,4 pontos percentuais. Desses 6,4 pontos percentuais de diminuição da poupança pública, 3 pontos percentuais somados aos 7,4 de aumento da carga tributária resultam nos 10,4% do PIB que foram para o consumo. Como foram eles destinados? 5,8% do PIB foram capturados pelos rentistas sob a forma de juros sobre a dívida pública, e os restantes 4,6% do PIB financiaram os gastos sociais, principalmente em educação e saúde. Poderíamos dizer que foram também para o pagamento adicional de servidores públicos, mas os gastos com pessoal do Estado brasileiro não aumentaram nesse período, ainda que os salários sejam com frequência altos demais, muito mais altos do que os pagos no setor privado. Apenas 4,6% do PIB foram para o aumento do gasto social! Confesso que fiquei surpreso quando cheguei a esse número. Poderia ter sido muito maior, se os gastos com o serviço público tivessem caído e, principalmente, se não tivesse havido essa violência com os direitos republicanos dos brasileiros que foram os 5,8% do PIB pagos à coalizão de classes neoliberal, financeira e rentista.

3. *O liberalismo econômico é incompatível com o desenvolvimento econômico do Brasil*. A razão mais geral para essa incompatibilidade entre o liberalismo econômico e o desenvolvimento econômico do Brasil é o fato que os liberais sobrestimam a capacidade do mercado de coordenar sistemas econômicos e pretendem que basta que o Estado garanta a propriedade e os contratos e mantenha equilibradas as contas públicas que o mercado se encarregará do resto. Em termos mais práticos e diretos, porém, podemos mostrar essa incompatibilidade enumerando uma série de políticas e não--políticas liberais:

a) *Política de liberalização comercial e a correspondente não-política de ignorar a doença holandesa*. A liberalização comercial é geralmente criticada pelos desenvolvimentistas clássicos com o argumento da indústria infante. Esse argumento, porém, tem prazo de validade. Depois de algum tempo de desenvolvimento de cada setor industrial ele deixa de ser um setor nascente. Para a Teoria Novo-Desenvolvimentista a crítica principal à abertura comercial está no fato de que ao adotá-la um país que sofre da doença holandesa desmonta o mecanismo que neutraliza essa sobreapreciação de longo prazo da taxa de câmbio do país. O Brasil, antes de se tornar um exportador de petróleo, já era um grande exportador de *commodities*. Por isso sempre teve como obstáculo para seu crescimento a doença holandesa — que causa uma taxa de câmbio satisfatória para a exportação de *commodities*, mas não competitiva para as empresas industriais. O Brasil só se industrializou quando neutralizou a doença holandesa. Neutralizou-a intuitivamente, ainda que seus economistas desenvolvimentistas não conhecessem seu conceito. Eles sabiam, porém, que para se desenvolver o país precisava se industrializar, e, para se industrializar, tarifas de importação e subsídios para a exportação de manufaturados eram necessários. E, portanto, levaram adiante essas políticas, sempre sob o fogo dos liberais, que os acusavam de "mercantilistas" ou de "protecionistas", quando eram, na verdade, competentes desenvolvimentistas.[20] As tarifas na importação de manufaturados neutralizavam a doença holandesa em relação ao mercado interno; e, entre 1967 e 1990, um subsídio para a exportação de manufaturados neutralizou a doença holandesa em relação ao mercado externo. O resultado foi uma industrialização notavelmente bem-sucedida, inicialmente uma industrialização substitutiva de importações, e, a partir de 1967, voltada para a exportação de manufaturados. Em 1990, porém, o regime de política econômica no Brasil se tornou neoliberal e esses dois mecanismos de neutralização da doença holandesa foram desmontados: a tarifa média de importação, que era de 45%, caiu para 12%, e o subsídio à exportação de manufaturados foi extinto. Isso significou uma grande desvantagem competitiva para as empresas brasileiras. Apenas uma parte da alta tarifa e do subsídio era protecionismo, a outra garantia a elas condições iguais de competição com as empresas localizadas em outros países.

b) *Política de tentar crescer com "poupança externa"*. Essa política liberal de incorrer em déficit em conta-corrente e de se endividar em moeda estrangeira é um equívoco fundamental do pensamento liberal que governos supostamente desenvolvimentistas não hesitam em também adotar. Sua crítica pela Teoria Novo-Desenvolvimentista é seu aspecto mais contraintuitivo e, por isso, talvez sua tese mais original. Os defensores dessa política partem do pressuposto que os influxos de capital financiarão investimentos. Entretanto, um simples raciocínio econômico mostra que, ao invés, eles financiarão o consumo e desestimularão o investimento porque causarão a

---

[20] Refiro-me aqui a economistas como Rômulo de Almeida, Jesus Soares Pereira, Ignácio Rangel, Celso Furtado, João Paulo dos Reis Velloso, Antonio Delfim Netto, Roberto Campos e Mário Henrique Simonsen — estes dois últimos divididos entre o desenvolvimentismo e o liberalismo econômico.

apreciação da moeda do país enquanto o déficit em conta-corrente perdurar. A moeda se apreciará porque para financiar o déficit em conta-corrente será necessária uma entrada de capitais externos — e portanto um aumento da oferta de divisas externas — maior do que a saída igual ao déficit. Ora, quando a moeda se aprecia, os salários dos trabalhadores e os rendimentos (juros, dividendos e aluguéis recebidos) dos rentistas terão seu poder aquisitivo aumentado, estimulando o consumo, enquanto as empresas perderão competitividade, sua taxa de lucros cairá e inviabilizará seus investimentos. Em outras palavras, enquanto persistir o déficit em conta-corrente as entradas de capitais superarão as saídas no valor desse déficit, a oferta de dólares superará a demanda por eles, e a taxa de câmbio se apreciará e se manterá nesse novo "equilíbrio" enquanto o déficit durar. Um equilíbrio que não levará o país necessariamente a uma crise de balanço de pagamentos (se a taxa de juros for menor do que a taxa de crescimento da economia), mas necessariamente estimulará o consumo e penalizará o investimento privado. Na verdade, a política de crescimento com poupança externa é uma política populista que garante ao político a reeleição, porque ela interessa no curto prazo aos trabalhadores e garante o apoio da classe média e da classe rica rentista, que tem aumentado o poder aquisitivo de seus rendimentos.

c) *Política de praticar juros elevados*. Essa política liberal está associada à anterior, porque o país precisa atrair capitais externos para financiar o déficit em conta-corrente. Ela decorre também do interesse dos capitalistas rentistas, que constituem geralmente a base de apoio dos políticos e economistas liberais, assim como os trabalhadores e a burocracia pública tendem a ser representados pelos desenvolvimentistas. Ora, não há nada melhor para os rentistas do que juros elevados.[21] A desculpa apresentada é sempre a inflação, mas a boa política monetária não precisa de altos juros, mais precisamente, não precisa de um nível de taxa de juros alto. Definido um nível de taxa de juros correspondente ao crédito internacional do país, que, no caso do Brasil, será um pouco mais elevado do que a taxa de juros internacional, o Banco Central pode, então, aumentar um pouco essa taxa de juros se a inflação crescer. Não precisa, definitivamente, das escandalosas taxas de juros que foram praticadas no Brasil desde 1992 até 2019. Só muito recentemente ela baixou para um nível razoável.

d) *Política de abertura financeira ou de liberar as entradas e saídas de capitais*. Essa política, ruim mesmo para os países ricos, não causa direta-

---

[21] Ver Bresser-Pereira, Paula e Bruno (2020).

mente apreciação cambial, mas torna a taxa de câmbio ainda mais volátil do que ela já tende a ser. Para se desenvolver não basta que um país tenha uma taxa de câmbio competitiva; é preciso adicionalmente que ela seja razoavelmente estável. Por isso o controle de capitais é tão importante, para limitar as saídas e principalmente as entradas de capitais externos, que tendem a literalmente invadir um país quando seu mercado interno está crescendo e sua taxa de juros é alta. O mercado interno atrai os investimentos diretos das empresas multinacionais; a taxa de juros, os financiamento externos.

e) *Política de privatizações* que incluem serviços públicos monopolistas, **grandes** bancos de varejo e empresas de mineração, particularmente de petróleo. A Teoria Novo-Desenvolvimentista defende a privatização de empresas que operam em mercados competitivos. O Estado as coordena muito mais eficientemente do que o mercado. É crítica, porém, da privatização dos monopólios, inclusive os grandes bancos, porque estes são *too big to fail* (grandes demais para irem à falência). E porque, sem o controle do mercado, o que fazem as empresas monopolistas privatizadas é aumentar preços e diminuir a qualidade dos serviços prestados para aumentar seus lucros. É contrária, também, à privatização de empresas como a Petrobras, por sua importância estratégica.

O crescimento econômico de países em desenvolvimento implica, essencialmente, em investimentos que transfiram mão de obra não apenas para as empresas tecnologicamente sofisticadas existentes no país, mas também para as potencialmente existentes — aquelas que o empresário pensa em criar ou nas quais considera investir porque dispõem de tecnologia internacionalmente competitiva. Ele faz seus cálculos e não investe porque os juros são altos demais, porque a taxa de câmbio é apreciada no longo prazo, porque os serviços públicos privatizados são caros demais, tornando o investimento ou a nova empresa não competitiva.

O economista liberal poderá argumentar com uma crítica aos desenvolvimentistas. No Brasil o crescimento seria também incompatível com o desenvolvimentismo porque os desenvolvimentistas seriam irresponsáveis no plano fiscal, não criticariam suficientemente os altos salários e as vantagens absurdas de muitos servidores públicos, e defenderiam excessivamente os interesses dos trabalhadores em prejuízo das empresas. Mas, exceto em relação ao último ponto, os desenvolvimentistas a que os liberais estão se referindo são os desenvolvimentistas populistas, não o desenvolvimentismo responsável que a Teoria Novo-Desenvolvimentista defende. Já em relação aos liberais, não faz sentido a distinção entre liberais responsáveis e não responsáveis, porque as cinco políticas listadas são defendidas por todos eles.

Para os liberais, conforme já disse Gabriel Palma, entre indignado e mordaz, "não faz diferença se o país produz *microchips* ou *potato chips*".

4. *Dependência das elites brasileiras*. Esta quarta causa, em conjunto com a quinta (a desigualdade radical), pode ser pensada como a causa das causas porque as três anteriores refletem também a subordinação das nossas elites ao imperialismo por hegemonia dos Estados Unidos e o descompromisso das elites brasileiras com seu povo. O Brasil, que em 1930, depois da longa luta dos nacionalistas em defesa da industrialização, deixou a condição semicolonial para se tornar uma verdadeira nação, desde 1990 voltou à condição semicolonial ao se submeter às políticas liberais recomendadas e pressionadas pelos Estados Unidos. O desenvolvimento econômico não é um mero crescimento da renda *per capita* e dos padrões de vida de uma população; é essencialmente o projeto nacional bem-sucedido. A condição essencial do desenvolvimento econômico é a existência de uma nação que se torna suficientemente forte, nacionalista, para conquistar um território (em princípio, o "seu" território), construir um Estado e, assim, se transformar em um Estado-nação. Isso é verdade para todas as sociedades que se transformaram em Estados-nação, a começar pelo primeiro deles, a Inglaterra, e depois para os outros Estados-nação "centrais" que se formaram no século XX e realizaram sua revolução industrial e capitalista. Centrais porque não se submeteram ao imperialismo industrial dos primeiros países que realizaram essa revolução — principalmente o Reino Unido e a França. Mas construir um Estado-nação digno desse nome, realmente autônomo, capaz de definir um projeto nacional de desenvolvimento, foi especialmente importante para os Estados-nação "periféricos" — aqueles que para se industrializarem precisaram enfrentar um problema adicional: o imperialismo dos países centrais. Imperialismo que, para a Ásia e a África, foi um imperialismo formal, que submeteu essas sociedades periféricas à condição de colônia. Imperialismo que, para a América Latina, foi de hegemonia ideológica, porque as ex-colônias de Portugal e Espanha se tornaram formalmente independentes no início do século XIX e os países centrais não tiveram capacidade de submetê-las a uma nova condição colonial — reduziram-nas, porém, a uma condição semicolonial, que só começou a ser rompida pelos países mais fortes da região depois que, nos anos 1930, os países centrais se enfraqueceram pela Grande Depressão e, na primeira metade dos anos 1940, se envolveram em uma guerra que também os debilitou.

Hoje, depois que as colônias formais se transformaram em países formalmente independentes, o principal problema para todos esses países periféricos é enfrentar o imperialismo por hegemonia ideológica dos Estados Unidos, e, em menor grau, do Reino Unido e da França, nos quais o imperialismo formal foi importante. A autonomia nacional é fundamental para enfrentar esse imperialismo, cuja estratégia maior continua a ser a de persuadir as elites locais de que não precisam se industrializar, que devem se valer de suas vantagens comparativas e deixar tudo por conta do mercado. Isso interessa aos países centrais porque sua mão de obra é relativamente cara e a dos países periféricos é barata, e porque a lógica do imperialismo, desde que John Hobson a definiu no início do século XX, é exportar capitais e trocar suas mercadorias e serviços de alto valor adicionado pelas *commodities* dos países em desenvolvimento, que geralmente são de produção pouco sofisticada, têm baixo valor adicionado *per capita* e pagam salários baixos.

Mas, mesmo se não considerarmos o imperialismo por hegemonia, a construção de uma nação forte, capaz de levar adiante um projeto nacional de desenvolvimento, continua fundamental por uma simples razão: porque não obstante a ideologia globalista do Norte tenha insistentemente tentado passar a ideia de que na globalização os Estados-nação se tornaram interdependentes e perderam importância, o fato é que eles se tornaram ainda mais importantes do que eram antes. Por uma razão — porque a globalização não se define apenas pela competição das empresas a nível mundial, define-se também por uma competição generalizada entre os próprios Estados-nação.

Podemos ver a globalização como uma fase do desenvolvimento capitalista, mas podemos também vê-la como um projeto dos Estados Unidos. Um projeto que foi bem-sucedido no Brasil e, em geral, na América Latina, mas fracassou redondamente nos países do Leste da Ásia, porque suas elites são muito mais independentes do que são as elites brasileiras, porque nenhum coreano ou chinês pensa que seus membros sejam "europeus", enquanto no Brasil a elite branca se considera europeia.

5. *A desigualdade radical e o racismo*. A última frase do parágrafo anterior serve de introdução perfeita para a afirmação que a desigualdade radical da sociedade brasileira e o forte elemento racista que existe nela são igualmente fundamentais para compreendermos sua quase-estagnação. Uma sociedade é boa, uma nação é forte, quando ela é mais coesa e integrada. Esta é uma tese central da grande sociologia e está fortemente presente em Émile Durkheim e Norbert Elias. As sociedades nacionais nunca são plenamente integradas, porque elas são divididas pelas identidades de classe, de raça, de gênero e de preferência sexual. Mas para atenderem a critérios mínimos de justiça e serem capazes de formular um projeto nacional elas pre-

cisam ser formadas por cidadãos com direitos iguais que se respeitam entre si, não obstante suas diferenças. Como ensinou Ernest Gellner ([1983] 2000), as duas lógicas do Estado-nação, a unidade político-territorial própria do capitalismo,[22] são o desenvolvimento econômico e a integração social. Não apenas o desenvolvimento mas também a justiça social não são possíveis se a sociedade não resolve dialeticamente o problema da sua necessidade de coesão junto com a preservação das identidades sociais nela existentes.

O Brasil nunca foi uma sociedade caracterizada pela coesão social. As diferenças entre a elite que se julga branca e europeia e o povo, que é principalmente negro, são enormes. Celso Furtado, no ensaio "Que somos?", de 1984, escreveu:

> "O distanciamento entre elite e povo será o traço característico do quadro cultural produzido pela modernização dependente. As elites voltam-se, como que hipnotizadas, para os centros da cultura europeia. [...] O povo era reduzido a uma referência negativa, símbolo do atraso. Ignorado das elites, esse povo segue seu curso próprio, reforçando sua autonomia criativa e diferenciando-se regionalmente."[23]

Essa alienação das elites brasileiras, sua identificação com a "brancura" europeia, resultou, em termos objetivos, em racismo, em um regime de apartheid não no nível do povo, mas no nível das elites. Uma crítica forte a essa violência social foi realizada por Jessé Souza (2017: 77, 82), para quem o preconceito de classe e o preconceito racial estão intimamente associados. Para ele, o medo que existiu no tempo do escravismo de uma "rebelião negra" foi substituído pela definição do negro como "inimigo da ordem".

O DESAFIO ECONÔMICO

A desindustrialização ocorrida no Brasil desde os anos 1980 ilustra bem o mal desempenho da economia brasileira desde então. Quando, em 1994, um plano heterodoxo, baseado em uma teoria econômica heterodoxa desenvolvida por economistas brasileiros — a teoria da inflação inercial — termi-

---

[22] Enquanto a unidade político-territorial própria do escravismo é o Império.

[23] Furtado (1984, pp. 38-9).

nou com catorze anos de alta inflação inercial, eu e muitos outros economistas pensamos que, a partir de então, o Brasil cresceria de forma acelerada e voltaria a realizar o alcançamento. Estávamos enganados. O Brasil submeteu-se ao Norte e assim, sem uma estratégia nacional de desenvolvimento, ficou para trás. Uma coalizão de classes liberal e dependente, o Pacto Liberal-Dependente de 1991, tomou conta do Brasil. Durante o segundo governo Lula houve uma tentativa de mudar a estratégia dependente, e muitos atribuíram a essa mudança incompleta o aumento da taxa de crescimento que ocorreu então, mas esse bom desempenho era consequência da melhoria dos preços das *commodities* exportadas pelo Brasil e da política distributiva que esse aumento de preços ensejou. O problema fundamental da economia brasileira desde que o Plano Real estabilizou os preços em 1994 — a armadilha macroeconômica dos juros altos e do câmbio sobreapreciado — não foi resolvido. E, ao não se resolver esse problema, não se criaram estímulos para que os empresários investissem mais e o país crescesse mais.

Por que não se enfrentou esse problema? No início, porque a hegemonia da ortodoxia liberal era muito grande, e esta rejeitava essa interpretação novo-desenvolvimentista para o baixo crescimento do país. Em seu lugar, afirmava — e continua afirmando — que o problema do Brasil seria a baixa poupança, o déficit público excessivo e, não obstante a grande liberalização realizada nos anos 1990, a falta das "mágicas" reformas institucionais liberalizantes que permitiriam aos mercados tornar todo o sistema econômico mais eficiente. De fato, o nível de poupança no Brasil é baixo, mas para que ele aumente é inútil fazer apelos aos agentes econômicos para que poupem mais. Na lógica keynesiana, segundo a qual é o investimento que determina a poupança, para aumentar a poupança o país precisa tomar três providências: primeiro, estabelecer oportunidades de investimentos lucrativos para os empresários, algo que depende essencialmente de um nível de taxa de juros razoavelmente baixo e de uma taxa de câmbio competitiva, localizada no nível do equilíbrio industrial, que conecte as empresas nacionais competentes aos mercados externos e internos; segundo, que o Estado realize uma poupança pública positiva, em vez de apenas alcançar um superávit primário; e, terceiro, que o Estado crie fundos de pensão com contribuição obrigatória. Ora, não obstante o avanço realizado nos primeiros dois anos do governo Dilma, o poder do capitalismo rentista no Brasil tem impedido que a taxa de juros real baixe para níveis aceitáveis. E os exportadores de *commodities* tem impedido que se imponha um imposto variável sobre suas exportações que permita que a taxa de câmbio se aproxime do nível de equilíbrio industrial. Como também o tem impedido o receio do governo, seja do aumento da inflação, seja da redução dos salários — ambos fenômenos temporários e limitados que advirão da depreciação necessária para neutralizar a doença holandesa e ajustar a taxa de câmbio no equilíbrio industrial.

Quanto à poupança pública para financiar os investimentos do governo, esta continua uma questão fora da agenda do país, que aceita e cumpre desde 1999 a meta de superávit primário, igual aos juros reais sobre a dívida pública menos a taxa de crescimento do PIB. Para os economistas liberais, que a partir do impeachment de 2016 assumiram o comando da economia brasileira, o desequilíbrio fiscal e a intervenção do Estado na economia são os únicos problemas que um país enfrenta. Assim, se as reformas neoliberais tirarem totalmente o Estado da economia e a disciplina fiscal for observada, viveremos "no melhor dos mundos possíveis". Isso é falso; é uma ideologia conservadora panglossiana. Na verdade, a grande atração que o liberalismo econômico representa para os ricos e muito ricos resulta de sua promessa de reduzir impostos — reduzir os impostos em geral e principalmente os impostos progressivos. Porque o Estado é com frequência obrigado a se endividar, os economistas liberais estão sempre afirmando que o Estado brasileiro "está ameaçado de quebrar", não obstante devessem saber que quando o Estado está endividado em sua própria moeda ele não quebra. O que interessa às elites rentistas e financistas em relação à política fiscal é reduzir ao mínimo a carga tributária através da redução da despesa administrativa e principalmente da despesa social, enquanto se procura manter a dívida pública em um nível elevado (sobre o qual incidam taxas de juros elevadas) mas estável. Não existe para eles, como também para os economistas desenvolvimentistas populistas, interesse em uma poupança pública positiva. Para os economistas liberais interessam os juros; para os populistas, o consumo — dois inimigos da poupança pública. Para os rentistas, a taxa de juros muito elevada que existe no Brasil, em conjunto com a política de aumento de reservas em dólares que o governo vem financiando com o aumento da dívida pública interna, permite que esta dívida tenha se tornado "o principal eixo da acumulação rentista-patrimonial do período 1991-2008".[24] É através dela que se garante liquidez ao sistema financeiro brasileiro e se viabiliza a financeirização — a multiplicação dos ganhos pelo uso de "inovações" financeiras, principalmente de derivativos.

Entretanto, essa meta fiscal não viabiliza o financiamento dos investimentos públicos pela poupança pública, como seria ideal em um quadro em

---

[24] Miguel Bruno (2010, p. 83).

que, uma vez neutralizada a doença holandesa e controladas as entradas excessivas de capital, ao invés de apresentar um déficit o país apresentaria um superávit em conta-corrente. A meta necessária para que os investimentos públicos voltem a ter importância na formação bruta de capital do país é alcançar um resultado fiscal que seja igual à diferença entre a receita pública e a despesa de consumo, mais os recursos necessários para financiar os investimentos públicos, menos a taxa de crescimento do PIB. Dessa forma, a dívida pública permanecerá sob controle e os investimentos públicos poderão representar entre 20% e 25% do investimento total — um valor compatível com a necessidade de investimentos do setor não competitivo da economia em que a presença do Estado deve ser dominante.

Enquanto não resolver o desequilíbrio macroeconômico representado por uma poupança pública insuficiente e pela sobreapreciação cíclica e crônica da taxa de câmbio, o Brasil, além de não atingir as taxas de crescimento necessárias para o alcançamento, continuará a se desindustrializar prematuramente. Em outras palavras, enquanto não forem criadas boas oportunidades de investimentos para os empresários, seja mantendo a taxa de câmbio no equilíbrio industrial para tornar internacionalmente competitivas as empresas que utilizam tecnologia no estado da arte mundial, seja realizando ele próprio investimentos que criem demanda para o setor privado, o país não estará resolvendo o problema do seu desenvolvimento pelo lado da demanda. Em consequência, serão desperdiçados todos os esforços que vêm sendo realizados pelo lado da oferta no sentido de desenvolver a educação, a ciência e a tecnologia.

O DESAFIO DA CHINA

Nos anos 2000 a China emergiu como uma grande potência econômica mundial. Havia sido o principal e mais rico império da Antiguidade, manteve essa condição até o século XVII, mas, como manteve sua sociedade organizada em termos burocráticos e mercantis, no século seguinte foi ultrapassada pelos países que realizaram inicialmente sua revolução capitalista. Esses, no século XIX, tornaram-se suficientemente fortes para impor sua vontade imperial à China, reparti-la entre eles, e levar o Império do Meio a uma profunda decadência. Entretanto, com a libertação nacional alcançada em 1949, a China iniciou seu desenvolvimento econômico e, mais do que isso, seu *catching up*. Mao Tsé-Tung, que liderou a primeira fase da Revolução Capitalista Chinesa, acreditava que estava realizando uma revolução socialista. Na verdade, estava liderando a primeira fase da revolução capitalista — a fase da construção do Estado, do estabelecimento de um sistema de educação pública universal e da industrialização pesada; a partir de 1980, Deng Xiaoping se encarregaria de realizar a segunda parte dessa revolução, que seria caracterizada: (a) pela privatização dos setores competitivos que, assim, passaram a ser coordenados pelo mercado, enquanto mantinha o controle do Estado sobre os setores não competitivos da economia, incluindo os grandes bancos; e (b) pela adoção de uma taxa de juros sempre baixa e de uma taxa de câmbio competitiva localizada no nível do equilíbrio industrial. Isso permitiu que suas exportações de bens manufaturados com grau de sofisticação tecnológica crescente explodissem, e o país crescesse a uma taxa média anual *per capita* de 7,5% entre 1980 e 2019.

Para que a taxa de câmbio se tornasse competitiva a China realizou, nos anos 1980 e nos anos 1990, duas grandes desvalorizações que lograram neutralizar a sobreapreciação permanente da moeda nacional causada pela "doença holandesa ampliada", de que são vítimas os países que, além de terem mão de obra barata, apresentam diferença muito grande entre os salários dos engenheiros de fábrica e os dos peões. A partir dessas duas estratégias econômicas — conservar o controle pelo Estado do setor monopolista e manter a taxa de câmbio competitiva — o país experimentou o desenvolvimento econômico mais extraordinário de todos os tempos. Esse desenvolvimento, como o da Coreia do Sul e de Taiwan, serviu de base para a construção da Teoria Novo-Desenvolvimentista — a estratégia nacional de desenvolvimento que é necessária para que o Brasil também passe a crescer de forma acelerada. Uma estratégia baseada em três princípios simples: (1) atribuir papel estratégico ao Estado; (2) demonstrar responsabilidade fiscal; e (3) garantir a responsabilidade cambial através da manutenção de uma taxa de juros em nível baixo, uma taxa de câmbio competitiva e a conta-corrente equilibrada ou superavitária. Foi esse tipo de política, combinada com mão de obra barata, que deu à China a enorme vantagem competitiva que lhe permitiu experimentar, entre 1980 e 2010, uma taxa de crescimento média de 10% ao ano — algo jamais atingido por outro país.

Esse crescimento favoreceu o Brasil, porque proporcionou o aumento dos preços das *commodities*, que foi essencial para o crescimento do país a taxas relativamente satisfatórias entre 2005 e 2008. Mas representou também uma grande ameaça, já que a China foi o país que mais se aproveitou e continua se aproveitando da sobreapreciação do real para exportar para o Brasil. Diante desse fato, Antonio Barros de Castro — um dos principais representantes da teoria estruturalista ou desenvolvimentista clássica — publicou o artigo "Da semiestagnação ao crescimento num mercado sinocêntrico" (2008, p. 99), no qual previu que o Brasil voltaria a crescer com vigor se soubesse aproveitar o desenvolvimento chinês. O autor foi contrário, naturalmente, ao Brasil voltar a ser meramente primário-exportador, como estava acontecendo com outras economias latino-americanas, mas insistiu que era preciso rever integralmente a estratégia de desenvolvimento, voltando-se para as "novas tecnologias, que permitam o uso econômico e ambientalmente amigável de matérias-primas capazes de ser obtidas em ampla escala". Três anos mais tarde, Castro (2011, p. 146) voltou ao tema. O Brasil não teria condições de competir com a China na indústria de transformação a não ser em alguns setores em que teríamos vantagem, em especial os setores industriais necessários para a produção de *commodities* como o de equipamentos para a exploração de petróleo ou de etanol. Nas suas palavras: "Não proponho a volta ao agrário. O agrário é uma trégua para você, por exemplo, construir uma indústria ligada ao pré-sal, de novos materiais, de aços especiais. É aplicar os conhecimentos existentes para desenvolver coisas próprias e originais. A química do etanol permite desenvolver plásticos verdes; nós garantimos a evolução do produto".

Não concordo inteiramente com esse velho e saudoso amigo e notável economista. O Brasil é um país enorme e tem um mercado interno suficientemente grande para poder produzir com eficiência bens industriais em muitos setores. Certamente o Brasil será mais eficiente em alguns setores que em outros, mas não há a necessidade de que o Brasil seja eficiente apenas nos setores ligados à exportação de *commodities*. A Embraer, por exemplo, não tem nenhuma relação desse tipo. Definitivamente, o país não pode se limitar aos setores industriais em que o governo supõe poder ser eficiente. Nas economias modernas o planejamento é necessário somente para a indústria pesada e para a infraestrutura — setores em que o mercado não tem condições de coordenar. Quem vai definir quais são os setores em que o Brasil terá condições de competir usando tecnologia no estado da arte mundial são seus empresários e seus técnicos e engenheiros. São os homens e mulheres que forem capazes de inovar. E ninguém pode prever quem serão eles e em que setores terão êxito. O governo deve assegurar as condições gerais necessárias ao investimento. Os polos industriais ou arranjos produtivos locais, que se beneficiam de externalidades, devem receber atenção especial. Naturalmente, é aconselhável uma política industrial estratégica que ajude as empresas a aproveitar as oportunidades que o mercado oferece. Mas o restante tem de ser deixado por conta dos empresários e do mercado, que, além de necessitarem de financiamento interno, têm a necessidade de que os preços macroeconômicos estejam certos — particularmente a taxa de câmbio, porque esta, se deixada livre, geralmente permanece cronicamente sobreapreciada.

Existe entre os economistas desenvolvimentistas um velho pensamento segundo o qual o Brasil deve seguir uma estratégia voltada para o mercado interno e para a constituição de um sistema de consumo de massa. Tenho simpatia pelo objetivo, mas geralmente os defensores dessa abordagem ignoram a tese central da macroeconomia desenvolvimentista, de que há uma tendência à sobreapreciação cíclica e crônica da taxa de câmbio, a qual, se não neutralizada, constitui-se em um obstáculo fundamental ao desenvolvimento industrial do país. No quadro da estratégia de substituição de importações, o nacional-desenvolvimentismo defendia uma taxa de câmbio apreciada para a exportação de *commodities* combinada com tarifas alfandegárias elevadas para proteger a indústria; no quadro da estratégia exportadora de manufaturados, inaugurada em 1967, o desenvolvimentismo adicionava subsídios elevados para os exportadores de manufaturados. Ao pensar e agir assim, o governo desenvolvimentista *não* estava adotando uma taxa de câmbio apreciada, mas uma taxa de câmbio efetiva competitiva. No quadro dessa estratégia de política industrial, que era também uma estratégia macroeconômica (já que definia a taxa de câmbio efetiva), um elemento essencial era o imposto que pagavam os exportadores de *commodities* por meio do que ficou chamado de "confisco cambial" — um imposto necessário para neutralizar a doença holandesa. Hoje é impossível repetir o esquema de altas tarifas de importação e altos subsídios de exportação em razão dos acordos com a Organização Mundial do Comércio (OMC). Portanto, quando aceitamos uma taxa de câmbio cronicamente sobreapreciada, estamos nos conformando com a desindustrialização; estamos renunciando aos mercados externos e, em seguida, entregando nosso mercado interno a terceiros. Foi o que vimos no Brasil recentemente. No governo Lula, durante uns poucos anos, a indústria manufatureira se beneficiou da distribuição de renda realizada, mas, como o câmbio se apreciou, depois de aproximadamente três anos — o tempo que os importadores de manufaturados levam para organizar as importações — o mercado interno brasileiro foi entregue aos exportadores dos outros países.

Uma nação incompleta

O Brasil completou sua revolução industrial e capitalista nos anos 1980. Tornou-se assim um país moderno, dotado de uma grande classe média e de uma economia razoavelmente complexa e sofisticada, coordenada pelo Estado e pelo mercado. Continuou marcado por profunda desigualdade, mas se transformou em um grande exportador de bens industriais. Essa revolução ocorreu no quadro de um regime de política econômica desenvolvimentista no qual o Estado intervinha moderadamente na economia tendo como referência um projeto nacional de desenvolvimento. Isso foi possível porque nesses 50 anos a nação brasileira se fortaleceu, passando por duas etapas, a primeira sob a liderança de Getúlio Vargas, a segunda, no regime militar — ambas autoritárias. Como aconteceu nos demais países, a revolução industrial e capitalista brasileira ocorreu sob um regime político autoritário. A "democracia" de 1945 a 1964 não garantia o sufrágio universal. Nos anos 1980, porém, a grande crise da dívida externa e a alta inflação não levaram apenas o regime militar ao colapso; as forças democráticas, sociais e desenvolvimentistas que assumiram o poder em 1985 também não conseguiram superar essa dupla crise. O momento trágico desse fracasso foi o Plano Cruzado, de 1986, que, em um primeiro momento, encheu o povo brasileiro de esperanças, para, em seguida, lhe causar uma profunda decepção.

Foi nesse quadro adverso que os grandes líderes da transição democrática foram derrotados nas eleições presidenciais de 1989, e que o novo presidente aceitou se submeter aos Estados Unidos e abrir sua economia sem que a burguesia industrial brasileira, que naquele momento ainda era dominante, reagisse. Na verdade, os políticos e as elites industriais que haviam se associado na transição democrática não tinham uma estratégia de estabilização e de desenvolvimento econômico. O pensamento keynesiano e o desenvolvimentismo clássico, estruturalista, não forneciam a teoria e a estratégia de desenvolvimento necessárias. Dessa forma a revolução nacional brasileira ficou incompleta. Completamos a nossa revolução capitalista com êxito, mas isso aconteceu em um momento no qual houve a virada neoliberal no Norte, e os países ricos, sob o comando dos Estados Unidos, embarcaram no grande equívoco neoliberal. Equívoco que levou o Brasil à quase-estagnação e os países ricos a um baixo crescimento com instabilidade política e aumento da desigualdade, enquanto os países do Leste da Ásia, principalmente a China, adotaram uma estratégia desenvolvimentista competente — a estratégia que a Teoria Novo-Desenvolvimentista vem procurando teorizar — e cresceram imensamente.

Nossa compensação foi que, afinal, em 1985, alcançamos a democracia, porque nesse ano os militares foram excluídos do poder e uma emenda constitucional estabeleceu o sufrágio universal; os analfabetos afinal puderam votar. Foi um grande avanço, fruto de uma grande luta das classes populares à qual as elites econômicas afinal aderiram. Entretanto a democracia brasileira não foi capaz de resolver o problema da retomada do crescimento, teve apenas algum êxito em reduzir a desigualdade, e foi incapaz de extinguir a corrupção, que se agravou. Há sempre dois tipos de políticos: aqueles que são simplesmente corruptos e transformam a política em um balcão de negócios, e aqueles que são basicamente honestos, não recebem propinas em troca de vantagem para as empresas financiadoras, nem se tornam ricos com a política, mas aceitam apoio das empresas para suas campanhas eleitorais. A Operação Lava Jato e os "homens bons" ignoraram essa distinção, jogaram todos os políticos no mesmo saco, assim agravando a crise política da democracia brasileira, e abriram espaço para que um político de extrema direita, neofascista, ocupasse a Presidência da República.

O que é hoje o Brasil, depois dessa longa e contraditória construção? É uma sociedade que jamais chegou a se constituir em uma nação forte e coesa como foram as nações dos países ricos e como são hoje as nações dos países do Leste da Ásia. O fato de a revolução capitalista ter sido realizada com atraso, sob a égide do imperialismo industrial, contribuiu para esse fato. O Brasil é uma nação *incompleta*, porque tem no seu comando uma elite econômica e política definida por um oximoro: é uma elite nacional-dependente. Em alguns momentos, entre 1930 e 1960 e entre 1967 e 1990, ela foi nacionalista e desenvolvimentista, mas não hesitou em se tornar liberal e aceitar a dominação externa sempre que se sentiu ameaçada. Uma elite que se julga branca e europeia e se considera superior ao povo, na sua maioria negro, e o despreza. Uma elite que é, portanto, racista, como vimos na discussão das cotas nas universidades, mas defende que o Brasil é uma "democracia racial", apesar de a Constituição de 1988 ter definido o racismo como um crime. Foi devido a essa ambiguidade básica da elite brasileira — ambiguidade em relação à justiça, ambiguidade em relação à nação — que Chico Buarque de Holanda escreveu e compôs o "Fado tropical": "Ai, esta terra ainda vai cumprir seu ideal: ainda vai tornar-se um imenso Portugal!... Mesmo quando as minhas mãos estão ocupadas em torturar, esganar, trucidar, o meu coração fecha os olhos e sinceramente chora...". Devido a esse caráter contraditório, ora a elite brasileira se sente identificada com a nação, participa de uma coalizão de classes desenvolvimentista, estabelece compromissos com seu povo, e faz seus os interesses dele, ora se julga etnicamente europeia, politicamente liberal e culturalmente "moderna", e então esquece a nação, procura se associar às elites do Norte e a elas se submete.

Mas o Brasil é também um povo que sempre rejeitou o liberalismo econômico e sua expressão política, o parlamentarismo, porque espera que um líder carismático aponte o caminho do desenvolvimento e da união nacional, mas um líder com essas qualidades é algo muito raro e nenhuma nação pode depender do seu aparecimento. Na história brasileira, apenas Getúlio Vargas teve essa dimensão de estadista. O Brasil tem uma sociedade civil viva e atuante, que tornou a ideia da democracia participativa uma possibilidade real, algo que Leonardo Avritzer e muitos outros cientistas políticos examinaram em profundidade, mas que enfrenta, geralmente sem êxito, o autoritarismo inato das elites e a existência de uma extrema direita violenta e racista. É um Estado-nação que no governo Lula, tendo Celso Amorim como ministro das Relações Exteriores, ganhou uma grande projeção internacional porque soube agir com independência e capacidade de construir acordos entre as nações, mas no governo Bolsonaro se subordinou de maneira vergonhosa aos Estados Unidos.

O Brasil teve sua estratégia nacional de desenvolvimento entre 1930 e 1980. Desde os anos 1980, porém, devido a grande crise financeira da dívida externa, devido à falta de uma teoria e política econômica que superasse o desenvolvimentismo clássico em crise, e devido à submissão ao neoliberalismo que naquele momento era dotado de uma forte narrativa, o Brasil se tornou um país sem rumo. A maioria dos brasileiros sempre rejeitou o Estado liberal, mas não logrou reconstruir seu Estado desenvolvimentista. Vimos que o liberalismo econômico é incompatível com o desenvolvimento do Brasil, e sabemos que só existem duas maneiras de coordenar o capitalismo: a forma desenvolvimentista e a forma liberal.[25] A alternativa, portanto, é adotar a estratégia desenvolvimentista, que é sempre nacional (visa o desenvolvimento econômico do Estado-nação) e, depois que o país já realizou sua revolução industrial e capitalista, é também social.

Para que o Estado seja desenvolvimentista é preciso que ele seja administrativa e politicamente *capaz* — que tenha por trás uma coalizão de classes desenvolvimentista constituída por empresários industriais, trabalhadores e uma burocracia pública profissional e gerencial, que lhe garantam legitimidade, e que suas finanças estejam em ordem. O Brasil não está tão longe quanto se pensa em preencher essas três condições, mas elas só se materializam quando, ao mesmo tempo, esse Estado tem uma missão: um projeto de desenvolvimento econômico, social e *ambiental*. O problema ambiental é relativamente novo, somente tendo entrado para a agenda mundial na Conferência de Estocolmo, de 1972. É um problema fundamental para o futuro

---

[25] Bresser-Pereira (2017).

do Brasil e da humanidade, e os brasileiros sabem disso. Começaram a sabê--lo ainda nos anos 1980, quando o Estado brasileiro passou a definir as primeiras políticas públicas destinadas a preservar o meio ambiente. E passaram a se preocupar seriamente com o problema desde que ficou claro que não basta evitar a poluição; que um problema muito mais grave, o da sobrevivência da humanidade, está em jogo, devido ao efeito estufa, ao aquecimento do planeta Terra e todos os males aí implicados. O mundo não progrediu muito nessa matéria desde 1972. Segundo levantamento do Programa das Nações Unidas para o Meio Ambiente (PNUMA), das noventa metas estabelecidas em 1972, apenas quatro registraram avanços significativos. Em oito frentes houve retrocesso; em 24, estagnação; e em 14 o cumprimento dos objetivos nem sequer pôde ser medido por falta de dados.

Finalmente, o Brasil é uma nação onde impera a desigualdade e a discriminação dos negros, mas a luta pela justiça social está viva. Desde que em 2013 começou a crise política houve um retrocesso importante, com o surgimento de uma extrema direita neofascista e com a guinada da classe média para a centro-direita. Enquanto a economia brasileira crescia de forma acelerada a classe média foi progressista, porque podia adotar os padrões de consumo dos países ricos. A partir dos anos 1980, porém, o Brasil passou a crescer muito lentamente, enquanto o poder político das classes populares aumentou devido ao sufrágio universal e ao aumento dos gastos públicos com educação. Nesse novo quadro, a classe média se sentiu ameaçada. Engana-se, porém, em caminhar para a direita e tentar se associar às elites financeiro-rentistas — estas, sim, nada têm a oferecer aos brasileiros.

Com a eleição de um líder de extrema direita para a Presidência da República, Jair Bolsonaro, a questão da democracia voltou a ser um problema fundamental para o Brasil. De repente temos um presidente que já defendeu a tortura e os torturadores, cuja família tem relações com o crime organizado de milicianos do Rio de Janeiro, que ameaça diretamente a democracia, que estimula seus seguidores a realizarem manifestações contra o Congresso e o Supremo Tribunal Federal, e que nomeia para cargos públicos um número absurdo de militares e de apoiadores sem experiência. Em maio de 2020 ele fez uma reunião com alguns ministros para a qual convocou os três chefes das Forças Armadas e disse que era impossível governar o Brasil com o Congresso e o Judiciário; foi uma clara tentativa de golpe, que só falhou porque os três comandantes não concordaram. Repetiu-se, assim, mas com mais gravidade, o que aconteceu nos Estados Unidos com a eleição de Donald Trump em 2016. Com mais gravidade porque Trump é um populista de direita, enquanto Bolsonaro é um neofascista de extrema direita.

A ameaça que Bolsonaro representa é real, mas eu tenho insistido em afirmar que ele não conseguirá acabar com a democracia porque a democracia está consolidada no Brasil, como também está consolidada nos países mais ricos. Depois que um país completou a sua revolução capitalista, as elites econômicas liberais deixam de se opor terminantemente ao sufrágio universal, que é uma das condições mínimas para uma democracia (a outra é a garantia do Estado de direito), porque de um lado, não teme que a eleição de um governo de esquerda leve o país ao socialismo, e, de outro porque, ao contrário do que acontece nas sociedades pré-capitalistas, elas podem se apropriar do excedente econômico no mercado através dos lucros e dos altos ordenados e bônus.[26] Mais do que isso, a classe dominante burguesa e tecnoburocrática é agora uma classe muito grande que precisa de normas para regular o acesso dos seus membros e representantes ao poder através dos partidos políticos. Por isso, a não ser em momentos em que elas estejam sendo muito ameaçadas, a ditadura não interessa às elites econômicas do Brasil. No entanto, com o surgimento do populismo de direita de Donald Trump, tornou-se uma espécie de moda entre os cientistas políticos norte-americanos a tese de que hoje os regimes autoritários não nascem mais de golpes de Estado, mas do aumento gradativo de poder dos governantes populistas de direita, e dão como exemplos a Turquia e a Hungria, que já se teriam tornado países autoritários — o que é discutível. Esses países certamente não são exemplos de democracia, e neles a democracia nunca chegou a ser uma conquista da sociedade, como aconteceu no Brasil, mas foi de alguma forma imposta a eles pelos países mais poderosos.

Não acredito, portanto, que Bolsonaro consiga transformar o Brasil em uma autocracia, não obstante seu esforço. Está havendo uma incrível mobilização da sociedade civil brasileira a favor da democracia em 2020 e 2021. Uma mobilização em todos os níveis; não apenas nos setores de esquerda e de centro-esquerda, mas também em setores de centro-direita. Eu nunca vi tantos manifestos e o surgimento de tantos movimentos em defesa da democracia como vi nesses dois últimos anos. Eu nunca assinei tantos manifestos e participei de tantas reuniões. E vi a grande mídia também se postar firmemente a favor da democracia. Primeiramente, e de forma muito forte, a *Folha de S. Paulo*, mas também *O Estado de S. Paulo* e *O Globo*. Por outro lado, o Congresso e o Supremo Tribunal Federal vêm agindo com

---

[26] Bresser-Pereira (2012).

firmeza para limitar o poder de Bolsonaro. Os leitores que me lerem mais tarde poderão julgar melhor se eu tinha razão ou não quando rejeitava a possibilidade de uma nova ditadura no Brasil ao mesmo tempo que advogava e participava de ações em defesa da nossa democracia.

Conclusão

Está na hora de concluir este livro. Nele procurei desenvolver uma narrativa da construção política, econômica e social do Brasil a partir da Independência. Depois de uma breve análise das causas do nosso atraso em relação aos Estados Unidos, que datam da Colônia, eu dividi a história do Brasil independente em três ciclos de desenvolvimento econômico e social. O primeiro, o Ciclo Estado e Integração Territorial (1822-1889), foi quando o Brasil construiu seu Estado e garantiu a unidade de seu território, mas não conseguiu se constituir como verdadeira nação e ter um projeto de desenvolvimento. Depois da Primeira República, que foi um período de transição no qual as ideias e os movimentos nacionalistas avançaram, o segundo ciclo de desenvolvimento econômico e social brasileiro foi o Ciclo Nação e Desenvolvimento (1930-1977). Nesse ciclo, que começa com a Revolução de 1930, o Brasil experimentou grande crescimento, industrializou-se, transformou-se em um grande exportador de bens manufaturados, em suma, realizou sua Revolução Capitalista. O terceiro ciclo, Democracia e Justiça Social (1980-2014), foi o tempo no qual o Brasil afinal se tornou uma democracia com o fim do regime militar e o sufrágio universal. Foi quando ocorre a transição democrática, começa a construção de um Estado de bem-estar social, e alguma diminuição da desigualdade e da discriminação racial é alcançada, mas foi também quando a economia brasileira reduz fortemente sua taxa de crescimento e entra em quase-estagnação, passando a ficar para trás não apenas dos índices dos principais países em desenvolvimento mas também dos países ricos.

Meu objetivo ao dividir a história do Brasil independente em três grandes ciclos, e os dois últimos ciclos em cinco pactos políticos ou coalizões de classe, foi o de tentar oferecer aos leitores uma visão ampla e razoavelmente ordenada do Brasil. Uma visão que deu mais ênfase às coalizões de classe que à luta de classes, mas que não ignorou a segunda. Uma visão que privilegiou a instância econômica e social, mas deu a devida importância à política e, portanto, à instância institucional e ideológica da sociedade brasileira. Uma visão que identificou quatro grandes crises econômicas e políticas no século XX: no início dos anos 1930, do início dos anos 1960, nos anos 1980, e entre 2014 e 2020. Uma análise que mostrou que apenas as duas primeiras coalizões de classe (Nacional-Popular de 1930 e Autoritário-Modernizante de 1964) foram realmente bem-sucedidas em promover o desenvolvimento econômico; a terceira coalizão de classes (Democrático-Popular de 1977) foi bem-sucedida em promover a transição democrática e iniciar a criação de um Estado de bem-estar social, mas não logrou controlar a inflação. Foi substituída, a partir de 1990, pela coalizão Neoliberal Dependente, que logrou estabilizar os preços depois de 14 anos de alta inflação inercial, mas ao adotar a abertura comercial e financeira instalou no país um regime de política econômica liberal que naturalmente fracassou em fazer o Brasil retomar o desenvolvimento econômico.

Em 2003, ao assumir a Presidência da República, Luiz Inácio Lula da Silva propôs um quinto pacto nacional-popular, mas não conseguiu mudar o regime de política econômica e, afinal, o PT acabou fracassando. Desde 2014 o Brasil vive uma crise econômica e política, que um impeachment não apoiado na lei, uma Operação Lava Jato praticando abusos e mais abusos de direito e a eleição de um candidato de extrema direita no final de 2018 apenas agravaram.

No transcorrer do livro procurei discutir brevemente as teorias mais relevantes que explicam essa complexa construção econômica, social e política que é o Brasil. No período de grande desenvolvimento, entre 1930 e 1980, o Estado brasileiro foi um Estado desenvolvimentista. Apenas por breves momentos o liberalismo econômico governou, e apenas em 1964-66 foi bem-sucedido, quando ajustou a economia brasileira. A partir da abertura comercial de 1990, porém, o liberalismo econômico passou a ser o regime de política econômica dominante e a elite deixou de ser formada por empresários industriais, que foram substituídos por uma elite financeiro-rentista. Como argumentei neste capítulo, o fracasso liberal era inevitável; o liberalismo econômico é incompatível com o desenvolvimento do Brasil. Mas isso não significa que os períodos desenvolvimentistas sempre apresentaram bons resultados econômicos. Isso foi verdade entre 1930 e 1980, mas no meio desse período o governo de Juscelino Kubitschek deixou uma herança fiscal e cambial terrível devido aos gastos que incorreu ao construir Brasília. Os governos Sarney e Lula tentaram adotar uma estratégia desenvolvimentista, mas a crise iniciada nos anos 1980 até hoje não foi resolvida, e o neoliberalismo que se tornou dominante no Norte e a subordinação de nossas elites a ele a partir de 1990 inviabilizaram qualquer retomada do desenvolvimento.

Os brasileiros precisam hoje, dramaticamente, unir suas forças e construir uma nação autônoma, nacional, que saiba competir na economia global na qual vivemos, mas que também esteja pronta a cooperar com as demais nações. Os liberais dizem sempre que é preciso que o Brasil se integre na economia internacional, o que eu entendo ser correto, mas a integração que eles defendem é subordinada, quando essa integração deve ser competitiva. A história que o Brasil é incapaz de competir nas arenas internacionais é falsa. Entre os anos 1950 e 1970 nós mostramos que somos capazes de competir com êxito. Mas para isso nós precisamos construir um capitalismo desenvolvimentista e social.

Abreviaturas utilizadas

ABC	Santo André, São Bernardo e São Caetano do Sul
ALCA	Área de Livre Comércio das Américas
ANPEC	Associação Nacional dos Centros de Pós-Graduação em Economia
Arena	Aliança Renovadora Nacional
BNB	Banco do Nordeste do Brasil
BNDES	Banco Nacional de Desenvolvimento Econômico e Social
CAGED	Cadastro Geral de Empregados e Desempregados
CAPES	Coordenação de Aperfeiçoamento de Pessoal de Nível Superior
CEPAL	Comissão Econômica para a América Latina e o Caribe
CEXIM	Carteira de Exportação e Importação
CNI	Confederação Nacional da Indústria
CONCEX	Conselho Nacional do Comércio Exterior
COPOM	Comitê de Política Monetária
DASP	Departamento Administrativo do Serviço Público
DEM	Democratas
EBAP	Escola Brasileira de Administração Pública
ENEM	Exame Nacional do Ensino Médio
ETENE	Estudos Econômicos do Nordeste
FVG	Fundação Getúlio Vargas
FIESP	Federação das Indústrias do Estado de São Paulo
FMI	Fundo Monetário Internacional
FPN	Frente Parlamentar Nacionalista
FUNCEX	Fundação Centro de Estudos do Comércio Exterior
GEIA	Grupo Executivo da Indústria Automobilística
IBESP	Instituto Brasileiro de Economia, Sociologia e Política
IBGE	Instituto Brasileiro de Geografia e Estatística
IDH	Índice de Desenvolvimento Humano
IEDI	Instituto de Estudos para o Desenvolvimento Industrial
IOF	Imposto sobre Operações Financeiras
IPEA	Instituto de Pesquisas Econômicas Aplicadas
IPI	Imposto sobre Produtos Industrializados
ISEB	Instituto Superior de Estudos Brasileiros
MARE	Ministério da Administração Federal e Reforma do Estado
MDB	Movimento Democrático Brasileiro
MST	Movimento dos Sem Terra
NAFTA	Tratado Norte-Americano de Livre Comércio

NATO	North Atlantic Treaty Organization
NICs	Newly Industrialized Countries
OMC	Organização Mundial do Comércio
ONU	Organização das Nações Unidas
OTN	Obrigação do Tesouro Nacional
PAC	Programa de Aceleração do Crescimento
PAEG	Programa de Ação Econômica do Governo
PCB	Partido Comunista Brasileiro
PDS	Partido Democrático Social
PDT	Partido Democrático Trabalhista
PEI	Política Externa Independente
PFL	Partido da Frente Liberal
PIB	Produto Interno Bruto
PMDB	Partido do Movimento Democrático Brasileiro
PNAD	Pesquisa Nacional por Amostra de Domicílios
PND	Plano Nacional de Desenvolvimento
PNUMA	Programa das Nações Unidas para o Meio Ambiente
PP	Partido Progressista
PPA	Plano Plurianual
PPB	Partido Progressista Brasileiro
PPC	Paridade de Poder de Compra
PPS	Partido Popular Socialista
PR	Partido da República
PROER	Programa de Estímulo à Reestruturação e ao Fortalecimento do Sistema Financeiro Nacional
PSB	Partido Socialista Brasileiro
PSD	Partido Social Democrático
PSDB	Partido da Social Democracia Brasileira
PSOL	Partido Socialismo e Liberdade
PT	Partido dos Trabalhadores
PTB	Partido Trabalhista Brasileiro
PUC	Pontifícia Universidade Católica
Selic	Sistema Especial de Liquidação e de Custódia (taxa de juros básica)
SENAI	Serviço Nacional de Aprendizagem Industrial
SUDENE	Superintendência do Desenvolvimento do Nordeste
SUMOC	Superintendência da Moeda e do Crédito
TPP	Tratado Transpacífico
SUS	Sistema Único de Saúde
UDN	União Democrática Nacional
UNASUL	União das Nações Sul-Americanas
UNCTAD	United Nations Conference on Trade and Development
Unicamp	Universidade Estadual de Campinas
URV	Unidade Real de Valor
USP	Universidade de São Paulo

Obras citadas

AB'SÁBER, Tales. *Lulismo, carisma pop e cultura anticrítica*. São Paulo: Hedra, 2011.

ABRANCHES, Sérgio H. "Presidencialismo de coalizão: o dilema institucional brasileiro", *Dados*, v. 31, nº 1, 1988, pp. 5-34.

ABREU, Marcelo de Paiva. "Crise, crescimento e modernização autoritária: 1930-1945". In: ABREU, Marcelo de Paiva (org.). *Ordem e progresso: cem anos de política econômica republicana*. Rio de Janeiro: Campus, 1990.

ABREU, Marcelo de Paiva (org.). *Ordem e progresso: cem anos de política econômica republicana*. Rio de Janeiro: Campus, 1990.

ABRUCIO, Fernando Luiz. *Os barões da federação: os governadores e a redemocratização brasileira*. São Paulo: Hucitec, 1998.

ACEMOGLU, Daron; ROBINSON, James A. *Why Nations Fail: The Origins of Power, Prosperity, and Poverty*. Nova York: Crown, 2012.

AGARWALA, Amar Narain; SINGH, Sampat Pal (orgs.). *The Economics of Underdevelopment*. Nova York: Oxford University Press, 1958.

AGGIO, Alberto; LAHUERTA, Milton (orgs.). *Pensar o século XX: problemas políticos e história nacional na América Latina*. São Paulo: Editora Unesp, 2003.

ALENCAR, Chico. "Congresso de excessos", *Folha de S. Paulo*, 8/4/2013.

ALENCASTRO, Luiz Felipe de. "Racismo e cotas". *Folha de S. Paulo*, 7/3/2010.

_____. "La Traite négrière et l'unité nationale brésilienne", *Revue Française d'Histoire d'Outre-Mer*, v. 66, nº 244-245, 1979, pp. 395-419.

_____. *O trato dos viventes*. São Paulo: Companhia das Letras, 2000.

_____. "A vertente brasileira do Atlântico Sul: 1550-1850", *Revista de Economia PUC-SP*, v. 1, nº 1, 2009 [2006], pp. 27-84. Publicação original em francês.

AMORIM, Celso. "Guinada à direita no Itamaraty", *Folha de S. Paulo*, 16/5/2016.

AMSDEN, Alice H. *Asia's Next Giant*. Nova York: Oxford University Press, 1989.

ANDERSON, Benedict. *Imagined Communities*. Londres: Verso, 1991 [1983].

ARAÚJO, Cícero. "O processo constituinte brasileiro, a transição e o poder constituinte", *Lua Nova*, v. 88, 2013, pp. 327-80.

_____. "Derrota na vitória", *Fevereiro*, jun. 2015, pp. 1-34.

ARIDA, Persio (org.). *Inflação zero: Brasil, Argentina, Israel*. São Paulo: Paz e Terra, 1986.

ARIDA, Persio; RESENDE, André Lara. "Inertial Inflation and Monetary Reform". In: WILLIAMSON, John (org.). *Inflation and Indexation: Argentina, Brazil and Israel*.

Washington: Institute for International Economics, 1985 [1984], pp. 27-45. Trabalho apresentado em seminário em Washington, nov. 1984.

ARRUDA, Maria Arminda do Nascimento. "Florestan Fernandes: vocação científica e compromisso de vida". *In*: BOTELHO, André; SCHWARCZ, Lilia Moritz (orgs.). *Um enigma chamado Brasil*. São Paulo: Companhia das Letras, 2009, pp. 312-23.

AURELIANO, Liana Maria. *No limiar da industrialização*. São Paulo: Brasiliense, 1981.

BAER, Werner; MANESCHI, Andrea. "Substituição de importações, estagnação e mudança estrutural", *Revista Brasileira de Economia*, v. 23, nº 1, 1969, pp. 72-91.

BAIROCH, Paul. *Le Tiers-Monde dans l'impasse*. Paris: Gallimard, 1992 [1971].

BALAKRISHNAN, Gopal (org.). *Um mapa da questão nacional*. Rio de Janeiro: Contraponto, 2000 [1996]. Edição original em inglês.

BALASSA, Bela. *The Newly Industrializing Countries in the World Economy*. Nova York: Pergamon Press, 1981.

BARBOSA, Fernando de Holanda; BARBOSA FILHO, Fernando de Holanda. "O Brasil pode repetir o milagre econômico?", *Revista de Economia Política*, v. 34, nº 4, 2014, pp. 608-27.

BARBOSA LIMA SOBRINHO, Alexandre. *A verdade sobre a Revolução de Outubro*. São Paulo: Edições Unitas, 1933.

_____. *Desde quando somos nacionalistas?* Rio de Janeiro: Civilização Brasileira, 1963.

_____. *Japão: o capital se faz em casa*. São Paulo: Paz e Terra, 1973.

_____. *Estudos nacionalistas*. Rio de Janeiro: Civilização Brasileira, 1981.

BARROS, Alexandre Rands. "Historical Origins of Brazilian Relative Backwardness", *Revista de Economia Política*, v. 35, nº 1, pp. 75-113, 2015.

BARROS, Ricardo Paes de; CARVALHO, Mirela de; FRANCO, Samuel; MENDONÇA, Rosane. *Uma análise das principais causas da queda recente na desigualdade de renda brasileira*. Brasília: IPEA, 2006. Texto para Discussão, nº 1203.

BARROS, Ricardo Paes de; CURY, Samir; ULYSSEA, Gabriel. *A desigualdade de renda no Brasil encontra-se subestimada: uma análise comparativa*. Rio de Janeiro: IPEA, 2007. Texto para Discussão, nº 1263.

BARRY, Norman P. *The New Right*. Londres: Croom Helm, 1987.

BASBAUM, Leôncio. *História sincera da República: de 1889 a 1930*. São Paulo: Fulgor, 1957. v. II.

BASTOS, Elide Rugai. *As criaturas de Prometeu*. São Paulo: Global/Fundação Gilberto Freyre, 2006.

BASTOS, Elide Rugai; REGO, Walquiria Domingues Leão (orgs.). *Intelectuais: sociedade e política*. São Paulo: Cortez, 2003.

BASTOS, Estêvão Kopschitz Xavier. *Distribuição funcional da renda no Brasil: estimativas anuais e construção de uma série trimestral*. Brasília: IPEA, 2012. Texto para Discussão, nº 1702.

BASTOS, Pedro Paulo Zahluth. *A era Vargas: desenvolvimentismo, economia e sociedade*. São Paulo: Unesp, 2012.

BATISTA JR., Paulo Nogueira. "Nacionalismo e desenvolvimento". *In*: Bresser-Pereira, Luiz Carlos (org.). *Nação, câmbio e desenvolvimento*. Rio de Janeiro: Editora FGV, 2008, pp. 25-34.

BAUER, Otto. "A nação". *In*: BALAKRISHNAN, Gopal (org.). *Um mapa da questão nacional*. Rio de Janeiro: Contraponto, 1996/2000 [1924], pp. 45-84.

BELLUZZO, Luiz Gonzaga. "Imperialismo e cosmopolitismo". *In*: LUCAS, Fábio; BELLUZZO, Luiz Gonzaga (orgs.). *A guerra no Brasil: a reconquista do Estado brasileiro*. São Paulo: Textonovo, 2000, pp. 45-56.

BELTRÃO, Hélio. *Descentralização e liberdade*. Rio de Janeiro: Record, 1984.

BENJAMIN, César. "O longo prazo chegou", *Piauí*, n° 83, ago. 2013, pp. 32-3.

BIELSCHOWSKY, Ricardo. *O pensamento econômico brasileiro*. Rio de Janeiro: IPEA/INPES, 1988.

_____. "Consumo deve ser base para desenvolvimento". Entrevista a Sergio Leo, *Valor Econômico*, 20/12/2006.

BLANCHARD, Olivier. "Fiscal Dominance and Inflation Targeting: Lessons from Brazil". *In*: GIAVAZZI, Francesco; GOLDFJAN, Ilan; HERRERA, Santiago (orgs.). *Inflation Targeting, Debt, and the Brazilian Experience, 1999 to 2003*. Cambridge, MA: MIT Press, 2005.

BLEANEY, Michael. *The Rise and Fall of Keynesian Economics*. Londres: Macmillan, 1985.

BLINDER, Alan S. *Bancos centrais: teoria e prática*. São Paulo: Editora 34, 1999. Edição original em inglês.

BOITO JR., Armando. "Governos Lula: a nova burguesia nacional no poder". *In*: BOITO JR., Armando; GALVÃO, Andreia (orgs.). *Política e classes sociais no Brasil dos anos 2000*. São Paulo: Alameda, 2012, pp. 69-104.

_____. "A crise política do neodesenvolvimentismo e a instabilidade da democracia", *Crítica Marxista*, n° 42, 2016, pp. 155-62.

BOMFIM, Manoel. *A América Latina*. Rio de Janeiro: Topbooks, 1993 [1905].

BONAVIDES, Paulo; PAES DE ANDRADE. *História constitucional do Brasil*. Brasília: OAB Editora/Centro Gráfico do Senado Federal, 1989.

BONELLI, Regis; FONSECA, Renato. *Ganhos de produtividade e de eficiência: novos resultados para a economia brasileira*. Rio de Janeiro: IPEA, 1998. Texto para Discussão, n° 557.

BOSCHI, Caio César. "Nem tudo o que reluz vem do ouro...". *In*: SZMRECSÁNYI, Tamás (org.). *História econômica do período colonial*. São Paulo: Hucitec, 2001 [1993], pp. 57-66. Trabalho apresentado em congresso em 1993.

BOSCHI, Renato. *Elites industriais e democracia*. Rio de Janeiro: Graal, 1979.

BOSI, Alfredo. "Cultura [no Império]". *In*: CARVALHO, José Murilo de (org.). *A construção nacional: 1830-1889*. Madri/Rio de Janeiro: Fundación Mapfre/Objetiva, 2012, v. 1, pp. 225-80. Coleção História do Brasil Nação: 1808-2010.

Botelho, André; Schwarcz, Lilia Moritz (orgs.). *Um enigma chamado Brasil*. São Paulo: Companhia das Letras, 2009.

Brandão, Gildo Marçal. *A esquerda positiva: as duas almas do Partido Comunista*. São Paulo: Hucitec, 1997.

_____. *Linhagens do pensamento político brasileiro*. São Paulo: Hucitec, 2007.

Bresser-Pereira, Luiz Carlos. "Origens étnicas e sociais dos empresários paulistas", *Revista de Administração de Empresas*, v. 4, nº 11, 1964, pp. 83-106.

_____. "Dividir ou multiplicar: a distribuição de renda e a recuperação da economia brasileira", *Visão*, 21/11/1970, pp. 114-23.

_____. *O colapso de uma aliança de classes: a burguesia e a crise do autoritarismo tecnoburocrático*. São Paulo: Brasiliense, 1978.

_____. "Contra a corrente: a experiência no Ministério da Fazenda", *Revista Brasileira de Ciências Sociais*, nº 19, jul. 1992, pp. 5-30. Versão revisada e ampliada de "Experiências de um governo", depoimento apresentado ao Instituto Universitário de Pesquisas do Rio de Janeiro (IUPERJ) em 16 de setembro de 1988 e publicado em *Cadernos de Conjuntura* nº 16, dezembro de 1988.

_____. "A crise da América Latina: Consenso de Washington ou crise fiscal?", *Pesquisa e Planejamento Econômico*, 21/4/1991, pp. 3-23. Aula Magna no XVIII Congresso da ANPEC (Associação Nacional de Pós-Graduação em Economia), Brasília, 4/12/1990, pp. 3-23.

_____. *A crise do Estado*. São Paulo: Nobel, 1992.

_____. "A descoberta da inflação inercial", *Revista de Economia Contemporânea*, v. 14, nº 1, 2010, pp. 167-92. Versão ampliada de "A inflação decifrada". *Revista de Economia Política*, v. 16, nº 4, 1996, pp. 20-35.

_____. "A Turning Point in the Debt Crisis", *Revista de Economia Política*, v. 19, nº 2, pp. 103-30, 1999 [1995]. Trabalho apresentado no Departamento de Economia da Fundação Getúlio Vargas, São Paulo. Texto para Discussão, nº 48.

_____. "Maldição dos recursos naturais", *Folha de S. Paulo*, 6/6/2005.

_____. *Macroeconomia da estagnação*. São Paulo: Editora 34, 2007.

_____. "The Dutch Disease and its Neutralization: a Ricardian Approach", *Revista de Economia Política*, v. 28, nº 1, 2008, pp. 47-71. Em português, em Bresser-Pereira (org.). *Globalização e competição*. Rio de Janeiro: Campus-Elsevier, 2009.

_____. "Transição, consolidação democrática e revolução capitalista", *Dados: Revista de Ciências Sociais*, v. 54, nº 2, 2011, pp. 223-58.

_____. "The Value of the Exchange Rate and the Dutch Disease", *Revista de Economia Política*, v. 33, nº 3, 2013, pp. 371-87. Trabalho publicado em inglês.

_____. "O mal-estar entre nós", *Interesse Nacional*, out.-dez. 2014, pp. 27-34.

_____. "After the Demise of Neoliberalism, but not of Conservatism, a Third Developmentalism?". EESP/FGV Discussion Paper 394, jun. 2015.

_____. "Reflexões sobre o Novo Desenvolvimentismo e o Desenvolvimentismo Clássico", *Revista de Economia Política*, v. 36, nº 2, 2016, pp. 237-65.

_____. "The Two Forms of Capitalism: Developmentalism and Economic Liberalism", *Brazilian Journal of Political Economy*, v. 37, nº 4, out. 2017, pp. 680-703.

_____. "Growth and Distribution: A Revised Classical Model", *Brazilian Journal of Political Economy*, v. 38, nº 1, jan. 2018, pp. 3-27.

_____. "Secular Stagnation, Low Growth, and Financial Instability?", *International Journal of Political Economy*, v. 48, nº 1, 2019, pp. 21-40.

_____. "Emissão de moeda para combater Covid-19 não aumentará dívida pública", *Folha de S. Paulo*, Ilustríssima, 2/6/2020a.

_____. "Financiamento da Covid-19, inflação e restrição fiscal", *Brazilian Journal of Political Economy*, v. 40, nº 4, out. 2020b.

Bresser-Pereira, Luiz Carlos; Araújo, Eliane Cristina; Peres, Samuel Costa. "An Alternative to the Middle-Income Trap". *Structural Change and Economic Dynamics*, nº 52, mar. 2020, pp. 294-312.

Bresser-Pereira, Luiz Carlos; Paula, Luiz Fernando; Bruno, Miguel (2019). "Financialization, Coalition of Interests and Interest Rate in Brazil", *Revue de la Régulation* [online], nº 27, 1º sem./primavera 2020.

Bresser-Pereira, Luiz Carlos; Nakano, Yoshiaki. "Fatores aceleradores, mantenedores e sancionadores da inflação", *Anais do X Encontro Nacional de Economia*, Associação Nacional de Pós-Graduação em Economia (ANPEC), Belém, dez. 1983. Texto reproduzido em *Revista de Economia Política*, v. 4, nº 1, pp. 5-21.

_____. "Política administrativa de controle da inflação", *Revista de Economia Política*, v. 4, nº 3, 1984, pp. 105-25.

_____. *Inflação e recessão*. São Paulo: Brasiliense, 1984.

_____. "Uma estratégia de desenvolvimento com estabilidade", *Revista de Economia Política*, v. 21, nº 2, 2002, pp. 146-77.

_____. "Crescimento econômico com poupança externa?", *Revista de Economia Política*, v. 22, nº 2, 2003, pp. 3-27.

Bresser-Pereira, Luiz Carlos; Oreiro, José Luís; Marconi, Nelson. *Macroeconomia desenvolvimentista*. Rio de Janeiro: Campus-Elsevier, 2016.

Bruno, Miguel. "Endividamento do Estado e setor financeiro no Brasil: interdependências macroeconômicas e limites estruturais ao desenvolvimento". *In:* Magalhães, João Paulo de Almeida; et al. *Os anos Lula*. Rio de Janeiro: Garamond, 2010, pp. 71-106.

Caldeira, Jorge. *A nação mercantilista*. São Paulo: Editora 34, 1999.

Campos, Roberto. "Como administrar a transição", *Folha de S. Paulo*, 1/1/1979.

Cano, Wilson. *Raízes da concentração industrial no Brasil*. São Paulo: Difusão Europeia do Livro, 1977.

Carcanholo, Marcelo Dias. *A vulnerabilidade econômica do Brasil*. Aparecida: Ideias & Letras, 2005.

Cardoso, Adalberto. *A construção da sociedade do trabalho no Brasil*. Rio de Janeiro: Editora FGV, 2010.

Cardoso, Ciro Flamarion. "As concepções acerca do 'sistema econômico mundial' e do 'antigo sistema colonial'; a preocupação obsessiva com a 'extração do excedente'". *In*: Lapa, José Roberto do Amaral (org.). *Modos de produção e realidade brasileira*. Petrópolis: Vozes, 1980.

Cardoso, Fernando Henrique. *Empresário industrial e desenvolvimento econômico no Brasil*. São Paulo: Difusão Europeia do Livro, 1964. Tese de Livre-Docência, Universidade de São Paulo, São Paulo, 1963.

_____. "Implantação do sistema oligárquico (dos governos militares a Prudente-Campos Sales)". *In*: Cardoso, Fernando Henrique. *A construção da democracia: estudos sobre política*. São Paulo: Siciliano, 1993 [1975], pp. 11-50.

_____. "O consumo da teoria da dependência nos Estados Unidos". *In*: Cardoso, Fernando Henrique. *As ideias e seu lugar: ensaios sobre as teorias do desenvolvimento*. Petrópolis: Vozes, 1980 [1976], pp. 89-107.

_____. "A fronda conservadora", *Folha de S. Paulo*, 21/1/1979.

_____. *As ideias e seu lugar: ensaios sobre as teorias do desenvolvimento*. Petrópolis: Vozes, 1980.

_____. *A construção da democracia: estudos sobre política*. São Paulo: Siciliano, 1993.

Cardoso, Fernando Henrique; Faletto, Enzo. *Dependência e desenvolvimento na América Latina*. São Paulo: Difusão Europeia do Livro, 1970 [1969]. Edição original em espanhol.

Cardoso de Mello, João Manuel. *O capitalismo tardio*. São Paulo: Brasiliense, 1982.

Carneiro, Ricardo de Medeiros; Matijascic, Milko (orgs.). *Desafios do desenvolvimento brasileiro*. Brasília: IPEA, 2011.

Carone, Edgard. *A República Velha: instituições e classes sociais*. São Paulo: Difusão Europeia do Livro, 1972 [1970].

Carpeaux, Otto Maria. "Notas sobre o destino do positivismo", *Rumo*, ano I, v. 1, 1943. Texto reproduzido na *Revista Brasileira de Filosofia*, v. 5, nº 1, 1955, pp. 120-25.

Carvalho, Fernando Cardim de. "Investimento, poupança e financiamento do desenvolvimento". *In*: Sobreira, Rogério; Ruediger, Marco Aurélio (orgs.). *Desenvolvimento e construção nacional: política econômica*. Rio de Janeiro: Editora FGV, 2005, pp. 11-38.

Carvalho, José Murilo de. "As Forças Armadas na Primeira República: o poder desestabilizador". *In*: Fausto, Boris (org.). *História geral da civilização brasileira — O Brasil republicano: sociedade e instituições*. São Paulo: Difusão Europeia do Livro, 1978, t. III, v. 2, pp. 182-234.

_____. *A construção da ordem*. Brasília: Editora UnB, 1980.

_____. *Os bestializados: o Rio de Janeiro e a República que não foi*. São Paulo: Companhia das Letras, 1998 [1987].

_____. *Forças Armadas e política no Brasil*. Rio de Janeiro: Zahar, 2005.

_____. "As marcas do período [Império]". *In:* CARVALHO, José Murilo de (org.). *A construção nacional: 1830-1889*. Madri/Rio de Janeiro: Fundación Mapfre/Objetiva, 2012a, v. II, pp. 19-36. Coleção História do Brasil Nação: 1808-2010.

_____. "O papel e a complexidade do liberalismo no Brasil" (entrevista), *Estudos Avançados*, nº 76, 2012b, pp. 391-6.

CARVALHO, José Murilo de (org.). *A construção nacional: 1830-1889*. Madri/Rio de Janeiro: Fundación Mapfre/Objetiva, 2012. v. II. Coleção História do Brasil Nação: 1808-2010, 5 v.

CASTRO, Ana Célia; CASTRO, Lavínia Barros de (orgs.). *Antonio Barros de Castro: o inconformista — homenagem do IPEA ao mestre*. Brasília: IPEA, 2011.

CASTRO, Antonio Barros de. "From Semi-Stagnation to Growth in a Sino-Centric Market", *Revista de Economia Política*, v. 28, nº 1, 2008, pp. 3-27.

_____. "Brasil tem que se reinventar para tratar com a China". *Folha de S. Paulo*, 11/4/2011. Entrevista. (Republicada em CASTRO, Ana Célia; CASTRO, Lavínia Barros de (orgs.). *Antonio Barros de Castro: o inconformista — homenagem do IPEA ao mestre*. Brasília: IPEA, 2011, pp. 97-100.)

CASTRO, Antonio Barros de; SOUZA, Francisco Eduardo Pires de. *A economia brasileira em marcha forçada*. São Paulo: Paz e Terra, 1985.

CEPAL. *Estudio económico de América Latina, 1949*. Santiago: Comissão Econômica para América Latina e o Caribe, 1949.

CEPAL. *La industria de máquinas-herramientas del Brasil: elementos para la programación de su desarrollo*. Santiago: Comissão Econômica para América Latina e o Caribe, 1963.

CEPÊDA, Vera Alves. *Roberto Simonsen e a formação da ideologia industrialista no Brasil: limites e impasses*. São Paulo: FFLCH-USP, 2004. Tese de Doutorado, Faculdade de Filosofia, Letras e Ciências Humanas, Universidade de São Paulo.

CERVO, Amado Luiz; BUENO, Clodoaldo. *História da política exterior do Brasil*. Brasília: Editora UnB, 2012 [1992].

CHANG, Ha-Joon. *Chutando a escada: a estratégia do desenvolvimento em perspectiva histórica*. São Paulo: Editora Unesp, 2004 [2002]. Edição original em inglês.

CHESNAIS, François. *La mondialisation du capital*. Paris: Syros, 1994.

_____. "A fisionomia das crises no capitalismo mundializado", *Novos Estudos Cebrap*, nº 52, 1998, pp. 21-5.

CLINE, William R. "International Debt: Progress and Strategy", *Finance and Development*, v. 25, nº 2, 1988, pp. 9-11.

CONNIFF, Michael L.; MCCANN, Frank D. (orgs.). *Modern Brazil: Elites and Masses in Historical Perspective*. Nebraska: University of Nebraska Press, 1989.

CORBISIER, Roland. *Formação e problema da cultura brasileira*. Rio de Janeiro: ISEB, 1958 [1955]. Conferência proferida em dezembro de 1955.

CORDEN, W. M.; NEARY, J. P. "Booming Sector and De-industrialization in a Small Open Economy", *Economic Journal*, v. 92, nº 368, 1982, pp. 825-48.

Costa, Emília Viotti da. *Da senzala à colônia*. São Paulo: Difusão Europeia do Livro, 1966.

Costa, João Cruz. *Contribuição à história das ideias no Brasil; o desenvolvimento da filosofia no Brasil e a evolução histórica nacional*. Rio de Janeiro: José Olympio, 1956. Coleção Documentos Brasileiros, 86.

Costa, Wilma Peres. "A economia mercantil escravista nacional e o processo de construção do Estado no Brasil (1808-1850)". *In*: Szmrecsányi, Tamás; Lapa, José Roberto do Amaral (orgs.). *História econômica da Independência e do Império*. São Paulo: Hucitec, 2001 [1993], pp. 147-60. Trabalho apresentado em congresso em 1993.

Coutinho, Carlos Nelson. "A hegemonia da pequena política". *In*: Oliveira, Francisco de; Braga, Ruy; Rizek, Cibele (orgs.). *Hegemonia às avessas: economia, política e cultura na era da servidão financeira*. São Paulo: Boitempo, 2010, pp. 29-43.

Coutinho, Luciano; Belluzzo, Luiz Gonzaga. "'Financeirização' da riqueza, inflação de ativos e decisões de gasto em economias abertas", *Economia e Sociedade*, v. 7, nº 11, 1998, pp. 137-50.

Couto, Cláudio Gonçalves. "Desordem e progresso", *Valor Econômico*, 18/2/2014.

Couto, Cláudio Gonçalves; Arantes, Rogério Bastos. "Constituição, governo e democracia no Brasil", *Revista Brasileira de Ciências Sociais*, v. 21, nº 61, 2006, pp. 41-62.

Cruz, Sebastião Velasco e. *Estado e economia em tempo de crise*. Rio de Janeiro: Relume Dumará, 1997.

Cunha, Mario Wagner Vieira da. *O sistema administrativo brasileiro (1930-1950)*. Rio de Janeiro: INEP, 1963.

Cunha, Paulo. "Dissecando a integral do erro". *In*: Bresser-Pereira, Luiz Carlos (org.). *Economia brasileira na encruzilhada*. Rio de Janeiro: Editora FGV, 2006, pp. 11-24.

Dantas, Francisco C. San Tiago. *Dois momentos de Rui Barbosa*. Rio de Janeiro: Casa de Rui Barbosa, 1949.

D'Araujo, Maria Celina Soares. *O Estado Novo*. Rio de Janeiro: Zahar, 2000.

Dean, Warren. *A industrialização de São Paulo (1980-1945)*. São Paulo: Difusão Europeia do Livro/Edusp, 1971 [1969].

Delfim Netto, Antonio. *O problema do café no Brasil*. São Paulo: Unesp, 2009 [1959]. Tese de Doutorado, Universidade de São Paulo, São Paulo, 1959.

Diaz-Alejandro, Carlos. "Planos de estabilização no Cone Sul". *In*: Bresser-Pereira, Luiz Carlos (org.). *Populismo econômico*. São Paulo: Nobel, 1991 [1981], pp. 75-106.

Diniz, Eli. *Empresário, estado e capitalismo no Brasil*. São Paulo: Paz e Terra, 1978.

Doellinger, Carlos von. "Estatização, finanças públicas e implicações", *O Estado de S. Paulo*, 7 a 23/2/1982.

Doellinger, Carlos von; *et al*. "Transformação da estrutura de exportações brasileiras: 1964/70". Rio de Janeiro: INPES/IPEA, 1973. Relatório de Pesquisa, nº 14.

DOLHNIKOFF, Miriam. *O pacto imperial*. São Paulo: Globo, 2005.

DRAIBE, Sônia. *Rumos e metamorfoses*. São Paulo: Paz e Terra, 1985.

DRUMMOND, José Augusto. *O movimento tenentista: intervenção militar e conflito hierárquico (1922-1935)*. Rio de Janeiro: Graal, 1986.

DUARTE, Nestor. *A ordem privada e a organização política nacional*. São Paulo: Companhia Editora Nacional, 1966 [1938].

EVANS, Peter. *The Alliance of Multinational, State and Local Capital in Brazil*. New Jersey: Princeton University Press, 1979.

FANELLI, José María; FRENKEL, Roberto; ROZENWURCEL, Guillermo. "Growth and Structural Reform in Latin America. Where We Stand". *In*: ZINI, Álvaro (org.). *The Market and the State in Economic Development in the 1990s*. Amsterdam: North Holland, 1992 [1990].

FAORO, Raymundo. *Os donos do poder*. Porto Alegre/São Paulo: Globo/Edusp, 1975 [1957].

FAUSTO, Boris (org.). *História geral da civilização brasileira — O Brasil republicano*. São Paulo: Difusão Europeia do Livro, 1978, t. III, 4 v.

FERNANDES, Florestan. *A integração do negro na sociedade de classes — No limiar de uma nova era*. São Paulo: Dominus, 1965, v. II.

_____. *Capitalismo dependente e classes sociais na América Latina*. Rio de Janeiro: Zahar, 1973.

_____. *A revolução burguesa no Brasil: ensaio de interpretação sociológica*. Rio de Janeiro: Zahar, 1975.

_____. *Nova República?*. Rio de Janeiro: Zahar, 1985.

FERREIRA, Gabriela Nunes. *Centralização e descentralização no Império*. São Paulo: Editora 34, 1999.

FIGUEIREDO, Argelina Cheibub; LIMONGI, Fernando. "Mudança constitucional, desempenho do Legislativo e consolidação institucional", *Revista Brasileira de Ciências Sociais*, nº 29, 1995, pp. 175-200.

FIGUEIREDO, Argelina Cheibub; LIMONGI, Fernando. *Executivo e Legislativo na Nova Ordem Constitucional*. Rio de Janeiro: Editora FGV, 1999.

FILGUEIRAS, Luiz; PINHEIRO, Bruno; PHILIGRET, Celeste; BALANCO, Paulo. "Modelo liberal-periférico e bloco de poder: política e dinâmica macroeconômica nos governos Lula". *In*: MAGALHÃES, João Paulo de Almeida; *et al*. *Os anos Lula*. Rio de Janeiro: Garamond, 2010, pp. 35-70.

FIORI, José Luís. "Formação, expansão e limites do poder global". *In*: FIORI, José Luís (org.). *O poder americano*. Petrópolis: Vozes, 2004, pp. 11-66.

FIORI, José Luís. (org.). *O poder americano*. Petrópolis: Vozes, 2004.

FISHLOW, Albert. "Origens e consequências da substituição de importações no Brasil", *Estudos Econômicos*, v. 2, nº 6, 1971, pp. 7-75. Publicação original em inglês.

FONSECA JR., Gelson. *A legitimidade e outras questões internacionais*. São Paulo: Paz e Terra, 1998.

FONSECA, Pedro Cezar Dutra. *Vargas: o capitalismo em construção, 1906-1954*. São Paulo: Brasiliense, 1989.

_____. "Nacionalismo e economia: o segundo governo Vargas". In: SZMRECSÁNYI, Tamás; SUZIGAN, Wilson (orgs.). *História econômica do Brasil contemporâneo*. São Paulo: Hucitec, 1996, pp. 17-30.

FORJAZ, Maria Cecília Spina. *Tenentismo e Aliança Liberal (1927-1930)*. São Paulo: Polis, 1978.

FRAGA NETO, Armínio; RESENDE, André Lara. "Déficit, dívida e ajustamento: uma nota sobre o caso brasileiro", *Revista de Economia Política*, v. 5, nº 4, 1985, pp. 57-66.

FRAGOSO, João Luís. *Homens de grossa aventura*. Rio de Janeiro: Civilização Brasileira, 1998.

FRAGOSO, João Luís; FLORENTINO, Manolo. *O arcaísmo como projeto*. Rio de Janeiro: Civilização Brasileira, 2001 [1993].

FRANK, André Gunder. "The Development of Underdevelopment", *Monthly Review*, v. 18, nº 4, 1966, pp. 17-31.

_____. *Capitalism and Development in Latin America*. Nova York: Monthly Review Press, 1969.

FREYRE, Gilberto. *Casa-grande & senzala*. Rio de Janeiro: Record, 1992 [1933].

_____. *Sobrados e mocambos*. São Paulo: Global, 2003 [1951].

FURTADO, Celso. "O desenvolvimento recente da Venezuela". In: FURTADO, Celso. *Ensaios sobre a Venezuela*. Rio de Janeiro: Contraponto/Centro Celso Furtado, 2008 [1957], pp. 35-118.

_____. *Formação econômica do Brasil*. Rio de Janeiro: Fundo de Cultura, 1959.

_____. *Desenvolvimento e subdesenvolvimento*. Rio de Janeiro: Fundo de Cultura, 1961.

_____. *Dialética do desenvolvimento*. Rio de Janeiro: Fundo de Cultura, 1964.

_____. *Subdesenvolvimento e estagnação na América Latina*. Rio de Janeiro: Civilização Brasileira, 1966.

_____. "Que somos?" (1984). In: *Ensaios sobre cultura e o Ministério da Cultura*, organização de Rosa Aguiar Furtado. Rio de Janeiro: Contraponto/Centro Celso Furtado, 2012, pp. 29-41.

_____. *Brasil: a construção interrompida*. São Paulo: Paz e Terra, 1992.

_____. *O longo amanhecer*. São Paulo: Paz e Terra, 1999.

_____. *Em busca de novo modelo*. São Paulo: Paz e Terra, 2002.

_____. *Ensaios sobre a Venezuela*. Rio de Janeiro: Contraponto/Centro Celso Furtado, 2008.

GAETANI, Francisco. *Public Management Constitutional Reforms in Modern Brazil, 1930-1998*. Londres: University of London, 2005. Tese de Doutorado, London School of Economics and Political Science, University of London.

GALA, Paulo. *Política cambial e macroeconomia do desenvolvimento*. São Paulo: FGV, 2006. Tese de Doutorado, Escola de Economia de São Paulo, Fundação Getúlio Vargas.

GARCIA, Marco Aurélio; et al. *As esquerdas e a democracia*. São Paulo: Paz e Terra, 1986.

GASPARI, Elio. "A inflação entra para o debate político", *Folha de S. Paulo*, 1/5/2013.

GELLNER, Ernest. "O advento do nacionalismo e sua interpretação: os mitos da nação e da classe". *In*: BALAKRISHNAN, Gopal (org.). *Um mapa da questão nacional*. Rio de Janeiro: Contraponto, 2000 [1983], pp. 107-54. Trabalho original publicado em GELLNER, Ernest. *Nations e Nationalism*. Ithaca, NY: Cornell University Press; e posteriormente também em *Nações e nacionalismo*. Lisboa: Gradiva).

GERSCHENKRON, Alexander. *Economic Backwardness in Historical Perspective: A Book of Essays*. Nova York: Praeger, 1962.

GIAVAZZI, Francesco; GOLDFJAN, Ilan; HERRERA, Santiago (orgs.). *Inflation Targeting, Debt, and the Brazilian Experience, 1999 to 2003*. Cambridge, MA: MIT Press, 2005.

GORENDER, Jacob. *O escravismo colonial*. São Paulo: Ática, 1978.

GRAHAM, Lawrence S. *Civil Service Reform in Brazil: Principles versus Practice*. Texas: University of Texas Press, 1968.

GUDIN, Eugênio; SIMONSEN, Roberto. *A controvérsia do planejamento na economia brasileira*. Rio de Janeiro: IPEA/INPES, 1977.

GUIMARÃES, Samuel Pinheiro. *Desafios brasileiros na era dos gigantes*. Rio de Janeiro: Contraponto, 2006.

HARBER, Stephen; KLEIN, Herbert S. "The Economic Consequences of Brazilian Independence". *In*: HARBER, Stephen (org.). *How Latin America Fell Behind*. Stanford: Stanford University Press, 1997.

HARBER, Stephen (org.). *How Latin America Fell Behind*. Stanford: Stanford University Press, 1997.

HICKS, John R. *The Crisis of Keynesian Economics*. Oxford: Basil Blackwell, 1974.

HIRSCHMAN, Albert O. "The Rise and Decline of Development Economics". *In: Essays in Trespassing*. Cambridge: Cambridge University Press, 1981.

HOLANDA, Sérgio Buarque de. *História geral da civilização brasileira — O Brasil monárquico: do Império à República*. Rio de Janeiro: Bertrand Brasil, 1997, t. 2, v. 5.

_____. *Raízes do Brasil*. Rio de Janeiro: José Olympio, 1969 [1936].

IANNI, Octavio. *Estado e planejamento econômico no Brasil (1930-1970)*. Rio de Janeiro: Civilização Brasileira, 1971.

IANONI, Marcus. "Políticas públicas e Estado: o Plano Real", *Lua Nova*, n° 78, 2009, pp. 143-83.

IGLESIAS, Francisco. *A trajetória política do Brasil, 1500-1964*. São Paulo: Companhia das Letras, 1993.

JAGUARIBE, Hélio. *O nacionalismo na atualidade brasileira*. Rio de Janeiro: ISEB, 1958.

_____. *Desenvolvimento econômico e desenvolvimento político*. Rio de Janeiro: Fundo de Cultura, 1962.

JAGUARIBE, Hélio; et al. *Brasil, sociedade democrática*. Rio de Janeiro: José Olympio, 1985. Coleção Documentos Brasileiros, nº 196.

JANCSÓ, István. "A construção dos Estados Nacionais na América Latina: apontamentos para o estudo do Império como projeto". *In*: SZMRECSÁNYI, Tamás; LAPA, José Roberto do Amaral (orgs.). *História econômica da Independência e do Império*. São Paulo: Hucitec, 2001 [1993], pp. 3-26. Trabalho apresentado em congresso em 1993.

JEDLICKI, Claudio. "De l'affectation de l'importation d'épargne étrangère dans le cas des grands débiteurs de l'Amérique Latine", *Economie Appliquée*, v. 41, nº 4, 1988, pp. 875-901.

KALDOR, Nicholas. "Productivity and Growth in Manufacturing Industry: A Reply", *Economica*, New Series, v. 35, nº 140, 1968, pp. 385-91.

KAKWANI, Nank; NERI, Marcelo Cortes; SON, Hyun H. *Pro-Poor Growth and Social Programmes in Brazil*. Rio de Janeiro: Fundação Getúlio Vargas, 2006. (Ensaios Econômicos, nº 639).

KAYSEL, André. *Entre a nação e a revolução*. São Paulo: Alameda, 2018.

KUPFER, David. "Política industrial, infraestrutura e inovação". *In*: SOBREIRA, Rogério; RUEDIGER, Marco Aurélio (orgs.). *Desenvolvimento e construção nacional: política econômica*. Rio de Janeiro: Editora FGV, 2005, pp. 129-44.

LAFER, Celso. *JK e o Programa de Metas, 1956-1961: processo de planejamento e sistema político no Brasil*. Rio de Janeiro: Editora FGV, 2002 [1970]. Tese de Doutorado, Cornell University, Nova York, 1970.

_____. *A identidade internacional do Brasil e a política externa brasileira*. São Paulo: Perspectiva, 2001.

LAFER, Celso; et al. *Brasil-Estados Unidos na transição democrática*. São Paulo: Paz e Terra, 1985.

LAHUERTA, Milton. "O século XX brasileiro: autoritarismo, modernização e democracia". *In*: AGGIO, Alberto; LAHUERTA, Milton (orgs.). *Pensar o século XX: problemas políticos e história nacional na América Latina*. São Paulo: Editora Unesp, 2003, pp. 217-58.

LAMBERT, Jacques. *Le Brésil, structure sociale et institutions politiques*. Paris: Colin, 1953.

LAMOUNIER, Bolívar; MENEGUELLO, Rachel. *Partidos políticos e consolidação democrática*. São Paulo: Brasiliense, 1986.

LAPA, José Roberto do Amaral (org.). *Modos de produção e realidade brasileira*. Petrópolis: Vozes, 1980.

LARA RESENDE, André; ARIDA, Persio. "Inflação inercial e reforma monetária". *In*: ARIDA, Persio (org.). *Inflação zero: Brasil, Argentina, Israel*. São Paulo: Paz e Terra, 1986 [1984]. Trabalho apresentado em seminário organizado pelo Institute for International Economics, Washington, nov. 1984.

LAVALLE, Adrián Gurza. *Vida pública e identidade nacional*. Rio de Janeiro: Globo, 2004.

LEAL, Victor Nunes. *Coronelismo, enxada e voto*. São Paulo: Alfa-Omega, 1975 [1949].

LEFF, Nathaniel H. "Economic Development in Brazil: 1822-1913". *In*: HARBER, Stephen (org.). *How Latin America Fell Behind*. Stanford: Stanford University Press, 1997, pp. 34-64.

LEMGRUBER, Antônio Carlos. "As recessões de crescimento no Brasil", *Conjuntura Econômica*, v. 35, n° 4, 1981, pp. 87-97.

LEROY-BEAULIEU, Paul. *La Colonisation chez les peuples modernes*. Paris: Guillaumin & Cie. Libraires, 1882 [1874].

LESSA, Renato. *A invenção republicana*. Rio de Janeiro: Topbooks, 1999.

LEVINE, Robert M. *Pernambuco in the Brazilian Federation, 1889-1937*. Stanford: Stanford University Press, 1978.

LEWIS, Arthur W. "Economic Development with Unlimited Supply of Labor". *In*: AGARWALA, Amar Narain; SINGH, Sampat Pal (orgs.). *The Economics of Underdevelopment*. Nova York: Oxford University Press, 1958 [1954], pp. 400-49.

LIMA JR., Olavo Brasil de. *Instituições políticas democráticas*. Rio de Janeiro: Zahar, 1997.

LOPES, Francisco. "Só um choque heterodoxo pode derrubar a inflação", *Economia em Perspectiva*, n° 5, 1984. Boletim do Conselho Regional de Economia de São Paulo.

_____. "Inflação inercial, hiperinflação e desinflação: notas e conjecturas", *Revista da ANPEC*, n° 7, 1984.

LOPEZ-CALVA, Luis F.; ROCHA, Sonia. *Exiting Belindia?*. Washington: World Bank/Poverty, Gender and Equity Unit, 2012.

LOUREIRO, Maria Rita. "Economistas e elites dirigentes no Brasil", *Revista Brasileira de Ciências Sociais*, v. 7, n° 20, 1992, pp. 34-6.

LOVE, Joseph L. *São Paulo in the Brazilian Federation, 1889-1937*. Stanford: Stanford University Press, 1980.

LOVE, Joseph L.; BARICKMAN, Bert J. "Regional elites". *In*: CONNIFF, Michael L.; MCCANN, Frank D. (orgs.). *Modern Brazil: Elites and Masses in Historical Perspective*. Nebraska: University of Nebraska Press, 1989, pp. 3-22.

LUCAS, Fábio; BELLUZZO, Luiz Gonzaga (orgs.). *A guerra do Brasil: a reconquista do Estado brasileiro*. São Paulo: Textonovo, 2000.

LUZ, Nícia Vilela. *A luta pela industrialização do Brasil*. São Paulo: Alfa-Omega, 1961.

LYNCH, Christian Edward Cyril. "Por que *pensamento* e não *teoria*? A imaginação político social brasileira e o fantasma da condição periférica", *Dados*, v. 56, n° 4, 2013, pp. 727-67.

MACHADO, Luiz Toledo. *Formação do Brasil e unidade nacional*. São Paulo: Instituição Brasileira de Difusão Cultural, 1980.

MADDISON, Angus. "Brasil tem o crescimento mais rápido do PIB desde 1870", *Folha de S. Paulo*, 27/10/1988, p. B-6.

_____. *The World Economy in the 20th Century*. Paris: OECD, 1989.

_____. *Dynamic Forces in Capitalist Development*. Oxford: Oxford University Press, 1991.

_____. *The World Economy: Historical Statistics*. Paris: OECD/Development Centre, 2003.

MAGALHÃES, João Paulo de Almeida. *Controvérsia brasileira sobre desenvolvimento econômico*. Rio de Janeiro: Desenvolvimento & Conjuntura/Confederação Nacional da Indústria, 1961.

_____. "Estratégias e modelos de desenvolvimento". *In*: MAGALHÃES, João Paulo de Almeida; *et al*. *Os anos Lula*. Rio de Janeiro: Garamond, 2010, pp. 19-34.

MAGALHÃES, João Paulo de Almeida; *et al*. *Os anos Lula*. Rio de Janeiro: Garamond, 2010.

MAINWARING, Scott. "Democracia presidencialista multipartidária: o caso do Brasil", *Lua Nova*, nº 28-9, 1993, pp. 21-74.

MARAVALL, José María. "Política e políticas: reformas econômicas na Europa meridional". *In*: BRESSER-PEREIRA, Luiz Carlos; MARAVALL, José María; PRZEWORSKI, Adam. *Reformas econômicas em novas democracias*. São Paulo: Nobel, 1996 [1993], pp. 83-132. Edição original em inglês.

MARCONI, Nelson. "The Industrial Equilibrium Exchange Rate in Brazil: An Estimation", *Revista de Economia Política*, v. 32, nº 4, 2012, pp. 656-69.

MARINI, Ruy Mauro. *Subdesarrollo y revolución*. México: Siglo XXI, 1969.

_____. "Dialética da dependência". *In*: TRASPADINI, Roberta; STEDILE, João Pedro (orgs.). *Ruy Mauro Marini: vida e obra*. São Paulo: Expressão Popular, 2005 [1973].

MARQUES, Eduardo Cesar. "Notas críticas à literatura sobre Estado, políticas estatais e atores políticos", *Boletim Bibliográfico de Ciências Sociais*, nº 43, 1997, pp. 67-102.

MARSON, Izabel Andrade. "Monarquia, empreendimentos e revolução: o *laissez-faire* e a proteção à 'indústria nacional': origens da Revolução Praieira". *In*: MARSON, Izabel Andrade; OLIVEIRA, Cecília Helena L. de Salles (orgs.). *Monarquia, liberalismo e negócios no Brasil, 1780-1860*. São Paulo: Edusp, 2013.

MARSON, Izabel Andrade; OLIVEIRA, Cecília Helena L. de Salles (orgs.). *Monarquia, liberalismo e negócios no Brasil, 1780-1860*. São Paulo: Edusp, 2013.

MARTINS, José de Souza. "A lei da madeira", *O Estado de S. Paulo*, 23/3/2014.

MARTINS, Luciano. *Pouvoir et développement économique*. Paris: Anthropos, 1976 [1973]. Tese de Doutorado, Université de Paris V, Paris, 1973.

MARX, Karl. "Prefácio" a *Contribuição à crítica da Economia Política*. *In*: IANNI, Octavio (org.). *Marx*, cap. 4, "Infraestrutura e superestrutura", pp. 82-96. São Paulo: Ática, 1979 [1859]. Coleção Grandes Cientistas Sociais, nº 10.

_____. *O capital*, Livro I. Rio de Janeiro: Civilização Brasileira, 1968 [1868].

MATIJASCIC, Milko. "Política social e desenvolvimento sustentado: desafios a enfrentar". *In*: CARNEIRO, Ricardo de Medeiros; MATIJASCIC, Milko (orgs.). *Desafios do desenvolvimento brasileiro*. Brasília: IPEA, 2011, pp. 167-78.

MEDIALDEA, Bibiana. "Brazil: An Economy Caught in a Financial Trap (1993-2003)", *Brazilian Journal of Political Economy*, v. 33, nº 3, jul. 2013, pp. 427-45.

MELO, Marcus; PEREIRA; Carlos. *Making Brazil Work: Checking the President in a Multiparty System*. Houndmills: Palgrave Macmillan, 2015.

MELLO, Evaldo Cabral de. "Posfácio" à 5ª edição. *In*: NABUCO, Joaquim. *Um estadista do Império*. Rio de Janeiro: Topbooks, 1997, 2 v.

MERCADANTE, Aloizio. *As bases do Novo Desenvolvimentismo no Brasil*. Campinas: Unicamp, 2010. Tese de Doutorado, Instituto de Economia, Universidade Estadual de Campinas.

MERCADANTE, Aloizio; et al. *Economia brasileira: perspectivas do desenvolvimento*. São Paulo: Centro Acadêmico Visconde de Cairu/FEA-USP, 2005.

MERKIN, Gerald. "Para uma teoria da inflação alemã: algumas observações preliminares". *In*: REGO, José Marcio (org.). *Inflação inercial, teorias sobre inflação e o Plano Cruzado*. São Paulo: Paz e Terra, 1986 [1982]. Publicação original em inglês e alemão.

MESQUITA, Bruce Bueno de; ROOT, Hilton L. (orgs.). *Governing for Prosperity*. New Haven: Yale University Press, 2000.

MILLS, Charles Wright. *Listen, Yankee*. Nova York: Ballantine Books, 1960.

MINISTÉRIO DA FAZENDA. *Plano de Controle Macroeconômico*. Brasília: Ministério da Fazenda/Secretaria Especial de Assuntos Econômicos, 1987.

MONIZ BANDEIRA, Luiz Alberto. *O caminho da revolução brasileira*. Rio de Janeiro: Editora Melso, 1962.

_____. "A ideia de nação no Brasil" *In*: BRESSER-PEREIRA, Luiz Carlos (org.). *Nação, câmbio e desenvolvimento*. Rio de Janeiro: Editora FGV, 2008, pp. 34-54.

MOORE JR., Barrington. *Social Origins of Dictatorship and Democracy: Lord and Peasant in Making the Modern World*. Boston: Beacon Press, 1966.

MORAES, Walfrido. *Jagunços e heróis*. Rio de Janeiro: Civilização Brasileira, 1997 [1963].

MORCEIRO, Paulo César. "Influência metodológica na desindustrialização brasileira e correções na composição setorial do PIB", *TD NEREUS* 02-2019. São Paulo: NEREUS-USP.

MOTTA, Fernando Prestes. *Empresários e hegemonia política*. São Paulo: Brasiliense, 1979.

MOURA DA SILVA, Adroaldo; et al. *FMI x Brasil: a armadilha da recessão*. São Paulo: Fórum Gazeta Mercantil, 1983.

NABUCO, Joaquim. *O abolicionismo*. Petrópolis: Vozes, 2000 [1883].

_____. *Um estadista do Império*. Rio de Janeiro: Topbooks, 1997 [1897], 2 v.

NAKANO, Yoshiaki. "Recessão e inflação", *Revista de Economia Política*, v. 2, nº 2, 1982, pp. 133-37.

NASSIF, André; FEIJÓ, Carmem; ARAÚJO, Eliane. *The Trend of the Real Exchange Rate Overvaluation in Open Emerging Economies: The Case of Brazil*. Rio de Janeiro: UFF/Faculdade de Economia, 2011. Texto para Discussão, nº 272.

Neri, Marcelo. *A nova classe média*. São Paulo: Saraiva, 2011.

_____. Citado em Carneiro, Mariana, "Renda das famílias passa a crescer em velocidade menor que a do PIB", *Folha de S. Paulo*, 31/5/2014.

Nicol, Robert C. *A agricultura e a industrialização no Brasil*. São Paulo: FFLCH-USP, 1974. Tese de Doutorado, Faculdade de Filosofia, Letras e Ciências Humanas, Universidade de São Paulo.

Nobre, Marcos. *Imobilismo em movimento: da abertura democrática ao governo Dilma*. São Paulo: Companhia das Letras, 2013.

_____. "PMDB só consegue unidade na economia". Entrevista a *O Estado de S. Paulo*, 7/5/2016.

North, Douglass C. *Institutions, Institutional Change and Economic Performance*. Cambridge: Cambridge University Press, 1990.

North, Douglass; Summerhill, William; Weingast, Barry R. "Order, Disorder, and Economic Change: Latin America versus North America". In: Mesquita, Bruce Bueno de; Root, Hilton L. (orgs.). *Governing for Prosperity*. New Haven: Yale University Press, 2000, pp. 17-58.

Novais, Fernando A. *Portugal e Brasil na crise do antigo sistema colonial (1777-1808)*. São Paulo: Hucitec, 1979 [1973]. Tese de Doutorado, Universidade de São Paulo, São Paulo, 1973.

Noyola Vázquez, Juan. "El desarrollo económico y la inflación en Mexico y otros países latinoamericanos", *Investigaciones Económicas*, v. 16, nº 14, 1956, pp. 606-48.

Nunes, Edson de Oliveira. *A gramática política do Brasil*. Rio de Janeiro/Brasília: Zahar/Escola Nacional de Administração, 1997 [1984]. Tese de Doutorado, University of California, Berkeley, 1984.

O'Donnell, Guillermo. *Modernization and Bureaucratic Authoritarianism: Studies in South American Politics*. Berkeley: Institute of International Studies of the University of California, 1973. Modernization Series, nº 9.

_____. "Democracia delegativa?", *Novos Estudos Cebrap*, nº 31, 1991, pp. 25-40.

O'Donnell, Guillermo; Schmitter, Philippe C.; Whitehead, Laurence (orgs.). *Transições do regime autoritário: primeiras conclusões*. São Paulo: Vértice, 1988 [1986]. Biblioteca Vértice, 20, Sociologia e Política. Edição original em inglês.

Oliveira, Francisco de. "Economia brasileira: crítica à razão dualista", *Estudos Cebrap*, nº 2, 1972, pp. 4-82.

_____. "Hegemonia às avessas". In: Oliveira, Francisco de; Braga, Ruy; Rizek, Cibele (orgs.). *Hegemonia às avessas: economia, política e cultura na era da servidão financeira*. São Paulo: Boitempo, 2010 [2007], pp. 21-7. Originalmente publicado na revista *Piauí*, nº 4, pp. 56-7.

Oliveira, Francisco de; Braga, Ruy; Rizek, Cibele (orgs.). *Hegemonia às avessas: economia, política e cultura na era da servidão financeira*. São Paulo: Boitempo, 2010.

Oliveira Lima, Luiz Antonio de. "A atual política econômica e os descaminhos do monetarismo", *Revista de Economia Política*, v. 2, nº 1, 1982, pp. 139-51.

Oliveira Vianna, Francisco José de. *Populações meridionais do Brasil*. São Paulo: Companhia Editora Nacional, 1920.

_____. *Evolução do povo brasileiro*. São Paulo: Companhia Editora Nacional, 1923.

Oreiro, José Luís; Araújo, Eliane. "A crise de 2008 e os erros do Banco Central". *In*: Bresser-Pereira, Luiz Carlos (org.). *Depois da crise: a China no centro do mundo?*. Rio de Janeiro: Editora FGV, 2012, pp. 279-318.

Oreiro, José Luís; Basílio, Flavio A. C.; Souza, Gustavo J. G. "Acumulação de capital, taxa real de câmbio e *catching-up*, teoria e evidência para o caso brasileiro". Trabalho apresentado ao Fórum de Economia da Fundação Getúlio Vargas, São Paulo, 31/9/2013.

Oreiro, José Luis; D'Agostini, Luciano. "From Lula Growth Spectacle to the Great Recession (2003-2015): Lessons of the Management of the Macroeconomic Tripod and Macroeconomic Challenges for Restoring Economic Growth in Brazil", *paper* apresentado no workshop "Central Banks in Latin America: In Search for Stability and Development", Pontificia Universidad Católica del Perú, Lima, 12-13/5/2016.

Oszlak, Oscar. *La formación del Estado argentino: orden, progreso y organización nacional*. Buenos Aires: Planeta, 1997.

Pacey, Arnold. *Technology in World Civilization: A Thousand-Year History*. Cambridge, MA: MIT Press, 1990.

Paim, Antonio. *História do liberalismo brasileiro*. São Paulo: Mandarim, 1998.

Pastore, Affonso Celso. "Reforma monetária, inércia e estabilização". *In*: Velloso, João Paulo dos Reis (org.). *Estabilidade e crescimento: os desafios do real*. Rio de Janeiro: José Olympio, 1994, pp. 29-46. Trabalho apresentado no IV Fórum Nacional do Instituto Nacional de Altos Estudos (INAE) e no Departamento de Economia da Universidade de São Paulo, São Paulo. Mimeografado.

Paula, Luiz Fernando de. *Financial Liberalization and Economic Performance*. Londres: Routledge, 2011.

Paula, Luiz Fernando de; Modenesi, André de Mello; Pires, Manoel Carlos C. "The Tale of the Contagion of Two Crises and Policy Responses in Brazil: A Case of (Keynesian) Policy Coordination?", *Journal of Post Keynesian Economics*, v. 37, nº 3, primavera 2015, pp. 408-35.

Paula, Luiz Fernando de; Meyer, Thiago. "Resiliência e desaceleração", *Valor Econômico*, 12/4/2016.

Paulani, Leda Maria. "Acumulação sistêmica, poupança externa e rentismo: observações sobre o caso brasileiro", *Estudos Avançados*, nº 77, 2013, pp. 237-61.

_____. "Que horas são? Considerações acerca do significado do desenvolvimento". *In*: Mercadante, Aloizio; et al. *Economia brasileira: perspectivas do desenvolvimento*. São Paulo: Centro Acadêmico Visconde de Cairu/FEA-USP, 2005, pp. 289-326.

Peláez, Carlos Manoel. *História da industrialização brasileira*. Rio de Janeiro: APEC, 1972.

PIKETTY, Thomas. "O paradoxo do PT", *Piauí*, nº 166, jul. 2020, pp. 30-3. Trecho traduzido do livro *Capital et idéologie* (2019).

POLANYI, Karl. *The Great Transformation*. Boston: Beacon Press, 1957 [1944].

PRADO JR., Caio. "Evolução política do Brasil". *In*: PRADO JR., Caio. *Evolução política do Brasil e outros estudos*. São Paulo: Brasiliense, 1957 [1933].

_____. *Formação do Brasil contemporâneo*. São Paulo: Brasiliense, 1957 [1942].

_____. *História econômica do Brasil*. São Paulo: Brasiliense, 1956 [1945].

_____. *A revolução brasileira*. São Paulo: Brasiliense, 1966.

QUEIROZ, Maria Isaura Pereira de. *O mandonismo local na vida política brasileira*. São Paulo: IEB-USP, 1969.

RAMOS, Alberto Guerreiro. *Cartilha brasileira do aprendiz de sociólogo*. Rio de Janeiro: Editorial Andes, 1954.

_____. "A ideologia da *jeunesse dorée*". *Cadernos do Nosso Tempo*, nº 4, 1955, pp. 101-12.

_____. *O problema nacional do Brasil*. Rio de Janeiro: Saga, 1960.

_____. *A crise do poder no Brasil*. Rio de Janeiro: Zahar, 1961.

_____. "A nova ignorância e o futuro da administração pública na América Latina", *Revista de Administração Pública*, v. 4, nº 2, 1970, pp. 7-45.

RAMOS, Lauro. *A distribuição de rendimentos no Brasil 1976/85*. Rio de Janeiro: IPEA, 1993.

RANCIÈRE, Jacques. *La Haine de la démocratie*. Paris: La Fabrique, 2005.

RANGEL, Ignácio M. *A inflação brasileira*. São Paulo: Editora Bienal, 1986 [1963].

_____. *A dualidade básica da economia brasileira*. Rio de Janeiro: ISEB, 1957 [1953].

_____. *Recursos ociosos e política econômica*. São Paulo: Hucitec, 1980.

_____. "A história da dualidade brasileira", *Revista de Economia Política*, v. 1, nº 4, 1981, pp. 5-34.

REGO, José Marcio (org.). *Inflação inercial, teorias sobre inflação e o Plano Cruzado*. São Paulo: Paz e Terra, 1986.

REGO, Walquiria Domingues Leão. "Federalismo e fundação da nação". *In*: BASTOS, Elide Rugai; REGO, Walquiria Domingues Leão (orgs.). *Intelectuais: sociedade e política*. São Paulo: Cortez, 2003, pp. 13-30.

REINERT, Erik S. *How Rich Countries Got Rich... and Why Poor Countries Stay Poor*. Nova York: Carroll & Craf, 2007.

REIS FILHO, Daniel Aarão. "As esquerdas e a democracia". *In*: GARCIA, Marco Aurélio; et al. *As esquerdas e a democracia*. São Paulo: Paz e Terra, 1986.

RENAN, Ernest. *Qu'est-ce qu'une Nation?*. Paris: Pocket/Agora, 1993 [1882].

RESENDE, André Lara. "A moeda indexada: uma proposta para eliminar a inflação inercial", *Gazeta Mercantil*, 26, 27 e 28/9/1984.

Rezende, Fernando; et al. *Aspectos da participação do governo na economia*. Rio de Janeiro: IPEA/INPES, 1976. Série Monografia, nº 26.

Ribeiro, Renato Janine. "Eleições 2014 e a quarta agenda da democracia brasileira", *Interesse Nacional*, abr. 2014.

Ridenti, Marcelo. "O golpe de 1964, aqui e agora", *Folha de S. Paulo*, 23/3/2014.

Ricupero, Rubens. *O Brasil e o dilema da globalização*. São Paulo: Editora Senac, 2001.

Rocha, João Cezar de Castro. "Bolsonarismo é a mais perversa máquina de destruição de nossa história republicana", *Folha de S. Paulo*, 8/8/2020.

Rodrigues, José Honório. *Conciliação e reforma no Brasil*. Rio de Janeiro: Civilização Brasileira, 1965.

_____. *Independência: revolução e contrarrevolução*. Rio de Janeiro: Francisco Alves, 1975.

Rodrigues, Leôncio Martins. *Partidos e sindicatos*. São Paulo: Ática, 1990.

_____. *Partidos, ideologia e composição social*. São Paulo: Edusp, 2002.

Rodrik, Dani. "Who Needs Capital-Account Convertibility?". New Jersey: Department of Economics of Princeton University, 1998. *Essays in International Finance*, nº 207.

Romero, Sílvio. *História da literatura brasileira*. Rio de Janeiro: José Olympio, 1949 [1888], v. 1.

Rossi, José W. "A dívida pública no Brasil e a aritmética da instabilidade", *Pesquisa e Planejamento Econômico*, v. 17, nº 2, 1987, pp. 369-79.

Rugitsky, Fernando. "Injustiça tributária", *Folha de S. Paulo*, 6/3/2014.

Saes, Décio. *A formação do Estado burguês no Brasil (1888-1891)*. São Paulo: Paz e Terra, 1985.

Safatle, Vladimir. "Os impasses do lulismo", *Carta Capital*, 7/1/2013.

Salama, Pierre. "China-Brasil: industrialização e 'desindustrialização precoce'", *Cadernos do Desenvolvimento*, v. 7, nº 10, 2012, pp. 229-51.

Sallum Jr., Brasilio. "O Brasil sob Cardoso: neoliberalismo e desenvolvimento", *Tempo Social*, v. 11, nº 2, 2000, pp. 23-48.

Santa Rosa, Virgínio. *O sentido do tenentismo*. São Paulo: Alfa-Omega 1976 [1933].

Santos, Ronaldo Marcos dos. "Mercantilização, decadência e dominância". *In*: Szmrecsányi, Tamás (org.). *História econômica do período colonial*. São Paulo: Hucitec, 2001 [1993], pp. 67-76. Trabalho apresentado em congresso em 1993.

Santos, Theotonio dos. *Socialismo o fascismo: el nuevo carácter de la dependencia y el dilema latinoamericano*. Buenos Aires: Ediciones Periferia, 1973.

Santos, Wanderley Guilherme dos. *Ordem burguesa e liberalismo político*. São Paulo: Duas Cidades, 1978.

_____. "A pós-revolução brasileira". *In*: Jaguaribe, Hélio; et al. *Brasil, sociedade democrática*. Rio de Janeiro: José Olympio, 1985.

_____. *As razões da desordem*. Rio de Janeiro: Rocco, 1993.

_____. *Horizonte do desejo*. Rio de Janeiro: Editora FGV, 2006.

_____. *O paradoxo de Rousseau*. Rio de Janeiro: Rocco, 2007.

SCHNEIDER, Ben Ross. *Burocracia pública e política industrial no Brasil*. São Paulo: Editora Sumaré, 1994 [1991]. Edição original em inglês.

SCHWARCZ, Lilia Moritz. *As barbas do imperador. D. Pedro II, um monarca nos trópicos*. São Paulo: Companhia das Letras, 1998.

SCHWARTZMAN, Simon. "Desenvolvimento econômico e desenvolvimento político", *Revista Brasileira de Ciências Sociais*, v. 3, nº 1, 1963, pp. 271-82.

_____. *São Paulo e o Estado nacional*. São Paulo: Difusão Europeia do Livro, 1975.

SCHWARZ, Roberto. "As ideias fora do lugar", *Estudos Cebrap*, nº 3, 1973, pp. 150-61.

SICSÚ, João; PAULA, Luiz Fernando de; RENAUT, Michel (orgs.). *Novo Desenvolvimentismo: um projeto nacional de crescimento com equidade social*. Barueri/São Paulo: Manole/Fundação Konrad Adenauer, 2004.

SILVA, Ana Rosa Cloclet da. *Inventando a nação: intelectuais ilustrados e estadistas luso--brasileiros na crise do antigo regime português, 1750-1822*. São Paulo: Hucitec, 2006.

SILVA, Ricardo. *A ideologia do Estado autoritário no Brasil*. Chapecó: Argos, 2004.

SILVA, Sérgio. *Expansão cafeeira e origens da indústria no Brasil*. São Paulo: Alfa-Omega, 1976. Dissertação de Mestrado, Université de Paris I Panthéon-Sorbonne, Paris, 1973.

SIMONSEN, Mario Henrique; CYSNE, Rubens Penha. *Macroeconomia*. São Paulo: Atlas, 1995.

SIMONSEN, Mario Henrique. *Inflação: gradualismo x tratamento de choque*. Rio de Janeiro: ANPEC, 1970.

SIMONSEN, Roberto. *História econômica do Brasil, 1500-1820*. São Paulo: Companhia Editora Nacional, 1937.

_____. *O planejamento da economia brasileira*. Rio de Janeiro: Indústria Gráfica Siqueira, 1945.

SINGER, André. *Realinhamento eleitoral e mudança política no Brasil*. São Paulo: FFLCH--USP, 2011. Tese de Livre-Docência, Faculdade de Filosofia, Letras e Ciências Humanas, Universidade de São Paulo.

_____. "Raízes sociais e ideológicas do lulismo", *Novos Estudos Cebrap*, nº 85, 2009, pp. 83-104.

SINGER, Paul. "As contradições do milagre", *Estudos Cebrap*, nº 6, 1973, pp. 58-77.

SOBREIRA, Rogério; RUEDIGER, Marco Aurélio (orgs.). *Desenvolvimento e construção nacional: política econômica*. Rio de Janeiro: Editora FGV, 2005.

SOARES, Sergei. *Distribuição de renda no Brasil de 1976 a 2004, com ênfase no período entre 2001 e 2004*. Brasília: IPEA, 2006. Texto para Discussão, nº 1166.

SODRÉ, Nelson Werneck. *A revolução brasileira*. Rio de Janeiro: José Olympio, 1958.

SODRÉ, Nelson Werneck. *Formação histórica do Brasil*. São Paulo: Brasiliense, 1962.

_____. *História da burguesia brasileira*. Rio de Janeiro: Civilização Brasileira, 1964.

_____. *História militar do Brasil*. Rio de Janeiro: Civilização Brasileira, 1968 [1965].

SOLA, Lourdes. *Ideias econômicas, decisões políticas*. São Paulo: Edusp, 1998 [1982]. Edição original em inglês.

SOUZA, Jessé. *A modernização seletiva*. Brasília: UnB, 2000.

_____. *A ralé brasileira*. São Paulo: Contracorrente, 2009.

_____. *Os batalhadores brasileiros*. Belo Horizonte: Editora UFMG, 2010.

_____. *A elite do atraso*. Rio de Janeiro: Leya, 2017.

SOUZA, Maria do Carmo Campello de. *Estado e partidos políticos no Brasil: 1930 a 1964*. São Paulo: Alfa-Omega, 1976.

SOUZA, Pedro Ferreira de. *A desigualdade vista do topo: a concentração de renda entre os ricos no Brasil, 1926-2013*. Brasília: UnB, 2016. Tese de Doutoramento, Departamento de Sociologia, Universidade de Brasília.

STEIN, Stanley J. *The Brazilian Cotton Manufacture*. Cambridge: Harvard University Press, 1957.

STEINBERG, Bruce; et al. (orgs.). *U.S. Capitalism in Crisis*. Nova York: The Union for Radical Political Economics, 1978.

SUNKEL, Osvaldo. "La inflación chilena: un enfoque heterodoxo", *El Trimestre Económico*, v. 25, n° 4, 1958, pp. 570-99.

SUPLICY, Eduardo Matarazzo; CURY, Samir. "A renda mínima garantida como proposta para remover a pobreza no Brasil", *Revista de Economia Política*, v. 14, n° 1, 1994, pp. 101-19.

SUPLICY, Eduardo Matarazzo. *Renda de cidadania: a saída é pela porta*. São Paulo: Cortez/Fundação Perseu Abramo, 2002.

SUZIGAN, Wilson. "As empresas do governo e o papel do Estado na economia brasileira". *In*: REZENDE, Fernando; et al. *Aspectos da participação do governo na economia*. Rio de Janeiro: IPEA/INPES, 1976, pp. 77-130. Série Monografia, n° 26.

SUZIGAN, Wilson. *Indústria brasileira: origem e desenvolvimento*. São Paulo: Brasiliense, 1986.

SZMERCSÁNYI, Tamás (org.). *História econômica do período colonial*. São Paulo: Hucitec, 2001.

SZMERCSÁNYI, Tamás; LAPA, José Roberto do Amaral (orgs.). *História econômica da Independência e do Império*. São Paulo: Hucitec, 2001.

SZMERCSÁNYI, Tamás; SUZIGAN, Wilson (orgs.). *História econômica do Brasil contemporâneo*. São Paulo: Hucitec, 1996.

TAVARES, Maria da Conceição. "Auge e declínio do processo de substituição de importações no Brasil". *In*: TAVARES, Maria da Conceição. *Da substituição de importações ao capitalismo financeiro: ensaios sobre economia brasileira*. Rio de Janeiro: Zahar, 1972 [1963], pp. 27-124. Publicação original em espanhol.

_____. *Da substituição de importações ao capitalismo financeiro: ensaios sobre economia brasileira*. Rio de Janeiro: Zahar, 1972.

_____. "Ciclo e crise: o movimento recente da industrialização brasileira". Rio de Janeiro: FEA-UFRJ, 1978. Tese de Professora Titular, Universidade Federal do Rio de Janeiro, Rio de Janeiro, 1978. Mimeografado.

_____. "A retomada da hegemonia norte-americana e seu impacto sobre a América Latina". In: LAFER, Celso; et al. *Brasil-Estados Unidos na transição democrática*. São Paulo: Paz e Terra, 1985, pp. 39-52.

TAVARES, Maria da Conceição; SERRA, José. "Além da estagnação". In: TAVARES, Maria da Conceição. *Da substituição de importações ao capitalismo financeiro: ensaios sobre economia brasileira*. Rio de Janeiro: Zahar, 1972 [1971], pp. 156-207. Publicação original em espanhol.

TAYLOR, Frederick W. *The Principles of Scientific Management*. Nova York: Harper, 1911.

TAYLOR, John B. "Discretion versus Policy Rules in Practice", *Carnegie-Rochester Series on Public Policies*, v. 39, 1993, pp. 195-214.

_____. "The Role of the Exchange Rate in Monetary-Policy Rules", *American Economic Review*, v. 91, n° 2, 2001, pp. 263-67.

THERBORN, Göran. "The Rule of Capital and the Rise of Democracy", *New Left Review*, n° 103, 1977, pp. 3-41.

TOKESHI, Hélcio. *Indexação informal, probabilidade e comportamento convencional*. Campinas: Unicamp, 1991. Dissertação de Mestrado, Instituto de Economia, Universidade Estadual de Campinas.

TOLEDO, Caio Navarro de (org.). *Intelectuais e política no Brasil: a experiência do ISEB*. Rio de Janeiro: Revan, 2005.

TOPIK, Steven. *A presença do Estado na economia política do Brasil de 1889 a 1930*. Rio de Janeiro: Record, 1987.

TRASPADINI, Roberta; STEDILE, João Pedro (orgs.). *Ruy Mauro Marini: vida e obra*. São Paulo: Expressão Popular, 2005.

URICOECHEA, Fernando. *O Minotauro imperial: a burocratização do Estado patrimonial brasileiro no século XIX*. São Paulo: Difusão Europeia do Livro, 1978.

VELLOSO, João Paulo dos Reis. "Um país sem projeto: a crise brasileira e a modernização da sociedade — primeiras ideias". In: VELLOSO, João Paulo dos Reis (org.). *A crise brasileira e a modernização da sociedade*. Rio de Janeiro: José Olympio, 1990.

VELLOSO, João Paulo dos Reis (org.). *A crise brasileira e a modernização da sociedade*. Rio de Janeiro: José Olympio, 1990.

_____. *A questão social no Brasil*. São Paulo: Nobel, 1991.

_____. *Estabilidade e crescimento: os desafios do real* (IV Fórum Nacional do Instituto Nacional de Altos Estudos — INAE). Rio de Janeiro: José Olympio, 1994.

_____. *Brasil 500 anos: futuro, presente, passado*. Rio de Janeiro: José Olympio, 2000.

_____. *Construindo sociedade ativa e moderna e consolidando o crescimento com inclusão social*. Rio de Janeiro: José Olympio, 2010.

VERGARA, Pilar. "Autoritarismo e mudanças estruturais no Chile", *Revista de Economia Política*, v. 2, n° 3, 1982, pp. 77-110.

Vianna, Luiz Werneck. *A revolução passiva: iberismo e americanismo no Brasil*. Rio de Janeiro: Revan, 1997.

_____. *A modernização sem o moderno*. Brasília: Contraponto/Fundação Astrogildo Pereira, 2011.

_____. "O Cachoeira e a gota d'água", *O Estado de S. Paulo*, 22/4/2012.

Villela, Annibal C.; Suzigan, Wilson. *Política do governo e crescimento da economia brasileira*. Rio de Janeiro: IPEA, 1973.

Wahrlich, Beatriz Marques de Souza. "Uma reforma da administração de pessoal vinculada ao processo de desenvolvimento nacional", *Revista de Administração Pública*, v. 4, n° 1, 1970, pp. 7-31.

_____. *A reforma administrativa da era de Vargas*. Rio de Janeiro: FGV, 1983.

_____. "A reforma administrativa no Brasil: experiência anterior, situação atual e perspectivas. Uma apreciação geral", *Revista de Administração Pública*, v. 18, n° 1, 1984, pp. 49-59.

Weffort, Francisco C. *Por que democracia?*. São Paulo: Brasiliense, 1984.

Weisskopf, Thomas E. "Marxist perspectives on cyclical crisis". *In*: Steinberg, Bruce; et al. (orgs.). *U.S. Capitalism in Crisis*. Nova York: The Union for Radical Political Economics, 1978.

Whyte Jr., William H. *The Organization Man*. Nova York: Doubleday, 1956.

Williamson, John. "What Washington Means by Policy Reform". *In*: Williamson, John (org.). *Latin American Adjustment: How Much Has Happened?*. Washington: Institute for International Economics, 1990, pp. 7-38.

_____. "The Progress of Policy Reform in Latin America". *In*: Williamson, John (org.). *Latin American Adjustment: How Much Has Happened?*. Washington: Institute for International Economics, 1990, pp. 353-420.

Williamson, John (org.). *Inflation and Indexation: Argentina, Brazil and Israel*. Washington: Institute for International Economics, 1985.

_____. *Latin American Adjustment: How Much Has Happened?* Washington: Institute for International Economics, 1990.

Wirth, John D. *The Politics of Brazilian Development, 1930-1945*. Stanford: Stanford University Press, 1970.

_____. *Minas Gerais in the Brazilian Federation, 1889-1937*. Stanford: Stanford University Press, 1977.

Zini, Álvaro (org.). *The Market and the State in Economic Development in the 1990s*. Amsterdã: North Holland, 1992.

Índice remissivo

Abertura econômica, 46, 86, 124, 303, 319; comercial, 9, 11, 61, 215, 227, 307, 319, 324, 328, 342, 344, 345, 347, 353, 367, 368, 397, 406, 408, 417, 436; financeira, 9, 11, 61, 215, 217, 227, 309, 319, 328, 333, 344, 345, 347, 353, 367, 368, 397, 408, 419, 436
Abertura política, 241, 242, 243, 244, 252, 253, 254, 257, 258; e distensão, 241
Abolição da escravatura, 18, 23, 57, 59, 85, 87, 89, 95, 96; campanha abolicionista, 95
Abranches, Sérgio, 294
Acemoglu, Daron, 54
Acumulação de capital, 11, 43, 45, 91, 111, 113, 129, 131, 161, 195, 229, 230, 235, 255, 259, 409, 410, 413, 425
Administração pública, 66, 100, 137, 138, 139, 160, 162, 331, 362
Agenda de reformas institucionais, 326; desenvolvimentista, 210; do país, 404, 425; mundial, 432; neoliberal, 326
Agricultura, 40, 69, 77, 86, 108, 130, 156, 172, 177, 230, 240, 370, 407, 410
Agriculturalismo, 170, 172, 173, 177
Ajuste fiscal, 21, 166, 224, 229, 239, 262, 271, 307, 309, 315, 319, 321, 322, 323, 324, 336, 337, 350, 352, 375, 378, 385, 387, 407
Alberto, João, 149, 150
ALCA (Área de Livre Comércio das Américas), 28, 362

Alcançamento (*catching up*), 24, 47, 48, 51, 57, 94, 113, 247, 305, 343, 405, 410, 415, 424, 426
Alckmin, Geraldo, 388
Aleijadinho, 13
Alemanha, 24, 27, 103, 119, 124, 140, 294, 383
Alencar, Chico, 294
Alencar, José de, 70
Alencastro, Luiz Felipe de, 13, 61, 70
Alexandre, o Grande, 123
Almeida, Mansueto, 385
Almeida, Rômulo de, 149, 156, 418
Alves Branco, Manuel, 71
Alves, Márcio Moreira, 13
Amorim, Celso, 29, 361, 375, 432
Âncora cambial, 31, 163, 167, 225, 245, 271, 324, 325, 328, 332, 342, 344, 345, 347, 357
Andrada e Silva, Antônio Carlos Ribeiro de, 64
Andrada e Silva, José Bonifácio de, 64, 83, 84
Andrada e Silva, Martim Francisco Ribeiro de, 64, 104
Andrade, Mário de, 7, 118
Angarita Silva, Antônio, 13
Arábia Saudita, 158, 227
Aranha, Oswaldo, 26, 151
Arantes, Rogério Bastos, 300
Araújo, Cícero, 13, 297, 395
Araújo, Eliane Cristina de, 13, 360, 408, 411
Arena (Aliança Renovadora Nacional), 195, 243, 244, 250, 254, 255, 256, 259

Argentina, 202, 217, 238, 264, 297, 334, 346, 390
Arida, Persio, 270, 272, 320, 321
Aristocracia, 72, 73, 75, 82, 106, 111, 119, 122, 125, 132, 170, 172, 173, 177, 180, 181
Armadilha da renda média, 61, 345, 408
Armadilha dos juros altos e do câmbio sobreapreciado, 20, 61, 339, 340, 342, 345, 347, 348, 370, 374, 375, 407, 412, 415, 424
Arns, Dom Paulo Evaristo, 194
Arraes, Miguel, 256
Arranjos produtivos locais, 428
Arruda, Maria Arminda do Nascimento, 210
Assembleia Constituinte; de 1824, 84, 297; de 1890, 97, 297; de 1986, 281, 284, 285, 297, 298, 299, 300
Ato Institucional nº 5, 194, 197, 244, 249, 252
Aureliano, Liana Maria, 131
Austrália, 40, 41, 158
Áustria, 124, 158
Autoritarismo, 23, 87, 100, 122, 123, 137, 194, 197, 202, 212, 242, 259, 396, 432; instrumental, 123
Avritzer, Leonardo, 432
Azevedo Amaral, Antônio José de, 118, 148, 169
Azevedo, Álvares de, 70
Bacha, Edmar, 270, 320
Baer, Werner, 183, 184
Bairoch, Paul, 46, 47, 48
Baker, James, 262, 278
Balança comercial, 239, 240, 407
Balanço de pagamentos, 21, 31, 49, 93, 125, 147, 151, 165, 166, 167, 183, 184, 207, 230, 235, 239, 246, 261, 262, 263, 273, 277, 283, 288, 320, 325, 328, 329, 330, 333, 334, 345, 346, 373, 374, 419
Balassa, Bela, 221
Banco Mundial, 49, 93, 217, 250, 306, 308, 316, 356, 405

Bancos centrais, 32, 98, 262, 317, 391, 392; Banco Central do Brasil, 159, 191, 192, 193, 235, 266, 274, 280, 282, 305, 308, 316, 317, 324, 325, 340, 341, 342, 346, 347, 352, 357, 360, 361, 373, 375, 376, 377, 385, 391, 392, 407, 416, 419
Barão de Mauá (Irineu Evangelista de Souza), 110
Barão do Rio Branco (José da Silva Paranhos Jr.), 25, 83
Barbosa, Fernando Holanda, 375
Barbosa Filho, Fernando Holanda, 375
Barbosa Lima Sobrinho, 105, 118, 120, 156, 199
Barbosa, Nelson, 128, 378
Barbosa, Rui, 97, 98, 169
Barickman, Bert J., 66, 67
Barreto, Tobias, 77, 78, 169
Barros, Alexandre Rands, 51
Barros, José Roberto Mendonça de, 402
Barros, Ricardo Paes de, 400, 401
Barroso, Ary, 13
Basbaum, Leôncio, 97, 98
Bastos, Estêvão Kopschitz Xavier, 398
Bastos, Pedro Paulo Zahluth, 151
Batalhadores, 355, 382
Batista Jr., Paulo Nogueira, 13, 310
Bauer, Otto, 312
Bélgica, 10, 11, 39, 120, 158
Belluzzo, Luiz Gonzaga, 13, 304
Bens de capital, 194, 221, 223, 229, 231, 234, 236, 255, 261, 277, 410
Bens de consumo, 127, 176, 229, 235
Bens de luxo, 219, 223, 233
Bens primários, 113, 120, 172, 245
Bentes, Euler, 254
Bielschowsky, Ricardo, 130, 355
Bilac, Olavo, 103, 118
Blanchard, Olivier, 347
Bleaney, Michael, 306
BNDES (Banco Nacional de Desenvolvimento Econômico e Social), 149, 151, 159, 160, 249, 353, 360, 361, 412

Bolha; de ativos, 311, 359; de crédito, 330, 377; de endividamento externo, 168; inflacionária, 349
Bolívia, 27, 29
Bolsa Família, 330, 355, 360, 400, 401
Bolsonaro, Jair, 23, 385, 387, 388, 389, 390, 392, 393, 432, 433, 434, 435
Bomfim, Manoel, 78, 117
Bonaparte, Napoleão, 24, 123
Bonavides, Paulo, 298
Boschi, Renato, 280
Bosi, Alfredo, 70
Bracher, Fernão, 13
Brady, Nicholas, 262, 278, 283, 320
Brandão, Gildo Marçal, 13, 23
Bresser Pereira, Sílvio Luiz, 13
Bresser Pereira, Vera Cecília, 13
Brizola, Leonel, 256, 301
Bruno, Miguel, 419, 425
Buchanan, James, 306
Bueno, Clodoaldo, 26
Bulhões, Octavio Gouvêa de, 150, 193, 219
Burguesia, 12, 18, 65, 69, 76, 91, 92, 95, 96, 97, 103, 104, 106, 118, 119, 123, 133, 134, 144, 177, 178, 179, 191, 195, 205, 208, 209, 211, 212, 241, 242, 243, 244, 250, 251, 252, 253, 254, 255, 257, 259, 260, 280, 284, 288, 298, 351, 352; agrária, 18, 65, 95, 143, 250; cafeeira, 95, 97, 121, 131; comercial/mercantil, 10, 43, 66, 73, 74, 76, 129, 133, 143, 210, 250, 258, 259; financeira, 255, 258; industrial, 12, 18, 57, 103, 105, 119, 121, 122, 123, 131, 132, 134, 139, 147, 148, 153, 173, 174, 176, 177, 179, 195, 196, 201, 202, 203, 207, 209, 210, 211, 213, 214, 234, 241, 252, 253, 255, 258, 259, 279, 287, 310, 370, 430; nacional, 12, 17, 18, 44, 103, 131, 132, 133, 173, 174, 202, 203, 204, 206, 207, 208, 209, 210, 211, 251, 260, 279, 280, 305, 310, 311, 352, 370, 396, 430; rentista, 259
Burocracia, 65, 75, 78, 136, 138, 140, 160, 161, 162, 306, 315, 316, 369; gerencial, 161; militar, 234, 253, 257, 298; patrimonial/patrimonialista, 16, 63, 65, 66, 71, 73, 74, 75, 96, 97, 99, 102, 142, 188; política, 71, 139; pública, 10, 12, 18, 67, 72, 75, 77, 78, 93, 96, 97, 102, 103, 104, 105, 119, 122, 132, 134, 135, 138, 139, 140, 143, 147, 148, 149, 151, 159, 160, 161, 162, 170, 176, 218, 234, 304, 314, 315, 419, 432
Café, 56, 65, 71, 72, 76, 81, 93, 95, 97, 98, 99, 107, 108, 109, 110, 118, 125, 126, 127, 129, 135, 152, 153, 173, 177, 178, 192, 219, 220, 230, 265; cafeicultores, 71, 72, 76, 95, 98, 107, 108, 109, 121, 125, 126, 129, 130, 131, 132, 135, 173, 177, 192; e indústria, 107, 108, 109, 110, 129, 130, 131, 132; e mercado interno, 56, 81, 109, 129, 130, 131
Caldeira, Jorge, 56
Campos Sales, Manoel, 97, 99, 100, 101
Campos, Roberto, 149, 161, 162, 193, 195, 219, 251, 253, 412, 418
Canadá, 28, 40, 313
Cano, Wilson, 129
Capitalismo, 9, 22, 23, 24, 25, 28, 30, 55, 60, 65, 73, 74, 80, 91, 108, 117, 120, 126, 141, 142, 143, 144, 159, 163, 170, 195, 199, 201, 202, 203, 204, 209, 211, 212, 215, 230, 231, 233, 250, 253, 256, 258, 279, 285, 296, 303, 309, 326, 351, 359, 364, 370, 395, 423, 432; desenvolvimentista e social, 437; financeiro/neoliberal/rentista, 141, 211, 214, 304, 355, 359, 364, 395, 414, 424; industrial, 24, 74, 108, 150, 162, 202, 327; competitivo, 209, 211; mercantil, 44, 60, 65, 67, 121, 124; monopolista, 209, 211;

tecnoburocrático, 195, 268, 316;
Trinta Anos Dourados do, 143, 144,
   303, 304, 415; Trinta Anos
   Neoliberais do, 49, 51, 52, 311, 316
Capitalistas, 35, 142, 170, 256, 304, 309,
   351; empresários, 142, 143;
   financistas/rentistas, 12, 33, 141, 142,
   143, 144, 245, 303, 304, 305, 309,
   310, 316, 332, 340, 341, 344
Cardoso de Mello, João Manuel, 18
Cardoso de Mello, Zélia, 308
Cardoso, Adalberto, 58, 59, 68
Cardoso, Ciro Flamarion, 43
Cardoso, Fernando Henrique, 13, 29, 93,
   98, 101, 132, 155, 167, 168, 203,
   204, 206, 207, 210, 211, 213, 241,
   254, 256, 284, 287, 288, 291, 295,
   299, 320, 321, 322, 325, 326, 327,
   328, 329, 330, 331, 334, 346, 351,
   362, 374, 375, 385, 404, 416
Cardoso, Ruth, 331
Carga tributária, 274, 330, 331, 333,
   360, 385, 400, 411, 414, 417, 425
Carone, Edgard, 98, 102, 103, 104
Carpeaux, Otto Maria, 107
Carta ao povo brasileiro, 351, 369
Carvalho, Fernando Cardim de, 249
Carvalho, José Murilo de, 69, 74, 75, 76,
   78, 84, 95, 102, 105
Carvalho, Olavo de, 393
Castello Branco, Humberto, 28, 186,
   191, 192, 193, 194, 198, 199, 224
Castro Alves, 95, 315
Castro, Antonio Barros de, 231, 261,
   427, 428
Castro, Fidel, 28
Castro, João Augusto de Araújo, 28
Centralização do poder, 72, 84, 85
Centrão, 284
CEPAL (Comissão Econômica para a
   América Latina e o Caribe), 18, 128,
   129, 130, 131, 148, 154, 169, 204,
   213, 226, 311
Cepêda, Vera Alves, 13, 136
Cervo, Amado Luiz, 26

César, Júlio, 123
Chang, Ha-Joon, 48, 217
Che Guevara, Ernesto, 28
Chesnais, François, 304
Chile, 206, 238
China, 46, 47, 48, 112, 119, 120, 157,
   158, 303, 312, 313, 364, 405, 407,
   408, 409, 426, 427, 428, 430
Choque do petróleo, 230, 234, 236, 237,
   264
Choque externo, 272, 336
Choque heterodoxo, 272, 282, 322, 324
Ciclo econômico, 229, 230, 387
Ciclos da relação Estado-sociedade, 11,
   16, 17, 23; Ciclo Estado e Integração
   Territorial, 16, 17, 25, 63, 68, 92,
   199, 435; Ciclo Nação e
   Desenvolvimento, 16, 17, 19, 20, 22,
   57, 60, 92, 117, 140, 237, 261, 397,
   435; Ciclo Democracia e Justiça
   Social, 14, 16, 17, 19, 20, 21, 22, 149,
   261, 381, 395, 396, 402, 435
Cidadão, 69, 90, 114, 194, 217, 291,
   292, 293, 295, 298, 299, 422;
   cidadania, 278, 396; pseudocidadania,
   293
Classe C, 355, 357, 381, 402
Classe; alta, 81, 129, 135, 211, 213, 259;
   alta classe média, 135, 143, 182, 188,
   191, 233, 256, 381, 382, 383, 398;
   capitalista, 142, 173, 177, 212, 214,
   223, 303, 304, 305; baixa, 135; baixa
   classe média, 102, 135, 233; média,
   12, 44, 77, 78, 81, 82, 95, 96, 97,
   101, 104, 105, 106, 110, 111, 119,
   121, 123, 134, 135, 139, 147, 173,
   181, 188, 194, 196, 211, 212, 219,
   223, 231, 232, 233, 242, 250, 252,
   258, 293, 355, 377, 382, 383, 384,
   389, 392, 395, 397, 402, 403, 404,
   419, 429, 433; média alta, 93; média
   burguesa, 81, 105, 223, 233; média
   empresarial, 45, 250; média-média,
   135; média pobre, 77; média
   profissional, 81, 134, 136, 195, 196,

197, 223, 233, 259, 287, 304; média rentista, 129, 250, 259, 341; média tecnoburocrática, 223, 250, 256, 287; média tradicional, 81, 82, 93, 124, 125, 172, 380; trabalhadora, 10, 11, 12, 45, 142, 191, 356, 402
CNI (Confederação Nacional da Indústria), 367
Coalizões de classe, ver Pactos políticos
Collor de Mello, Fernando, 93, 262, 266, 278, 295, 301, 303, 307, 308, 319, 320, 321, 322, 328, 355, 361, 367, 416
Colômbia, 27
Comissão Cooke, 149
Comissão Mista Brasil-Estados Unidos, 149, 150
Commodities, 34, 36, 51, 112, 114, 125, 128, 143, 159, 172, 173, 177, 214, 216, 219, 220, 221, 226, 227, 228, 245, 291, 328, 336, 353, 357, 364, 365, 368, 372, 373, 374, 375, 377, 378, 379, 407, 409, 418, 422, 424, 427, 428, 429
Confisco cambial, 130, 171, 172, 177, 220, 328, 429
Confisco das poupanças, 321
Consenso de Washington, 21, 305, 306, 307, 308, 309, 319, 328, 368; Segundo Consenso de Washington, 332, 333, 334
Constant, Benjamin, 84, 95, 106, 117
Constituição Americana, 90, 300
Constituição Brasileira; de 1824, 65, 84, 87, 297; de 1891, 18, 24, 84, 92, 100, 297; de 1934, 297; de 1946, 24, 80, 85, 147, 173, 182, 188, 297, 298; de 1988, 61, 85, 188, 251, 258, 278, 279, 281, 284, 285, 286, 291, 292, 293, 297, 298, 299, 300, 301, 326, 385, 396, 398, 431
Consumo, 34, 45, 109, 111, 127, 134, 156, 157, 176, 207, 219, 229, 231, 235, 246, 247, 248, 281, 282, 328, 332, 335, 336, 337, 355, 356, 365, 381, 403, 406, 410, 416, 417, 418, 419, 425, 426, 433; básico, 151; imediato, 20, 94, 342, 374, 396, 397, 415, 416; interno, 49, 172, 186, 215, 239; das famílias, 356; da elite, 108, 251; de luxo, 23; de massa, 251, 355, 402, 429; dos trabalhadores, 43; público, 34
Copa do Mundo, 197, 377, 383
Copérnico, 247
Corbisier, Roland, 148, 169, 313
Corden, W. Max, 225
Coreia do Sul, 48, 158, 221, 312, 408, 427
Coronelismo, 80, 101; coronéis, 64, 68, 72, 75, 101, 188
Costa e Silva, Arthur da, 191, 192, 193, 194, 197, 198, 223, 224, 225
Costa, Emília Viotti da, 71
Costa, João Cruz, 106, 107
Costa, Wilma Peres, 57, 67
Coutinho, Luciano, 304, 353, 360
Couto e Silva, Golbery do, 84, 256
Couto, Cláudio Gonçalves, 13, 299, 381
Covas, Mario, 284, 301
Covid-19, 373, 380, 390, 391, 392, 395, 404
Crise de 1929, 18, 24, 25, 117, 118, 121, 144, 359
Crise Financeira dos Anos 1980, 9, 19, 20, 21, 160, 234, 235, 261, 262, 263, 264, 274, 278, 319, 339, 408, 432
Crise Financeira Global de 2008, 25, 144, 164, 231, 304, 312, 340, 359, 360, 365, 395
Cromwell, Oliver, 39, 88, 119
Cruz, Oswaldo, 13
Cuba, 28
Cunha, Eduardo, 386
Cunha, Euclides da, 40, 117
Cunha, Mario Wagner Vieira da, 138
Cunha, Paulo, 368, 369
Custo unitário da mão de obra, 372
D'Araujo, Maria Celina Soares, 138
Dall'Acqua, Fernando, 13

Dallagnol, Deltan, 384
Dantas, San Tiago, 105
Darwin, Charles, 247
DASP (Departamento Administrativo do Serviço Público), 26, 135, 137, 138, 139, 150, 154, 159
Dean, Warren, 129
Declaração dos Direitos do Homem e do Cidadão (1793), 90
Declaração Universal dos Direitos Humanos (1948), 90
Delfim Netto, Antonio, 219, 223, 224, 237, 239, 240, 255, 321, 418.
Democracia, 10, 12, 14, 16, 17, 19, 20, 21, 22, 23, 24, 27, 28, 36, 37, 69, 73, 80, 86, 87, 90, 93, 98, 122, 123, 141, 145, 147, 148, 149, 152, 159, 161, 173, 180, 182, 188, 197, 198, 202, 209, 211, 212, 241, 242, 243, 244, 251, 253, 254, 256, 258, 260, 261, 277, 278, 279, 285, 286, 287, 288, 290, 291, 292, 293, 295, 296, 297, 298, 316, 331, 351, 381, 382, 383, 385, 386, 389, 392, 393, 395, 396, 398, 400, 402, 409, 430, 431, 433, 434, 435; capitalista, 123; de elites, 287, 288, 292; de massas, 295, 296; de opinião pública, 287, 288, 290, 291; liberal, 287; participativa, 291, 298, 432; racial, 40, 61, 431; semidemocracia, 148, 243; social, 287; social-democracia, 92, 256
Democratização, 79, 194, 243, 244, 252, 253, 254, 258, 259, 285
Dependência, 12, 15, 26, 28, 29, 57, 71, 75, 76, 77, 80, 93, 94, 104, 108, 120, 129, 159, 169, 193, 204, 215, 218, 219, 251, 254, 258, 304, 305, 310, 311, 314, 362, 397, 415, 421; teoria/interpretação da dependência, 18, 124, 129, 131, 132, 156, 201, 202, 203, 204, 205, 206, 207, 208, 209, 210, 211, 212, 213, 214, 279, 311
Derrubadas, 77
Descentralização, 84; administrativa, 79, 84, 85, 92; do poder, 72, 79, 97; dos recursos, 279
Desemprego, 183, 265, 283, 315, 320, 331, 349, 400, 403, 412
Desenvolvimentismo (teoria): Novo Desenvolvimentismo (Teoria Novo-Desenvolvimentista), 12, 30, 31, 32, 33, 34, 35, 36, 37, 155, 162, 164, 207, 320, 353, 356, 363, 364, 372, 388, 408, 417, 418, 420, 427, 430; desenvolvimentismo clássico ou estruturalismo (teoria estruturalista), 30, 31, 35, 129, 149, 204, 269, 306, 353, 427, 430, 432
Desenvolvimentismo, 26, 27, 28, 30, 31, 68, 86, 87, 92, 93, 94, 117, 120, 140, 141, 142, 143, 144, 147, 148, 169, 170, 192, 195, 197, 198, 208, 223, 250, 296, 299, 328, 395, 416, 420, 429, 435; nacional-desenvolvimentismo, 10, 95, 140, 148, 149, 161, 173, 199, 208, 429; social, 92, 353, 356; e liberalismo econômico, 32, 33, 68, 119, 142, 143, 169, 170, 418; e mercantilismo, 87, 106, 144; e populismo, 142, 145; e nacionalismo, 169, 171, 312
Desigualdade, 10, 19, 25, 33, 36, 59, 60, 94, 144, 202, 242, 250, 251, 291, 292, 303, 316, 330, 351, 354, 356, 363, 385, 397, 398, 399, 401, 402, 403, 404, 421, 422, 430, 431, 435; de gênero, 292; de raça, 292, 393, 422, 433, 435; econômica; 22, 36, 60, 112, 163, 223, 232, 250, 251, 292, 293, 354, 357, 374, 395, 400, 402; social, 22, 58, 60, 68, 94, 251, 292, 355, 393
Desindustrialização, 20, 21, 22, 47, 216, 225, 226, 227, 329, 340, 353, 356, 357, 359, 368, 370, 373, 396, 397, 405, 406, 407, 408, 409, 411, 412, 415, 423, 429
Diaz-Alejandro, Carlos, 239
Diniz, Eli, 280

Direita, 29, 175, 254, 256, 284, 295, 306, 326, 351, 381, 382, 388, 393, 403, 433, 434; alarmismo da, 176, 179, 181; centro-direita, 285, 326, 388, 388, 389, 433, 434; extrema direita, 14, 23, 381, 387, 389, 393, 431, 432, 433, 434, 436; liberal/neoliberal, 132, 175, 181, 285, 306, 351, 388, 393, 395; populista, 395

Direitos, 61, 123, 147, 194, 297, 298, 299, 303, 417, 423; civis, 17, 53, 57, 68, 85, 90, 91, 99, 123, 141, 194, 243, 292, 293, 296, 298, 300, 396; de propriedade, 55; humanos, 90, 194, 325, 330, 331, 362, 389; individuais, 83; políticos, 17, 243, 293, 298; sociais, 85, 173, 243, 279, 293, 298, 303, 396; trabalhistas, 387, 412

Diretas Já, 17, 189, 207, 209, 241, 250, 257, 260, 278, 287, 320, 396

Discriminação racial, 61, 96, 435

Distribuição de renda, 164, 179, 186, 231, 232, 233, 246, 251, 286, 353, 354, 399, 400, 401, 402, 429

Ditadura, 106, 123, 187, 197, 291, 386, 434, 435; da maioria, 123, 241

Dívida externa, 21, 27, 32, 34, 125, 166, 167, 234, 235, 236, 238, 239, 240, 247, 261, 262, 264, 266, 273, 275, 277, 278, 281, 282, 283, 284, 285, 305, 306, 307, 308, 314, 320, 329, 330, 339, 358, 371, 406, 409; Grande Crise da Dívida Externa dos Anos 1980, 51, 141, 234, 235, 239, 272, 283, 303, 305, 329, 397, 405, 406, 408, 416, 430, 432

Dívida pública, 33, 249, 275, 282, 339, 341, 358, 385, 391, 392, 400, 416, 417, 425, 426

Doellinger, Carlos von, 237

Doença holandesa, 32, 34, 35, 36, 94, 130, 155, 159, 163, 165, 166, 167, 225, 227, 245, 320, 329, 342, 348, 371, 372, 406, 407, 408, 417, 418, 427; e mecanismo de neutralização, 93, 151, 171, 172, 177, 220, 228, 333, 342, 344, 368, 397, 408, 418; e preço das *commodities*, 36, 42, 125, 128, 216, 225, 226, 227; e déficit ou superávit em conta-corrente, 34, 207; e desindustrialização, 226, 353, 387; e pré-sal, 353, 354; neutralização da, 9, 22, 31, 32, 36, 37, 49, 61, 125, 130, 167, 171, 220, 221, 222, 225, 227, 234, 246, 248, 328, 345, 354, 357, 364, 368, 397, 406, 413, 418, 425, 426, 429

Dolhnikoff, Miriam, 85

Dornelles, Francisco, 280

Draibe, Sônia, 131

Drummond de Andrade, Carlos, 13

Drummond, José Augusto, 106

Dualidade, 31, 210; dualismo, 210

Duarte, Nestor, 72, 75, 76, 79, 80, 188, 162

Dutra, Eurico Gaspar, 147, 150

Economistas brasileiros, 30, 37, 61, 154, 177, 191, 220, 261, 268, 270, 280, 281, 282, 289, 308, 309, 320, 321, 322, 325, 343, 346, 408, 423; clássicos, 54; convencionais, 216, 218, 306, 314; desenvolvimentistas, 226, 345, 355, 364, 407, 417, 418, 425, 429; estruturalistas, 112, 115, 162, 245, 263, 266; heterodoxos, 248; keynesianos, 157, 162, 167, 245, 266, 407; liberais/neoliberais, 35, 48, 68, 90, 306, 333, 345, 376, 385, 387, 389, 411, 416, 419, 425; neoclássicos, 164, 311, 321, 323; novo-desenvolvimentistas, 31, 162, 164, 207, 267, 353; novo-institucionalistas, 52, 53, 54; novos clássicos, 306; ortodoxos/monetaristas, 164, 245, 248, 263, 266, 306, 321, 323, 346, 360, 396; pós-keynesianos, 30, 246; progressistas, 157, 277

Eduardo III, Rei, 114

Educação, 18, 37, 42, 52, 59, 76, 114, 118, 135, 139, 163, 164, 180, 242,

251, 279, 288, 304, 331, 346, 355, 356, 381, 383, 385, 387, 388, 389, 396, 400, 409, 417, 420, 426, 427, 433

Edwards, Corwin D., 149

Eletrobras, 149, 236

Elites, 56, 57, 93, 108, 134, 147, 206, 207, 208, 214, 218, 251, 287, 288, 292, 304, 305, 310, 311, 313, 315, 316, 422, 431; agrárias, 210; brasileiras, 30, 45, 56, 57, 64, 67, 68, 69, 85, 88, 93, 122, 129, 169, 187, 197, 217, 218, 223, 278, 299, 352, 380, 383, 421, 422, 423, 431, 432; burocráticas/governamentais, 58, 65, 314; coloniais, 67; diplomáticas, 26; econômicas, 75, 76, 78, 218, 311, 358, 369, 380, 383, 384, 387, 388, 389, 395, 397, 404, 415, 431, 434, 436; empresariais, 26, 173, 314; financeiras/rentistas, 377, 388, 416, 425, 433, 436; imperiais, 58, 66, 71, 75, 76, 316; industriais, 210, 430; intelectuais, 26, 78, 102, 218, 310, 311, 314; latifundiárias, 57, 58; liberais, 94, 150, 170, 434; locais, 34, 47, 49, 120, 169, 170, 203, 214, 215, 218, 304, 310, 316, 358, 422; nacionalistas, 138, 150, 170; neoliberais, 386, 387, 436; oligárquicas, 101, 173; patriarcais, 63, 67; políticas, 65, 66, 67, 70, 73, 75, 76, 77, 78, 85, 218, 285, 311, 358, 397, 415, 431; progressistas, 89; regionais, 95; rurais, 59; senhoriais, 43, 65

Elizabeth I, Rainha, 39, 123

Emprego, 69, 77, 82, 96, 127, 134, 224, 240, 290, 365, 373, 390, 407; pleno, 344

Empresários industriais, 10, 93, 99, 121, 129, 131, 132, 136, 143, 144, 153, 154, 169, 170, 171, 172, 173, 177, 178, 179, 192, 194, 196, 198, 202, 204, 206, 234, 252, 258, 305, 309,
328, 365, 367, 368, 369, 370, 382, 395, 432, 436

Empresas estatais, 136, 138, 139, 140, 149, 155, 160, 171, 229, 234, 236, 237, 238, 240, 255, 273, 280, 281, 282, 306, 412; contenção de seus preços para controle da inflação, 345

Encilhamento, 98, 110

Energia, 131, 150, 217, 234, 237, 326, 412

Equador, 297

Era Vargas, 326, 327

Eris, Ibrahim, 308

Escola de Sociologia de São Paulo, 124, 205, 208, 209, 210, 213

Escola Superior de Guerra, 176

Escolas econômicas; austríaca, 306; clássica, 54, 163; da escolha pública, 218, 306; da escolha racional, 54, 306; estruturalista, 18, 54, 163; keynesiana, 163; neoclássica, 54; novo-desenvolvimentista, 31, 207; novo-institucionalista, 51, 52, 53

Escravidão, 47, 57, 58, 59, 60, 67, 71, 80, 88, 89, 123; abolição da escravatura, 45, 59, 95, 96; extinção do tráfico, 57, 65, 71, 76, 81, 107

Espanha, 46, 47, 243, 331, 421

Esquerda, 132, 173, 175, 176, 180, 181, 201, 208, 256, 284, 290, 294, 295, 314, 351, 362, 381, 383, 389, 393, 404, 434; centro-esquerda, 29, 285, 328, 352, 388, 389, 390, 434; e a Igreja, 194; e intelectuais, 18, 194, 198, 202, 204, 208, 252, 256, 310, 351; latino-americana, 202; nacionalista, 132, 173, 179, 198, 316; moderada, 179; radical, 173, 179, 181, 194, 197, 352; reformista, 352

Estado absoluto, 66, 87, 106, 122, 143; autoritário, 123; burguês, 18, 57, 124; burocrático, 26; de bem-estar social, 242, 362, 399, 400, 435, 436; de direito, 87, 89, 90, 244, 252, 288, 396, 434; desenvolvimentista, 119,

Índice remissivo 471

121, 154, 171, 173, 327, 432, 436; imperial, 66; liberal, 57, 362, 432; mercantilista, 119; militar, 182; oligárquico, 72, 104, 105, 121; patrimonial, 26, 65, 76, 77, 104, 161, 162; republicano, 99; social, 24, 298
Estado Novo, 122, 137, 138, 147, 148, 187
Estado-nação, 9, 10, 15, 16, 20, 21, 30, 39, 41, 44, 45, 46, 57, 65, 66, 68, 86, 89, 91, 104, 106, 111, 117, 122, 145, 215, 248, 281, 312, 314, 326, 421, 422, 423, 432
Estado, captura do, 316, 384, 385, 402, 416, 417
Estados Unidos, 9, 24, 25, 26, 27, 28, 29, 39, 40, 41, 42, 45, 46, 47, 49, 50, 51, 52, 55, 56, 57, 66, 67, 87, 91, 96, 108, 120, 122, 125, 127, 133, 135, 138, 140, 144, 147, 148, 149, 150, 157, 158, 170, 175, 176, 181, 193, 197, 202, 204, 215, 231, 236, 262, 263, 264, 265, 269, 297, 301, 303, 304, 305, 308, 311, 313, 317, 326, 327, 359, 362, 390, 391, 395, 397, 415, 416, 421, 422, 430, 433, 435
Estagflação, 186, 236, 262, 264, 268, 269, 303, 415
Estaticidade, 63, 64, 70
Estatismo, 140, 143, 307, 415
Estatização, 191, 197, 244, 411
Estratégia de crescimento *market oriented*, 306; de industrialização substituidora de importações, 124, 140, 148, 183, 184, 219, 220, 221, 222, 246, 263, 272, 306, 364, 367, 429; exportadora de manufaturados, 21, 219, 221, 222, 223, 264, 429; *export-led*, 366; *profit-led*, 363; *wage-led*, 363, 364, 366
Estratégia nacional de desenvolvimento, 10, 18, 20, 24, 32, 37, 54, 57, 135, 143, 148, 159, 170, 184, 192, 206, 214, 219, 221, 305, 312, 347, 353, 424, 427, 428, 430, 432

Estruturalismo, 129, 268
Estruturalistas, 53, 112, 115, 162, 167, 186, 245, 263, 264, 266, 269, 270; neoestruturalistas, 321
Evans, Peter, 234
Exército, 64, 72, 74, 81, 82, 96, 97, 101, 102, 103, 105, 106, 110, 117, 176, 188, 244, 256
Expectativas racionais, 54, 238, 306
Faletto, Enzo, 155, 203, 206, 207, 210
Fanelli, José María, 272
Faoro, Raymundo, 66, 73, 74, 75, 76, 161, 162
Federal Reserve Bank, 317
Federalismo, 83, 84, 85, 87; federação, 83, 85, 87, 92, 100, 242, 295
Feijó, Carmem, 13, 411
Feijó, Diogo Antônio, 83
Fernandes, Florestan, 59, 61, 96, 205, 208, 209, 212, 279
Ferreira, Gabriela Nunes, 85
Feudalismo, 44, 74; caráter feudal, 44, 121; caráter semifeudal, 43, 79, 109, 134, 202
FIESP (Federação das Indústrias do Estado de São Paulo), 183, 254, 367, 407
Figueiredo, Argelina Cheibub, 295
Figueiredo, João Batista, 237, 244, 252, 254
Financeirização, 159, 304, 342, 425
Financistas, 12, 69, 141, 142, 143, 144, 245, 304, 305, 316, 340, 344, 347, 357, 364, 370, 375, 385, 411, 425
Fiori, José Luís, 359
Fiscal; ajuste, 224, 239, 262, 271, 284, 307, 309, 319, 321, 322, 323, 324, 336, 337, 350, 352, 375, 378, 385, 387, 407; crise, 261, 271, 273, 274, 306, 339, 383, 411; crise fiscal do Estado, 272, 305, 406; desequilíbrio, 317, 385, 425; disciplina, 139, 425; equilíbrio, 306, 328; expansão, 263; guerra, 242; indisciplina, 285, 307; política, 18, 34, 35, 183, 234, 261,

271, 343, 360, 376, 379, 425; populismo, 94, 145, 146, 248, 281, 386; responsabilidade, 32, 33, 343, 344, 420, 427; teto, 387
Flassback, Heiner, 157
FMI (Fundo Monetário Internacional), 49, 93, 167, 217, 239, 240, 264, 265, 274, 306, 308, 309, 319, 320, 321, 330, 385
Fonseca Jr., Gelson, 28
Fonseca, Deodoro da, 97, 99, 188
Fonseca, Hermes da, 103
Fonseca, Pedro Cezar Dutra, 123, 136
Forças Armadas, 176, 241, 433, 434
Forjaz, Maria Cecília, 105
Fraga, Armínio, 308, 346
França, 10, 11, 15, 23, 25, 39, 43, 58, 63, 66, 87, 120, 144, 158, 170, 421, 422
Franco, Gustavo, 321
Franco, Itamar, 278, 289, 319, 320, 322, 330, 361
Frank, André Gunder, 201, 203, 204
Freire, Junqueira, 70
Frenkel, Roberto, 272
Frente Parlamentar Nacionalista, 173
Freyre, Gilberto, 40, 72, 73, 78, 118, 169, 171, 201
Friedman, Milton, 306
Fujimori, Alberto, 393
Funaro, Dilson, 261, 280, 283
Furquim, Lilian de Toni, 13
Furtado, Celso, 13, 17, 43, 44, 53, 66, 98, 108, 118, 126, 127, 130, 131, 148, 161, 169, 184, 204, 210, 213, 214, 226, 231, 264, 416, 418, 423
Gaetani, Francisco, 137
Gala, Paulo, 13, 337
Gama, Luiz, 95
Gama, Nogueira da, 104
Garantia da propriedade e dos contratos, 52, 53, 54, 55; dos direitos civis, 17, 53, 68, 83, 123, 141, 292, 298, 396
Garcia, Afrânio, 13
Gardenalli, Geraldo, 13, 229

Gaspari, Elio, 348
Geisel, Ernesto, 17, 198, 209, 236, 237, 241, 243, 244, 408
Gellner, Ernest, 47, 423
Giannotti, José Arthur, 13
Gil, Gilberto, 362
Globalismo, 310
Globalização, 9, 26, 30, 303, 304, 320, 326, 422
Goldenstein, Lídia, 13
Golpe de Estado, 93, 149, 152, 179, 181, 182, 187, 191, 285, 288, 351, 389, 392, 403, 433, 434
Golpe militar de 1964, 18, 24, 132, 174, 175, 179, 181, 182, 189, 191, 194, 201, 205, 211, 310, 383
Golpe parlamentar de 2016, 386
Gomes, Ciro, 388, 389
Gonçalves de Magalhães, 70
Gonçalves Dias, 13, 70, 315
González, Felipe, 331
Gordon, Lincoln, 181
Gorender, Jacob, 43
Goulart, João, 28, 175, 179, 180, 183, 186
Gouvea, Gilda Portugal, 13
Governança, 290
Graham, Lawrence S., 137, 160
Gramsci, Antonio, 249
Grécia, 243
Grupo de Itatiaia, 18, 173
Grupo Executivo da Indústria Automobilística, 161
Gudin, Eugênio, 130, 150, 155, 169
Guedes, Paulo, 389
Guerra do Paraguai, 95, 96, 102, 110, 188
Guerra Fria, 24, 175, 176, 193, 305, 327
Guimarães, Samuel Pinheiro, 25
Guimarães, Ulysses, 258, 283, 298, 301
Guizot, François, 84
Haddad, Fernando, 388
Harber, Stephen, 51, 54
Hayek, Friedrich, 306

Hegemonia, 47, 48, 202, 263, 296, 311, 422; desenvolvimentista, 144; do Norte, 11, 303, 397; inglesa, 24; ideológica, 14, 30, 46, 47, 49, 120, 144, 156, 170, 203, 215, 218, 250, 260, 303, 305, 316, 383, 421, 422; imperial, 216; liberal, 86, 370, 424; mundial, 360; neoliberal, 20, 25, 26, 28, 52, 263, 289, 303, 305, 312, 315, 327, 328, 384, 400; norte-americana, 24, 26, 303, 319, 326, 416, 421, 422; política, 252, 253, 259, 260, 296, 367, 368
Heise, Cecília, 13
Hicks, John R., 306
Hiperinflação, 262, 266, 271, 285, 301, 307, 308, 321, 322, 324, 345, 398
Hirschman, Albert, 306
Holanda, 10, 39, 120
Holanda, Chico Buarque de, 431
Holanda, Sérgio Buarque de, 73, 88, 89, 96, 162
Hong Kong, 221
Ianni, Octavio, 124, 136, 205
Ianoni, Marcus, 13, 53, 319
Identidade étnica, 312; nacional, 40, 64, 161, 312, 313, 314; cultural, 312, 313, 315; social, 422, 423
Ideologia, 10, 40, 49, 53, 86, 136, 217, 294, 295, 297, 310, 326; agriculturalista, 172; aristocrática, 44; burguesa, 106, 260; desenvolvimentista, 140, 143, 169, 170, 198, 312; industrialista, 154, 169, 170, 171, 176, 177; internacionalista/globalista/cosmopolitista, 91, 170, 172, 326, 422; liberal, 91, 92, 106, 172, 180, 197, 260; militar, 176; nacionalista, 169, 199, 251, 312; neoliberal, 93, 279, 311, 319, 326, 327, 368, 369, 425; populista, 124; positivista, 106
IEDI, 367, 368
Ieltsin, Boris, 359
Iglesias, Francisco, 121

Igreja Católica, 78, 194, 244, 252, 256; Positivista, 106
Impeachment, 13, 23, 29, 319, 320, 379, 385, 386, 392, 393, 403, 404, 425, 436
Imperialismo, 11, 24, 39, 45, 46, 48, 67, 109, 120, 122, 140, 148, 169, 170, 171, 202, 203, 204, 205, 213, 214, 215, 284, 422; clássico, 47; colonial, 202, 421; francês, 120, 170, 421, 422; industrial/moderno, 40, 45, 46, 47, 68, 120, 124, 170, 215, 218, 421, 431; inglês, 45, 46, 120, 170, 421, 422; mercantil, 40, 47; norte-americano, 170, 416, 421, 422; por hegemonia, 47, 48, 202, 416, 421, 422
Império Austro-Húngaro, 47; Chinês, 46, 426; Otomano, 46, 47
Imposto, 74, 91, 110, 225, 281, 305, 324, 381, 403, 412; de renda, 150, 251; desoneração/redução, 339, 360, 425; disfarçado, 172, 173, 177, 220, 328; progressivo, 36, 242, 251, 404, 425; sobre circulação de mercadorias, 242; sobre exportações, 34, 35, 36, 130, 171, 172, 220, 227, 228, 245, 328, 354, 424, 429; sobre operações financeiras, 361; sobre valor adicionado, 193, 404; territorial, 67
Independência do Brasil, 15, 16, 24, 26, 45, 57, 63, 65, 66, 67, 70, 71, 74, 79, 80, 81, 84, 87, 104, 106, 118, 172, 265, 300, 435
Independência dos Estados Unidos, 24, 39, 45
Indexação/desindexação, 264, 266, 321, 322, 324, 347, 348, 350
Índia, 47, 48, 120, 303, 312, 405
Índice de Desenvolvimento Humano (IDH), 20, 400, 401
Índice de Gini, 356, 398, 399, 401, 402
Indonésia, 158, 312
Industrialismo, 98, 129, 176, 177, 178
Industrialização, 10, 21, 42, 49, 56, 57,

68, 71, 81, 92, 105, 108, 109, 111, 112, 113, 114, 115, 117, 118, 122, 124, 125, 126, 128, 129, 130, 131, 138, 140, 143, 148, 150, 151, 152, 153, 154, 155, 169, 170, 171, 172, 176, 177, 183, 184, 194, 195, 196, 198, 201, 202, 205, 206, 210, 211, 213, 216, 220, 221, 225, 226, 246, 263, 264, 272, 306, 314, 326, 364, 367, 410, 418, 421, 427; e sofisticação produtiva, 24, 111, 113, 114, 115, 410
Inflação, 19, 20, 21, 32, 33, 35, 93, 126, 141, 146, 163, 167, 184, 186, 187, 193, 219, 223, 224, 225, 236, 237, 238, 239, 240, 245, 248, 255, 262, 264, 266, 267, 268, 269, 270, 271, 272, 273, 277, 278, 281, 282, 283, 289, 295, 301, 303, 307, 308, 309, 320, 321, 322, 323, 324, 325, 327, 328, 329, 332, 333, 334, 340, 341, 342, 343, 344, 345, 346, 347, 348, 349, 350, 351, 352, 357, 367, 373, 374, 375, 376, 377, 385, 391, 392, 397, 398, 402, 405, 406, 407, 409, 411, 415, 416, 419, 425, 430, 436; de custos, 184, 186, 219, 223, 224, 237, 267; de demanda, 184, 186, 224, 269, 347; estrutural, 186; inercial, 19, 21, 93, 236, 237, 239, 240, 261, 262, 264, 266, 267, 269, 270, 271, 272, 273, 277, 282, 307, 308, 319, 320, 321, 322, 323, 324, 325, 329, 339, 341, 345, 349, 397, 398, 407, 409, 416, 423, 424, 436
Inglaterra, 10, 11, 15, 23, 24, 25, 26, 39, 41, 42, 43, 54, 58, 63, 66, 71, 76, 78, 84, 87, 89, 96, 104, 119, 120, 140, 144, 170, 197, 265, 421
Inovações financeiras, 425
Institucionalismo, 52, 54
Instituições, 11, 24, 34, 45, 51, 52, 53, 54, 55, 56, 86, 87, 88, 89, 106, 143, 145, 164, 249, 291, 307, 316, 341, 409

Insulamento burocrático, 26, 159, 236
Integração territorial, 15, 16, 17, 22, 25, 63, 65, 68, 70, 79, 83, 84, 92, 107, 199, 435
Integração, 44, 64, 96, 105, 209, 437; competitiva, 326, 437; controlada, 25; econômica, 110, 326; financeira, 334; produtiva, 326; racial, 59; social, 423
Interpretação da dependência, 18, 124, 129, 131, 132, 201, 202, 203, 206, 207, 210, 211, 213, 214, 251; da dependência associada, 156, 201, 203, 204, 205, 206, 207, 213, 279, 311; nacional-dependente, 203, 204, 206, 212, 213, 214; da superexploração imperialista, 129, 201, 203, 204, 205, 208, 209, 212, 213, 310
Intervencionismo, 135, 380
Investimento privado, 184, 229, 328, 330, 339, 411, 412, 413, 414, 415, 419
Investimento público, 37, 184, 277, 330, 333, 339, 379, 387, 406, 409, 410, 411, 414, 415, 417, 425, 426
Irlanda, 158
ISEB (Instituto Superior de Estudos Brasileiros), 17, 18, 63, 118, 129, 148, 156, 169, 173, 174, 210, 213, 311, 313
Itália, 10, 23, 27, 124, 140, 158, 390, 391
Jaguaribe, Hélio, 13, 25, 81, 140, 148, 155, 156, 169, 174
Jancsó, István, 58
Japão, 19, 24, 27, 119, 120, 122, 148, 158, 265
João I, D., 73, 161
João Paulo II, Papa, 194
João VI, D., 65
José Maurício, Padre, 13
Kakwani, Nank, 401
Kandir, Antônio, 308
Kennedy, John F., 181
Keynes, John Maynard, 34, 37, 127, 148, 163, 247, 267, 410

Klein, Herbert, 51
Kregel, Jan, 157
Kubitschek, Juscelino, 27, 87, 145, 150, 152, 154, 155, 160, 161, 172, 176, 183, 186, 199, 436
Kupfer, David, 329
Lacerda, Carlos, 152
Lafer, Celso, 25, 160, 161
Lafer, Horácio, 149, 151
Lahuerta, Milton, 291
Lamounier, Bolívar, 241, 295
Lattes, César, 13
Lavalle, Adrián Gurza, 68
Leal, Victor Nunes, 80, 101, 162
Leão, Rafael de Azevedo Ramires, 13
Ledo, Joaquim Gonçalves, 64
Leff, Nathaniel, 51
Lei de Say, 163
Lei de Thirlwall, 246
Lemos, Miguel, 106
Leroy-Beaulieu, Paul, 41
Lessa, Renato, 99, 100, 101
Levine, Robert M., 66
Levy, Joaquim, 378
Lewis, Arthur W., 61
Liberais, 11, 12, 16, 17, 19, 21, 25, 27, 48, 53, 68, 83, 84, 85, 87, 90, 91, 92, 93, 94, 95, 96, 107, 108, 118, 119, 121, 122, 125, 129, 141, 145, 146, 148, 149, 164, 170, 175, 177, 179, 180, 192, 198, 205, 241, 264, 273, 285, 288, 296, 299, 300, 307, 309, 316, 326, 339, 345, 351, 357, 370, 376, 383, 385, 396, 407, 415, 417, 419, 420, 421, 425, 434, 437
Liberalismo, 85, 87, 89, 91, 92, 98, 106, 107, 130, 142, 169, 172, 197, 259, 370; dependente, 299; econômico, 11, 22, 24, 25, 61, 68, 85, 87, 89, 90, 91, 93, 107, 117, 119, 129, 135, 140, 141, 142, 143, 144, 147, 148, 164, 169, 170, 172, 173, 260, 296, 370, 411, 415, 417, 418, 425, 431, 432, 436; oligárquico, 106, 122; político, 68, 85, 86, 87, 88, 89, 90, 91, 123, 141, 260
Lima Júnior, Olavo Brasil de, 295
Lima, Jorge da Cunha, 13
Limongi, Fernando, 295
Linhares, José, 147
Lisboa, Marcos, 385
Lobato, Monteiro, 118, 315
Locke, John, 88, 89
Lopes, Francisco, 270, 272, 322, 346
Lopes, Isidoro Dias, 104
Lopes, Lucas, 149, 161
Lopes, Luiz Simões, 137, 139, 150
Lopez-Calva, Luis F., 398
Lott, Henrique Duffles Teixeira, 152, 175
Loureiro, Maria Rita, 130
Love, Joseph L., 66, 67
Lucas, Robert F., 306
Lula da Silva, Luiz Inácio, 29, 255, 287, 289, 290, 291, 295, 301, 329, 330, 345, 349, 351, 352, 353, 354, 355, 356, 357, 358, 359, 360, 361, 362, 363, 365, 369, 374, 375, 379, 382, 383, 384, 388, 389, 398, 424, 429, 432, 436
Luz, Nícia Vilela, 98, 129, 130
Lynch, Christian Edward Cyril, 12
Machado, Luiz Toledo, 117
Maddison, Angus, 19, 50, 51, 265, 405
Magalhães, João Paulo de Almeida, 130
Maia, Rodrigo, 390
Mainwaring, Scott, 295
Mais Médicos, 383
Malan, Pedro, 327, 346
Malásia, 312
Maluf, Paulo, 242
Maneschi, Andrea, 183, 184
Manifestações populares, 187, 189, 255, 258, 386, 392, 433; de junho de 2013, 14, 377, 381, 384, 395; das "Diretas Já", 257
Manifesto dos Oito, 252
Manifesto Pau-Brasil, 118
Mantega, Guido, 353, 360, 361

Mao Tsé-Tung, 426
Maravall, José María, 331
Marcha da Família com Deus pela Liberdade, 181
Marconi, Nelson, 13, 320, 363, 411
Marini, Ruy Mauro, 203, 205
Marques, Eduardo Cesar, 400
Marson, Izabel Andrade, 69
Martínez de Hoz, José Alfredo, 238, 264
Martins, José de Souza, 293
Martins, Luciano, 13, 74, 101, 102, 104, 105, 140, 162, 241
Marx, Karl, 43, 53, 142, 204, 292, 413
Marxismo, 10, 41, 72, 73, 74, 76, 201, 204, 205, 260
Matijascic, Milko, 355
MDB (Movimento Democrático Brasileiro), 244, 254, 255, 259; Partido do, 243, 255, 256, 258, 259, 283, 284, 295, 326, 384, 386
Medialdea, Bibiana, 342
Médici, Emílio Garrastazu, 197, 198
Meira, Lúcio, 161
Meirelles, Henrique, 352
Mello, Evaldo Cabral de, 77
Mello, Marcus, 386
Mendes, Raimundo Teixeira, 106
Meneguello, Rachel, 295
Menem, Carlos, 359
Mercadante, Aloizio, 353, 356
Merkin, Gerald, 267
Mestiço, 30, 40, 58, 59, 60, 78, 96, 293, 313; mestiçagem, 40, 81
México, 28, 29, 120, 221, 239, 278, 303, 313
Milagre econômico, 205, 219, 229, 231, 235, 236, 311, 410, 414
Militares, 24, 28, 46, 67, 70, 73, 78, 82, 83, 95, 96, 97, 101, 102, 103, 104, 105, 106, 119, 121, 135, 154, 175, 176, 180, 181, 188, 191, 193, 195, 196, 197, 198, 199, 202, 205, 211, 223, 241, 243, 254, 257, 258, 285, 305, 389, 392, 430, 433, 434
Mills, C. Wright, 28, 176

Minidesvalorizações cambiais, 225, 237, 238, 320, 324, 325, 332, 343, 345, 346
Ministério da Administração Federal e Reforma do Estado (MARE), 327; da Ciência e Tecnologia, 327; da Cultura, 389; da Economia, 389; da Educação, 18, 118, 139, 389; da Energia, 412; da Fazenda, 151, 154, 191, 237, 262, 278, 280, 283, 317, 321, 353, 360, 389; da Indústria e Comércio, 389; da Justiça, 389; da Previdência, 281; da Saúde, 389; das Comunicações, 412; das Minas, 412; das Relações Exteriores (Itamaraty), 26, 28; do Desenvolvimento, 222, 361; do Meio Ambiente, 389; do Planejamento, 191, 193, 224, 237, 255, 280, 389, 401, 403; do Trabalho, 232, 389, 402; do Trabalho, Indústria e Comércio, 135; dos Transportes, 412
Mises, Ludwig von, 306
Missão Abink, 150
Missão Francesa de 1915, 103
Modelo de desenvolvimento, 26; de subdesenvolvimento industrializado, 223, 233; do tripé modernizante, 195; exportador de bens manufaturados, 219, 229, 233, 234, 356; de industrialização por substituição de importações, 21, 155, 326, 363, 364; primário-exportador, 204; voltado para o consumo, 355, 356
Modernização, 104, 107, 108, 162, 286; conservadora, 104, 182; dependente, 423
Modo de produção escravista, 43
Moeda, 31, 35, 42, 49, 126, 127, 128, 130, 136, 156, 166, 167, 178, 206, 216, 224, 226, 227, 228, 230, 235, 237, 239, 240, 246, 247, 249, 263, 264, 267, 270, 271, 272, 289, 305, 309, 321, 322, 323, 324, 332, 341, 342, 359, 368, 373, 374, 391, 392, 397, 408, 418, 419, 425, 427

Monetaristas, 186, 264, 266, 268, 306, 323
Moniz Bandeira, Luiz Alberto, 118, 153
Montoro, Franco, 257, 258, 284
Moore Jr., Barrington, 119
Moraes, Walfrido, 64
Moralismo, 14, 382; moralismo liberal, 152, 382
Moratória, 27, 125, 261, 264, 283, 285, 330
Morceiro, Paulo César, 22
Moreira, Marcílio Marques, 308
Moro, Sergio, 384, 385, 388
Motta, Fernando Prestes, 252
Mourão, Hamilton, 393
Mulher, 11, 40, 42, 90, 293, 389, 428; direitos da, 293
Mundell, Robert, 344
Nabuco, Joaquim, 59, 77, 78, 95
Nabuco, Maurício, 137
Nação, 9, 10, 11, 15, 16, 17, 18, 19, 20, 22, 23, 26, 30, 39, 41, 42, 44, 45, 46, 57, 58, 60, 63, 64, 65, 66, 67, 68, 69, 70, 75, 78, 79, 86, 87, 89, 91, 92, 93, 98, 103, 104, 106, 111, 117, 118, 121, 122, 136, 140, 143, 145, 146, 161, 170, 201, 202, 206, 210, 211, 215, 237, 248, 259, 261, 281, 282, 286, 289, 290, 292, 304, 305, 308, 310, 311, 312, 313, 314, 315, 317, 326, 352, 369, 386, 397, 409, 421, 422, 423, 429, 430, 431, 432, 433, 435, 437
Nacionalismo, 25, 60, 63, 70, 86, 106, 107, 117, 118, 169, 170, 171, 173, 176, 178, 199, 201, 211, 212, 214, 251, 284, 311, 312, 314, 396; e desenvolvimentismo, 91, 106, 107, 169, 198, 312; econômico, 10, 58, 86, 95, 118, 120, 143, 170; étnico, 170
Nacionalização, 153, 176
NAFTA (Tratado Norte-Americano de Livre Comércio), 28, 29, 313
Nakano, Yoshiaki, 13, 267, 269, 270, 272, 308, 322, 347

Nassif, André, 13, 411
Nassif, Luís, 13
Nativismo, 169
Neary, J. P., 225
Neoestruturalistas, 321
Neoliberalismo, 23, 55, 141, 144, 164, 282, 299, 304, 316, 319, 328, 388, 389, 395, 397, 408, 416, 432, 436; neoliberais, 49, 51, 52, 93, 304, 311, 316, 384, 386, 387, 390, 404, 415, 416, 418, 425; hegemonia neoliberal, 20, 25, 26, 28, 289, 305, 312, 315, 327, 328, 384, 400
Neri, Marcelo, 355, 401, 404
Neves, Tancredo, 242, 256, 257, 258, 279, 280, 284
Nicol, Robert C., 129
NICs (Newly Industrialized Countries), 221, 303
Niemeyer, Oscar, 13
Niskanen, William, 306
Nobre, Marcos, 380, 381
Nóbrega, Maílson da, 321
North, Douglass C., 51, 54
Noruega, 158
Nova Zelândia, 40
Novais, Fernando, 43
Novo Desenvolvimentismo, 12, 31, 32, 33, 35, 36, 155, 164, 320, 353, 372, 388
Noyola Vázquez, Juan, 269
Nunes, Edson de Oliveira, 162
O'Donnell, Guillermo, 241
Oferta ilimitada de mão de obra, 59, 60, 61, 345, 349, 403
Oligarquia agroexportadora, 122, 124, 201, 351
Oliveira Lima, Luiz Antonio de, 240
Oliveira Vianna, Francisco José de, 118, 123, 148, 160, 169, 201, 313
Oliveira, Dante de, 257
Oliveira, Francisco de, 210, 291
ONU (Organização das Nações Unidas), 28, 157, 433

Operação Lava Jato, 14, 384, 386, 431, 436
Oreiro, José Luís, 13, 320, 360, 369, 411
Orwell, George, 179
Oszlak, Oscar, 64
Pacey, Arnold, 46
Pactos políticos, 12, 15, 16, 17, 23, 25, 142, 254, 435; Autoritário-Modernizante de 1964, 16, 17, 191, 194, 195, 198, 223, 234, 241, 253, 298, 436; Democrático-Popular de 1977, 16, 17, 20, 21, 189, 207, 209, 212, 241, 242, 249, 250, 251, 253, 258, 260, 277, 278, 280, 283, 286, 298, 301, 354, 367, 381, 385, 396, 399, 436; Liberal-Dependente de 1991, 16, 17, 20, 21, 279, 303, 304, 305, 310, 312, 317, 319, 320, 344, 352, 424; Nacional-Popular de 1930, 17, 18, 21, 105, 118, 124, 159, 169, 175, 176, 179, 201, 381, 436; Nacional-Popular de 2006, 17, 21, 370, 383, 436; Oligárquico, 16, 17, 18, 63, 65, 69, 71, 99, 198
Paes de Andrade, 298
Paim, Antonio, 83
Países retardatários, 24, 39, 60, 120, 148
Países ricos, 10, 20, 29, 30, 31, 34, 35, 39, 48, 49, 91, 93, 113, 123, 144, 155, 156, 157, 158, 159, 164, 166, 169, 170, 171, 203, 204, 206, 211, 213, 214, 215, 216, 217, 218, 245, 247, 263, 294, 299, 303, 304, 305, 310, 311, 312, 313, 315, 316, 319, 332, 339, 340, 341, 347, 353, 358, 362, 369, 391, 396, 405, 408, 410, 414, 419, 430, 431, 433, 435
Paiva, Glycon de, 149
Palma, Gabriel, 112, 204, 420
Palocci, Antonio, 352
Paraguai, 27, 95, 96, 102, 110, 188
Partido da Justiça, 384
Partidos políticos; Conservador, 69, 70, 72, 83, 84, 85, 91, 92; da Praia, 69; Comunista Brasileiro (PCB), 132, 148, 173, 188, 208, 311, 326; da Frente Liberal (PFL), 243, 256, 258, 259, 284, 295, 326; da Social Democracia Brasileira (PSDB), 256, 284, 294, 295, 327, 384, 386, 388; Democratas (DEM), 256, 259; Democrático Social (PDS), 243, 250, 255, 256, 257, 259, 284, 295; Democrático Trabalhista (PDT), 256, 295; do Movimento Democrático Brasileiro (PMDB), 243, 255, 256, 258, 259, 283, 284, 295, 326, 384, 386; Republicano Paulista, 95; dos Trabalhadores (PT), 94, 208, 255, 256, 289, 294, 295, 296, 329, 351, 352, 353, 355, 356, 359, 362, 364, 367, 370, 378, 379, 380, 383, 384, 385, 386, 388, 389, 395, 396, 398, 401, 403, 404, 411, 436; Liberal, 69, 70, 72, 83, 85, 91, 92; Liberal (PL), 256; Progressista (PP), 250, 255, 258; Progressista Brasileiro (PPB), 250, 256; Popular Socialista (PPS), 326; da República (PR), 256; Socialista Brasileiro (PSB), 256; Social Democrático (PSD), 148; Trabalhista Brasileiro (PTB), 148, 256, 295; Socialismo e Liberdade (PSOL), 294, 352
Pastore, Affonso Celso, 266, 323
Patriarcado, 67, 73, 75, 76
Patriotismo, 103, 169
Patrocínio, José do, 95
Paula, Luiz Fernando de, 334, 419
Paulani, Leda, 13, 121, 159, 359
Paulistas de quatrocentos anos, 132, 173
Pazos, Felipe, 269
Pedro I, D., 63, 64, 67, 84, 87
Pedro II, D., 65, 70, 72, 83, 88, 89, 96
Peixoto, Floriano, 97, 102, 117, 188
Peláez, Carlos Manoel, 129
Peleguismo, 178
Pena, Afonso, 99
Pereira, Carlos, 386
Pereira, Jesus Soares, 149, 156, 418
Pereira, José Clemente, 64

Peres, Samuel Costa, 408
Peru, 27, 393
Pessoa, Fernando, 7
Pessôa, Samuel, 385
Petrobras, 29, 149, 159, 376, 380, 382, 384, 412, 420
Phelps, Edmund, 306
Piketty, Thomas, 403, 404
Pinto, Álvaro Vieira, 148, 169
Pires, Dom José Maria, 194
Pixinguinha, 13
Planos econômicos; Salte, 147; Feijão com Arroz, 285, 321; Brady, 262, 278, 283, 320; Bresser, 261, 262, 283, 322; Collor, 307, 308, 321, 322; Cruzado, 260, 261, 266, 277, 278, 280, 282, 283, 285, 286, 295, 299, 301, 304, 319, 321, 322, 354, 367, 382, 430; de Controle Macroeconômico, 262, 284; de Metas, 150, 153, 154; PAEG, 193; Real, 19, 167, 239, 319, 320, 321, 323, 325, 327, 330, 332, 334, 337, 342, 343, 344, 345, 348, 349, 351, 356, 374, 385, 398, 404, 407, 424; II PND, 236, 261; Verão, 285
Pobreza, 33, 36, 81, 112, 288, 398, 401; absoluta, 251; extrema, 112, 356, 401
Poder Moderador, 83, 84, 87, 88, 97, 101, 297
Poder político, 72, 73, 75, 79, 85, 96, 119, 123, 139, 234, 415, 416, 433
Polanyi, Karl, 68
Política dos governadores, 97, 99, 100, 101
Política econômica, 30, 56, 113, 144, 147, 148, 152, 153, 155, 193, 224, 236, 239, 255, 262, 263, 265, 275, 280, 283, 325, 328, 344, 347, 367, 368, 378, 379, 380, 382, 390, 396, 397, 416, 418, 430, 432, 436; de âncora cambial, 163, 245, 324, 325, 328, 332, 342, 344, 345, 347, 357; cambial, 18, 32, 35, 36, 37, 220, 226, 227, 234, 334, 343, 344; de juros, 33, 35, 310, 343, 344, 357; de metas de inflação, 332, 343, 344, 346, 347, 348; desenvolvimentista, 25, 144, 240, 328; monetarista, 240, 264, 309; ortodoxa, 240, 308
Polos industriais, 428
Ponto Lewis, 61, 345, 403
Populismo, 142, 188, 251, 254, 273, 281, 285, 289, 321, 328, 398, 434; econômico, 145, 218, 248, 265, 281, 306, 307; cambial, 94, 145, 146, 163, 248, 306, 328, 357, 408; fiscal, 94, 145, 146, 248; político, 124, 145
Portugal, 15, 24, 42, 43, 44, 46, 47, 63, 64, 65, 71, 73, 75, 79, 243, 331, 421, 431
Positivismo, 95, 97, 106, 107, 121; ortodoxo, 106; heterodoxo, 106, 117; positivistas, 95
Poupança, 37, 48, 156, 157, 163, 164, 207, 229, 247, 249, 273, 274, 275, 321, 334, 340, 343, 375, 410, 412, 424; externa, 19, 31, 32, 34, 48, 49, 94, 141, 146, 155, 156, 157, 159, 163, 165, 167, 171, 203, 206, 207, 216, 217, 230, 234, 235, 236, 245, 246, 247, 248, 249, 263, 272, 273, 289, 305, 314, 320, 328, 329, 330, 332, 333, 334, 335, 336, 337, 342, 345, 357, 408, 413, 416, 418, 419; interna, 34, 37, 155, 156, 157, 167, 206, 207, 216, 217, 246, 247, 248, 249, 329, 332, 333, 335, 336, 337; privada, 307; pública, 37, 229, 272, 273, 274, 275, 277, 282, 339, 406, 410, 411, 412, 414, 415, 417, 424, 425, 426
Prado Jr., Caio, 40, 41, 43, 66, 72, 73, 89, 127, 132
Prado, Caio Graco, 13
Pragmatismo, 306
Pré-sal, 353, 354, 428
Prebisch, Raúl, 112, 113, 148, 169
Preços macroeconômicos, 32, 33, 36, 234, 368, 376, 377

Preços relativos, 238, 270, 277, 282, 307, 322, 323, 324
Presidência da República, 27, 99, 102, 137, 149, 175, 188, 254, 256, 258, 279, 281, 284, 288, 290, 301, 307, 320, 325, 329, 388, 431, 433, 436
Previdência pública/social, 37, 217, 242, 281, 289, 325, 355, 387, 389, 410
Primeira Guerra Mundial, 103, 110
Privatismo, 67, 79, 86
Privatização, 119, 217, 281, 307, 319, 326, 412, 420, 427
PROER (Programa de Estímulo à Reestruturação e ao Fortalecimento do Sistema Financeiro Nacional), 385, 416
Proletariado, 59, 134, 205, 212
Protecionismo, 221, 306, 307, 342, 418
Prudente de Morais, José, 82, 97, 98, 102, 111, 188
Quadros, Jânio, 27, 175, 179, 180, 183
Queda do muro de Berlim, 25, 319
Queiroz, Fabrício, 392
Queiroz, Maria Isaura Pereira de, 66
Raça, 96, 171, 292, 393, 422; branca, 60; mestiça, 313; negra, 59
Racismo, 40, 422, 423, 431
Radicalismo, 199
Ralé, 59, 60, 382
Ramos, Alberto Guerreiro, 13, 148, 169, 180, 187, 188, 192, 210, 295, 313
Ramos, Lauro, 399
Rancière, Jacques, 296
Rangel, Ignácio, 13, 43, 44, 66, 72, 73, 121, 148, 169, 186, 187, 201, 223, 267, 268, 418
Reagan, Ronald, 262, 263, 304, 305, 415
Reforma administrativa, 160, 362; agrária, 179, 180, 288, 331; bancária, 179, 193; Burocrática de 1936, 26, 137, 138, 139, 154, 159, 160, 362; da Previdência Social, 289, 325, 387, 389; Desenvolvimentista de 1968, 138; do Decreto-Lei nº 200, 161, 162; do Poder Judiciário, 241, 244;

Constitucional de 2003, 293; Eleitoral de 1881, 69; gerencial, 362; Gerencial de 1995, 138, 139, 161, 162, 325, 331, 362, 363, 381; monetária, 97, 271, 272, 322, 323, 324, 327, 342; política, 294; trabalhista, 387; tributária, 179, 193, 242, 284, 289, 403, 404; urbana, 179
Reformas, 179, 180, 191, 193, 289, 306; constitucionais, 387; de base, 179, 180; institucionais, 56, 100, 103, 192, 217, 219, 271, 289, 326, 329, 424; liberais/neoliberais, 19, 25, 48, 68, 93, 307, 309, 315, 316, 326, 387, 389, 403, 408, 416, 424, 425
Reformismo, 98, 179, 205
Regime político, 24, 84, 90, 125, 180, 195, 241, 298; autoritário, 16, 27, 122, 125, 147, 187, 194, 197, 198, 212, 243, 244, 252, 253, 258, 278, 284, 286, 288, 297, 430, 434; democrático, 10, 90, 122, 123, 201, 212, 241, 243, 259, 260, 288, 292, 298, 395; militar, 21, 24, 84, 85, 94, 187, 191, 192, 194, 195, 196, 197, 198, 199, 208, 209, 213, 231, 242, 243, 253, 254, 257, 259, 273, 281, 284, 287, 311, 314, 387, 393, 406, 409, 412, 430, 435; parlamentarista, 175, 180; presidencialista, 180, 290
Rego, José Marcio, 13
Rego, Walquiria Leão, 86
Regulação, 68, 126, 249, 300, 306
Reinert, Erik, 48, 217
Reino Unido de Portugal e Brasil, 64
Reino Unido, 24, 27, 144, 158, 304, 305, 362, 390, 391, 395, 415, 421, 422
Reis Filho, Daniel Aarão, 173
Relação produto-capital, 266, 277, 409, 410, 413
Relações de troca, 112, 128, 152, 236, 336, 353, 354, 378
Renan, Ernest, 314
Rentistas, 309, 310, 333, 340, 341, 347, 357, 364, 377, 382, 385, 387, 388,

397, 402, 407, 411, 417, 419, 425, 433; capitalistas, 12, 33, 141, 142, 143, 144, 245, 304, 305, 310, 316, 332, 340, 341, 344, 368, 370, 375, 419; e países ricos, 159; e financistas, 142, 143, 144, 245, 304, 305, 316, 340, 347, 357, 364, 370, 375, 385, 411, 425; e classe média, 93, 129, 250, 382

República, 24, 84, 95, 96, 98, 99, 101, 102, 121; Nova, 279, 281, 282, 283; Primeira, 17, 25, 26, 63, 68, 72, 76, 78, 80, 82, 88, 92, 95, 99, 103, 104, 107, 110, 111, 121, 124, 140, 435; Proclamação da, 18, 24, 82, 95, 96, 101, 102, 106, 110, 111, 187, 188

Resende, André Lara, 270, 272, 320, 321

Restrição externa, 120, 165, 216, 217, 245, 246, 263, 332

Revolta dos 18 do Forte de Copacabana, 104; de 1922, 1924 e 1926, 106; Praieira, 69

Revolução passiva, 207

Revolução: agrícola/neolítica, 10, 15; Americana, 119; burguesa, 11, 17, 39, 44, 58, 88, 103, 138, 202, 204, 208, 209, 210, 211, 212, 280; capitalista, 10, 11, 15, 22, 23, 24, 39, 41, 43, 46, 47, 50, 51, 55, 56, 58, 61, 63, 69, 99, 111, 117, 119, 120, 122, 123, 125, 144, 152, 161, 198, 201, 203, 211, 242, 286, 287, 297, 307, 421, 426, 427, 429, 430, 431, 432, 434; Capitalista Brasileira, 9, 10, 12, 16, 17, 19, 22, 44, 61, 117, 122, 140, 182, 198, 214, 261, 287, 435; Capitalista Chinesa, 426; comercial/mercantil, 23, 121; comunista, 181; Cubana, 24, 28, 175, 176, 179, 213; de 1922, 104; de 1924, 104; de 1930, 18, 23, 24, 44, 82, 92, 104, 105, 111, 117, 118, 119, 121, 122, 123, 124, 125, 126, 131, 134, 135, 136, 138, 143, 153, 172, 182, 188, 208, 210, 397, 435; de 1932, 125; de Cromwell, 88, 119; Estudantil de 1968, 303; Francesa, 24, 57, 119; Gloriosa, 39, 84, 88, 89; Industrial, 10, 11, 15, 16, 24, 39, 41, 43, 45, 46, 47, 50, 51, 52, 54, 56, 57, 61, 70, 71, 85, 86, 87, 91, 107, 109, 110, 111, 115, 117, 119, 121, 122, 124, 125, 126, 147, 152, 160, 161, 196, 198, 215, 219, 297, 312, 421, 432; industrial brasileira, 17, 84, 110, 122, 125, 148, 153, 179, 219, 327, 397, 429, 430; nacional, 15, 16, 17, 39, 41, 43, 45, 47, 50, 51, 63, 70, 84, 85, 107, 110, 117, 119, 121, 122, 124, 138, 147, 152, 161, 169, 171, 176, 179, 198, 203, 204, 208, 209, 211, 215, 279, 280, 308, 312, 430; Russa, 119; socialista, 11, 173, 176, 201, 203, 204, 213, 258, 310, 426

Ribeiro, Darcy, 315

Ribeiro, Renato Janine, 13, 381

Ricupero, Rubens, 54

Ridenti, Marcelo, 182

Riqueza, 39, 42, 44, 86, 129, 141, 212, 296, 340, 364, 407; administrada por financistas, 144, 304, 309, 344

Risco-Brasil, 350, 375, 416

Robinson, James, 54

Robinson, Joan, 267

Rocha, João Cezar de Castro, 393

Rocha, Sonia, 398

Rodrigues Alves, Francisco, 99

Rodrigues, José Honório, 63, 188

Rodrigues, Leôncio Martins, 256, 295

Rodrik, Dani, 333

Romantismo, 70

Romero, Sílvio, 40, 77, 78, 117, 169

Roosevelt, Franklin Delano, 148, 149

Rousseff, Dilma, 13, 14, 23, 29, 295, 325, 339, 340, 341, 352, 353, 356, 357, 359, 363, 369, 373, 374, 375, 376, 378, 380, 381, 382, 383, 386, 395, 398, 424

Rozenwurcel, Guillermo, 272

Rugai Bastos, Elide, 40
Rugitsky, Fernando, 251
Rússia, 119, 120
Sachs, Ignacy, 13
Saes, Décio, 18, 66
Salama, Pierre, 407
Salário mínimo, 232, 233, 330, 352, 353, 365, 376, 387, 398; real, 186, 354, 355, 356, 357; e taxa de câmbio, 352, 357; e consumo, 365; e produtividade, 376
Sallum Jr., Brasilio, 326, 327, 328
Santa Rosa, Virgínio, 104, 105
Santos, Ronaldo Marcos dos, 44
Santos, Theotonio dos, 205
Santos, Wanderley Guilherme dos, 123, 291, 292
Sargent, Thomas J., 306
Sarney, José, 28, 145, 258, 259, 262, 266, 279, 280, 284, 285, 321, 322, 436
Saúde, 29, 37, 242, 251, 279, 281, 288, 298, 300, 304, 331, 355, 356, 381, 385, 387, 389, 390, 396, 400, 404, 417
Say, Jean-Baptiste, 163
Schmitter, Philippe, 241
Schneider, Ben Ross, 162
Schumpeter, Joseph, 53, 267, 291
Schwarcz, Lilia Moritz, 65, 70
Schwartzman, Simon, 84, 162, 174
Schwarz, Roberto, 13, 205, 313
Securitização, 262, 278, 283
Segunda Guerra Mundial, 24, 27, 48, 80, 120, 140, 143, 147, 154, 155, 160, 170, 183, 186, 215, 377, 413
Segunda Revolução Industrial, 56
Selic (Sistema Especial de Liquidação e de Custódia), 339, 340, 341, 342, 358, 369
Semana de Arte Moderna de 1922, 118
Serra, José, 29, 232, 346
Setor de bens de capital, 255
Sicsú, João, 356
Silva, Ana Rosa Cloclet da, 64

Silva, Ricardo, 123
Silva, Sérgio, 131
Silveira, Antônio Francisco Azeredo da, 198
Simonsen, Mario Henrique, 195, 237, 269, 418
Simonsen, Roberto, 118, 121, 129, 130, 136, 150, 169
Singapura, 48, 221, 408
Singer, André, 13, 384
Singer, Paul, 13
Sistema econômico, 9, 11, 91, 110, 120, 142, 187, 281, 290, 340, 358, 392, 424
Sistema escravista, 57, 58, 71, 90, 92, 96
Sistema institucional, 100
Smith, Adam, 53, 90
Soares, Mário, 331
Soares, Sergei, 400
Social-democracia, 12, 92; social-democrata, 256, 260, 300, 331
Socialismo, 86, 91, 92, 119, 142, 181, 205, 256, 294, 296, 311, 352, 434
Sociedade civil, 14, 16, 76, 99, 101, 188, 241, 242, 243, 244, 249, 252, 253, 254, 258, 279, 283, 285, 287, 288, 290, 292, 383, 393, 400, 432, 434
Sociedades agrárias letradas, 47
Sodré, Nelson Werneck, 78, 81, 82, 103, 104, 105, 121, 169
Sofisticação produtiva, 24, 111, 113, 114, 115, 410
Sola, Lourdes, 13, 130
Son, Hyun H., 401
Souza, Francisco Eduardo Pires de, 261
Souza, Jessé, 59, 60, 355, 382, 423
Souza, Maria do Carmo Campello de, 162
Souza, Paulo Renato de, 346
Souza, Pedro Ferreira de, 398
Subproletariado, 59, 134
Suécia, 148, 158, 250
Suíça, 158
Summerhill, William, 54

SUMOC (Superintendência da Moeda e do Crédito), 136, 154; Instrução nº 70, 151, 178; Instrução nº 113, 155
Sunkel, Osvaldo, 204, 269
Suplicy, Eduardo Matarazzo, 400
SUS (Sistema Único de Saúde), 279, 281, 400
Suzigan, Wilson, 129, 130
Tailândia, 312
Taiwan, 48, 221, 312, 408, 427
Tarifa Alves Branco, 71
Tavares, Maria da Conceição, 184, 220, 232, 263
Tavares, Maria Hermínia, 13
Tavares Bastos, Aureliano, 85, 86
Taxa de câmbio, 9, 20, 22, 31, 33, 35, 36, 37, 49, 93, 94, 125, 126, 128, 130, 147, 151, 157, 162, 163, 164, 165, 166, 167, 168, 171, 172, 177, 207, 215, 216, 219, 220, 225, 226, 227, 228, 230, 234, 235, 239, 245, 246, 248, 249, 263, 273, 303, 309, 317, 320, 325, 327, 328, 329, 330, 332, 333, 334, 339, 342, 343, 344, 345, 346, 347, 348, 349, 352, 356, 359, 361, 363, 366, 367, 368, 370, 371, 372, 373, 374, 375, 376, 377, 378, 387, 406, 407, 411, 417, 418, 419, 420, 424, 426, 427, 429; de equilíbrio corrente, 31, 34, 166, 167, 226, 328, 342; de equilíbrio industrial, 35, 155, 166, 167, 216, 226, 228, 246, 328, 340, 348, 372, 373, 375, 376, 411, 424, 425, 426; efetiva, 126, 166, 167, 171, 220, 222, 372, 429; real, 126, 343, 372; e inflação, 167, 225, 238, 271, 323, 324, 332
Taxa de juros, 31, 32, 33, 224, 236, 239, 263, 273, 309, 310, 316, 317, 320, 324, 325, 328, 329, 330, 332, 339, 340, 341, 342, 344, 345, 346, 347, 348, 349, 352, 358, 360, 361, 370, 374, 375, 376, 378, 385, 397, 407, 416, 419, 420, 424, 425, 427

Taxa de substituição da poupança interna pela externa, 34, 155, 156, 207, 246, 247, 248, 249, 333, 335, 336, 337
Tecnoburocracia, 10, 12, 134, 136, 142, 150, 191, 195, 196, 209, 234, 250, 252, 253, 254, 258, 259, 352
Tecnoburocratas, 119, 150, 191, 196, 197
Tecnocracia, 140
Tecnologia, 24, 34, 35, 46, 49, 111, 140, 156, 158, 165, 170, 217, 226, 239, 327, 345, 358, 370, 371, 413, 420, 426, 428
Telebras, 236
Temer, Michel, 29, 386
Tendência à deterioração das relações de troca, 112; à equalização da taxa de lucro, 238; à sobreapreciação cíclica da taxa de câmbio, 31, 32, 35, 37, 49, 93, 147, 151, 163, 165, 166, 167, 186, 216, 230, 245, 320, 334, 342, 344, 348, 429; ao aumento da composição orgânica do capital, 413; dos salários crescerem mais que a produtividade, 61
Tenentismo, 103, 104, 105; tenentes, 82, 103, 104, 105, 106, 107, 135
Teoria clássica do valor, 90, 114; da dependência, 201, 202, 213; da inflação inercial, 93, 264, 266, 267, 269, 277, 282, 320, 321, 325, 416, 423; da superexploração do trabalho, 205; da transição democrática, 253; Desenvolvimentista Clássica, 30, 363, 427; econômica, 9, 30, 48, 52, 90, 111, 156, 165, 169, 196, 217, 238, 277, 332, 340, 408, 415, 432; estruturalista, 149, 162, 163, 204, 269, 270, 272, 306, 427; Keynesiana, 165, 267, 363, 370, 415; liberal, 169; monetarista/neoclássica/ortodoxa, 165, 167, 267, 267, 359, 416; Novo-Desenvolvimentista, 30, 31, 32, 33, 34, 35, 36, 37, 162, 207, 342, 353, 356, 363, 364, 370, 388, 408,

417, 418, 420, 427, 430; monetária, 165; política, 9; Pós-Keynesiana, 30; social, 9
Terceiro setor, 331
Thatcher, Margaret, 304, 305, 415
Therborn, Göran, 253
Thiers, Adolphe, 84
Thirlwall, Anthony, 246
Toledo, Caio Navarro de, 118
Topik, Steven, 110
Torres, Alberto, 118, 169
Torres, Ary, 149
Transição democrática de 1946, 24, 147, 160; de 1985, 16, 17, 20, 21, 24, 61, 93, 182, 205, 209, 212, 241, 242, 243, 244, 249, 250, 252, 253, 254, 256, 257, 258, 259, 261, 265, 278, 279, 281, 283, 284, 286, 287, 290, 292, 297, 299, 301, 356, 367, 385, 396, 397, 398, 399, 400, 417, 430, 435, 436
Tratado de Methuen, 42
Tratados comerciais com a Inglaterra, 46, 71
Trilema de Mundell, 344
Trinta Anos Dourados do Capitalismo, 143, 144, 303, 304, 415
Trinta Anos Neoliberais do Capitalismo, 49, 51, 52, 304, 311, 316
Tripé macroeconômico, 343, 344
Tripé modernizante, 194, 195
Trump, Donald, 395, 433, 434
Tullock, Gordon, 306
Turquia, 29, 120, 434
União Soviética, 25, 28, 175, 265, 303, 308, 319, 327
Uricoechea, Fernando, 74
Uruguai, 27, 202

URV (Unidade Real de Valor), 323, 324, 327
Vargas, Getúlio, 10, 25, 26, 27, 59, 80, 84, 87, 101, 105, 106, 107, 117, 118, 119, 121, 122, 123, 124, 125, 127, 136, 137, 138, 139, 140, 145, 147, 148, 149, 150, 151, 152, 153, 155, 159, 160, 161, 169, 173, 175, 178, 179, 187, 188, 191, 192, 198, 199, 210, 326, 327, 351, 397, 430, 432
Vasconcelos, Bernardo Pereira de, 83
Velloso, João Paulo dos Reis, 223, 361, 399, 418
Venezuela, 226, 227
Vianna, Luiz Werneck, 207
Vidigal, Gastão, 150
Villa-Lobos, Heitor, 13, 118
Villela, Annibal C., 129
Visconde do Uruguai (Paulino José Soares de Souza), 83, 85, 86
Volcker, Paul, 262, 263
Voto, 69, 75, 90, 135, 148, 278, 287, 293, 294, 295, 388; censitário, 101; distrital misto, 294; do analfabeto, 188, 198, 243, 292, 298, 398; da população rural, 135; secreto, 101, 122
Wahrlich, Beatriz Marques de Souza, 138
Weber, Max, 162; conceito weberiano de burocracia, 73, 161
Weffort, Francisco, 258
Weingast, Barry R., 54
Whitehead, Laurence, 241
Wicksel, Knut, 267
Williamson, John, 272, 307
Wirth, John D., 66, 137
Xiaoping, Deng, 427

Índice de quadros, tabelas e gráficos

Quadros
1. Ciclos e pactos políticos 17
2. Ortodoxia liberal e Teoria Novo-Desenvolvimentista 32
3. Origem étnica dos empresários paulistas 133

Tabelas
1. Crescimento anual do Brasil no longo prazo — 1871-2016 19
2. Estratégias e crescimento anual do PIB *per capita* — 1930-2019 ... 21
3. Investimentos diretos e ocupação do mercado interno — 2011 158
4. Ciclos industriais — 1955-1981 230
5. Distribuição de renda segundo quintos da população — 1960-1967 ... 232
6. Salário médio real no estado de São Paulo — 1965-1970 233
7. Transações correntes e dívida externa — 1971-1981 235
8. Poupança pública — 1979-1988 274
9. Poupança interna, poupança externa e investimento — 1992-2004 ... 335
10. Taxas de substituição de poupança — 1993-2006 336
11. Taxa de inflação e variação do câmbio nominal — 1994-2013 349
12. Exportações e relações de troca — 2002-2010 354
13. Retorno sobre investimento e Selic/Over — 2010-2014 369
14. IDH e indicadores sociais — 1980-2014 400
15. Uma comparação entre os anos 1970 e os anos 2010 414

Gráficos
1. Participação da indústria no PIB (%) — 1947-2019 22
2. PIB *per capita* do Brasil em relação ao dos Estados Unidos — 1870-2019 50
3. Índice das relações de troca — 1901-2009 128
4. Tendência cíclica à sobreapreciação da taxa de câmbio 166
5. Importações como percentual do PIB — 1901-2011 185
6. Participação da indústria de transformação nas exportações — 1964-2014 .. 222
7. Produção da indústria e vendas do varejo — 2000-2012 366
8. Índice da taxa de câmbio real e de equilíbrio industrial — 2005-2019 372
9. Taxa de crescimento do PIB — 2009-2019 379
10. Opinião pública sobre a presidente Dilma Rousseff — 2011-2015 382
11. Covid-19: novos casos por milhão de habitantes, Brasil, EUA, Reino Unido, Itália — 2020 391
12. Índice de Gini no Brasil — 1960-2014 399
13. PIB *per capita* do Brasil, da China e da Índia — 1980-2019 405

Índice das matérias

Prefácio	9
1. Uma periodização	15
Ciclos e pactos políticos	15
O desenvolvimento interrompido	19
Diante do mundo	23
Relações externas	25
Breve teoria 1: Teoria Novo-Desenvolvimentista	30
2. As origens coloniais do atraso	39
Explicação estruturalista: colonização mercantil	40
Explicação nacionalista e imperialismo	45
Século XIX e explicação institucionalista	50
Breve teoria 2: Instituições e desenvolvimento	52
O legado da escravidão	57
3. Ciclo Estado e Integração Territorial	63
Precedência inicial do Estado	66
Unidade territorial	70
Duas interpretações complementares	71
A estrutura social tradicional	80
4. Império, constitucionalismo e federalismo	83
Federalismo, conservadores e liberais	83
O Império e a monarquia constitucional	87
Breve teoria 3: Liberalismo político e liberalismo econômico	89
5. A Primeira República	95
Um governo de classe média	96
A "política dos governadores"	99
A emergência dos militares	101
O tenentismo	104
Do capital mercantil ao industrial	107
Origens da revolução industrial	109
Breve teoria 4: Industrialização ou "sofisticação produtiva"	111

6. Começa a Revolução Capitalista Brasileira 117
    Revoluções nacionais e nacionalistas.. 119
    A Revolução de 1930.. 121
    O desencadeamento da industrialização.................................... 124
    O café e a indústria... 129
    Origens dos empresários e burguesia nacional........................... 132
    A nova classe média profissional... 134
    A burocracia pública moderna e o DASP................................... 135
    O nacional-desenvolvimentismo.. 140
    Breve teoria 5: Desenvolvimentismo, coalizões de classe e populismo............ 142

7. A retomada do desenvolvimentismo após 1945......................... 147
    O segundo governo Vargas... 149
    Kubitschek e a consolidação da indústria.................................. 152
    A questão dos investimentos diretos.. 155
    Consolidação da burocracia pública.. 159
    Breve teoria 6: Sobreapreciação cíclica da taxa de câmbio................ 162

8. O Pacto Nacional-Popular de 1930.. 169
    Grupos socioeconômicos e a política.. 171

9. A crise do Pacto Nacional-Popular de 1930.............................. 175
    Fatos históricos novos.. 175
    O golpe de Estado de 1964... 179

10. A crise dos anos 1960 183
    Esgotamento da substituição de importações 184
    Inflação de custos.. 186
    A emergência do povo.. 187

11. O Pacto Autoritário-Modernizante de 1964............................. 191
    O governo Castello Branco 191
    Força e fraqueza do "tripé modernizante" 194
    Tecnoburocracia industrializante... 196
    O desenvolvimentismo dos militares 197

12. Interpretação da dependência... 201
    As duas versões canônicas... 203
    Dependência segundo Florestan Fernandes............................... 208
    Interpretação nacional-dependente.. 213
    Breve teoria 7: Imperialismo e dependência 215

13. O modelo exportador de manufaturados 219
    A exportação de bens manufaturados 220
    O desenvolvimentismo de volta 223
    Breve teoria 8: Doença holandesa e sua neutralização 225

14. Auge e declínio nos anos 1970 229
    Concentração da classe média para cima 231
    Modelo tecnoburocrático-capitalista 233
    Endividamento externo 234
    Os equívocos de 1979-1980 237

15. A transição democrática (1977-1984) 241
    Os avanços e retrocessos da "abertura": 1974-1978 243
    Breve teoria 9: Crítica ao crescimento com poupança externa 245
    O Pacto Democrático-Popular de 1977 249
    O colapso de uma aliança de classes 252
    Refluxo conservador da burguesia: 1979 254
    Campanha das "Diretas Já" 257
    Projeto de hegemonia política da burguesia 259

16. Crise financeira e fim do grande crescimento 261
    Crise financeira e estagnação 262
    Breve teoria 10: A alta inflação inercial 266
    Poupança pública negativa 272

17. A crise do Pacto Democrático-Popular de 1977 277
    O colapso do Pacto Democrático-Popular 278
    O Plano Cruzado 280
    No furacão da crise 283

18. A democracia brasileira 287
    Qualidade da democracia brasileira 291
    A Constituição de 1988 297
    As eleições presidenciais de 1989 301

19. Pacto Liberal-Dependente de 1991 303
    Crise do Estado e Consenso de Washington 305
    Plano Collor 307
    A subordinação ao Norte 308
    Identidade cultural e identidade nacional 312
    O ataque à burocracia pública 315

20. O Plano Real 319
    O Plano Real 321
    O governo FHC 325
    O Segundo Consenso de Washington 332
    Substituição de poupanças: 1993-2005 334

21. A armadilha do câmbio e dos juros 339
    O tripé macroeconômico equivocado 343
    Política de metas de inflação 346

22. O governo do PT e a crise atual 351
    O governo Lula 352
    Crise Financeira Global de 2008 359
    Estratégia *wage-led* ou *profit-led*? 363
    O pacto desenvolvimentista fracassa 367
    O ciclo cambial de 2002-2014 e a crise de 2014-2020 370
    O governo Dilma Rousseff 373
    A crise começa 380
    A Operação Lava Jato se transforma em "Partido da Justiça" 384
    Crise econômica e impeachment 385
    O governo Bolsonaro 387

23. 40 anos de quase-estagnação 395
    Um avanço social precário 397
    Causas econômicas da desindustrialização 405
    Causas gerais da quase-estagnação 415
    O desafio econômico 423
    O desafio da China 426
    Uma nação incompleta 429
    Conclusão 435

Abreviaturas utilizadas 439
Obras citadas 441
Índice remissivo 464
Índice de quadros, tabelas e gráficos 486
Índice das matérias 487

Sobre o autor 491

Sobre o autor

Luiz Carlos Bresser-Pereira nasceu em São Paulo, em 1934. Cursou a Faculdade de Direito da Universidade de São Paulo. É mestre em Administração de Empresas pela Michigan State University, doutor e livre-docente em Economia pela Universidade de São Paulo. Trabalhou sempre como professor universitário, foi por vinte anos executivo de uma grande empresa, e ocupou diversos cargos públicos, inclusive a chefia de três ministérios.

Publicou em 1968 seu primeiro livro, *Desenvolvimento e crise no Brasil*. Desde então publicou muitos outros, vários deles traduzidos para o inglês, o espanhol, o francês e o japonês. Salientam-se, entre eles, *A sociedade estatal e a tecnoburocracia* (1981), *Inflação e recessão* (1984, com Yoshiaki Nakano, *Lucro, acumulação e crise* (1986), *Reforma do Estado para a cidadania* (1998), *Construindo o Estado republicano* (2004), *Macroeconomia da estagnação* (2007), *Globalização e competição* (2009) e *Macroeconomia desenvolvimentista* (2016, com Nelson Marconi e José Luís Oreiro). Seus *papers* estão publicados nas principais revistas acadêmicas brasileiras e estrangeiras. Pesquisas indicam que está entre os economistas brasileiros mais citados no exterior. Escreve nos principais jornais brasileiros, em particular na *Folha de S. Paulo*, em que assina uma coluna quinzenal. Mantém um site na internet, <www.bresserpereira.org.br>, no qual se encontra disponível boa parte de sua obra acadêmica e jornalística.

Manteve-se sempre em oposição política ao regime autoritário. Em 1983, com a eleição de André Franco Montoro para o governo de São Paulo, tornou-se presidente do Banespa e, em seguida, secretário de governo. Em 1987, em meio à crise provocada pelo fracasso do Plano Cruzado, tornou-se ministro da Fazenda do governo José Sarney. Sem condições de realizar o ajuste fiscal e a reforma tributária que permitiriam a efetivação de um plano definitivo de estabilização, demitiu-se do governo no final do ano. Em 1988 desligou-se do PMDB e participou da fundação do PSDB. Em 1995 assumiu o Ministério da Administração Federal e Reforma do Estado (MARE), no qual comandou a Reforma Gerencial de 1995. No segundo mandato foi, durante os primeiros seis meses, ministro da Ciência e Tecnologia. A partir do segundo semestre de 1999 retornou em tempo integral à vida acadêmica, na Fundação Getúlio Vargas, e à direção da *Revista de Economia Política*, que fundou com Yoshiaki Nakano em 1980. Entre 2002 e 2010 foi membro do Comitê de Especialistas em Administração Pública do Conselho Econômico e Social da Organização das Nações Unidas. Em 2010 criou o Centro do Novo Desenvolvimentismo da Escola de Economia de São Paulo, da Fundação Getúlio Vargas. Em 2015 recebeu o prêmio Juca Pato pela primeira edição de *A construção política do Brasil*, lançado no ano anterior. Desde 2016, vem organizando anualmente na FGV em São Paulo os International Workshops on New Developmentalism.

Em 2011 desligou-se do PSDB por não mais concordar com as orientações políticas do partido. Desde que saiu do governo, em 1999, não se dedicou mais à política partidária, concentrando seu trabalho nas atividades acadêmicas e como intelectual envolvido nas questões nacionais.

Intelectualmente, atuou sempre na confluência da economia e da teoria social, utilizando um instrumental em que estão presentes as influências de Marx, Weber, Keynes e da teoria estruturalista do desenvolvimento econômico ou desenvolvimentismo clássico. Suas contribuições teóricas mais significativas, no plano da teoria social, dizem respeito à teoria da nova classe tecnoburocrática ou profissional e à crítica dos Trinta Anos Neoliberais do Capitalismo; no plano da teoria política, à teoria do Estado moderno e a revolução capitalista, à teoria da democracia, à teoria dos direitos republicanos, e à teoria da reforma gerencial do Estado; e, no plano da teoria econômica, à relação entre desenvolvimento econômico e revolução capitalista, à revisão do modelo clássico de distribuição da renda e à relação dos salários com os tipos de progresso técnico, e à teoria da inflação inercial. Desde 2001 vem construindo um sistema teórico — a Teoria Novo-Desenvolvimentista — que visa compreender melhor o desenvolvimento econômico dos países de renda média. O Novo Desenvolvimentismo se apoia na teoria pós-keynesiana e no desenvolvimentismo clássico, mas pretende dar um passo adiante. Sua macroeconomia é de uma economia desde o início aberta e dinâmica, focada nos cinco preços macroeconômicos, principalmente a taxa de câmbio e a taxa de lucro. Sua política economia discute historicamente o capitalismo e o Estado desenvolvimentista em oposição ao liberalismo econômico. No plano da análise do Brasil, dedicou-se ao estudo das origens étnicas e sociais dos empresários, à análise das interpretações do Brasil como uma sociedade contraditória, nacional-dependente, e ao estudo dos modelos econômicos e dos pactos políticos ou coalizões de classe que marcaram o estabelecimento do capitalismo industrial e da democracia no país.

Publicou:

Desenvolvimento e crise no Brasil, 1930-1967 (1968)

Tecnoburocracia e contestação (1972)

Empresários e administradores no Brasil (1974)

Estado e subdesenvolvimento industrializado (1977)

O colapso de uma aliança de classes (1978)

Introdução à organização burocrática, com Fernando Prestes Motta (1980)

A sociedade estatal e a tecnoburocracia (1981)

Economia brasileira: uma introdução crítica (1982-1997)

Inflação e recessão, com Yoshiaki Nakano (1984)

Pactos políticos: do populismo à redemocratização (1985)

Lucro, acumulação e crise (1986)

Os tempos heroicos de Collor e Zélia (1991)

A crise do Estado (1992)

Reformas econômicas em novas democracias, com José María Maravall e Adam Przeworski (1993)

Crise econômica e reforma do Estado no Brasil (1996)

Reforma do Estado para a cidadania (1998)

Desenvolvimento e crise no Brasil (5ª edição, 2003)

As revoluções utópicas dos anos 1960 (1972-2005)

Macroeconomia da estagnação (2007)

Construindo o Estado republicano (2004-2009)

Globalização e competição (2009)

A construção política do Brasil (2014) (4ª edição, 2021, com o título *A construção política e econômica do Brasil*)

Macroeconomia desenvolvimentista, com Nelson Marconi e José Luís Oreiro (2016)

Em busca do desenvolvimento perdido (2018)

Coletâneas:

Dívida externa: crise e soluções (1989)

Populismo econômico (1991)

Reforma do Estado e administração pública gerencial, com Peter Spink (1998)

O público não estatal na reforma do Estado, com Nuria Cunill Grau (1999)

A grande esperança em Celso Furtado, com José Marcio Rego (2001)

Economia brasileira na encruzilhada (2006)

Nação, câmbio e desenvolvimento (2008)

Doença holandesa e indústria (2010)

Crise global e o Brasil (2010)

Depois da crise: a China no centro do mundo (2012)

O que esperar do Brasil (2013)

Financial Stability and Growth, com Jan Kregel e Leonardo Burlamaqui (2014)

Sobre o autor:

Em busca do novo: o Brasil e o desenvolvimento na obra de Bresser-Pereira, de José Marcio Rego, Lilian Furquim e Yoshiaki Nakano (2004)

Bresser-Pereira: rupturas do pensamento (uma autobiografia em entrevistas), de João Villaverde e José Marcio Rego (2021)

Este livro foi composto em Sabon pela Bracher & Malta, com CTP e impressão da Edições Loyola em papel Alta Alvura 75 g/m² da Cia. Suzano de Papel e Celulose para a Editora 34, em julho de 2021.